A Segunda Guerra Fria

Outras obras do autor

A expansão do Brasil e a formação dos estados na Bacia do Prata — Argentina, Uruguai e Paraguai (Da colonização à Guerra da Tríplice Aliança) (Editora Civilização Brasileira)

A desordem mundial — O espectro da total dominação (Editora Civilização Brasileira

A reunificação da Alemanha (Editora Unesp)

As relações perigosas: Brasil-Estados Unidos (de Collor a Lula, 1990-2004) (Editora Civilização Brasileira)

Brasil, Argentina e Estados Unidos — Conflito e integração na América do Sul (Da Tríplice Aliança ao Mercosul) (Editora Civilização Brasileira)

Brasil-Estados Unidos: A rivalidade emergente (1950-1988) (Editora Civilização Brasileira)

De Martí a Fidel: A Revolução Cubana e a América Latina (Editora Civilização Brasileira)

Formação do império americano — Da guerra contra a Espanha à guerra no Iraque (Editora Civilização Brasileira)

Fórmula para o caos — A derrubada de Salvador Allende (1970-1973) (Editora Civilização Brasileira)

Lenin: Vida e obra (Editora Civilização Brasileira

O ano vermelho: A revolução Russa e seus reflexos no Brasil (Editora Civilização Brasileira)

O "Milagre Alemão" e o desenvolvimento do Brasil, 1949-2011 (Editora Unesp)

O feudo — A casa da Torre de Garcia D'Ávila: da conquista dos sertões à independência do Brasil (Editora Civilização Brasileira)

O governo João Goulart — As lutas sociais no Brasil, 1961-1964 (Editora Unesp)

Presença dos Estados Unidos no Brasil (Editora Civilização Brasileira)

Luiz Alberto Moniz Bandeira

A Segunda Guerra Fria

Geopolítica e dimensão estratégica dos Estados Unidos

Das rebeliões na Eurásia à África do Norte e ao Oriente Médio

Prefácio de Samuel Pinheiro Guimarães

7ª edição
Revista

Rio de Janeiro
2024

Copyright © Luiz Alberto Moniz Bandeira, 2013

DIAGRAMAÇÃO DE MIOLO
Editoriarte

CIP-BRASIL. CATALOGAÇÃO NA FONTE
SINDICATO NACIONAL DOS EDITORES DE LIVROS, RJ

M166s   Moniz Bandeira, Luiz Alberto, 1935-2017
7ª ed.   A segunda guerra fria: geopolítica e dimensão estratégica dos Estados Unidos — Das rebeliões na Eurásia à África do Norte e ao Oriente Médio / Luiz Alberto Moniz Bandeira. — 7ª ed. Revista — Rio de Janeiro: Civilização Brasileira, 2024.
714 p.; il.; 23cm

Inclui bibliografia e índice
ISBN 978-85-200-1223-9

1. Geopolítica — Ásia. 2. Geopolítica — África. 3. Geopolítica — Oriente Médio. 4. Estados Unidos — Relações exteriores — Ásia. 5. Estados Unidos — Relações exteriores — África. 6. Estados Unidos — Relações exteriores — Oriente Médio. 7. Relações econômicas internacionais. I. Título.

13-05351   CDD: 320.12095
                                                    CDU: 911.3:32(5)

EDITORA AFILIADA

Todos os direitos reservados. Proibida a reprodução, armazenamento ou transmissão de partes deste livro, através de quaisquer meios, sem prévia autorização por escrito.

Este livro foi revisado segundo o novo Acordo Ortográfico da Língua Portuguesa.

Direitos desta edição adquiridos pela
EDITORA CIVILIZAÇÃO BRASILEIRA
Um selo da
EDITORA JOSÉ OLYMPIO LTDA.
Rua Argentina, 171 — Rio de Janeiro, RJ — 20921-380 —
Tel.: (21) 2585-2000

Seja um leitor preferencial Record.
Cadastre-se em nosso site www.record.com.br
e receba informações sobre nossos lançamentos e nossas promoções.

Atendimento e venda direta ao leitor:
sac@record.com.br

Impresso no Brasil
2024

"On ne peut guère lire l'histoire sans concevoir de l'horreur pour le genre humain."

Voltaire*

"Il y a deux Histoires: l'Histoire officielle, menteuse, qu'on nous est enseignée, l'Histoire ad usum delphini; puis l'Histoire secrète, où se trouvent les véritables causes des événements, une Historie honteuse."

Honoré de Balzac**

---

* Voltaire, 1964, p. 234.
** Honoré de Balzac, 1962, p. 591.

In memoriam
meu antepassado, o filósofo Antônio Ferrão Moniz de Aragão
(1813-1887), no ano do seu bicentenário de nascimento.

Para Margot, minha querida esposa, o amor de toda a minha
vida, com o carinho de sempre,
bem como para nosso filho Egas, que honra as tradições da
família de amor ao saber.

Também para meus velhos amigos, o jornalista Nahum Sirotsky,
que vive em Israel, e os escritores argentinos Isidoro Gilbert,
Rogelio Garcia-Lupo e Alberto Justo Sosa.

Sumário

AGRADECIMENTOS *15*

PREFÁCIO
Samuel Pinheiro Guimarães 17

CAPÍTULO I
A Eurásia como *pivot region* da história • A teoria de Alexander Mackinder • A *Rimland* de Nicholas Spykman • O arco de crises e o teatro do novo *Great Game* • Do Cáucaso ao Oriente Médio e à África do Norte • A estratégia de Brzezinski contra a União Soviética • A Operation Cyclone no Afeganistão e o papel da Arábia Saudita • Fim do "perigo vermelho" e o início do "perigo verde" *29*

CAPÍTULO II
As demonstrações de protesto na China • A repressão na Praça Tiananmen • A remoção de Saddam Hussein na agenda desde o governo de Reagan • A invasão do Kuwait • O radicalismo islâmico e a guerra civil na Argélia • A Operation Restore Hope na Somália • O controle do Golfo de Áden • Empresas militares privadas • A NED e a subversão na Iugoslávia • A rede mundial de bases militares dos Estados Unidos *45*

CAPÍTULO III
O potencial de petróleo no Mar Cáspio • A penetração dos Estados Unidos no *Heartland* da Eurásia • A *Silk Road Strategy* • Petróleo: a prioridade do governo de George W. Bush • Operação contra os Talibans planejada antes dos atentados de 11/9 • O aviso do agente Phoenix • A OTAN no Afeganistão para abrir caminho de negócios *65*

CAPÍTULO IV

A *"freedom agenda"* de George W. Bush • A criação da MEPI para recrutar ativistas e promover *"regime change"* no Cáucaso, no Oriente Médio e na África • O papel subversivo da NED, do USAID, da CIA e das ONGs Freedom House *et al.* • As "revoluções coloridas" na Sérvia, na Geórgia e na Ucrânia • Plano para invadir e financiamento da oposição na Síria   *89*

CAPÍTULO V

A estratégia subversiva de Gene Sharp • A *"cold war revolutionary"* com protestos, greves, boicotes, marchas, desfiles de automóveis, procissões *et al.* • Mercenários para proteger campos de petróleo e oleodutos na região do Mar Cáspio • A recuperação da Rússia • A reação de Putin ao avanço da OTAN • A invasão da Ossétia do Sul   *107*

CAPÍTULO VI

A questão de Xinjiang • Estratégia para desagregar a China • *Covert actions* da CIA • Treinamento de uigures islâmicos no Afeganistão • O papel da Turquia e a conexão com o terrorismo • O *double standard* de Washington vis-à-vis de Xinjiang • Recursos da National Endowment for Democracy (NED) para os uigures separatistas • A guerra secreta da CIA desenvolvida no Tibete desde os anos 1950 • O subsídio da CIA ao Dalai Lama   *119*

CAPÍTULO VII

A invasão do Iraque • Grandes reservas de óleo ao mais baixo custo • O Iraque não possuía armas de destruição em massa • A mentira visou a justificar a ilegalidade da invasão • O fracasso da política de *regime change e nation-building* • A perda de credibilidade dos Estados Unidos • O colapso do Lehmann Brothers e a crise financeira   *137*

CAPÍTULO VIII

O Oriente Médio ocupado militarmente pelos Estados Unidos • O potencial petrolífero da África do Norte • O papel do SOCAFRICA e do AFRICOM • O arsenal atômico dos Estados Unidos na Europa • Necessidade econômica e militarismo • Recursos estrangeiros financiaram guerras americanas • O *crash* econômico e financeiro de 2008   *157*

CAPÍTULO IX

As consequências da crise financeira • O desemprego e a concentração de renda nos Estados Unidos • Os custos financeiros das guerras no Afeganistão e no Iraque • O insucesso militar dos Estados Unidos • A eleição de Barack Obama • O fiasco no Afeganistão e no Iraque • Os mercenários e soldados americanos e o tráfico de drogas *177*

CAPÍTULO X

Obama reconhece fracasso no Afeganistão • O país arrasado • Milhares de refugiados e de viúvas • As negociações secretas com os Talibans • O advento da direita cristã nos Estados Unidos • O Tea Party • A campanha de *kill/capture* • *War on terror* em escala quase industrial • A guerra na Somália e no Iêmen *201*

CAPÍTULO XI

Os *Unmanned Vehicle Systems* (*drones*) • A morte descendo do céu • O terror dos *drones* no Paquistão • Matança de civis e crianças maior do que no governo de George W. Bush • A campanha de *"kill/capture"* para eliminar *enemy combatants* • A *Execution Checklist* • O assassinato de Usamah bin Ladin *217*

CAPÍTULO XII

De 2010 a 2011, a multiplicação das guerras e dos conflitos • A guerra no Paquistão • A Arábia Saudita e países do Golfo como financiadores dos terroristas sunitas • O levante na Tunísia • A queda da ditadura de Ben Ali • A situação explosiva do Egito e de todo o Oriente Médio • As manifestações na Praça Tahrir e a queda de Mubarak *233*

CAPÍTULO XIII

Protestos começaram armados em Benghazi • O *Livro Verde* e a Terceira Teoria Universal • Líbia, um Estado semitribal • A tentativa de Gaddafi de mudar a estrutura tribal do país • Bin Ladin apoiou o levante na Líbia • Conformação geográfica e demográfica da Líbia • Rivalidades regionais • Radicalismo islâmico na Cirenaica *251*

CAPÍTULO XIV

A renúncia de Gaddafi à energia nuclear • O restabelecimento de boas relações com Washington, Londres e Paris • A revolução fabricada pelo DGSE da França • Barack Obama como ditador global • Operações de guerra psicológica • O embuste dos direitos humanos para justificar a intervenção da OTAN • As forças especiais do Qatar na Líbia *271*

CAPÍTULO XV

A subversão do Direito Internacional • O objetivo dos Estados Unidos de manter o domínio mundial • Soberania nacional é privilégio apenas das nações fortes • A responsabilidade de proteger civis (RtoP e R2P) como farsa ultraimperialista • O mito da missão civilizadora • A OTAN extrapola estatuto de sua criação • O Brasil repele a atuação da OTAN no Atlântico Sul *287*

CAPÍTULO XVI

Intervenção na Líbia desmoralizou a doutrina de proteger (RtoP e R2P) e matou entre 90.000 e 120.000 • Gaddafi linchado, brutalizado, abusado, assassinado • A disputa pelo *"scramble"* petrolífero • Líbia, país sem governo e sem Estado • *Vacuum* político e disputas tribais • Forças especiais da Arábia Saudita e do Qatar na Líbia • Novos atores em litígio no *Great Game* da Líbia *309*

CAPÍTULO XVII

A revolta islâmica no Iêmen • Os antagonismos religiosos • Os xiitas em áreas estratégicas para o Ocidente • As revoltas na Arábia Saudita e no Bahrein • O Estreito de Ormuz • Campanhas de *kill/capture* no Iêmen • A ascensão dos salafistas na Tunísia • A vitória da Irmandade Muçulmana no Egito • Terror e caos na Líbia *325*

CAPÍTULO XVIII

O assalto ao Consulado dos Estados Unidos em Benghazi • O assassinato do embaixador Chris Stevens • Revoltas contra filme sobre Muhamad • As milícias sectárias como fontes de poder • Relíquias históricas destruídas pelos radicais islâmicos • O levante dos tuaregues no Mali • A secessão do Azawad • A guerra na zona do Saara-Sahel *349*

CAPÍTULO XIX

Revoltas árabes tinham método • Na Síria como na Líbia • Da *"cold revolutionary war"* à *"hot revolutionary war"* • Objetivos estratégicos do Ocidente • Controle do Mediterrâneo e fontes de energia • Apoio da Turquia, do Qatar e da Arábia Saudita aos terroristas na Síria • Proposta de "intervenção humanitária" vetada pela Rússia e pela China   *371*

CAPÍTULO XX

O fracasso da Missão da ONU • Kofi Annan acusa as potências ocidentais de acender o caldeirão de ódios e ilegalidades dos rebeldes • *Jihadistas* estrangeiros e al-Qa'ida na Síria • Cristãos e drusos perseguidos pelos rebeldes • Operações de guerra psicológica para enganar a opinião pública • Massacres fabricados para a mídia   *395*

CAPÍTULO XXI

A Grande Síria ou *Bilad-Al-Sham*, cenário do fim dos tempos • Advento do Imām al-Mahdi como atração para os *jihadistas* • Profecias escatológicas das grandes religiões monoteístas • O começo do *Al-Malhama-tul-Kubra* • Brigadas de vários países árabes na Síria • Provocações da Turquia e respaldo aberto aos rebeldes   *419*

CAPÍTULO XXII

Embaixador assassinado era *"key contact"* para contratar *jihadistas* e enviá-los à Síria • Treinamento de mercenários pela Blackwater e por outras *"military corporations"* • Guerra e terrorismo por procuração • A perda de hegemonia dos Estados Unidos, apesar de potência dominante • As reformas econômicas de Deng Xiaoping e a emergência da China   *445*

CAPÍTULO XXIII

A fabricação do problema: Israel • Oposição do general Marshal e do Departamento de Estado à criação de Israel • As guerras árabe-israelenses de 1948, 1956, 1967 e 1973 e a conquista de territórios palestinos • Bombas atômicas de Israel • Ocupação ilegal da Cisjordânia • O cessar-fogo • Elevação do status da Autoridade Palestina na ONU   *461*

CAPÍTULO XXIV

Desfiguração da estrutura social de Israel • Gravidade da crise • Privatização dos *kibbutzim* • Imigração russa e mudança do perfil cultural de Israel • Racismo contra os sefardim • Desigualdade econômica • Manifestações de protesto em Tel Aviv • O programa nuclear do Irã e negociações com Brasil e Turquia • A traição de Obama *491*

CAPÍTULO XXV

A ameaça de Netanyahu contra o Irã • Günter Grass acusa Israel de ameaçar a paz mundial como um *rogue state* • O arsenal nuclear secreto de Israel • Dados comparativos entre Israel e Irã • Chefes do Mossad e dos Estados Unidos contra ataque ao Irã • A previsão era do auto-holocausto, a destruição de Israel • *Apocalipse now*! *513*

EPÍLOGO *537*

REFERÊNCIAS *611*

ANEXOS *697*

ÍNDICE REMISSIVO *703*

Agradecimentos

Em 2008, os embaixadores Jerônimo Moscardo, presidente da Fundação Alexandre de Gusmão, e Carlos Henrique Cardim, diretor do Instituto de Pesquisa de Relações Internacionais (IPRI), convidaram-me para escrever um ensaio sobre a geopolítica e a dimensão estratégica dos Estados Unidos, a fim de apresentá-lo na III Conferência Nacional de Política Externa e Política Internacional, realizada no Rio de Janeiro em 29 de setembro de 2008. O ensaio foi posteriormente publicado pela Fundação Alexandre de Gusmão em 2009, juntamente com outros de minha autoria, sobre geopolítica e estratégia dos Estados Unidos, do Brasil e da América do Sul.

Entretanto, em face das revoltas ocorridas na África do Norte e no Oriente Médio a partir de 2010, julguei necessário expandir e atualizar o estudo. Tratei de fazê-lo, entre março e novembro de 2012, em cima dos acontecimentos, i.e., ainda quando a história fluía, sempre se renovando, passando, como as águas de um rio. Porém, conforme Antonio Gramsci ensinou, *"se scrivere storia significa fare storia del presente, è grande libro di storia quello che nel presente aiuta le forze in isviluppo a divenire più consapevoli di se stesse e quindi più concretamente attive e fattive"*.[*] Foi o que, como cientista político, almejei.

Esta obra — *A Segunda Guerra Fria* — *Geopolítica e dimensão estratégica dos Estados Unidos (Das rebeliões na Eurásia à África do Norte*

---

[*] "E, se escrever história significa fazer a história do presente, é um grande livro de história aquele que no presente ajuda as forças em desenvolvimento a tornarem-se concretamente mais ativas e factíveis." GRAMSCI, 2010, p. 48.

e ao Oriente Médio) — aprofunda vários aspectos, desdobra e atualiza outra, de minha autoria — *Formação do Império Americano (Da guerra contra a Espanha à guerra no Iraque)* — lançada em 2005 pela Editora Civilização Brasileira, já traduzida e publicada na Argentina, em Cuba e na República Popular da China.

Certamente, não podia escrevê-la sem contar com o apoio de várias fontes e pessoas, a maioria das quais me solicitou que não as referisse. Assim, não posso deixar de agradecer aos embaixadores Jerônimo Moscardo, Carlos Henrique Cardim, Samuel Pinheiro Guimarães, Cesário Melantonio, ex-embaixador no Irã, na Turquia e no Egito e depois representante do Brasil para os Assuntos do Oriente Médio, e Arnaldo Carrilho, pelo apoio e pela colaboração que sempre me deram. Os agradecimentos também se estendem ao professor Paulo Fernando de Moraes Farias, do Department of African Studies da University of Birmingham (Inglaterra), meu amigo de infância e o qual muitas vezes consultei; bem como ao professor Alberto Justo Sosa, que, apesar de seus afazeres em Buenos Aires, revisou gentilmente o texto de todos os capítulos e o fez com várias sugestões.

A generosa cooperação desses meus amigos e de outros, que deixo de mencionar, não significa concordância com as minhas opiniões e conclusões. Daí o seu imenso valor.

Luiz Alberto Moniz Bandeira
St. Leon, 24 de junho de 2013

Prefácio

Samuel Pinheiro Guimarães*

O professor Luiz Alberto Moniz Bandeira tem-se destacado como o principal pesquisador, analista e historiador da política interna e externa brasileira e da política internacional contemporânea.

Suas obras sobre a política interna brasileira, como *Presença dos Estados Unidos no Brasil* e *O Governo João Goulart*; seus estudos latino-americanos, tais como sobre o golpe no Chile e sobre as relações entre Brasil, Argentina e Estados Unidos, e, finalmente, os livros sobre a política internacional, em especial *Formação do Império Americano*, são indispensável leitura para políticos, acadêmicos, diplomatas, empresários e militares que desejem conhecer a situação em que estamos, por que nela estamos e para onde vamos.

Este novo livro de Moniz Bandeira deslinda as raízes e lança um olhar sobre as perspectivas dos conflitos no Oriente Próximo e na Ásia Central, primeiros embates do que poderia ser uma futura (mas não tão distante e talvez já em curso) disputa pela hegemonia entre os Estados Unidos e a República Popular da China, ou, dito de outra forma, entre

---

* O embaixador Samuel Pinheiro Guimarães foi secretário-geral do Ministério de Relações Exteriores do Brasil (2003-2009), ministro-chefe da Secretaria de Assuntos Estratégicos da Presidência da República (SAE) (2009-2010) e alto-representante geral do Mercosul (2011-2012). É professor do Instituto Rio Branco e autor dos livros *Quinhentos anos de periferia* (UFRGS/Contraponto, 1999) e *Desafios brasileiros na era dos gigantes* (Contraponto, 2006), livro este que lhe valeu ser eleito, pela União Brasileira de Escritores (UBE), Intelectual do Ano 2006 e receber o Troféu Juca Pato.

o Ocidente capitalista desenvolvido (porém estagnado) e o Oriente capitalista dinâmico, mas ainda subdesenvolvido.

As origens remotas desses conflitos e de suas complexas contradições e jogo de interesses devem ser procuradas tão longe quanto em 1945, após a Segunda Guerra Mundial e no mundo que dela surgiu.

A Organização das Nações Unidas, uma criatura dos Estados Unidos, foi aceita pela União Soviética, que viu nela uma proteção contra os espíritos capitalistas mais agressivos, como Winston Churchill; pela Grã-Bretanha, endividada, política e economicamente, com os Estados Unidos; pela França, que triste figura fizera durante a Guerra; e pela então irrelevante China.

A Carta das Nações Unidas, aprovada na Conferência de São Francisco por 51 Estados, a maior parte deles fracos e desejosos de preservar sua soberania, estabeleceu como princípios da ordem internacional que pretendia criar que seriam e continuam a ser necessários para manter a paz internacional a não intervenção, a autodeterminação e o respeito às fronteiras.

Esses princípios são diametralmente contrários a qualquer política de mudança de regime (*regime change*), de derrubada de governos ou de intervenção militar, principalmente em temas da organização política e econômica interna dos países. Essa era, de certa forma, uma condição para que os países menores aceitassem o condomínio das Grandes Potências no Conselho de Segurança, e seu direito, quando unânimes, de utilizar a força em casos de ruptura da paz.

No entanto, desde o pós-guerra e da definição da União Soviética como seu inimigo principal, os Estados Unidos desenvolveram uma política, de um lado, de organização do sistema internacional à sua imagem e semelhança e, de outro, de *regime change*, cujo alvo principal seriam os regimes socialistas, em que o confronto era mais difícil devido à presença soviética, assim como outros Estados de sua própria esfera de influência cujos regimes fossem julgados inconvenientes aos interesses americanos. Assim, assistimos à onda de golpes militares na América Latina, instalando ditaduras ferozes que, mais tarde, ao se tornarem inconvenientes, foram renegadas pela política de direitos humanos e pelo apoio americano às organizações que as combatiam. Nesse período, que vai até o governo Reagan, foram até certo ponto poupados não somente aqueles que se alinharam incondicionalmente com os Estados Unidos, mas mesmo alguns países que, de forma mais ou menos firme, se opuseram às políticas econômicas e militares norte-americanas.

Vitoriosa essa longa etapa da política de *regime change* com a desintegração da União Soviética e sua adesão ao capitalismo, com as revoluções (contrarrevoluções) nos Estados socialistas da Europa Oriental e com a adesão, parcial e gradual, da República Popular da China ao sistema econômico capitalista, mas não ao neoliberalismo, a atenção dos Estados Unidos se voltou para outros países através de uma ativação ou reativação de mecanismos de pressão política e econômica, tais como as condições exigidas para a renegociação de suas dívidas externas, as retaliações unilaterais da Trade Law, as intervenções militares pontuais e a influência crescente na política interna dos países da periferia de seus aliados nativos, fascinados pelo pensamento único neoliberal e submissos à Nova Ordem Mundial, proclamada por George Bush.

A região onde se desenvolve hoje de forma sofisticada e intensa, utilizando desde a mais ampla manipulação da mídia em nível mundial até a infiltração de forças especiais e o fornecimento de armas modernas e poderosas, a política de (*economic and political*) *regime change* é aquela que vai do Magreb à Ásia Central e onde se encontram os países árabes e muçulmanos.

Para compreender os eventos que se desenrolaram e continuam a se desenrolar com grande comoção nos países e sociedades do Magreb, do Oriente Próximo e Médio e da Ásia Central é interessante começar por uma reflexão sobre os objetivos estratégicos permanentes da política externa dos Estados Unidos e sobre os instrumentos de ação da Potência Imperial.

A política externa americana determina em grande medida a agenda internacional, cria e influencia eventos em todos os quadrantes do globo e, portanto, esteve e está presente nos acontecimentos políticos e econômicos do mundo árabe e muçulmano, a partir em especial da Segunda Guerra Mundial e da criação do Estado de Israel e agora na Primavera Árabe.

Nenhum outro Estado tem o mesmo poder e a mesma influência internacional que têm os Estados Unidos, ainda que alguns Estados, devido à sua dimensão e força, possam participar da política internacional, ao passo que a maior parte se limita a reagir às iniciativas e ações da política americana.

Os Estados Unidos têm um projeto nacional e internacional declarado e explicitamente hegemônico, hoje sintetizado na frase *full spectrum dominance* (dominação de espectro total), isto é, seu objetivo é estabelecer e manter a hegemonia americana, sob o manto ideológico da defesa de valores universais que, aliás, seguem apenas na medida de sua conveniência, como comprovam a prática dos assassinatos seletivos, a utilização de *drones* e a escuta ilegal de todos os meios de comunicação, no programa *Prism*, em todos os países.

Na execução desse projeto imperial, podem existir momentos, períodos e circunstâncias de cooperação, de acomodação, de tensão, de subversão, de confronto mais ou menos agudo, de conflito armado entre os Estados Unidos e outros Estados.

Porém, não importa o momento, o período, a circunstância ou o tema em jogo, o importante é sempre levar em conta, compreender, que os Estados Unidos em todas as suas ações procuram sempre manter, preservar ou estabelecer sua hegemonia, direito que parecem considerar semelhante ao que Jeová concedeu ao povo judeu.

Os principais objetivos estratégicos dos Estados Unidos são:

• manter sua hegemonia militar em todas as regiões do globo, por meio da presença de forças terrestres, navais e aéreas capazes de desestimular ou impedir a emergência de Estados rivais militares capazes de se opor ou até mesmo de apenas dissuadir os Estados Unidos de fazerem uso da força; neste objetivo se inclui o de desarmar os Estados periféricos por meio de acordos de todo tipo, sob o manto ideológico de redução das tensões e de promoção da segurança e da paz internacionais; são 750 bases militares no exterior, 1,4 milhão de soldados, sendo 350.000 estacionados em 130 países;

- manter sua hegemonia sobre os sistemas de comunicação e de informação (isto é, sobre a elaboração e a difusão de conteúdo pelos meios de comunicação, quais sejam as agências de notícias, o cinema, o rádio, a televisão e agora a internet) que formam o imaginário das diferentes elites dos distintos Estados e sociedades, em especial no que diz respeito à formação das imagens sobre os eventos internacionais (aí incluídas as operações de guerra psicológica), sobre os valores superiores da sociedade americana e sobre os objetivos altruístas de sua política externa;
- manter sua hegemonia nos organismos econômicos internacionais (comerciais e financeiros), tais como a Organização Mundial do Comércio e o Fundo Monetário Internacional, já que são eles que elaboram as normas internacionais que regulam as relações entre os Estados e as impõem por meio dos programas de ajuda para enfrentar dificuldades de balanço de pagamentos e do financiamento de investimentos;
- manter sua hegemonia sobre o acesso a recursos naturais no território de terceiros países, em especial ex-colônias, assim como sua hegemonia e seu controle sobre as vias de acesso a esses recursos, essenciais ao funcionamento da economia americana, assim como das economias capitalistas altamente desenvolvidas, nas quais se encontram mega empresas multinacionais americanas e que são os principais mercados para as exportações americanas e fontes de remessas de lucros para suas matrizes nos Estados Unidos;
- manter sua hegemonia política através do controle, tanto quanto possível, do Conselho de Segurança das Nações Unidas, único organismo internacional que autoriza a aplicação de sanções e o uso da força militar contra qualquer Estado, menos contra os membros permanentes, com a estreita cooperação das potências capitalistas ocidentais, isto é, Inglaterra e França, reservando-se o direito de agir unilateralmente sempre que os interesses dos Estados Unidos assim o exigirem, como declarado explicitamente pelo presidente Obama e por seus antecessores;
- manter a vanguarda americana no desenvolvimento científico e tecnológico em termos de aplicações civis e militares, condição para sua hegemonia em outras áreas;

A SEGUNDA GUERRA FRIA

• manter abertos os mercados de todos os países para seus capitais e para suas exportações de bens e serviços e, para esse fim, consolidar, por meio de negociações, normas multilaterais (como na OMC) e bilaterais (como nos tratados de livre comércio) que garantam essa abertura.

É à luz de alguns desses objetivos que se torna possível entender os acontecimentos da Primavera Árabe e seus antecedentes e a evolução política nos países árabes e muçulmanos tão bem descritos, documentados e analisados por Luiz Alberto Moniz Bandeira em seu livro.

A evolução política, econômica e militar desses primeiros embates mencionados entre China, Estados Unidos e Rússia, apresentados pela mídia, ligeira e superficial, orientada, consciente ou inconscientemente, pelos interesses estratégicos americanos, como uma revolta espontânea das massas "democráticas" dos países árabes/muçulmanos contra os regimes ditatoriais antiocidentais e antiamericanos desses países envolve complexos aspectos geopolíticos (aí incluídos os sociais e os militares) e geoeconômicos, profundamente entrelaçados, que agem e interagem.

Moniz Bandeira analisa, com base em material oriundo das mais diversas fontes oficiais, de estudos acadêmicos e da mídia dos diferentes países, a evolução desses conflitos e considera, em síntese, que estaria em seus momentos iniciais a Segunda Guerra Fria, decorrente da evolução da política americana, que descreveu com tanta maestria na *Formação do Império Americano*, um dos raros livros de autor brasileiro sobre política internacional.

O principal aspecto geoeconômico desses embates é a luta pelo controle da ampla área produtora de petróleo e gás que inclui os países da bacia do Mediterrâneo, os Estados do Golfo Pérsico, o Irã e o Iraque, e as novas repúblicas muçulmanas da Ásia Central, desmembradas da antiga União Soviética.

A produção de gás e de petróleo dos países do Magreb e do Golfo é de fundamental importância para os países da Europa Ocidental, em especial para a França e a Itália, mas também para o Japão e a China.

Os Estados da Ásia Central, ex-repúblicas soviéticas, são detentores de enormes reservas de gás e de petróleo no Mar Cáspio, e o controle e o acesso a essas reservas são de importância estratégica para a Rússia, como grande produtora e exportadora, e para a China, como compradora, diante da permanente volatilidade política do Oriente Próximo e da influência ocidental, em especial americana, naqueles países.

A região do Magreb, do Oriente Próximo e do Golfo Pérsico esteve sob a influência direta e avassaladora das grandes companhias de petróleo, influência que foi gradualmente afetada pela ascensão de regimes laicos e por seus esforços de se apropriar de parcelas crescentes da renda do petróleo por meio da constituição de empresas estatais e de controle da produção e do preço do petróleo através da OPEP, sendo interessante lembrar que um dos primeiros países a renegociar as condições de produção e o preço do petróleo foi a Líbia, após a tomada do poder por Muammar Gaddafi.

A situação no Oriente Próximo se complicaria gradativamente com a presença de Israel, com a expulsão dos palestinos, com as guerras com os países árabes, com o permanente apoio econômico e militar americano, com a política agressiva de conquista territorial executada por Israel, contrariando todas as decisões do Conselho de Segurança, conjunto de circunstâncias que levou ao choque do petróleo em 1973, com a multiplicação de seu preço por quatro, causando profundo abalo nas economias americana e europeia e em todos os países importadores de petróleo, desenvolvidos ou não, tais como o Brasil. Assim, ficava claro que o Oriente Próximo, distante e exótico, podia ter e tem grande importância para nós e que tratar desses temas e deles participar não é, ao contrário do que pensa a mídia, improdutivo e irrelevante.

Os choques do petróleo teriam enormes consequências geopolíticas, estimulando a busca por novas fontes de energia (como foi o caso da energia nuclear na França) e de novos fornecedores, como a União Soviética para a Europa Ocidental, por meio da construção de um longo gasoduto, apesar das vigorosas objeções e ameaças do presidente Ronald Reagan.

A revolução iraniana levara à derrubada do xá Reza Pahlavi e de seu regime corrupto, antipopular, antinacional, violento e luxuoso, à tomada do poder por religiosos xiitas, ao segundo choque do petróleo aos Estados Unidos, ao fortalecimento dos laços econômicos do Irã com a Rússia e com a China e a um permanente confronto dos Estados Unidos com o Irã, este último acusado de integrar o Eixo do Mal e o primeiro de ser o Grande Satã. Os episódios da ocupação da embaixada americana, da manutenção dos reféns por um ano e da reconstituição dos arquivos secretos americanos (e a revelação do nome de seus agentes) seriam considerados quase crimes de lesa majestade e iriam marcar o início de uma longa confrontação, com efeitos sobre o conflito palestino e a política na região, inclusive na crise na Síria.

Aspectos recentes do ponto de vista geoeconômico (mas também geopolítico) foram a crescente atividade e presença da China na região como nova cliente do petróleo, em especial da Líbia, onde chegaram a estar presentes 20.000 chineses, a disputa pelos recursos do Mar Cáspio e a luta pela construção de gasodutos que liguem a Ásia Central ao Mediterrâneo.

A questão geopolítica central, em si mesma e porque determina as demais, no Oriente Próximo, no Magreb e no Oriente Médio e talvez até mesmo na Ásia Central, é a política de Israel, e sua caudatária/cúmplice, qual seja a política americana em relação ao conflito árabe-israelense, já que esta última suporta, financeira e militarmente, a política sionista.

A histórica, firme e permanente cooperação econômica, militar e política entre Estados Unidos e Israel (principalmente dos Estados Unidos para com Israel) diante dos países árabes e das populações palestinas, dentro e fora dos territórios ilegalmente ocupados, está de certa forma subjacente à revolta dos movimentos fundamentalistas contra os regimes laicos nos países árabes, considerados alienados, cultural e religiosamente, e submissos aos Estados Unidos.

Os Estados árabes laicos procuraram modernizar (em realidade, ocidentalizar, com valores muitas vezes cristãos e, portanto, infiéis) suas sociedades em situações em que existem numerosas e antagônicas seitas religiosas muçulmanas, que se encontravam muitas vezes dominadas por minorias, tais como os alawitas na Síria e os sunitas no Iraque.

Esses regimes laicos, diante do insucesso das políticas de modernização econômica e de sua incapacidade de se opor militar e politicamente a Israel, passaram a ser alvo de organizações religiosas fundamentalistas, que não surgiram nem por acaso nem em consequência de movimentos autóctones e espontâneos em cada uma dessas sociedades, como Moniz Bandeira demonstra de forma ampla e documentada.

Muitos desses regimes laicos muçulmanos se colocaram no passado em oposição aos Estados Unidos em sua política israelense e muitas vezes se chocaram com os interesses americanos de forma mais geral, sendo que a Líbia se destacou durante anos em sua posição antagônica e militante, até o momento em que decidiu atender as exigências e reivindicações americanas quanto às indenizações às vítimas dos atentados a aviões e à renúncia ao desenvolvimento de armas de destruição em massa.

De outro lado, os Estados teocráticos árabes do Golfo Pérsico, criaturas do colonialismo britânico, tais como a Arábia Saudita e os micro-estados grandes produtores de petróleo e compradores de armas, sempre tiveram uma política de cooperação com os Estados Unidos, inclusive na luta contra os Estados laicos e em relação a Israel.

Assim, é um complexo mosaico e tabuleiro de interesses econômicos, políticos, militares e religiosos na região do Mediterrâneo onde o cristianismo se defronta com o Islã e onde as Cruzadas são ainda lembradas.

Importante contribuição da obra de Moniz Bandeira é a revelação documentada de que as revoltas da Primavera Árabe não foram nem espontâneas e ainda muito menos democráticas, mas que nelas tiveram papel fundamental os Estados Unidos, na promoção da agitação e da subversão, por meio do envio de armas e de pessoal, direta ou indiretamente, através do Qatar e da Arábia Saudita.

Sua estratégia de ação começa com a formação de forças especiais para intervenção encoberta, com o treinamento de agentes provocadores infiltrados que organizam manifestações pacíficas, com base nas instruções do manual do professor Gene Sharp *Da Ditadura à Democracia*, que foi traduzido para 24 idiomas e distribuído pela CIA e pelas fundações e ONGs, que levam à reação dos governos, que são acusados de excessos na repressão dessas manifestações e de violação dos direitos humanos de sua população, o que passa a justificar a rebelião armada, financiada e equipada do exterior e, eventualmente, a intervenção humanitária.

O mundo ocidental, as grandes empresas multinacionais, os governos coniventes e cúmplices nessas amplas operações de intervenção para mudança de governo (*regime change*) serão, todavia, ao final e ao cabo, surpreendidos pela emergência de regimes fundamentalistas muçulmanos não dóceis a seus interesses, em especial pelo seu firme objetivo de implantar regimes e sociedades teocráticas fundados na *Shari'ah*, na lei religiosa.

A descoberta e a aplicação de tecnologias eficientes para a exploração das enormes reservas de xisto betuminoso (*shale gas*) nos Estados Unidos, que permitem que o gás americano chegue à Europa a um preço inferior a 30% dos preços atuais, fará com que a indústria americana recupere sua competitividade e reduzirá a importância geoeconômica do Oriente Próximo (e de Israel) para os Estados Unidos, mas não reduzirá sua importância do ponto de vista militar e econômico mais amplo, como parte essencial da estratégia americana de confronto com a Rússia e com a China.

Há uma lição a tirar para os países da América do Sul que procuram um caminho de autonomia em relação ao Império Americano.

As informações recolhidas e analisadas por Moniz Bandeira revelam a atuação orquestrada de grandes potências, de ONGs, da mídia, de fundações privadas e públicas para financiar a mudança de governo nos países que consideram relevantes e sua determinação de usar as técnicas mais atentatórias dos direitos humanos tais como *kill/capture*, i.e., matar e depois capturar o corpo, o uso da tortura, os assassinatos seletivos e o uso de *drones*, aviões sem piloto, e agora o controle global das informações, que prenunciam as batalhas futuras automatizadas e eletrônicas contra as províncias rebeldes que buscarem sua independência em relação à metrópole imperial.

O livro de Moniz Bandeira tem importância para a política interna e externa brasileira na medida em que revela os obstáculos que podem surgir para a formação de um bloco sul-americano e para nossa razoável pretensão de virmos a ser uma potência à altura das dimensões de nosso território, de nossa população e de nossos recursos naturais, do solo, dos minérios à água e à biodiversidade, e que revela a capacidade de subversão política por meio da manipulação da mídia internacional e, em consequência, da opinião pública, inclusive de esquerda.

Todavia, enquanto o Brasil não procurar controlar as megaempresas multinacionais em seu território para levá-las a cooperar com seu desenvolvimento tecnológico e torná-lo autônomo; enquanto não procurar ter competência militar para se defender e dissuadir; enquanto não decidir democratizar a mídia, instrumento de poder, democratizando a opinião; enquanto não procurar deter a sangria de divisas promovida pelos capitais especulativos; enquanto se conformar com as estruturas de propriedade da terra; enquanto não procurar transformar seu sistema tributário para que os ricos paguem mais e os pobres menos; enquanto limitar suas ambições de desenvolvimento, ficaremos a salvo, e aplaudidos. A salvo, subjugados, satisfeitos e conformados em nossa condição de grande Estado periférico.

Assim nos ensina Moniz Bandeira.

Capítulo I

A EURÁSIA COMO *PIVOT REGION* DA HISTÓRIA • A TEORIA DE ALEXANDER MACKINDER • A *RIMLAND* DE NICHOLAS SPYKMAN • O ARCO DE CRISES E O TEATRO DO NOVO *GREAT GAME* • DO CÁUCASO AO ORIENTE MÉDIO E À ÁFRICA DO NORTE • A ESTRATÉGIA DE BRZEZINSKI CONTRA A UNIÃO SOVIÉTICA • A OPERATION CYCLONE NO AFEGANISTÃO E O PAPEL DA ARÁBIA SAUDITA • FIM DO "PERIGO VERMELHO" E O INÍCIO DO "PERIGO VERDE"

A Eurásia é a massa de terra que se estende da Europa à Ásia, separada pela cordilheira dos Montes Urais, tendo a Rússia e a Turquia parte de seus territórios nos dois continentes. Seu *Heartland*, situado, fundamentalmente, entre a Ásia Central e o Mar Cáspio, abrange Cazaquistão, Armênia, Azerbaijão, Quirguistão, Tadjiquistão, Turcomenistão, Uzbequistão, Sibéria Ocidental e a parte setentrional do Paquistão, e é circundado por Afeganistão, Rússia, China, Índia e Irã.[1] Sir Halford John Mackinder, no início do século XX, em conferência na Royal Geographical Society de Londres, sob o título "The Geographical Pivot of History",[2] sustentou que esse *"closed Heartland of Euro-Asia"* era a *"pivot area"* do equilíbrio global, e o Estado que o controlasse teria condições de projetar o poder de um lado para o outro da região. E o *Heartland*, explicou Mackinder, incluía, para propósitos estratégicos, o Mar Báltico, a Ásia Menor, a Armênia, a Pérsia, o Tibete e a Mongólia.[3]

Ali o poder terrestre teria maior vantagem, devido ao fato de que seus rios fluíam para mares mediterrâneos, o que tornava o *Heartland* inacessível a uma força naval, através do Oceano Ártico, e seria possível não apenas explorar os recursos naturais lá existentes como usar os meios terrestres de comunicação, mais rápidos que os marítimos. O Estado que dominasse o *Heartland*, "*the greatest natural fortress on Earth*", teria, portanto, a possibilidade de comandar toda a Eurásia, chamada por Mackinder de *World Island*.[4]

Ásia Central — *Heartland*

A Rússia, por sua conformação geopolítica, é um Estado fundamentalmente euroasiático, que se estendeu, ao longo da história, por quase todo o Cáucaso, região entre o Mar Negro e o Mar Cáspio e, como talvez nenhuma outra do mundo, habitada por dezenas de grupos étnicos e linguísticos heterogêneos, pois desde os mais remotos tempos foi a rota de migração e deslocamento de povos entre a Ásia e a Europa.[5] São eles georgianos, armênios, azeris, tchetchenos, avaros, inguches, ossetas, abecásios, tcherqueses, cabardinos, balcários, com diferentes famílias linguísticas (indo-europeias, uralianas e caucasianas), e uma diversidade religiosa que incluía o Islã sunita e xiita,[6] católicos, ortodoxos e budistas. E é a geografia, juntamente com as necessidades de produção, um dos fatores determinantes na história de uma sociedade.

Essa região, que em 2011 possuía 21 milhões de habitantes, sempre configurou um teatro de guerra, cujo domínio os russos, britânicos, persas e turcos disputaram no século XIX e que somente permaneceu relativamente tranquila durante o período em que esteve integrada na União Soviética. A maior parte das fronteiras dos países do Cáucaso, porém, foi demarcada arbitrariamente, entre 1922 e 1936, durante o regime soviético, e após seu desaparecimento a região tornou-se extremamente instável, palco de conflitos no Daguestão (1997-1999), Armênia *versus* Azerbaijão, no território de Nagorno-Karabakh (1988-1994), Rússia *versus* Geórgia por causa dos enclaves da Abecásia (1992-1993) e da Ossétia do Sul (2008), e as guerras da Tchetchênia (1994-1996, 1999 e 2009), na Inguchétia (2007), provocada por *jihadistas* foragidos da Tchetchênia etc.

O Cáucaso, cuja conquista começou no reinado do czar Pyotr Alexeyevich Romanov — Pedro, o Grande (1672-1725)[7] —, sempre teve para a Rússia vital dimensão geoestratégica, dado que as montanhas representavam, ao sul, um baluarte natural na defesa das planícies agrícolas, situadas ao norte. Porém a separação da Geórgia, da Armênia e do Azerbaijão, com a penetração econômica e militar dos Estados Unidos/OTAN, empurrou as fronteiras da Rússia para a vertente setentrional do Cáucaso, que abrange Tchetchênia, Inguchétia, Daguestão, Ossétia do Norte, Carachai-Circássia, Cabárdia-Balcária, Adigueia e Distrito de Krasnodar — uma região muito vulnerável e instável.

Durante o governo do presidente James Earl Carter (1977-1981), Zbigniew Brzezinski, seu assessor de Segurança Nacional, reconheceu que a contenda entre os Estados Unidos e a União Soviética não era entre duas nações. Era *"between two empires"*, i.e., entre duas nações que haviam adquirido *"imperial attributes even before their post-World War II colision"*,[8] entre dois "espaços colossais" (*Raumkolosse*), conforme a expressão do general Karl Haushofer,[9] que se defrontavam na Ásia Oriental e na Europa Ocidental.

Ao contrário da União Soviética, dominante na *"pivotal area"*, o *Heartland* da Eurásia, os Estados Unidos eram *"Staat von Meere zum Meere"*, conforme Friedrich Ratzel salientou,[10] i.e., um Estado entre dois oceanos — o Atlântico e o Pacífico — sem vizinhos que lhe pudessem ameaçar a segurança. Ocupavam uma posição única no mundo, salientou Nicholas J. Spykman (1893-1943).[11] Seu território abrangia metade do norte do globo, em uma área de grandes massas, de dimensão continental, entre dois oceanos, o que implicava força econômica e acesso direto às mais importantes regiões comerciais do mundo.[12] Localizado no norte da América, estava fora do principal campo de batalha.[13] Seu extenso litoral impedia que qualquer bloqueio realmente se efetivasse.[14] E, ao ascender ao primeiro lugar no ranking das maiores potências industriais, nos anos 1890, os Estados Unidos começaram a robustecer seu poderio naval e projetaram sua influência, para um lado e para o outro, i.e., para o Ocidente e o Oriente, avançando sobre os mares, que a Grã-Bretanha ainda controlava, como o *"chief builder and shipowner"*, com *"vast imperial responsibilities"* na Ásia e na África.[15]

Brzezinski, porém, tratou de orientar a política externa do presidente Jimmy Carter, dentro dos mesmos parâmetros de Mackinder, considerando que, naquele contexto da Guerra Fria, a forma como os Estados Unidos manejavam a Eurásia era crítica e que o Estado que dominasse esse vasto continente, *geopolitically axial*, i.e., um eixo geopolítico, controlaria duas das três regiões econômicas mais produtivas e avançadas do mundo, subordinaria África e tornaria periféricos, geopoliticamente, o hemisfério ocidental e a Oceania,[16] ao contrário do geopolítico americano Nicholas J. Spykman, que considerava a *Rimland*, denominada *"Inner or Marginal Crescent"* por Mackinder, a faixa costeira ao redor da Eurásia, mais importante para o controle e a contenção da União Soviética. Essa área, a *Rimland*, uma região intermediária, entre o *Heartland* e os mares marginais, compreendia Escandinávia, Europa Ocidental, Europa Central, Turquia, Oriente Médio, subcontinente indiano, sudeste e extremo da Ásia — Indochina, Coreia e oeste e norte da China —, da Eurásia ocidental à Eurásia oriental, e funcionava como vasta zona tampão (*buffer*) entre o poder naval e o poder terrestre.[17]

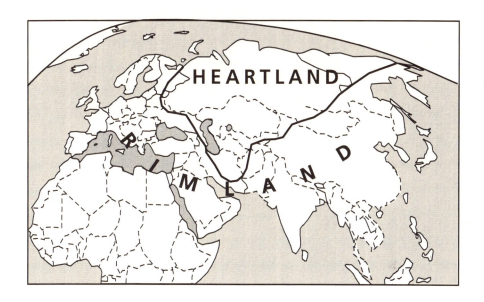

Spykman considerava que, após a Primeira Guerra Mundial, o *Heartland* se tornou menos importante do que o *Rimland* ou *Randland* e que a cooperação da Grã-Bretanha e dos Estados Unidos, potências terrestres e marítimas, controlaria o litoral da Europa e, portanto, a relação essencial do poder no mundo.[18] Contudo, na Eurásia viviam 75% da população mundial e estavam depositados três quartos das fontes de energia conhecidas em todo o mundo.[19] Com essa percepção, Brzezinski induziu o presidente Carter a abrir um terceiro *front* na Guerra Fria,[20] instigando contra Moscou os povos islâmicos da Ásia Central, no *Heartland* da Eurásia e integrantes da União Soviética, com o objetivo de formar um *green belt*[21] e conter o avanço dos comunistas na direção das águas quentes do Golfo Pérsico e dos campos de petróleo do Oriente Médio.[22] A ideia de que o "fanatismo islâmico" podia ser excitado contra a ortodoxia russa não era inteiramente nova. Constava nos *bulletins* da *Grande Armée* e no manifesto de 1806, de Napoleão Bonaparte, traduzidos pelo filólogo francês professor Antoine Isaac, Baron Silvestre de Sacy (1758-1838), especializado em vários idiomas, sobretudo o árabe, quando trabalhava para o Ministério dos Assuntos Estrangeiros da França, entre 1805 e 1811.[23]

Brzezinski, porém, cria que a guerra santa (*Jihad*)[24] contra os soviéticos no Afeganistão, a revolução fundamentalista no Irã, o forte apoio aos *mujahidin*[25] afegãos e a instituição da lei islâmica (*Shari'ah*), no Paquistão, pelo presidente Muhammad Zia-ul-Haq (1979) — todos esses fenômenos similares —, refletiam o despertar generalizado de uma orientação mais autoassertiva, baseada na etnicidade e na fé islâmica, razão pela qual os Estados Unidos "*can accelerate this alliance of hostility*" com grande intensidade através de transmissões de rádio para a Ásia Central, na União Soviética, onde viviam aproximadamente 50 milhões de muçulmanos e de onde o Islã não fora extirpado.[26] E, em todos esses países, ressurgiram os movimentos islâmicos, alguns dos quais queriam restabelecer o Islã, conforme *ahl-al-Qur'an*, e implantar a lei da *Shari'ah*, o código de justiça e de conduta, e os ensinamentos da *sunna*, como nos tempos do Profeta.

O regime comunista, apesar de todos os esforços, não conseguiu efetivamente erradicar o Islã e criar o *Homo Sovieticus* (*Sovetskii Chalovek*). Durante a Segunda Guerra Mundial aproximadamente 1,6 milhão de muçulmanos foram convocados pelo governo soviético, porém mais da metade desertou para o lado dos alemães.[27] Não manifestavam nenhuma lealdade ao regime. E a Rússia sempre se defrontou com enormes desafios no norte do Cáucaso, onde majoritariamente a população islâmica se concentrava, sobretudo no Daguestão, na Inguchétia, na Tchetchênia, na Cabárdia-Balcária e na Carachai-Circássia.

O Islã chegara ao norte do Cáucaso em meados do século VII, quando os árabes ocuparam o território do Império Sassânida, quase um milênio antes da conquista da região, inclusive dos *khanatos* (domínio de um *khan*)[28] tártaros de Kazan (1552) e Astrakhan (1556), pelo czar Ivan IV (Ivan, o Terrível, 1530-1584), no século XVI. E, de 1785 a 1791, o xeque Mansour (Ushurma) Aldinsky (1732-1794), da Tchetchênia, liderou uma insurreição, proclamou a *Ghazawat*, i.e., uma *Jihad*, que se estendeu por quase todo o norte do Cáucaso sob a bandeira do Islã, contra o Império Russo, no reinado de Catarina, a Grande (1762-1796), mas foi derrotado.[29]

Zbigniew Brzezinski argumentou que a União Soviética ameaçava essa região, *"vital sphere"* de interesses dos Estados Unidos, que se estendia desde a cordilheira de Hindu Kush, no Afeganistão e no noroeste do Paquistão, passando pelo Irã, pelo Oriente Médio até o Bósforo.[30] No seu entendimento, o *"arc of crisis"*,[31] do Paquistão até a Etiópia, circundava os Estados do Oriente Médio, com suas jazidas de petróleo, região de fundamental importância para a segurança nacional dos Estados Unidos. Daí a necessidade de construir *"a regional security framework"*, com a construção de bases aéreas e navais em Omã, na Somália e no Quênia, de modo que os Estados Unidos exercessem efetivamente seu poder na região, de *"great strategic importance"*, dado conter mais de dois terços do petróleo exportável do mundo, evitando que o esforço da União Soviética para dominar o Afeganistão trouxesse suas forças para dentro de 300 milhas do Oceano Índico, perto do Estreito de Ormuz, através do qual fluía a maior parte do petróleo mundial.

Assim começou outro *Great Game* (*Bolshaya Igra*),[32] como o que, no século XIX, o Império Britânico havia jogado com o Império Russo, que firmara com a Pérsia, em 1813, um tratado de paz (Tratado de Gulistan), anexando o Azerbaijão, o Daguestão e a Geórgia, e ameaçava expandir-se na direção da Índia, através do Afeganistão.[33] E, em 25 de junho 1979, antes da invasão do Afeganistão pelas tropas da União Soviética, o presidente Jimmy Carter assinou um *finding*,[34] mediante o qual autorizou a CIA a dar assistência encoberta aos *mujahidin* afegãos, com operações de guerra psicológica, possibilitando à população o acesso ao rádio, instalado em terceiros países, como o Paquistão, e assim fomentar a insurgência contra o governo de Cabul, apoiado por Moscou. Era a Operation Cyclone.

"The Soviet Union is now attempting to consolidate a strategic position, therefore, that poses a grave threat to the free movement of Middle East oil", declarou o presidente Jimmy Carter, anunciando que *"an attempt by an outside force to gain control of the Persian Gulf region will be regarded as an assault on the vital interests of the United States of America, and such an assault will be repelled by any means necessary, including military force."*[35]

Zbigniew Brzezinski, em *memorandum* para o presidente Carter datado de 26 de dezembro de 1979, comentou que, embora a intervenção de Moscou no Afeganistão constituísse um grave desafio, doméstico e internacional, para os Estados Unidos, o Afeganistão podia tornar-se o *"soviet Vietnam"*.[36] Daí ser *"essential that Afghanistani resistance continues"*, o que implicava o fornecimento de *"more money as well as arms shipments to the rebels, and some technical advice"*, ademais de um entendimento com os países islâmicos, a fim de promover uma campanha de propaganda e *"covert action"* para ajudar os rebeldes (*mujahidin*), bem como encorajar a China e o Paquistão a fazê-lo.[37] Segundo Brzezinski, o antigo sonho de Moscou era ter acesso direto ao Oceano Índico, o que antes a Grã-Bretanha obstaculizara, depois o Irã, mas este país estava convulsionado pela revolução islâmica liderada pelo aiatolá Ruhollah Khomeini, e o Paquistão era *"unstable internally and extremely apprehensive externally"*.[38]

Robert Gates, ex-diretor da CIA depois secretário de Defesa na administração do presidente Barack Obama, escreveu em suas memórias que, em 1982, William J. Casey, quando diretor da CIA, e o então secretário de Defesa adjunto Frank Carlucci fizeram esforços para financiar os *mujahidin*, no Afeganistão, com mais US$ 20 milhões por ano, e o programa de financiamento chegou a US$ 630 milhões em 1987,[39] ou muito mais. O general Muhammad Zia-ul-Haq, na época presidente do Paquistão, e o príncipe Turqui bin Faisal, chefe do Ri'āsat Al-Istikhbārāt Al-'Āmah, o serviço de inteligência da Arábia Saudita, tinham estreitas vinculações com Usamah bin Ladin e serviram como intermediários do financiamento da CIA aos *mujahidin* mobilizados para combater as tropas soviéticas, muitos deles oriundos de Bengazi, Tobruk e Darnah, na Líbia. Era o cinturão verde (Islã) contra o avanço vermelho (comunismo). A *Jihad*, porém, não terminou com a saída das tropas soviéticas. Os Estados Unidos foram um aliado circunstancial. E cerca de 600 a 1.000 fundamentalistas, com a ajuda de bin Ladin e de outros patrocinadores da *Jihad*, ou atravessando os desertos do Marrocos e da Tunísia, retornaram à Argélia e à Líbia, onde haviam sido recrutados.

Apesar de que os Estados Unidos, sob a orientação de Zbigniew Brzezinski, houvessem encorajado o ressurgimento do fundamentalismo islâmico, com o objetivo de desestabilizar a própria União Soviética, a partir das repúblicas muçulmanas da Ásia Central, e de formar um *green belt*, i.e., um cinturão islâmico, com a colaboração do Paquistão e da Arábia Saudita, para promover *Jihad* contra os "comunistas ateus" no Afeganistão, o terrorismo entrou na agenda do presidente Ronald Reagan (1981-1989) como a nova ameaça a enfrentar. O terrorismo, em realidade, não era novo e nos anos 1960 e 1970 tanto a Organização para a Libertação da Palestina (OLP) quanto a Frente de Libertação Nacional (FLN), da Argélia, e a Frente de Libertação da Eritreia (FLE) recorreram a esse método de luta, sem que configurasse ameaça internacional.

Foram a CIA e o Inter-Services Intelligence (ISI) do Paquistão e o Ri'āsat Al-Istikhbārāt Al-'Āmah, serviço de inteligência da Arábia Saudita, que institucionalizaram o terrorismo em larga escala, com o estabelecimento de campos de treinamento no Afeganistão, a fim de combater as tropas da União Soviética (1979-1989),[40] fornecendo aos *mujahidin* toda sorte de recursos e sofisticados petrechos bélicos — de 300 a 500 mísseis antiaéreos Stinger, dos Estados Unidos. O próprio general Pervez Musharraf, ex-ditador do Paquistão, confessou em suas memórias que *"we — the United States, Pakistan, Saudi Arabia, and all those who were allied with us in Afghan jihad — created our own Frankenstein monster"*.[41] A CIA forneceu em torno de US$ 3,3 bilhões,[42] dos quais pelos menos a metade proveio do governo da Arábia Saudita.[43] Mais de US$ 250 milhões fluíam, mensalmente, para os *mujahidin* da Arábia Saudita e de outros países árabes.[44] O Bank of Credit and Commerce International (BCCI), do qual Kamal Adham, do serviço de inteligência saudita, era um dos principais acionistas, atuou como intermediário da CIA e de Adnan Kashoggi, um dos grandes traficantes de armamentos,[45] e se encarregou de lavar grande parte dos recursos.[46]

Entrementes agentes do ISI e da CIA recrutavam e treinavam entre 16.000 e 18.000 *mujahidin*, aos quais Usamah bin Ladin uniu um contingente de 35.000 árabes-afegãos.[47] O MI6 (Secret Intelligence Service), da Grã-Bretanha, também colaborou na operação, apoiando, com equi-

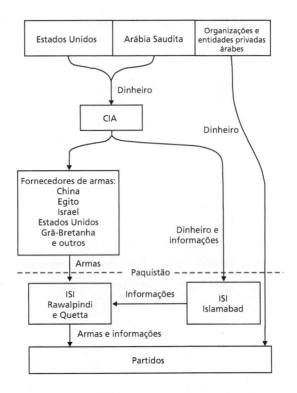

pamentos de rádio e instrutores, os *mujahidin* de Ahmad Shah Massoud (1953-2001), um sunita afegão-tadjique que posteriormente comandaria a Aliança Norte contra os Talibans.[48] Entre 1982 e 1992, cerca ou mais de 35.000 islâmicos radicais, procedentes do Oriente Médio, do norte e do leste da África, da Ásia Central e Oriental, foram treinados nos campos criados e mantidos pela CIA e pelo ISI no Afeganistão, fronteira com o Paquistão, país onde 75% da população era sunita (20% xiita) e havia fortes grupos *jihadistas*, tais como Harkat-ul-Jihad, fundado por estudantes da *madrassah*[49] Deobandi,[50] Harkat-ul-Mujahideen, Markaz-ud-Dawa-wal-Irshad e Sipah-e-Sahaba Pakistan (SSP), entre outros, que tinham o fito de restaurar o Califado.[51]

O interesse da Arábia Saudita em patrocinar os *mujahidin* e a *Jihad* no Afeganistão consistia em difundir o fundamentalismo *Wahhabi*, também adotado pela Harkat-ul-Jihad al-Islami, que o aparato militar do Paquistão e o ISI ajudaram a organizar, desde 1977, quando o general Muhammad Zia-ul-Haq (1924-1988) assumiu o poder, por meio de um golpe de Estado, e impôs a *Shari'ah* no país, pretendendo promover o avanço dos valores islâmicos através da região.[52] O governo dos Estados Unidos, porém, introduziu o terrorismo como nova ameaça após 1979, a fim de justificar os vultosos recursos orçamentários com os quais subsidiava o complexo industrial-militar e toda a sua cadeia produtiva, criando mais 2 milhões de empregos nos anos 1980, bem como a cadeia de bases militares e tropas nas mais diversas regiões do mundo. E o Conselho de Segurança Nacional elaborou um projeto para a promoção da democracia e induziu o Congresso a criar, em 1983, a National Endowment for Democracy (NED), com o objetivo de operar como parte do programa de diplomacia pública e financiar uma cadeia de organizações não governamentais e governamentais, relativamente autônomas, ajudando e treinando grupos para a *"political warfare"*, e encorajar o desenvolvimento da democracia.[53] O ex-diretor da CIA William Colby comentou que muitas operações, antes conduzidas de forma encoberta (*covert actions*), poderiam agora ser realizadas abertamente, sem controvérsia.[54] Mas essas organizações não governamentais trabalhariam em coordenação com o Departamento de Estado, a CIA e a embaixada dos Estados Unidos no país.[55] E a orientação da diplomacia pública era *"overt democratic support where we can, covert activities where we must"*.[56]

A *rationale* da política exterior dos Estados Unidos — "Mundo Livre" contra o comunismo — estava então a mudar. O "perigo verde", identificado com o fundamentalismo islâmico, substituiu o "perigo vermelho", antes representado pela União Soviética, e o "terrorismo internacional" começou a ocupar relevante espaço na agenda internacional dos Estados Unidos, no lugar do "comunismo internacional". Conquanto incrementasse a corrida armamentista, com o objetivo de aguçar os *"serious economic and political problems"* da União Soviética, avaliados pelo Bureau of Soviet Analysis (SOVA) da CIA,[57] em 1984 o presidente Ronald Reagan tomou, porém, como principal alvo não mais as organizações responsáveis pelos atentados, mas alguns Estados no Terceiro Mundo que classificou como *rogue states* (Estados irresponsáveis, indisciplinados) e acusou de patrocinar o terrorismo (*state-sponsored terrorism*). E após o esbarrondamento da União Soviética, em meio a "*growing consumer discontent, ethnic divisions*",[58] devido a "*long continued investment priorities favoring heavy industry and defense, coupled with a rigid and cumbersome system of economic organization*",[59] o terrorismo e o narcotráfico configuraram os novos inimigos a combater,[60] como justificativa dos vastos recursos orçamentários de que se apropriavam. O "*evil empire*",[61] como o presidente Reagan denominara a União Soviética, aluíra.

NOTAS

1. "*The Heartland, for the purpose of strategic thinking, includes the Baltic Sea, Asia Minor, Armenia, Persia, Tibet, and Mongolia. Within it, therefore, were Brandenburg-Prussia and Austria-Hungary, as well as Russia — a vast triple base of man-power, which was lacking to the horse-riders of history.*" MACKINDER, 1981, p. 110.
2. Halford J. MACKINDER, "The Geographical Pivot of History", *Geographical Journal*, Royal Geographical Society, London, April 1904, vol. XXIII, p. 421-444.
3. MCKINDER, 1981, p. 110.
4. "*The over setting of the balance of power in favor of the pivot states, resulting in its expansion on the marginal lands of Euro-Asia, would permit the use of vast continental resources for fleet-building, and the empire of the world would the be in sight.*" Idem, ibidem, p. 436.
5. LUXEMBURG, 1979, p. 149.
6. Os principais ramos do Islã são os *Sunni* (sunitas) e os *Shia* (xiitas). Após o falecimento do profeta Muhammad (c. 26/4/570-8/6/632), com a morte do terceiro califa, Otman, os povos islâmicos dividiram-se e travaram uma guerra civil. Dois parentes do profeta Muhammad enfrentaram-se, disputando o califado. Um era Ali, primo do profeta e esposo de sua filha (Fátima), o outro, Muawiyah, governador de Damasco e primo do último califa. Os Sunitas acreditam que toda a comunidade islâmica (*ummah*) reconheceria a autoridade do primeiro califa, Abī Bakr. Outros segmentos do Islã, conhecidos como *Shia-t-Ali* (partido de Ali) ou simplesmente *Shia* (xiitas), entretanto, entendiam que o genro de Muhammad, Ali, era o sucessor legítimo do califado. Os sunitas representam cerca de 85% dos adeptos do Islã, mas os xiitas

são predominantes no Irã (cerca de 93,4%), Azerbaijão (75%), Iraque (62,5%), Bahrein (61,3%), e minoria em todos os demais países islâmicos e na Ásia Central. Há, no entanto, diversas tendências, sub-ramos, tanto entre os sunitas como entre os xiitas.

7. BADDELEY, 1969, p. 23.
8. BRZEZINSKI, 1986, p. 16.
9. HAUSHOFER, 1939, p. 188.
10. RATZEL, 1941, p. 232.
11. SPYKMAN, 1942, p. 43-44.
12. Ibidem, p. 43.
13. Ibidem, p. 187.
14. MAHAN, 1987, p. 87.
15. MACKINDER, 1925, p. 334.
16. BRZEZINSKI, 1997, p. 30-31.
17. SPYKMAN, 1971, p. 174.
18. Ibidem, p. 177.
19. BRZEZINSKI, 1997, p. 31.
20. A estratégia de Brzezinski baseou-se na obra *L'empire éclaté*, na qual sua autora, a politóloga francesa Hélène Carrère D'Encausse, previra a desintegração da União Soviética, como consequência de revoltas das populações islâmicas nas suas repúblicas asiáticas, como Armênia, Azerbaijão, Cazaquistão e Tchechênia. CARRÈRE D'ENCAUSSE, 1978, p. 282.
21. A cor verde é símbolo da bandeira do Islã.
22. BRZEZINSKI, 1983, p. 226. Para mais detalhes, vide MONIZ BANDEIRA, 2006, p. 377-402.
23. SAID, 1979, p. 124.
24. *Jihad*, palavra de origem árabe — *ji-'häd* —, significa um esforço interior do muçulmano, disciplina para melhorar-se a si próprio e ajudar a comunidade (RASHID, 2002, p. 2.) *Jihad* é também a guerra contra os que ameaçam a comunidade, os descrentes ou não muçulmanos, que quebram o pacto de proteção. O dever da *Jihad* baseia-se no 6º pilar do *Qur'an*, que alguns segmentos do islamismo creem existir (HOURANI, 1991, p. 151). Existem duas diferentes formas de *Jihad*. A superior, a luta permanente do homem pela pureza espiritual. E a inferior, que manda combater o infiel. Há o *daru-I-islam*, a habitação do Islã, da fé, e o *daru-I-harb*, o da guerra contra os infiéis que precisa ser vencida para a tranquilidade dos crentes. A *Jihad* pode ser defensiva ou ofensiva. A *Jihad* contra os infiéis, de ataque ou defesa, é obrigação. Mas basta que seja feita por uns poucos *shaids*, i.e., mártires. À luz de certos critérios, definidos pela jurisprudência religiosa, a palavra pode ser aproximadamente tradu-

zida como "Guerra Santa". No Corão está escrito: "Ó vós que credes! Lutai contra os descrentes que estão perto de vós e deixai-os sentir vossa dureza" (*Der Koran* [Arabisch-Deutsch], Teil 11 — Sure 9 — Die Reue, 125, p. 207).

25. *Mujahid* é o que pratica a *Jihad*, que morre no campo de batalha durante o combate e pode entrar imediatamente no paraíso, enquanto os inimigos, os infiéis, os que não praticam o Islã, vão para o inferno. "E quando vos enfrentardes com os incrédulos (em batalha de defesa), golpeai-lhes os pescoços até que sejam dominados e tomai os sobreviventes como prisioneiros. Depois, libertai-os por honradez ou mediante resgate, quando a guerra houver terminado. Assim deve ser. Houvesse Allah querido, Ele mesmo os teria punido. Ele porém vos deixou a oportunidade de prová-lo. E os que morrerem pela causa de Allah, Ele jamais desmerecerá as suas obras. Allah há de melhorar suas condições e os receberá no Paraíso (*al-Jannah*) que lhes foi anunciado" (*Der Koran* [Arabisch-Deutsch], Teil 26 — Sure 47 — 1 — Muhammad — Geoffenbart zu Medina, p. 507).

26. Brzezinski, 1986, p. 226.

27. Hunter, 2004, p. 30.

28. O Império Mongol, quando Kublai Khan morreu, em 1294, fraturou-se em vários *khanatos* — domínios sob a jurisdição de um *khan*, senhor.

29. O xeque Mansur foi capturado na fortaleza de Anapa, no Mar Negro, e levado para São Petersburgo, onde ficou preso, condenado à prisão perpétua. Morreu em 13 de abril de 1794, em Shlisselburg. Reynolds, 2014, p. 191.

30. Brzezinski, 1983, p. 443-446.

31. Ibidem, p. 443-446.

32. A expressão *The Great Game* foi usada por Arthur Conolly, tenente da Sexta Cavalaria Ligeira de Bengala, da Companhia Britânica das Índias Orientais, que foi mandado, como agente do serviço de inteligência, para reconhecer a área entre o Cáucaso e Khyber-Pakhtunkhwa, no noroeste do Paquistão, então parte da Índia britânica, fronteira com o Afeganistão, nas montanhas de Hindu Kush. Ele e o coronel Charles Stoddart foram capturados e decapitados, em 1842, como espiões do Império Britânico, por ordem do emir Nasrullah Khan (Nasr-Allah bin Haydar Tora), de Bukhara, emirado existente até 1929 e cujo território atualmente integra, na maior parte, o Uzbequistão e, em menor parte, o Tadjiquistão e o Turcomenistão. Vide Hopkirk, 1994, p. 123-124. Kleveman, 2003, p. 116. O poeta e escritor inglês Rudyard Kipling (1865-1936), nascido em Bombaim, divulgou a expressão *Great Game*, usada várias vezes na novela *Kim* (1901): "*When he comes to the Great Game he must go alone — alone, and at peril of his head. Then, if he spits, or sneezes, or sits down other than as the people whom he watches, he may be slain. Why hinder him now? Remember*

how the Persians say: The jackal that lives in the wilds of Mazanderan can only be caught by the hounds of Mazanderan." E, mais adiante: *"'Go up the hill and ask. Here begins the Great Game.' (...) He considered the years to come when Kim would have been entered and made to the Great Game that never ceases day and night, throughout India. He foresaw honour and credit in the mouths of a chosen few, coming to him from his pupil. Lurgan Sahib had made E.23 what E.23 was, out of a bewildered, impertinent, lying, little North-West Province man. (...) When everyone is dead the Great Game is finished. Not before. Listen to me till the end. There were Five Kings who prepared a sudden war three years ago, when thou wast given the stallion's pedigree by Mahbub Ali. Upon them, because of that news, and ere they were ready, fell our Army."*

33. Durante quatro séculos, o Império Russo se expandiu em média 20.000 milhas quadradas por ano, o equivalente a 55 milhas quadradas por dia. HOPKIRK, 1994, p. 5.

34. O *finding* é a autorização dada pelo presidente dos Estados Unidos, quase sempre por escrito, na qual ele acha (*find*) que uma operação encoberta (*covert action*) é importante para a segurança nacional. O *finding* é o mais secreto entre os documentos do governo americano.

35. Jimmy Carter, State of the Union Address 1980, January 21, 1980.

36. Memorandum — Secret — The White House, Washington. Memorandum for: The President — From: Zbigniew Brzezinski. Reflections on Soviet Intervention in Afghanistan. Arquivo do Autor.

37. Ibidem.

38. Ibidem.

39. GATES, 1997, p. 251-252.

40. COOLEY, 2000, p. 260. Kenneth KATZMAN, "Afghanistan: Post-Taliban Governance, Security, and U.S. Policy", May 3, 2012, Congressional Research Service 7-5700.

41. MUSHARRAF, 2006, p. 209.

42. RALPH, 2008, p. 256.

43. YOUSAF e ADKIN, 2001, p. 83, 90.

44. VAN LINSCHOTEN e KUEHN, 2012, p. 79. JOHNSON, 2006, p. 118.

45. SCOTT, 2010 b. RUPPERT, 2004, p. 144-146.

46. AHMED, 2002, p. 194-195. STICH, 1994, p. 408-410.

47. Ibidem, p. 118. JOHNSON, 2010, p. 49.

48. URBAN, 1996, p. 35-37.

49. Quem instituiu originalmente a *madrassah* — escola islâmica para o estudo exclusivo do *Qur'an* criada pelos turcos Seljuk — foi o sultão Salah al-Din al-Ayyubi (1138-1193), celebrizado como Saladin, com o objetivo de comba-

A SEGUNDA GUERRA FRIA

ter as seitas islâmicas não ortodoxas no Egito. Salah al-Din al-Ayyubi assumiu o controle do Egito após a morte do califa fatimida em 1171. Quando os Cruzados atacaram o Egito, incendiando o Cairo, Salah al-Din fortificou a cidade, resistiu e tornou-se um dos grandes heróis do Islã, por sua humildade, coragem pessoal, capacidade administrativa e militar, o que lhe permitiu derrotar os exércitos cristãos. O domínio de Salah al-Din durou 24 anos. Ele é personagem do romance de Walter Scott *The Talisman*.

50. A Deobandi era uma doutrina sunita, da escola jurídico-religiosa Hanafi, cujos ideólogos foram Muhammad Qasim Nanautawi (1833-1877) e Rashid Nanautawi, fundadores da primeira *madrassah* desse ramo muçulmano em Deoband, perto de Nova Délhi. Seus discípulos espalharam essas *madrassahs* Deobandi através da Índia e do Afeganistão e, em 1967, já havia cerca de 9.000 espalhados pelo sul da Ásia. Só no Paquistão, no princípio dos anos 1990, havia cerca de 4.000 *madrassahs*, especialmente perto da fronteira com o Afeganistão, onde viviam em acampamentos 2 milhões de refugiados afegãos, cujos filhos frequentavam aqueles seminários, juntamente com filhos de famílias paquistanesas bem situadas. Por volta de 2001, as *madrassahs* contavam com cerca de 1 milhão de alunos.

51. Van Linschoten e Kuehn, 2012, p. 74 e 75.

52. Coll, 2005, p. 26-29.

53. Peck, 2010, p. 95-97.

54. Ibidem, p. 96-97.

55. Ibidem, p. 96-97.

56. Ibidem, p. 202-203.

57. Douglas J. MacEachin, "CIA Assessments of the Soviet Union — The Record versus the Charges". Historical Document. This article originally appeared as an unclassified Intelligence Monograph published by CIA's Center for the Study of Intelligence (CSI 96-001, May 1996).

58. Ibidem.

59. Ibidem.

60. Samuel Pinheiro Guimarães, "Esperanças e ameaças: notas preliminares", original, Rio de Janeiro, 23/10/1995.

61. President Reagan's Speech to the National Association of Evangelicals, Orlando, Florida, March 8, 1983.

Capítulo II

AS DEMONSTRAÇÕES DE PROTESTO NA CHINA • A REPRESSÃO NA PRAÇA TIANANMEN • A REMOÇÃO DE SADDAM HUSSEIN NA AGENDA DESDE O GOVERNO DE REAGAN • A INVASÃO DO KUWAIT • O RADICALISMO ISLÂMICO E A GUERRA CIVIL NA ARGÉLIA • A OPERATION RESTORE HOPE NA SOMÁLIA • O CONTROLE DO GOLFO DE ÁDEN • EMPRESAS MILITARES PRIVADAS • A NED E A SUBVERSÃO NA IUGOSLÁVIA • A REDE MUNDIAL DE BASES MILITARES DOS ESTADOS UNIDOS

O regime comunista, nos países do Bloco Soviético, desabou, um após o outro, no curso de alguns meses de 1989, ano em que George H. W. Bush (1989-1993) assumiu a presidência dos Estados Unidos, como sucessor do presidente Ronald Reagan. A China, contudo, não se desestabilizou, não obstante as contradições domésticas, que se aguçavam desde 1986. Diversas demonstrações estudantis de protesto, espontaneamente iniciadas por ocasião dos funerais de Hu Yaobang, em 15 de abril de 1989, mas depois coordenadas por alguns líderes de diversos campi universitários, recrudesceram, em diversas cidades do país, até 4 de junho de 1989, com a adesão e o apoio de elementos de outras classes sociais, inclusive novos empresários emergentes, como a companhia de computadores Stone Group.[1] A abertura do regime, a partir de 1980, permitiu que os líderes do movimento tivessem acesso à mídia estrangeira, particularmente à BBC, à Voz da América e à imprensa de Hong Kong, que, como instrumentos de *psychological warfare*,[2] inflamaram as demonstrações, que assumiram caráter ainda mais político em Beijing, na Praça Tiananmen, entre 3 e 4 de junho de 1989. Lá os repórteres das

TVs estrangeiras, como a CBS, já haviam montado todo o aparato de filmagem e se comunicavam, por meio de *walkie-talkies*, com seus colegas das redes, instalados nos hotéis de Beijing.[3] Ao que tudo indica, houve infiltração de agentes estrangeiros na demonstração, *"presumably the CIA, Taiwan e Hong Kong"*, ressaltou Harrison E. Salisbury,[4] acrescentando que, de fato, agentes foram localizados na praça, porém não se evidenciou que tiveram qualquer papel exceto, possivelmente, em conduzir fundos de Hong Kong para os manifestantes.[5] De qualquer forma, as tropas do Exército, em 4 de junho de 1989, foram compelidas a intervir na Praça Tiananmen e esmagar a tentativa de *luan* (revolta), como alguns manifestantes pretenderam e clamaram. Cerca de 1.000 a 2.000 morreram nos conflitos.[6] E a dureza com que Deng Xiaoping reprimiu a demonstração na Praça Tiananmen robusteceu sua posição no Partido Comunista e lhe permitiu prosseguir com a política de abertura econômica na China.

O presidente George H. W. Bush mantinha relações pessoais com Deng Xiaoping desde 1976, quando chefiou o U.S. Liaison Office (USLO),[7] em Beijing, e buscou evitar que o sangrento episódio da Praça Tiananmen abalasse seriamente as relações com a China. Seu protesto foi mais vocal e as sanções tomadas consistiram basicamente na suspensão da venda de armamentos a Beijing. George H. W. Bush, de acordo com a estratégia de Henry Kissinger, entendia que a aliança com a China, a segunda maior potência, devia ser mantida a qualquer custo enquanto não se produzisse o total colapso do poderio militar da União Soviética.[8]

Entretanto, pouco tempo depois, ele se voltou para o Oriente Médio. Em 18 de agosto de 1990, Bush assinou um *secret intelligence finding* autorizando a remoção de Saddam Hussein do governo do Iraque, e em maio de 1991 informou ao Congresso que havia destinado entre US$ 15 milhões e US$ 20 milhões ao golpe militar que deveria lá ocorrer. Apoiado por seus assessores, ele cria, aparentemente, na possibilidade de derrubar o regime sem que o Iraque se fragmentasse em grupos étnicos e tribos rivais, abrindo espaço para a influência do Irã, da Turquia e da Síria.[9]

Logo após assinar o *finding* autorizando a CIA a organizar uma revolta para a remoção de Saddam Hussein, o presidente George H. W. Bush ordenou a Operation Desert Shield, depois denominada Operation Desert Storm, e enviou tropas para expulsar as forças da Guarda Republicana do Iraque, que haviam invadido o Kuwait em 2 de agosto de 1990. Essa foi a primeira vez que os Estados Unidos promoveram uma guerra sem alegar a defesa da democracia e dos direitos humanos. Nem o Kuwait nem o Iraque eram modelos de democracia. O problema é que, com a ocupação do Kuwait, Saddam Hussein, ditador do Iraque, passara a controlar um quinto das reservas mundiais de petróleo.[10] No entanto, apesar de intensas operações psicológicas (*psy-ops*) contra o Iraque, promovidas pelo Psyops Group, dos Estados Unidos, e o MI6, da Grã-Bretanha,[11] Saddam Hussein continuou no poder após retirar suas tropas do Kuwait. E o levante dos curdos e xiitas, fomentado pela CIA e cujo financiamento o presidente Bush autorizara, somente ocorreu em março de 1991, depois da Guerra do Golfo (2 de agosto de 1990-28 de fevereiro de 1991), e Saddam Hussein sufocou-o.[12]

O que paralisou a administração do presidente George H. W. Bush em face do esmagamento do levante dos curdos e xiitas, financiado pela CIA, foram as eleições na Argélia, em 1990-1991, vencidas pelo Front Islamique du Salut (FIS) (*al-Jabbah al-Isl miyah lil-Inq dh*). Essa organização era adepta do salafismo, corrente radical do Islã sunita, defensora das práticas e dos costumes dos salafis (os predecessores), i.e., dos cinco primeiros califas, intolerante com as outras religiões. Seu objetivo consistia em instituir um Estado islâmico, com base na *Shari'ah*,[13] e sempre foi financiado pela Arábia Saudita e pelas petromonarquias do Golfo Pérsico.

Diante da vitória do salafista Front Islamique du Salut, o Front de Libération Nationale (FLN) e os chefes da Armée Nationale Populaire (ANP), os generais *Janviéristes/Décideurs* — Mohamed Mediène, Khaled Nezzar, Larbi Belkheir, Abdelmalek Guenaizia, Mohamed Lamari e Mohammed Touati — anularam as eleições, em 1992, e depuseram o presidente Chadli Bendjedid (1929-2012). E os grupos islâmicos Mouvement Islamique Armé (MIA) e Groupe Islamique Armé (GIA), entre outros, deflagraram a guerra civil, que custou 80.000 vidas e durou, virtualmente, até 1999.[14]

Esses grupos islâmicos haviam sido formados por jovens argelinos e de outras nacionalidades, que a confraria dos Frères Musulmans, financiada por organizações de caridade da Arábia Saudita e do Kuwait, recrutara, no início dos anos 1980, para a *Jihad*, no Afeganistão, contra as tropas soviéticas.[15] Com experiência de combate, após receberem treinamento e formação teológica no Paquistão, quando regressaram à Argélia — via Islamabad-Karachi-Túnis — usaram as mesquitas para a propaganda do partido religioso e robusteceram a seita salafista El-Hidjira ou a at-takfir. E, durante a cruenta e feroz guerra civil, *la sale guerre*, com massacres e atentados terroristas, os insurgentes islâmicos na prisão militar de Blida (*El Bouleïda*) eram tratados como *"bêtes, castrés, violés, tués"*.[16] Em tais condições, muitos prisioneiros tentaram suicídio.

O Département du Renseignement et de la Sécurité (DRS) e outros serviços de inteligência do Exército argelino também infiltraram e manipularam o Groupe Islamique Armé, com o objetivo de desacreditar a resistência islâmica ao golpe de Estado de 1992, liquidar os verdadeiros oponentes e obter dos países ocidentais ajuda econômica e militar contra o terrorismo, segundo Mohamed Samraoui, ex-chefe da Sécurité Militaire da Argélia.[17] A maioria das vítimas da guerra foram civis, provavelmente entre 40.000 e 50.000.[18] E o terrorismo islâmico e o terrorismo do Estado, com execuções sumárias, arrasamento de vilas inteiras, lançaram a Argélia no caos.[19]

O presidente George H. W. Bush não condenou a interrupção do processo democrático na Argélia e manteve um *low profile*, uma posição aparentemente neutra, o que foi percebido como tácito apoio ao golpe de Estado por alguns setores de Washington. Dentro do Departamento de Estado, porém, diversos diplomatas, preocupados com a possibilidade de que houvesse um avanço do fundamentalismo através da África, recearam que a vitória dos fundamentalistas islâmicos nas eleições da Argélia tivesse impacto contra o Ocidente e no processo de paz árabe-israelense.[20] Segundo Fawaz A. Gerges, isso explica parcialmente a decisão do presidente George H. W. Bush de permitir que Saddam Hussein esmagasse o levante xiita no Iraque, e assim evitar o aumento do poder islâmico do Irã.[21]

Dentro desse contexto, porém, o presidente George H. W. Bush inaugurou um período em que os Estados Unidos realizaram sucessivas intervenções militares em outros países, com o objetivo de expandir seus interesses econômicos e estratégicos, sempre encapuçados com o pretexto de defesa humanitária.[22] E, em 1992, enviou para a Somália, em guerra civil,[23] a 1st Special Forces Operational Detachment-Delta (1st SFOD-D), uma das mais secretas unidades contraterrorismo, como parte de uma força multinacional — Unified Task Force (Unitaf) — conforme a Resolução 794 do CS da ONU.[24] A missão *to create a protected environment for conducting humanitarian operations* foi a justificativa da Operation Restore Hope. Seu principal objetivo, em realidade, foi restaurar a segurança na Somália, onde existiam grandes reservas de gás natural e de petróleo, sobretudo no norte do país, e proteger os *multimillion-dollar investments* de quatro grandes corporações americanas — Conoco, Amoco, Chevron e Phillips Petroleum — que já haviam obtido concessões para prospectar dois terços do seu território (14,9 milhões de acres), no final dos anos 1980, antes da derrubada do presidente Maxamed Siyaad Barre (Muhammad Siad Barre), em janeiro de 1991.[25]

Outro objetivo da intervenção consistiu no controle da entrada do Golfo de Áden, no Oceano Índico, rota para o Mar Vermelho e o Canal de Suez, de importância estratégica para a passagem dos petroleiros procedentes do Golfo Pérsico na direção dos Estados Unidos, da Europa e do Japão. *East Africa analysts and several prominent Somalis* [alleged] *that President Bush, a former Texas oilman, was moved to act in Somalia, at least in part, by the U.S. corporate oil stake*, escreveu o jornalista Mark Fineman no *Los Angeles Times*.[26]

A Operation Restore Hope, sob o manto da United Nation Operation on Somalia (Unosom), conseguiu algum êxito: possibilitou a construção de 2.000 quilômetros de estradas, para o transporte das quatro grandes empresas petrolíferas que lá já estavam a trabalhar;[27] 700 civis foram massacrados pelos *peacekeepers* desde o começo da operação,

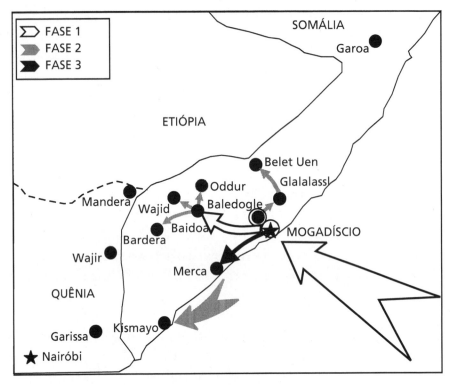

Operation Restore Hope —
9 de dezembro de 1992 – 4 de maio de 1993.
Fonte: Global Security.

e o país continuou dividido e instável.[28] Contudo, em 3 de outubro de 1993, os contingentes da Joint Special Operations Task Force (JSOTF) e das Special Forces Operational Detachment-Delta, sob o comando do general William Garrison, sofreram dura derrota, durante a batalha, quando atacaram Mogadíscio, a fim de capturar o general Maxamed Faarax Caydiid (mais conhecido como Farrah Aidid).

Conquanto cerca de 500 somalis morressem e mais de 1.000 ficassem feridos, 19 soldados dos Estados Unidos foram mortos, 77 feridos e um capturado. E as milícias do general Farrah Aidid, comemorando a vitória, arrastaram pelas ruas de Mogadíscio, em júbilo, os cadáveres dos soldados americanos abatidos no confronto. O espetáculo tétrico, mostrado pela televisão, e o número de baixas chocaram os Estados Unidos, e ao presidente William "Bill" Clinton, sucessor de George H. W. Bush, ante o clamor provocado pelo fiasco, não restou alternativa senão retirar as tropas da Somália em 31 de março de 1994.

O presidente George H. W. Bush também ordenou a intervenção no Panamá, denominada Operation Just Cause, para depor e capturar o presidente Manuel Noriega (1983-1989), acusado de tráfico de drogas. Mas a queda do Muro de Berlim e a decomposição do Bloco Socialista, ocorridas entre 1989 e 1991, foram os maiores acontecimentos políticos da segunda metade do século XX e com os quais ele se defrontou durante seu governo. Esses acontecimentos marcaram o fim da Guerra Fria.

Não mais havia outro Estado ou bloco de Estados com capacidade de desafiar e pôr em risco o sistema econômico, social e político dos Estados Unidos, cuja força militar se tornara, desde o fim da Segunda Guerra Mundial, a única no mundo a ter como principal missão não a defensiva, mas a ofensiva, não guardar as fronteiras nacionais, mas projetar seu poder sobre todos os continentes, nos quais instalou comandos militares, que caracterizam o domínio imperial.[29] E esses comandos militares passaram a influir mais acentuadamente sobre a política internacional dos Estados Unidos do que o próprio Departamento de Estado.

A União Soviética,[30] ao esbarrondar-se, perdeu o domínio não apenas sobre os Estados do Leste-Europeu como também sobre outras repúblicas que a integravam, inclusive as do Báltico, da Ásia Central e do Cáucaso. Oito repúblicas dessa região (Cáucaso e Ásia Central) — Geórgia, Armênia, Cazaquistão, Azerbaijão, Uzbequistão, Quirguistão, Turcomenistão e Tadjiquistão — constituíram-se como Estados independentes, nos quais centenas de etnias, grupos linguísticos e seitas religiosas coexistiam. E o general Colin Powell, chefe do Estado-Maior Conjunto das Forças Armadas no governo do presidente George H. W. Bush, recomendou que governo preservasse a *credible capability to forestall any potential adversary from competing militarily* com os Estados Unidos,[31] impedisse a União Europeia de tornar-se uma potência militar fora da OTAN e o Japão e a Rússia de se remilitarizarem, e desencorajasse qualquer desafio à sua preponderância ou tentativa de reverter a ordem econômica e política internacionalmente estabelecida. E assinalou para as Forças Armadas dos países latino-americanos as suas novas missões, que consistiam em

> *to maintain only such military capabilities as are necessary for self-defense and alliance commitments, counter-narcotrafic efforts, disaster relief, international peacekeeping forces and consistent with their laws and constitutions and other missions, with the principles of the Organization of American States and United Nations Charters.*[32]

Também na mesma época, 1992, Dick Cheney, como secretário de Defesa, divulgou um documento no qual confirmou que a primeira missão política e militar dos Estados Unidos pós-Guerra Fria consistia em impedir o surgimento de algum poder rival na Europa, na Ásia e na extinta União Soviética. A pretensão era assegurar aos Estados Unidos o status de *lonely power*, potência hegemônica, chefe e guia de um sistema ultraimperial das potências ocidentais, atribuindo à OTAN o monopólio da violência internacional, como *global cop*. O documento original — *Defense Planing Guidance* — elaborado, em 1990, juntamente com Paul Wolfowitz, Lewis "Scooter" Libby e Eric Lewderman, todos *neocons*, estabeleceu que o objetivo estratégico dos Estados Unidos, como *"permanent unilateral superpower"*, consistia em capturar o controle da Eurásia (Europa e Ásia) inteira e encontrar os meios *"to integrate the 'new democracies' of the former Soviet bloc into the U.S.-led system".*[33]

Havia consciência em Washington de que os Estados Unidos possuíam *"overwhelming conventional military superiority"* e os demais Estados-nação não podiam ameaçá-los diretamente, razão pela qual um conflito direto e de larga escala, uma guerra convencional, tornava-se cada vez mais altamente improvável. A percepção do Pentágono era de que competição, no ambiente internacional, passara a consistir no uso indeterminado e contínuo dos instrumentos de poder, sobretudo com métodos informais de guerra, *"irregular"*, *"asymmetric"* ou *"unrestricted"*, ou guerrilhas, sabotagem e insurgência.[34] E a esse tipo de *uncon-*

ventional war (UW) as Special Operations Forces se dedicaram com a missão de *"export democracy"* e *"free market"*, com o fito de alinhar os países recalcitrantes com os interesses dos Estados Unidos.

A desintegração da União Soviética e do Bloco Socialista abriu um *vacuum* político e novo espaço para a acumulação capitalista, i.e., para a relação entre o capital das potências ocidentais, sobretudo dos Estados Unidos, e as economias não capitalistas dos novos países independentes, com a implantação da economia de mercado e a exploração das imensas reservas de gás e petróleo e a construção de dutos na região do Cáucaso. E logo o presidente George H. W. Bush, seu secretário de Defesa, Dick Cheney, e o primeiro-ministro da Grã-Bretanha, Tony Blair, trataram de pressionar o presidente do Cazaquistão, Nursultan Äbişulı Nazarbayev (1991 em diante), no sentido de obter grandes contratos de exploração de petróleo e gás, cujo tamanho era provavelmente igual às do Iraque, para Chevron, ConocoPhilips, Halliburton, British Petroleum e BG Group.[35]

Os Estados Unidos, nos anos 1990, tiveram seu *momentum* imperial e começaram a atuar, internacionalmente, como *lonely power*, a super-potência hegemônica, único centro de autoridade, força e decisão econômica e política, que apontava o neoliberalismo, baseado no *Washington Consensus*,[36] como o caminho para o desenvolvimento econômico.[37] O presidente William "Bill" Clinton (1993-2001), do Partido Democrata, ao buscar maior comprometimento multilateral, acentuando a interdependência dos Estados no processo de globalização,[38] manteve substancialmente a agenda política externa dos seus antecessores do Partido Republicano, Ronald Reagan e George H. W. Bush, no sentido de sobrepujar o conceito de soberania nacional pelo *"world government"*, i.e., a governança global, sob a hegemonia dos Estados Unidos. Essa era uma tendência cada vez mais acentuada na política internacional dos Estados Unidos desde o fim da Segunda Guerra Mundial, e o senador J. William Fulbright, do Partido Democrata, declarou explicitamente em seu livro *Old Myths and New Realities* (1964): *"Indeed, the concept of national sovereignty has become in our time a principle of international anarchy"*, o mais penetrante dos velhos mitos *"that blind to the realities of our time"*.[39]

A SEGUNDA GUERRA FRIA

Provavelmente, a contratação dos primeiros mercenários para dar apoio (alimentação, manutenção etc.) aos serviços militares ocorreu na Incirlik Air Base, na Turquia, durante a Operation Desert Storm (1990-1991).[40] O presidente Bill Clinton, entretanto, avançou, nos meados dos anos 1990, a política de *outsourcing*, privatização dos serviços militares,[41] planejada no governo do presidente George H. W. Bush pelo secretário de Defesa, Dick Cheney, que havia solicitado à Brown & Root, divisão de engenharia da Halliburton, estabelecida em Houston, que identificasse os serviços executados pelas Forças Armadas que os setores privados poderiam assumir.[42] E assim se expandiram os *Private Military Contractors* (PMCs), mercenários *"authorized to commit violence"* em nome de seus empregadores, *"predatory bandits uncontrollable"*, representando o poder público nas mais remotas regiões, como definiu o professor Peter Dale Scott.[43] Conforme escreveu Jeremy Scahill, essas *"shadowy mercenary companies"*[44] empregavam *"some of the most feared professional killers in the world"*, acostumados a operar sem preocupação com as consequências legais, longe do radar do Congresso; com *"remarkable power and protection within the U.S. war apparatus"* praticavam a violência *"with impunity, including cold-blooded murder of non-combatant civilians"*.[45] E o presidente Bill Clinton deu lucrativos contratos à Halliburton para operar nas guerras dos Bálcãs — Bósnia, Croácia e Kosovo (1999).[46] Cheney havia assumido a direção da companhia após deixar a Secretaria de Defesa e em cinco anos dobrou o seu volume de dinheiro, que saltou de US$ 1,2 bilhão para US$ 2,3 bilhões, extraídos do Tesouro dos Estados Unidos.[47] E a sua fortuna pessoal também recresceu.

O *"counter-terrorism"* continuou como *"a top priority for the Clinton Administration"*, conforme a Casa Branca anunciou em 1995.[48] Madeleine Albright, secretária de Estado na sua administração, enfatizou que o terrorismo constituía a mais importante ameaça que os Estados Unidos e o mundo enfrentariam no início do século XXI e altos funcionários americanos reconheceram que os terroristas, mais do que nunca, estavam em condições de obter e usar armas nucleares, químicas e biológicas.

A política de Washington, contudo, continuou pautada pela mentalidade da Guerra Fria e impregnou-se do triunfalismo, diante do colapso da União Soviética. O presidente Bill Clinton, na linha do *Defense Planing Guidance* (DPG), violou os compromissos assumidos pelo presidente George H. W. Bush com o presidente Mikhail S. Gorbachev e expandiu a OTAN até as fronteiras da Rússia, incorporando Estados que antes pertenceram ao Bloco Socialista, tais como as ex-repúblicas soviéticas Estônia, Lituânia e Letônia. Os Estados Unidos impuseram também sua preeminência nos Bálcãs, com o desmembramento da antiga Iugoslávia, encorajaram, nos países que antes integravam a União Soviética, as reformas para o estabelecimento da economia de mercado e de regimes democráticos, i.e., pró-Ocidente, na Europa Oriental, e ocuparam o *vacuum* político descerrado pela débâcle da União Soviética, no Báltico, no Cáucaso e na Ásia Central.

O presidente da Rússia, Boris N. Yeltsin (1991-1999), pressionado decerto pelas Forças Armadas, escreveu uma carta ao presidente Clinton opondo-se à expansão da OTAN aos países da Europa Oriental, entre os quais a República Tcheca e a Polônia.[49] "Nós estamos contra a expansão da OTAN para o Leste na direção das fronteiras da Federação Russa. Nós estamos firmes em nossa posição", reiterou Yeltsin antes do encontro que teria com Clinton, em Helsinque, no mês de março de 1997.[50] Porém, debilitada desde o fim da União Soviética, envolvida na guerra contra os *mujahidin* na Tchetchênia, na qual gastara no mínimo US$ 5 bilhões, e abismada em profunda crise financeira, que a levou a praticar o default em 17 de agosto de 1998, a Rússia não teve força nem condições para evitar que a OTAN continuasse a incorporar as repúblicas orientais, como a Geórgia e a Ucrânia, e se transformasse em uma espécie de ONU, árbitro político com autoridade para intervir contra qualquer regime, como fez com respeito à Sérvia, na questão do Kosovo, onde vivia uma população albanesa,[51] quando Eslovênia, Croácia e Bósnia-Herzegovina se separaram da Iugoslávia, no início dos anos 1990.

A OTAN e os Estados Unidos (Operation Allied Force) bombardearam a Sérvia (e Montenegro), entre março e junho de 1999, matando mais de 1.200 civis, de acordo com o Yugoslav Committee for Cooperation with Unicef, embora os números 5.000 e 5.700 possam também ser exatos, se se considerar um longo período e os vários modos de perder a vida. Mas a intervenção encoberta na Sérvia começou em 1998, quando um grupo de estudantes desencadeou o movimento chamado OTPOR (Resistência), com suporte financeiro dos Estados Unidos, através da US National Endowment for Democracy (NED), que ajudou a mobilizar a população para derrubar o governo do presidente Slobodan Milošević, mediante a chamada *Bager revolucija* (Revolução Escavadora), no ano 2000.[52] Paul B. McCarthy, diretor da National Endowment for Democracy, financiada pelo Congresso dos Estados Unidos, revelou que a partir da desintegração da Federação Iugoslava essa entidade estava a dar assistência aos movimentos pela democracia na Sérvia, em Montenegro e no Kosovo e que, desde setembro de 1998, os dólares começaram a fluir significativamente para o OTPOR e cerca de US$ 3 milhões foram gastos na Sérvia.[53] A NED operou juntamente com a Soros Foundation e algumas fundações europeias e concentrou o financiamento nas seguintes áreas: mídia independente; organizações não governamentais (ONGs); organizações de direitos humanos; *think tanks*; sindicatos etc.[54]

Dos US$ 25 milhões correspondentes ao orçamento da U.S. Agency for International Development (USAID) para fins políticos na Sérvia, em 1999, "*several hundred thousand dollars were given directly to OTPOR for demonstration-support material, like T-shirts and stickers*", segundo revelou o diretor sênior do Serviço Exterior dessa entidade.[55] Ademais de outros recursos encobertos, os líderes de OTPOR receberam, em 1999, cerca de US$ 1,8 milhão do International Republican Institute (IRI), outra organização não governamental destinada a "*advance freedom and democracy worldwide by developing political parties, civic institutions, open elections, democratic governance and the rule of law*".[56] Os líderes de OTPOR — Srđa Popović e Davorin Popović — nunca negaram que haviam recebido os recursos dos Estados Unidos, porém arguiram que o dinheiro havia acelerado o levante anti-Milošević, que cairia mais cedo ou mais tarde, e facilitado uma transição não violenta.

A União Europeia investiu US$ 17 milhões e o governo dos Estados Unidos, sobretudo através da USAID, mais de US$ 23 milhões entre 1997 e 2002, só na assistência a mídia da oposição.[57] Durante os 18 meses que antecederam a derrubada de Slobodan Milošević, gastaram um total de aproximadamente US$ 80 milhões.[58] E o megamilionário George Soros, que havia investido na Iugoslávia desde 1991, financiou com mais de US$ 100 milhões o movimento contra Milošević, inclusive o grupo OTPOR, e aplicou US$ 50 milhões na tentativa de comprar o complexo mineiro de Trepca, conglomerado de cerca de 40 minas e fábricas, a maioria em Kosovo, avaliado em US$ 5 bilhões, após a expulsão das forças da Sérvia pela OTAN e a United Nations Mission in Kosovo (UNMIK) assumir seu controle.[59]

O presidente Bill Clinton percebia claramente que a segurança nacional dos Estados Unidos significava, principalmente, segurança econômica e dependia do seu engajamento internacional, nos benefícios que podia trazer para a classe média dos Estados Unidos, do esforço no sentido de encorajar reformas econômicas e a abertura dos mercados aos investimentos estrangeiros em todas as regiões. Ele próprio declarou que *"our 'foreign' policies are not really foreign at all"*.[60] Não mais podia definir segurança nacional nos estritos termos militares da Guerra Fria e distinguir a política exterior da política doméstica.[61] Como fizera o presidente Lyndon B. Johnson (1963-1969), o presidente Bill Clinton apagou a distinção entre responsabilidades domésticas e responsabilidades internacionais dos Estados Unidos.[62] E a percepção de que qualquer outra potência que dominasse a Ásia Central e o Oriente Médio teria poderosa arma para ameaçar a sociedade americana, cuja segurança energética se tornara bastante vulnerável, dado depender em cerca ou mais de 50% das importações de petróleo, foi o que mais orientou a política internacional dos Estados Unidos a partir dos anos 1990. E Rússia, Irã e Ásia Central possuíam 15% ou mais das reservas mundiais de petróleo e 50% das reservas de gás.

A segurança nacional dos Estados Unidos implicava, necessariamente, o domínio das fontes de energia e das rotas para o seu escoamento, na Ásia Central e também no Oriente Médio, onde estavam depositadas

A SEGUNDA GUERRA FRIA

cerca de 64,5% das reservas conhecidas de petróleo, e na África, cujas reservas e cuja produção de petróleo — cerca de 90% — se concentravam em seis países — Nigéria, Líbia, Argélia, Angola (óleo), Sudão (óleo) e Egito (gás) — e haviam crescido de 53,3 bilhões de barris, em 1980, para 117,2 bilhões, em 2006, e aproximadamente 210 bilhões em 2012, representando cerca de 13% das reservas mundiais.[63] Mas importantes reservas foram descobertas em Gana, Tanzânia, Moçambique e Uganda, com prospecção de campos em outros países, como Serra Leoa, Mali, Quênia, países instáveis, onde os interesses no petróleo são provavelmente um dos fatores de acirramento dos conflitos étnicos e tribais, das constantes revoltas e guerras civis que lá ocorrem.

NOTAS

1. GOLDMAN, 2011, p. 246-259.
2. Ibidem, p. 251.
3. SALISBURY, 1993, p. 453.
4. Ibidem, p. 450.
5. Ibidem, p. 450.
6. Ibidem, p. 519.
7. O antecessor de George H. W. Bush como chefe do USLO foi Harriman David K. E. Bruce, que havia trabalhado para o OSS (serviço de inteligência dos Estados Unidos que antecedeu a CIA) durante a Segunda Guerra Mundial. As relações diplomáticas entre Estados Unidos e China só foram oficialmente reatadas em 1979, no governo do presidente Jimmy Carter.
8. TARPLEY e CHAITKIN, 1992, p. 517-521.
9. Kenneth KATZMAN, "Iraq: U.S. Regime Change Efforts and Post-Saddam Governance CRS Report for Congress", *CRS Report for Congress*, Order Code RL31339, Updated October 22, 2004, Congressional Research Service, Washington D.C., The Library of Congress.
10. KLEVEMAN, 2003, p. 5.
11. URBAN, 1996, p. 163.
12. BAER, 2002, p. 171-173.
13. COOLEY, 2000, p. 202-203.
14. GERGES, 1999, p. 73-75.

15. Samraoui, 2003, p. 88-89.
16. Souaïdia, 2001, p. 277.
17. Ibidem, p. 215. Salima Mellah, "The Algerian Islamist Movement between Autonomy and Manipulation", Extracts from a report presented by the Justice Commission for Algeria at the 32nd Session of the Permanent Peoples' Tribunal on Human Rights Violations in Algeria (1992-2004) 5-8 November 2004, May 2004.
18. Souaïdia, 2001, p. 320-321.
19. Ibidem, p. 321.
20. Samraoui, 2003, p. 75-76.
21. Ibidem, p. 77.
22. Maia, 2012, p. 152.
23. A guerra foi deflagrada na Somália em 1991 entre as forças do então presidente Ali Mahdi Muhammad, apoiado pelos fundamentalistas islâmicos, e clãs leais ao general Maxamed Faarax Caydiid. Ela refletiu, em larga medida, o conflito de interesses econômicos e comerciais de duas empresas multinacionais: a Sombana, fornecedora da Dole Fresh Fruit, sediada nos Estados Unidos, e a Somalfruit, uma *joint venture* entre capitais italianos (grupo De Nadai), o Estado somali e plantadores locais, que disputavam o controle da produção e exportação mensal de 200.000 caixas de banana para a Europa.
24. General Discretion in the Further Employment of Personnel of the United Nations Operation in Somalis, S.C. res 794, 47 U.N. SCOR at 63, U.N. Doc. S/RES/794 (1992), Peace Resource Center.
25. Mark Fineman, "The Oil Factor in Somalia: Four American petroleum giants had agreements with the African nation before its civil war began. They could reap big rewards if peace is restored", *Los Angeles Times*, January 18, 1993.
26. Ibidem.
27. *"The largest and most purposeful enterprise going on in Somalia at the present time is Conoco's quest for oil (...) Conoco is investing in oil exploration in Somalia on a scale unmatched by its rivals, building roads and airstrips, chartering one of the national airline's three planes full time, and sending seismic survey teams to the edge of* [Somaliland National Movement]-*controlled territory."* "Petroleum Exploration: Conoco Searches for Oil in Somalia", Cable from US Embassy in Mogadishu to State Department Headquarters. March 21, 1990. Cable Number: Mogadishu 02844. Source: Freedom of Information Act release (2006-01-286) to Keith Yearman.
28. Elizabeth Chamberlain, "Operation Restore Truth — U.S. relations with Somalia", *Humanist*, FindArticles.com, June 5, 2012.

29. Os comandos militares, instituídos pelos Estados Unidos com jurisdição sobre continentes e determinadas áreas são comandos com responsabilidade geográfica: Northern Command (USNORTHCOM), Pacific Command (USPACOM), Central Command (USCENTCOM), European Command (USEUCOM), Southern Command (USSOUTHCOM). Comandos com responsabilidade funcional: Special Operations Command (USSOCOM), Transportation Command (USTRANSCOM), Strategic Command (USSTRATCOM), Joint Forces Command (USJFCOM).

30. A União Soviética era constituída por 15 repúblicas: Rússia, Ucrânia, Letônia, Estônia, Lituânia, Bielorrússia, Cazaquistão, Quirguistão, Turcomenistão, Tadjiquistão, Uzbequistão, Azerbaijão, Moldávia, Geórgia e Armênia.

31. POWELL, 1992, p. 7. Draft Resolution — 12 Cooperation for Security in the Hemisphere, Regional Contribution to Global Security — The General Assembly, recalling: Resolutions AG/RES. 1121 (XXX-091 and AG/RES. 1123 (XXI-091) for strengthening of peace and security in the hemisphere, and AG/RES. 1062 (XX090) against clandestine arms traffic.

32. POWELL, 1992, p. 7.

33. "Prevent the Reemergence of a New Rival" — The Making of the Cheney Regional Defense Strategy, 1991-1992 — Declassified Studies from Cheney Pentagon Show Push for U.S. Military Predominance and a Strategy to "Prevent the Reemergence of a New Rival" — William Burr — National Security Archives. RALPH, 2008, p. 257. Patrick E. TYLER, "U.S. Strategy Plan Calls for Insuring No Rivals Develop A One-Superpower World. Pentagon's Document Outlines Ways to Thwart Challenges to Primacy of America", *The New York Times*, March 8, 1992. Jeffrey STEINBERG, "LaRouche Demands Cheney's Resignation", *Executive Intelligence Review*, October 4, 2002.

34. "Army Special Operations Forces Unconventional Warfare". Field Manual No. 3-05.130 — Headquarters Department of the Army, Washington, DC, 30 September 2008 — DISTRIBUTION RESTRICTION: Distribution authorized to U.S. Government agencies and their contractors only to protect technical or operational information from automatic dissemination under the International Exchange Program or by other means. This determination was made on 28 August 2008. Other requests for this document must be referred to Commander, United States Army John F. Kennedy Special Warfare Center and School, ATTN: AOJK-DTD-JA, Fort Bragg, NC 28310-9610, or by e-mail to JAComments@soc.mil. DESTRUCTION NOTICE: Destroy by any method that will prevent disclosure of contents or reconstruction of the document. FOREIGN DISCLOSURE RESTRICTION (FD 6): This publication has been reviewed by the product developers in coordi-

nation with the United States Army John F. Kennedy Special Warfare Center and School foreign disclosure authority. This product is releasable to students from foreign countries on a case-by-case basis only. Headquarters, Department of the Army. This publication is available at Army Knowledge Online (www.us.army.mil) and General Dennis J. Reimer Training and Doctrine — Digital Library at (www.train.army.mil).

35. Aitken, 2009, p. 168, 202.

36. O economista norte-americano John Williamson foi autor do *Washington Consensus*, um documento que continha dez recomendações para a reforma econômica, sobre as quais havia amplo consenso em Washington tanto entre os membros do Congresso e da Administração quanto entre os tecnocratas das instituições financeiras internacionais, agências econômicas do governo americano, Federal Reserve Board, Banco Mundial, Fundo Monetário Internacional (FMI) e *think tanks*. Essas recomendações, que visavam à estabilização monetária e ao pleno restabelecimento das leis de mercado, consistiam em: 1. disciplina fiscal; 2. mudanças das prioridades no gasto público; 3. reforma tributária; 4. taxas de juros positivas; 5. taxas de câmbio de acordo com as lei do mercado; 6. liberalização do comércio; 7. fim das restrições aos investimentos estrangeiros; 8. privatização das empresas estatais; 9. desregulamentação das atividades econômicas; 10. garantia dos direitos de propriedade. Williamson, 1990, p. 9-33.

37. Vide Bresser-Pereira, 2009, p. 29.

38. Ibidem, p. 38.

39. Fulbright, 1964, p. 87 e 147.

40. Chetterjee, 2009, p. 56.

41. Chesterman e Lehnardt, 2007, p. 99.

42. Klein, 2007, p. 291.

43. Peter Dale Scott, "The Real Grand Chessboard and the Profiteers of War", Global Research, August 11, 2009.

44. Os *Private Military Contractors* reviviam as *Grandes Compagnies*, companhias de mercenários mobilizadas durante a Guerra dos 100 Anos (1337-1453), sobretudo por Philippe de Bourgogne, Jean II e Charles V, da França, e os *condottieri*, contratados pelos Estados-cidade e o Papado entre 1350 e 1530.

45. Scahill, 2007, p. XVIII-XXVII.

46. Ibidem, p. XVI.

47. Klein, 2007, p. 292.

48. The White House — Office of the Press Secretary — Fact Sheet — Counter-Terrorism — The White House's Position on Terrorism — State Fair Arena, Oklahoma City, Oklahoma, April 23, 1995.

49. Roger COHEN, "Yeltsin Opposes Expansion of NATO in Eastern Europe", *The New York Times*, October 2, 1993.

50. Richard C. PADDOCK, "Yeltsin Sees Deal on Expansion of NATO Diplomacy: Russian president says he still opposes spread of alliance but is committed to resolving dispute during meeting with Clinton in Helsinki next month", *Los Angeles Times*, February 24, 1997.

51. George FRIEDMAN, "Georgia and Kosovo: A Single Intertwined Crisis", *Stratfor*, August 25, 2008.

52. Roger COHEN, "Who Really Brought Down Milosevic?", *The New York Times Magazine*, November 26, 2000. VEJVODA, 2009, p. 307-316. *"After its success, Serbia's Otpor would continue receiving funds from the West and become a 'CIA-coup college' of sorts, under the name CANVAS, or 'Center for Applied Non-Violent Action and Strategies'. It appears that after the Egyptian April 6 Youth Movement finished attending the US State Department funded confab in New York City in 2008, it would make a trip to visit CANVAS in 2009. From there, it took CANVAS's 'curriculum' and apparently their logo, and began assembling a US-funded mob in Egypt. Amongst CANVAS's current 'partners' are the Albert Einstein Institution, Freedom House, and the International Republican Institute (IRI). The IRI includes amongst its board of directors John McCain, Lindsey Graham, and Brent Scowcroft. When John McCain says 'We should have seen this coming,' in regards to the unrest in Egypt, he obviously isn't talking about himself since he helped make it happen."* Tony CARTALUCCI, "CIA Coup-College", *Land Destroyer Report*, February 19, 2011.

53. Roger COHEN, "Who Really Brought Down Milosevic?", *The New York Times Magazine*, November 26, 2000.

54. Statement by Paul B. McCarthy National Endowment for Democracy to the Commission on Security and Cooperation in Europe 2172 Rayburn House Office Building December 10, 1998, "How the U.S. has Created a Corrupt Opposition in Serbia".

55. Roger Cohen, "Who Really Brought Down Milosevic?", The New York Times Magazine, November 26, 2000. http://www.nytimes.com/2000/11/26/magazine/who-really-brought-down-milosevic.html. Acessado em 14.12.2017.

56. The International Republican Institute: http://www.iri.org/.

57. Rich MCCLEAR, Suzi MCCLEAR e Peter GRAVES, "U.S. Media Assistance Programs in Serbia — July 1997-June 2002", PPC Evaluation Working Paper No. 10, Bureau for Policy and Program Coordination, PN-ACT-553, November 2003. http://pdf.usaid.gov/pdf_docs/PNACT553.pdf. Acessado em 28.12.2017.

58. Abel POLESE e Donnacha Ó BEACHÁIN, "The Color Revolution Virus and Authoritarian Antidotes Political Protest and Regime Counterattacks in Post-Communist Spaces", *Academia.edu*.

59. Richard Poe, "George Soros and America's Coming Election Crisis (Part 1)", *FreeRepublic.com*, July 16, 2004.
60. "A New Covenant for American Security", Remarks by Governor Bill Clinton to Students at Georgetown University in 1991, December 12, 1991. William J. Clinton Presidential Center.
61. Ibidem.
62. O presidente Lyndon B. Johnson declarou em 20 de janeiro de 1965: "*Terrific dangers and troubles we once called 'foreign' now live among us. If American lives must end, and American treasure be spilled in countries that we barely know, then that is the price that change has demanded for conviction and of our enduring government.*" *The President's Inaugural Address*, January 20, 1965.
63. Aaron Levitt, "Africa: The Next Great Energy Growth Story — Often ignored continent just waiting to break out", *Investor Place*, February 23, 2012.

Capítulo III

O POTENCIAL DE PETRÓLEO NO MAR CÁSPIO • A PENETRAÇÃO DOS ESTADOS UNIDOS NO *HEARTLAND* DA EURÁSIA • A *SILK ROAD STRATEGY* • PETRÓLEO: A PRIORIDADE DO GOVERNO DE GEORGE W. BUSH • OPERAÇÃO CONTRA OS TALIBANS PLANEJADA ANTES DOS ATENTADOS DE 11/9 • O AVISO DO AGENTE PHOENIX • A OTAN NO AFEGANISTÃO PARA ABRIR CAMINHO DE NEGÓCIOS

Em 1994, O Departamento de Energia dos Estados Unidos estimou que havia enorme potencial de reservas de petróleo na região do Mar Cáspio, o que possibilitaria diversificar as fontes de importação e reduzir a dependência do Golfo Pérsico. Com essa perspectiva, o objetivo estratégico dos Estados Unidos consistiu em expandir a influência e o domínio sobre a Ásia Central, região com mais de 1,6 milhão de quilômetros quadrados, que compreende Cazaquistão, Quirguistão, Tadjiquistão, Turcomenistão e Uzbequistão, países com enormes recursos naturais, e que é rodeada por China, Rússia, Ásia do Sul e Oriente Médio. Sua prioridade geopolítica consistiu em integrar os países do espaço Cáucaso/Ásia Central na órbita euro-atlântica, mediante o envolvimento militar e a política de *regime change* e *nation-building*, instalando governos que permitissem a economia de livre mercado, liberação do comércio e investimentos ocidentais, de forma que pudessem controlar a fontes de energia e as rotas de transporte do gás e do petróleo.[1]

Os Estados Unidos, nos anos 1990, avançaram e penetraram no *Heartland* da Eurásia, especialmente sobre Uzbequistão, Turcomenistão, Tadjiquistão e Cazaquistão, países não capitalistas, desagregados do

Bloco Socialista e ainda não integrados no sistema capitalista mundial,[2] na margem oriental da baía do Mar Cáspio. Eram as repúblicas mais pobres da extinta União Soviética, mas possuíam vastas reservas de petróleo, iguais ou maiores do que as da Arábia Saudita, e as mais ricas reservas de gás natural do mundo, comprovadamente mais de 236 trilhões de metros cúbicos, praticamente fechadas.

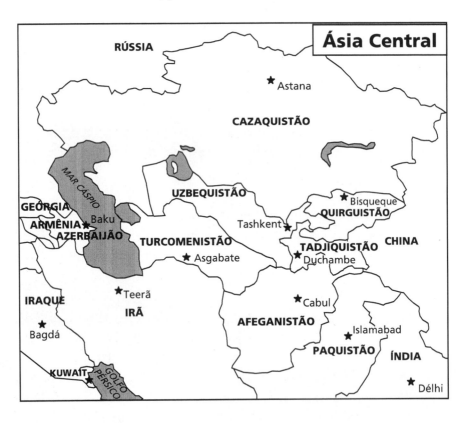

As reservas do Uzbequistão eram estimadas em mais de 2 trilhões de metros cúbicos de gás e 594 milhões de barris de petróleo, explorados em 171 campos de petróleo e gás, 60% dos quais na região de Bukhara-Kiva, o que equivalia a 70% do petróleo do país, e 20% na região de Fergana.[3] As reservas de petróleo do Cazaquistão, calculadas em mais de 4 bilhões de toneladas, ocupavam o segundo lugar entre os países da extinta União Soviética, além das reservas provadas de gás natural, da ordem de

65-70 trilhões de pés cúbicos.[4] O valor total das reservas de hidrocarbonetos existentes no Cazaquistão era US$ 8,7 trilhões. E a Task Force presidida por Dick Cheney estimava que as reservas provadas desses dois países — Uzbequistão e Cazaquistão — e de setores do Mar Cáspio equivaliam a 20 bilhões de barris, maiores do que as do Mar do Norte e pouco menores do que as existentes nos Estados Unidos.[5]

O Turcomenistão possuía reservas de mais de 3 trilhões de metros cúbicos de gás.[6] O total das reservas de petróleo de toda a região poderia ultrapassar a casa de 60 bilhões de barris, chegando a atingir 200 bilhões, conforme revelou John J. Maresca, vice-presidente de relações internacionais da UNOCAL Corporation, em depoimento prestado ao Subcommittee on Asia and Pacific e ao Committee on International Relations da House of Representatives em 12 de fevereiro de 1998. E as companhias ocidentais tinham condições de aumentar em mais de 500% a produção, da ordem de apenas 870.000 barris em 1995, para 4,5 milhões em 2010, o equivalente a 5% da produção mundial de petróleo.[7]

A estimativa da administração do presidente Bill Clinton, de acordo com a National Security Strategy, era de que havia reservas de 160 bilhões de barris na bacia do Mar Cáspio, reservas que desempenhariam importante papel na crescente demanda mundial de energia.[8] Para manter o controle e a segurança dessas fontes de energia e dos dutos que transportam gás e petróleo, os Estados Unidos começaram então a implementar a militarização das rotas de transporte, desde o leste do Mediterrâneo até a margem da fronteira ocidental da China, para vencer o *Great Game* no *Heartland* da Eurásia. Daí que o documento *A National Security Strategy for a New Century* previa que, *"to deter aggression and secure our own interests, we maintain about 100,000 military personnel in the region"*.[9] E mais adiante:

A stable and prosperous Caucasus and Central Asia will facilitate rapid development and transport to international markets of large Caspian oil and gas resources with substantial US commercial participations. Resolution of regional conflicts such as Nagorno-Karabakh[10] and Abkhazia is important for creating the stability necessary for development and transport of Caspian resources.[11]

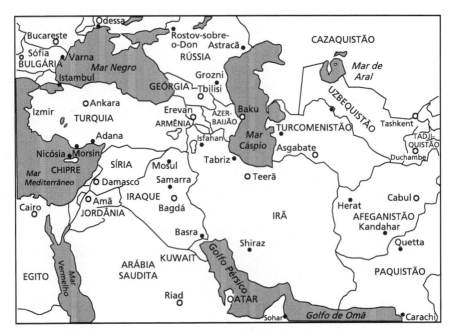

Projeções geopolíticas do Mar Cáspio

Em 1999, o Congresso dos Estados Unidos aprovou a *Silk Road*[12] *Strategy* (SRS), renovando o *Foreign Assistance Act of 1961*, com o objetivo de dar maior assistência, apoio econômico e independência política aos países do sul do Cáucaso e da Ásia Central, avançar seus interesses geoestratégicos na região e opor-se à crescente influência política de potências regionais como China, Rússia e Irã.[13] Conforme explicitado na *Silk Road Strategy*, essa região ao sul do Cáucaso e da Ásia Central podia produzir petróleo e gás em quantidades suficientes para reduzir a dependência dos Estados Unidos em relação às voláteis e instáveis fontes de energia do Golfo Pérsico.[14] Alguns cálculos indicavam que, por volta de 2050, a *"landlocked"* Ásia Central proveria mais de 80% do petróleo importado pelos Estados Unidos, daí a premente necessidade de controlar as reservas de petróleo da região e os oleodutos através do Afeganistão e da Turquia.

O consórcio Shah Deniz Production Sharing Agreement (PSA), que explorava um dos maiores campos de gás condensado do mundo, localizado em águas profundas do Mar Cáspio, no sudoeste de Baku, e que deveria produzir 8,6 bilhões de metros cúbicos de gás por ano, i.e., 50.000 barris, de dezembro de 2006 em diante começou a transportar gás do Azerbaijão através da Geórgia até a Turquia. Até sua fase final, o projeto Shah Deniz FFD estaria utilizando três pipelines: a South Caucasus Pipeline (SCP), em operação desde 21.05.2006, e, a partir de 2019 a Trans-Anatolian-Pipeline (Transanap) e a Trans-Adria-Pipeline (TAP). Destarte, os Estados Unidos desviariam da Rússia a rota de suprimento de gás para o Ocidente. O mesmo objetivo — desviar da Rússia o suprimento de energia para o Ocidente — tinha o projeto do gasoduto Nabucco, preparado em 2002 como rival do projeto Gazprom-Eni South Stream, assinado em 2009 e a ser completado em 2017, levando o gás do Mar Cáspio através da Turquia, da Romênia, da Bulgária e da Hungria até a Áustria.

Com a ascensão de George W. Bush à presidência — *"he was installed, not elected"* —,[15] os neoconservadores, *neocons*, a *"hard right"* do Partido Republicano, trataram de orientar a política internacional dos Estados Unidos conforme o *Defense Planning Guidance* (DPG) e o *Project for the New American Century* (PNAC), que visavam a aumentar os

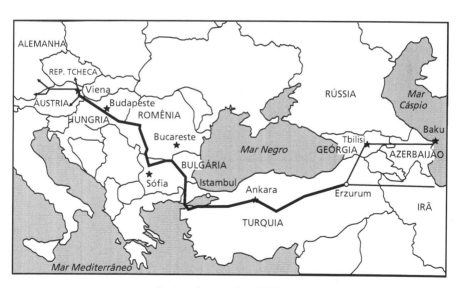

Projeto do gasoduto Nabucco
Fonte: Wikipedia (Sémhur)

gastos com defesa, fortalecer os vínculos democráticos e desafiar os "regimes hostis aos interesses e valores" americanos, promover a "liberdade política" em todo o mundo e aceitar para os Estados Unidos o papel exclusivo de "preservar e estender uma ordem internacional amigável (*friendly*) a nossa segurança, nossa prosperidade e nossos princípios".

A primeira prioridade do presidente George W. Bush, quando inaugurou o governo, no início de 2001, consistiu em aumentar o fluxo de petróleo do exterior, devido à redução dos estoques de petróleo e de gás natural nos Estados Unidos, evidenciada pelos *blackouts* ocorridos na Califórnia, decorrentes da manipulação do mercado, enquanto as importações de petróleo estavam a ultrapassar 50% do consumo interno. E os atentados de 11 de setembro de 2001 contra as torres-gêmeas do World Trade Center, em Nova York, serviram como *casus belli* para invadir o Afeganistão e permitiram que o governo de Washington, sob a consigna da *war on terrorism*, intensificasse a militarização da política externa e empreendesse a campanha para assegurar as fontes de energia — gás e petróleo — e as rotas de abastecimento, da cordilheira de Hindu Kush, no Afeganistão e noroeste do Paquistão, envolvendo o Irã e o Oriente Médio, até o Bósforo.[16]

O presidente George W. Bush disse, em 2004, que os atentados de 11 de setembro *"had been the Pearl Harbor of the Third War — against terrorism"*.[17] De fato, os atentados não foram contingentes nem surpreendentes. Foram convenientes. O diplomata Niaz Naik, antigo secretário de Relações Exteriores do Paquistão, revelou à BBC haver sido informado por oficiais americanos, em Berlim, que os Estados Unidos estavam a planejar a operação contra os Talibans antes dos ataques de 11 de setembro. A operação militar, a partir de bases no Tadjiquistão, seria realizada em meados de outubro e teria como objetivo matar ou capturar bin Ladin e o Mullah Omar e instalar um governo moderado de transição, com o antigo rei Zahir Shah.[18] Também o general Hamid Gul, ex-diretor-geral do Inter-Services Intelligence (ISI), do Paquistão, considerou que os planos para derrubar o regime dos Talibans *"predated 9/11"*,[19] tanto que *drones* RQ-1 Predators, *unmanned aerial vehicle* (UAV), cujos primeiros voos ocorreram em 1994, estavam a sobrevoar o

Afeganistão, para monitoramento da região, antes dos ataques terroristas contra o WTC e o Pentágono.[20]

Zbigniew Brzezinski já havia lembrado, em seu livro *The Grand Chessboard*, de 1997, que o público americano somente havia apoiado o engajamento dos Estados Unidos na segunda Guerra Mundial como efeito do choque provocado pelo ataque do Japão a Pearl Harbor.[21] Um complô que havia sido tramado cinco anos antes em uma caverna do Afeganistão não podia evadir o mais sofisticado e caro sistema de espionagem humana e eletrônica, com trilhões de dólares gastos desde a Guerra Fria, comentou John Farmer, consultor sênior da Comissão do Congresso sobre os atentados de 11 de setembro.[22] Segundo revelou em suas memórias Richard Clarke, coordenador nacional para Segurança, Proteção da Infraestrutura e Contra-Terrorismo da Casa Branca, o presidente George W. Bush, antes dos atentados de 11 de setembro, recebeu repetidos avisos sobre ameaça de ataque de al-Qa'ida aos Estados Unidos.[23] Os informes sobre a ameaça de ataques terroristas contra os Estados Unidos cresceram *"dramatically"*[24] desde o Millennium Alert, um possível atentado que se esperava pudesse ocorrer em 31 de dezembro, na passagem para o ano 2001.

Em 5 de janeiro de 2001, oito meses antes do ataque às torres do WTC, a Direction Générale des Services Extérieurs (DGSE) dos serviços de inteligência da França, numa nota de cinco páginas — "Projet de détournement d'avion par des islamistes radicaux" — havia alertado o governo dos Estados Unidos sobre a possibilidade de que terroristas de al-Qa'ida realizassem atentados suicidas em Nova York e Washington, conforme documento revelado pelo jornalista Guillaume Dasquié no jornal francês *Le Monde*, em 4 de abril de 2007.

Três dos sequestradores entraram nos Estados Unidos usando passaportes que os vinculavam ao extremismo islâmico e a al-Qa'ida; dois outros com passaportes manipulados de maneira fraudulenta; e dois outros tiveram problemas de visto.[25] Porém, eles entraram nos Estados Unidos 33 vezes em 22 meses, através de nove aeroportos.[26] E os jornalistas Evan Thomas e Mark Hosenball contaram, na revista *Newsweek*, que um dia antes dos atentados, i.e., em 10 de setembro, altos oficiais do Pentágono subitamente cancelaram planos de viagem para a manhã seguinte, aparentemente por causa de segurança. O estado de alerta foi dado duas semanas antes e um aviso urgente foi recebido pelo Pentágono na noite anterior ao 11 de Setembro, o que levou *"a group of top Pentagon officials"* a suspender seus planos de viagem.[27] A *Newsweek* noticiou que os altos níveis da comunidade de inteligência militar dos Estados Unidos souberam de alguma coisa e consideraram seriamente a informação. *"Bush and his principal advisers had all received briefing on terrorism, including bin Ladin"*, afirmou o *9/11 Comission Report* do Congresso dos Estados Unidos.[28] Dois meses antes do atentado de 11 de setembro contra as torres do World Trade Center (WTC), o presidente George W. Bush fora informado tanto pela CIA quanto pelo FBI sobre a possibilidade de que terroristas sequestrassem um avião e atacassem algum alvo nos Estados Unidos. Conforme *The 9/11 Commission Report*, ele recebeu um *"top-secret briefing memo"* preparado pela CIA e intitulado *Bin Laden Determined to Strike in U.S.* em 6 de agosto de 2001 (ver *Anexos*).[29]

Esse documento, desclassificado em 10 de abril de 2004 sob pressão do Congresso, transmitia mensagem do agente Phoenix (Kenneth Williams), do FBI, comunicando que fonte clandestina, "governos estrangeiros e informes da mídia indicavam que bin Ladin desde 1997 queria conduzir ataques nos Estados Unidos", como o realizado pelo terrorista Ramzi Yousef em 26 de fevereiro de 1993, fazendo uma bomba explodir embaixo do WTC. O agente Phoenix ponderou que não havia sido capaz

> de corroborar algumas das mais sensacionais ameaças, tais como de um [trecho censurado] serviço, em 1998, dizendo que bin Ladin queria sequestrar um avião dos Estados Unidos para obter a libertação do "Blind Sheykh" [como era conhecido o Sheykh Umar Abd al-Rahman] e outros extremistas presos nos Estados Unidos. Contudo, informações do FBI desde aquele tempo indicavam padrões de atividades suspeitas no país consistentes com preparações de sequestros ou outros tipos de ataques, inclusive recente vigília de edifícios federais em Nova York.

A professora Amy B. Zegart, da Universidade da Califórnia, considerou que, conquanto não contivesse um aviso direto sobre o complô de 11 de setembro, o *memorandum* do agente Phoenix foi *"a timely and outstandig piece of strategic analysis"*, com uma séria e grave advertência sobre a segurança dos Estados Unidos e recomendações sobre o que o FBI e a CIA poderiam fazer.[30] Robert Mueller, nomeado diretor do FBI em 4 de setembro de 2001, mais tarde refletiu que *"you are not going to have a better intelligence product than the Phoenix memo"*.[31]

Condoleezza Rice, assessora de segurança nacional, e Ary Fleischer, porta-voz da Casa Branca, confirmaram, implicitamente, saber que algum atentado ocorreria, embora, talvez, não como seria efetuado, ao alegarem que ninguém imaginou "o uso de aeroplanos como mísseis" e que os atirassem contra o World Trade Center e o Pentágono.[32] Outros funcionários da Casa Branca explicaram que o presidente George W. Bush não levou o aviso muito a sério por falta de informações mais recentes. E o tenente-general da Força Aérea Michael V. Hayden, diretor da National Security Agency (NSA), justificou, dizendo que não havia nenhuma indicação de que al-Qa'ida tivesse Nova York e Washington como alvos, ou mesmo que estivesse a planejar um ataque em solo dos Estados Unidos.

Contudo, Eleanor Hill, antiga inspetora geral do Departamento de Defesa e chefe da equipe formada pelo comitê do Congresso para investigar os atentados de 11 de setembro, revelou que desde 1998 até agosto de 2001 a CIA, o FBI e outros serviços de inteligência dos Estados Unidos receberam repetidamente informes sobre a possibilidade de al-Qa'ida atacar Washington e Nova York, com aviões ou com outros meios. Segundo informou o *International Herald Tribune*, o comitê conjunto do Senado-House of Representatives constatou que alguns analistas do governo em Washington haviam já focalizado a possibilidade de que terroristas usassem "aeroplanos como armas" (*"airplanes as weapons"*).

Autor do best seller *Die CIA und der 11 September*, Andreas von Bülow, ex-secretário de Estado do Ministério da Defesa (1976) e ex-ministro de Pesquisa e Tecnologia (1980-1982) no governo de Helmut Schmidt, na condição de deputado e supervisor das atividades do serviço de inteligência da República Federal da Alemanha, o Bundesnachrichtendienst (BND), julgou estranho que os serviços de inteligência americanos nada fizessem para impedir a ocorrência dos atentados e, em 48 horas, logo divulgassem os nomes dos 19 sequestradores, dos quais 13 eram sauditas (os demais eram do Egito, dos Emirados Árabes Unidos e do Líbano, nenhum afegão ou iraquiano) bem como apontassem o milionário saudita Usamah bin Ladin, dirigente de al-Qa'ida, como o *mastermind* da operação.[33]

A CIA possuía muitas informações sobre as articulações dos terroristas. O Bundesnachrichtendienst já lhe havia fornecido, em 1999, o nome e o telefone de Marwan al-Shehhi, o terrorista que tomou o controle do voo 175 da United Airlines e arremeteu o aparelho contra um dos edifícios do World Trade Center. Os nomes foram obtidos através do monitoramento do telefone de Muhammad Heidar Zammar, um militante islâmico residente em Hamburgo e intimamente vinculado aos conspiradores de al-Qa'ida na articulação dos ataques de 11 de setembro. Alguns terroristas, como Zacarias Moussaoui, Ahmed Ressam, Khalid Almihdhar, Nawaf al-Hazmi, Salim al-Hazmi e outros, já haviam sido detidos pelo Immigration and Naturalization Service (INS) dos Estados Unidos e estavam sob observação da CIA e do FBI.

Não era segredo nem para a CIA nem para o FBI que Zacarias Moussaoui, que até fora preso antes do 11 de Setembro, tomava aulas de voo na Airman Flight School, em Norman (Oklahoma), e na Pan-Am International Flight Academy, em Eagan, Minnesota. Um agente do FBI que manejou o caso de Zacarias Moussaoui juntamente com o representante da Minneapolis Joint Terrorism Task Force percebeu rapidamente que Moussaoui possuía *"jihadist beliefs"* e suspeitou que ele estivesse planejando sequestrar um avião e treinando para um potencial ataque. Mas o FBI impediu a continuidade da investigação, alegando falta de provável causa.[34] Também Muhammad Heidar Zammar estivera sob vigilância da CIA, entre maio e junho de 2001, quando tomava lições de voo em Frankfurt/Main, na Alemanha, mas estranhamente nada foi informado ao INS e lhe foi permitido entrar nos Estados Unidos e treinar como piloto, inclusive, na Maxwell Air Force Base, no Alabama. A

Muhammad Atta também foi permitido entrar no país depois de uma viagem à Alemanha, a despeito da violação do *status* de seu visto.

Andreas von Bülow considerou sem credibilidade a versão oficial do governo americano e admitiu que os atentados de 11 de setembro constituíram, possivelmente, uma operação encoberta (*covert action*), visando a influir e lavar o cérebro do povo americano para um longo conflito no mundo islâmico, dado que as companhias petrolíferas desejavam apoderar-se das reservas no Oriente Médio antes que acabassem. Decerto é difícil, senão impossível, colher todas as evidências de uma operação encoberta, inclusive porque certamente foram destruídas.

Também Eckehardt Werthbach, ex-presidente do Bundesamts für Verfassungsschutz (BfV) (1991-1995), serviço de segurança interna da Alemanha, comentou que a "mortal precisão" e a "magnitude do planejamento" por trás dos atentados de 11 de setembro necessitaram de anos de elaboração e que tão sofisticada operação é a "moldura fixa" de uma organização estatal de inteligência, algo não encontrado num grupo isolado de terroristas, como o liderado por Muhammad Atta, que estudava em Hamburgo.[35] O ex-presidente do Paquistão, Pervez Musharraf, revelou em suas memórias — *In the Line of Fire* — que, no início de outubro de 2001, o Khufīya Bureau — Central Intelligence Bureau (IB), da Índia, foi informado que pouco antes dos atentados de 11 de setembro o general Mahmoud Ahmad, chefe do ISI, havia ordenado que Khalid Sheikh Muhammad, conhecido como Omar Ahmed Saeed Sheikh,[36] terrorista também vinculado ao MI6, da Grã-Bretanha, telegrafasse a Dubai, solicitando a transferência de US$ 100.000 para dois bancos na Flórida, como pagamento a Muhammad Atta.[37]

Por sua vez, Sibel Edmonds, que trabalhava com documentos classificados, como tradutora de turco, farsi e outras línguas da Ásia Central, para o Washington Field Office (WFO) do FBI,[38] revelou, através do programa *Mike Malloy Show* (2009), que os Estados Unidos mantiveram "íntimas relações" com bin Ladin e os Talibans *all the way until that day of September 11*".[39] O "*high-level*" de corrupção, disse Sibel Edmonds, comprometeu a habilidade da comunidade de inteligência dos Estados Unidos de prosseguir na investigação dos que planejaram os

A SEGUNDA GUERRA FRIA

ataques de 11 de setembro e esse foi o *"key mechanism"* para garantir o silêncio do Congresso.[40] Os terroristas haviam sido incubados, precisamente, pelos *"key allies"* dos Estados Unidos, como a Arábia Saudita e o Paquistão. *"Both Republican and Democratic representatives in the House and Senate came up in FBI counterintelligence investigations for taking bribes from foreign agents"*, ela acrescentou.[41]

A National Commission on Terrorist Attacks do Congresso, porém, recebeu documentos e os manteve em 27 páginas não desclassificadas, segundo as quais o governo da Arábia Saudita não apenas forneceu significativos recursos e ajuda aos sequestradores dos aviões como também autorizou virtualmente milhões de dólares a fluírem para al-Qa'ida, por meio de organizações de caridade suspeitas (*Saudisponsored charities*), como *zakah*, tributo religioso que os mulçumanos devem pagar, obrigatória e anualmente, para os membros mais pobres da comunidade (*ummah*) muçulmana.[42] *"I am convinced that there was a direct line between at least some of the terrorists who carried out the September 11th attacks and the government of Saudi Arabia"*, declarou o senador Bob Graham, do Partido Democrata da Flórida.[43] E o ex-senador Bob Kerrey, de Nebraska, que na comissão do Congresso corroborou que *"significant questions remain unanswered"* acerca do papel das instituições sauditas nos atentados de 11 de setembro e que elas não foram devidamente investigadas.[44] Mas o fato foi que Washington, enquanto apontava as organizações de caridade como a principal fonte de financiamento de al-Qa'ida, buscava arduamente esconder que os recursos também tinham origem nas atividades do narcotráfico e do comércio ilegal de armamentos.[45]

Em 26 de junho de 2003, o senador Jon Kyl, ao abrir a sessão do Subcommittee on Terrorism, Technology and Homeland Security of the Committee on the Judiciary, em Washington, declarou que o Wahhabismo era *"a major force behind terrorist groups, like al Qaeda"*, um grupo que, de acordo com o FBI, era *"number one terrorist threat to the U.S. today"*.[46] E, citando o *schollar* Bernard Lewis, as receitas de petróleo permitiam à Arábia Saudita espalhar *"this fanatical, destructive form of Islam"* sobre todo o mundo islâmico. E acrescentou que *"without oil and the creation of the Saudi kingdom, Wahhabism would have remained a lunatic fringe*".[47] Segundo as fontes da Arábia Saudita, a monarquia Saudi, nos últimos 25 anos, desde os meados de 1970, teria doado cerca de US$ 70 bilhões, a título de ajuda, porém, de acordo com informações de outros países, o montante alcançou cerca de US$ 281 bilhões de rial saudita, o equivalente a US$ 2,5 bilhões por ano.[48] Na mesma sessão do Subcommittee on Terrorism, Stephen Schwartz, da Foundation for the Defense of Democracies, revelou que 80% das mesquitas nos Estados Unidos, no mínimo 600 de um total de 1.200, estavam sob o controle Wahhabi.[49] Havia organizações xiitas e sufistas, disse Stephen Schwartz, porém ressaltou que virtualmente os Wahhabistas eram o que tinham acesso e eram recebidos na Casa Branca, bem como constituíam basicamente os interlocutores do FBI.[50]

A Arábia Saudita sempre manteve uma política de dupla face. De um lado, era aliada aos Estados Unidos, dos quais recebia armamentos e polpudas comissões em troca de petróleo e com os quais fazia outros grandes negócios, inclusive com a família do presidente George W. Bush e o Grupo Carlyle.[51] Do outro, os sauditas não se conformavam com a presença das tropas dos Estados Unidos, consideradas infiéis, nas cercanias das cidades sagradas do Islã, Meca (*Makka al-Mukarrama*) e Medina, e financiavam e encorajavam as tendências mais radicais da seita Wahhabi-Salafi.[52] A monarquia saudita avalizava as madrassas e mesquitas, nas quais se formavam os *jihadistas* e que administravam as organizações de caridade que os financiavam, e através desses canais os orientavam contra o Ocidente, sem deixar pistas.[53] O maior objetivo de al-Qa'ida era expulsar as forças dos Estados Unidos aquarteladas naquelas cidades e na Península Árabe, e 95% da sociedade saudita apoiavam bin Ladin nessa questão.[54]

Era muito difícil um homem, escondido em uma das cavernas de Kandahar ou Tora Bora, nas montanhas do Hindu Kush, onde provavelmente bin Ladin se encontrava, organizar e dirigir atentados daquela dimensão contra o WTC e o Pentágono se não contasse com o suporte do serviço de inteligência de algum Estado. O líder dos Talibans, o Mullah Muhammad Omar, declarou publicamente, em 14 de setembro, que lamentava o incidente terrorista e desmentiu que Usamah bin Ladin estivesse envolvido, pois não seria capaz de empreender tão sofisticada operação.[55] John Farmer, assessor da 11/9 Commission do Congresso dos Estados Unidos, declarou posteriormente que, em algum nível, em determinado ponto, *"there was an agreement not to tell the truth about what had happened".*[56] Outrossim, o general Hamid Gul, ex-diretor--geral do Inter-Services Intelligence (ISI) entre 1987 e 1989, descreveu os atentados para a 9/11 Commission do Congresso dos Estados Unidos como *"a cover up"*. E aduziu: *"I think the American people have been made fools of."*[57] Andreas von Bülow, por sua vez, avaliou a possibilidade de uma *covert operation*, de modo a influenciar, lavar o cérebro do povo americano para um longo, longo conflito com o mundo islâmico a fim de conquistar a Eurásia, o *"geopolitical prize"*, como disse Brzezinski,[58] e capturar as reservas de petróleo e gás desde o Mar Cáspio até o Oriente Médio.[59]

De qualquer forma, os terroristas de al-Qa'ida, que a CIA e o ISI, do Paquistão, assim como a Arábia Saudita ajudaram a organizar para combater a União Soviética nos anos 1980, passaram a representar as forças profundas, subterrâneas no mundo árabe, sobretudo na Arábia Saudita, onde o povo estava impregnado pelo fundamentalismo e não aceitava a aliança da monarquia com os Estados Unidos, principalmente por considerar que a permanência das tropas americanas no seu território profanava os lugares sagrados, constituía um sacrilégio, percebido como ofensa a todo o mundo islâmico. Essas forças se espraiaram por todo o Oriente Médio até o Cáucaso. O surto do fundamentalismo islâmico, como observou muito bem o politólogo português António de Sousa Lara, representou, sobretudo, uma "reação novíssima contra o laicismo, contra a ocidentalização e as oligarquias dela decorrentes, contra o reformismo e o compromisso entre o *Qur'an* e os progressos do Ocidente", ou, em outras palavras, "uma crise de identidade do mundo árabe".[60]

O processo de desenvolvimento, impulsionado pela produção de petróleo, enriqueceu os árabes, mas também os contaminou com os costumes do Ocidente, o consumismo, o vício, os prazeres e o individualismo, que os mais religiosos, fundados nos cinco pilares do Islã (*ark n-al-Islām)*, no *hadith*, a tradição do Profeta, consideram aviltantes e sacrílegos, marcas da cultura americana, que ameaçava destruir o Islã por meio da globalização, da interdependência, do comércio secular, promovido pelos Estados Unidos.[61] Porém o objetivo estratégico da monarquia sectária da Arábia Saudita e dos Estados do Golfo, com um regime "semifeudal", como o classificou Henry Kissinger,[62] sempre foi expandir a doutrina salafista/Wahhabi, purgar o islamismo das impurezas, financiando grupos terroristas, inclusive nos Bálcãs (Bósnia-Herzegovina), na Tchetchênia e nos demais diversos países, para promover a *Jihad*, sobretudo desde que adquiriram enorme poder econômico com a produção de petróleo. O poder econômico gerado pela exploração do petróleo não modernizou, antes robusteceu as velhas estruturas sociais, arcaicas, referendadas pela seita Wahhabi como *instrumentum regni*. E, em 1940, a monarquia Saud criou o Comitê de Promoção da Virtude e Prevenção do Vício (*mutawwa*), a polícia religiosa, e encarregou seus soldados, os *mutawwi'īn*, da missão de percorrer mercados, praças públicas e complexos comerciais, de preservar a lei islâmica, a *Shari'ah*, e não permitir a ocorrência de nada que fosse proibido.

A Arábia Saudita não é propriamente um Estado-nação, mas um Estado patrimonial-familiar, um conjunto de tribos, regiões, facções religiosas, que a monarquia até então conseguira unir e dominar, apropriando-se do lucro (*ribh*) do petróleo, acumulando riqueza (80% da receita do país) e liberando a população de pagar impostos pelos serviços que recebe, ainda que de baixa qualidade: educação, saúde e energia barata.[63] A população jamais conheceu o orçamento do país, que possuía, em 2011, reservas no valor de US$ 400 bilhões.[64] Tudo sempre pertenceu ao rei Abdullah e à família al-Saud, que, por meio de contratos da King Abdullah Bin Abdul-Aziz Foundation for Development Housing Dedicated to His Parents e da Sultan Bin Abdulaziz Humanitarian City, com ricas e poderosas famílias, como a de bin Ladin, repassam alguns fundos para construir instituições de caridade para a população.[65] Mas a desigualdade social cresceu, o padrão de vida da classe média, desde 2006, decaiu dramaticamente, os pobres continuavam a viver em tendas, em terrenos áridos, sujos, com eletricidade limitada. E a juventude passou a criticar cada vez mais a monarquia por sua lealdade aos Estados Unidos e não ao Islã.[66]

De certo modo, a *"Islamic resurgence"*, como Samuel P. Huntington definiu, representou uma aceitação da modernidade, mas, ao mesmo tempo, a rejeição da cultura ocidental, um comprometimento com o *Qur'an*, pois o Islã não é somente uma religião, mas um *"way of life"*,[67] que se identifica com o próprio Estado, e na Arábia Saudita e em outros países do Golfo nunca houve divisão de poderes. Apesar do desenvolvimento do comércio pelos muçulmanos, cuja produção, durante a Idade Média, era levada diretamente ao mercado para a troca de valores,[68] as tradições normativas da *Sunna* e dos *Ahadiths* impediram a evolução de suas estruturas sociais e culturais, de acordo com os parâmetros ocidentais. E o *Qur'an*, conforme Oswald Spengler avaliou, era, por sua natureza, incondicionalmente certo e por isso inalterável e incapaz de melhoria.[69] E os *ulamas* (intérpretes do *Qur'an* e da *Sunna*) da seita puritana Wahhabi, dominante na Arábia Saudita, instruíam os muçulmanos a serem submissos e obedientes, ainda que imperfeitos, para alcançar a perfeição no Paraíso. O Islã, como aparelho ideológico, constituiu, juntamente com o petróleo, um dos dois principais fatores de sustentação e sobrevivência da monarquia Saud, cujas práticas, em contradição com os ensinamentos do Islã, começaram cada vez mais a desacreditá-la e enfraquecê-la.

Os *neocons* David Frum e Richard Perle, este, antigo assistente do secretário de Defesa Donald Rumsfeld, escreveram que não havia contradição em explicar por que a classe dominante na Arábia Saudita apoiava os extremistas islâmicos. A família real saudita, desde 250 anos antes, e seus adeptos enriqueceram, mas reivindicavam zelar pela versão mais militante do Islã, e o preço que pagavam pelas bebedeiras com luxuriosas mulheres, em privado, era forçá-las a usar em público a *abaya* (*abāyah*) e a *niqab* (*niqāb*), a vestimenta negra que as cobria da cabeça, inclusive o rosto, aos pés.[70]

Contudo, três semanas após os ataques às torres do WTC, ainda não havia discussão, nos Estados Unidos, sobre os fatores que os determinaram. Conforme comentou Rubens Barbosa, embaixador do Brasil em Washington, em telegrama para o Itamaraty, em 3 de outubro de 2001, "por mais aberrantes que sejam os atos de violência extrema praticados contra os Estados Unidos, eles não se materializaram no vácuo, mas, ao contrário, nasceram em um contexto histórico, geográfico e sociocultural definível e, em boa parte, definido".

Usamah bin Ladin, chefe da organização terrorista al-Qa'ida, explicou esse contexto e as razões dos atentados na "Letter to America" publicada pelo jornal britânico *Observer* em 22 de novembro de 2002. Como exemplo, ressaltou a tragédia do povo palestino, expulso de suas terras por Israel com o apoio dos Estados Unidos; a intervenção na Somália sob o pretexto de "ação humanitária"; a morte de 1,5 milhão de crianças como resultado das sanções aplicadas contra o Iraque pelas grandes potências ocidentais desde 1990; e os bombardeios contra o povo do Afeganistão. A carta de bin Ladin terminou dizendo que o destino dos americanos seria fugir do Afeganistão para tratar da "derrota militar, do desaparecimento político, da ruína ideológica e da bancarrota econômica". E, segundo um documento produzido por Jean Charles Brisard intitulado "Rapport sur l'environnement économique d'Ossama Bin Laden" e publicado na França confirmou, até julho de 2001 Usamah bin Ladin manteve laços estreitos com a monarquia saudita.[71]

Os atentados contra o WTC e o Pentágono, em 11 de setembro de 2001, não foram apenas um crime hediondo contra civis inocentes e indefesos. Representaram um ato de guerra. E a guerra é um instrumento da política, i.e., desdobra as relações políticas, por outros meios, conforme a conceituou o general prussiano Carl von Clausewitz,[72] ainda que os ataques ao World Trade Center e ao Pentágono não estivessem previstos na normativa internacional de guerra, pois não partiram de outro Estado, como aconteceu quando o Japão atacou Pearl Harbor, em 1941. Quem os cometeu não foi nenhum outro Estado nacional. Foram terroristas. Mas serviram como pretexto para que o presidente George W. Bush declarasse uma guerra sem fim. Era a guerra do bem contra o mal, conforme disse, com a sua *Weltanschauung* maniqueísta.

A *war on terror* não era apenas dissimétrica, como a Guerra do Golfo. Era também assimétrica, na medida em que as diferenças entre os beligerantes não eram quantitativas e sim qualitativas, nos meios empregados, nos estilos e nos valores do inimigo.[73] Mas os Estados Unidos acusaram Usamah bin Ladin, líder de al-Qa'ida, uma organização internacional, difusa, multiétnica, descentralizada, sem hierarquia, que a própria CIA ajudara a criar nos anos 1980, e exigiram que os Talibans o entregassem. A maioria dos afegãos, porém, sempre manteve um código de honra não escrito — *Pashtunwali* — baseado em dois princípios fundamentais: vingança (*Badal*) e hospitalidade.[74] E, como os Talibans não atendessem ao *ultimatum*, pois não trairiam o código de honra, os Estados Unidos e a Grã-Bretanha passaram a bombardear o Afeganistão, desde 8 de outubro de 2001, e invadiram o país, tanto para viabilizar a construção dos dutos de gás e óleo quanto pela sua importância geopolítica e estratégica, dado ter fronteiras com as repúblicas orientais da extinta União Soviética, a China, o Irã e o Paquistão.

O objetivo das potências ocidentais, coligadas sob o manto da International Security Assistance Force (Isaf — OTAN), ao atacar e ocupar o Afeganistão com todo o seu poderio militar e a mais sofisticada tecnologia, era, na realidade, acabar com o domínio do país pelos Talibans, conquistado em 1996 com o apoio do ISI, do Paquistão, a fim de possibilitar à corporação americana UNOCAL (Union Oil Company of California) construir um gasoduto a partir do Uzbequistão, atravessando o Afeganistão até o mar, no Paquistão, e dois oleodutos: um através do Afeganistão e do Paquistão até o Oceano Índico, o outro, o Central Asia Oil Pipeline Project (CAOPP), com 1.050 milhas, a partir de Chardzou, no Turcomenistão, de modo a evitar que o petróleo do Azerbaijão passasse pela Rússia. Esse objetivo estava claro.

O presidente da Alemanha, Horst Köhler, não o escondeu. Em maio de 2010, declarou francamente em uma entrevista à imprensa que a *Bundeswehr* (Forças Armadas) continuava a manter as tropas no Afeganistão, juntamente com seus aliados, devido a interesses comerciais. Segundo ele, um país com a dimensão da Alemanha, orientado para o comércio externo e, portanto, também dependente do comércio externo, tinha necessidade de manter livres as rotas comerciais e impedir a instabilidade regional, e tudo isso deveria discutir-se, o que não estava sendo muito bem-feito.[75]

O escândalo foi tão grande que levou Horst Köhler a renunciar à presidência. Estava claro que os 5.350 soldados da *Bundeswehr* estavam no Afeganistão não para combater o terrorismo e sim para defender o grande setor de exportação e outros interesses econômicos da Alemanha. E o general Harald Kujat, antigo inspetor-geral da *Bundeswehr* (*Bundeswehr-Generalinspekteur*), declarou ao diário *Mitteldeutsche Zeitung* que a Alemanha estava no Afeganistão em solidariedade aos Estados Unidos, porém a missão havia falhado, pois os Talibans voltariam ao poder tão logo as forças da ISAF se retirassem.[76] A guerra estava perdida.

NOTAS

1. Salih Dogan, "Tajikistan in the New Central Asia: Geopolitics, Great Power Rivalry and Radical Islam". *The Journal of Turkish Weekly*. Ajay Patnaik, "Regime Change and US Geopolitical strategy in Central Asia", *Eurasia Critic*, May 2008.
2. Luxemburg, 1990, p. 391.
3. Energy-Oil, disponível em: http://www.globalsecurity.org/military/world/centralasia/uzbek-energy.htm.
4. "Kazakhstan natural gas industry overview and features. About Kazakhstan", disponível em: http://aboutkazakhstan.com/about-kazakhstan-economy/natural-gas.
5. Scahill, 2007, p. 189.
6. Bernard A. Gelb, "Caspian Oil and Gas: Production and Prospects", CRS Report for Congress, Order Code RS21190, September 8, 2006, Resources, Science, and Industry Division EIA, Caspian Sea Region: Survey of Key Oil and Gas Statistics and Forecasts, July 2006.
7. Moniz Bandeira, 2006, p. 585-586.
8. A National Security Strategy for a New Century, The White House, December 1999, disponível em: http://clinton4.nara.gov/media/pdf/nssr-1299.pdf.
9. Ibidem.
10. Após o colapso da União Soviética, ocorreu um conflito interétnico em Nagorno-Karabakh, enclave situado no sudoeste do Azerbaijão. Houve limpeza étnica, pogroms e milhares de pessoas tiveram de refugiar-se nos países vizinhos. A Armênia invadiu o território e ocupou-o. O Azerbaijão entrou em guerra com a Armênia, de 1992 a 1994, quando a Rússia conseguiu um cessar-fogo. O encla-

ve está sob o governo de fato, mas não reconhecido, da República do Nagorno-Karabakh e ocupado pelos colonos armênios, embora a ONU reconheça Nagorno-Karabakh como território do Azerbaijão. Gerald FROST, "Azerbaijan — A Pivotal Nation in a Critical Region — A Study of Azerbaijan since Independence", Caspian Information Centre, September 2011, p. 30-40. KLEVEMAN, 2003, p. 128-129. BRZEZINSKI, 1997, p. 128-129.

11. A National Security Strategy for a New Century, The White House, December 1999, disponível em: http://clinton4.nara.gov/media/pdf/nssr-1299.pdf.

12. A *Silk Road* ou *Seidenstraße*, como denominou a Rota da Seda o geógrafo alemão Ferdinand von Richthofen no século XIX, é provavelmente a mais antiga da história. Remonta a milhares de anos antes de Cristo, provavelmente ao oitavo milênio, e por ela passavam as caravanas de comércio, estabelecendo a conexão entre a Ásia e a Europa. Marco Polo (1254-1324), um mercador de Veneza, percorreu-a no século XIII, indo até a China, onde encontrou o imperador Kublai Khan (1215-1294). Essa rota, com 7.000 milhas, começava em Chang'an (atual X'ian), na China, atravessava a Ásia, o Norte da Índia e o Oriente Médio — Irã, Síria, Iraque, Jordânia — até a Europa.

13. Silk Road Strategy Act of 1999, 106th CONGRESS — 1st Session — S. 579.

14. Ibidem.

15. A Suprema Corte dos Estados Unidos deu a vitória por 5-4 a George W. Bush contra seu adversário do Partido Democrata, Albert Gore. BLUMENTHAL, 2004, p. 771.

16. BRZEZINSKI, 1983, p. 443-446.

17. BLIX, 2005a, p. 278.

18. "US 'planned attack on Taleban'", *BBC News*, September 18, 2001.

19. Jeremy R. HAMMOND, "Ex-ISI Chief Says Purpose of New Afghan Intelligence Agency RAMA Is 'to Destabilize Pakistan'", *Foreign Policy Journal*, August 12, 2009.

20. "Armed UAV Operations 10 Years on", *Stratfor — Global Intelligence*, January 12, 2012.

21. BRZEZINSKI, 1997, p. 25. RUPPERT, 2004, p. 575.

22. FARMER, 2009, p. 91-92.

23. CLARKE, 2004, p. X.

24. FARMER, 2009, p. 54-55.

25. Ibidem, p. 337.

26. Ibidem, p. 337.

27. Michael HIRSH, "We have hit the targets", *Newsweek*, 13/9/2001. Evan THOMAS e Mark HOSENBALL, "Bush: "'We're at War'. As the deadliest attack

on American soil in history opens a scary new kind of conflict, the manhunt begins", *Newsweek*, 24/9/2001.

28. *The 9/11 Comission Report — Final of National Comission on Terrorist Attacs upon the United States*, Authorized Edition, p. 198.
29. Ibidem, p. 128-129, 198, 254-262, 272.
30. ZEGART, 2007, p. 160-161.
31. Ibidem, p. 161.
32. GRIFFIN, 2004, p. 67.
33. BÜLOW, 2003, p. 44-54.
34. SCHWARTZ, 2002, p. 238.
35. Christopher BOLLYN, "European intelligence experts not believing Bush's war on terrorism is all it is claimed to be because 9-11 was 'not' just the work of terrorists — Euro intel experts dismiss 'war on terrorism' as deception", *American Free Press*, December 4, 2001, December 10, 2001, Centre for Research on Globalisation (CRG), globalresearch.ca, December 12, 2001. VIDAL, 2002, p. 52.
36. Saeed Sheikh foi responsável pelo sequestro e assassinato de Daniel Pearl, repórter do *Wall Street Journal*. Segundo o ex-presidente do Paquistão, Pervez Musharraf, ele trabalhou também para o MI6, quando estudante da London School of Economics, em Londres, e foi enviado para os Bálcãs (Kosovo) para incorporar-se às operações da jihadi e *"at some point, he probably became a rogue or double agent"*. MUSHARRAF, 2006, p. 224-225.
37. Chidanand RAJGHATTA, "US to try KSM for Pearl murder", *The Times of India*, October 14, 2006.
38. Sibel Edmonds fora impedida duas vezes (2002 e 2004), pelo procurador--geral John Ashcroft, no governo de George W. Bush, de depor no Senate Judiciary Committee sobre os atentados de 11 de setembro, alegando o princípio do *"State secrets privilege"*.
39. "Bombshell: Bin Laden Worked for US Until 9/11", a partial transcript from an interview Sibel Edmonds gave to Brad Friedman, guest-hosting the *Mike Malloy Show* (audio), *Daily Kos*, Jul 31, 2009.
40. AHMED, "Al Qaeda: Enemy or Asset?", *CounterPunch*, May, 20/2013.
41. Ibidem.
42. Josh MEYER, "Report Links Saudi Government to 9/11 Hijackers, Sources Say", *Los Angeles Times*, August 2, 2003.
43. Eric LICHTBLAU, "Saudi Arabia May Be Tied to 9/11, 2 Ex-Senators Say", *The New York Times*, February 29, 2012.
44. Ibidem. Rym MOMTAZ e Trevor J. LADD, "Ex-Senators Say Saudi Arabia May Be Linked to 9/11", *ABC News*, March 1, 2012.

A SEGUNDA GUERRA FRIA

45. EDMONDS, 2012, p. 97-98.

46. *Terrorism: Growing Wahhabi Influence in the United States,* Hearing Before the Subcommittee on Terrorism, Technology And Homeland Security of the Committee on the Judiciary United States Senate — One Hundred Eighth Congress — First Session June 26, 2003- Serial No. J-108-21 — Printed for the use of the Committee on the Judiciary — Washington, DC: U.S. Government Printing Office — 91–326 DTP 2004. http://www.gpo.gov/fdsys/pkg/CHRG--108shrg91326/pdf/CHRG-108shrg91326.pdf. Acessado em 16.10.2014.

47. Ibidem, p. 15.

48. Ibidem, p. 15.

49. Ibidem, p. 17-19.

50. Ibidem, p. 22.

51. O próprio presidente George W. Bush, que possuíra a firma Arbusto Energy, participara de transações, denunciadas como irregulares e ilegais, com a firma Harken Energy, no início da década de 1990, juntamente com o corretor James R. Bath, diretor do Bank of Credit and Commerce International, representante dos interesses árabes sauditas, inclusive da família bin Ladin. Jonathan BEATY e S. C. GWYNNE, "A Mysterious Mover of Money and Planes", *Time Magazine,* October 28, 1991. WISNEWSKI, 2003, p. 328-332.

52. O wahhabismo é um dos ramos dos sunitas, fundado por Muhammad ibn Abd al-Wahhab (1703-1792), que pretendia expurgar o Islã de suas impurezas e da contaminação pelos costumes mais modernos, exportados pela Europa. As expressões *Wahhabi* e *Salafi,* da mesma forma que *ahl al-hadith* (povo de Hadith), quase significam a mesma tendência, mas o wahhabismo é uma orientação ainda mais ultraconservadora, predominante na Arábia Saudita, tem muita influência no Oriente Médio e influencia a formação de diversos xeques, devido à tradicional aliança entre o poder político e financeiro da casa de Abdul-Aziz (1876-1953), conhecido como Ibn Saud e seguidor dos ensinamentos de Muhammad ibn Abd al-Wahhab, sob cuja tirania começou, a partir de 1944, a exploração em larga escala do petróleo (descoberto em 1938) pela Standard Oil of California e por outras companhias americanas.

53. BAER, 2003, p. 205-207. AHMED, 2002, p. 194-197.

54. PAPE, 2005, p. 43, 51 e 182.

55. VAN LINSCHOTEN e KUEHN, 2012, p. 227.

56. SCOTT, 2010b, p. 194.

57. Jeremy R. HAMMOND, "Ex-ISI Chief Says Purpose of New Afghan Intelligence Agency RAMA Is 'to Destabilize Pakistan'", *Foreign Policy Journal,* August 12, 2009.

58. BRZEZINSKI, 1997, p. 30.

59. "Former German Defense Minister Confirms CIA Involvement in 9/11: Alex Jones Interviews Andreas von Bülow", *Prison Planet*. BÜLOW, 2003.
60. SOUSA LARA, 2005, p. 635.
61. WRIGHT, 2006, p. 194-197.
62. KISSINGER, 2001, p. 364.
63. HOUSE, 2012, p. 25-26, 68-69.
64. Ibidem, p. 25.
65. Ibidem, p. 26.
66. Ibidem, p. 49.
67. HUNTINGTON, 1997, p. 109-112.
68. RODINSON, 1980, p. 33.
69. SPENGLER, 1991, p. 307.
70. FRUM e PERLE, 2004, p. 115.
71. BRISARD e DASQUIÉ, 2001, p. 15, 270-323.
72. CLAUSEWITZ, 1998, p. 674.
73. Sobre o tema, vide MONIZ BANDEIRA, 2006, p. 635-665.
74. YOUSAF e ADKIN, 2001, p. 34.
75. Sebastian FISCHER e Veit MEDICK, "Bundeswehr in Afghanistan. Köhler entfacht neue Kriegsdebatte", *Der Spiegel*, Mai 27, 2010.
76. "Bundeswehr am Hindukusch. Ex-General erklärt Afghanistan-Einsatz für gescheitert", *Der Spiegel*, 7/10/2011. "Ten Years in Afghanistan German General Says NATO Mission Has 'Failed'", *Der Spiegel*, 7/10/2011.

Capítulo IV

A *"FREEDOM AGENDA"* DE GEORGE W. BUSH • A CRIAÇÃO DA MEPI PARA RECRUTAR ATIVISTAS E PROMOVER *"REGIME CHANGE"* NO CÁUCASO, NO ORIENTE MÉDIO E NA ÁFRICA • O PAPEL SUBVERSIVO DA NED, DO USAID, DA CIA E DAS ONGS FREEDOM HOUSE *ET AL.* • AS "REVOLUÇÕES COLORIDAS" NA SÉRVIA, NA GEÓRGIA E NA UCRÂNIA • PLANO PARA INVADIR E FINANCIAMENTO DA OPOSIÇÃO NA SÍRIA

O presidente George W. Bush escreveu, nas suas memórias, que após os atentados de 11 de setembro desenvolveu uma estratégia para proteger os Estados Unidos. Ela consistia em não fazer distinção entre terroristas e nações que os abrigavam; combater os inimigos além-mar antes que eles atacassem; confrontar as ameaças antes que elas se materializassem; e *"advance liberty and hope"* como alternativa para a ideologia dos inimigos de repressão e medo.[1] Certamente essa estratégia, conhecida como Doutrina Bush, não foi elaborada depois, mas antes dos ataques terroristas, e o foi juntamente com a *"freedom agenda"*, segundo a qual o presidente George W. Bush pretendia apoiar os "governos democráticos inexperientes", como na Palestina, no Líbano, na Geórgia e na Ucrânia, e encorajar dissidentes e reformistas democráticos, sob os "regimes repressivos" no Irã, na Síria, na Coreia do Norte e na Venezuela.[2] A *"freedom agenda"* visava a promover a política de *regime change*, com George W. Bush a exercer o papel de *"universal soldier"*, à frente de uma equipe de super-heróis neoconservadores (*neocons*), tratando de modelar o comportamento de todas as nações de acordo com os interesses e a conveniência do Império.[3]

Em 2002, o Departamento de Estado, sob a direção do secretário de Estado Colin Powell, lançou a Middle East Partnership Initiative (MEPI), com propósito ostensivo de ajudar os adversários dos regimes, que não respeitavam a liberdade e os direitos humanos, no Oriente Médio e na África do Norte, usando o poder diplomático e a assistência ao exterior para espraiar e *"to help citizens better their own lives and build their own nations"*.[4] A *rationale* era *"to promote democracy in the Arab world"*. E, conforme as palavras de Condoleezza Rice, assistente de Segurança Nacional do presidente George W. Bush, *"MEPI is transformational diplomacy in action"*.[5] Esse programa financiaria as ONGs americanas, embora a MEPI houvesse começado a distribuir diretamente bolsas para ONGs no Egito, com o fito de apoiar *"political activists and human rights groups"*, e o Departamento de Estado estabeleceu escritórios regionais, um nos Emirados Árabes Unidos e outro na Tunísia.[6]

A MEPI constituiu um dos instrumentos da *"freedom agenda"* do presidente George W. Bush para promover, no Oriente Médio, no Cáucaso e em outras regiões o que julgava *"democracy"*, substancialmente baseada em *"free market"*, como prioridade de segurança nacional, entendendo que maior liberdade política podia afastar as forças islâmicas e a doutrinação fundamentalista.[7] Ele cria que um Oriente Médio democrático seria menos vulnerável ao extremismo. E a promoção da democracia consistia em treinar ativistas *"in strategic nonviolent action or other kinds of grassroots mobilization that proved decisive in the struggle"*,[8] como nos países do Cáucaso, onde ocorreram as "revoluções coloridas", i.e., a *"cold war revolutionary"*. Contudo, a maioria dos grupos islâmicos, que eram os mais poderosos movimentos de oposição, estavam excluídos da MEPI.[9]

O objetivo era ostensivamente subverter os regimes no Oriente Médio e na África do Norte, mediante o engajamento dos cidadãos no processo político e o recrutamento de líderes estudantis, com idades entre 20 e 24 anos, para um programa de cinco a seis semanas nas instituições acadêmicas dos Estados Unidos nas quais eles pudessem expandir seus entendimentos da sociedade civil tanto quanto do processo democrático e como poderiam ser aplicados nos seus respectivos países.[10] Os países visados eram Argélia, Bahrein, Egito, Iraque, Israel, Jordânia, Kuwait, Líbano, Líbia, Marrocos, Omã, Qatar, Arábia Saudita, Síria, Tunísia, Emirados Árabes Unidos, Cisjordânia/Gaza e Iêmen. Como Deus disse *"et ait faciamus hominem ad imaginem et similitudinem nostram"*,[11] os Estados Unidos também pretendiam modelar os países do Oriente Médio e da África do Norte à sua imagem e semelhança.

Com a *"freedom agenda"* e a *war on terror*, os Estados Unidos avançaram ainda mais seus objetivos econômicos, políticos e militares nos países do Cáucaso, o que constituiu um fator de tensões, dado que os *policy-makers* de Washington não respeitaram os legítimos interesses da Federação Russa na Eurásia, ameaçando-lhe a segurança geoestratégica, a integridade territorial e coesão social, e tornando vulneráveis suas fronteiras ocidentais, mediante a expansão da OTAN. O ministro para Assuntos Estrangeiros da Rússia, Igor Ivanov, advertiu o secretário de Estado Colin Powell de que Washington devia considerar bem fundamentadas as preocupações da Rússia com o envolvimento direto de tropas americanas no território da Geórgia, o que poderia complicar a situação da região.[12] De fato, os Estados Unidos haviam constituído o NATO's Partnership for Peace Programme (NATO-PfP) para as antigas repúblicas soviéticas, realizando exercícios militares conjuntos na região desde 1997. Todos os países da Ásia Central passaram a integrar o NATO's North American Co-operation Council (NACC). E os Estados Unidos, em 1999, incluíram numa estrutura militar Geórgia, Ucrânia, Uzbequistão, Azerbaijão e Moldávia (GUUAM), visando a criar uma real alternativa para a Comunidade dos Estados Independentes, liderada pela Rússia, como passo inicial para integrar esses países na OTAN.

Após os atentados terroristas de 11 de setembro de 2001, a presença militar dos Estados Unidos na Ásia Central tornou-se realmente ainda maior. Washington conseguiu que o Uzbequistão autorizasse a instalação de uma base aérea em Khanabad e outra — Ganci Air Base — no Aeroporto Internacional de Manas, perto de Bishkek, então capital do Quirguistão, para a passagem de tropas americanas com destino ao Afeganistão, cuja missão de combater o terrorismo, mas que visavam, na realidade, a assegurar um clima que permitisse a construção de dutos pela Union Oil Company of California (Unocal) para o transporte do petróleo do Uzbequistão até o Oceano Índico sem atravessar o território da Rússia. Sob o pretexto da *war on terror*, o governo de George W. Bush, outrossim, negociou o uso das bases aéreas de Shymkent e Lugovoy, no Cazaquistão, e da Manas Air Base, no Quirguistão; instalou contingentes militares em Ashgabat, no Turcomenistão, e ganhou acesso a todas as suas bases aéreas, inclusive a de Nebit-Dag, perto da fronteira com o Irã, além de construir o Stronghold Freedom, a mais importante base militar dos Estados Unidos na Ásia Central, em Karshi-Khanabad, no Uzbequistão.

Washington considerava que o transporte do petróleo e gás através de dutos que passavam pelo território da Rússia tornava vulnerável o abastecimento dos mercados ocidentais. Daí que, para evitar possíveis problemas, porquanto a Rússia se afigurava o principal rival dos Estados Unidos, o domínio das reservas e das rotas de petróleo converteu-se em fundamental questão geopolítica e devia ser assegurado, mediante o controle dos países que antes integraram a União Soviética, com a instalação de regimes pró-Ocidente. E, a fim de conquistá-los, os Estados Unidos não se valeram apenas da assistência militar. Implementaram a política de *"export of democracy"*, por meio da NED, da CIA e de entidades civis, entre as quais Freedom House, a USAID, o Open Society Institute (renomeado Open Society Foundations [OSF] em 2011), este criado pelo megainvestidor George Soros, e outras organizações não governamentais, como *façade* para promover a política de *regime change* sem golpe de Estado. O método era similar ao da Operation Ajax, usado pela CIA e pelo MI6, com demonstrações civis financiadas em Teerã, para derrubar o governo de Mohammed Mosaddeq (1953), que havia nacionalizado as companhias de petróleo inglesas, e entregar o poder a Reza Shah Pahlavi. "Poucas intervenções estrangeiras foram tão ignóbeis como o golpe de 1953 e poucos líderes no Oriente Médio haviam merecido menos hostilidade que Mohammed Mosaddeq", escreveu o jornalista inglês Christopher de Bellaigue, pesquisador do St. Antony's College, Universidade de Oxford.[13]

A Open Society Foundations, fundação de George Soros, diferentemente da USAID, não necessitava ser diplomática e sua política podia não ser idêntica à dos Estados Unidos, porém compatível com ela, conforme comentou o secretário de Estado adjunto Strobe Talbott.[14] E a Open Society Foundations, a NED e a USAID financiaram alguns movimentos e certos veículos da mídia, encorajando a denúncia de fraudes reais ou não nas eleições, de modo a levar a oposição às ruas em manifestações contra o governo, por meio de ativistas, muitas vezes remunerados. Para Washington, as organizações não governamentais eram nada menos que *"American invisible sector"* de influência, salientou John Peck.[15]

A Geórgia, para onde os Estados Unidos já haviam enviado 200 assessores militares, revestia-se de vital importância geoeconômica e estratégica, sobretudo por causa do oleoduto de Baku-Tiblis-Ceyhan (BTC), de 1.768 quilômetros, destinado a desviar da Rússia e do Irã o transporte do petróleo do campo de Azeri-Chirag-Guneshli (ACG), no Mar Cáspio, e do gás condensado de Shah Deniz, situado 70 quilômetros a sudeste de Baku, através do Azerbaijão, para o Mediterrâneo. O campo de Azeri-Chirag-Guneshli (ACG) estendia-se por 129 quilômetros, na costa do Azerbaijão, continha 5,4 bilhões de barris recuperáveis, com um investimento total de US$ 120 bilhões, e era explorado por um consórcio constituído pela British Petroleum (37,43%), pela Chevron/Texaco (11,27%) e por outras tantas companhias petrolíferas.

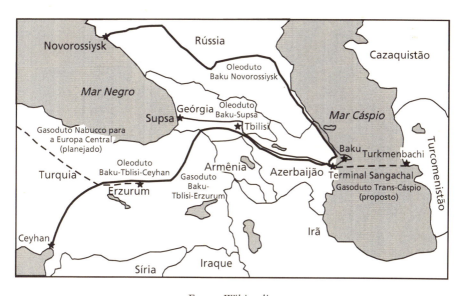

Fonte: Wikipedia

Desde o fim do governo de Bill Clinton, as autoridades do Pentágono principiaram a elaborar políticas visando a usar a Geórgia como *key player* na política de *neo-containment*, de forma a impedir que a Rússia voltasse a dominar a região do Cáucaso. Algumas semanas após os atentados terroristas de 11 de setembro de 2001, o presidente Eduard Shevardnadze, reeleito, no ano 2000, com 82% dos votos, visitou Washington, onde se solidarizou com o presidente George W. Bush na guerra contra o terror. Também solicitou ajuda econômica e militar dos Estados Unidos e assinou uma parceria estratégica com a OTAN, ademais de autorizar a construção do oleoduto Baku-Tbilisi-Ceyhan. Porém, seu governo enfraqueceu-se ao longo de dois anos, sobretudo por causa da situação econômica e financeira do país, cuja dívida externa havia alcançado o montante US$ 1,75 bilhão, e Shevardnadze não tinha meios de pagá-lo, embora houvesse recebido dos Estados Unidos, em dez anos, cerca de US$ 1 bilhão.[16]

A popularidade de Shevardnadze, em 2002-2003, já se havia deteriorado, e a Geórgia se afigurava instável, devido, inclusive, ao conflito com Moscou, que a acusava de não reprimir os terroristas albergados em Pankisi Gorge, e à questão da Abecásia, região entre o Mar Negro e as montanhas do Cáucaso, que se separou da Geórgia em 1992 e cuja independência foi reconhecida pela Rússia, que ainda mantinha bases militares em três áreas problemáticas do país: Gudauta, na Abecásia; Batumi, em Ajaria; e Akhalkalaki, em Javakheti. Em 2003, Shevardnadze estava politicamente debilitado e isolado. E, conquanto seu partido — Por uma Nova Geórgia — ganhasse as eleições em 2 de novembro de 2002, as denúncias de fraude excitaram os eleitores, em contínuas manifestações de rua, e emergiram outros líderes: Mikheil Saakashvili, Zurab Zhvania e Nino Burjanadze, ex-colaboradores do governo que haviam desertado para a oposição.

A Revolução Rosa (22-23 de novembro de 2003) foi planejada e coordenada desde Washington, através do embaixador Richard Miles,[17] devido, provavelmente, ao receio de que a instabilidade da Geórgia a levasse outra vez para a órbita da Rússia, da qual sua economia ainda muito dependia. E a Eduard Shevardnadze não restou alternativa senão renunciar, em 23 de novembro de 2003, sob pressão do secretário de Estado americano, Colin Powell, bem como de Kofi Annan, secretário-

-geral da ONU, e do presidente da Rússia, Vladimir Putin.[18] E o líder da Frente do Movimento Nacional Democrático, Mikheil Saakashvili, que assumiu o governo, logo determinou o fechamento da base militar da Rússia, e Donald Rumsfeld, secretário de Defesa, firmou contrato de US$ 15 milhões com a Cubic Corporation (Amex: CUB) para fornecer equipamentos de defesa e treinamento às forças da Geórgia.[19]

Com a ascensão ao poder do advogado Mikheil Saakashvili, que frequentara a Columbia Law School e a George Washington University Law School nos anos 1990, o governo do presidente George W. Bush executou o Georgia Train and Equip Program (GTEP), entre 2002 e 2004, e, a partir de 2005, o Georgia Security and Stability Operations Program (Georgia SSOP), enviando ao Cáucaso assessores da U.S. Special Operation Forces (*Green Berets*), U.S. Marine Corps e outros para o treinamento de contingentes militares da Geórgia. Esses contingentes participaram das operações no Kosovo e, depois, das guerras no Afeganistão e no Iraque. Posteriormente, em meio às tensões com a Abecásia e a Ossétia do Sul, regiões separatistas e que aspiravam à integração com a Rússia, o presidente Mikheil Saakashvili, encorajado pelos Estados Unidos, solicitou a adesão da Geórgia à OTAN. A Georgia era aliada dos Estados Unidos no que Stephen Jones chamou de *peace cold*, na questão do oleoduto, e, se a revolta fosse esmagada, imprevisíveis seriam as consequências para os *marines* lá estacionados.[20]

O *Wall Street Journal*, em 24 de novembro de 2003, atribuiu o movimento contra o regime de Shevardnadze a operações de um grande número de "*non-governmental organizations (...) supported by American and other Western foundations*", entre as quais Freedom House, National Endowment for Democracy, International Republican Institute, Organization for Security and Cooperation in Europe, USAID, Council of Europe e Foundation for the Defence of Democracies. Só o Open Society Institute, do mega investidor húngaro-americano George Soros, investiu acima de US$ 42 milhões nos três meses anteriores à chamada Revolução Rosa.[21] De acordo com o *Wall Street Journal*, essas organizações não governamentais (OGNs) haviam gerado uma classe de jovens, "*English-speaking intellectuals hungry for pro-Western reforms*", que lideraram o golpe contra o governo de Shevardnadze e levaram ao poder Mikheil Saakashvili, graduado em Direito pela Columbia University e doutor pela George Washington University, nos anos 1990. Elas, que haviam financiado o OTPOR, na Iugoslávia, respaldaram na Geórgia o grupo de oposição KMARA, cujos ativistas, estipendiados pelo Open Society Institute, de George Soros,[22] foram treinados no Centre for Applied Non Violent Actions and Strategies (CANVAS), estabelecido em Belgrado.

Outrossim, pouco depois da Geórgia, ocorreu na Ucrânia outra revolução colorida, denominada pela mídia de Revolução Laranja, que derrubou o governo de Leonid Kuchma (1994-2005), sendo as denúncias de corrupção, manipulação eleitoral e baixo padrão de vida os elementos catalisadores do movimento popular. No entanto, da mesma forma que na Geórgia, embora houvesse na Ucrânia fortes e profundas razões para o descontentamento popular, o movimento foi desencadeado por ativistas, militantes da organização PORA (É tempo) e de outras ONGs dos Estados Unidos e da União Europeia, entre as quais Vidrodzhenya (Reviver), por George Soros, Freedom House, Poland-America-Ukraine Cooperation Initiative, USAID, National Endowment for Democracy, que haviam sustentado a campanha do candidato da oposição, Viktor Yushchenko. "Intervir em eleições estrangeiras sob a máscara de interesse imparcial de ajudar a sociedade civil tornou-se o precedente do pós-moderno *coup d'état* patrocinado pela CIA, no Terceiro Mundo, adaptado às condições pós-soviéticas", comentou o jornalista Jonathan Steele, do *The Guardian*, de Londres.[23]

O ex-presidente do International Center for Journalists e professor da Boston University David Anable, classificou a Geórgia como o segundo dos três "dominós" — Sérvia, Geórgia e Ucrânia — nos quais "*nonviolent revolutions*" derrubaram líderes *Soviet-style*, autoritários e semiautoritários, e a mídia desempenhou importante papel, com o suporte técnico e financeiro do Ocidente.[24]

Na Europa Oriental e nas antigas repúblicas soviéticas, os Estados Unidos gastaram, desde 1991, um total de US$ 350 milhões, financiando a mídia na execução de operações de guerra psicológica, enquanto os custos com a invasão do Iraque, em menos de três anos, somaram US$ 200 bilhões, comentou David Anable.[25] Em sua opinião, se o Ocidente, a mídia e

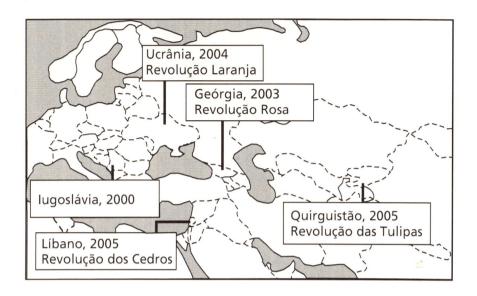

a sociedade podiam produzir movimentos não violentos e reformas democráticas — sem a necessidade de dispendiosas intervenções militares —, isso lhe parecia um bom investimento, mais conveniente aos objetivos da política do presidente George W. Bush de propagar a democracia, especialmente se o país apresentava genuíno significado geopolítico, como nos três dominós mencionados.[26] E a mesma lição de como derrubar governos por meios não necessariamente violentos que os jovens ativistas do OTPOR aplicaram na Sérvia foi ensinada aos ativistas do KMARA (Bastante) depois aos ucranianos do movimento PORA (Alto tempo).[27]

Não é segredo, portanto, que o Pentágono, através da United States Army Civil Affairs e do Psychological Operations Command (USACAPOC), o Departamento de Estado e várias organizações não governamentais, entre as quais a Freedom House, cuja missão é *"support democratic change, monitor freedom, and advocate for democracy and human rights around the world"*, e a National Endowment for Democracy, também dedicado a *"growth and strengthening of democratic institutions around the world"*, investiram milhões de dólares para incentivar as "revoluções coloridas" na região da extinta União Soviética e cercar a Rússia. A Ucrânia configurou uma questão geoestratégica, não por causa de Moscou, mas por causa dos Estados Unidos, que, conforme comentou o jornalista Jonathan Steele, se recusavam a abandonar a política da Guerra Fria de cercar a Rússia e buscar para seu lado todas as antigas repúblicas soviéticas.[28] Situada entre a Rússia e os novos membros da OTAN — Polônia, Eslováquia, Hungria e Romênia —, a Ucrânia adquiria realmente enorme significação geoestratégica para os Estados Unidos.

Washington cria que, na Ucrânia, a ascensão de Viktor Yushchenko, candidato do partido da oposição — Nossa Ucrânia (*Nasha Ukrayina*) — com a derrubada de Leonid Kuchma, poderia modelar a orientação geopolítica do país, possibilitando maior integração nas instituições euro-atlânticas, instituição de uma real democracia, com o predomínio da lei, e uma genuína economia de livre mercado.[29] E Viktor Yushchenko, logo depois de assumir o governo (2005-2010), recebeu o John F. Kennedy Profile in Courage Award, da John Kennedy Library Fund, pelo seu desempenho na Revolução Laranja. Sua primeira-ministra foi a bilionária Yulia Timoshenko, conhecida na Ucrânia como a "princesa do gás", devido à fortuna que fez, anteriormente, por meio de negócios suspeitos com Pavlo Lazarenko, ministro da Energia, e a empresa russa Gazprom. E o primeiro e principal projeto do presidente Yushchenko, anunciado em Kiev, foi construir novo oleoduto, ligando o Mar Cáspio, através da Ucrânia, à Polônia, o que reduziria a dependência do país em relação aos suprimentos da Rússia.[30]

Shade Hamid, diretor de pesquisa do Brookings Doha Center e membro do Saban Center for Middle East Policy da Brookings Institution, escreveu que nas duas "revoluções coloridas" — Rosa, na Geórgia, e Laranja, na Ucrânia — a fraude eleitoral foi o estopim e a mídia teve um papel fundamental ao denunciá-la. Mas, por trás da mídia, as agências dos Estados Unidos estavam a manejar os cordéis. Se, na Sérvia, a rádio serviu como principal instrumento da subversão; na Geórgia foi a televisão.

A estação Rustavi — 2, o canal de TV com maior audiência, fundado por Erosi Kitsmarishvili, tornou-se voz da oposição na Geórgia. Essa TV recebeu da Eurasia Foundation, entidade fundada com apoio da USAID, o montante de US$ 9.925, valor considerável na época, e foi mantida com a assistência da NGO Internews,[31] outra organização não lucrativa também sustentada pela USAID e baseada na Califórnia, que treinou e assessorou seus jornalistas.[32] E as informações eram fornecidas em parte pelos governos ocidentais e ONGs e difundidas pela Rustavi — 2, que, segundo o antigo embaixador dos Estados Unidos na Geórgia Richard Miles, teve *"almost the top in trying to promote Shevardnadze's overthrow"*.[33] E o canal 5, da TV a cabo, e a *Pravda Ukraine (Ukrainskaya Pravda)*, jornal digital fundado por Georgiy R. Gongadze, asilado com toda a família nos Estados Unidos em 2001, e Olena Prytula, operado diretamente de Washington, D.C., quase inteiramente financiado pelos Estados Unidos, constituíram decisivos veículos no encorajamento da Revolução Laranja.[34]

Cerca de um ano após a Revolução Laranja, o Quirguistão seguiu o exemplo da Geórgia e da Ucrânia e lá ocorreu a Revolução Tulipa. Antes das eleições de 2005, o embaixador da Grã-Bretanha James Lyall Sharp declarou que seu governo doaria US$ 92.000 a ONGs, de modo a *"ensure free and fair elections"* no país, ao mesmo tempo que os governos ocidentais manifestavam descrença no processo eleitoral que lá ocorreria.[35] E tensões irromperam quando o partido do presidente Askar Akayev (1990-2005) ganhou, com 59% dos votos, as eleições parlamentares de 15 de março de 2005, e acusações de fraude foram levantadas. As forças de oposição, lideradas por Kurmanbek Bakiyev, insurgiram-se, em 24 de março, e ocuparam a sede do governo, em Bishkek, forçando o presidente Askar Akayev a fugir para o Cazaquistão. O que aconteceu foi realmente um *coup d'état*. Mas não havia motivos, aparentemente, para que os Estados Unidos desejassem a mudança de regime no Quirguistão. O presidente Askar Akayev havia permitido a instalação da Manas Air Base, por onde transitavam as tropas da International Security Assistance Force (ISAF), que realizavam a Operation Enduring Freedom, no Afeganistão, e seu sucessor, Kurmanbek Bakiyev, ameaçou expulsá-las se os Estados Unidos não pagassem mais pelo seu estacionamento no país.

Contudo, não há dúvida de que Givi Targamadze, antigo membro do Liberty Institute e membro do Comitê de Defesa e Segurança do Parlamento da Geórgia (Georgian Parliamentary Committee on Defence and Security), orientou os líderes da oposição no Quirguistão para o emprego das técnicas de luta não violenta e assessorou-os durante a chamada Revolução Tulipa, realizada por OGNs, entre as quais Coalizão pela Democracia, Sociedade

Civil, Kel-Kel e Birge, sob a influência política da elite financeira. E o Open Society Institute, de George Soros, destinou recursos para o movimento no Quirguistão, por intermédio da Sociedade Civil contra a Corrupção, cuja dirigente, Tolekan Ismailova, organizou a tradução do manual revolucionário *From Dictatorship to Democracy*, do professor Gene Sharp,[36] usado na Sérvia, na Ucrânia, na Geórgia e em outros países.[37]

A lição do professor Gene Sharp também foi aplicada no Líbano, ocupado pelas forças armadas da Síria desde 1976, como decorrência da guerra que lá ocorrera entre 1975-1990 e que resultou na morte de mais de 200.000 pessoas. Após o assassínio do ex-primeiro-ministro Rafik Hariri (1992-1998 e 2000-2004), em 14 de fevereiro de 2005, efetuado mediante a explosão de uma bomba e atribuído a agentes do serviço secreto da Síria pelo Ocidente, mas também ao Mossad, de Israel,[38] uma série sucessiva de manifestações populares — nem tanto *sponte sua* — se sucederam em Beirute e em outras cidades do Líbano, com o fito de forçar a retirada das tropas sírias (14.000 soldados) do país, a formação de um novo governo e a investigação da morte Rafik Hariri.

A retirada das tropas sírias pelo presidente Bashar al-Assad aconteceu poucos meses depois, em 27 de abril de 2005, atendendo à Resolução 1.559 do CSNU, apresentada pela França. A subsecretária de Estado para Assuntos Globais, Paula J. Dobriansky, referiu-se a essas manifestações no Líbano como Revolução dos Cedros,[39] equiparando-as às revoluções coloridas que aconteceram na Geórgia (Revolução Rosa) e na Ucrânia (Revolução Laranja). E o presidente George W. Bush, em suas memórias, assinalou que *"the Cedar Revolution marked one of the most important successes of the freedom agenda"*.[40] Ocorrera no país de múltiplas religiões, com maioria islâmica, *"with strong diplomatic pressure and no American military involvement"*.[41]

Mas o fato foi que, secretamente, não apenas ONGs como Freedom House e outras ONGs americanas instigaram e ajudaram com o emprego de ativistas a impulsar as demonstrações contra a Síria. O diário conservador *New York Post* soube e noticiou que a CIA e serviços de inteligência europeus (certamente o Bundesnarichtendienst e a Direction Générale de la Sécurité Extérieure) estiveram silenciosamente *"gi-*

ving money and logistical support" aos organizadores dos protestos anti-Síria a fim de fomentar o movimento e as pressões para que o presidente Bashar al-Assad retirasse completamente as tropas do Líbano.[42] O embaixador dos Estados Unidos Jeffrey Feltman participou da coordenação, segundo tudo indica, e fontes de Washington disseram ao *New York Post* que o programa era similar ao *"previous CIA support of pro-democracy movements"*, na Geórgia e na Ucrânia, onde se realizaram impressionantemente largas e pacíficas demonstrações. E, conforme se pode deduzir dos telegramas classificados da Embaixada dos Estados Unidos em Damasco publicados pelo WikiLeaks o financiamento da oposição, na Síria, começou desde pelo menos 2005, visando, *inter alia*, à derrubada do regime de Bashar al-Assad, de modo a impedir o aprofundamento, no âmbito naval, de suas relações com a Rússia.[43]

Esses telegramas comprovaram que o Departamento de Estado estava a financiar à oposição na Síria o volume de US$ 6 milhões, desde, pelo menos, 2005, para as operações do canal de TV por satélite Barada River, vinculado ao Movimento por Justiça e Desenvolvimento, uma rede dos exilados sírios baseada em Londres, e a financiar outras atividades no país, além de cursos em Damasco. Os dólares provinham do Middle East Partnership Initiative (MEPI), através do grupo Democracy Council, baseado em Los Angeles. E Edgar Vasquez, porta-voz do Departamento de Estado, declarou ao *Washington Post* que o MEPI havia alocado US$ 7,5 milhões para o programa na Síria desde 2005. Um telegrama da Embaixada dos Estados Unidos em Damasco, contudo, revelou um total muito maior — em torno de US$ 12 milhões — entre 2005 e 2010.

Desde a derrubada do regime de Saddam Hussein, em Bagdá, as relações dos Estados Unidos com a Síria tomaram nova e mais tensa dimensão e o presidente George W. Bush voltou-se para o governo de Bashar al-Assad, líder do Partido Ba'th, nacionalista e pan-árabe, demandando maior cooperação no monitoramento da fronteira com o Iraque, de modo a impedir a infiltração de *jihadistas* estrangeiros.[44] O Pentágono, por ordem do secretário de Defesa, Donald Rumsfeld, elaborou um *contingency plan* para invadir a Síria após a derrubada de Saddam Hussein.[45] O presidente George W. Bush, com os Estados Unidos envolvidos em duas guerras — Afeganistão e Iraque —, não aceitou o plano, defendido por Douglas Feith e William Luti, assessores de Rumsfeld, por julgar perigoso deflagrar uma terceira guerra, tendo que enfrentar a reeleição em 2004, e cortou a discussão sobre a possibilidade de estender à Síria a *war on terror*.[46]

Entretanto, em 20 de novembro de 2003, com a *green light* do presidente George W. Bush, o Congresso americano aprovou o Syria Accountability Act (P.L. 108-175), que autorizou o governo a impor sanções, entre as quais proibir exportação *"dual-use technology"* para a Síria, reprimir os negócios e congelar seus ativos nos Estados Unidos.[47] Alguns membros do Congresso também defenderam o financiamento de grupos para promover reformas políticas, ao mesmo tempo que *"condemned human rights violations against reformists in Syria"*.[48] À mesma época, novembro de 2003, o empresário sírio-americano Farid al-Ghadry, ligado à corporação EG&G Intertech Inc., empreiteira do Pentágono, fundara nos Estados Unidos, onde vivia, o Partido Reformista da Síria — tendo como slogan uma *"New Syria"* —, que realizou uma reunião a porta fechadas em Washington e criou uma rádio clandestina: Radio Free Syria.

NOTAS

1. BUSH, 2010, p. 396-397.
2. Ibidem, p. 397.
3. *"It is empire. I mean, by this term, a situation in which a single state shape the behaviour of others, whether directly or indirectly, partially or completely, by means that can range from the outright use of force through intimidation, dependency, inducements, and even inspiration."* GADDIS, 1997, p. 27.
4. *"The Middle East Partnership Initiative (MEPI) is a program designed to promote political, economic, and educational development in the Middle East. This report provides an overview of the MEPI program, its perception in the Middle East, and its role in the debate over U.S. efforts to promote democracy in the Arab world. For FY2006, the Bush Administration has requested $120 million for MEPI. For FY2005, Congress appropriated $75 million for MEPI, half of the President's original request. MEPI has received an estimated $294 million in funding since its creation in FY2002. This report will be updated as*

developments unfold." Jeremy M. SHARP, *The Middle East Partnership Initiative*: *An Overview*, Foreign Affairs, Defense, and Trade Division Congressional Research Service Report RS21457, July 20, 2005, WikiLeaks Document Release, February 2, 2009.

5. U.S. Department of State, Archive, Middle East Partnership Initiative (MEPI), disponível em: http://2002-2009-mepi.state.gov/.

6. Jeremy M. SHARP, *The Middle East Partnership Initiative*: *An Overview*, Foreign Affairs, Defense, and Trade Division Congressional Research Service Report RS21457, July 20, 2005, WikiLeaks Document Release, February 2, 2009.

7. Jeremy M. SHARP, "U.S. Democracy Promotion Policy in the Middle East: The Islamist Dilemma", Congressional Research Service Report for Congress, updated June 15, 2006, Department of The Navy — Naval Historical Center, The Library of Congress.

8. Stephen ZUNES, "Credit the Egyptian People for the Egyptian Revolution", *Huffington Post*, January 27, 2011.

9. Jeremy M. SHARP, *The Middle East Partnership Initiative: An Overview*, Foreign Affairs, Defense, and Trade Division Congressional Research Service Report RS21457, July 20, 2005, WikiLeaks Document Release, February 2, 2009.

10. Stephen ZUNES, "Credit the Egyptian People for the Egyptian Revolution", *Huffington Post*, January 27, 2011.

11. "E disse Deus: Façamos o homem à nossa imagem, conforme a nossa semelhança", *Genesis 1 Latin: Biblia Sacra Vulgata*, v. 27.

12. "Ivanov: Russia Opposed to US Troops in Georgia", *Voice of America*, 27/2/2002.

13. BELLAIGUE, 2012, p. 273.

14. PECK, 2010, p. 203.

15. Ibidem, p. 196.

16. Seth MYDANS, "Georgian Leader Agrees to Resign, Ending Standoff", *The New York Times*, November 24, 2003.

17. O embaixador Richard Miles havia desempenhado importante papel na derrubada do presidente da Sérvia Slobodan Milošević quando chefiara a Missão Diplomática dos Estados Unidos em Belgrado, entre 1996 e 1999. Depois foi enviado como embaixador a Mink, na Bielorrússia, onde armou um golpe contra o presidente Alexander Lukaschenko. Ele já havia atuado no Azerbaijão e na Bulgária.

18. "The South Caucasus: A Chronological Summary of Key Events Since Independence 1991-2004", prepared by Richard Giragosian — Abt Associates, Inc. — Bethesda, Maryland, The American Research Institute of the South

Caucasus (ARISC), disponível em: http://www.ii.umich.edu/UMICH/asp/home/academic%200pportunities/imitiatives/conferences/south%20caucasu-su%20conf.%2022004.pdf. Acessado em 20.10.2014. Seth MYDANS, "Georgian Leader Agrees to Resign, Ending Standoff", *The New York Times*, November 24, 2003.

19. SCAHILL, 2007, p. 171.
20. JONES, 2009, p. 317.
21. Ibidem, p. 317-334. Richard CARLSON, "Georgia on His Mind — George Soros's Potemkin Revolution", *The Weekly Standard*, Foundation for Defence of Democracies, May 24, 2004.
22. Natalia ANTELAVA, "How to stage a revolution Slobodan Djinovic watched Georgia's 'rose revolution' from his home in Serbia", *BBC News*, December 4, 2003.
23. Jonathan STEELE, "Ukraine's postmodern coup d'état. Yushchenko got the US nod, and money flooded in to his supporters", *The Guardian*, November 26, 2004.
24. David ANABLE, "The role of Georgia's media — and Western Aid — in the Rose Revolution", Joan Shorenstein Center on the Press Politics and Public Policy, Working Paper Series, Harvard University, John F. Kennedy School of Government, 2006.
25. Ibidem, p. 27.
26. Ibidem, p. 24. Eileen M. O'CONNOR e David HOFFMAN, "Media in Iraq: The Fallacy of Psy-Ops", *International Herald Tribune*, December 16, 2005.
27. O Open Society Institute (OSI), de George Soros, enviou dois líderes do Liberty Institute, uma ONG, para encontrar os líderes do OTPOR na Sérvia. Quando retornaram, os ativistas do OTPOR treinaram mais de 1.000 estudantes georgianos em "técnicas revolucionárias usando o bom humor e a subversão pacífica".
28. Jonathan STEELE, "Ukraine's postmodern coup d'état. Yushchenko got the US nod, and money flooded in to his supporters", *The Guardian*, November 26, 2004.
29. Steven WOEHREL, "Ukraine's Political Crisis and U.S. Policy Issues", *CRS Report for Congress*, Order Code RL32691, February 1, 2005.
30. William F. ENGDAHL, "Revolution, geopolitics and pipelines", *Asia Times*, June 30, 2005.
31. A USAID fundou o Afghan Media Development Project (AMDEP), implementado pela Internews, com uma cadeia de quatro centros no Afeganistão: Anaar Multimedia Centers, em Herat, Mazar-e-Sharif, Jalalabad e Kandahar. A Internews atua em mais de 70 países, subsidiando a mídia de oposição, principalmente com o objetivo de *regime change*, e treina mais de 80.000 jornalistas. Seu orçamento anual era de US$ 10 milhões.
32. Shade HAMID, "The Struggle for Middle East Democracy", *Cairo Review of Global Affairs*, Brookings Institution, April 26, 2011. David ANABLE, "The

role of Georgia's media — and Western Aid — in the Rose Revolution", Joan Shorenstein Center on the Press Politics and Public Policy, Working Paper Series, Harvard University, John F. Kennedy School of Government, 2006, p. 9.

33. Ibidem, p. 12.

34. Shade HAMID, "The Struggle for Middle East Democracy", *Cairo Review of Global Affairs*, Brookings Institution, April 26, 2011.

35. Ajay PATNAIK, "Regime Change and US Geopolitical strategy in Central Asia", *Eurasia Critic*, May 2008.

36. Gene Sharp é professor da University of Massachusetts-Dartmouth e diretor da Albert Einstein Institution, em Boston. Após a Guerra Fria, com o apoio do coronel Robert Helvey, a Albert Einstein Institution realizou a *Conference on Non Violent Sanctions*, no Center for International Affairs da Universidade de Harvard, com a participação de 185 especialistas de 16 países, entre os quais o psicólogo israelense Reuven Gal, autor de várias obras, entre as quais *Service Without Guns*. A tradução e a distribuição do livro do professor Gene Sharp *From Dictatorship to Democracy* foi patrocinada por entidades dos Estados Unidos e de potências da União Europeia.

37. "*Political defiance has a long and surprisingly impressive record, from the 1905 Russian Revolution to the 1986 people-power movement in the Philippines. More recently, it was the modus operandi in the colour revolutions witnessed in the early 2000s: Serbia's Bulldozer Revolution (2000), Georgia's Rose Revolution (2003), Ukraine's Orange Revolution (2004), Lebanon's Cedar Revolution (2005) and Kyrgyzstan's Tulip Revolution (2005). These methods, and Sharp's writings, also inspired the youth uprisings in Tunisia (Sidi Bouzid Revolt) and Egypt (25 January Revolution) in early 2011 that swept aside the aging autocrats who had stifled change in those societies for so many years. Though it cannot be denied that CPV (Collective Political Violence) is a force for systemic change, these exemplars demonstrate that there are other nonviolent — and morally preferable — mechanisms for systemic feedback and self-adjustment.*" James W. MOORE, "The Functions of Insurgent Violence: A Systems Perspective", *Canadian Army Journal*, 14/2/2012, p. 115.

38. "*Significantly, one of Hariri's consultants, Mustafa al-Naser, told Iranian state news agency IRNA on Monday that 'the assassination of Hariri is the Israeli intelligence agency Mossad's job, aimed at creating political tension in Lebanon'.*" Pepe ESCOBAR, "The Roving Eye — How the West won Libya", *Asia Times*, October 22, 2011. "'*Israeli intelligence is standing behind this crime,*' *claimed German criminologist Juergen Cain Kuelbel. In his book* Hariri's Assassination: Hiding Evidence in Lebanon *he wrote:* '*Syria is inno-*

cent and has nothing to do with that crime or the other assassinations.' Kuelbel discovered that the jamming system used to disable the Hariri convoy's electronic shield was manufactured by Netline Technologies Ltd of Tel Aviv, an Israeli company co-developed with the Israel Defense Forces and Israeli law enforcement agencies, and sold through European outlets." Trish SCHUH, "The Salvador Option in Beirut", *CounterPunch*, February 8, 2007.

39. O cedro (*Cedrus libani*) é o símbolo nacional do Líbano e está no centro de sua bandeira.

40. BUSH, 2010, p. 411-412.

41. Ibidem, p. 412.

42. Niles LATHEM, "Give us Liberty! Protesters Slam Syria in Massive Beirut Rally", *New York Post*, March 8, 2005.

43. Craig WHITLOCK, "U.S. secretly backed Syrian opposition groups, cables released by WikiLeaks show", *The Washington Post*, April 18, 2011. "USA finanzieren offenbar syrische Opposition", *Focus Nachrichten*, 18/4/2011. "U.S. secretly backed Syrian opposition groups, WikiLeaks reveals — $6 million for Syrian exiles to help", *Daily Mail*, April 18, 2011.

44. Alfred B. PRADOS e Jeremy M. SHARP, *Syria: Political Conditions and Relations with the United States after the Iraq War*, Foreign Affairs, Defense, and Trade Division, Congressional Research Service Report RL32727, February 28, 2005.

45. Julian BORGER, Michael WHITE, Ewen MACASKILL e Nicholas WATT, "Bush vetoes Syria war plan", *The Guardian*, April 15, 2003.

46. Ibidem.

47. Julian BORGER, "Bush signals backing for Syria sanctions", *The Guardian*, October 8, 2003.

48. Alfred B. PRADOS e Jeremy M. SHARP, *Syria: Political Conditions and Relations with the United States after the Iraq War*, Foreign Affairs, Defense, and Trade Division, Congressional Research Service Report RL32727, February 28, 2005.

Capítulo V

A ESTRATÉGIA SUBVERSIVA DE GENE SHARP • A *"COLD WAR REVOLUTIONARY"* COM PROTESTOS, GREVES, BOICOTES, MARCHAS, DESFILES DE AUTOMÓVEIS, PROCISSÕES *ET AL.* • MERCENÁRIOS PARA PROTEGER CAMPOS DE PETRÓLEO E OLEODUTOS NA REGIÃO DO MAR CÁSPIO • A RECUPERAÇÃO DA RÚSSIA • A REAÇÃO DE PUTIN AO AVANÇO DA OTAN • A INVASÃO DA OSSÉTIA DO SUL

A estratégia do professor Gene Sharp pautou em larga medida a política de *regime change*, incrementada pelo presidente George W. Bush, de acordo com o Project for the New American Century (PNAC). Ela consistia em fomentar o *Political defiance*, i.e., o desafio político, termo usado pelo coronel Robert Helvey, especialista da Joint Military Attaché School (JMAS), operada pela Defence Intelligence Agency (DIA), para descrever como derrubar um governo e conquistar o controle das instituições, mediante o planejamento das operações e a mobilização popular no ataque às fontes de poder nos países hostis aos interesses e valores do Ocidente. Era a estratégia da *"freedom agenda"*, do presidente George W. Bush, cujo objetivo consistia exatamente no que o Directorate of Army Doctrine (DAD), do Departamento de Defesa do Canadá, definia como subversão, i.e., a tentativa de solapar a estabilidade e a força econômica, política e militar de um Estado sem recorrer ao uso da força por meio da insurreição, mas provocando violentas medidas, a serem denunciadas como *"overreaction by the authorities and thus discrediting the government"*.[1] A propaganda — acrescentou o documento do DAD — era *"a key element of subversion"* e incluía a publicação de informações nocivas às forças de segurança, bem como a divulgação de rumores falsos ou verdadeiros destinados a solapar a credibilidade e a confiança no governo.[2]

Essa estratégia configurava o que o coronel David Galula definira como *"cold war revolutionary"*, i.e., atividades de insurgência que permaneciam, na maior parte do tempo, dentro da legalidade, sem recorrer à violência.[3] E, assim, as "revoluções coloridas" derrubaram, em menos de dois anos, os governos de três países membros da Comunidade dos Estados Independentes (CEI) (*Sodruzhestvo Nezavisimykh Gosudarstv*), organização supranacional fundada em 8 de dezembro de 1991 por iniciativa do presidente Boris Yeltsin, integrando no espaço econômico da Rússia repúblicas da extinta União Soviética: Armênia, Azerbaijão, Bielorrússia, Cazaquistão, Quirguistão, Moldávia, Rússia, Tadjiquistão, Turcomenistão, Ucrânia e Uzbequistão.

Conforme o professor Gene Sharp explicou, a luta não violenta é mais complexa e travada por vários meios, tais como a guerra psicológica, social, econômica e política, aplicados pela população e pelas instituições da sociedade. Tais meios são, e.g., protestos, greves, não cooperação, deslealdade, boicotes, marchas, desfiles de automóveis, procissões etc., porque os governos somente podem subsistir se contarem com a cooperação, submissão e obediência da população e das instituições da sociedade.[4] O professor Gene Sharp salientou que a principal força de luta devia nascer dentro do país, mas *"financial and communications support can also be provided directly to the democratic forces"*, a partir do exterior, bem como receber assistência internacional, mobilizando a opinião pública mundial contra a ditadura, com fundamento em questões humanitárias, morais e religiosas, acompanhada por sanções diplomáticas e econômicas, proibição de investimentos, embargo de armas, expulsão de várias organizações internacionais.[5]

A estratégia do professor Gene Sharp não apresentou maior contributo para a arte da subversão, uma vez que a CIA havia muitos anos aplicava táticas e métodos similares a fim de possibilitar golpes de Estado em diversos países, principalmente na América Latina. *From Dictatorship to Democracy*, porém, traduzido para mais de 24 idiomas, foi distribuído através do Cáucaso por Freedom House, Open Society Institute, International Republican Institute (IRI), National Endowment for Democracy (NED) e CIA, e serviu de manual para as "revoluções coloridas", inclusive no Azerbaijão, onde quatro grupos — YOKH! (Não!), YENI FIKIR (Novo Pensamento), MAGAM (É tempo) e Movimento Laranja do Azerbaijão — estabeleceram conexão com PORA, KMARA e OTPOR e empregaram os mesmos métodos de não violência defendidos pelo professor Gene Sharp e aplicados na Sérvia, Geórgia e Ucrânia.[6]

Após a vitória do presidente Ilham Aliyev, cujo Partido Novo Azerbaijão (YAP) venceu as eleições parlamentares de 6 de novembro de 2005, a ONG Human Rights Watch, financiada pela Open Society Foundation, de George Soros, e por outras entidades, declarou que elas se realizaram em clima de intimidação e milhares de oposicionistas marcharam pacificamente pelas ruas de Baku, protestando contra os resultados supostamente fraudulentos. Ali Karimli, presidente da Frente Popular do Azerbaijão e cofundador do Bloco Político dos Partidos de Oposição, assinou mensagem ao presidente George W. Bush dizendo: *"Don't lose a friendly Muslim country."*[7] Os manifestantes, como já haviam feito após as eleições de 2003, tentaram realizar uma "revolução colorida", mas fracassaram. O *leit motiv* foi o mesmo das outras revoluções rosa e laranja: fraude eleitoral. E o próprio Ali Kerimli escreveu no *Washington Post* que, *"nearly two years later, on the eve of the 2005 parliamentary elections, Azeri democrats inspired by the support Western nations had given to the Rose and Orange democratic revolutions in Georgia and Ukraine decided to again challenge Aliyev's authoritarian regime".*[8]

Aos Estados Unidos, no entanto, não interessava a instabilidade no Azerbaijão, devido, principalmente, ao seu interesse no oleoduto conectando os campos de produção de Baku, através da Geórgia, até o porto de águas profundas em Ceyhan, que podia receber navios-tanque com capacidade acima de 300.000 toneladas. A vulnerabilidade do Azerbaijão certamente teria implicações sobre vasta região, porque sua localização, como um corredor de energia de vital importância, entre o Cáucaso e a Ásia Central, tornava-o um *pivotal country*, conforme o Zibigniew Brzezinski percebeu, ao tempo do governo do presidente

Jimmy Carter.[9] Mas, em vez de enviar soldados da ativa dos Estados Unidos, o Pentágono despachou para o Azerbaijão *"civilian contractors"*, mercenários, da Blackwater e de outras companhias militares privadas, com a missão de proteger os campos de gás e petróleo naquela região do Mar Cáspio, historicamente dominada pela Rússia e pelo Irã.[10]

A União Soviética não fora, entretanto, derrotada militarmente pelos Estados Unidos na Guerra Fria. E a Rússia, como sucessora jurídica, herdou todo o seu poderio bélico. E, desde que assumiu a presidência da Rússia, em 7 de maio de 2000, Vladimir Putin empenhou-se no sentido de recuperá-la da débâcle financeira de 1997. Sua economia, beneficiada, em larga medida, pela alta dos preços da energia e de matérias-primas, cresceu em média 7% ao ano e passou a ocupar o 7° lugar no ranking mundial, com um produto interno bruto de US$ 2,3 trilhões (est. 2011),[11] de acordo com o método da paridade do poder de compra, US$ 385 bilhões de reservas e um fundo de estabilização de mais de US$ 170 bilhões.

Washington não atentou para o fato de que a Rússia herdara o enorme poderio militar da União Soviética, permanecera como poderosa superpotência militar e a paridade estratégica não havia acabado, não obstante a desagregação do Bloco Socialista. A Rússia contava com 1,2 milhão de efetivos nas suas Forças Armadas, um total de 14.000 ogivas nucleares, das quais 5.192 em estado operacional, enquanto os Estados Unidos possuíam 1,3 milhão de militares na ativa, 5.400 ogivas, das quais 4.075 ativas, ademais de 3.575 estratégicas e 500 não estratégicas (est.) e um estoque adicional de 1.260 inativas.[12] No total, a Rússia possuía 62.500 armas nucleares e os Estados Unidos, 33.500.[13] Tanto os Estados Unidos quanto a Rússia pouco fizeram para reduzir o inventário de armamentos nucleares remanescentes da Guerra Fria, que permaneceu, desnecessariamente mais alto dos que as necessidades de segurança das duas potências.

Entretanto, o presidente George W. Bush, como antes o presidente Bill Clinton, continuou a provocá-la, humilhando-a. Logo após assumir o governo, em 2001, retirou os Estados Unidos do Tratado de Mísseis Antibalísticos (ABM), celebrado em 1972 com a União Soviética, a fim de implementar o projeto de construção do sistema de defesa antimísseis, e empenhou-se não somente em estabelecer bases antimísseis na Polônia e na República Tcheca como em levar a OTAN às fronteiras da Rússia, através da Ucrânia e da Geórgia. Ainda se recusou a ratificar o Tratado de Proibição Total de Testes, de 1996, e as mudanças no SALT 2 sobre a limitação e a redução dos armamentos estratégicos. E ordenou a invasão do Iraque, como iniciativa unilateral, desrespeitando o Conselho de Segurança da ONU. O presidente George W. Bush derrubou todos os fundamentos da ordem internacional e, consequentemente, da paz possibilitada pelo fim da Guerra Fria.

O equilíbrio de poder global, objetivo do projeto de instalar as bases do sistema de defesa antimísseis na Polônia e na República Tcheca, ele não conseguiu romper. Como o próprio Mackinder havia ressaltado, a Rússia era um *player state* e não um Estado periférico.[14] Estava diretamente dentro da *pivotal area* da Eurásia e tinha condições de usar sua influência e seu dinheiro, dificultar ou mesmo suspender o fornecimento de energia (gás e petróleo) de que a União Europeia tanto necessitava, bem como solapar os interesses dos Estados Unidos no Oriente Médio e em outras regiões, vendendo armamentos à Síria, ao Irã etc., além de exercer seu poder de veto no Conselho de Segurança da ONU. A Rússia tinha mais condições de afetar o Ocidente, que precisava mais da Rússia, do que o Ocidente de afetar a Rússia, que não precisava tanto do Ocidente. Assim, econômica e financeiramente recuperada, ela voltou a participar do *Great Game*, o jogo de poder na Ásia Central.

No início de 2007, o então presidente da Rússia, Vladimir Putin, advertiu que "os Estados Unidos haviam ultrapassado suas fronteiras nacionais em todos os setores",[15] o que era "muito perigoso", e mostrou-se contrário à expansão da OTAN, "uma organização político-militar que reforça sua presença em nossas fronteiras". Acusou os Estados Unidos de precipitar o mundo em um "abismo de permanentes conflitos", desprezando os princípios básicos da lei internacional.[16] E acrescentou: "Um erro."[17] E o duro ataque militar desfechado em agosto de 2008 contra as forças da Geórgia, que invadiram a região separatista da Ossétia do Sul, constituiu séria advertência de que aquela região, no

Cáucaso, à margem do Mar Negro, estava na esfera de influência da Rússia, que não permitiria maior penetração dos Estados Unidos e das potências do Ocidente.

O presidente Putin não estava mais disposto a permitir que os Estados Unidos ampliassem sua presença na Ásia Central e no Cáucaso. E, ao intervir na Geórgia para defender a autonomia da Ossétia do Sul, a Rússia retaliou o apoio que os Estados Unidos e a União Europeia, após instrumentalizar a OTAN (Operation Allied Force) para bombardear a Iugoslávia, em 1999, deram à independência do Kosovo, ignorando a Resolução 1244 do Conselho de Segurança das Nações Unidas (CSNU), de 1999, a qual previa o compromisso com a integridade territorial e a soberania da Iugoslávia (atual Sérvia) e, no Anexo 2, determinava que um possível governo soberano do Kosovo resultasse de um acordo político. O presidente Putin demonstrou, como exemplo, o que poderia ocorrer se a Polônia e a República Tcheca permitissem a instalação das bases antimísseis pretendida pelo presidente George W. Bush no seu território. A Rússia pôs em xeque os Estados Unidos e as potências ocidentais.

Em maio de 2005, o presidente George W. Bush visitou Tbilisi, capital da Geórgia, que pretendia transformar-se em *beacon of democracy*, dado que o controle do sul do Cáucaso e da Ásia Central era percebido como indispensável ao êxito da guerra no Afeganistão. Os Estados Unidos já haviam assegurado o estabelecimento de duas bases na Ásia Central — Karshi-Khanabad Air Base, no sul do Uzbequistão, não longe do Tadjiquistão, e Manas Air Base, situada no norte de Bishkek, no Quirguistão. O objetivo estratégico não era apenas apoiar as operações da guerra contra o terrorismo, no Afeganistão, mas dominar as reservas e os dutos de gás e óleo através da região e reprimir a influência da Rússia. Conforme afirmou Stephen J. Blank, especialista em Central Asia no U.S. Army War College's Strategic Studies Institute, *"a fundamental objective of the U.S. government is to prevent any neo-imperial revival in Eurasia"*.[18] Os Estados Unidos assentaram assim seu poder militar no *heartland* da Ásia Central e no sul do Cáucaso, principalmente na Geórgia e no Azerbaijão, cujo espaço aéreo se tornou essencial para o transporte de material bélico pesado e tropas da OTAN com destino ao Afeganistão, primeiro campo de batalha no que o presidente George W. Bush denominou de guerra contra o terrorismo. Dentro desse esquema logístico, as bases na Geórgia deviam servir como *backup* das bases na Turquia, enquanto o Azerbaijão funcionaria como área de sustentação para eventuais operações militares dos Estados Unidos contra o Irã. O ataque para derrubar o regime de Saddam Hussein mostrou a importância do estabelecimento de tais bases nas vizinhanças do Oriente Médio, quando o Parlamento da Turquia proibiu que as tropas dos Estados Unidos abrissem uma segunda frente no nordeste do Iraque, a partir do seu território.

Contudo, apesar do empenho dos Estados Unidos, a Alemanha e demais Estados europeus entenderam que ainda não era o momento de admitir tanto a Geórgia quanto a Ucrânia na OTAN, sob o argumento de que a situação dos dois países era ainda instável. Em verdade, a Alemanha e alguns Estados europeus não quiseram provocar a Rússia e criar uma grave crise, com fortes reflexos econômicos, se a Gazprom,[19] como represália, cortasse o fornecimento de gás do qual dependiam enormemente.[20] Entretanto, as potências ocidentais deixaram as portas abertas à Geórgia e à Ucrânia para uma eventual admissão, futuramente, como membros da OTAN. E, se isso realmente se consumasse, os Estados Unidos e as potências ocidentais conquistariam enorme vantagem geoestratégica, cercando a Rússia com poderosa estrutura militar, ao armar os exércitos da Ucrânia e da Geórgia e instalar bases da OTAN nas suas fronteiras.

A Geórgia, das antigas repúblicas que integraram a União Soviética, foi a que mais estreitamente se aliou aos Estados Unidos depois da chamada Revolução Rosa, em novembro de 2003, e diversos e complexos fatores concorreram para a eclosão do conflito armado com a Rússia. A invasão da Ossétia do Sul foi planejada pelo governo de Mikheil Saakashvili e recebeu a luz verde do presidente George W. Bush, conforme testemunhou perante o Parlamento da Geórgia o ex-embaixador em Moscou Erosi Kitssmarishvili.[21] Com efeito, os acontecimentos na Geórgia e na Ucrânia resultaram da política externa do presidente George W. Bush, orientada no sentido de promover "*freedom and democracy*" na Ásia Central, no Oriente Médio e em outras regiões do mundo, o que significava, de acordo com as diretrizes do Project for New American Century (PNAC), "desafiar os regimes hostis aos valores" americanos, e "preservar e estender uma ordem internacional (*friendly*) à nossa segurança, nossa prosperidade e nossos princípios".[22]

Essa possibilidade, ameaçando diretamente os interesses vitais da Rússia, tornou previsível a intervenção na Geórgia, em defesa da Ossétia do Sul. O Kremlin sinalizou que iria reagir quando aviões de sua Força Aérea Russa entraram no espaço aéreo da Geórgia e sobrevoaram território da Ossétia do Sul poucas horas antes da visita da secretária de Estado Condoleezza Rice a Tbilisi e do início (15 de julho) do exercício militar Immediate Response 2008, em que 1.000 soldados dos Estados Unidos treinariam as forças da Geórgia, do Azerbaijão, da Armênia e da Ucrânia nas imediações da base militar de Vaziani. O ministro das Relações Exteriores da Rússia, Sergey Lavrov, denunciou que na Ossétia do Sul se estava a realizar uma "limpeza étnica", que poderia evoluir para uma grave crise humanitária, e as iniciativas de Tbilisi representavam "real ameaça à paz e segurança", o que poderia chegar "à beira de um novo conflito armado, de consequências imprevisíveis".[23]

O presidente Mikheil Saakashvili sabia e declarou que a Geórgia não tinha condições de enfrentar a Rússia, porém podia usar os instrumentos polí-

Ossétia do Sul[24]

ticos e diplomáticos para impedir sua intervenção. E empreendeu a aventura, com o propósito de retomar o controle da Ossétia do Sul, decerto imaginando que a Rússia não reagiria, militarmente, e esperando eventual assistência dos Estados Unidos e demais membros da OTAN, com a qual firmara o Partnership Action Plan (IPAP), para receber sua assistência, com vista a futura admissão como membro.

Entretanto, a intervenção da Rússia na Geórgia, em 8 de agosto de 2008, para defender a autonomia da Ossétia do Sul, bem como da Abecásia, outra região separatista, mostrou que o transporte de petróleo e gás através dos dutos que atravessavam a Geórgia era tão vulnerável quanto através do Golfo Pérsico. Suas tropas conquistaram a cidade de Gori, onde nasceu Joseph Stalin, e a garganta de Kodori, ocupada pela Geórgia desde 2006, e destruíram depósitos de armamentos e bases militares. Os oleodutos não foram atacados, embora tenham sido fechados pelas próprias companhias por motivos de segurança ou por precaução. Mas os projetos de construção de novos dutos ou expansão do BTC ficaram aparentemente inviabilizados, em virtude da instabilidade apresentada pela região, alarmando as companhias que lá pretendiam investir.

O governo do presidente George W. Bush advertiu que os entendimentos com a Rússia estavam em perigo, mas o fato foi que os Estados Unidos nada podiam fazer contra a Rússia, apenas tomar medidas simbólicas, e enviar ajuda humanitária para a Geórgia. "Sanções econômicas são impensáveis porque os russos têm mais poder sobre nós do que vice-versa", disse Clifford Gaddy, do Instituto Brookings, à revista alemã *Der Spiegel*.[25] Tampouco ele via perspectiva para as sanções legais ou políticas sugeridas, como tirar Moscou do G-8 ou dificultar sua entrada na Organização Mundial do Comércio. "Na melhor das hipóteses, isso não teria efeito nenhum; na pior, seria contraproducente", avaliou.

O governo dos Estados Unidos estava com as mãos amarradas. Precisava da cooperação da Rússia para a solução de vários problemas internacionais, como a questão do programa nuclear do Irã, e, sobretudo, garantia do fornecimento de energia para a Europa Ocidental. E o fato foi que a Rússia, por fim, reconheceu a independência das duas regiões separatistas: Abecásia e Ossétia do Sul, nas vizinhanças do oleoduto

Baku-Tbilisi-Ceyhan (BTC), que tinha capacidade para transportar 1,2 milhão de barris por dia para o Ocidente. Pela primeira vez, desde o desaparecimento da União Soviética, a Rússia colocou os Estados Unidos e a União Europeia diante de uma realidade geopolítica, por meio de decisiva intervenção militar.

O presidente Vladimir Putin sempre deixou clara a decisão de não tolerar que a OTAN estendesse sua máquina de guerra às fronteiras da Rússia, ameaçando sua posição estratégica, nem o estacionamento do escudo antimísseis nos territórios da Polônia e da República Tcheca, como pretendido pelo presidente George W. Bush, assim como não aceitava a independência de Kosovo, conforme o plano do ex-presidente da Finlândia e mediador da ONU Martti Ahtisaari, que previa o reconhecimento de uma soberania parcial da região, sob vigilância internacional.

A Rússia, ao perceber a ameaça implícita nas iniciativas militares dos Estados Unidos, deu uma demonstração de força. Restaurou outra vez sua frota no Atlântico e no Mediterrâneo, bem como tratou de ampliar o porto de Tartus, na Síria, como base naval para sua frota no Mar Negro, juntamente com a instalação de um sistema de defesa antiaérea, com mísseis balísticos S-300PMU-2 Favorit, capazes de alcançar 200 quilômetros. Ao mesmo tempo, reativou os voos de patrulha por bombardeiros atômicos, suspensos desde 1992.

A fim de mostrar sua capacidade defensiva, o presidente Dimitri Medvedev ordenou que as Forças Armadas da Rússia realizassem manobras estratégicas, sob a denominação "Cáucaso 2009", em dez províncias do sul — Ossétia do Norte, Inguchétia, Daguestão, Carachai-Circássia e Tchetchênia —, das quais participaram também as brigadas russas estacionadas na Abecásia e na Ossétia do Sul, sob o comando do chefe do Estado Maior, general Nikolai Makarov. Também anunciou o aumento do orçamento militar da Rússia para 23 trilhões de rublos (US$ 782 bilhões) e tratou de restaurar a histórica influência sobre a região, opondo-se aos objetivos dos Estados Unidos e da União Europeia, não obstante houvesse, por vezes, coincidência, como no caso do combate ao terrorismo.

NOTAS

1. National Defence — Defense Nationale — Land Force — "Counter-Insurgency Operations" — (English) — Published on the authority of the Chief of the Land Staff — Directorate of Army Doctrine, Department of National Defence, a Kingston: Army Publishing Office, 2008 — OPI: DAD 2008-12-13-B-GL-323-004/FP-003, p. 2-15, disponível em: http://lfdts.army.mil.ca.
2. Ibidem, p. 2-15.
3. GALULA, 2010, p. 43.
4. SHARP, 2011, p. 124-135.
5. Ibidem, p. 11, 12, 78-79.
6. Elkhan NURIYEV, "Elections in Azerbaijan. Political Infighting and Strategic Interests of Great Powers", SWP Comments 2005 — C 58, December 2005. Valerie J. BUNCE e Sharon L. WOLCHIK, "Azerbaijan's 2005 Parliamentary Elections: A Failed Attempt at Transition", Cornell University — George Washington University, Paper prepared for CDDRL Workshop on External Influences on Democratic Transitions, Stanford University, October 25-26, 2007.
7. Christopher John CHIVERS, "Crowd Protests Fraud in Azerbaijan Vote", *The New York Times*, November 10, 2005.
8. Ali KARIMLI, "In Azerbaijan, voices for democracy strive to be heard", *The Washington Post*, April 2, 2010.
9. BRZEZINSKI, 1997, p. 121, 128-129.
10. SCAHILL, 2007, p. 172.
11. CIA Fact Book, disponível em: https://www.cia.gov/library/publications/the-world-factbook/geos/br.html.
12. Center for Strategic and International Studies (CSIS), Western Military Balance and Defence Efforts, A Comparative Summary of Military Expenditures; Manpower; Land, Air, Naval, and Nuclear Forces, Anthony H. Cordesman and Arleigh A. Burke Chair in Strategy with the Assistance of Jennifer K. Moravitz, CSIS January, 2002. Robert S. NORRIS e Hans M. KRISTENSEN, "U.S. nuclear forces, 2008", *Nuclear Notebook — Bulletin of the Atomic Scientists*, May/June 2008, Vol. 64, No. 2, p. 54-57, 62. Department of Defence — Active Duty Military Personal by Rank Grade — August 2007, disponível em: http://siadapp.dmdc.osd.mil/personnel/MILITARY/rg0708.pdf.
13. Ibidem.
14. Halford J. MACKINDER, "The Geographical Pivot of History", *Geographical Journal*, Royal Geographical Society, London, April 1904, vol. XXIII, p. 421-444.

15. *"Today we are witnessing an almost uncontained hyper use of force — military force — in international relations, force that is plunging the world into an abyss of permanent conflicts. (...) We are seeing a greater and greater disdain for the basic principles of international law. And independent legal norms are, as a matter of fact, coming increasingly closer to one state's legal system. One state and, of course, first and foremost the United States, has overstepped its national borders in every way. This is visible in the economic, political, cultural and educational policies it imposes on other nations."* Speech Delivered by Russia's President Vladimir Putin at the 43rd Munich Conference on Security Policy Peace through Dialogue, February 10, 2007, Munich, Germany (full transcript).

16. Ibidem.

17. *La Nación*, Buenos Aires, 11/2/2007.

18. "Q&A: U.S. Military Bases in Central Asia", *The New York Times*, July 26, 2005.

19. A Gazprom é a maior empresa de energia da Rússia, controlada pelo Estado, e conta com a participação acionária das empresas alemãs E.On e BASF-Wintershall.

20. A Gazprom fornece 60% do gás natural consumido na Áustria, 35% da Alemanha e 20% da França. Também fornece gás a outros países, como Ucrânia, Estônia, Lituânia e Finlândia. Em 2006, a Gazprom cortou o fornecimento à Ucrânia por causa de uma divergência em torno do aumento de preços, o que afetou países da União Europeia.

21. Olesya VARTANYAN e Ellen BARRY, "Former Georgian envoy to Moscow puts blame for war on his own country", *International Herald Tribune*, 26/11/2008.

22. Para detalhes, vide MONIZ BANDEIRA, 2006, p. 571.

23. "Russian tanks enter South Ossetia", *BBC News*, July 9, 2008. "Lavrov looks beyond army pull-out", *BBC News*, October 8, 2008. Jim NICHOL, "Russia-Georgia Conflict in South Ossetia: Context and Implications for U.S. Interests", Congressional Research Service (CRS) — Report for Congress, Order Code RL34618, September 22, 2008.

24. Fonte: CIA via University of Texas at Austin. Perry-Castaneda Library, Map Collection, disponível em: http://www.lib.utexas.edu/maps/georgia_republic.html.

25. Gregor Peter SCHMITZ, "Hands Tied in Washington. Russia's Strategy Paralyzes US Government", *Der Spiegel*, 8/15/2008.

Capítulo VI

A QUESTÃO DE XINJIANG • ESTRATÉGIA PARA DESAGREGAR A CHINA • *COVERT ACTIONS* DA CIA • TREINAMENTO DE UIGURES ISLÂMICOS NO AFEGANISTÃO • O PAPEL DA TURQUIA E A CONEXÃO COM O TERRORISMO • O *DOUBLE STANDARD* DE WASHINGTON VIS-À-VIS DE XINJIANG • RECURSOS DA NATIONAL ENDOWMENT FOR DEMOCRACY (NED) PARA OS UIGURES SEPARATISTAS • A GUERRA SECRETA DA CIA DESENVOLVIDA NO TIBETE DESDE OS ANOS 1950 • O SUBSÍDIO DA CIA AO DALAI LAMA

Assim como a Rússia, a China solidarizara-se com os Estados Unidos quando ocorreram os atentados de 11 de setembro de 2001, e apoiou a *war on terrorism*, declarada pelo então presidente George W. Bush. Contudo, a CIA e o Pentágono, que haviam respaldado uma série de *covert operations* realizadas por militantes das redes islâmicas vinculadas a Usamah bin Ladin na Ásia Central, nos Bálcãs e no Cáucaso, estavam, outrossim, a fomentar o separatismo em Xinjiang, região autônoma no noroeste da República Popular da China,[1] com uma extensão de 1,6 milhão de quilômetros quadrados, três vezes maior do que a França. Habitada por de 8,5 milhões a 10 milhões de uigures,[2] povo de origem turca (45%),[3] huis (grupo similar ao grupo han, etnicamente chinês,[4] adepto do Islã),[5] mongóis, tadjiques e outras etnias.[6] Essa região, que os separatistas pretendiam secessionar e chamar de Turquestão Oriental,[7] era rica em fontes minerais, particularmente depósitos extensivos de óleo e gás natural, bem como de urânio, apresentando fundamental importância geoestratégica, como cabeça de ponte da China para a Ásia

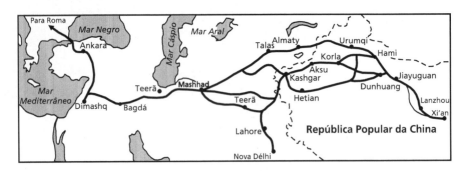

Rota da Seda

Central, através da qual se estendia a Rota da Seda (*Die Seidenstrassen*), utilizada para conexão com o Mediterrâneo e o Império Romano, sobretudo desde a Dinastia Han, no século I a.C., até o século XIV d.C.[8]

As operações da CIA tiveram como objetivo reproduzir na China o que fizeram contra a União Soviética durante a guerra no Afeganistão, onde combateram o inimigo "*via proxies*", i.e., por meio de procuradores, usando organizações terroristas e terceiros países,[9] como a Turquia, um "*puppet-state*", que nutria sensibilidades pan-turcas e pan-islâmicas. O ETIM (acrônimo de East Turkistan Islamic Movement)[10] foi formado, sob o patrocínio da CIA, por fundamentalistas islâmicos uigures, em 1990, época em que ocorreram levantes separatistas em Xinjiang. Em 2001, militantes uigures já estavam a preparar-se para a guerra de guerrilhas nos campos do Afeganistão, estabelecidos pela CIA e pelo ISI, o serviço secreto do Paquistão, onde antes foram treinados os *mujahidin* para combater as tropas soviéticas.

Em entrevista ao jornal *Sunday Times*, de Londres, e em suas memórias — *Classified Woman: A Memoir* —, Sibel Edmonds revelou que uma "*criminal turkish network*" continuava suas atividades globais, sob o nariz do seu protetor, os Estados Unidos, e nem antes nem depois da catástrofe de 11 de setembro de 2001 seus vínculos diretos e indiretos com al-Qa'ida diminuíram.[11] "*Respectable*" companhias turcas, instaladas no Azerbaijão, no Uzbesquistão e em outras repúblicas da extinta União Soviética, constituíam essa rede criminosa. E muitas delas, declaradas como não lucrativas, ou de construção e de turismo, bem como escolas de caráter islâmico e mesquitas, recebiam milhões de dólares dos Estados Unidos para estabelecer e operar agências na região da Ásia Central, da Turquia, dos Bálcãs, e tinham como real finalidade o narco-tráfico (principalmente de heroína), transferências ilegais de armamentos e lavagem de dinheiro.[12] Conforme esclareceu, a conexão da Turquia com o terrorismo internacional (inclusive al-Qa'ida) era conhecida por todos; no FBI e na CIA não era segredo que os Estados Unidos usavam operadores turcos, juntamente com paquistaneses e sauditas, na Ásia Central, porque os povos lá também falavam a mesma língua e tinham a mesma herança cultural.[13] Era o caso dos uigures em Xinjiang.

Entre 1990 e 2001, o ETIM, cujos *jihadistas* uigures haviam recebido *"training and funding"* de al-Qa'ida,[14] cometeu mais de 200 atos de terrorismo, explodindo ônibus, mercados e matando funcionários do governo chinês. *Mujahidin* uigures também lutaram contra as tropas dos Estados Unidos durante a Operation Enduring Freedom, após os atentados terroristas de 11 de Setembro.[15] Vários foram capturados e transportados para Guantánamo. Seu líder e fundador, Hahsan Mahsum, conhecido como Abu-Muhammad al-Turkestani, foi morto em 2003 por tropas do Paquistão e, em 2004, Anwar Yusuf Turani criou e proclamou-se chefe do governo do Turquistão Oriental (East Turkistan) no exílio,[16] sediado em Washington,[17] com o propósito de declarar guerra à China.

Washington, porém, não só não reconheceu oficialmente o governo do Turquistão Oriental, chefiado por Yusuf Turani, como o Congresso dos Estados Unidos, em agosto de 2002, incluiu o ETIM na lista de *terrorist groups*. O governo do presidente George W. Bush necessitava então da colaboração da China em questões de importância geoestratégica, em virtude da guerra no Afeganistão. O Ministério de Segurança da China, entretanto, identificou várias outras organizações terroristas, vinculadas a ETIM, entre as quais a East Turkistan Liberation Organization (ETLO), o East Turkistan Information Center (ETIC), e o World Uygur Youth Congress (WUYC), instalado em Munique, sob a presidência de Rebiya Kadeer,[18] que também presidia a Uighur American Association, com quartel-general nos Estados Unidos. E tropas de Beijing, em 2007, destruíram o campo de treinamento que o ETIM mantinha nos arredores Xinjiang.[19]

Rebiya Kadeer, presidente da Uighur American Association, foi acusada de articular o levante ocorrido nos primeiros dias de julho de 2009,[20] durante o qual, na cidade de Urumqi, capital de Xinjiang, cerca de 140 a 200 pessoas foram mortas e mais de 800 feridas. Ambas as entidades — World Uygur Youth Congress (WUYC) e Uighur American Association — recebiam fundos da National Endowment for Democracy (NED),[21] que também ajudara financeiramente uma cadeia de organizações não governamentais e governamentais no treinamento de grupos para a *"political warfare"*, i.e., as rebeliões nos Bálcãs e nos países do Cáucaso.[22] Em 2011, a National Endowment for Democracy doou cerca de US$ 788.390 à International Uyghur Human Rights and Democracy Foundation e a outras entidades separatistas, entre as quais o World Uyghur Congress (Congresso Mundial Uigur), que recebeu US$ 195.000 *"to enhance the ability of Uyghur prodemocracy groups and leaders to implement effective human rights and democracy campaigns"*, para a organização de conferências e *"training workshop for pro-democracy Uyghur youth, as well as young and mid-career professional"*, bem como no uso da *"new media and social networking technology for advocacy and outreach, Internet security, and innovative tactics in promoting and defending human rights"*.[23]

Por outro lado, o primeiro-ministro da Turquia, Recep Tayyip Erdogan, em entrevista à imprensa, apoiou abertamente o levante, ocorrido em 2009, em Urumqi, capital de Xinjiang, e sugeriu que a violência usada por Beijing implicava um "genocídio" e devia ser levada ao CSNU.[24] O governo de Beijing, através de editorial publicado no *China Daily* e em outros órgãos, advertiu-o no sentido de que se retratasse dos comentários "irresponsáveis e sem fundamento", equivalentes a uma interferência nos assuntos internos da China. Ressaltou ainda que, dos 184 mortos na repressão do levante em Urumqi, 137 eram han (etnicamente chineses), e não havia dúvida de que os motins foram preparados fora da China, por uigures separatistas, que tentaram provocar a animosidade com os han chineses e esperavam levar adiante a conspiração para secessão de

Xinjiang.[25] Erdogan entendeu a mensagem. Recuou. Posteriormente, em 8 de abril de 2012, declarou, ao visitar Xinjiang, que não permitiria que seu povo se engajasse nas atividades secessionistas anti-China.[26] A duplicidade e a hipocrisia também caracterizavam sua personalidade.

Ainda que evitassem um confronto, devido, *inter alia*, à íntima e profunda interdependência econômica estabelecida com a China, os Estados Unidos nunca puderam ocultar que o objetivo do respaldo ao movimento étnico-islâmico separatista em Xinjiang, cuja organização no exterior, sediada em Washington e Munique, visava a produzir a instabilidade em Xinjiang, Tibete e Mongólia Interior.[27] O World Uyghur Congress (Congresso Mundial Uigur) fora criado, em Munique, por Erkin Alptekin, uigur exilado e ex-diretor da Radio Liberty (mantida pela CIA), que também havia sido um dos fundadores, em 1994, do Allied Committee of the Peoples of East Turkestan, Tibet and Inner Mongolia, na Universidade de Columbia, em Nova York.[28] A estratégia consistia em unificar os movimentos étnicos para secessão de Xinjiang, Tibete e a Mongólia Interior, fraturando a China, a partir das regiões periféricas. Essa estratégia foi endossada pelo Dalai Lama, que, em mensagem à conferência de Nova York, escreveu: *"Geography, history and currently Chinese occupation is connecting our three peoples. I remain optimistic that the true aspirations of the peoples of East Turkestan, Inner Mongolia and Tibet will be fulfilled in a not too distant future."*[29]

Alguns círculos nos Estados Unidos e nos países da Europa apontavam as tendências separatistas das minorias étnicas nessas regiões como a maior vulnerabilidade da China; outros criam que essa ameaça era pequena.[30] Entretanto, julgavam que a sinergia de alguns fatores podia criar as condições para a realização das esperanças separatistas no sentido de que Xinjiang, Tibete e Mongólia Interior alcançassem alguma forma de *status* político independente. Partiam da premissa de que a desintegração da China não era impossível se pequenos ressentimentos locais se acumulassem e se convertessem em um conflito maior.[31] E tal esforço Washington sempre tentou sob o pretexto de promover *"human rights and the rule of law in China, including in the ethnic minority regions of Tibet and Xinjiang"*.[32]

Beijing já havia acusado os Estados Unidos de "*double standards*" na questão de como tratar os uigures.³³ De um lado, o Congresso classificara o ETIM como terrorista e, do outro, continuava a sustentar subrepticiamente o movimento pela secessão de Xinjiang. Mas, em 2012, o Departamento de Estado, intrometendo-se outra vez nos assuntos internos da China, evidenciou claramente o apoio aos movimentos secessionistas, ao criticar a "*severe official repression of the freedoms of speech, religion, association, and harsh restrictions on the movement of ethnic Uighurs in the Xinjiang Uighur Autonomous Region (XUAR) and of ethnic Tibetans in the Tibet Autonomous Region (TAR) and other Tibetan areas*".³⁴ E, entre o fim de junho e o início de julho de 2013, novamente ocorreram sublevações em Urumqi. O presidente da China, Xi Jinping, ordenou duras medidas de segurança contra os separatistas e o governo de Beijing denunciou como responsáveis terroristas treinados na Síria pela organização al-Nusra Front, filiada a al-Qa'ida, que participava da guerra contra o governo de Bashar al-Assad.³⁵

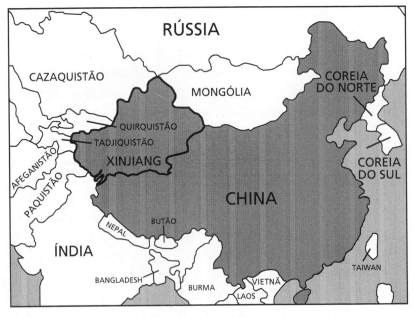

Localização de Xinjiang

A região autônoma de Xinjiang estava a assumir cada vez mais enorme significação geopolítica e estratégica para a China. Não apenas por possuir enormes reservas de petróleo e gás (cerca de 3 bilhões de toneladas de petróleo e 1,3 trilhão de metros cúbicos de gás natural, comprovados, porém estimados entre 20 e 40 bilhões de toneladas de petróleo e 12,4 trilhões de metros cúbicos de gás natural),[36] mas também por constituir a via de entrada para outras fontes de energia, localizadas nos países de suas cercanias, tais como o Cazaquistão e Quirguistão, na Ásia Central. Esse fato constituía um dos fatores por trás das tensões étnicas, que recrudesceram ao longo dos anos 1990 e começo do século XXI, quando a China investiu, até 2001, US$ 15 bilhões na sua infraestrutura e desenvolvimento, inclusive em plantas da indústria petroquímica e transporte de gás para Xangai. O projeto da China National Petroleum Corporation (CNPC) consistia em transformar Xinjiang, até 2020, na maior base de produção de gás e petróleo do país.[37]

A importância estratégica de Xinjiang — onde grandes campos de petróleo, com reservas estimadas em 100 milhões de toneladas, foram descobertos — no correr da década de 2000, recresceu ainda mais, dado o acordo da China com o Paquistão, mediante o qual ela assumiu, em 2013, o controle total das operações comerciais do porto de Gwadar, através do grupo chinês Overseas Ports Holding Company Limited, o que lhe possibilitaria abrir um corredor comercial até as águas quentes do Mar da Arábia e o Estreito de Ormuz,[38] *choke point* entre o Irã e Omã, por onde transitavam 35% do óleo cru, transportado via marítima para o Ocidente.

Em Gwadar, cidade portuária, na província do Balaquistão, onde também havia tensões étnicas, o presidente Asif Ali Zardari excogitava dar um status similar ao de Hong Kong, declarando-a *"special economic zone"*, por certo período, com um específico regime de incentivo, livre de Value Added Tax (VAT), ganhos de capital etc., a fim de facilitar seu rápido desenvolvimento como centro de negócios. E a China lá tencionava fazer investimentos iniciais da ordem de US$ 750 milhões, ademais de destinar cerca de US$ 12 bilhões a múltiplos projetos para a construção de ferrovias, rodovias e aeroporto internacional, bem como de uma refinaria com capacidade para processar 60.000 barris de óleo cru por dia.

A SEGUNDA GUERRA FRIA

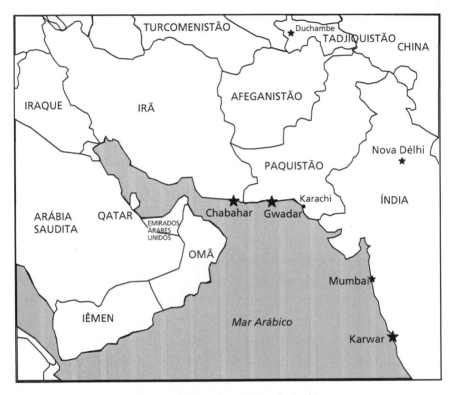

O porto de Gwadar no Mar da Arábia

Também o Irã, de cujas fronteiras Gwadar distava apenas 120 quilômetros, anunciou, em fevereiro de 2013, que lá construiria uma refinaria de petróleo, ao custo de US$ 4 bilhões, com capacidade para processar 400.000 barris de óleo por dia, e um oleoduto para o transporte do cru. O principal mercado seria certamente a China, cujo petróleo consumido provinha, na maior parte (60%), dos países do Golfo Pérsico, percorrendo, entre dois e três meses, o Oceano Índico — uma distância de aproximadamente 16.000 quilômetros — até o porto de Xangai. Com um oleoduto de Xinjiang até Gwadar, a distância reduzir-se-ia a somente 2.500 quilômetros. E essas iniciativas apontaram para a formação de um eixo geopolítico, ganhando a China importante carta no *Great Game*, na Ásia Central e no Oriente Médio, ao vincular-se economicamente com o Paquistão e Irã, país ao qual ofereceu € 60 milhões para reconstruir o porto de Chabahar, distante 70 quilômetros de Gwadar,[39] e onde, em 2005, planejava investir, no prazo de 25 anos, mais de US$ 100 bilhões, no setor de energia.[40]

A ligação de Gwadar à cidade-condado de Kashgar, em Xinjiang, fronteira com o Tajikistão e o Quirguistão, para o transporte de petróleo para a China, *side-stepping* o Estreito de Málaca, iria superar a dependência da via marítima de comunicação, percebida pelos Estados Unidos como sua crítica vulnerabilidade, passível explorar, no caso de eventual guerra por Taiwan.[41] Até então cerca de 60% a 80% das importações de petróleo da China, provenientes da África do Norte e do Oriente Médio, realizavam-se pela via marítima e tinham de passar pelo Estreito de Málaca, controlado pelos Estados Unidos.

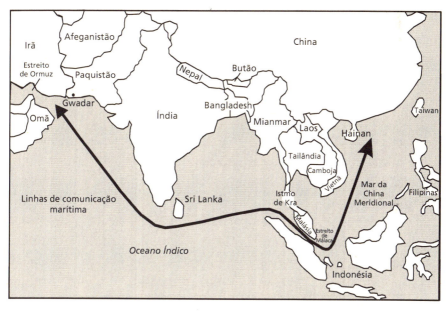

Linha marítima de comunicação da China

Ao mesmo tempo em que se lançava sobre as águas profundas do Mar da Arábia, conquistando o controle das operações comerciais em Gwadar, onde se imaginava que também fosse instalar uma base naval, a China expandia os investimentos desde a ilha de Hainan no Mar do Sul, através dos litorais do Malacca (805 quilômetros ou 500 milhas), entre a Malásia e Sumatra, inclusive a ampliação dos portos de Chittagong (Bangladesh); Sittwe, Coco, Hianggyi, Khaukphyu, Mergui e Zadetkyi Kyun (Mianmar); Laem Chabang (Tailândia); e Sihanoukville (Camboja), desenrolando-se a rede através do Oceano Índico, Sri Lanka, ilhas Maldivas, o porto de Gwadar (Paquistão), e nas ilhas dentro do Mar da Arábia e no Golfo Pérsico.[42]

Tal iniciativa afigurou à India — e aos Estados Unidos — outro passo da China, no desdobramento da estratégia, denominada *String of Pearls*, que consistia na implantação de uma rede de instalações comerciais e militares, desde seu território ao Porto Sudão, incluindo o porto de Hambantota, que passou a controlar, em Sri Lanka, por meio da Colombo International Container Terminals Ltd., (CICT), uma *joint venture entre a China Merchants Holdings (International) Co., Ltd. (CMHI), uma blue chip registrada na bolsa de Hong Kong, e a Sri Lanka Ports Authority (SLPA)*. Outros empreendimentos similares foram realizados em Myanmar e Bangladesh.[43] E o fito dessa estratégia, ademais de cercar a Índia, consistia em projetar além-mar o poder estratégico da China e proteger suas linhas de segurança energética.

Entretanto, o fato de que Beijing planejava vincular Xinjiang ao porto de Gwadar, avançando sobre o Mar da Arábia e assim superando a dependência estratégica do Estreito de Malacca, foi o que provavelmente levou as ONGs — financiadas pela National Endowment for Democracy (NED), CIA, MIT (Milli İstihbarat Teşkilatı), da Turquia, Mossad e MI6 — a promover a instabilidade na região, instigando recrescimento de ameaças e revoltas separatistas, como ocorreu em Urumqi (2009), de modo a conter a expansão da China na direção do Mar da Arábia e alcançar as fontes de petróleo, alimentavam as potências industriais do Ocidente. Segundo os acadêmicos Graham E. Fuller e S. Frederick Starr, da Johns Hopkins University, seria irrealista excluir categoricamente que os Estados Unidos tivessem a volição de jogar a *"Uyghur card"*, como forma de exercer pressão sobre a China na eventualidade de alguma futura crise ou confrontação.[44]

A possibilidade de desagregar a China esteve imanente à estratégia dos Estados Unidos desde o início da Guerra Fria, na segunda metade dos anos 1940. O Congresso dos Estados Unidos considerou que o Tibete, como território ocupado pela China, tinha direito à autodeterminação, e deu todo o respaldo ao governo tibetano no exílio — Central Tibetan Administration (CTA) —, instalado em Dharamshala (Índia) pelo Dalai Lama (Tenzin Gyatso) quando fugiu de Lhasa, capital do Tibete, após a sublevação de março de 1959, dirigida pelo irmão do Dalai Lama, Gyalo Thondup.[45] Essa revolta, escalando várias rebeliões, que começaram nas regiões de Kham e Amdo, em 1956, fora preparada a partir dos Estados Unidos, onde a CIA, desde 1956-1957, começou a treinar, em Camp Hale (Colorado), sob a supervisão do oficial Bruce Walker, cerca de 250 a 300 *"Tibetan freedom fighters"*, que posteriormente foram transportados em aparelhos Curtiss C-46 Commando, da Intermountain Aviation and Intermountain Airways (companhia de aviação da CIA) e da USAF e lançados de paraquedas, em torno das montanhas de Aspen, onde havia sido implantada uma base secreta para as operações na China.[46] Também foram estabelecidos campos de treinamento em Jampaling, Paljorling e Tashi Gaang, perto de Pokhara, no Nepal. E, entre 1949 e 1951, a CIA aumentou dez vezes o número de operadores engajados nas *covert actions*, e o orçamento para tais atividades recresceu vinte vezes mais do que o orçamento para o golpe contra o governo do primeiro-ministro Mohammed Mosaddeq, no Irã, perpetrado em 1953.[47]

A Operation ST-Circus, criptônimo da sedição de 1959, organizada pela CIA e dirigida por Gyalo Thondup, irmão do Dalai Lama, resultou no mais completo fiasco. O governo de Beijing esmagou duramente a revolta, que resulou em milhares de mortos. Contudo, a guerra secreta, com o empreendimento de *covert actions*, contou com a colaboração não apenas de tibetanos, originários da região de Kham, mas igualmente de agentes do Nepal e do serviço de inteligência da Índia. Os remanescentes foram dispersados em 15 campos no Tibete, na Índia e no Nepal. E, a partir de 1960, o Dokham Chushi Gangdruk (Força de Voluntários de Defesa Chushi Gangdruk), um exército formado em 1958 por tibetanos treinados e armados pela CIA, continuou a campanha de guerrilhas e, em meados de 1960, possuía, com o respaldo da CIA, cerca de 2.000

combatentes da etnia Khampa (originária da região de Kham), em várias bases, uma das quais instalada em Mustang, no Nepal.[48]

O custo do Tibetan Program da CIA, para o ano fiscal de 1964, previa um gasto de US$ 500.000 para as guerrilhas baseadas no Nepal; US$ 400.000 para o treinamento encoberto dos guerrilheiros na base do Colorado; US$ 225.000 para equipamentos, transporte, instalação e custos do operador do treinamento; US$ 185.000 destinados ao transporte clandestino para a Índia dos tibetanos treinados no Colorado; US$ 125.000 para a miscelânea de despesas, equipamentos e suprimentos para as equipes de reconhecimento, estocagem de provisões, reabastecimento aéreo, preparação de estágios para a rede de agentes no Tibete, salários de agentes; US$ 45.000 para o programa educacional de 20 jovens tibetanos selecionados; US$ 75.000 para manutenção das Tibet Houses em Nova York, Genebra e outras cidades (não desclassificadas); e US$ 180.000 para subsidiar o Dalai Lama.[49] O custo total do programa da CIA para o Tibete, em 1964, foi orçado em US$ 1.735.000.[50]

O jornalista Aldo Pereira, que por volta de 2008 visitara o Tibete, a serviço da *Folha de S. Paulo*, ressaltou que o dólar, em 1964 (quando Dalai Lama ganhou US$ 180.000, o equivalente a mais ou menos de US$ 15.000 por mês), "tinha um poder aquisitivo muito maior do que tem hoje (2008)" e que "o governo americano continua a canalizar fundos para a causa tibetana por meio de outras instituições, como o Escritório de População, Refugiados e Emigração (órgão do Departamento de Estado), e a Fundação Nacional para a Democracia — National Endowment for Democracy (NED), que oficialmente não é agência do governo americano, mas recebeu US$ 80 milhões do Tesouro dos Estados Unidos no ano fiscal de 2009".[51] Segundo o próprio Dalai Lama confirmou, a despeito do desejo de manter boas relações com a China, o Congresso dos Estados Unidos *"at least supports Tibetan human rights"*.[52] O apoio aos direitos humanos sempre consistiu em sustentar o movimento separatista, usando o Dalai Lama nas operações de guerra psicológica (*psy-ops*) contra a China. Em 1989, ano em que o governo de Beijing esmagou o ensaio de sublevação na Praça Tiananmen, ele recebeu o Prêmio Nobel da Paz.

Não existe dúvida de que o Dalai Lama, desde os fins dos anos 1950 ou mesmo antes, recebeu estipêndio da CIA. Até 1975, ele escondeu o papel da CIA no levante de 1959, durante o qual, através de rádio, manteve contato com seus agentes no Tibete.[53] Mas, cinquenta anos após a eclosão do levante em Lhasa, capital do Tibete, o Dalai Lama, embora se declarasse contra a violência, concedeu entrevista à jornalista Claudia Dreifus, de *The New York Times*, na qual elogiou como *"very dedicated people"* os guerrilheiros tibetanos, que desejavam sacrificar suas próprias vidas pela nação e encontraram meios de receber *"help from the CIA"*, cuja motivação *"was entirely political"*.[54] Acrescentou ainda que, *"today, the help and support we receive from the United States is truly out of sympathy and human compassion.*[55] O programa da CIA para o Tibete, que segundo o Dalai Lama era de verdadeira *"sympathy and human compassion"*, consistiu desde o início em ação política, *"propaganda and paramilitary activity"*, i.e., em violência, mediante o treinamento de guerrilheiros tibetanos para a guerra secreta contra a China.[56]

A guerra secreta durou virtualmente até 1971-1972, quando o professor Henry Kissinger, como assessor de Segurança Nacional, convenceu o então presidente Richard Nixon de que os Estados Unidos deviam buscar a reaproximação da China, por ser *"central to the establishment of internacional order and transcended America's reservations about China's radical governance"*.[57] Também Washington se desiludira. Fracassara em seus esforços para promover a secessão do Tibete. E Beijing pressionou o Nepal para fechar os campos de treinamento em Mustang. O Dalai Lama, exilado em Dharmsala, enviou então mensagem, em julho de 1974, exortando os guerrilheiros, comandados pela CIA e treinados pelo kampa Gyato Wangdu, comandante da base, a render-se e entregar as armas aos soldados do exército do Nepal, sob o governo do rei Birendra Bir Bikram Shah Dev (1972-2001).[58] Wangdu e mais alguns tentaram escapar, mas, a 20 milhas da fronteira com a Índia, enfrentaram uma barragem de fogo dos soldados nepaleses. Quase todos sucumbiram, inclusive Wangdu, e o movimento de guerrilha terminou. Porém, as operações de guerra psicológica (*psy-ops*) prosseguiram, usando a figura do Dalai Lama, pois, como observou Aldo Pereira, quanto mais fama e pres-

A SEGUNDA GUERRA FRIA

tígio ele tivesse, "maior aporte de recursos financeiros provenientes do número crescente de entidades tecnicamente não lucrativas, afora donativos de ricos e generosos simpatizantes (contribuições dedutíveis do imposto de renda)" a campanha receberia.[59]

NOTAS

1. "Sibel Edmonds on Mike Malloy", partial transcript from an interview Sibel gave to Brad Friedman, guest-hosting the *Mike Malloy Show* (audio), July 31, 2009.
2. Também uigures no Cazaquistão, Quirguistão, Turcomenistão e Uzbequistão, bem como na própria Turquia.
3. Edward WONG, "China Warns of Executions as Riots Ebb", *The New York Times*, July 9, 2009. Holly FLETCHER e Jayshree BAJORIA, "The East Turkestan Islamic Movement (ETIM)", Council on Foreign Relations, July 31, 2008. Shirley A. KAN, "U.S.-China Counterterrorism Cooperation: Issues for U.S. Policy", July 15, 2010, Congressional Research Service 7-5700 www.crs.gov RL33001. Os uigures falam o uigur, uma língua próxima do turco.
4. CONBOY e MORRISON, 2011, p. 4-5 e 101-102.
5. Calcula-se que, em 2008, havia na China cerca de 20 milhões de muçulmanos.
6. Sobre essa região, ver também Graham E. FULLER e S. Frederick STARR, *The Xinjiang Problem*, Central Asia-Caucasus Institute, Paul H. Nitze School of Advanced Studies, The Johns Hopkins University, p. 4-8.
7. STARR, 2004, p. 28-29.
8. *Die Seidenstrassen* (Estrada da Seda), assim denominada, no século XIX, pelo geógrafo alemão Baron Ferdinand von Richthofen (1833-1905).
9. "Bombshell: Bin Laden Worked for US till 9/11", Information Clearing House, July 31, 2009, *Daily Kos*, "Former FBI translator Sibel Edmonds dropped a bombshell on the Mike Malloy radio show, guest-hosted by Brad Friedman" (audio, partial transcript).
10. ETIM pertencia a uma cadeia de grupos terroristas da Ásia Central, tais como Central Asian Uygur Hizballah (Cazaquistão), East Turkistan Liberation Organization (ETLO), Eastern Turkistan International Committee, Eastern Turkistan Islamic Movement (Afeganistão), Eastern Turkistan Islamic Resistance Movement (Turquia), Eastern Turkistan Youth League (Suíça), Turkistan Party (Paquistão) e United Committee of Uygurs' Organizations (Ásia Central).
11. EDMONDS, 2012, p. 97-98.

12. Ibidem, p. 97.

13. Ibidem, p. 250. "Sibel Edmonds on Mike Malloy", partial transcript from an interview Sibel gave to Brad Friedman, guest-hosting the *Mike Malloy Show* (audio), July 31, 2009.

14. Holly FLETCHER e Jayshree BAJORIA, "The East Turkestan Islamic Movement (ETIM)", Council on Foreign Relations, July 31, 2008.

15. Os Estados Unidos, quando invadiram o Afeganistão, capturaram 22 uigures, que foram encarcerados no campo de concentração de Guantánamo (Cuba). Cinco posteriormente foram liberados e enviados para a Albânia, e não repatriados para a China. Holly FLETCHER e Jayshree BAJORIA, "The East Turkestan Islamic Movement (ETIM)", Council on Foreign Relations, July 31, 2008.

16. REED e RASHKE, 2010, p. 33-35. Nafeez Mosaddeq AHMED, "Whistleblower: Al--Qaeda Chief Was US Asset — Did State Department Block Sunday Times Exposé of Pentagon Terrorist Ties?", *The Huffington Post*, 20/5/2013. Pepe ESCOBAR, "9-11 And The Smoking Gun", Part 1, Part 2, *Asia Times*, April 8, 2004.

17. REED e RASHKE, 2010, p. 33-35.

18. "China seeks int'l support in counter-terrorism", *People's Daily Online*, December 16, 2003.

19. Elizabeth Van Wie DAVIS, "Uyghur Muslim Ethnic Separatism in Xinjiang, China", Asia-Pacific Center for Security Studies, January 2008.

20. "CIA and riot in Xinjiang", *China Daily Forum*. Tania BRANIGAN e Jonathan WATTS, "Muslim Uighurs riot as ethnic tensions rise in western China", *The Guardian*, July 5, 2009.

21. Erik ECKHOLM, "China Points to Another Leader in Exile", *The New York Times*, July 7, 2009.

22. Tania BRANIGAN e Jonathan WATTS, "Muslim Uighurs riot as ethnic tensions rise in western China", *The Guardian*, July 5, 2009.

23. National Endowment for Democracy — 2011 Annual Report — China (Xinjiang/East Turkistan), disponível em: http://www.ned.org/publications/annual-reports/2011-annual-report/asia/china-xinjiang/east-turkistan.

24. "The Uighurs, Central Asia and Turkey. Troubles across Turkestan", *The Economist*, July 16, 2009.

25. "Don't twist facts", China.org.cn.

26. Julia FAMULARO, "Erdogan Visits Xinjiang", *The Diplomat*, April 14, 2012.

27. Elizabeth Van Wie DAVIS, "Uyghur Muslim Ethnic Separatism in Xinjiang, China", Asia-Pacific Center for Security Studies, January 2008.

28. CANADA TIBET COMMITTEE, "The Allied Committee of Eastern Turkestan, Inner Mongolia and Tibet meets in New York", *World Tibet Network News*, October 18, 1994.

29. B. Raman, "Us & Terrorism in Xinjiang", South Asia Analysis Group, Paper No. 499, 24/7/2002.

30. June Teufel Dreyer, "China's Vulnerability to Minority Separatism", *Asian Affairs*, Summer 2005, p. 80-84.

31. Ibidem.

32. Susan V. Lawrence, "U.S.-China Relations: Policy Issues", June 14, 2013, Congressional Research Service, 7-5700, www.crs.gov — R41108.

33. Shirley A. Kan, "U.S.-China Counterterrorism Cooperation: Issues for U.S. Policy", July 15, 2010, Congressional Research Service, 7-5700, www.crs.gov — RL33001, disponível em: http://fas.org/sgp/crs/terror/RL33001.pdf. Acessado em 11/10/2014.

34. U.S. Department of State Bureau of Democracy, Human Rights and Labor, *Country Reports on Human Rights Practices for 2012: China (includes Tibet, Hong Kong, and Macau)*, April 19, 2012.

35. Philip Iglauer, "Beijing blames Syrians for Xinjiang carnage", *The Korea Herald*, 3/7/2013, Asia News Network.

36. "Situation Report — Xinjiang Oil Industry Development", Center for Energy and Global Development, Report produced by Chen Shi China Research Group and with the assistance of the government of the Xinjiang Uyghur Autonomous Region. "Xinjiang to build largest oil, gas base over 10 years", *People's Daily Online*, August 16, 2010.

37. "Xinjiang to build largest oil, gas base over 10 years", *People's Daily Online*, August 16, 2010.

38. Starr, 2004.

39. Michael Smolander, "The Preeminence of Pakistan's Gwadar Port", *International Policy Digest*, May 27, 2013. Amitav Ranjan, "As China offers funds to Iran, India set to fast-track Chabahar pact", *Indian Express*, Nova Délhi, July 1, 2013.

40. Jephraim Gundzik, "The ties that bind China, Russia and Iran", *Asia Times*, June 4, 2005.

41. Lawrence Spinetta, "'The Malacca Dilemma' Countering China's 'String Of Pearls' with Land-Based Airpower", a thesis presented to the Faculty of the School of Advanced Air And Space Studies for Completion of Graduation Requirements, Maxwell Air Force Base, Alabama, June 2006.

42. Christopher J. Pehrson, "String of Pearls: meeting the challenge of china's rising power across the Asian litoral", Strategic Studies Institute (SSI), U.S. Army War College, July 2006.

43. "China's String of Pearls Strategy", *China Briefing*, March 18, 2009. http://www.china-briefing.com/news/2009/03/18/china's-string-of-pearls-strategy.html. Acessado em 12/10/2014.

44. Graham E. Fuller e S. Frederick Starr, *The Xinjiang Problem*, Central Asia-Caucasus Institute, Paul H. Nitze School of Advanced Studies, The Johns Hopkins University.

45. "Gyalo Thondup: Interview Excerpts", *Asia News/The Wall Street Journal*, February 20, 2009.

46. Andreas Lorenz, "CIA-Ausbilder in Tibet: Dilemma auf dem Dach der Welt", *Der Spiegel*, 9/6/2012. Jamyang Norbu, "Remembering Tibet's Freedom Fighters", *TheHuffingtonPost.com*, October 20, 2010. Scott N. Miller, "Celebrating freedom at Camp Hale", *Vail Daily*, September 10, 2010. Tim McGirk, "Angry Spirit", Dalai Lama Sur Envoyé Spécial — Part 3 of 3, April 6, 2012.

47. Knaus, 2012, p. 98. John Kenneth Knaus foi o agente da CIA que chefiou a operação entre 1958 e 1965.

48. Tibet [China]: Information on Chushi Gangdruk [Gangdrug], United States Bureau of Citizenship and Immigration Services, Resource Information Center, January 22, 2003. http://www.uscis.gov/tools/asylum-resources/ric-query-tibet-china-22--january-2003. Acessado em 13.10.2014. CHN03002.NYC. United States Bureau of Citizenship and Immigration Services, Tibet [China]: Information on Chushi Gangdruk [Gangdrug], January 22, 2003. Richard M Bennett, "Tibet, the 'great game' and the CIA", Global Research, *Asia Times*, March 25, 2008.

49. 337. Memorandum for the Special Group/1/Washington, January 9, 1964./1/ Source: Department of State, INR Historical Files, Special Group Files, S.G. 112, February 20, 1964. Secret; Eyes Only. The source text bears no drafting information. Memoranda for the record by Peter Jessup of February 14 and 24 state that the paper was considered at a Special Group meeting on February 13 and approved by the Special Group on February 20. (Central Intelligence Agency, DCI (McCone) Files, Job 80-B01285A, Box 1, 303 Committee Meetings (1964)). SUBJECT Review of Tibetan Operations 1. Summary — The CIA Tibetan Activity consists of political action, propaganda, and paramilitary activity. The purpose of the program at this stage is to keep the political concept of an autonomous Tibet alive within Tibet and among foreign nations, principally India, and to build a capability for resistance against possible political developments inside Communist China. Disponível em: http://history.state.gov/historicaldocuments/frus194-68v30/c/337.

50. Ibidem.

51. Pereira, 2009, p. 52.

52. Claudia Dreifus, "The Dalai Lama", *The New York Times*, November 28, 1993.

53. Norm Dixon, "The Dalai Lama's hidden past", *RevLeft*, November 6, 2005.

54. Ibidem.

55. Ibidem.

56. 337.Memorandum for the Special Group/1/ Washington, January 9, 1964./1/ Source: Department of State, INR Historical Files, Special Group Files, S.G.

112, February 20, 1964. Secret; Eyes Only. The source text bears no drafting information. Memoranda for the record by Peter Jessup of February 14 and 24 state that the paper was considered at a Special Group meeting on February 13 and approved by the Special Group on February 20. (Central Intelligence Agency, DCI (McCone) Files, Job 80-B01285A, Box 1, 303 Committee Meetings (1964)). Subject — Review of Tibetan Operations. Foreign Relations of the United States — 1964-1968 — Volume XXX — China. Department of State, Washington, DC, http://www.state.gov/www/about_state/history/vol_xxx/337_343. Andreas Lorenz, "CIA-Ausbilder in Tibet: Dilemma auf dem Dach der Welt", *Der Spiegel*, 9/6/2012.

57. Kissinger, 2011, p. 447.

58. O rei Birendra, ao 55 anos e considerado e reencarnação do deus Vishnu, a rainha Aishwarya, o príncipe Nirajan e outros doze membros da família real foram assassinados, em 1º de junho de 2001, pelo príncipe Dipendra, herdeiro da coroa, no palácio Narayanhity, em Katmandu. Há muitas controvérsias em torno desse massacre. Há depoimentos de que o príncipe Dipendra, que se dizia haver tentado suicidar-se e que ficou em coma até 4 de junho, morreu antes do pai e dos demais membros da família. O príncipe Gyanendra, irmão do rei Birendra, foi quem assumiu o trono. Tudo indica que houve um *cover-up*.

59. Pereira, 2009, p. 52-53.

Capítulo VII

A INVASÃO DO IRAQUE • GRANDES RESERVAS DE ÓLEO AO MAIS BAIXO CUSTO • O IRAQUE NÃO POSSUÍA ARMAS DE DESTRUIÇÃO EM MASSA • A MENTIRA VISOU A JUSTIFICAR A ILEGALIDADE DA INVASÃO • O FRACASSO DA POLÍTICA DE *REGIME CHANGE* E *NATION-BUILDING* • A PERDA DE CREDIBILIDADE DOS ESTADOS UNIDOS • O COLAPSO DO LEHMANN BROTHERS E A CRISE FINANCEIRA

O *Great Game*, da forma que os Estados Unidos estavam a jogar nos países do Cáucaso e da Ásia Central, parecia difícil de funcionar no Iraque, cuja invasão era excogitada em Washington desde antes da Operation Desert Storm (1991), a pretexto da intervenção no Kuwait.[1] Saddam Hussein já havia esmagado um levante de xiitas e curdos, financiado e organizado pela CIA, o qual resultou na morte de milhares de pessoas. E, em 1997, Paul Wolfowitz, futuro subsecretário de Defesa do presidente George W. Bush, escreveu, com Zalmay Kalilzad,[2] assessor da UNOCAL e um dos autores do PNAC, um artigo, publicado pela revista *Weekly Standard*, intitulado "Overthrow Him", no qual recomendava o substancial uso da força militar para destruí-lo, ademais de buscar *"to delegitimize Saddam and his regime"*; indiciá-lo como *"a war criminal on the basis of his crimes against Iraq's Kurds and Shi'ias"*, bem como contra o povo do Kuwait; enfatizar que os contratos assinados pelo seu governo não eram *"legally valid and that the United States will never permit Saddam to sell the oil that companies in France and elsewhere are already panting after"*.[3] O artigo terminava com a advertência de que as companhias que quisessem desenvolver as enormes riquezas de petróleo lá existentes deviam alinhar-se com um *"government of free Iraq"*, em outras palavras, um governo que os Estados Unidos instituíssem após a derrubada de Saddam Hussein.[4]

No "Oriente Médio, com dois terços do petróleo do mundo e ao mais baixo custo", era onde, principalmente, ainda estava o prêmio[5] das grandes companhias petrolíferas, conforme Dick Cheney, em 1999, havia ressaltado, na condição de presidente da Halliburton. Os custos da produção de petróleo no Iraque estavam entre os mais baixos no mundo. E a estimativa era de que só no Iraque havia reservas de 100 bilhões de barris de petróleo, entre as maiores do Oriente Médio, incluindo as da Arábia Saudita e do Irã.[6]

Um geólogo alemão, que antes da Primeira Guerra Mundial havia explorado a região de Mosul e adjacências, no Iraque, já havia percebido que no Oriente Médio estavam as *"largest undeveloped resources"* de petróleo conhecidas no mundo e predisse que *"the Power that controls the oil lands of Persia and Mesopotamia will control the source of supply of the majority liquid fuel of the future"*.[7] E enfatizou que o controle devia ser absoluto e nenhum interesse estrangeiro devia ali estar envolvido.[8] Mas a Grã-Bretanha, ao combater a Alemanha na Primeira Guerra Mundial, visou a conquistar essas reservas e resolveu a questão de Mosul com a França com o acordo de petróleo firmado em San Remo em 24/25 de abril de 1920.[9]

A localização dos campos de petróleo entre a Pérsia e a Mesopotâmia, cujo escoamento era franqueado pela estrada marítima para a Índia e as colônias no Extremo Oriente, tornava-os necessariamente vitais para os interesses imperiais da Grã-Bretanha.[10] Com razão o capitão Thomas E. Lawrence, oficial do Military Intelligence (MI5) da Grã-Bretanha, celebrizado como Lawrence da Arábia, escreveu que, na Primeira Guerra Mundial, quando os soldados ingleses subiam o Tigre, um dos rios que, junto com o Eufrates, conformam a Mesopotâmia, estavam sendo lançados ao fogo, aos milhares, "para a pior das mortes, não para vencer a guerra, apenas para podermos ficar com o trigo, o arroz e o petróleo da Mesopotâmia".[11]

Assim, poucos meses depois de inaugurado o governo do presidente George W. Bush e muito antes dos atentados terroristas contra as torres do World Trade Center (WTC), em 11 de setembro, o vice-presidente Dick Cheney recebeu o presidente da megaempresa petrolífera Conoco-Philips, Archie Dunham, e dois executivos da US Oil and Gas Association (USOGA), bem como Falah Aljibury, consultor da Amerada Hess Oil e da Goldman Sachs, Pamela Quanrud, do Conselho de Segurança Nacional dos Estados, para discutir a questão do petróleo não apenas no Cáucaso, mas no Iraque, cuja invasão já estava na agenda desde antes do ataque às torres do WTC e ao Pentágono em 11 de setembro de 2001.[12]

Documentos datados de março de 2001, que o Departamento de Comércio dos Estados Unidos teve de desclassificar em meados de 2003, como resultado de processo movido pelas organizações Sierra Club (ambientalista) e pela Judicial Watch, confirmaram que a Task Force dirigida pelo vice-presidente Dick Cheney havia elaborado dois mapas dos campos de petróleo, oleodutos, refinarias e terminais, bem como dois mapas detalhando os projetos e as companhias que pretendiam executá-los no Iraque.[13] E, conforme recordou Rubens Barbosa, "multiplicaram-se as tentativas do governo Bush de associar o governo do Iraque aos ataques de 11 de setembro" e as acusações relacionadas ao desenvolvimento de armas de destruição em massa.[14]

O Iraque não ameaçava os Estados Unidos nem qualquer país do Ocidente. Ameaçava, sim, as companhias de petróleo americanas e britânicas, dado que Saddam Hussein havia firmado contratos com a grande empresa russa Lukoil, estava em negociações com a Total, da França, e começava a substituir o dólar pelo euro como *currency* nas transações de petróleo. Sua remoção abriria o espaço para a entrada das firmas dos Estados Unidos e da Grã-Bretanha, tais como Chevron, ExxonMobil, Shell e British Petroleum, bem como para outras corporações, que se encarregariam de restaurar a infraestrutura deteriorada por dez anos de sanções e pela guerra.[15]

"A invasão do Iraque começou com uma mentira, em março de 2003", escreveu o jornalista Clóvis Rossi na *Folha de S. Paulo*.[16] E o governo americano mentiu com pompa e circunstância. Armado com imagens de satélite, transcrições de conversações telefônicas e outros informes de inteligência, o general Colin Powell, secretário de Estado, compareceu ao Conselho de Segurança da ONU e apresentou o que classificou como *"solid"* evidência de que o Iraque anda não havia cumprido as resoluções da ONU para que procedesse ao desarmamento:[17] *"My colleagues, every statement I make today is backed up by sources, solid sources. These are not assertions. What we're giving you are facts and conclusions based on solid intelligence."*[18]

O próprio Colin Powell, muitos anos depois, confessou a Kofi Annan, ex-secretário-geral da ONU, que ele mesmo não estava convencido das "evidências" que apresentara ao Conselho de Segurança para justificar a agressão ao Iraque.[19] Mas, por meio de massiva campanha de desinformação, a vincular Saddam Hussein com os atentados de 11 de setembro e a infundir o medo das armas de destruição em massa, com a conivência da mídia, a invasão do Iraque foi vendida ao público, comentou Naomi Klein, lembrando que o adjunto do secretário de Defesa Donald Rumsfeld, Paul Wolfowitz, havia confessado que essa questão era uma com a qual *"every one could agree"*.[20] E o povo foi assim levado a apoiar uma guerra longamente planejada.

Realmente, em 28 de maio de 2003, Paul Wolfowitz dissera que, por *"bureaucratic reasons"*,[21] a questão das armas de destruição em massa fora selecionada para justificar a invasão do Iraque, dado ser a única com a qual todos — dentro e fora dos Estados Unidos — poderiam concordar. Posteriormente, porém, o próprio Paul Wolfowitz confessou que o petróleo foi a principal razão para a guerra contra o Iraque, perante os delegados dos Estados asiáticos em uma cúpula sobre segurança em Cingapura, ao ser indagado por que a Coreia do Norte não havia sido também atacada: *"Let's look at it simply. The most important difference between North Korea and Iraq is that economically we just had no choice in Iraq. The country swims on a sea of oil"*, esclareceu Wolfowitz.[22] O petróleo, fundamental para a economia mundial, sempre se revestiu de caráter geopolítico e Dick Cheney reconheceu: *"the Gulf War (1990-1991) was a reflection of that reality"*.[23]

As armas de destruição em massa de Saddam Hussein, porém, constituíram, comprovadamente, mera "propaganda" da administração de George W. Bush,[24] i.e., a "razão propagandística"[25] para atacar o Iraque.

"In the end, it was the power of lies, not logic, that was the deciding factor", comentou James Bamford.[26] O ataque contra o regime de Saddam Hussein era parte da guerra permanente contra o terror, para impor a todos os países, em todos os continentes, inclusive o *"Islamic world"*, conforme ressaltara para os cadetes de West Point, o que chamou de *"free and open societies"*, i.e., regimes dóceis e favoráveis aos interesses econômicos e políticos dos Estados Unidos na Síria, no Irã e em todos os países do Golfo Pérsico, inclusive a Arábia Saudita.

"Ficou provado, posteriormente, que todas essas suspeitas eram falsas e tinham por objetivo legitimar a ação bélica contra Saddam Hussein", salientou, em suas memórias, o embaixador Rubens Barbosa, relatando que "a decisão de atacar o Iraque fora adotada antes mesmo dos atentados de 11 de setembro" e que ele soubera e informara ao governo brasileiro, com um ano de antecedência, uma vez que havia sido mencionada em uma reunião no Pentágono.[27] Também George Tenet, então diretor da CIA, confirmou, em suas memórias, que *"the focus on Iraq by senior Bush officials predated the Administration"*.[28]

Em 2005, o programa *Newsnight*, da BBC, revelou que realmente a administração do presidente George W. Bush havia elaborado planos para a guerra e o petróleo do Iraque antes dos ataques de 11 de setembro de 2001, o que acendeu a batalha política entre os *neocons* e as companhias petrolíferas.[29] Segundo o procurador e especialista em Oriente Médio Kirk H. Sowell, baseado em Washington, D.C., antes da invasão de 2003 o presidente George W. Bush e o primeiro-ministro da Grã-Bretanha, Tony Blair, discutiram sobre o que fazer com o acervo petrolífero do Iraque.[30] As companhias petrolíferas inglesas, em Londres, pressionavam o governo de Tony Blair no sentido de que permitisse sua entrada no petróleo do Iraque após a queda de Saddam Hussein. Empresas dos Estados Unidos e da Europa — entre as quais Royal Dutch/Shell Group e ChevronTexaco — já haviam elaborado projetos para entrar no país. E, depois da invasão, os geólogos das companhias multinacionais realizaram pesquisas e estimaram que os territórios relativamente inexplorados, os desertos do oeste e sudeste do país, podiam conter reservas adicionais de 45 a 100 bilhões de barris (bbls) de petróleo recuperáveis,[31] além dos 14 gigantes e supergigantes campos de petróleo, cada um contendo 1 bilhão de barris de reserva.[32]

O petróleo era o mais importante acervo econômico do Iraque, responsável por 90% da receita do governo e 58% do PIB. Lá estava a terceira maior reserva do Oriente Médio, atrás da Arábia Saudita e do Irã. Em 2010 foram estimados pelo ministro de Energia, Hussain Al-Shahristani, 143,1 bilhões de barris, e a descoberta de novos campos poderia elevá-las a 200 bilhões,[33] com capacidade atingida em 2010 na ordem de 2,7 milhões de barris por dia (bpd), passando para uma capacidade esperada adicional de 1,5 milhão de barris por dia, dentro de três ou quatro anos, e um adicional de 2 milhões de barris por dia, para o total de 6 milhões bpd, conforme o plano estratégico do governo (2008-2017).

O controle das reservas de petróleo quer na Ásia Central quer no Oriente Médio e na África era fundamental para os Estados Unidos, porquanto suas importações totalizaram US$ 327 bilhões em 2007 e, de acordo com as estimativas, alcançariam US$ 400 bilhões em 2008, o que representava um incremento de 300% em relação a 2002. A conta do petróleo respondeu por de 35% a 40% de todo o déficit comercial dos Estados em 2006, um percentual muito maior do que em 2002, quando foi de apenas 25%.[34] Em 2007, o total do déficit comercial dos Estados Unidos foi de US$ 708,5 bilhões.[35] Embora fosse cerca de US$ 50 bilhões menor do que no ano anterior, 2006, graças à desvalorização do dólar e, consequentemente, ao aumento das exportações, a tendência, no entanto, era aumentar cada vez mais. Não sem razão, o presidente George W. Bush, na State of Union de 2006, advertiu que os Estados Unidos, para manter sua produção competitiva, necessitavam de recursos energéticos baratos e aí estava o grave problema: *"America is addicted to oil, which is often imported from unstable parts of the world."*[36]

Em 19 de junho de 2008, *The New York Times* publicou artigo intitulado "Deals With Iraq Are Set to Bring Oil Giants Back", comprovando que a ocupação do Iraque visara realmente a capturar os campos de petróleo. Com base em informações de funcionários do ministério responsável pelo petróleo no Iraque e de um diplomata americano, mantido no anonimato, o jornalista Andrew Kramer, no artigo, escreveu que

"*Exxon Mobil, Shell, Total and BP (...) along with Chevron and a number of smaller oil companies, are in talks with Iraq's Oil Ministry for no-bid contracts to service Iraq's largest fields*".[37]

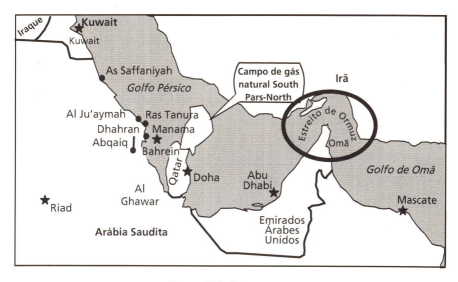

Fonte: U.S. Government

Entretanto, ao contrário do que as corporações petrolíferas dos Estados Unidos e da Europa esperavam, só em 2007 Hussein Shahristani, ministro do Petróleo do governo do primeiro-ministro Nouri al-Maliki, tratou de reativar a indústria do petróleo. Sua primeira iniciativa consistiu em retomar, em agosto de 2008, o contrato de *joint venture* feito em 1997 pelo governo de Saddam Hussein com a China National Petroleum Corporation (CNPC), no valor de US$ 3 bilhões, para a exploração do campo de Ahdab, na província de Wasit, ao sudeste de Bagdá.[38] Várias companhias dos Estados Unidos e da Europa, como a Exxon e a Shell, fizeram pesados investimentos na exploração de petróleo na região central. Mas somente oito anos depois da invasão a produção de petróleo alcançou o nível anterior à queda de Saddam Hussein, cerca de 2,7 milhões de barris por dia, ainda assim 20% a menos do que em 1979.[39] Essa produção estava a escoar pelo terminal de Basrah e pelo oleoduto da Turquia, e o Iraque, em 2009, exportou quase 1,8 milhão de barris por dia, inclusive para a China, seu terceiro maior cliente de petróleo (12,1%), depois dos Estados Unidos (24,3%) e da Índia (16,7%).

O Iraque, entretanto, ainda não se havia recuperado da guerra, continuava bastante arruinado e instável, sendo incerto o futuro do primeiro-ministro Nouri al-Maliki, cujo governo, fraco, corrupto e ineficiente, dependia do respaldo do clérigo xiita Sayyid Muqtada al-Sadr, comandante das milícias Jaish al-Mahdi (JAM), principal força de resistência e oposição à presença dos Estados Unidos. E, ao fim do governo, o presidente George W. Bush, como *lame duck*, estava completamente desmoralizado, sem qualquer credibilidade.

Entre 1900 e 2003, quando o presidente George W. Bush ordenou a invasão do Iraque, os Estados Unidos haviam realizado no mínimo 14 intervenções militares em outros países visando à mudança de regime (*regime change*) ou a construir a nação (*nation-building*). Na maioria, resultaram em guerras e produziram mais amarguras do que libertação.[40] E o que os Estados Unidos pretenderam, na realidade, foi defender seus próprios interesses comerciais, buscando mercado e/ou acesso a recursos naturais. Conforme os cientistas políticos Mixin Pei e Sara Casper concluíram, em estudo para a Carnegie Endowment for International Peace, realizado em 2003, as tentativas de "*nation-building*" dos Estados Unidos, na maioria dos casos, foram trágicas e o objetivo de Washington, ao tentar substituir ou apoiar regimes em outros países, não foi construir uma democracia, mas defender sua segurança e seus interesses econômicos".[41] Segundo Mixin Pei e Sara Casper, a pretensão declarada do presidente George W. Bush (2001-2009) de implantar uma democracia no Iraque resultaria em uma "*tragedy for the Iraq people and a travesty of American democratic ideals*".[42]

Com efeito, a ocupação do Iraque pelos Estados Unidos durante nove anos não criou nenhuma democracia em um país dividido em seitas islâmicas, etnias e tribos cujas condições eram muito diferentes das que existiam no Ocidente. E instituições democráticas não podiam ser criadas pela força das armas onde elas nunca existiram. Em 2006, militantes de al-Qa'ida tentaram monopolizar o poder dentro da comunidade sunita, proclamando o Estado Islâmico do Iraque. Os conflitos sectários entre xiitas, sunitas e curdos intensificaram-se, com sucessivos e sangrentos atentados terroristas, convulsionando desde as cidades do interior até Bagdá, praticados pelos sunitas e militantes de al-Qa'ida, com o apoio financeiro e homens-bomba da Arábia Saudita e de outros Estados do Golfo Pérsico.[43] *"If the Sunni anda Shia could not live on the same street, they could hardly share a common identity"*, observou o jornalista Patrick Cockburn, correspondente do jornal britânico *The Independent* no Iraque.[44]

Um oficial de alta patente do Pentágono comentou com o notável jornalista americano Seymour M. Hersh que a experiência no Iraque fora profundamente falha (*deeply flawed*) e havia afetado a avaliação do Irã. E acrescentou que *"we built this big monster with Iraq, and there was nothing there. This is son of Iraq"*.[45] Os Estados Unidos perderam a credibilidade e, nove anos depois de atacar e invadir o Iraque, onde perderam cerca de 4.486 soldados, tiveram 33.184 seriamente feridos e mataram entre 106.000 e 115.000 iraquianos,[46] o presidente Barack Obama teve de retirar suas tropas, até 31 de dezembro de 2011, deixando em torno de 470.000 pessoas vivendo em 382 acampamentos, em áreas inseguras, às quais faltam empregos e serviços básicos, conforme os dados da United Nations High Commissioner for Refugees (UNHCR).[47] E ainda cerca de 1 milhão de iraquianos estavam deslocados, por diversas regiões, e milhares viviam em condições miseráveis, incapazes de voltar às suas áreas de origem por causa da insegurança ou da destruição de seus lares e da falta de serviços básicos.[48]

A guerra no Iraque também deixou entre 900.000 e 1 milhão ou mais de mulheres viúvas, de acordo com informações do Ministério do Planejamento e do Ministério das Mulheres do Iraque,[49] e cerca de 3 milhões de órfãos. Calcula-se que 1,5 milhão de iraquianos morreram durante os nove anos de ocupação. E os registros da ONU indicavam que, até 2011, mais de 3 milhões de iraquianos haviam sido deslocados de suas casas: 1.683.579 no exterior e 1.343.568 no próprio país.[50] Apesar dos milhões de dólares pagos às empreiteiras do Pentágono, durante quatro anos, peças-chave na infraestrutura do Iraque, tais como usinas de energia, esgotos, telefonia e sistemas sanitários, não haviam sido reparados ou haviam sido feitos de maneira tão precária que não funcionavam em 2007.[51] As cidades careciam de saneamento básico. E 1 milhão de iraquianos encontravam-se no limite da fome segundo o Programa de Alimentos das Nações Unidas, apesar de 90% da população receber algum alimento todo mês. E o próprio George Tenet, ex-diretor da CIA, reconheceu que a invasão do Iraque, mesmo se houvesse descoberto armas de destruição em massa, teria produzido os mesmos *"disastrous results"*.[52]

Com razão, Clóvis Rossi comentou que "são dados realmente terríveis, mas não é simples dizer se o Iraque está hoje, entre uma mentira e outra, melhor do que estava antes delas", pois o Iraque que fora invadido vinha de duas guerras (contra o Irã, entre 1980 e 1988, e contra uma coligação, após invadir o Kuwait, em 1991) e de 12 anos de sanções impostas pela ONU.[53] A violência não acabou no país. E o problema do Iraque tornou ainda mais grave a equação estratégica do Oriente Médio. A derrubada de Saddam Hussein, com o estabelecimento de uma real democracia no país, resultaria, em quaisquer condições, na vitória dos xiitas, vinculados estreitamente ao Irã, com o qual a Arábia Saudita, fonte do fundamentalismo Wahhabi-Salafi, disputava o domínio sobre a região.

Um militar americano, Matthew Alexander, veterano das guerras na Bósnia, no Kosovo e no Iraque, reconheceu a política dos Estados Unidos de favorecer os xiitas e a erradicação do Partido Ba'ath, empurrando os sunitas iraquianos para as mãos de al-Qa'ida.[54] Eles perceberam que, por meio de eleições, jamais voltariam ao poder nem participariam das futuras receitas do petróleo, cujas reservas se concentravam na região dominada pelos xiitas e curdos. Somente pela violência.[55]

Outrossim, no Iraque, as tensões entre a Região Autônoma do Curdistão, onde existiam enormes reservas de petróleo, e Bagdá estavam a recrescer, ameaçando a unidade do país, criado artificialmente pela Grã-Bretanha nas terras da Mesopotâmia, onde 75% da população, em 1920, viviam em tribos,[56] ao destruir a velha ordem existente no Império Otomano após a Primeira Guerra Mundial.[57] Essa região faz fronteira com o Irã, a leste, com a Turquia, ao norte, e com a Síria, a oeste, ficando ao sul o restante do Iraque. O governo de Bagdá, entretanto, insistia em manter o controle das reservas de óleo lá existentes, recusando-se a reconhecer os contratos firmados pelo Governo Regional do Curdistão (GRK) com as companhias estrangeiras e ameaçando colocá-las numa lista negra internacional. Os dois governos estavam a competir fortemente para atrair os investimentos estrangeiros.[58] Cerca de 40% do petróleo do Iraque, i.e., cerca de 45 bilhões de barris jaziam nos campos do Curdistão, que começou a exportar de 90.000 a 100.000 barris de óleo cru por dia desde o começo de 2011, e seria possível aumentar o volume para 175.000 barris até o fim do ano. A Gulf Keystone Petroleum estimava que a região do Curdistão, no Iraque, podia ter reservas de 45 bilhões de barris de petróleo, quase tanto quanto os 53 bilhões de barris de petróleo produzidos pelo Mar do Norte em fins de 2010.[59]

Os Estados Unidos mantinham, em 2010, 726,5 milhões de barris de óleo cru como Strategic Petroleum Reserve (SPR), o equivalente às importações de 75 dias, e podiam atender ao consumo dentro de 13 dias depois da autorização do presidente, liberando a média máxima de 4,4 Mb/d, mas o impacto poderia ser maior até que o óleo chegasse ao mercado.[60] Desde 2005, a produção doméstica estava a crescer todos os anos, i.e., aumentara 24%, segundo o Congressional Research Service (CRS), alcançando 9,2 Mb/d no fim de 2011, enquanto, no mesmo período, o consumo caiu 9%, para 18,8 Mb/d.[61] Contudo, os Estados Unidos, a fim de manter a posição de potência mundial, que mais de um século antes haviam conquistado, dependiam mais e mais de fontes de energia confiáveis, especialmente petróleo, cujas importações, sobretudo da região do Golfo Pérsico, tendiam a crescer significativamente nas próximas décadas.

A expectativa era de que a demanda mundial de petróleo saltasse de 82 milhões bpd em 2004 para 111 milhões bpd em 2025, o que representaria um aumento de 35%. E a Energy Information Administration (EIA), de acordo com o Annual Energy Outlook, previa um incremento ainda maior da demanda de suprimentos de petróleo pelos Estados Unidos e pelos países emergentes da Ásia — notadamente a China — e, consequentemente, o aumento do preço até por volta de 2030. O volume de petróleo importado pelos Estados Unidos caiu, entretanto, de 60% em 2005 para 47% em 2010, devido, quiçá, à elevação do preço, com a desvalorização do dólar, e à crise financeira deflagrada em 2007, aprofundada em 2008 com o colapso do Lehmann Brothers e outras instituições de crédito, levando a economia mundial, dramaticamente, à depressão. Em 2008, o preço do barril de óleo cru, ajustado à inflação de 2007, alcançou o recorde de US$ 143, a demanda caiu 0,2% e se esperava que a queda fosse de 0,4% em 2009.[62]

Preço do Petróleo (1990-2008)

O Oriente Médio revestia-se, portanto, da maior relevância geopolítica e estratégica para os Estados Unidos, cuja economia, de um modo ou de outro, dependia tanto dos suprimentos de petróleo quanto do preço. Sua segurança nacional significava, no caso, segurança energética, escopo central da sua política militar e internacional.

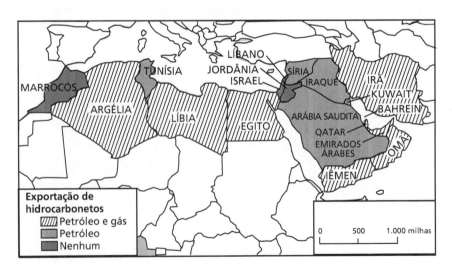

O objetivo das bases dos Estados Unidos no Golfo Pérsico sempre foi defender as fontes de petróleo, garantir a segurança de Israel e combater as eventuais ameaças aos seus interesses econômicos e estratégicos. Além do Campo Arfijan, no Kuwait, os Estados Unidos possuíam outras instalações militares, que incluíam Buehring, Virginia, Kuwait Naval Base, Ali Al Salem Air Base e Udairi Range, base de treinamento na fronteira com o Iraque. Outras importantes bases no Golfo Pérsico, que gradativamente se converteu no epicentro das operações do que o professor Andrew J. Bacevich considerou a *World War IV*,[63] estão na Arábia Saudita, no Qatar, no Bahrein, nos Emirados Árabes Unidos e em Omã.[64] E as tensões com o Irã serviram ainda mais como pretexto para a militarização do Oriente Médio.

A militarização da região ocorreu não apenas por motivos geopolíticos, mas também para atender aos interesses da indústria bélica, vendendo armamentos à Arábia Saudita, ao Egito, à Turquia, ao Qatar, a Israel

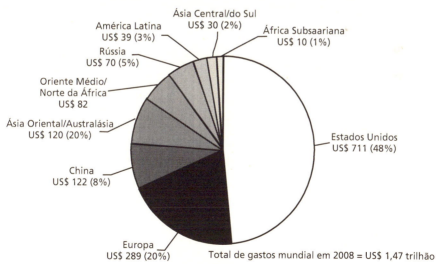

Gastos militares dos Estados Unidos *versus* o restante do mundo em 2008 (em bilhões de dólares, com % do total global)

Observações: Dados do International Institute for Strategic Studies, *The Military Balance 2008*, e DOD. O total para os Estados Unidos é referente ao ano fiscal de 2009 e inclui US$ 170 bilhões para operações militares no Iraque e no Afeganistão, assim como fundos para as atividades com armas nucleares do Departamento de Energia. Todos os outros números são projeções baseadas em 2006, o último ano para o qual há dados precisos disponíveis.

A SEGUNDA GUERRA FRIA

e a outros países.[65] Os armamentos fornecidos a esses países não se baseavam meramente em motivos geopolíticos, mas refletiam os interesses e as pressões do complexo industrial-militar em benefício dos seus lucros e das comissões que gerava. E a militarização foi acompanhada, desde os fins da década de 1990, pela privatização/terceirização (*outsourcing*) dos serviços militares e de segurança, bem como de outras funções públicas, cuja taxa duplicou a cada ano nos Estados Unidos.[66] A força de trabalho privatizada do governo federal, afora os mercenários, talvez chegasse ao total de 2 milhões de pessoas e, se incluídos os trabalhadores do setor privado exercendo essencialmente funções de governo, com *"grants and contracts"* federais, o número poderia alcançar 12 ou 13 milhões.[67]

O presidente George W. Bush intensificou ainda mais o processo de *outsourcing*, i.e., a privatização dos serviços militares e de inteligência, que se tornaram um lucrativo negócio — *the war business* —, impulsionado pelo desenvolvimento da eletrônica, da tecnologia da informação e das novas técnicas de armamentos e de condução da guerra.[68] E, a partir de 2003, após a invasão do Iraque, a ascensão das *"private military companies like Backwater has been nothing less than meteoric"*, escreveu Suzanne Simons, produtora executiva da CNN.[69] Os contratos do Departamento de Defesa, cujo orçamento aumentou 90% desde 2000, com as companhias militares cresceram em escala monumental, saltando de US$ 106 bilhões em 2000 para US$ 297 bilhões em 2006.[70]

A Halliburton, segundo o *chief executive officer* (CEO) David Lesar, aliciou, em 2003, 50.000 mercenários, o equivalente a 100 batalhões para a ocupação do Iraque.[71] Suas ações na bolsa subiram de US$ 10 para US$ 40 entre o início da invasão no Iraque e 2006, e, de acordo com a *Forbes*, David Lesar recebeu aproximadamente US$ 30 milhões de compensação.[72] E uma única companhia, Kellog Brown & Root, subsidiária da Halliburton, logo contratada em dezembro de 2001, tornou-se responsável pela maior parte de infraestrutura física, da manutenção e, muitas vezes, da segurança das bases americanas no Afeganistão, no Iraque, nos Bálcãs e em outras partes do mundo.[73] Em 2007, já havia recebido US$ 25 bilhões do Departamento de Defesa e continuava a receber mensalmente mais de US$ 400 milhões.[74] Entretanto, as fraudes e os abusos de milhões de dólares dos contribuintes americanos cometidos pela Halliburton/KBR começaram a vir a público poucos meses após a invasão do Iraque, em 2003.[75]

Também os contratos da Blackwater, que operava em muitos países com outras corporações militares, ultrapassaram rapidamente US$ 1 bilhão em 2004.[76] No mesmo ano, o British American Security Information Council (BASIC) publicou um estudo no qual revelou que somente no Iraque 68 empresas militares estavam a operar, com diferentes contratos e diversas tarefas.[77]

Os mercenários,[78] embora ganhassem muito dinheiro, entre US$ 300 e US$ 600, às vezes US$ 900 por dia dos contribuintes americanos,[79] não estavam sujeitos às mesmas normas dos soldados regulares, aos tribunais militares. Possuíam imunidades no país onde atuavam, e as empresas que os empregavam não eram supervisionadas nem tinham maiores responsabilidade pelas suas atividades. Os mercenários da DynCorp, empresa militar sediada na Virgínia e empreiteira do Pentágono, estiveram envolvidos em tráfico de mulheres e de crianças na Bósnia-Herzegovina,[80] bem como prostituição forçada, assassinatos e malversação no Iraque, fraudando mais de US$ 2,5 bilhões destinados à reconstrução, sem que o governo dos Estados Unidos pudesse determinar os gastos.[81]

O principal argumento oficial em favor da privatização era o barateamento dos custos.[82] Porém, Paul Warren Singer, diretor do Bookings Project on U.S. Policy towards the Islamic World, observou, com razão, que a privatização das forças militares como instrumento de política exterior não foi tanto devido aos custos mais competitivos, mas porque a transferência dos assuntos do Estado para as corporações privadas, ficando além do controle público, permitia a Washington ignorar e fugir às responsabilidades.[83] Era um golpe na democracia.

NOTAS

1. Pillar, 2011, p. 16-17.
2. Zalmay Kalilzad é nascido no Paquistão, da etnia Pashtum, e naturalizado americano. Foi embaixador dos Estados Unidos em Cabul entre 2003 e 2005.

3. Paul WOLFOWITZ e Zalmay M. KHALILZAD, "Overthrow Him", *The Weekly Standard*, Dec. 1, 1997, Vol. 3, No. 12.
4. Ibidem.
5. Full text of Dick Cheney's speech at the Institute of Petroleum Autumn lunch, 1999. Published by the London Institute of Petroleum on 6/8/2004.
6. PILLAR, 2011, p. 21.
7. BAAR, 2011, p. 66.
8. Ibidem, p. 66. O Deutsche Bank Group, em 23 de outubro de 1912, havia negociado um acordo com a African Eastern Concessions Ltd. para adquirir os direitos de exploração do petróleo da Mesopotâmia, com um investimentos de 80.000 libras esterlinas em nome da Türkische Petroleum Gesellschaft. HOFFMANN, 1927, p. 70.
9. Ibidem, p. 85-95.
10. Ibidem, p. 59.
11. LAWRENCE, 1962, p. 23.
12. Greg PALAST, "Secret U.S. Plans for Iraq's Oil", *BBC News World Edition*, March 17, 2005. KOLKO, 2006, p. 140-142. Joy GORDON, "Cool war: Economic sanctions as a weapon of mass destruction", *Harper's Magazine*, February 2003, p. 43-49.
13. H. Josef HEBERT, "Group: Cheney Task Force Eyed on Iraq Oil", Associated Press, July 18, 2003.
14. BARBOSA, 2011, p. 82-83.
15. KLEIN, 2007, p. 312-313.
16. Clóvis ROSSI, "A maior diferença talvez seja o poder de esculhambação", *Folha de S. Paulo*, 31/8/2010.
17. "Powell presents US case to Security Council of Iraq's failure to disarm", United Nations News Service, February 5, 2003.
18. Ibidem. BAMFORD, 2004, p. 372-373.
19. Rick GLADSTONE, "Powell Was More Skeptical about Iraq than Previously Thought, Annan Says", *The New York Times*, August 30, 2012.
20. Ibidem, p. 327. BAMFORD, 2004, p. 376-377.
21. BLIX, 2005b, p. 266.
22. Sophie MÜHLMANN, "Washington fürchtet dennoch weitere Eskalation Im Fall Nordkorea setzt Wolfowitz auf die Anrainer", *Die Welt*, 2/6/2003. George WRIGHT, "Wolfowitz: Iraq War Was About Oil", *The Guardian*, June 4, 2003.
23. Full text of Dick Cheney's speech at the Institute of Petroleum Autumn Lunch, 1999. Published by the London Institute of Petroleum.
24. "The War in Iraq", *The New York Times*, August 31, 2010.

25. Antes de atacar a Polônia, deflagrando a Segunda Guerra Mundial, Hitler explicou ao Alto Comando da Wehrmacht, em 22 de agosto de 1939, que daria "uma razão propagandística" para a iniciativa, acrescentando: "Não importa se é plausível ou não. Ao vencedor não se pergunta depois se ele disse ou não a verdade." FEST, 1979, p. 82. FEST, 1974, p. 594-595.
26. BAMFORD, 2004, p. 377.
27. FEST, 1979, p. 82. FEST, 1974, s. p. 82-83, 86, BARBOSA, 2011, S. p. 82-83.
28. TENET, 2007, p. 302-303.
29. Greg PALAST, "Secret U.S. Plans for Iraq's Oil", *BBC News World Edition*, March 17, 2005.
30. "Was the Iraq War About Oil?", *Musings On Iraq*, Iraq News, Politics, Economics, Society, April 20, 2011.
31. Energy Information Administration, *Official Energy Statistics from the U.S. Government, Iraq.*
32. "Kurdistan's Huge Oil Reserves Lend Credibility to Iraqi Claims of 115 Billion Barrels", *The Oil Drum*, January 10, 2012.
33. Kadhim AJRASH e Nayla RAZZOUK, "Iraq Lifts Oil Reserves Estimate to 143 Billion Barrels, Overtakes Iran", Bloomberg, October 4, 2010. "Iraq increases oil reserves by 24%", *BBC News*, Business, October 4, 2010. Energy Informations Administration 2009. Country Analysis Briefs. Iraque. June. <http://www.iaccidatabase.com/pdf_files/Iraque%20Energy%20Data_Statistic%20and%Analysis_Oil%20and%20Gas_Electricity.pdf. Acessado em 28/10/2014.
34. "The Global Energy Market: Comprehensive Strategies to Meet Geopolitical and Financial Risks — The G8, Energy Security, and Global Climate Issues", *Baker Institute Policy Report*, Published by the James A. Baker Institute for Public Policy of Rice University, Number 37, July 2008.
35. U.S. Bureau of Economic Analysis, "U.S. International Trade in Goods and Services, Exhibit 1", March 11, 2008. *News Release: U.S. International Transactions*. Bureau of Economic Analysis — International Economic Accounts — U.S. International Transactions: First Quarter 2008 Current Account U.S. Department of Commerce.
36. President Bush Delivers State of the Union Address United States Capitol Washington, D.C. Office of the Press Secretary, January 31, 2006.
37. Andrew E. KRAMER, "Deals With Iraq Are Set to Bring Oil Giants Back", *The New York Times*, June 19, 2008.
38. Erica GOODE e Riyadh MOHAMMED, "Iraq Signs Oil Deal With China Worth Up to $3 Billion", *The New York Times*, August 28, 2008. Timothy WILLIAMS, "China Oil Deal Is New Source of Strife Among Iraqis", *The New York Times*, September 5, 2009.
39. Clifford KRAUSS, "After the Revolution, Hurdles in Reviving the Oil Sector", *The New York Times*, August 23, 2011.

40. KINZER, 2006, p. 1, 321-322.
41. Mixin PEI e Sara CASPER, "Lessons from the Past: The American Record on Nation Building", *Policy Brief*, May 24, 2003, Carnegie Endowment for International Peace.
42. Ibidem.
43. Ibidem, p. 167, 180.
44. Patrick Cockburn 2008. Riding the tiger. Muqtoda al-Sadr and the American Dilemma in Iraq, Abril 8. http://www.tomdispatch.com/post/174916. 28.10.2014.
45. Seymor M. Hersh, 2006. Last Stand. The military's problem with the President's Iran policy. The new yorker, july 10. http://www.newyorker.com/magazine/2006/7/10/last-stand-2. 28.10.2014.
46. *Iraq Body Count*, disponível em: http://www.iraqbodycount.org/.
47. *2012 UNHCR country operations profile — Iraq*, disponível em: http://www.unhcr.org/pages/49e486426.html.
48. Ibidem.
49. De acordo com a estimativa da ONU, quando a violência sectária atingiu o ápice, 100 mulheres ficavam viúvas por dia. O Ministério dos Assuntos Sociais informa que paga benefícios a 86.000 viúvas, a maioria das quais perdeu o marido durante a guerra. Andrew E. KRAMER, "After Nearly 9 Years of War, Too Many Widows", *The New York Times*, November 24, 2011.
50. Guilherme RUSSO, "Guerra interna desloca 3 milhões de iraquianos", *O Estado de S. Paulo*, 3/6/2012.
51. Hearing before the Subcommittee on Crime, Terrorism, and Homeland Security of the Committee on the Judiciary, House of Representatives, One Hundred Tenth Congress, First Session June 19, 2007, p. 84.
52. TENET, 2007, p. 493.
53. Clóvis ROSSI, "A maior diferença talvez seja o poder de esculhambação", *Folha de S. Paulo*, 31/8/2010.
54. ALEXANDER, 2011, p. 156.
55. Ibidem, p. 156.
56. FROMKIN, 1989, p. 450.
57. Com a destruição do Império Otomano, o Oriente Médio foi dividido, criando-se novos países, entregues, sob a forma de mandatos, à administração da Grã-Bretanha (Palestina e Iraque) e da França (Síria e Líbano), que ainda se apossaram das colônias alemãs na África.
58. Joel WING, "Iraq's Kurds Push for More Oil Production, While Bickering with Baghdad over Exports", *Ekurd.net*, 21/3/2012.
59. Euan MEARNS, "The Oil Drum — The Oil Potential of Iraqi Kurdistan", Geology/Exploration, January 11, 2012.
60. Michael RATNER e Neelesh NERURKAR, "Middle East and North Africa Unrest: Implications for Oil and Natural Gas Markets", Congressional Research Service, March 10, 2011.

61. Robert Longley, "Should Obama Take Credit for US Oil Production Hike? Trend Began Under George W. Bush", About.Com US Government Info, April 13, 2012.

62. *World Oil Crisis: Driving forces, Impact and Effects.* World.Crisis net. Disponível em: http://world-crisis.net/oil-crisis.html. "The Impact of the Global Financial Crisis on the World Oil Market and Its Implications for the GCC Countries", Economic and Social Commission for Western Asia (ESCWA), Limited E/ESCWA/Edgd/2009/Wp.1 — 14 March 2009.

63. Bacevich, 2005, p. 183.

64. Nick Turse, "Pentagon digs in deeper", *Asia Times*, November 20, 2010.

65. Tirman, 1997, p. 281, 282.

66. Murphy, 2007, p. 116-117.

67. Ibidem, p. 116-117.

68. Uesseler, 2006, p. 108-109.

69. Simons, 2009, p. 4. Scahill, 2007, p. XXVII.

70. David Rose, "The People vs. the Profiteers", *Vanity Fair*, November 2007.

71. Chetterjee, 2009, p. 214.

72. David Rose, "The People vs. the Profiteers", *Vanity Fair*, November 2007.

73. Murphy, 2007, p. 61.

74. David Rose, "The People vs. the Profiteers", *Vanity Fair*, November 2007.

75. Chetterjee, 2009, p. 216-217.

76. Venter, 2008, p. 554.

77. Uesseler, 2006, p. 31.

78. Uma das principais características que diferenciam os mercenários das companhias militares dos soldados *freelancer* dos anos 1960-1970 é que eles estão organizados em uma estrutura empresarial, dirigida por um Chief Executive Officer (CEO). Venter, 2008, p. 574.

79. Scahill, 2007, p. XIX-XX.

80. Chesterman e Lehnardt, 2007, p.104.

81. *"This 24th Quarterly Report from the Special Inspector General for Iraq Reconstruction analyzes the latest events in Iraq as the U.S. relief and reconstruction effort continues to transform itself into a more traditional foreign assistance mission. The most notable event from the past quarter was the December round of bidding for new oil service contracts. Iraq's Ministry of Oil accepted bids on seven oil fields, including one from a Russo-Norwegian consortium for the largest field. But, to succeed, the winning bidders must overcome Iraq's aging infrastructure, rampant corruption, and fragile security. This quarter, SIGIR published what was certainly one of its most significant audits to date: the follow-up review of the Department of State's*

oversight of DynCorp International's police-training contract. This audit identified more than $2.5 billion in taxpayer funds that are vulnerable to waste and fraud because of weak contract oversight. SIGIR's finding is particularly salient given that management of the police training program will be transitioned to the Department of State in 2011." Quarterly Report from the Special Inspector General for Iraq Reconstruction, Sigir.mil. 2010-01-30.
82. CHETTERJEE, 2009, p. 219.
83. SINGER, 2003, p. 213-215.

Capítulo VIII

O ORIENTE MÉDIO OCUPADO MILITARMENTE PELOS ESTADOS UNIDOS • O POTEN-
CIAL PETROLÍFERO DA ÁFRICA DO NORTE • O PAPEL DO SOCAFRICA E DO AFRICOM •
O ARSENAL ATÔMICO DOS ESTADOS UNIDOS NA EUROPA • NECESSIDADE ECO-
NÔMICA E MILITARISMO • RECURSOS ESTRANGEIROS FINANCIARAM GUERRAS
AMERICANAS • O *CRASH* ECONÔMICO E FINANCEIRO DE 2008

De acordo com informações fornecidas a Al Jazeera em 30 de abril de
2012 pelo Central Command (USCENTCOM), os Estados Unidos
mantinham 125.000 soldados estacionados próximos do Irã; 90.000 no
Afeganistão ou em seu entorno, na Operation Enduring Freedom; outros 20.000 soldados desembarcados em outros lugares do Oriente Próximo e cerca de 15.000 a 20.000 a bordo de navios de guerra.[1] Decerto
esse número não inclui os comandos das Special Operations Command
(SOCOM), que realizam atividades clandestinas conjuntas com os Gre-
en Berets e Rangers do Exército, Navy SEALs, Air Force Command e
equipes das Marine Corps Special Operations. O *2011 Report* do Departamento de Defesa omitiu as bases de espionagem, bem como as
instalações nas zonas de guerra e ou em locais sensíveis.

Os analistas previam em 2010 que, nos próximos 20 anos, a África,
de onde os Estados Unidos recebiam 20% de suas importações, aumentaria o suprimento de petróleo em mais 2 milhões de barris e suas reservas de gás natural elevar-se-iam a 15 trilhões de pés cúbicos. A
International Energy Agency calculava que mais de 20% do total da
produção mundial de petróleo, por volta de 2035, proviria de fontes a

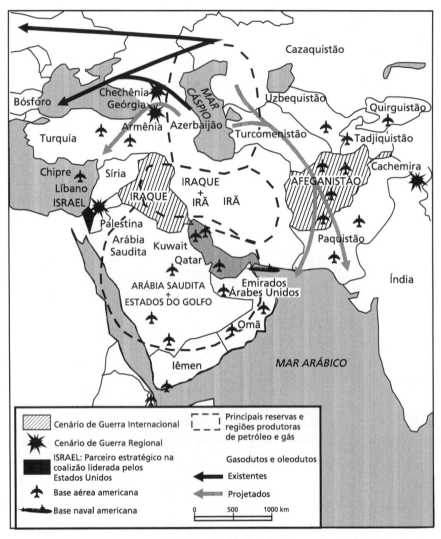

O teatro de guerra no Oriente Médio

serem encontradas, inclusive na África. Mas para explorar esse potencial seria necessário investir US$ 2,1 trilhões na infraestrutura de gás e petróleo na África entre 2010 e 2035, o que significava a média de US$ 8 bilhões por ano.[2] As empresas petrolíferas requeriam, entretanto, que os governos africanos estabelecessem um clima de segurança, especialmente com respeito às taxas fiscais.

Daí que o governo do presidente George W. Bush, em 1º de outubro de 2008, ativou o U.S. Special Operations Command Africa (SOCAFRICA), estacionado com o U.S. Africa Command (AFRICOM) em Kelley Barracks, outro quartel dos Estados Unidos em Stuttgart, na Alemanha. Essa unidade — SOCAFRICA — assumiu a responsabilidade do Special Operations Command and Control Element-Horn of Africa. Seu objetivo é subordinar a África aos Estados Unidos e afastar a competição, principalmente da China, que oferece melhores preços, alternativas de financiamento, projetos de infraestrutura e de desenvolvimento. A Combined Joint Task Force-Horn of Africa (CJTF-HOA) foi encarregada das operações no leste da África com o objetivo de promover a segurança e a estabilidade, prevenir conflitos e proteger os interesses dos Estados Unidos. A SOCAFRICA funciona como *watchdog*. E a *War on Terror* tem como teatro de guerra os países da África onde há jazidas petróleo, urânio, ouro, cobre, fosfato, diamantes, coltan (columbita-tantalita) e outros minérios estratégicos.

Conforme as estatísticas do Departamento de Defesa, havia cerca de 725 bases militares dos Estados Unidos em 38 países por volta de 2003, e em torno de 100.000 soldados em toda a Europa.[3] Em 2012 os Estados Unidos ainda mantinham mais de 750 instalações militares no exterior e, de 1,4 milhão de soldados na ativa, cerca de 350.000 estavam aquartelados em pelos menos 130 países estrangeiros. Todos ou quase todos os países que antes integravam o Pacto de Varsóvia, liderado pela União Soviética, aderiram à OTAN, abrindo seus territórios à expansão das bases militares e enviando tropas para as intervenções e a ocupação de outros países, sob a liderança dos Estados Unidos, a título de missão humanitária ou de manutenção da paz. E desde 2004 os aviões-espiões AWAC (Airborne Warning and Control System), manejados pela OTAN, patrulhavam os países do Mar Báltico, ao longo das fronteiras da Rússia. Algumas das instalações militares dos Estados Unidos na Europa provêm do tempo da Guerra Fria, porém muitas se localizam próximas das eventuais zonas de combate no Oriente Médio, principalmente dos países exportadores de petróleo.[4]

De 1940 a 1996, os Estados Unidos gastaram quase US$ 5,5 trilhões (em dólares constantes de 1996) no seu programa nuclear.[5] E, durante a

Guerra Fria, estacionaram armamentos nucleares em 27 países estrangeiros e territórios, entre os quais Japão, Alemanha, Groenlândia e Turquia. O Bloco Socialista e a União Soviética implodiram entre 1989 e 1991. Os partidos comunistas virtualmente desapareceram na Europa. Entretanto, em 2006, os Estados Unidos ainda possuíam um arsenal de 9.960 ogivas intactas, das quais 5.735 eram consideradas ativas e operacionais. Durante os anos da Guerra Fria, estacionaram na Europa não menos que 7.000 armas nucleares. E, de acordo com o relatório de 2005 do Natural Resources Defense Council (NRDC), instituição sediada em Washington, os Estados Unidos pretendiam manter na Europa 200 bombas nucleares, mas um dos últimos atos do presidente Clinton foi assinar a Presidential Decision Directive/NSC-74, em novembro de 2000, autorizando o Departamento de Defesa a estocar 480 ogivas na Europa, a maioria abrigada em três bases da Alemanha, duas das quais plenamente operacionais (Büchel e Ramstein), com 20 ogivas nucleares e dezenas de instalações militares.[6] E pretendiam construir a infraestrutura para o programa Ballistic Missile Defense na República Tcheca e na Polônia, iniciativa à qual os povos dos dois países se opunham.[7]

A Alemanha, com cerca de 150 armas nucleares, continuou o país mais nuclearizado da Europa, enquanto a Grã-Bretanha hospedava 110 mísseis nucleares na base aérea de Lakenheath (Suffolk); a Turquia, 90 bombas na Base Aérea de Incirlik, com projeção sobre o Oriente Médio; a Itália, 90; a Bélgica e a Holanda, 20 cada.[8] Qual o objetivo de manter, após o fim da Guerra Fria, 480 ogivas nucleares na Europa? Combater o terrorismo? Esse nível de armamento o presidente George W. Bush não diminuiu, e o que presidente Barack Obama fez foi substituir essas bombas nucleares antiquadas e obsoletas, de livre queda, por outras mais sofisticadas, a um custo de US$ 6 bilhões, guiadas por sistema de precisão e transportadas por modernos aviões bombardeiros B61.[9]

A informação do *Department of Defense's 2010 Base Structure Report* era a de que o Pentágono ainda mantinha um total de 4.999 instalações militares em 50 estados americanos, em sete territórios e em outros 38 países estrangeiros. No exterior, a maioria das instalações, que incluíam bases do Exército, Marinha, Força Aérea, Marine Corps,

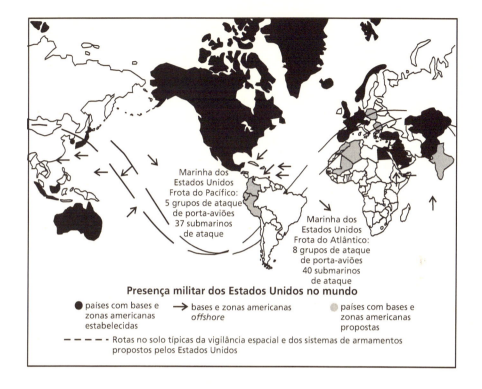

Washington Headquarters Services (WHS), estava no Japão (115), na Coreia do Sul (86) e, sobretudo, na Alemanha (218),[10] com 53.766 soldados, devido à vantagem de estarem mais próximas do Oriente Médio e da Ásia Central, em um país com uma democracia estável e condições de vida que propiciavam mais conforto e comodidade às suas tropas.

Tais bases situavam-se, principalmente, em Heidelberg (quatro quartéis e uma base aérea), Schwetzingen (dois quartéis), Mannheim, Stuttgart, Wiesbaden, Hanau, Kaiserslautern (KMC: Ramstein etc.), Spangdahlem, além de outras bases na Baváriua, entre as quais Würzburg, Grafenwöhr e Ansbach Army Heli Pad (Ansbach AHP), à qual pertencem Katterbach e Bismarck-Kaserne. Segundo algumas estimativas, o total, em todo o mundo, ultrapassava 1.000 bases militares. Alguns calculavam 1.077, outros 1.088, outros 1.160 ou mesmo 1.180. Realmente o número podia ser mais alto, porém ninguém estava seguro quanto ao total.[11] E a rede de bases militares era tão extensa que nem o Pentágono talvez soubesse exatamente sua dimensão.

Decerto, esses gastos nenhum governo dos Estados Unidos conseguiu reduzir desde que o presidente Dwight Eisenhower (1953-1961) denunciou a influência do complexo industrial-militar. Tais cortes afetariam a economia de vários estados americanos, localizados, sobretudo, no *sunbelt* (Texas, Missouri, Flórida, Maryland e Virgínia), onde funcionam as indústrias de armamentos que empregam tecnologia intensiva de capital. Muitas regiões dos Estados Unidos são beneficiadas pela produção, pelo deslocamento, pelas operações e pela manutenção das forças nucleares. Conforme avaliou William J. Weida, do Brooking Institute, a Califórnia, a partir de 1980, passou a depender mais do que qualquer outro estado das despesas militares do Pentágono, a maioria das quais nos programas dos bombardeiros B-1 e B-2, dos mísseis Trident I e Trident II, dos mísseis MX, bem como do projeto Strategic Defense Initiative e do programa de satélites Military Strategic and Tactical Relay (MILSTAR).[12]

Em 1986, as corporações empreiteiras (*contractors*) do Pentágono na Califórnia receberam 20% do orçamento de Departamento de Defesa, enquanto Nova York, Texas e Massachusetts apropriaram-se de 21%.[13] Os imensos custos dos Estados Unidos com a produção de armamentos não decorrem tanto de fatores de segurança quanto de incoercíveis necessidades econômicas.

O *Imperium Americanum* sempre necessitou de guerras para manter sua economia em funcionamento, evitar o colapso da indústria bélica e de sua cadeia produtiva, bem como o aumento do número de desempregados e a bancarrota de muitos estados americanos, cuja receita depende da produção de armamentos. Desde as bombas nucleares lançadas contra Hiroshima e Nagasaki, matando um total de cerca de 199.000 pessoas,[14] em 1945, os Estados Unidos produziram cerca de 70.000 armas nucleares de 72 tipos e muito mais poderosas. Ao fim da Guerra Fria, em 1991, possuíam um arsenal ativo da ordem de 23.000 artefatos nucleares dos 26 tipos principais. E nunca cessaram completamente de produzi-los.[15] Um estudo realizado no Brooking Institute, de Washington, estimou que os custos em armamentos nucleares, desde a Segunda Guerra Mundial até 2007, foram da ordem de US$ 7,2 trilhões, e o total dos gastos militares, no mesmo período de meio século, alcançou o montante de US$ 22,8 trilhões.[16] De acordo com o *Annual Report of Implementation of the Moscow Treaty*, os Estados Unidos mantinham, em 31 de dezembro de 2007, 2.871 ogivas nucleares estratégicas em condições operativas, i.e., prontas para lançamento, mais 2.500 como reserva (ativas e inativas), e outras 4.200 retiradas para desmantelamento. O total do *stock* era de 9.400 armas nucleares, de todas as categorias.[17]

De 1940 a 1996, os Estados Unidos gastaram, no mínimo, US$ 5,5 trilhões em seu programa de armamentos nucleares, sem contar as cifras da produção de armamentos convencionais. E esse valor não incluía os US$ 320 bilhões estimados para os futuros custos anuais de armazenamento e remoção do valor acumulado do lixo radioativo e tóxico em mais de cinco décadas e US$ 20 bilhões para o desmantelamento do sistema de armas nucleares e a remoção dos excedentes materiais atômicos. Com todos esses elementos contabilizados, o total dos custos do programa de armamentos nucleares dos Estados Unidos, até 1996, ultrapassou o montante de US$ 5,8 trilhões.[18]

A indústria bélica nos Estados Unidos sempre viveu das encomendas que o Estado fazia, daí o grande orçamento militar dos Estados Unidos; sozinho, muito superior aos orçamentos militares de todos os demais países somados, incluindo China, Rússia e toda a União Europeia. Os gastos militares dos Estados Unidos, em 2011, representaram 40% do total mundial, da ordem de US$ 1,63 trilhão e continuaram equivalentes aos de 15 países juntos, inclusive China (8,2%), Rússia (4,1%), França e Reino Unido (ambos 3,6%).[19] Esses dados revelavam a sua ambição de manter a *full-spectrum dominance*.[20]

Nenhum governo podia converter realmente a indústria bélica para fins civis sem acarretar profundas implicações políticas, na medida em que aumentaria o número de desempregados e abalaria as atividades econômicas de diversas regiões (Texas, Missouri, Flórida, Maryland e Virgínia) onde estão as indústrias especializadas em armamentos com

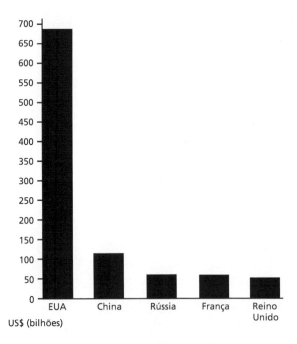

Fonte: SIPRI data base 2010[21]

tecnologia intensiva de capital, cujo interesse é experimentá-los em guerras reais, a fim de que o Pentágono possa esvaziar os arsenais, promover os armamentos, vendê-los a outros países e fazer novas encomendas, que geram polpudas comissões e dividendos. Em tais circunstâncias, em meio a propinas, suborno, pagamento de comissões aos que propiciavam as encomendas e contribuições para a campanha eleitoral dos partidos políticos, o complexo industrial-militar, com enorme peso econômico e político, nunca deixou de exercer forte influência sobre o Congresso americano e sobre toda a mídia, principalmente sobre as redes de televisão.

O incomparável poderio militar dos Estados Unidos enfrentava, entretanto, severos limites econômicos. Irresponsabilidade fiscal, descontrole dos gastos públicos, altos déficits orçamentários, contínuo déficit na balança comercial, elevado endividamento externo, corrupção inerente ao conluio entre a indústria bélica e o Pentágono, representado pelo complexo industrial-militar, recessão — fatores similares aos que produziram a crise fiscal da Grécia e que ameaçava expandir-se a outros países da Europa — representavam a maior ameaça, que podia derrotar a superpotência, dentro da economia capitalista mais e mais globalizada, prolongando o período de *chaos systémique* iniciado com a guerra no Iraque.[22]

O conflito com a Geórgia, evidenciando uma nova Guerra Fria, ocorreu no momento em que se aprofundava o colapso do sistema financeiro dos Estados Unidos, depois que grandes corretoras, como Merrill Lynch e Lehman Brothers, suspenderam a venda de colaterais em 2007, e em julho do mesmo ano bancos europeus registraram prejuízos com contratos baseados em hipotecas *sub-prime*. Foi com a inadimplência de devedores hipotecários que começou a débâcle financeira, atingindo empréstimos de empresas, cartões de crédito etc. e alastrando-se para a Europa.

A alta do preço do petróleo e do ouro bem como a valorização do euro refletiam a profunda crise que solapava a economia dos Estados Unidos. Em 28 de março de 2006, o Asian Development Bank advertiu seus membros no sentido de que se preparassem para um possível colapso do dólar, que, embora fosse incerto, teria graves consequências para a economia mundial. E o financista George Soros declarou que o estouro da bolha era inevitável e previu que ocorreria em 2007, como de fato ocorreu.

Em agosto de 2007, David M. Walker, chefe do Government Accountability Office (GAO), órgão do Congresso americano encarregado da auditoria dos gastos do governo, advertiu que o país estava sobre uma "plataforma abrasante" (*burning platform*) de políticas e práticas insustentáveis, escassez crônica de recursos para a saúde, problemas de imigração e compromissos militares externos, que ameaçavam eclodir se medidas não fossem em breve adotadas.[23] Previu aumentos "dramáticos" nos impostos, redução nos serviços do governo e a rejeição em larga escala dos bônus do Tesouro americano como instrumento de reserva pelos países estrangeiros. E apontou "notáveis semelhanças" entre os fatores que resultaram na queda do Império Romano e a situação dos Estados Unidos, devido ao declínio dos valores morais e da civilidade política, à confiança e à excessiva dispersão das Forças Armadas no exterior, bem como à irresponsabilidade fiscal do governo americano.[24]

Menos de um ano depois, Paul Craig Roberts, ex-secretário-assistente do Departamento do Tesouro no governo de Ronald Reagan (1981-1989), afirmou, em artigo intitulado "The Collapse of American Power", e publicado no *Wall Street Journal*, que os Estados Unidos, cuja dívida pública nacional já havia alcançado, em 2008, o volume de US$ 10 trilhões, não estariam em condições de financiar suas próprias operações domésticas, muito menos suas "injustificáveis" guerras, se não fosse a bondade dos estrangeiros, que lhes emprestavam dinheiro sem perspectiva de receber o pagamento, pois não mais poderiam pagar os empréstimos quando o dólar deixasse de ser a moeda de reserva internacional.[25] O presidente George W. Bush nunca leu e não apreendeu a lição do grande filósofo alemão Immanuel Kant (1724-1804), segundo o qual nenhum Estado deve contrair dívidas para sustentar sua política exterior, porque, no fim, "a inevitável bancarrota do Estado envolverá vários outros Estados sem culpa — o que seria uma lesão pública destes últimos".[26]

Contrair dívidas para sustentar a política exterior e a guerra foi um dos fatores da derrocada do Império Britânico. Seis anos antes de 1939, quando irrompeu a Segunda Guerra Mundial, a Grã-Bretanha ainda era a sexta nação mais rica do mundo. Mas, longe de manter-se solvente, exauriu, na guerra contra a Alemanha, as reservas em ouro e dólar. E entraria em bancarrota, incapaz de continuar a guerra ou sustentar a vida nacional,[27] se o primeiro-ministro Winston Churchill não escolhesse sacrificar sua existência como potência independente ao comprometê-la com os Estados Unidos, que lhe forneceram todos os recursos, destróieres, munição, matérias-primas e equipamentos industriais. Churchill cria no *"romantic British myth of Anglo-American cousinhood"*, na *"special relationship"*, e não percebeu, de 1940 até o fim da Segunda Guerra Mundial, que a principal ameaça aos interesses ingleses não partia da Rússia, mas dos Estados Unidos.[28] O programa de empréstimo e arrendamento de material bélico — *Lend-lease* (Public Law 77-11)[29] — criado pelo presidente Franklin D. Roosevelt (1933-1945), *"gradually consummated the process Churchill had begun of transforming England into an American satellite warrior-state dependent for its existence on the flow of supplies across the Atlantic"*, comentou o professor Correlli Barnett, autor de *The Collapse of the British Power.*[30]

O grande economista inglês John A. Hobson salientou, no capítulo acrescentado à edição de 1930 de sua obra *The Evolution of Modern Capitalism*, que "um dos mais significativos efeitos da guerra [Primeira Guerra Mundial] foi mudar a posição relativa dos países nas finanças e no comércio mundial, e a transformação dos Estados Unidos de nação devedora em nação credora".[31] *"This advance of America coincides with decline in the position of Britain as foreign investor."*[32] Da mesma forma, um dos efeitos da Segunda Guerra Mundial foi induzir os Estados Unidos, intoxicados pela vitória contra a Alemanha e o Japão, ao *"suicidalness of militarism"*, expressão usada por Arnold Toynbee para designar o destino de todos os impérios desde a Antiguidade.[33] Assim, na primeira década do século XXI, sua situação assemelhou-se à da Grã-Bretanha ao término da Primeira Guerra Mundial e em fins de 1940. Os Estados Unidos tornaram-se uma superpotência devedora, sobretudo da China, e não conseguiam sequer financiar suas atividades domésticas, nem as guerras no estrangeiro que o presidente George W. Bush havia deflagrado. Os Estados Unidos continuavam a consumir mais do que produziam. Somente podiam sustentar o padrão de crescimento mediante endividamento, com a emissão de papéis do Tesouro, sem lastro, atraindo excedentes econômicos de todos os países, a começar pela China, dado ser o dólar moeda fiduciária, de reserva internacional. E assim passaram de principal potência credora mundial à condição de principal nação devedora.[34] *"The world's richest, most powerful country, depends on the saving of the world's poorest"*, escreveram Bill Bonner e Addison Wiggin.[35]

As reservas em moeda estrangeira da China, em junho de 2009, já eram de US$ 2,13 trilhões — dos quais, segundo dados da Secretaria do Tesouro dos Estados Unidos, US$ 763,5 bilhões eram em títulos da dívida americana. A China tornara-se a maior credora de Washington, seguida pelo Japão, com US$ 685,9 bilhões em títulos.[36] E, em outubro de 2011, uma agência de classificação de risco, a Standard & Poor's (S&P), pela primeira vez ousou rebaixar a nota da dívida americana para AA+, devido aos riscos políticos e ao peso em relação ao PIB.[37]

Os Estados Unidos só puderam manter as guerras no Iraque e no Afeganistão, duas guerras perdidas, com o financiamento de outros países, principalmente China e Japão, que continuavam a comprar bônus do Tesouro americano. Joseph E. Stiglitz (Prêmio Nobel de Economia) estimou que o total dos custos dessas duas guerras estendia-se de US$ 2,7 trilhões, em termos estritamente orçamentários, a um total de custos econômicos da ordem de US$ 5 trilhões. Não sem razão, *The Economist*, na edição de 27 de março de 2008, publicou um artigo intitulado "Waiting for Armageddon" no qual ressaltou que o aumento das corporações em bancarrota podia ser o sinal de que algo muito pior estava ainda por ocorrer.[38]

Mas foi a explosão do mercado imobiliário, no primeiro semestre de 2007, que deflagrou a crise econômica e financeira nos Estados Unidos, quando grandes corretoras, como Merrill Lynch e Lehman Brothers, suspenderam a venda de colaterais e, em julho do mesmo ano, bancos europeus registraram prejuízos com contratos baseados em hipotecas *subprime*. A inadimplência de devedores hipotecários nos Estados Unidos provocou a débâcle no sistema financeiro, afetando empréstimos de empresas, cartões de crédito etc. Em seguida, em setembro de 2008, a crise atingiu o setor bancário, com a bancarrota e a dissolução do Lehman Brothers, o quarto banco de investimentos dos Estados Unidos, após 158 anos de atividade. Essa crise resultou, em larga medida, da manipulação pelos bancos e pelas agências de crédito das brechas na legislação reguladora dos mercados financeiros para conceder empréstimos *sub-prime* acima de sua capacidade de pagamento, posteriormente transformados em derivativos e vendidos a seus clientes, muitos dos quais com recursos em administração fiduciária sob mandato. Esses bancos e essas instituições financeiras lançaram no mercado ativos de qualidade inferior, renovando o ciclo de *subprime mortgage*, hipotecas securitizadas, consideradas *"madness"* pelo próprio banqueiro Lewis Ranieri, ex-presidente do banco de investimentos Salomon Brothers, pioneiro em *mortgage-backed securities* no mercado americano.[39]

O *"Wallstreet casino"*, conforme Bill Bonner e Addison Wiggin denominaram a bolsa de Nova York, entrou em colapso, desmoralizando o modelo econômico neoliberal. A Comissão do Congresso dos Estados

Unidos investigou as instituições de crédito que tiveram um *"pivot role"* na crise e apontou, no relatório *The Financial Crisis Inquiry Report*, como responsáveis International Group (AIG), Bear Stearns, Citigroup, Countrywide Financial, Fannie Mae, Goldman Sachs, Lehman Brothers, Merrill Lynch, Moody's, Wachovia,[40] que especularam no mercado com títulos derivados de créditos podres. Conforme Mark Zandi, economista-chefe da Moody's Economy, reconheceu ao testemunhar no Congresso, a crise financeira representou *"very serious blow to the U.S. economy"* e seu *"immediate impact"* foi a Grande Recessão, a mais longa, a mais ampla e o mais severo declínio dos negócios desde a Grande Depressão, deflagrada em 1929.[41] Cerca de US$ 5 trilhões desapareceram do NASDAQ.[42] E o historiador Eric Hobsbawm, com sabedoria, comentou que o *crash* de 2008 era a *"sort of right-wing equivalent to the fall of the Berlin wall"*, cujas consequências levariam o mundo a *"rediscover that the capitalism is not the answer but the question"*.[43]

A Comissão do Congresso, no *Financial Crisis Inquiry Report*, ressaltou que as crises de 2007 e 2008 não foram um simples acontecimento. Elas representaram uma série de crises, que perfuraram o sistema financeiro e, finalmente, atingiram a economia. O problema em uma área do sistema financeiro conduziu a fracassos em outras áreas por meio de interconexões e vulnerabilidades de que os banqueiros e governantes haviam descuidado.[44] Não sem razão o historiador Morris Berman escreveu que *"we are witnessing the suicide of a nation that hustled its way into the grave"*.[45]

O presidente George W. Bush apresentou um pacote de US$ 700 bilhões, um pacote multibilionário, para salvar as corporações em crise. De onde sairia tal volume de dinheiro, que tudo indicava seria ainda muito maior, quando o déficit fiscal dos Estados Unidos já alcançava valores da ordem de US$ 700 bilhões? O *bailout*, o empréstimo de dezenas de bilhões de dólares feito por Washington a Wall Street, ponderou Andrew Ross Sorkin, não podia, contudo, acabar com o caos nos mercados e, em lugar de restaurar a confiança, teve um efeito oposto junto aos investidores. E mesmo depois que o presidente George W. Bush, em 3 de outubro de 2008, assinou o Troubled Asset Relief Program (TARP), tornando-o lei, o valor da Dow Jones Average sofreu ainda uma perda de mais de 30%.[46] O valor dos recursos públicos destinados a salvar empresas privadas, tais como a AIG e o Bear Stearns, em março, ou semiprivadas, como as instituições hipotecárias Fannie Mae e Freddie Mac, alcançou cerca de US$ 1,1 trilhão, como *bailout*,[47] e poderia chegar a US$ 1,2 trilhão.

O contribuinte americano era que estava a pagar, subsidiando Wall Street. E ao longo de 2009, enquanto o desemprego nos Estados Unidos quase alcançava a taxa de 10%, os bancos de Wall Street voltaram a ganhar dinheiro e o Goldman Sachs anunciou um lucro recorde de US$ 13,4 bilhões e pagou como bônus por empregado o equivalente a US$ 498.000.[48] Também o Citigroup e o Bank of America se recuperaram com sucesso. A crise, porém, ao alcançar inevitavelmente a Europa, obrigou o European Central Bank, em agosto de 2008, a injetar *"billions of Euros into overnight lending markets"*,[49] e comprometeu e envolveu os próprios Estados nacionais. Levou a Islândia, cujos bancos mantinham negócios num valor três vezes maior do que o PIB do país, a uma virtual bancarrota, com reflexo sobre o Reino Unido, seu principal credor. E, em fins de 2009, manifestou-se na Grécia, ameaçando a estabilidade de toda a Eurozona, dado que vários países não cumpriram as metas do Tratado de Maastricht para a unificação monetária, entre as quais o controle do déficit orçamentário (até 3% do PIB) e do endividamento público (até 60% do PIB).

A situação configurou-se ainda mais grave, porquanto a eventual desestabilização da Eurozona poderia provocar uma crise sistêmica, devido à promiscuidade dos bancos alemães, franceses e também americanos com os Estados nacionais e outros bancos, mediante dívidas cruzadas. Se a Grécia e/ou Portugal deixassem de pagar aos bancos, a crise propagar-se-ia e cresceria como bola de neve. De acordo com o Bank for International Settlements, os bancos portugueses deviam US$ 86 bilhões aos bancos espanhóis, que, por sua vez, deviam US$ 238 bilhões a instituições alemãs, US$ 200 bilhões aos bancos franceses e cerca de US$ 200 bilhões aos bancos americanos.

A concessão de cerca de US$ 1 trilhão à Grécia, prometida pela União Europeia e pelo Fundo Monetário Internacional, não visou a ajudá-la, mas a salvar os bancos alemães e franceses e os investidores americanos, que proveem mais de US$ 500 bilhões em empréstimos de curto prazo aos bancos europeus, sobretudo aos das nações mais débeis, para financiar diariamente suas operações.

Esse endividamento dos Estados com os bancos e dos bancos com outros bancos evidenciou que, não obstante os fatores nacionais, domésticos, a crise que se agravou na Grécia e ameaçou contagiar toda a Eurozona também era, em outra dimensão, uma consequência direta da crise dos Estados Unidos, dado que o sistema capitalista, entrançado pelo mercado mundial e pela divisão internacional do trabalho, constitui um todo interdependente, e não uma simples soma de economias nacionais.

A alta do preço do petróleo e do ouro no mercado mundial e a forte valorização do euro refletiram a profunda crise que deteriorava a economia americana. A valorização do euro, em decorrência da queda do dólar, afetou, porém, países como Grécia, Irlanda e Portugal, que, sem moeda própria, não podiam promover a desvalorização cambial para reduzir os salários, compensar a perda da competitividade de suas exportações, ajustar as finanças e equilibrar a conta-corrente do balanço de pagamentos.

A dívida pública dos Estados Unidos em 2007 representou cerca de 60,8% do PIB. E, no fim de 2004, de acordo com o que indicavam as estatísticas do Departamento do Tesouro, os estrangeiros detinham 44% do débito federal possuído pelo público. Cerca de 64% dos 44% estavam na posse dos bancos centrais de outros países, a maior parte nos bancos centrais do Japão e da China. A dívida externa dos Estados Unidos, em 30 de junho de 2008, era da ordem de US$ 13,7 trilhões,[50] do mesmo tamanho de seu PIB, calculado em US$ 13,78 trilhões.[51] O que afastava um colapso ainda maior era o fato de que o dólar continuava como a moeda internacional de reserva.

Apesar da enorme assimetria, a grave situação econômica e financeira da Grécia e de alguns outros Estados na União Europeia era muito similar à dos Estados Unidos, cuja dívida externa líquida, em 31 de dezembro de 2009, era da ordem de US$ 13,76 trilhões de dólares, do mesmo tamanho que seu PIB, calculado em US$ 14,26 trilhões em 2009, conforme a capacidade de seu poder de compra. A dívida pública dos Estados

Unidos, em maio de 2010, era de cerca de US$ 12, 9 trilhões, dos quais US$ 8,41 trilhões estavam em poder do público e US$ 4,49 trilhões com os governos estrangeiros. Esse montante (US$ 12,9 trilhões) correspondia a cerca de 94% do PIB dos Estados Unidos, enquanto na Eurozona a proporção era de 84%.

O problema fiscal nos Estados Unidos tornara-se extremamente grave. O governo emitia dólares, sem lastro, para pagar a energia, *commodities* e manufaturas que importava, e os países que lhe vendiam, tais como a Arábia Saudita, a China e outros, com os mesmos dólares sem lastro compravam bônus do Tesouro americano. Em outras palavras, eram os bancos centrais de outros países que estavam a financiar o déficit na conta-corrente do balanço de pagamentos dos Estados Unidos, que somava US$ 731,2 bilhões em 2007. A partir do primeiro mandato do presidente George W. Bush os Estados Unidos tomaram mais empréstimos dos governos e bancos estrangeiros do que em todas as administrações de 1776 a 2000.

O antigo presidente do Federal Reserve (FED), Alan Greenspan, em outubro de 2009, declarou que não estava muito preocupado com a fraqueza do dólar, mas com os custos de longo prazo dos Estados Unidos, associados com a crescente elevação da dívida nacional, cuja relação se tornava progressivamente explosiva, como uma espiral na qual o crescente pagamento dos juros aumentaria o déficit e a dívida, gerando novo aumento, e assim por diante. O déficit do ano fiscal de 2009, terminado em 30 de setembro, mais do que triplicou o do ano anterior, atingindo o montante recorde de US$ 1,4 trilhão.

NOTAS

1. Ben Piven, "Map: US bases encircle Iran. Dozens of US and allied forces' military installations dot the region, from Oman, UAE and Kuwait to Turkey and Israel", Al Jazeera, May 1, 2012.
2. "Global oil companies seek growth in East Africa", Frontier Market Intelligence, Trade Invest, Africa, November 3, 2011.

3. Ibidem, p. 154. Department of Defense, http://www.defenselink.mil/news/Jun2003/basestructure2003.pdf, http://www.globalpolicy.org/empire/tables/2005/1231militarypersonnel.pd.

4. Ben PIVEN, "Map: US bases encircle Iran. Dozens of US and allied forces' military installations dot the region, from Oman, UAE and Kuwait to Turkey and Israel", Al Jazeera, May 1, 2012.

5. SCHWARTZ, 1998, p. 3.

6. Hans M. KRISTENSEN, "U.S. Nuclear Weapons in Europe — A Review of Post-Cold War Policy, Force Levels, and War Planning", Natural Resources Defence Council, February 2005, p. 6. "Hundreds of US Nukes Still in Europe", *Deutsche Welle*.

7. HELLER e LAMMERANT, 2009, p. 117-118.

8. Hans M. KRISTENSEN, "U.S. Nuclear Weapons in Europe — A Review of Post-Cold War Policy, Force Levels, and War Planning", Natural Resources Defence Council, February 2005, p. 9.

9. Markus BECKER, "US Nuclear Weapons Upgrades Experts Report Massive Cost Increase", *Spiegel Online*, 16/5/2012.

10. Department of Defense, Base Structure Report — FY 2010 Base line.

11. Nick TURSE, "America's Empire of Bases 2.0", *The Nation*, 10/1/2011.

12. WEIDA, 1998, p. 524.

13. Ibidem, p. 524, n. 10.

14. Atomic Archive, The Atomic Bombings of Hiroshima and Nagasaki, disponível em: http://www.atomicarchive.com/Docs/MED/med_chp10.shtml.

15. U.S. Nuclear Weapon Enduring Stockpile, disponível em: http://nuclearweaponarchive.org/Usa/Weapons/Wpngall.html.

16. Stephen I. SCHWARTZ, "The Costs of U.S. Nuclear Weapons", James Martin Center for Nonproliferation Studies — Monterey Institute for International Studies, October 1, 2008.

17. U.S. Department of State, 2008 Annual Report on Implementation of the Moscow Treaty — Bureau of Verification, Compliance, and Implementation (VCI), Washington, DC, May 13, 2008. FAS Strategic Security Blog. Comments and analyses of important national and international security issues, disponível em: http://www.fas.org/blog/ssp/2009/02/sort.php. Robert MCNAMARA, "Apocalypse Soon", *Foreign Policy*, May/June 2005.

18. SCHWARTZ, 1998, p. 3.

19. Recent trends in military expenditure, Stockholm International Peace Research Institute (SIPRI), disponível em: http://www.sipri.org/research/armaments/milex/resultoutput/trends.

20. MURPHY, 2007, p. 65.

21. Stockholm International Peace Research Institute (SIPRI).
22. WICHT, 2011, p. 13.
23. Jeremy GRANT, "Learn from the fall of Rome, US warned", *Financial Times*, August 14, 2007. James QUINN, "US Economy on a burning platform", *FinnancialPortal.com*.
24. Ibidem.
25. Paul Craig ROBERTS, "The Collapse of American Power", *CounterPunch*, March 18, 2008.
26. *"Es sollen keine Staatsschulden bei anderen Staaten gemacht werden. (...) Machthabenden dazu, welche der menschlichen Natur ingeartet zu sein scheint, verbunden, ist also ein großes Hindernis des ewigen Friedens, welches zu verbieten um desto mehr ein Präliminarartikel desselben sein müßte, weil der endlich doch unvermeidliche Staatsbankerott manche andere Staaten unverschuldet in den Schaden mit verwickeln muß, welches eine öffentliche Läsion der letzteren sein würde. Mithin sind wenigstens andere Staaten berechtigt, sich gegen einen solchen und dessen Anmaßungen zu verbünden."* KANT, 1947, p. 8.
27. BARNETT, 1984, p. 14.
28. Ibidem, p. 589.
29. Programa de empréstimo e arrendamento, executado a partir de 1941, mediante o qual os Estados Unidos forneceram armamentos à Grã-Bretanha e a outros aliados na guerra contra o Eixo — Alemanha, Japão e Itália (1939-1945).
30. BARNETT, 1984, p. 589.
31. HOBSON, 1930, p. 462-463.
32. Ibidem, p. 464.
33. TOYNBEE, 1951, p. 336-359.
34. ARRIGHI e SILVER, 2009, p. 250
35. BONNER e WIGGIN, 2006, p. 278.
36. Wayne M. MORRISON e Marc LABONTE, "China's Holdings of U.S. Securities: Implications for the U.S. Economy", CSR — Report of the Congress, Congressional Research Service, Order Code RL34314, December 6, 2012. Marina WENTZEL, "Reservas da China ultrapassam US$ 2 trilhões", BBC Brasil, 15 de julho de 2009.
37. "S&P rebaixa nota da dívida americana para AA+", *Folha de S. Paulo*, 5/8/2011.
38. "Bankruptcies in America — Waiting for Armageddon", *The Economist*, Mar 27, 2008.
39. Ibidem, p. 20 e 188.

40. The Financial Crisis Inquiry Report, Final Report of the National Commission on the Causes of the Financial and Economic Crisis in the United States, Pursuant to Public Law 111, 21 January 2011, Washington, Official Government Edition, p. XII.
41. Ibidem, p. 23.
42. BERMAN, 2012, p. 53.
43. Apud MILNES, 2012, p. XXII.
44. Ibidem, p. 27.
45. BERMAN, 2012, p. 64.
46. SORKIN, 2009, p. 534.
47. Ibidem, p. 538.
48. Ibidem, p. 545.
49. Ibidem, p. 252.
50. U.S. Department of Treasury, Treasury International Capital System, U.S. Gross External Debt, http://www.treas.gov/tic/external-debt.html.
51. CIA — World Factbook, disponível em: https://www.cia.gov/library/publications/the-world-factbook/geos/us.html.

Capítulo IX

AS CONSEQUÊNCIAS DA CRISE FINANCEIRA • O DESEMPREGO E A CONCENTRAÇÃO DE RENDA NOS ESTADOS UNIDOS • OS CUSTOS FINANCEIROS DAS GUERRAS NO AFEGANISTÃO E NO IRAQUE • O INSUCESSO MILITAR DOS ESTADOS UNIDOS • A ELEIÇÃO DE BARACK OBAMA • O FIASCO NO AFEGANISTÃO E NO IRAQUE • OS MERCENÁRIOS E SOLDADOS AMERICANOS E O TRÁFICO DE DROGAS

Ao longo de oito anos de governo, as políticas de George W. Bush somente favoreceram e privilegiaram os mais ricos, que se tornaram mais e mais ricos. Ele reduziu injustificadamente seus impostos. As famílias de classe média não mais tinham condições de pagar a universidade para seus filhos, que tinham de alistar-se nas Forças Armadas para receber uma remuneração de curso superior. Em 2010, cerca de 48 milhões de americanos entre 17 e 64 anos estavam desempregados. O número de pessoas sem-teto morando nas ruas de Nova York e de outras grandes e médias cidades recrescia a cada ano. Em 2010, 2,6 milhões de americanos empobreceram, aumentando para cerca de 46,2 milhões o número (o maior em 52 anos) dos que viviam abaixo do nível de pobreza, não tinham dinheiro para comprar comida suficiente e sobreviviam com vales-alimentação.[1] Lawrence Katz, professor de economia na Universidade de Harvard, comentou: *"this is truly a lost decade"*, da qual oito anos foram sob o governo de George W. Bush e sua *War on Terror*.[2]

O Federal Reserve (FED), à mesma época, inflou cada vez mais duas grandes bolhas especulativas (a da internet e a imobiliária) e continuou simplesmente desregulamentando o sistema financeiro e toda a economia, com base no princípio do livre mercado, o campo de batalha, a selva na qual os capitalistas selvagemente faziam a conversão monetária do excedente econômico e na qual somente os mais aptos, os mais fortes, podiam sobreviver. A política dos Estados Unidos e das organizações multilaterais, controladas por Washington, visava a promover a integração crescente dos mercados de bens, serviços e capitais, oligopolizados em nível internacional e cujas sedes se encontravam, sobretudo, nas potências industriais do Ocidente.

A globalização, privatização, financeirização de todos os empreendimentos econômicos e as políticas neoliberais tinham como fundamento a crença de que as atividades humanas deviam ser governadas e solucionadas pelo mercado,[3] como *deus ex machina*. A professora Carol Proner observou que "algo que aparentemente surge como movimento universal de consciência voltado para os direitos humanos esconde, em realidade, estratégias de manutenção da ética de mercado",[4] ética cuja *rationale* é acumulação de capital, mediante *bellum omnium contra omnes*,[5] a guerra "*of every man against every man*", conforme a teoria de Thomas Hobbes.[6]

Com a prevalência de políticas inspiradas no social-darwinismo, em que acumular capital é a virtude, o *way of life*, e a pobreza, castigo de Deus, a desigualdade social nos Estados Unidos aprofundou-se. Em 2007, apenas 1% da população (*the upper class*) concentrava 34,6% de toda a riqueza particular dos Estados Unidos, abaixo da qual cerca de 19% (executivos de empresas, profissionais e pequenos homens de negócios) detinham 50,5%, o que significava que somente 20% do povo repartiam 85% da riqueza do país.[7] As contas dos Estados Unidos estavam no vermelho. Os custos totais da guerra no Iraque ultrapassariam o montante US$ 800 bilhões, US$ 100 bilhões a mais do que o custo do pacote para salvar o sistema financeiro. De acordo com os economistas Joseph Stiglitz e Linda Bilmes, as estimativas dos custos em longo prazo da guerra, incluindo benefícios aos veteranos que se estenderiam ao futuro distante, disparavam para a estratosfera. Variavam entre US$ 1 trilhão e US$ 2 trilhões, nos cálculos do Serviço Orçamentário do Congresso, a até US$ 4,5 trilhões.[8]

As conclusões do relatório *Costs of War*, preparado por acadêmicos participantes do Eisenhower Research Project do Watson Institute for International Studies, da Brown University, confirmam, de certo modo, a previsão de bin Ladin. As guerras no Afeganistão, Iraque e Paquistão, em dez anos, mataram 225.000 pessoas, incluindo homens e mulheres militares, mercenários (*contractors*) das empresas privadas militares e civis. Só no Afeganistão foram mortos 137.000 civis, e mais 35.600 civis no Paquistão. Até agosto de 2011 haviam morrido 5.998 soldados americanos, 43.184 foram declarados oficialmente feridos, no Afeganistão e no Iraque, e 54.592 requereram sair do teatro das Operations Enduring Freedom e Iraqi Freedom e New Dawn, por motivos médicos. E os custos financeiros situavam-se entre US$ 3,2 trilhões e US$ 4 trilhões, incluindo assistência médica e auxílio aos que já estavam ou estariam mutilados.

Havia muitos outros custos que não puderam ser quantificados, mas as guerras contra o terror, empreendidas pelos Estados Unidos, custaram cerca de US$ 2 trilhões por ano[9] e foram quase totalmente financiadas por empréstimos, juros de US$ 185 bilhões já pagos ou a pagar, e outro US$ 1 trilhão poderia aumentar até 2020.[10] Somente o complexo industrial-militar, Halliburton, KBR, DynCorp e seus associados obtiveram grandes lucros e receberam os benefícios. Dick Cheney, durante os primeiros cinco anos como vice-presidente dos Estados Unidos, ainda continuou a ganhar opções de ações da Halliburton no valor de mais de US$ 946.000.[11]

Porém, conforme relatou o jornalista Bob Woodward, o presidente George W. Bush, em 2008, não mais falava em *"winning"* ou *"victory"* na guerra do Iraque.[12] Cerca de meio milhão de homens e mulheres das Forças Armadas dos Estados Unidos lá serviram desde que a guerra foi deflagrada em 2003. Mais de 4.100 morreram e outros 30.000 ficaram gravemente feridos. Milhares de iraquianos foram mortos e, em 2008, cerca de 140.000 soldados dos Estados Unidos permaneciam no Iraque. As expectativas do presidente George W. Bush murcharam. Não conseguiu unir os Estados Unidos. Só dividiu o povo americano e ele próprio se tornou controvertida figura; não erradicou o terror, onde existia, nem conseguiu a paz a mundial. *"By his own ambitious goal of 2001, Bush had fallen short"*, comentou o jornalista Bob Woodward.[13]

Em meio ao fracasso político, ao insucesso militar e à profunda crise econômica e financeira dos Estados Unidos, que se alastrava por todos os países, a eleição para a presidência de Barack Obama, um homem de cor, afro-americano, para suceder o presidente George W. Bush, constituiu mais um sintoma do declínio político do *Imperium Americanum*, até então governado por uma elite *White, Anglo-Saxon, Protestant* (WASP), i.e., branca, anglo-saxônica e protestante — a elite "loira, de olhos azuis" que sempre controlou o sistema financeiro e à qual o presidente Lula ironicamente se referiu como responsável pela débâcle da economia mundial. Essa elite sofreu um golpe. Mas não perdeu o poder. O presidente Barack Obama (2009-2013) continuou, de certo modo, a servi-la. Ainda sem ter inaugurado a administração, propôs mais um *bailout* de US$ 1,175 trilhão aos bancos privados em 2009, e US$ 412 bilhões em 2010.[14] E o plano de estímulo por ele previsto chegaria perto de US$ 8 trilhões.[15]

Seis meses após a inauguração do governo, o presidente Barack Obama visitou o Egito, onde, na Universidade do Cairo, pronunciou incisivo discurso, buscando a conciliação dos Estados Unidos com o mundo islâmico, baseada no mútuo interesse e no mútuo respeito.[16] Chamou atenção para o fato de que seu nome era Barack Hussein Obama e que, embora fosse cristão, tinha muitos antepassados muçulmanos e, nos Estados Unidos, havia cerca de 7 milhões de americanos muçulmanos. Acentuou que a América não estava *"at war with Islam"* e que não pretendia manter tropas no Afeganistão nem buscava bases militares e observou que *"we also know that military power alone is not going to solve the problems in Afghanistan and Pakistan"*.[17]

O presidente Obama referiu-se também à questão da Palestina como o maior foco de tensões e condenou a ocupação da Cisjordânia pelos colonos israelenses: *"The United States does not accept the legitimacy of continued Israeli settlements."* E, após reafirmar os laços inquebrantáveis dos Estados Unidos com Israel, qualificou a situação dos palestinos como *"intolerable"*. E afirmou que a América não voltaria as costas para as *"legitimate Palestinian aspirations"* de dignidade, oportunidade e de construir seu próprio Estado.[18]

Quanto à promoção da democracia, evocada como razão para a guerra no Iraque, qualificada pelo presidente Obama como "*a war of choice*", que havia provocado fortes diferenças nos Estados Unidos e no mundo, ele deixou claro que "*no system of government can or should be imposed upon one nation by any other*".[19] E acrescentou que os Estados Unidos não buscavam bases no Iraque, reivindicações sobre seu território ou recursos e que removeria todas as tropas em 2012.[20]

O secretário de Defesa, Leon Panetta, declarou que os Estados Unidos, após a retirada do Iraque, manteriam 40.000 soldados no Golfo, mas a localização não era possível determinar. Realmente, o presidente Barack Obama concluiu a retirada das tropas do Iraque até dezembro de 2011, como parte de um acordo — State of Forces Agreement (SOFA) — negociado pelo governo de George W. Bush com o primeiro-ministro Nouri al-Maliki. Não foi decisão dos Estados Unidos. O primeiro-ministro Nouri al-Malik não havia aceitado a prorrogação da permanência das tropas americanas no Iraque nem a imunidade dos mercenários americanos, como pretendia o presidente George W. Bush, devido à impopularidade da ocupação. A presença das tropas estrangeiras incitava cada vez mais a oposição.

O grande aiatolá Ali al-Sistani havia rejeitado a proposta de acordo dos Estados Unidos, sob o argumento de que violava a soberania do Iraque, assim como o clérigo Muqtada al-Sadr, que ameaçou recomeçar a guerra se as tropas dos Estados Unidos lá permanecessem. O primeiro-ministro al-Malik tratou de apaziguá-lo, mandando libertar Ali Musa Daqduq, alto dirigente do Hizballah que dirigia o treinamento dos iranianos Quds (braço armado da Jihad Islâmica Palestina) e havia sequestrado e matado cinco soldados americanos em Najaf em 2007. A influência de Muqtada al-Sadr, comandante da milícia Mahdi, expressão das camadas mais empobrecidas dos xiitas, havia recrescido bastante após a derrubada de Saddam Hussein, devido, sobretudo, ao fato de opor-se à ocupação do Iraque.[21] E a guerra, com o que o presidente Barack Obama (2009-2013) chamou de fim das "missões de combate", terminou com "outra mentira", comentou Clóvis Rossi.[22]

A guerra e a ocupação do Iraque iam, na realidade, continuar, mas a cargo das companhias militares. O US Army Sustainment anunciou um contrato — Logistics Civil Augmentation Program (LOGCAP 4) — de US$ 571 milhões, e um valor potencial de US$ 2,77 bilhões, com a Kellogg Brown & Root Services Inc. (KBR), em Houston, para prover tarefas de transporte e serviços postais às forças americanas no Iraque por um ano ou quatro, se todas as opções fossem exercidas. Cerca de 5.000 mercenários permaneceriam em Bagdá, a serviço do Departamento de Estado, para a proteção do pessoal diplomático. Porém, quase 40% dos funcionários do Departamento de Estado que estiveram em contato com os mercenários armados testemunharam diversas vezes que eles tomavam atitudes desnecessariamente ameaçadoras, arrogantes ou beligerantes, inclusive atirando garrafas de água e outros objetos contra civis para que saíssem das estradas.[23] Com toda razão, Niccolò Machiavelli (1469-1527) já advertira em 1513 que *"le mercenarie e ausiliarie sono inutile e periculose"* e se um príncipe tivesse o seu Estado baseado apenas em mercenários, não estaria mais firme nem seguro, porque são desunidos, ambiciosos, sem disciplina e infiéis.[24]

Os mercenários contratados pelas empreiteiras do Pentágono constituíam importante força militar na guerra contra os Talibans. Somente em 2011, morreram mais mercenários (*contractors*) — 430 — do que soldados regulares dos Estados Unidos — 418 —, e um pouco menos do que o total da OTAN — 566.[25] Em janeiro de 2012, havia 113.491 mercenários empregados pelas empreiteiras do Pentágono — em comparação com os 90.000 soldados regulares —, sendo 25.287, ou 22%, cidadãos americanos, 47% afegãos e 31% de outras nacionalidades, segundo as estatísticas do Ministério da Defesa.[26] E a United Nations Commission on Human Rights (UNCHR), desde 1987, já havia apontado o uso de mercenários como forma de violar os direitos humanos e impedir o direito de autodeterminação dos povos.[27]

Os mercenários da KBR, da DynCorp International, da Blackwater e de outras companhias também praticavam vários negócios, corrupção e tráfico de heroína, cometiam violências sexuais e diversos crimes contra a população civil.[28] A Watan Risk Management, do Watan Groups

Security, pertencente aos irmãos Ahmad Rateb Popal e Rashid Popal, antigos *mujahidin* envolvidos no tráfico de heroína e parentes do presidente Karzai, era uma companhia afegã de logística contratada pelo Pentágono para proteger as rotas de abastecimento das tropas da ISAF, recebia centenas de milhões de dólares para cumprir seu encargo e pagava comissão de no mínimo 10% aos Talibans e a outros insurgentes.[29]

O presidente do Oversight Committee da House of Representatives, Edolphus Towns (Democrata-NY), enviou carta ao secretário de Defesa, Robert Gates, em 3 de março de 2010, na qual expressou *"deep concern"* a respeito da concessão do contrato à KBR, acusando-a de haver cometido sérias faltas nos serviços elétricos, ademais das *"numerous allegations of waste, fraud, and abuse"*. Considerou *"inconceivable"* que o Departamento de Defesa concedesse novo contrato à KBR no Iraque.[30] Não obstante, em 3 de agosto de 2011, o Departamento de Defesa firmou outro contrato com a KBR para trabalhos no Iraque, em apoio ao Departamento de Estado, sob o Logistics Civil Augmentation Program (LOGCAP 4), no valor US$ 313 milhões (*cost-plus-fixed-fee*), i.e., com a concordância do governo de reembolsar os gastos da companhia, com a adição de um *fee* de cerca de 3%.[31] Cada contrato sob o LOGCAP 4 tinha o valor de até US$ 5 bilhões, sendo o Pentágono autorizado a conceder um total anual de, no máximo, US$ 15 bilhões e de US$ 150 bilhões no tempo máximo de duração. As companhias beneficiadas com o LOGCAP 4 foram KBR, DynCorp e Fluor,[32] certamente *"free-for-all of fraud and waste"*.

Quanto ao Afeganistão, embora inicialmente o presidente Obama tentasse prosseguir com a campanha contra os Talibans e al-Qa'ida como *"war of necessity"*, até que os objetivos dos Estados Unidos fossem alcançados,[33] o incremento das tropas americanas, que ele promovera, só contribuiu para aguçar as matanças sectárias entre sunitas e xiitas.[34] E, dos 2.100 soldados da OTAN mortos de 2001 até outubro de 2010, cerca de 1.300 eram americanos. Mas somente nos dois anos do governo de Obama (2009-2010) tombaram 1.053 soldados americanos, mais do que nos sete anos anteriores. E as mortes continuaram elevadas, perfazendo um total de 2.044 até julho de 2012.[35]

Entretanto, os contingentes de Talibans, entre 2006 e 2009, haviam bruscamente quadruplicado.[36] E a guerra no Afeganistão mais e mais se expandiu, adentrando o Paquistão, na área desabitada da tribo Waziri, até o Swat Valley, região dos lagos, e o distrito de Buner, as áreas tribais — Federally Administered Tribal Areas (FATA) — e a província de Khyber Pakhtunkhwa, onde os insurgentes do Tehrik-e-Taliban (TTP) impuseram a *Shari'ah* e 1,5 milhão de pessoas foram desalojadas. Eles haviam chegado a 60 milhas de Islamabad, capital do Paquistão. E as tropas da ISAF (International Security Assistance Force), desde que os Estados Unidos começaram em 2001 a Operation Enduring Freedom, defrontavam-se com uma situação insustentável.

O presidente Obama não podia mudar essencialmente as diretrizes políticas do presidente George W. Bush, devido às relações reais de poder nos Estados Unidos. Não tinha condições de mudar a articulação econômica e social do Estado — um organismo sustentado e dominado pelos profundos interesses do complexo industrial-militar —, de cortar substancialmente as encomendas do Pentágono, a fim de reduzir o déficit fiscal que crescia ano a ano. Se tentasse fazê-lo, diversas indústrias de material bélico logo quebrariam, aumentando o desemprego e arruinando os Estados onde estavam instaladas.

A Operation Desert Storm (1990) havia claramente demonstrado, assim como o comércio com os países do Golfo Pérsico, aos quais foram vendidos mais de US$ 10 bilhões em armamentos, que as atividades militares no exterior eram um imperativo para o crescimento da economia nos Estados Unidos.[37] Barack Obama, na condição de senador e candidato à presidência, opusera-se à invasão do Iraque,[38] porém, mesmo como chefe do governo, se quisesse, não tinha possibilidade de acabar, imediatamente, as guerras iniciadas pelo seu antecessor. E seus custos já estavam muito acima do que o Estado americano podia financeiramente suportar. As guerras não geravam dinheiro; antes podiam dissipar o que se havia produzido, conforme ensinou Friedrich Engels, em 1894, ao analisar a questão da violência, simbolizada pelo Exército e pela Marinha, que custavam enormes somas de recursos.[39] E, com efeito, o incoercível e crescente investimento em armas e operações de guerra contribuiu em larga medida para levar cada vez mais o governo dos Estados Unidos à beira da bancarrota financeira, gastando em torno de 25% do seu PIB em programas do Estado, mas arrecadando menos de 15% de tributos.[40]

De 2001 a 2010, os Estados Unidos gastaram US$ 444 bilhões no Afeganistão, inclusive para desenvolvimento e segurança.[41] Só em 2009 o presidente Obama gastou US$ 100 bilhões por ano com o aumento das tropas no Afeganistão. E apresentou ao Congresso o orçamento para 2010, "que alguns já chamam o mais irresponsável da história americana", segundo o politólogo português Mendo Castro Henriques,[42] com despesas de US$ 3,5 trilhões e um déficit federal de US$ 1,75 trilhão, i.e., 50%. Ao Pentágono caberia o montante de US$ 688 bilhões, praticamente o dobro do valor apropriado em 2001, da ordem de US$ 316 bilhões.[43] E o fato era que o governo americano teria de pedir emprestado ou, então, imprimir metade do dinheiro que pretendia gastar.

Essa questão criou um impasse no Congresso, dada a oposição dos republicanos e de alguns democratas à elevação do nível da dívida pública, que atingiu 100% do PIB, levando duas agências de *rating*, a Weiss e a Egan-Jones, a avaliarem o risco dos Estados Unidos e a rebaixarem, em 16 de julho de 2011, a nota de AAA, que sempre tiveram, para AA+. A Moody's, embora mantivesse a nota AAA, apontou uma "perspectiva negativa", ao prever que o rebaixamento ainda poderia ocorrer se a disciplina fiscal enfraquecesse ou o crescimento econômico se deteriorasse ainda mais.

A previsão era de que, nos três anos seguintes, i.e., até 2012, o déficit fiscal chegaria realmente a mais de US$ 3 trilhões, em uma economia cujo PIB, na época, 2009, era da ordem de US$ 14 trilhões de dólares. O Congresso relutava em aumentar o limite de endividamento do país, que alcançara US$ 14,3 trilhões, e o default parecia inevitável,[44] dado o impasse entre o Partido Republicano e o presidente Obama.[45] Somente após vários meses de negociações o presidente Obama e os congressistas, a fim de evitar o default dos Estados Unidos, que não teria dinheiro sequer para pagar o funcionalismo público e entraria tecnicamente em moratória, chegaram a um acordo, segundo o qual haveria um corte de despesas de até US$ 2,4 trilhões nos dez anos seguintes, o Departamento do Tesouro poderia aumentar o *debt ceiling*, i.e., o limite do endividamento até US$ 2,1 trilhões,[46] bem como seria criado um Joint Select Committee de 12 membros do Congresso para a redução do déficit fiscal. A dívida pública dos Estados Unidos, da ordem de US$ 14,3 trilhões, igual ao PIB, só poderia subir até US$ 16,4 trilhões, o equivalente a 110% do PIB àquela época, e deveria vigorar até 2013, até após as eleições presidenciais de 2012.[47] Entretanto, em 5 de setembro de 2012, a dívida pública já havia ultrapassado o patamar de US$ 16 trilhões, atingindo o volume inteiro do PIB dos Estados Unidos no ano fiscal de 2011-2012.[48]

A situação configurou-se muito difícil, dada a profundidade e o alastramento global da crise econômica e financeira. A economia tanto nos Estados Unidos como na União Europeia estava à beira da recessão. E, de acordo com a Bloomberg, o valor total aplicado pelo governo dos Estados Unidos para salvar os bancos e recuperar a economia, dentro do TARP (Troubled Asset Relief Program), até setembro de 2010, havia alcançado o montante de US$ 12,8 trilhões.[49] O Real Economy Project do Center for Media and Democracy, datado de 16 de fevereiro 2012 e publicado no website SourceWatch, calculou que o montante do *bailout* de máximo risco concedido fora de US$ 13,87 trilhões.[50] E o historiador Morris Berman avaliou que o volume de dinheiro dos contribuintes americanos (*taxpayers*) concedido aos bancos para salvar o sistema financeiro já havia ultrapassado US$ 19 trilhões,[51] um valor muito maior do que o PIB e a dívida pública dos Estados Unidos, que em agosto de 2012 atingiu US$ 15,9 trilhões.[52] Entretanto, o PIB mantinha-se quase igual — cerca US$ 15,29 trilhões (2011)[53] —, crescera apenas 1,5% no segundo quadrimestre de 2012.[54]

O acordo para a redução do déficit previu um corte de US$ 350 bilhões no orçamento do Departamento de Defesa, corte este que poderia envolver outros US$ 500 bilhões,[55] e repercutiria sobre os gastos com a guerra e a reconstrução do Afeganistão. Entretanto, a estratégia recomendada ao presidente Obama, em 2009, pelo general Stanley McChrystal, ao assumir o comando da ISAF, previa um custo de US$ 889 bilhões, quase US$ 1 trilhão, para a continuidade da guerra nos dez anos seguintes.[56] O general McChrystal imaginava que com 80.000 soldados poderia realizar através do país robusta campanha de contrainsurgência, i.e., de *killing/capture*, tal como fizera no Iraque, para matar e capturar insurgentes sunitas e xiitas da milícia Mahdi.[57]

Mas, após nove anos de luta, afigurava-se cada vez mais difícil derrotar os Talibans e militantes de al-Qa'ida nas montanhas do Hindu Kush, que se estendiam por 800 quilômetros do Afeganistão ao norte do Paquistão, onde a fronteira de 1.500 milhas entre os dois países, habitada pela etnia *Pashtun*, era porosa e fora demarcada pela Grã-Bretanha no Tratado de Rawalpindi (8 de agosto de 1919), quando reconheceu sua independência, ao ser derrotada pelas forças do rei Amanullah Khan, na terceira guerra anglo-afegã (6 de maio de 1919 a 8 de agosto de 1919). Eles estavam a operar em Quetta bem como em Kunduz, Baghlan, Badghis e Faryab, e havia notícias de que militantes do Movimento Islâmico do Uzbequistão, bem como da União da *Jihad* Islâmica e alguns da rede comandada por Maulvi Jalaluddin Haqqani e seu filho Sirajuddin, baseada no Waziristão, atuavam nas províncias do norte do Afeganistão.[58] As tribos não reconheciam as fronteiras. *"On comprend l'histoire quand on regarde l'espace"*, conforme ponderou Hélène Carrère D'Encausse.[59]

Em evento organizado pelo Council on Foreign Relations em 2011, o general Stanley McChrystal, ex-comandante do Joint Special Operations Command (JSOC) (2003-2008) e da ISAF (2009), reconheceu que os Estados Unidos tinham *"frighteningly simplistic view"* do Afeganistão quando a guerra começou e aduziu: *"We didn't know enough and we still don't know enough."*[60] A maioria dos americanos, inclusive ele, ressaltou o general McChrystal, tinha um conhecimento da situação e da recente história do Afeganistão, os últimos 50 anos, *"very superficial"*.[61]

Os professores Richard E. Neustadt e Ernest R. May, da Harvard University, observaram que o conhecimento da história pode ajudar e definir o futuro desejado, porque, olhando para trás, as realidades passadas sugerem as limitações sobre algumas futuras possibilidades.[62] *"What succeeded in the past might succeed in the future. What failed then might fail now"*, acrescentaram.[63] Porém, como grande filósofo alemão Georg W. F. Hegel (1770-1831), no século XIX, comentou, embora se remetam os governantes, estadistas, povos preferivelmente ao ensinamento advindo da experiência histórica, o que a experiência e a história ensinam é que os povos e governos nunca aprenderam qualquer coisa da história nem se comportam de acordo com suas lições.[64] E o fato era que até então nenhuma potência havia conseguido dominar realmente o Afeganistão, onde a geografia representava um dos fatores militares e estratégicos de significativa importância.

Sun Tzu (722-481 a.C.), o famoso militar e estrategista chinês da Antiguidade, mostrara, em *A arte da guerra*, obra a ele atribuída, que o reconhecimento da topografia era fundamental e que a "configuração do terreno" constituía essencial aporte para o êxito do exército na guerra.[65] E esse foi dos fatores decisivos da derrota de todos os exércitos que invadiram e tentaram ocupar o Afeganistão, *landlocked country*, cujo território era formado por 85% de montanhas no Hindu Kush, ao norte de Kabul, e cuja população era constituída de várias etnias, com estruturas tribais, e cerca de 2 milhões, na maioria Pashtuns e Baluch, que ainda viviam como nômades em 1979.[66] O brigadeiro paquistanês Mohammad Yousaf, ex-chefe do ISI e ex-comandante em chefe dos *mujahidin* na guerra contra a União Soviética, considerou a história militar o maior ensinamento tanto para os militares quanto para os políticos; suas lições são poucas e várias vezes repetidas, mas o problema é aprender.[67]

Em 1839, a Grã-Bretanha invadiu o Afeganistão, porém não permaneceu mais que três anos. Em 1842, cerca de 16.500 soldados britânicos e 12.000 dependentes, quando se retiravam de Cabul após um acordo com Muhasmmad Akbar Khan (1816-1845), chefe tribal da etnia Pashtun, foram atacados por todos os lados. Da coluna, formada por efetivos britânicos e hindus, apenas um sobreviveu, o Dr. W. Brydon, que chegou a Jalalabad em 13 de janeiro de 1842.[68] Além de tantos mortos, a guerra custou à Grã-Bretanha um total de £ 15 milhões.[69] Os britânicos voltaram a invadir o Afeganistão e a guerra durou de 1878 a 1880, quando foram derrotados na batalha de Maiwand pelas forças de Ayub Khan. E somente após outra guerra, em 1919, Londres reconheceu finalmente a independência do Afeganistão.

No século XX, durante a ocupação do Afeganistão, entre 1979 e 1989, perderam a vida 13.826 dos 546.255 ou 750.000 soldados da União Soviética que lá serviram e combateram, 33.478 foram feridos, 311 considerados desaparecidos, e os custos financeiros, em apenas quatro anos, de 1985 a 1989, ultrapassaram o montante de 12,5 bilhões de rublos, exaurindo economicamente a União Soviética.[70] Os soldados soviéticos eram estripados, tinham o sexo cortado, os olhos arrancados e preferiam morrer a sofrerem toda sorte de tormentos nas mãos dos inimigos.

Os *mujahidin afegãos* tiveram maiores vantagens sobre os soldados soviéticos, como antes sobre os soldados britânicos, porquanto podiam resistir ao terreno e ao clima, nos amplos desertos e nos rochedos, no sudoeste do Afeganistão, o chamado *Dasht-i-Margo* (Deserto da Morte) e, como ressaltou o brigadeiro Mohammad Yousaf, um país árduo criou um povo duro e os *mujahidin afegãos* lutavam por sua fé, sua liberdade e sua família, o que lhes dava enorme ascendência moral.[71] E, na luta contra as tropas soviéticas, centenas de milhares de afegãos — mais de 1,5 milhão — foram mortos; 5 milhões tiveram de asilar-se no Paquistão ou em campos de refugiados no Afeganistão; e mais de 7 milhões foram deslocados de seus lares.[72]

Em 1989, quando a União Soviética retirou suas tropas, o país estava reduzido à penúria devido aos dez anos de guerra, a agricultura de grãos e frutas fora substituída pela lavoura da lucrativa papoula (*poppy*) para a produção de ópio e heroína.[73] O então ministro do Exterior da União Soviética, Eduard Shevardnadze, declarou em Cabul que, ao retirar as tropas do Afeganistão, "nós deveríamos reconhecer que estávamos deixando o país em lamentável estado, no sentido literal da palavra: suas cidades e vilas haviam sido destruídas, a capital estava faminta, a economia virtualmente paralisada e centenas de milhares de pessoas haviam perecido".[74]

A situação em que o Afeganistão se encontrava em 2011, mais de 20 anos após a retirada das tropas da União Soviética e dez anos desde a invasão dos Estados Unidos, era ainda mais desastrosa. Em janeiro de 2012, ainda havia mais 1,8 milhão de mortos, mais de 447.547 pessoas internamente deslocadas e mais de 2,6 milhões de refugiados de acordo com as estimativas da United Nations High Commissioner for Refugees (UNHCR), como resultado da guerra entre as tropas da ISAF, os Talibans e outros grupos de oposição.[75] E os Estados Unidos mantinham mais de 3.000 prisioneiros na Base Aérea de Bagram, província de Parwān, nas montanhas do Hindu Kush.

Após dez anos de guerra, os Estados Unidos, com a OTAN, não haviam alcançado nenhum dos seus objetivos estratégicos. Não derrotara os Talibans nem al-Qa'ida, não reconstruíra o país e não estabilizara a região.[76] O Afeganistão, entretanto, continuava inseguro, politicamente instável e volátil, com problemas econômicos e sociais. Cerca de 20% das famílias na área rural estavam cronicamente inseguras, sobretudo quanto à alimentação, e 18% enfrentavam periódicas carências de comida. Entre 20% e 40% dos afegãos necessitavam de alimentação em vários níveis e de assistência em diferentes épocas do ano.[77]

A insegurança de alimentos era bem alta em Herat, Ghor, Khost, Jawzjan, Faryab, Samangan e Balkh e Bamyan, províncias onde havia insuficiência de comida. No Nordeste, os níveis de pobreza eram relativamente mais baixos, sobretudo nas áreas sem irrigação, onde 65% das famílias não tinham segurança de alimentação.[78] A má nutrição era um sério problema no Afeganistão e perto de 40% das crianças com menos de 3 anos eram moderada ou severamente subnutridas, e mais de 50% nessa faixa de idade, atrofiadas.[79] Dos supostos US$ 19 bilhões destinados à ajuda e à reconstrução muito pouco chegou à maioria dos afegãos, que sofriam o calor do verão sem refrigeração e o intenso frio do inverno sem calefação, pois o sistema de eletricidade, depois da invasão dos Estados Unidos, havia piorado ainda mais.[80] O Pentágono e o Departamento de Estado haviam destinado US$ 400 milhões ao Afghanistan Infrastructure Fund para sete projetos de reconstrução do sistema de eletricidade, usinas de energia e outras obras até meados de 2013, mas, em meados de 2012, cinco dos sete projetos nem sequer haviam começado a ser realizados e não seriam completados até o fim da missão da OTAN em 2014. E o Special Inspector General for Afghanistan Reconstruction começou a investigar o destino desse dinheiro dos contribuintes americanos.[81]

Entretanto, o U.S. Geological Survey, usando avançados equipamentos magnéticos e gravitacionais de medição, atados a um velho avião Navy Orion P-3, percorrera 70% do território do Afeganistão em 2006 e 2007, e descobriu que lá havia depósitos de recursos naturais avaliados em US$ 1 trilhão, entre os quais ouro, cobre, carvão, lítio, nióbio, cobalto, ferro, terras raras, gás, cujas reservas não descobertas, no nordeste, eram estimadas entre 3,6 trilhões e 36,5 trilhões, e petróleo, da ordem aproximada de 4 milhões a 3,6 bilhões de barris.[82] O Pentágono designou uma Task Force for Business and Stability Operations com a missão de caracterizar 24 áreas de interesse econômico, metade das quais de *world-class mineral*. Esses recursos continuavam virtualmente inexplorados, devido não apenas à insegurança, mas também à necessidade de expandir a rede elétrica para o emprego na maquinaria, bem como de construir ferrovias a fim de exportar os minérios para o exterior.[83]

Entretanto, de acordo com o Survey, elaborado pelo Ministry of Counter Narcotics (MCN) e o United Nations Office on Drugs and Crime (UNODC), a área de cultivo da papoula (*poppy*) alcançou, em 2011, 131.000 hectares, contra 123.000 hectares nos dois anos anteriores, e a produção do ópio saltou de 3.600 toneladas métricas em 2010 para 5.800 toneladas métricas em 2011.[84] O comércio do ópio era o principal componente da economia do Afeganistão, o principal fundo financeiro da insurgência e da corrupção, ultrapassando US$ 2,4 bilhões, o equivalente a 15% do PIB do país. Já em 1980, David Musto, membro do Strategy Council on Drug Abuse no governo do presidente Jimmy Carter, ao advertir que os *mujahidin* estavam profundamente envolvidos na produção e no comércio do ópio e da heroína, declarou que "*we were going into Afghanistan to support the opium growers in their rebellion against the Soviets*".[85]

Os *mujahidin* partiam do princípio de que o Kur'an proibia o ópio para os muçulmanos, mas era permissível sua produção para o consumo pelos *kafyr* (não crentes).[86] Nos anos 1980, a U.S. Drug Enforcement Administration (DEA) identificou 40 sindicatos de produtores de heroína, incluindo alguns dirigidos por autoridades do governo do Paquistão, mas a CIA nada fez para não embaraçar as relações com os *mujahidin*, e os *warlords*, nos anos 1990, passaram a usar a droga para o pagamento de salários e a compra de armamentos e alimentação, dado que a guerra destruíra a agricultura.[87] Os serviços de inteligência dos Estados Unidos conheciam a localização dos principais laboratórios de processamento de heroína e pontos de venda e nada fizeram para deter tais operações.[88]

O professor americano Alfred McCoy, da Universidade de Wisconsin, entregou ao Bundestag (Parlamento alemão), em janeiro de 2010, na Alemanha, um documento intitulado *"Kann irgendjemand den weltgrößten Drogenstaat befrieden?"*, no qual acusou a CIA de participar do tráfico de drogas e o governo de Hamid Karzai de receber US$ 2,5 bilhões de suborno, o equivalente a um quarto da receita nacional.[89] O embaixador da Rússia no Afeganistão, Zamir Kabulov, admitiu até que a CIA estivesse realmente envolvida no narcotráfico, usando aviões militares dos Estados Unidos, conforme suspeitas que circulavam em Kabul, e comentou que não há fumaça sem fogo.[90] O general russo Mahmut Gareev, que servira no Afeganistão, declarou que, entre 1989 e 1990, a produção de drogas havia quase cessado, exceto em algumas áreas, porém, desde então ela crescera 44%, sendo que 90% da produção era traficada para as antigas repúblicas soviéticas. Os próprios americanos, conforme o general Gareev declarou, admitiam que drogas eram frequentemente transportadas em aviões dos Estados Unidos, propiciando-lhes uma receita de US$ 50 bilhões por ano, o que servia para manter suas tropas no Afeganistão.[91]

A UNODC e o Ministério contra Narcóticos do Afeganistão calcularam que a renda do ópio para os agricultores foi provavelmente da ordem de mais de US$ 1,4 bilhão, o equivalente a 9% do PIB em 2011.[92] Os soldados e os *contractors* americanos são consumidores de drogas; estatísticas do Departamento de Defesa mostraram que o número de soldados consumidores de heroína, submetidos a testes, aumentou de dez vezes no ano fiscal de 2002 para 116 no ano fiscal de 2010. Em abril de 2012, oito morreram de *overdose*.[93] E, nos primeiros 155 dias de 2012, suicidaram-se 154 soldados americanos mais do que morreram na guerra contra os Talibans, o que correspondeu a um aumento de 18% em relação ao ano anterior.[94] Os ataques sexuais aumentaram nas tropas. Uma em cada três mulheres foi violentada, mas o Pentágono sempre se recusou a revelar os documentos.[95] Os soldados não aguentavam o clima em um país onde as montanhas conformavam 85% do território, com elevadas altitudes e o ar rarefeito, ao qual os *mujahidin* estavam acostumados. Em torno de Kabul, a temperatura variava entre menos 20 graus durante a noite e 10 graus durante o dia. O moral das tropas caía cada vez mais, em meio às tensões da guerra e tropelias, matanças de civis e outros escândalos. O mesmo sofreram os soldados soviéticos nos anos 1980.

Com o domínio dos *warlords* e dos *powerbrokers* (traficantes de poder), dos quais um dos maiores expoentes era Ahmed Wali Karzai, dirigente da província de Kandahar e meio-irmão do presidente Hamid Karzai,[96] a corrupção, o tráfico de drogas, a lavagem de dinheiro permeavam o governo e induziam a população, psiquicamente exausta de duas guerras e ocupação, a apoiar os Talibans.[97] Abdul Wali Karzai, outro irmão de Hamid Karzai, era o *"biggest drug baron of Afghanistan"*, declarou o general Hamid Gul, ex-diretor-geral do Inter-Services Intelligence (ISI) do Paquistão, em entrevista ao *Foreign Policy Journal*, acentuando que o *"most disturbing"* era o fato de que aviões militares americanos eram usados para o transporte das drogas através das repúblicas da Ásia Central e também do território da Rússia para a Europa e às vezes diretamente para os Estados Unidos.[98]

O general Hamid Gul acusou o Research and Analysis Milli Afghanistan (RAMA), o novo serviço de inteligência do Afeganistão, criado pelos Estados Unidos com a colaboração da Índia, de tentar desestabilizar o Paquistão e insuflar a insurgência salafista no Tartaristão, no Bascortostão, na Tchetchênia, em Carachai-Circássia e em outras repúblicas da Federação Russa no norte do Cáucaso, onde os muçulmanos compunham a maioria da população. E citou como evidência desses desígnios os ataques dos Estados Unidos com *drones* Predator no Waziristão, que enfureceram o povo Pathan.[99] Esses ataques contra os insurgentes do Tehrik-e-Taliban (TTP), uma aliança de grupos islâmicos radicais do Paquistão, recrudesceram, desde 2009, saltando de 52, durante a administração do presidente George W. Bush, para 282 nos primeiros três anos

A SEGUNDA GUERRA FRIA

do governo presidente Barack Obama. Somente nos três dias de junho de 2012, os Estados Unidos realizaram 27 ataques com *drones* no sul do Waziristão, um dos quais resultou na morte de 15 civis.[100]

Também no Afeganistão os ataques com *drones* Predator estavam a fomentar o sentimento de revolta e a fortalecer mais e mais os Talibans, ademais do assassinato de 17 civis inocentes por um sargento americano e a queima de exemplares do *Qur'an*, entre outros atos de violência e sacrilégio. Somente em 2010, de acordo com as estatísticas da ONU (UNAMA/AIHRC), cerca de 2.777 civis afegãos foram mortos, três quartos pelos insurgentes, o que representou um aumento de 15% em relação a 2009,[101] e o número recresceu para 3.021 mortos e 4.507 feridos em 2011, em grande parte em decorrência dos bombardeios da OTAN com *drones* e aviões. A indignação do povo afegão chegou a tal ponto que o presidente Hamid Karzai teve de protestar inúmeras vezes contra a matança de civis e pedir à OTAN que mudasse a estratégia da luta contra o terrorismo, por meio de ataques aéreos, que considerou *"illegitimate use of force"*.[102] E, após violentos episódios e reveses envolvendo soldados americanos, pesquisa realizada pelo *New York Times/CBS News* entre eleitores republicanos e democratas mostrou que mais de dois terços, i.e, 69% do povo americano queriam que os Estados Unidos se retirassem do Afeganistão.[103]

NOTAS

1. Sabrina TAVERNISE, "Soaring Poverty Casts Spotlight on 'Lost Decade'", *The New York Times*, September 13, 2011.
2. Ibidem.
3. BERMAN, 2012, p. 48.
4. PRONER, 2002, p. 180-182.
5. Guerra de todos contra todos.
6. HOBBES, 2002, p. 88.
7. William DOMHOFF, "Power in America — Wealth, Income, and Power", September 2005 (updated September 2010).
8. STIGLITZ e BILMES, 2008, p. 31.

9. FRUM e PERLE, 2004, p. 123.
10. "American Awakening Gains Traction: Brown Univ Study Pegs Costs of U.S. Wars at US$ 4 Trillion", *Costs of War Executive Summary*, Brown University Watson Institute for International Studies, 2011.
11. David ROSE, "The People vs. the Profiteers", *Vanity Fair*, November 2007.
12. WOODWARD, 2008, p. 434.
13. Ibidem.
14. Kimberly AMADEO, "2009 Bailout Could Top $1.175 Trillion", *About.com Guide*, January 15, 2009.
15. David GOLDMAN, "The $8 trillion bailout. Many details of Obama's rescue plan remain uncertain. But it's likely to cost at least $700 billion — and that would push Uncle Sam's bailouts near to $8 trillion", CNN, January 6, 2009.
16. Remarks by the President on a New Beginning, Office of the Press Secretary, The White House, June 4, 2009 Cairo University, Cairo, Egypt.
17. Ibidem.
18. Ibidem.
19. Ibidem.
20. Ibidem.
21. COCKBURN, 2008, p. 169, 199-202.
22. Clóvis ROSSI, "A maior diferença talvez seja o poder de esculhambação", *Folha de S. Paulo*, 31/8/2010.
23. Molly DUNIGAN, "US Control of Contractors in Iraq Is Vital", Rand Corporation, Objective Analysis, Effective Solutions, February 1, 2012.
24. MACHIAVELLI, 1986, p. 94.
25. Rod NORDLAND, "Risks of Afghan War Shift From Soldiers to Contractors. Even dying is being outsourced here", *The New York Times*, February 11, 2012. Coalition Military Fatalities by Year, disponível em: http://icasualties. org/oef/.
26. Rod NORDLAND, "Risks of Afghan War Shift From Soldiers to Contractors. Even dying is being outsourced here", *The New York Times*, February 11, 2012.
27. Jennifer K. ELSEA, "Private Security Contractors in Iraq and Afghanistan: Legal Issues", January 7, 2010, Congressional Research Service, 7-5700 www. crs.gov-R40991. *"Over the last 4 years, reconstruction fraud has run rampant during the engagement of U.S. forces in Iraq and Afghanistan. The United States has devoted more than $50 billion to relief and reconstruction activities in Iraq and Afghanistan, and the inspectors general that are here before us today have reported that millions of these dollars still are unaccounted for. Millions may have been lost to fraud and other misconduct, and these inspec-*

tors general have opened hundreds of investigations into fraud, waste and abuse in Iraq, Kuwait and Afghanistan involving illegal kickbacks, bid rigging, embezzlements and fraudulent overbilling. In addition to the fraud, there is well-documented evidence of detainee abuse perpetrated by contractors as well as evidence of unjustified shootings and killings by private security contractors. Private contractors have been used to a greater extent than at any other time in our history. With the exponential use of contractors comes the greater scrutiny of which laws, if any, they are exposed to, and we currently have a situation in which many contractors act with impunity and no accountability because they operate outside of the physical jurisdiction of the United States and, therefore, outside of the jurisdiction of the U.S. Criminal Code." "War Profiteering and Other Contractor Crimes Committed Overseas", Hearing before the Subcommittee on Crime, Terrorism, and Homeland Security of the Committee on the Judiciary — House of Representatives, One Hundred Tenth Congress, First Session June 19, 2007, p. 2.

28. Idem.

29. Aram Roston, "How the US army protects its trucks — by paying the Taliban. Insurance, security or extortion? The US is spending millions of dollars in Afghanistan to ensure its supply convoys get through — and it's the Taliban who profit", *The Guardian*, November 13, 2009. Roston, 2010, p. 87-88. Heidi Vogt, "U.S. blacklists Afghan security firm tied to Karzai", *The Washington Times*, December 9, 2010.

30. "LOGCAP 4: Billions of Dollars Awarded for Army Logistics Support", *Defense Industry Daily*, Aug 3, 2011.

31. Ibidem.

32. Ibidem.

33. Sanger, 2012a, p. 29.

34. Cockburn, 2008, p. 203.

35. Operation Enduring Freedom, Casualties, disponível em: http://icasualties.org/OEF/index.aspx.

36. Bergen, 2011, p. 313.

37. Tirman, 1997, p. 171-178.

38. Woodward, 2010, p. 75.

39. *"Die Gewalt, das ist heutzutage die Armee und die Kriegsflotte und beide kosten, wie wir alle zu unsrem Schaden wissen, heidenmäßig viel Geld. Die Gewalt aber kann kein Geld machen, sondern höchstens schon gemachtes wegnehmen (...)."* Engels, 1978, p. 154.

40. Christopher Caldwell, "America's budget talks are entering their 'Greek' phase", *Financial Times*, July 8, 2011.

41. RASHID, 2002, p. 17.
42. Correspondência particular com o Autor.
43. Peter BAKER, "Panetta's Pentagon Without the Blank Check", *The New York Times*, October 23, 2011.
44. Dan MURPHY, "Afghanistan, the Taliban, and the US deficit", *The Christian Science Monitor*, July 28, 2011.
45. O acordo entre o Partido Republicano e o presidente Obama foi precário, mas aliviou, momentaneamente, a crise e evitou o *default*. O acordo previu um corte de até US$ 2,4 trilhões em despesas, nos próximos dez anos, havendo, em compensação, um aumento no limite de endividamento de US$ 2,1 trilhões. O problema do déficit dos Estados foi apenas adiado.
46. Carl HULSE, "House Passes Deal to Avert Debt Crisis", *The New York Times*, August 1, 2011.
47. Durval de Noronha GOYOS, "Congresso e Executivo americano fecham acordo para elevar teto da dívida que assegura futuro sombrio à economia americana", manuscrito, Arquivo do Autor.
48. Josh BOAK, "National Debt Now $16 Trillion — A New U.S. Milestone", *The Fiscal Times*, September 5, 2012.
49. "The true cost of the bank bailout", PBS, September 3, 2010.
50. "The Wall Street Bailout Cost", *SourceWatch*.
51. BERMAN, 2012.
52. U.S. Debt Clock Org, http://www.usdebtclock.org/.
53. CIA Fact Book, https://www.cia.gov/library/publications/the-world-factbook/geos/us.html; U.S. Debt Clock Org, http://www.usdebtclock.org/.
54. Trading of economics, http://www.tradingeconomics.com/united-states/gdp-growth.
55. Binyamin APPELBAUM, "Spending Cuts Seen as Step, Not as Cure", *The New York Times*, August 2, 2011. Jennifer STEINHAUER, "Debt Bill Is Signed, Ending a Fractious Battle", *The New York Times*, August 2, 2011.
56. WOODWARD, 2010, p. 251.
57. SANGER, 2012a, p. 31. Gareth PORTER, "How McChrystal and Petraeus Built an Indiscriminate 'Killing Machine'", *Dandelion Salad*, September 27, 2011.
58. VAN LINSCHOTEN e KUEHN, 2012, p. 310.
59. CARRÈRE D'ENCAUSSE, 1978, p. 9.
60. Declan WALSH, "US had 'frighteningly simplistic' view of Afghanistan, says McChrystal", *The Gardian*, October 7, 2011.
61. Ibidem.
62. NEUSTADT e MAY, 1986, p. 236.

63. Ibidem, p. 237.
64. *"Man verweist Regenten, Staatsmänner, Völker vornehmlich an die Belehrung durch die Erfahrung der Geschichte. Was die Erfahrung aber und die Geschichte lehren, ist dies, daß Völker und Regierungen niemals etwas aus der Geschichte gelernt und nach Lehren, die aus derselben zu ziehen gewesen wären, gehandelt haben."* HEGEL, 1994, p. 19.
65. SUN TZU e SUN PIN, 2003, p. 17-18, 70-72.
66. VOGELSANG, 2002, p. 13-15.
67. YOUSAF e ADKIN, 2001, p. 232.
68. VOGELSANG, 2002, p. 251-252.
69. FRASER, 2006, p. 545. SCOTT, 2010b, p. 224.
70. VOLKOGONOV, 1999, p. 462-464. VOGELSANG, 2002, p. 321.
71. YOUSAF e ADKIN, 2001, p. 34-35.
72. ANONIMOUS (Michael Scheuer), 2004, p. 27.
73. Ibidem.
74. VOLKOGONOV, 1999, p. 462-464. VOGELSANG, 2002, p. 464.
75. The United Nations Refugee Agency, 2012 UNHCR country operations profile — Afghanistan, Working environment. JOHNSON, 2010, p. 32.
76. RASHID, 2002, p. 19.
77. United Nations Development Programme, Afghanistan, Eradicate Extreme Poverty and Hunger (Goal 1), http://www.undp.org.af/MDGs/goal1.htm.
78. Ibidem.
79. Ibidem.
80. ALI, 2010, p. 53.
81. Special Inspector General for Afghanistan Reconstruction, http://www.sigar.mil/about/.
82. James RISEN, "U.S. Identifies Vast Riches of Minerals in Afghanistan", *The New York Times*, June 13, 2010. Blake HOUNSHELL, "Say what? Afghanistan has $1 trillion in untapped mineral resources?", *Foreign Policy*, June 14, 2010. "Afghans say US team found huge potential mineral wealth", *BBC News South Asia*, June 14, 2010. RASHID, 2008, p. 399-400.
83. Sarah SIMPSON, "Afghanistan Holds Enormous Bounty of Rare Earths, Minerals", *Scientific American*, September 29, 2011.
84. 2011 — Afghanistan Opium Survey and to the preparation of this report, United Nations Office on Drugs and Crime (Kabul), Jean-Luc Lemahieu (Country Representative), Ministry of Counter-Narcotics: Mohammad Ibrahim Azhar (Deputy Minister),UNODOC (United Nations Office on Drugs and Crime), Islamic Republic of Afghanistan Ministry of Counter Narcotics.

85. Scott, 2010b, p. 224. McCoy, 2003, p. 461-462. Jeffrey Steinberg, "The Golden Crescent Heroin Connection", *Executive Intelligence Review*, October 13, 1995.

86. Rashid, 2008, p. 317.

87. Ibidem, p. 319.

88. Risen, 2006, p. 157-159.

89. Peter Dale Scott, "Afghanistan: Opium, die CIA und die Regierung Karzai", January 11, 2010.

90. Vladimir Radyuhin, "Narco Aggression: Russia accuses the U.S. military of involvement in drug trafficking out of Afghanistan", Global Research, February 24, 2008.

91. "Afghan drug trafficking brings US $50 billion a year", *Russian Today*, August 20, 2009.

92. Ibidem.

93. Michael Martinez, "Opiates killed 8 Americans in Afghanistan, Army records show", *CNN*, April 21, 2012.

94. "Suizid-Statistik Mehr Selbstmörder als Gefallene in US-Armee", *Der Spiegel*, 8/6/2012. "Mehr Selbstmörder als Gefallene. Zahl der Freitode in der US-Armee steigt", *Die Welt*, 9/6/2012. "Suicides are surging among US troops, Pentagon statistics show", Associated Press/Fox News, June 8, 2012.

95. John Christoffersen, "CLU lawsuit: Military won't release rape records", The Associated Press, December 13, 2010.

96. Ahmed Wali Karzai trabalhou para a OTAN e a CIA, na qual se encarregou de dirigir uma equipe da Afghan Special Operations e simultaneamente cultivou ligações com os Talibans. Em julho de 2011, foi assassinado com dois tiros na cabeça por um de seus associados, Sadar Muhammad. Sanger, 2012a, p. 38-41.

97. Julius Cavendish, "In Afghanistan war, government corruption bigger threat than Taliban", *The Christian Science Monitor*, April 12, 2010.

98. Jeremy R. Hammond, "Ex-ISI Chief Says Purpose of New Afghan Intelligence Agency RAMA Is 'to Destabilize Pakistan'", *Foreign Policy Journal*, August 12, 2009.

99. Ibidem.

100. "US drone attack kills 15 in North Waziristan", *ColumPK*, June 4, 2012.

101. Laura King, "U.N.: 2010 deadliest year for Afghan civilians", *Los Angeles Times*, March 10, 2011.

102. Sangar Rahimi e Alissa J. Rubin, "Days After an Order to Restrict Them, Afghanistan Calls for Airstrikes to End", *The New York Times*, June 12, 2012.

103. Elisabeth Bumiller e Allison Kopicki, "Support in U.S. for Afghan War Drops Sharply, Poll Finds", *The New York Times*, March 26, 2012.

Capítulo X

OBAMA RECONHECE FRACASSO NO AFEGANISTÃO • O PAÍS ARRASADO • MILHARES DE REFUGIADOS E DE VIÚVAS • AS NEGOCIAÇÕES SECRETAS COM OS TALIBANS • O ADVENTO DA DIREITA CRISTÃ NOS ESTADOS UNIDOS • O TEA PARTY • A CAMPANHA DE *KILL/CAPTURE* • *WAR ON TERROR* EM ESCALA QUASE INDUSTRIAL • A GUERRA NA SOMÁLIA E NO IÊMEN

Chafurdado na crise econômica e financeira, a mais profunda desde o colapso da Bolsa de Nova York, a *Black Friday*, em 1929, o presidente Barack Obama previa a saída dos 90.000 soldados americanos do Afeganistão até o final de 2014. Em maio de 2012, de surpresa, visitou o Afeganistão, onde declarou, explicitamente, que o objetivo dos Estados Unidos não era construir *"a country in America's image, or to eradicate every vestige of the Taliban"*, o que demandaria muito mais anos, mais dólares e muito mais vidas americanas.[1] Acentuou que a derrota de al-Qa'ida estava *"within reach"*, mas, àquela época, havia nove meses que os americanos mantinham negociações clandestinas com os Talibans, organizadas pelo serviço de inteligência da Alemanha — Bundesnarichtendienst (BND) — e por agentes do Qatar, que prepararam a logística, e intermediadas por diplomatas alemães, sem que os militares do Paquistão e o Inter-Services Intelligence (ISI) o soubessem.[2]

Os contatos começaram em 2009 e 2010, quando a Alemanha, com a aprovação da *Kanzlerin* Angela Merkel e de acordo com os Estados Unidos, encarregou o embaixador Bernd Mützelburg, como enviado especial ao Afeganistão, de pavimentar o caminho para as conversações de paz com o Mullah Tayyab Agha, representante do Mullah Muhammad Omar, líder dos Talibans.[3] A Alemanha enviou depois outro embaixador ao Afeganistão e ao Paquistão, Michael Steiner,[4] e a CIA e o Departamento de Estado também estiveram envolvidos nos encontros, realizados em Doha, depois da execução de bin Ladin.[5] As conversações fracassaram[6] em meados de 2011 porque o governo do Afeganistão deixou transpirar para a imprensa que Omar Tayyab estivera em negociações com representantes do Ocidente no Qatar. O presidente Karzai voltou a pedir a Berlim que o diálogo com os Talibans fosse retomado.[7] Interessava aos Talibans um acordo de paz. Estavam exaustos, havia três décadas em guerra, e havia a possibilidade de formar um governo de coalizão com o presidente Karzai e obter o apoio do Ocidente.[8] Mas os entendimentos eram muito difíceis e, em 2010, os Talibans, enquanto negociavam, intensificaram suas operações tanto no Afeganistão quanto no Paquistão.[9]

O presidente Obama apoiou as tentativas de alcançar um termo de paz com os Talibans, dado que os custos da guerra já se tornavam insustentáveis e a campanha no Afeganistão, conforme escreveu Stephen M. Walt na revista *Foreign Policy*, era realmente vista como *"futility"*, um *"colossal failure of the American national security establishment"*.[10] No ano fiscal de 2011, os Estados Unidos, o principal ator da ISAF, estavam a gastar US$ 113 bilhões, e o presidente Barack Obama havia requerido mais US$ 100 bilhões para as despesas em 2012, e essas crescentes despesas dependiam inteiramente de dinheiro emprestado. O presidente Obama pretendia deixar o governo de Cabul apenas com duas forças de segurança, o Exército Nacional Afegão e a Polícia Nacional Afegã, treinadas pelos mercenários da MPRI, KBR, Pulau, Paravant e RONCO, no Kabul Military Training Center, também conhecido como Basic Warrior Center, com financiamento do Pentágono. Os cálculos indicavam que os Estados Unidos teriam de gastar aproximadamente US$ 6 bilhões por ano para sustentar 365.000 efetivos dessas duas forças de segurança, um custo seis vezes maior do que a receita do governo do Afeganistão.[11]

A situação no Afeganistão, porém, não era muito diferente do Iraque. Em março de 2012, o país continuava inseguro, em meio a uma situação econômica e politicamente instável, sob um governo corrupto e incompetente — o presidente Hamid Karzai, eleito fraudulentamente e sem legitimidade —, com graves problemas sociais — um terço da população desnutrida, um quarto sem água limpa, desemprego —, e 2,7 milhões de afegãos refugiados na região e cerca de 3 milhões no resto do mundo.[12] E, conforme estimativa do United Nations Development Fund for Women (UNIFEM), havia no Afeganistão, após duas décadas de guerras, mais de 2 milhões de viúvas (*war widow*) — de 30.000 a 50.000 residindo em Cabul — numa população estimada em 31 milhões de pessoas (2006).[13]

Os Estados Unidos, não obstante contar com a mais alta tecnologia, a mais sofisticada e avançada, e forças especiais muito bem equipadas e treinadas, como os SEALs, Rangers, Delta, SF, não venceram a Fourth Generation War, a guerra travada contra inimigos que não configuravam nenhum Estado, e mais uma vez, como no Vietnã, mostraram a fraqueza do poder. Não alcançaram nenhum dos seus objetivos estratégicos. Não derrotaram os Talibans, não destruíram o poder dos senhores da guerra, os *warlords* que dominavam o país, não acabaram com a produção e o tráfico de ópio, nem conseguiram implantar um regime verdadeiramente popular, senão sustentar um *puppet* na presidência, cuja influência não ultrapassa as raias de Kabul.

Os contingentes do Afghan National Army (ANA), da ordem de 195.000 soldados, que, em princípio, deveriam assumir o controle do país em 2014, estavam desmantelados e nada significavam. Mais da metade dos soldados afegãos vivia drogada por haxixe e outras substâncias químicas e cerca de um terço desertava todos os anos, o que obrigava o governo a novos recrutamentos e ainda assim com muitas dificuldades. Os desertores queixavam-se da corrupção entre os oficiais, da pobreza, da alimentação e dos equipamentos, dos cuidados médicos indiferentes, da intimidação das famílias pelos Talibans e da falta de confiança de que poderiam continuar a luta após a retirada dos Estados Unidos.[14] E as unidades anticorrupção dos Estados Unidos tiveram de remover 30 oficiais — inclusive governadores e chefes de polícia — e condenar 50 mercenários (*contractors*), implicados em casos de corrupção, desde meados de 2010. O brigadeiro-general H. R. McMaster, comandante da força-tarefa contracorrupção — Combined Joint Interagency Task

Force Shafafiyat (Transparency) —, declarou em janeiro de 2012 que uma década de guerra criou, no Afeganistão, *a culture of impunity*, um comportamento dúplice das autoridades, traficantes de drogas, gangues do crime organizado, fraturando o Estado e a sociedade.[15]

As forças dos Estados Unidos/OTAN haviam destruído casas, culturas e infraestruturas, e prosseguia o deslocamento de pessoas, cerca de 350.000, dentro do Afeganistão. Em 16 de outubro de 2011, o ministro da Agricultura, Mohammad Asif Rahimi, revelou que mais de 30% da população afegã vivia abaixo da linha de pobreza e que era necessário investir na agricultura cerca de US$ 1 bilhão por ano para evitar a crise de fome.[16]

Dez anos de ocupação pelas tropas dos Estados Unidos/OTAN fizeram do Afeganistão um dos países mais pobres, instáveis e inseguros do mundo.[17] E o presidente Barack Obama não mais podia retardar a retirada para além de 2014. Ademais da crise econômica, que não dava sinais de abrandamento, o Partido Democrata perdeu as eleições parlamentares de 2010, e ele teve de defrontar-se com uma oposição fortalecida no Congresso, devido à eleição de expressivo núcleo de evangélicos, identificado com o cristianismo sionista, que ganhou maior influência política no Partido Republicano, levando-o mais à direita. O cristianismo evangélico, fundamentalista, adotou estratégias empresariais e remodelou profundamente muitos aspectos da política e da sociedade nos Estados Unidos.[18] E essa direita cristã conservadora e doutrinária expandiu realmente o controle sobre o Partido Republicano[19] e alinhou-o ainda mais com a direita de Israel,[20] que, como escreveu Voltaire, pensa que a Judeia é a terra prometida e que Deus disse a Abraão: *"Je vous donnerai tout ce pays depuis le fleuve d'Egypte jusqu'à l'Euphrate."*[21]

A direita cristã expressou-se politicamente com o surgimento do Tea Party Patriots (TPP),[22] partido de características fascistas, fundado por Jenny Beth Martin, Mark Meckler e Amy Kremer, e tornou-se conhecido com Sarah Palin, candidata a vice-presidente com o senador republicano John McCain na campanha de 2008. Sarah Palin, uma senhora extremamente ignorante, cuja principal base política estava no Alaska, era pentecostalista praticante, pertencia à seita evangélica Assembleia de Deus, em

Wasilla (Alasca),[23] "dominionista" e "reconstrucionista", para a qual a sociedade americana deveria ser governada com base nos princípios da Bíblia. Tinha uma visão apocalíptica do fim dos tempos, iniciado com a guerra no Iraque, e cria estar próxima a volta de Cristo à Terra, em Israel.

A origem do Tea Party estava, provavelmente, no fato de que o poder dos WASP (brancos, anglo-saxões, protestantes) começara a esmaecer em virtude do crescimento das minorias étnicas, sobretudo latino-americanas. A eleição de Barack Obama, um *colored*, de descendência africana, evidenciou-o, com o que os WASP não se conformaram e reagiram. Mas isso não significou que Barack Obama, como presidente, pudesse modificar essencialmente a política exterior dos Estados Unidos. O número de liberais e moderados no Congresso havia desvanecido, a refletir a escalada do financiamento das campanhas eleitorais pelos segmentos mais ricos da população, ideologicamente afinados com os candidatos mais conservadores.[24] E a derrota do Partido Democrata nas eleições parlamentares de 2010 deveu-se não apenas à crise econômica, para a qual as medidas de desregulamentação do sistema financeiro do presidente George W. Bush largamente concorreram, mas também à inconsistência da política da administração do presidente Obama.

Conquanto os rendimentos das classes média e alta se houvessem beneficiado do expressivo crescimento econômico dos Estados Unidos desde o fim da Segunda Guerra Mundial, o bem-estar material das classes de baixa renda estagnara.[25] E a desigualdade social, em um período de crescente prosperidade, continuou a aumentar. O recenseamento realizado em 2010 — *Income, Poverty, and Health Insurance Coverage in the United States: 2010* — concluíra que a renda média das famílias havia declinado entre 2009 e 2010, a pobreza aumentara no mesmo período de 14,3% para 15,1%, i.e., de 43,6 milhões, em 2009, para 46,2 milhões, em 2010, o quarto aumento anual consecutivo e o maior número nos 52 anos que as estimativas de pobreza eram publicadas. O número de pessoas sem seguro de saúde subiu de 49 milhões, em 2009, para 49,9 milhões, em 2010.[26] E os indicadores de desemprego estavam a subir para 9,2%, em meados de 2011, apesar das taxas de juros negativas.

A abstenção nas eleições parlamentares de novembro de 2010 foi enorme e em larga medida de latinos e jovens, aparentemente como expressão de desencanto com o presidente Obama. Não houve maior avanço desde que ele inaugurou o governo em 2009. O presidente Obama não cumpriu sequer metade das promessas que fez durante a campanha eleitoral. Não fechou o campo de concentração de Guantánamo, apesar de havê-lo prometido e reiterado, inclusive na Universidade do Cairo. Conseguiu somente aprovar a reforma da seguridade social e a regulamentação do sistema financeiro, o que desagradou os republicanos. Porém, intensificou a guerra no Afeganistão e, no Iraque, após a retirada oficial das tropas dos Estados Unidos, algumas companhias militares privadas (*contractors*) continuaram a empregar uma pequena frota de *drones* não armados sobre o Curdistão, como parte dos esforços de cooperação com o Serviço Diplomático de Segurança do Departamento de Estado.

O presidente Barack Obama não tinha condições de mudar substancialmente a política exterior dos Estados Unidos, um país onde a direita cristã, fundamentalista[27] e intolerante, tornara-se tão forte a ponto de combater e tentar proibir o ensino das descobertas científicas de Charles Darwin (1809-1882) sobre as origens e a evolução das espécies.[28] O presidente Obama *"changed virtually nothing"*, disse John Rizzo, do Conselho da CIA, acrescentando que, ao terminar a administração de George W. Bush, *"things continued. Authorities were continued that were originally granted by President Bush beginning shortly after 9/11. Those were all picked up, reviewed and endorsed by the Obama administration"*.[29]

A mentalidade neoconservadora, adensada pela direita cristã fundamentalista e entrançada com os interesses do complexo industrial-militar, havia penetrado em todo o aparelho do Estado, a instância superior de comando e ordenação da sociedade, de acordo com os interesses políticos das classes economicamente dominantes e os fundamentos psicológicos e culturais de todas as camadas da população. "Não acredito que haja um só país civilizado onde a ideia de provocações e de guerras seja tão popular como nos Estados Unidos", já havia observado e comentado Sérgio Teixeira de Macedo, chefe da Legação do Brasil em Washington, em 1849.[30]

O presidente Obama, quando recebeu e aceitou o Prêmio Nobel da Paz, em 2009, não escondeu que seu desafio era "reconciliar duas verdades aparentemente inconciliáveis — a de que a guerra é ocasionalmente necessária e a de que a guerra é em certo nível a expressão da insensatez humana".[31] Afirmou acreditar que todas as nações — "fortes e fracas igualmente" — deviam aderir a padrões que orientem o uso da força, e ele, como qualquer outro chefe de Estado, se reservava "o direito de agir unilateralmente, se necessário, para defender minha nação" e que *there will be times when nations — acting individually or in concert — will find the use of force not only necessary but morally justified*.[32] E, entre essas situações, citou a necessidade de intervenção "para impedir o massacre de civis por seu próprio governo, ou deter uma guerra civil cuja violência e cujo sofrimento se espalhem por toda uma região". "*I believe that force can be justified on humanitarian grounds, as it was in the Balkans, or in other places that have been scarred by war*", acentuou o presidente Obama.[33] Estava a antever, certamente, a contingência de ter de intervir em países do Oriente Médio onde as revoltas, depois batizadas de Primavera Árabe, já estavam em gestação.

A estratégia do presidente Obama continuou no sentido de reafirmar os compromissos com o militarismo e preservar a hegemonia internacional, consolidar a *full spectrum dominance* dos Estados Unidos e, consequentemente, do capital financeiro, buscando aumentar seu espaço econômico tanto quanto possível, excluir os concorrentes, sobretudo Rússia e China, e converter todo o mundo em zona de investimento do cartel ultraimperialista das potências ocidentais. O presidente Barack Obama manteve a mesma agenda imperial dos seus antecessores. Só aperfeiçoou e aprofundou alguns métodos do *American way of war* e intensificou as operações de *killing/capture*, executadas pelo general Stanley McChrystal, comandante da Joint Special Operations Command (JSOC), "*top hunter/killer, responsible for the death of hundreds of enemies, maybe terrorists, maybe a few terrorists*", a quem o presidente George W. Bush publicamente agradecera, por ter feito excelente trabalho, como "*the nation's most respectable assassin*".[34]

"*Find the enemy, then kill or capture'em*", já havia ordenado o general Tommy Frank, comandante em chefe das forças dos Estados Unidos no Afeganistão, ao tenente-coronel Pete Blaber, comandante das Delta Forces (Special Forces Operations Detachment-Delta), em dezembro de 2001, quando o recebeu na base aérea em Bagram, ao norte de Kabul.[35] E, com esse *Way of War*, os Estados Unidos continuaram a empregar *high--tech killing machines*, como os esquadrões do Joint Special Operations Command (JSOC), como o Delta Force e os Navy SEALs,[36] para assassinar sumariamente e/ou capturar (*kill/capture*) no Paquistão, no Afeganistão, no Iêmen, na Somália, no Sudão e em toda a Península Árabe, chefes de al-Qa'ida e Talibans,[37] constantes de uma Joint Prioritized Effects List (JPEL) que incluía até americanos, com fundamento em premissa legal ou extralegal, conforme diretriz classificada do presidente Obama.

Essa campanha era "*almost industrial-scale counterterrorism killing machine*",[38] conforme o tenente-coronel John Nagl, um dos assessores do general Petraeus, declarou, quando entrevistado no programa *Frontline*, da Public Broadcasting Service (PBS).[39] Em apenas 90 dias de 2010, o tenente-coronel John Nagl revelou, os soldados do Special Operations Command efetuaram 3.000 operações, penetrando nas vilas do Afeganistão durante a calada da noite, e mataram ou capturaram mais de 12.000 militantes Talibans e/ou de al-Qa'ida naquele ano.

De acordo com as informações de Amrullah Saleh, chefe do Diretório Nacional de Segurança do Afeganistão (2004-2009), as operações de *killing/capture*, sob o comando do general McChrystal, mataram ou capturaram 700 comandantes Talibans, e somente de julho a setembro de 2010 a ISAF conduziu 3.279 operações especiais, que resultaram no assassinato de 293 líderes insurgentes e na captura de 2.169.[40] De 25 de abril de 2010 a 25 de abril de 2011, as Special Operations Forces mataram 3.200 insurgentes e capturaram 800. Somente entre janeiro e 10 de maio de 2011, mataram ou capturaram 500 líderes insurgentes e 2.700 "*lower-level insurgents*".[41] O general David Petraeus foi sucessor do general McChrystal no comando da ISAF de julho de 2010 a julho de 2011.

Porém, essas *raids* noturnas, com base em monitoramento tecnológico, principalmente por meio de *drones* (UAV) — MQ-1 Predator and the

MQ-9 Reaper —, aviões não tripulados e manejados a distância pela CIA, para disparar mísseis ar-terra do tipo AGM-114 Hellfire e outros, resultaram também na morte e no encarceramento de milhares de militantes e numerosos civis inocentes.[42] E com a robotização das atividades militares, o presidente Obama, como escreveu Tom Engelhardt, começou a imbuir o *American way of war* com o *Terminator-style terror*, em que os *hunter-killer teams* e *os night raiders* das SOF, SEALs e CIA,[43] bem como os *drones*, passaram a penetrar nos países, violando a soberania nacional, para matar suspeitos de terrorismo, sem julgamento e sentença, sem direito de defesa.

O presidente Barack Obama, em 2011, determinou a construção de uma constelação de bases na Península Arábica e no Corno da África, na Etiópia, no Djibuti e até em uma das ilhas do arquipélago das Seychelles, no Oceano Índico, onde foi estacionada uma esquadrilha de "*hunter-killer drones*" para uma agressiva campanha de operações contra a organização fundamentalista radical Harakat al-Shabab al-Mujahidin (HSM), aliada de al-Qa'ida, baseada na Somália e atuante no Sudão e no Iêmen.[44] Outras bases foram estabelecidas no sul do Sudão, bem como em Obo e Djema, para onde o Pentágono enviou cem soldados do Special Operations Command (SOCOM) com a missão de dar assistência às tropas de Uganda na caçada a Joseph Kony, chefe do Lord's Resistance Army (LRA).[45] Esses comandos especiais dos Estados Unidos também atuavam no Sudão do Sul, na República Centro-Africana e na República Democrática do Congo.

Juntamente com o Special Operations Command (SOCOM), a CIA passou a operar, cada vez mais, como força paramilitar. Além dos trabalhos de espionagem e coleta de inteligência, participou de quase todas as tarefas executadas pelas SOF, nas mais diversas regiões, de acordo com um *secret president finding*, assinado pelo presidente George W. Bush, em 17 de setembro de 2001, autorizando-a a criar equipe com a tarefa de capturar, deter ou matar os designados terroristas, em todas as partes do mundo. E com esse *Way of War*, ao qual, justificando o Prêmio Nobel da Paz, o presidente Barack Obama recorreu mais do que o presidente George W. Bush, ele se colocou acima das leis nacionais e internacionais. Obama dirigiu pessoalmente a campanha de extermínio em massa de supostos ou verdadeiros terroristas islâmicos, que igualmente liquidou centenas de inocentes civis, mulheres e crianças. Bastava assinar uma *Executive Order* (EO) ou um *finding*,[46] autorizando assassinatos (*killing targets*) e outras operações encobertas, sem ter de consultar o Congresso.

Assim, as guerras se multiplicaram e se multiplicam, não só por necessidade política, mas, sobretudo, por necessidade econômica: as operações na Somália (1993-presente), Afeganistão (2001-presente) e Iraque (2003-presente) incrementaram a demanda de armamentos[47] e, por conseguinte, a criação/manutenção de empregos nas indústrias de material bélico, especializadas em armamentos com tecnologia intensiva de capital, e em sua cadeia produtiva, bem como a arrecadação da receita nos Estados onde elas se localizam, principalmente no *sunbelt* (Califórnia, Texas, Missouri, Flórida, Maryland e Virgínia). A Lockheed Martin, a Northrop Grumman e a Boeing Integrated Defense realizaram vendas anuais, entre 2001 e 2007, de mais de US\$ 30 bilhões, enquanto a General Dynamics e a Raytheon tiveram receitas anuais superiores a US\$ 20 bilhões.[48] E são essas mesmas firmas as responsáveis pela construção e manutenção dos *killer drones* e *surveillance drones*, com instalações além-mar, bem como em Virgínia, Califórnia, Carolina do Sul, Arizona, Nevada, Havaí e Alabama.[49] O mercado de *drones*, em 2011, estava avaliado em US\$ 5,9 bilhões e esperava-se que dobrasse na próxima década. Esses aviões não tripulados custavam milhões de dólares e existiam os mais diversos modelos, como MQ-1 Predator e o MQ-9 Reaper, algumas das variedades mais sofisticadas, e o Parrot AR. Drone, que custava cerca de US\$ 300 e podia ser manejado, inclusive, por iPhone.[50]

Diante dos altos custos e fracassos das guerras no Iraque e no Afeganistão, o presidente Barack Obama optou por táticas de contrainsurgência mais econômicas, sem arriscar muitas vidas americanas, e decidiu empregar os *drones* em larga escala para matar suspeitos de terrorismo. Usou-os mais do que seu antecessor, George W. Bush, e solicitou ao Congresso aproximadamente US\$ 5 bilhões para a construção de mais aparelhos no orçamento de 2012.[51] Assessorado por um veterano agente da CIA, John O. Brennan, transformou a *War on Terror* de um tipo convencional, que tinha o Afeganistão e o Paquistão como principais teatros de operações, em um "*high-tech global*", esforço para localizar e eliminar um por um os que eram percebidos como inimigos dos Estados Unidos.[52] E estendeu a campanha ao Iêmen e à Somália, onde cerca de 300 soldados das SOF estavam estacionados, em outubro de 2012, no *high-security compound* Camp Lemonnier, coordenando incógnitos, escondendo seus nomes, os planos de *raid* e os voos de *drones*.[53] No total, estavam lá aquartelados 3.200 soldados, civis e *contractors*, que treinavam militares estrangeiros. Essa base secreta apresentava alto valor estratégico, dado situar-se entre a África Oriental e a Península Arábica, de onde as forças armadas dos Estados Unidos podiam atingir alvos tanto na Somália quanto no Iêmen em poucos minutos. Também o porto de Djibuti oferecia fácil acesso ao Oceano Índico e ao Mar Vermelho.[54]

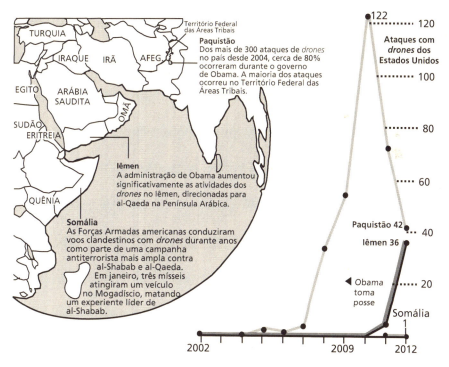

Fontes: New America Foundation; Longwarjournal.org; Julie Tate e Bill Webster, *The Washington Post*, October 24, 2012

A administração do presidente Obama tomou diversas iniciativas para sustentar a campanha de *drones* por mais uma década, desenvolvendo e elaborando nova data-base de objetivos, denominada *"disposition matrix"*, com a *killing-list*, os procedimentos com as operações clandestinas e um classificado *"playbook"* para especificar como eram tomadas as decisões de matar essa ou aquela pessoa.[55] Os Estados Unidos tendiam a diminuir as guerras convencionais e o governo do presidente Obama esperava continuar adicionando nomes à lista de *kill/capture*, institucionalizando-a, por muito mais anos, por mais uma década.[56] O jornalista Greg Miller, do *Washington Post*, comentou que a *global war on terrorism* havia chegado ao *midpoint* e Obama pretendia torná-la permanente.[57] E a lógica de um estado de guerra, ressaltou Norberto Bobbio, "tem como extremo corolário o terrorismo, ou seja, em outras palavras, a morte dos inocentes".[58]

NOTAS

1. Jeremy Suri, "Obama's strategic retreat in Afghanistan", CNN, May 2, 2012.
2. Christoph Reuter, Gregor Peter Schmitz e Holger Stark, "Talking to the Enemy. How German Diplomats Opened Channel to Taliban", *Der Spiegel*, 10/1/2012. "Negotiations in Afghanistan — Karzai Asks Berlin for Help with Taliban Talks", *Der Spiegel*, 23/7/2012.
3. Jochen Buchsteiner, "Bernd Mützelburg Unser Mann für Afghanistan", *Frankfurter Allgemeine Zeitung*, 16/2/2009.
4. "Taliban müssen Al Qaida abschwören", Botschafter Michael Steiner im Interview mit dem *Tagesspiegel*, 19/11/2010. Rashid, 2002b, p. 113-115.
5. Carlotta Gall e Ruhullah Khapalwak, "U.S. Has Held Meetings with Aide to Taliban Leader, Officials Say", *The New York Times*, May 26, 2011.
6. Dean Nelson e Ben Farmer, "Secret peace talks between US and Taliban collapse over leaks", *The Telegraph*, August 10, 2011.
7. Matthias Gebauer, "Negotiations in Afghanistan — Karzai Asks Berlin for Help with Taliban Talks", *Der Spiegel*, 23/7/2012.
8. Rashid, 2002b, p. 118-119.
9. Ibidem, p. 56.
10. Stephen M. Walt, "Why isn't anyone talking about Afghanistan?", *Foreign Policy*, August 14, 2012.

11. Sanger, 2012a, p. 49.
12. 2012 UNHCR country operations profile — Afghanistan, http://www.unhcr. org/cgi-bin/texis/vtx/page?page=49e486eb6.
13. Poonam Taneja, "Reaching Afghanistan's hidden war widows in Helmand", *BBC News — South Asia*, February 27, 2011.
14. Rod Nordland, "Afghan Army's Turnover Threatens U.S. Strategy", *The New York Times*, October 15, 2012.
15. John Ryan, "Units aim to root out corruption in Afghanistan", *Army Times*, February 16, 2012.
16. Ghanizada, "Above 30% of Afghan population facing poverty: Officials", *Khaama Press*, Afghan Online Newspaper, October 16, 2011.
17. "Afghanistan's Most Vulnerable — The Poverty of War", *Afghanistan 101*, February 24, 2012.
18. "Earthly Empires. How evangelical churches are borrowing from the business playbook", *BusinessWeek Online*, May 23, 2005.
19. Chip Berlet, "Religion and Politics in the United States: Nuances You Should Know", *The Public Eye Magazine*, Summer 2003, Political Research Associates.
20. Bacevich, 2005, p. 123-135.
21. "Eu vos darei todo este país depois do rio do Egito até o Eufrates." Voltaire, 1964, p. 248.
22. A direita, ao adotar o nome de Tea Party, buscou evocar o movimento de protesto dos plantadores de chá, conhecido como Boston Tea Party, contra o Tea Act, da Inglaterra, que aumentou a cobrança de impostos sobre a comercialização do chá em 16 de dezembro de 1773, tornando-se um dos precedentes da guerra de independência das treze colônias inglesas na América do Norte. Os caixotes de chá pertencentes à Companhia Britânica das Índias Orientais foram retirados dos navios e atirados nas águas do porto de Boston.
23. Randi Kaye, "Sarah Palin — Pastor: GOP may be downplaying Palin's religious beliefs", *BBC Politics*, September 8, 2008. Julia Duin, "Sarah Palin — Pentecostal", *The Washington Times*, August 29, 2008. Amy Sullivan, "Does Sarah Palin Have a Pentecostal Problem?", *Time*, October 9, 2008.
24. McCarty, Poole e Rosenthal, 2006, p. 141-146.
25. Ibidem, p. 1-3, 116.
26. DeNavas-Walt, Proctor e Smith, 2011.
27. Da mesma forma que os fundamentalistas islâmicos, que se devem submeter à vontade de Allah, os fundamentalistas cristãos, nos Estados Unidos, creem que a única razão de viver aceitável é submeter-se à vontade de Deus e de seu filho, Jesus Cristo.

28. Hedges, 2006, p. 113-120.
29. Priest e Arkin, 2011, p. 275.
30. "Política externa dos Estados Unidos e o perigo que ela representa para o Brasil", Ofícios, Sérgio Teixeira de Macedo ao Visconde de Olinda, Washington, 6/8/1849, Arquivo Histórico do Itamaraty — 233/3/5.
31. Remarks by the President at the Acceptance of the Nobel Peace Prize Oslo City Hall, Oslo, Norway. Immediate Release, Office of the Press Secretary The White House December 10, 2009.
32. Ibidem.
33. Ibidem.
34. Hastings, 2012, p. 15-16.
35. Blaber, 2008, p. 204.
36. Navy SEALs é uma unidade especial do United States Naval Special Warfare Command (NAVSPECWARCOM), cujo quartel-general fica em Coronado, na Califórnia, e integra o US Special Operations Command (USSOCOM). Foi um comando do Navy SEALs que executou bin Ladin no Paquistão. SEAL é um acrônimo de Sea, Air e Land (SEAL).
37. Priest e Arkin, 2011, p. 251.
38. Georgie Anne Geyer, "Killing Our Way to Defeat — Obama's Private Killing Machine. U.S. seems to be getting good at killing 'Taliban', but why? John Nagl, a former counterinsurgency adviser to Gen. Petraeus, described JSOC's kill/capture campaign to Frontline as 'an almost industrial-scale counterterrorism killing machine'", May 23, 2011. Gretchen Gavett, "What is the Secretive U.S. 'Kill/Capture' Campaign?", Frontline, Afghanistan/Pakistan>Kill/Capture, June 17, 2011.
39. Frontline é um programa de televisão, nos Estados Unidos, da PBS (Corporation for Public Broadcasting), financiado pela John D. & Catherine T. MacArthur Foundation e pela Reva & David Logan e Park Foundation.
40. Van Linschoten e Kuehn, 2012, p. 313.
41. Ibidem, p. 313. Katherine Tiedemann, "Daily brief: U.S. prepared for fights with Pakistanis during bin Laden raid: report", Foreign Policy, The Afpak Chanel, May 10, 2011.
42. Gretchen Gavett, "What is the Secretive U.S. 'Kill/Capture' Campaign?", Frontline, Afghanistan/Pakistan>Kill/Capture, June 17, 2011.
43. Tom Engelhardt, "Offshore Everywhere — How Drones, Special Operations Forces, and the U.S. Navy Plan to End National Sovereignty As We Know It", TomDispatch.com, February 5, 2012.
44. Craig Whitlock e Greg Miller, "U.S. assembling secret drone bases in Africa, Arabian Peninsula", The Washington Post, September 21, 2011.

45. "U.S. special forces close in on jungle hideout of Ugandan warlord Joseph Kony", *Daily Mail*, April 30, 2012.

46. Autorização dada pelo presidente dos Estados Unidos, quase sempre por escrito, na qual ele acha (*find*) que uma operação encoberta (*covert action*) é importante para a segurança nacional. O *finding* é o mais secreto entre os documentos do governo americano.

47. Barry D. WATTS, "Strattegy for the Long Haul: The US Defense Industrial Base. Past, Present and Future", The Center for Strategic and Budgetary Assessments (CSBA), 2008, p. 23-24.

48. Ibidem, p. 39.

49. PRIEST e ARKIN, 2011, p. 210-211.

50. Nick WINGFIELD e Somini SENGUPTA, "Drones Set Sights on U.S. Skies", *The New York Times*, February 17, 2012.

51. "Predator Drones and Unmanned Aerial Vehicles (UAVs)", The New York Times, May 11, 2012. Peter W. SINGER, "Do Drones Undermine Democracy?", *The New York Times*, January 21, 2012.

52. Karen DEYOUNG, "A CIA veteran transforms U.S. counterterrorism policy", *The Washington Post*, October 25, 2012.

53. Craig WHITLOCK, "Remote U.S. base at core of secret operations", *The Washington Post*, October 26, 2012.

54. Ibidem.

55. Ibidem.

56. Greg MILLER, "Plan for hunting terrorists signals U.S. intends to keep adding names to kill lists", *The Washington Post*, October 24, 2012.

57. Ibidem.

58. BOBBIO, 1999, p. 102.

Capítulo XI

OS *UNMANNED VEHICLE SYSTEMS* (*DRONES*) • A MORTE DESCENDO DO CÉU • O TERROR DOS *DRONES* NO PAQUISTÃO • MATANÇA DE CIVIS E CRIANÇAS MAIOR DO QUE NO GOVERNO DE GEORGE W. BUSH • A CAMPANHA DE *"KILL/CAPTURE"* PARA ELIMINAR *ENEMY COMBATANTS* • A *EXECUTION CHECKLIST* • O ASSASSINATO DE USAMAH BIN LADIN

Os Estados Unidos, no início de 2012, dispunham de mais de 7.000 sistemas aéreos não tripulados (*Unmanned Vehicle Systems*), i.e., os chamados *drones*, e mais 12.000 no solo, para os mais diversos usos, como vigilância, espionagem e bombardeio. E esses aparelhos realizaram (e ainda realizam) centenas de operações de ataque, cobertas e encobertas, em pelo menos em seis países — Afeganistão, Iraque, Líbia, Paquistão, Somália e Iêmen —, eliminando mais de 1.900 insurgentes.[1] As autoridades de Washington consideraram o *drone*, que matou, em 30 de setembro de 2011, no Iêmen, Anwar al-Awlaki — um fundamentalista islâmico de nacionalidade americana nascido em Denver, pregador de al-Qa'ida —, o mais barato, seguro e preciso instrumento para eliminar inimigos.[2] O esconderijo de al-Awlaki foi descoberto graças a um agente duplo do Politiets Efterretningstjeneste (PET), o serviço de inteligência e segurança da Dinamarca, Morten Storm, que estava a intermediar o casamento de Anwar al-Awlaki com uma loira da Croácia conhecida apenas pelo nome de Aminah. Mas a armadilha não foi barata. Custou à CIA US$ 200.000, pagos a Morten Storm, que contou depois toda a história ao jornal dinamarquês *Jyllands-Posten*.[3]

A execução de Anwar al-Awlaki, um cidadão americano, no exterior e sem julgamento, repercutiu negativamente nos Estados Unidos. O ex-presidente Jimmy Carter, um homem moralmente íntegro, publicou artigo no *New York Times* no qual declarou que os Estados Unidos estavam a abandonar o papel de *"global champion of human rights"*, com funcionários do governo em Washington decidindo quem seria assassinado em países além-mar, inclusive cidadãos americanos.[4] Tais violações começaram após os ataques terroristas de 11 de setembro de 2001 e têm sido sancionadas e escaladas pelas ações bipartidárias executivas e legislativas, sem dissenso do público em geral,[5] afirmou o ex-presidente Carter, acusando: *"As a result, our country can no longer speak with moral authority on these critical issues."*[6] Conforme ainda ressaltou, as políticas antiterroristas do governo americano estavam claramente a violar, no mínimo, 10 dos 30 artigos da Declaração Universal dos Direitos do Homem, adotada em 1948, que proíbe, inclusive, "tratamento ou punição cruel, inumana ou degradante". E criticou o fato de, a despeito da *"arbitrary rule"* de qualquer homem morto por *drones* ser declarado terrorista inimigo, ser *"accepted as inevitable"* a morte de crianças e mulheres inocentes que estejam por perto.[7]

O presidente Hamid Karzai havia demandado o fim de tais operações com *drones* no Afeganistão, lembrou o ex-presidente Carter, porém os Estados Unidos continuavam a dispará-los em áreas do Paquistão, da Somália e do Iêmen que não eram zonas de guerra, e não se sabia quantas centenas de civis inocentes haviam sido mortos com os ataques, cada um aprovado pelas *"highest authorities in Washington"*. E concluiu: *"This would have been unthinkable in previous times."*[8] O número de mortos por *drones* desde 2004 situava-se, somente no Paquistão, entre 2.347 e 2.956 (dos quais 175 crianças), militantes em sua maioria.[9] Pelo menos 253 ataques foram ordenados pelo presidente Barack Obama durante seu mandato.[10] De acordo com o Bureau of Investigative Journalism, os *drones* mataram entre 63 e 127 não militantes em 2011, e a Associated Press encontrou evidências de que pelo menos 56 aldeões e guardas tribais foram mortos em dez grandes ataques desde 2010.[11] Também o Bureau of Investigative Journalism identificou como crível a informação de que 168 crianças, i.e., 44% de no mínimo de 385 civis mortos por *drones*, foram mortas em sete anos.[12] Mas, para o presidente Barack Obama, os ataques *"did not caused a huge number of civilian casualties"*.[13]

Uma pesquisa realizada durante nove meses de 2011 por acadêmicos da University School of Law (New York University Clinic), da International Human Rights and Conflict Resolution Clinic of Stanford Law School (Stanford Clinic) e da Global Justice Clinic at New York no norte do Waziristão e em diversas outras províncias do Paquistão concluiu que o programa de ataques secretos com *drones "terrorized"* as comunidades locais, matava enorme número de civis e fomentava o pavor antiamericano em todo o país.[14] O estudo, intitulado *Living Under Drones*, constatou que os moradores das áreas afetadas temiam comparecer a cerimônias públicas, como casamentos e funerais, porque frequentemente os operadores dos aviões teleguiados erravam o alvo e atingiam inocentes.

Uma de suas conclusões foi que os *drones* causavam incontáveis prejuízos à vida dos cidadãos civis, além da morte física e dos ferimentos, e que sua presença aterrorizava homens, mulheres e crianças, gerando ansiedade e traumas psicológicos nas comunidades civis, porquanto os moradores receavam sempre um ataque letal, a qualquer momento, e, sem poder, não tinham como se proteger.[15] Em suma, após dizer que a narrativa dominante nos Estados Unidos consistia em que o *drone* era um instrumento *"surgically precise and effective"* que possibilitava *"targeted killing"* terroristas com o mínimo de impactos colaterais, a pesquisa afirmou categoricamente: *"This narrative is false."*[16]

Os *covert drone strikes* para matar supostos terroristas foram uma *"key national security policy"* do presidente Barack Obama, assinalou o jornalista Peter Bergen, analista de segurança nacional da CNN, informando que durante seu governo ele já havia autorizado 283 ataques no Paquistão, seis vezes mais do que o presidente George W. Bush em dois mandatos, durante oito anos de administração. Como consequência, o número de mortes — entre 1.494 e 2.618 — foi quatro vezes maior do que as ocorridas até 2009, quando Obama assumiu a presidência.[17]

Também mais do que o presidente George W. Bush, o presidente Obama empregou as forças do U.S. Joint Special Operations Command (JSOC) em operações secretas para matar supostos militantes de al-Qa'ida e Talibans no Iraque e no Afeganistão, bem como no Iêmen, na Somália, no Sudão, em

Uganda e outros países do Golfo Pérsico e da África.[18] Usou amplamente as *covert actions* a fim de apoiar os objetivos de sua política exterior, e as linhas entre as *covert actions* da CIA e as operações militares clandestinas das Special Operations Forces (SOF) praticamente se desvaneceram.[19]

Em meados de 2010, os jornalistas Karen DeYoung e Greg Jaffe, do *Washington Post*, revelaram que as Special Operations Forces (SOF) dos Estados Unidos estavam a operar em 75 países, 60 a mais do que no fim do governo de George W. Bush, e o coronel Tim Nye, porta-voz do JSOC, declarou que o número chegaria a 120. Esses números indicaram que o presidente Barack Obama intensificou as *shadow wars* em cerca de 60% das nações do mundo e expandiu globalmente a guerra contra al-Qa'ida além do Afeganistão e do Iraque, mediante atividades clandestinas das SOF no Iêmen e em toda a parte do Oriente Médio, da África e da Ásia Central.[20] E ainda solicitou aumento de 5,7% no orçamento das SOF para 2011, elevando-o a US$ 6,3 bilhões, mais um fundo de contingência adicional de U$ 3,5 bilhões em 2010.[21] Seus contingentes, em 2010, eram de 13.000 efetivos, operando em diversos países, e eventualmente 9.000 divididos entre o Iraque e Afeganistão.

Mas os danos colaterais foram enormes. De julho de 2008 a junho de 2011, a CIA desfechou 220 ataques dentro do Paquistão e justificou-os com a informação de que havia matado 1.400 "suspeitos", juntamente com 30 civis.[25] Entretanto, a entidade privada Conflict Monitoring Center (CMC), em Islamabad, computou que, em cinco anos, através de junho de 2011, a campanha *"kill/capture"*, no Paquistão, matou 2.052 pessoas, a maioria civis, sendo que, somente em 2010, 132 ataques com *drones* causaram 938 mortes.[27] De acordo com as estimativas da New America Foundation, os *drones* dos Estados Unidos, entre 2004 e julho de 2012, mataram no Paquistão perto de 3.000 pessoas, das quais 2.447 durante os primeiros três anos e meio do mandato do presidente Obama.[28]

Estimativa total de mortes por ataques de drones no Paquistão — 2004-2012

	Mortes (mínimo)	Mortes (máximo)
2012*	153	193
2011	378	536
2010	607	993
2009	369	725
2008	274	314
2004-2007	89	112
Total	1.870	2.873

Fonte: The New America Foundation
*Até 6 de julho de 2012.

Tais ataques, ainda que eliminassem muitos militantes, aumentaram os membros do *Tehrik-e-Taliban* do Paquistão (TTP), a força do grupo *Quetta Shura*, liderado pelo *warlord Pashtun* Sirajuddin Haqqani e do Lashkar-e-Jhangvi Al-Almi, igualmente sunita radical, e o prestígio de al-Qa'ida, que passou a contar com inúmeros refúgios locais para iludir os ataques dos *drones* e organizar operações contra os Estados Unidos.[29]

Os *Pashtuns*, tanto no Afeganistão quanto no Paquistão, trataram, em consequência, de vingar seus mortos, civis ou militantes, cumprindo o tradicional código de honra *Pashtunwali*. Por volta de 2011, os Talibans do Paquistão eram mais perigosos do que os Talibans do Afeganistão, informou o jornalista paquistanês Ahmed Rashid.[30] Em campos nas Federally Administered Tribal Areas (FATA) eram treinados jovens suecos, britânicos, alemães e outros, para voltarem aos seus países e se tornarem terroristas.[31] E cerca de 3 milhões de pessoas viviam em tribos, nessa região, além dos 15 milhões de *Pashtuns* do Afeganistão, todos adeptos do código de honra e de conduta tribal *Pashtunwali*, que incluía a *melmastia* (hospitalidade), *nanawati*, a noção de que a hospitalidade não podia ser negada a fugitivo, e *badal*, o direito de vingança.[32]

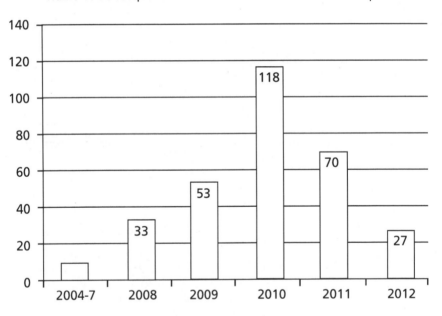

Números de ataques com *drones* dos Estados Unidos no Paquistão

Fonte: The New America Foundation

O fundamentalismo terrorista cooptou grande parte das tribos da região, dado o fato de que o Pentágono a tratava como zona de guerra.

E as condições econômicas, sociais e políticas do Paquistão igualmente favoreciam a radicalização e o crescimento do número de Talibans. Com uma população de 190 milhões, cerca de 57% eram iletrados, 22,3% estavam abaixo da linha de pobreza, o PIB, da ordem de US$ 494,8 bilhões (2011), crescia apenas 2,4% (2011) e a renda *per capita* não ultrapassava US$ 2.800 (2011).[33] A falta de oportunidades de trabalho e de segurança alimentar deixava muitos jovens sem perspectiva para o futuro e, sob o impacto da guerra travada no Afeganistão com violentos reflexos no Paquistão havia uma década, sem escolha a não ser optar pela Jihad. Assim, morrendo ao combater o infiel, iriam para o Jardim (o Paraíso), onde os tementes, segundo o *Qur'an*, Surata 44, estarão em lugar seguro, "jardins e mananciais, vestir-se-ão de tafetá e brocado, recostados frente a frente, e os casaremos com huris/houris e eles pedirão toda a espécie de frutos, em segurança".[34] E a Surata 56 diz que também lhes serão servidas as frutas de sua predileção, carne das aves que lhes apetecerem, e *huris*.[35] Essa era a esperança dos desesperados, porque, como disse Søren Kierkegård, a resignação da fé torna-se a força do absurdo.[36]

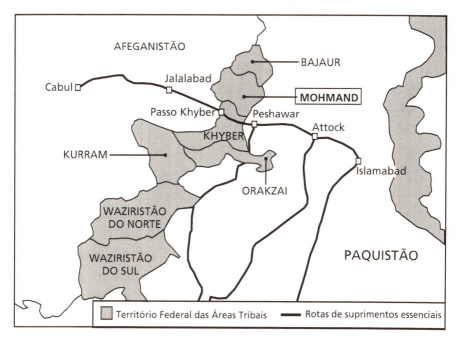

Rotas de suprimentos bloqueadas pelo Paquistão

Apesar de que Islamabad demandasse a cessão dos ataques de *drones*, dentro das fronteiras do país, os Estados Unidos não atenderam. E os atritos entre Islamabad e Washington recresceram, sobretudo depois que dois helicópteros Apache, dois jatos F-15E Eagle e um avião AC-130 da OTAN, em 26 de novembro de 2011, penetraram no Paquistão e bombardearam um posto militar no distrito tribal de Mohmand (perto da fronteira com o Afeganistão), matando no mínimo 24 soldados.[37] O governo de Islamabad retaliou. Bloqueou as rotas vitais de suprimentos das tropas dos Estados Unidos-ISAF no Afeganistão e exigiu que Washington fechasse a base de lançamento de *drones*.

Um dos feitos que o presidente Barack Obama conseguiu foi o assassinato de Usamah bin Ladin, executado, sumariamente, na madrugada de 2 de maio de 2011 por um esquadrão de 23 Navy SEALs, transportados em helicópteros Black Hawk MH-60, da base aérea de Jalalabad, no leste do Afeganistão, para uma casa em Abbottabad, na província Khyber Pakhtunkhwa, ao norte de Islamabad, a capital do Paquistão, poucos metros diante da Academia Militar.

O ex-marine Matt Bissonnette, membro dos Navy SEALs, publicou um livro, com o título *No Easy Day*, sob o pseudônimo de Mark Owen, no qual contou que bin Ladin não estava armado quando baleado com um tiro no lado direito da cabeça e que, depois de caído, ainda se contorcendo em convulsão, em meio a *"blood and brains spilled out of the side of his skull"*, os outros soldados continuaram a cravar seu corpo de balas, até deixá-lo *"motionless"*.[38] Dentro do quarto só havia duas armas, um fuzil AK-47 e uma pistola Makarov, ambas com as câmaras vazias. Bin Ladin não estava sequer preparado para defender-se. A missão, porém, consistia em *"killing/capture"*, i.e., primeiro matar e capturar o cadáver. Não havia, virtualmente, nenhuma chance de bin Ladin sobreviver para julgamento, onde quer que fosse.

O presidente Obama, o secretário de Defesa Leon Panetta e demais membros de sua equipe assistiram, pela televisão, a operação Operation Neptune Spear, como foi denominada a execução de bin Ladin e de vários de seus companheiros e a captura de suas mulheres e de seus filhos, além de vasto material composto de documentos, *hardwares* de computador, *pen drives*, CDs e DVDs.[39] Fora cumprida mais uma etapa do programa *killing/capture*, em cumprimento à *Execution Checklist*, aprovada pelo presidente Obama. E o corpo de bin Ladin foi atirado ao mar. Multidões celebraram o evento em Washington, Nova York e outras cidades dos Estados Unidos.

O assassinato de bin Ladin, desarmado e sem julgamento, suscitou o debate sobre a legalidade e a ética da iniciativa do presidente Obama, quando simplesmente podia tê-lo capturado e submetido à Justiça nos Estados Unidos.[40] Contudo, desde que o presidente George W. Bush deflagrou a *War on Terror*, a legalidade, tanto no nível interno quanto internacional, não mais importava a Washington. O próprio presidente George W. Bush, por sugestão do seu secretário de Defesa, Donald Rumsfeld, criou a figura do *"enemy combatant"* para classificar os presos no Afeganistão e, eludindo e desrespeitando os direitos dos prisioneiros de guerra, garantidos pela Convenção de Genebra, mantê-los indefinidamente confinados no campo de concentração de Guantánamo, base militar em Cuba, fora da jurisdição dos Estados Unidos, submetê-los a diversos tipos de tortura, autorizados pelo *"torture memo"* de 1º de agosto de 2002, do procurador-geral Alberto Gonzales,[41] e a cortes militares ilegais e ilegítimas.[42] O conselheiro do Departamento de Justiça John Yoo justificou, em 42 páginas de parecer, que a Convenção de Genebra e o U.S. War Crimes Act não se aplicavam à *War on Terror* porque o Afeganistão era um *failed state* e os Talibans, da mesma forma que os militantes de al-Qa'ida, eram *"illegal enemy combatants"*, uma nova categoria além de civis e militares.[43] O presidente dos Estados Unidos havia assim adquirido o *jus gladii, necis ac vitae*, o direito imperial de vida e morte sobre qualquer cidadão que ele considerasse *enemy combatant*.

O ex-chefe de governo da Alemanha, o social-democrata Helmut Schmidt, em entrevista ao canal de televisão ARD, declarou que a operação para assassinar bin Ladin constituiu claro atentado contra o Direito internacional vigente (*"ganz eindeutig ein Verstoß gegen das geltende Völkerrecht"*), que poderia provocar imprevisíveis consequências e distúrbios no mundo árabe.[44] Entretanto, na realidade, ao governo dos

Estados Unidos não convinha capturar bin Ladin vivo e submetê-lo a julgamento. Ele poderia revelar as íntimas conexões que tivera com a CIA, pelo menos até 1995-1996, envolvendo a monarquia saudita e a própria família do presidente George W. Bush e o Carlyle Group, no qual a família de bin Ladin havia investido grandes somas de dinheiro.[45] *"If there were ever any company closely connected to the U.S. and its presence in Saudi Arabia, it's the Saudi Binladin Group"*, disse ao *Wall Street Journal* Charles Freeman, ex-embaixador dos Estados Unidos na Arábia Saudita e presidente do Middle East Policy Council.[46]

Cynthia McKinney, membro do Partido Democrata na House of Representatives, já havia declarado, em 2002, que havia pessoas bem posicionadas na administração do presidente George W. Bush, pois *"there was numerous warning of the event to come on September 11"*, para fazer *"huge profits off America's War"*. Ela mencionou o Carlyle Group e sugeriu que a administração de George W. Bush soube dos ataques e permitiu que acontecessem e que agora estavam a colher os lucros, *"both financial and political, through its connections to Carlyle Group"*. O mesmo jornal escreveu que a família de bin Ladin estava em posição de fazer milhões na guerra contra seu próprio irmão.[47]

Conquanto o presidente George W. Bush, quando lançou a Operation Enduring Freedom, proclamasse que queria bin Ladin *"dead or alive"*, o general Tommy Franks, pouco tempo depois, declarou que *"we have not said that Osama bin Laden is a target of this effort"*, mas, sim, a destruição da rede de al-Qa'ida, bem como do abrigo que os Talibans lhe davam.[48] Outrossim, o chefe do Estado-Maior Conjunto das Forças Armadas dos Estados Unidos acentuou que *"our goal has never been to get bin Laden"*.[49] E, conforme o senador John F. Kerry, candidato do Partido Democrata à presidência em 2004, revelou em debate na televisão, o que foi confirmado por transcrições da Casa Branca, o próprio presidente George W. Bush, em conferência em 13 de março de 2002, declarou, a propósito da guerra no Afeganistão e da captura de bin Ladin, que *"I truly am not that concerned about him"*.[50]

O fato é que, durante oito anos de governo, o presidente George W. Bush, com a *war on terror*, não capturou ou matou bin Ladin, enquanto o presidente Barack Obama conseguiu fazê-lo, dois anos e meio após inaugurar sua administração, reconhecendo que na última década os Estados Unidos haviam gasto *"a trillion dollars on war, at a time of rising debt and hard economic times"* e era *"time to focus on nation building here at home"*.[51]

Contudo, o êxito do presidente Obama, violando a soberania nacional do Paquistão, abalou e tornou ainda mais difíceis e tensas as relações de Washington com Islambad,[52] já bastante deterioradas pelos ataques de *drones*, no norte e no sul de Waziristão, devido inclusive à grande matança de civis na área tribal a oeste e sudoeste de Peshawar, habitada pelos *Pashtuns*, e no nordeste do país, na fronteira com o Afeganistão. E o antiamericanismo aumentou, inclusive dentro do exército e, principalmente, do aparato de inteligência, o ISI, cujos agentes estiveram muito envolvidos e solidários com os *jihadistas* de al-Qa'ida e os Talibans durante a guerra contra as tropas da extinta União Soviética e ainda durante os anos 1990.[53] Ao mesmo tempo, tanto no norte quanto no sul do Waziristão, os Talibans endureceram no tratamento da população, com intimidação e assassinatos, impondo a *Shari'ah*, que bania música, televisão, internet, estabelecia as cinco orações diárias e a barba obrigatória para os homens.[54]

Entrementes, o presidente Obama, convencido de que alguns círculos do governo paquistanês sabiam de bin Ladin e deram respaldo para que continuasse anonimamente vivendo em Abbotabad, suspendeu a concessão de US$ 800 milhões de ajuda e equipamentos, mais de um terço dos US$ 2 bilhões outorgados ao Paquistão para a segurança.[55] Houve pressões da OTAN sobre o presidente do Paquistão, Ali Zardari, para que abrisse as rotas de abastecimento das tropas no Afeganistão. E o Paquistão e os Estados Unidos, devido a certa dependência recíproca, não podiam cortar definitivamente as relações que mantinham, ainda que ambivalentes. Além da reabertura das fronteiras para os transportes logísticos da OTAN, os Estados Unidos liberariam US$ 1,1 bilhão para o exército paquistanês do fundo de apoio à coalizão, destinado a reembolsar as operações de contrainsurgência. Desde 2001 os Estados Unidos já haviam fornecido US$ 11 bilhões ao Paquistão.[56] Não queriam perdê-lo como aliado, devido a sua estratégica posição geopolítica, no corredor da maior rota marítima de suprimentos de petróleo ao Ocidente e próximo aos países petrolíferos da Ásia Central, e a sua projeção sobre o sul da Ásia e o Oriente Médio.

NOTAS

1. Peter SINGER, "Do Drones Undermine Democracy?" *The New York Times*, January 21, 2012. Peter W. Singer é diretor da 21st Century Defense Initiative na Brookings Institution e autor da obra *Wired for War: The Robotics Revolution and Conflict in the 21st Century*. Peter W. SINGER, "Predator Drones and Unmaned Aerial Vehicles (UAVs)", *The New York Times*, May 11, 2012.
2. Scott SHANE e Thom SHANKER, "Strike Reflects U.S. Shift to Drones in Terror Fight", *The New York Times*, October 1, 2011.
3. Scott SHANE, "A Biker, a Blonde, a Jihadist and Piles of C.I.A. Cash", *The New York Times*, October 19, 2012. Af Orla BORG, Carsten ELLEGAARD e Morten PIHL, "CIA i hemmelig optagelse: Obama kendte til dansk agent. I en skjult lydoptagelse lavet af Morten Storm fortæller CIA-agent, at Obama kender til den danske PET-agent", *Jyllands-Posten*, Oktober 22, 2012.
4. Anwar al-Awlaki, um clérigo fundamentalista nascido no Novo México, nos Estados Unidos, foi morto na área tribal do Paquistão por um *drone*, bem como seu filho de 16 anos, Abdulrahman, nascido no Colorado. Outro americano morto por *drone* foi Samir Khan. Executados sem julgamentos, as famílias iniciaram processo contra o Pentágono e a CIA. "Military sued over al-Awlaki Yemen drone death", BBC, USA-Canada, July 18, 2012.
5. Jimmy CARTER, "A Cruel and Unusual Record", *The New York Times*, June 24, 2012.
6. Ibidem.
7. Ibidem.
8. Ibidem.
9. Chris WOODS, "Drone War Exposed — the complete picture of CIA strikes in Pakistan", Bureau of Investigative Journalism, August 10, 2011. Benjamin WITTES, "Civilian Deaths from Drone Strikes", *Lawfare — Hard National Security Choices*, August 12, 2011.

10. Ibidem.
11. Declan Walsh, Eric Schmitt e Ihsanullah Tipu Mehsud, "Drones at Issue as U.S. Rebuilds Ties to Pakistan", *The New York Times*, March 18, 2012.
12. Chris Woods, "160 children reported among drone deaths", Covert War on Terror Over — The Bureau of Investigative Journalism, August 11, 2011.
13. "Obama's kill list — All males near drone strike sites are terrorists", *Russia Today*, May 31, 2012.
14. International Human Rights, Conflict Resolution Clinic (Stanford Law School), Global Justice Clinic (NYU School of Law), *Living Under Drones: Death, Injury, and Trauma to Civilians From USs Drone Practices in Pakistan*, September 2012, disponível em: http://livingunderdrones.org/. "US drones terrorize communities: Report", *Al-Akhbar* (English), September 25, 2012.
15. Ibidem, p. vii.
16. Ibidem, p. v.
17. Peter Bergen e Megan Braun, "Drone is Obama's Weapon of Choice", CNN, September 6, 2012.
18. Priest e Arkin, 2011, p. 251.
19. Ibidem, p. 6.
20. Karen DeYoung e Greg Jaffe, "U.S. 'secret war' expands globally as Special Operations forces take larger role", *Washington Post*, June 4, 2010. Nick Turse, "A secret war in 120 countries. The Pentagon's new power elite", *Le Monde Diplomatique*, August 18, 2011.
21. Karen DeYoung e Greg Jaffe, "U.S. 'secret war' expands globally as Special Operations forces take larger role", *Washington Post*, June 4, 2010.
22. Chris Woods, "Drone War Exposed — the complete picture of CIA strikes in Pakistan", Bureau of Investigative Journalism, August 10, 2011. Benjamin Wittes, "Civilian Deaths from Drone Strikes", *Lawfare — Hard National Security Choices*, August 12, 2011.
23. Ibidem.
24. Declan Walsh, Eric Schmitt e Ihsanullah Tipu Mehsud, "Drones at Issue as U.S. Rebuilds Ties to Pakistan", *The New York Times*, March 18, 2012.
25. Chris Woods, "160 children reported among drone deaths", *Covert War on Terror Over*, The Bureau of Investigative Journalism, August 11, 2011.
26. Priest e Arkin, 2011, p. 209.
27. Ibidem, p. 209.
28. "The Year of the Drone — An Analysis of U.S. Drone Strikes in Pakistan, 2004-2012", New America Foundation, disponível em: http://counterterrorism.newamerica.net/drones

29. Ihsanullah Tipu MEHSUD, "The Changing Face of Terror — Al-Qaeda takes hold of tribal regions", *Asia Times*, July 10, 2012.

30. RASHID, 2002b, p. 26.

31. Ibidem, p. 26.

32. RASHID, 2008, p. 265-266.

33. CIA Fact Book, disponível em: http://www.cia.gov/library/publications/the-world-factbook/geos/geos/pk.html.

34. *Der Koran* (Arabisch-Deutsch), 2011, Teil 25 — Sure 44 — Der Rauch (ad-Dukhan), 51-55, p. 498. O *Qur'an*, nas diversas suratas nas quais há referências a huris, que podem ser moços ou moças, não se refere a nenhum número.

35. *Der Koran* (Arabisch-Deutsch), 2011. Teil 27, Sure 56, Das Unvermeidliche (al-Waqu'a), 51-55, p. 535.

36. KIERKEGÅARD, 1993, p. 48-49.

37. "Pakistan buries 24 troops killed in Nato airstrike", *BBC News Asia*, November 27, 2011.

38. OWEN e MAURER, 2012, p. 235-236. Eric SCHMITT, "Book on Bin Laden Killing Contradicts U.S. Account", *The New York Times*, August 29, 2012.

39. SANGER, 2012a, p. 68-113. PRIEST e ARKIN, 2011, p. 256-263. Peter BAKER, Helene COOPER e Mark MAZZETTI, "Bin Laden Is Dead, Obama Says", *The New York Times*, May 1, 2011. Mark MAZZETTI e Helene COOPER, "Detective Work on Courier Led to Breakthrough on Bin Laden", *The New York Times*, May 2, 2011. Kate ZERNIKE e Michael T. KAUFMAN, "The Most Wanted Face of Terrorism", *The New York Times*, May 2, 2011. Scott WILSON, Craig WHITLOCK e William BRANIGIN, "Osama bin Laden killed in U.S. raid, buried at sea", *The Washington Post*, May 2 2011. Bob WOODWARD, "Death of Osama bin Laden: Phone call pointed U.S. to compound — and to 'the pacer'", *The Washington Post*, May 7, 2011.

40. "Bin Laden death prompts questions about legality", *USA Today*, 5/4/2011. "Bin Laden's killing prompts uncomfortable legal, ethical questions for US", *Deutsche Welle*, 4/5/2011.

41. WOODS JR. e GUTZMAN, 2008, p. 182.

42. De acordo com algumas fontes, o general Colin Powell, então secretário de Estado, havia pretendido dar aos Talibans aprisionados no Afeganistão o status de prisioneiros de guerra, o que de fato eram, mas se submeteu à decisão do presidente George W. Bush, que contou com o apoio de seu conselheiro e procurador-geral da Justiça, o neocon Alberto R. Gonzales, inclusive para justificar as práticas de torturas, eufemisticamente denominadas técnicas de *stress and duress*, como privação de sono, isolamento, simulação de afogamento (*waterboarding*), humilhação sexual etc., usadas não apenas em Guan-

tánamo, mas também em Abhu Graib, no Iraque, e nos *Black Sites*, as prisões secretas da CIA na Polônia, na Romênia e em outros países. SCARBOROUGH, 2004, p. 17-19. McCoy, 2007, p. 108-135.

43. McCoy, 2007, p. 113-114.

44. Helmut SCHMIDT, "Bin Laden zweifellos Urheber des schändlichen Attentats", *Hamburger Abendblatt*, 2/5/2011. Lilith VOLKERT, "TV-Kritik: Beckmann zu Bin Laden Gegengift zur Aufgeregtheit", *Süddeutsche Zeitung*, 3/5/2011.

45. BRIODY, 2003, p. 146-148.

46. Daniel GOLDEN e James BANDLER, "Bin Laden Family Is Tied to U.S. Group", *The Wall Street Journal*, p. A3.

47. BRIODY, 2003, p. 145.

48. John OMICINSKI, "General: Capturing bin Laden is not part of mission", *USA Today*, 11/8/2001.

49. Jeremy R. HAMMOND, "Ex-ISI Chief Says Purpose of New Afghan Intelligence Agency RAMA Is 'to destabilize Pakistan'", *Foreign Policy Journal*, August 12, 2009.

50. Maura REYNOLDS, "The Presidential Debate — Bush 'Not Concerned' About Bin Laden in '02", *Los Angeles Times*, October 14, 2004.

51. Christi PARSONS e David CLOUD, "Obama announces drawdown of forces from Afghanistan, saying 'tide of war is receding'", *Los Angeles Times*, June 22, 2011.

52. Jane PERLEZ, "Pakistani Army, Shaken by Raid, Faces New Scrutiny", *The New York Times*, May 4, 2011. "Pakistan after Bin Laden", *The New York Times*, May 13, 2011.

53. Declan WALSH e Eric SCHMITT, "Militant Group Poses Risk to U.S.-Pakistan Relations", *The New York Times*, July 30, 2012.

54. RASHID, 2008, p. 375.

55. "Obama aide confirms US holding back aid to Pakistan", *The Express Tribune* with *The International Herald Tribune*, Reuters/AFP, July 10, 2011.

56. Saeed SHAH, "Anti-Americanism Rises In Pakistan Over US Motives", *McClatchy Newspapers*, September 7, 2009.

Capítulo XII

DE 2010 A 2011, A MULTIPLICAÇÃO DAS GUERRAS E DOS CONFLITOS • A GUERRA NO PAQUISTÃO • A ARÁBIA SAUDITA E PAÍSES DO GOLFO COMO FINANCIADORES DOS TERRORISTAS SUNITAS • O LEVANTE NA TUNÍSIA • A QUEDA DA DITADURA DE BEN ALI • A SITUAÇÃO EXPLOSIVA DO EGITO E DE TODO O ORIENTE MÉDIO • AS MANIFESTAÇÕES NA PRAÇA TAHRIR E A QUEDA DE MUBARAK

Em relatório escrito para o primeiro quadrimestre de 2010, o Departamento de Estado reconheceu que havia, no mínimo, 36 conflitos ativos em todo o mundo e que o risco da violência armada estava a crescer em países ricos em recursos naturais mas com governos pobres, em virtude de baixo produto interno bruto, corrupção predatória, instabilidade dos países vizinhos, sistemas políticos híbridos, vínculos internacionais mínimos e acesso a armamentos financiados.[1] Por sua vez, o Barômetro de Conflitos (*Konfliktbarometer*), divulgado pelo Instituto de Pesquisa Internacional de Conflitos de Heidelberg (Heidelberger Institut für Internationale Konfliktforschung — HIIK), órgão do Instituto de Ciência Política da Universidade de Heidelberg, mostrou que, em apenas um ano, 2011, o número de guerras e conflitos no mundo triplicou e foi o mais alto desde 1945: saltou de seis guerras e 161 conflitos armados, em 2010, para 20 guerras e 166 conflitos, em 2011, tendo como cenário, sobretudo, o Oriente Médio, a África e o Cáucaso.[2] E a previsão do professor Christoph Trinn, diretor do HIIK, era de que esse número aumentaria ainda em 2012.[3]

Desde os atentados de 11 de setembro de 2001, as Army Special Operations Forces Unconventional Warfare (ARSOF) tornaram-se o principal instrumento para enfrentar o que os Estados Unidos denominaram guerra não convencional, insurgência, guerrilhas, terrorismo etc. As Special Operations Forces havia anos já estavam a operar em *unconventional wars* (UW) em vários países. Porém, a *War on Terror*, que tinha o Iraque e o Afeganistão como os principais teatros dos Estados Unidos e da OTAN desde os atentados de 11 de setembro de 2001, inflamou ainda mais o fundamentalismo islâmico, robusteceu al-Qa'ida, aumentou a rede de terroristas e, conectada com diversos e complexos fatores, inclusive a influência de ONGs ocidentais, concorreu para desestabilizar e fazer escalar os conflitos armados em quase todos os países do Oriente Médio e da África do Norte, cuja estagnação econômica, social e política a crise financeira mundial, que eclodiu em 2007-2008, mais ainda aguçou.

A guerra contra os Talibans no Afeganistão entrelaçara-se com a guerra contra os Talibans no Paquistão (Af/Pak). A rede Haqqani (*Quetta Shura*), que tinha seu santuário em Miranshah, no norte do Waziristão, fronteira com o Afeganistão, continuava a atacar as tropas dos Estados Unidos e da OTAN, e sem incluí-la nas negociações, intermediadas pela Alemanha, a paz seria impossível. Seus combatentes atuavam em três províncias *Pashtun* — Khost, Patika e Paktya — no leste do Afeganistão. Desde 2008, militantes suicidas — homens-bomba — realizaram vários ataques em Kabul, inclusive contra o quartel-general da ISAF.[4]

Ademais da rede Haqqani, liderada por Sirajuddin Haqqani e acusada por Washington de receber suporte do ISI, o serviço de inteligência do Paquistão, os Talibans tinham outro aliado, o partido Gulbuddin Hekmatyar's Hezb-i-Islami, que operava a partir do norte do Paquistão, onde, na província de Baluchistão, situada nas montanhas do sudoeste, os balúchis — minoria étnica persa, que habitava também o Irã e o Afeganistão — insurgiram-se contra Islamabad para fazer sua independência.[5] Por essa região, à qual poucos estranhos tinham acesso, passavam contrabandistas e militantes Talibans e de al-Qa'ida.

A secretária de Estado, Hillary Clinton, reconhecera, em telegrama secreto do Departamento de Estado, datado de 30 de dezembro de

2009 e revelado pelo WikiLeaks, que *"Saudi Arabia remains a critical financial support base for al-Qa'ida, the Taliban, Lashkar e-Tayyiba (LeT) and other terrorist groups, including Hamás"*, os quais provavelmente recebiam milhões de dólares por ano, e que mais devia ser feito para estancar esse fluxo de dinheiro do Golfo para os extremistas do Paquistão e do Afeganistão.[6] Hillary Clinton enfatizou que doadores na Arábia Saudita, no Qatar, no Kuwait e nos Emirados Árabes Unidos constituíam a mais significativa fonte de financiamento dos grupos sunitas terroristas em todo o mundo, entre os quais Lashkar e-Tayyiba (LeT), Jemaah Islamiyah e al-Itihaad al-Islamiya.[7] As doações eram feitas durante eventos religiosos como Hajj, Umrah, Ramadan, por meio de instituições de caridade, como *Zakah*, tributo religioso, um dos cinco pilares do Islã.

Não só na região chamada Af/Pak (Afeganistão/Paquistão) os conflitos armados recrudesceram, com recursos das monarquias Wahhabi-salafistas do Golfo Pérsico, e al-Qa'ida aumentou sua influência, inclusive cedendo a franquia do nome a outros grupos terroristas, espalhando sua influência por várias partes do mundo muçulmano. E os conflitos, que não cessavam nem no Af/Pak nem no Iraque, com sucessivos atentados terroristas, irromperam também em outros países do Oriente Médio e da África do Norte, acirrando o permanente antagonismo entre xiitas e sunitas. E os grupos islâmicos radicais, com recursos da Arábia Saudita, do Kuwait, do Qatar e dos Emirados Árabes Unidos, os grandes *sponsors* do terrorismo, trataram de empalmar os movimentos, que o Ocidente batizou como Primavera Árabe.

Na Tunísia, em 17 de dezembro de 2010, quando a polícia confiscou suas mercadorias, em Sidi Bouzid, cidade no centro do país, por não ter licença para vender frutas e verduras e recusar-se a pagar uma propina, Mohamed Bouazizi, um jovem de 26 anos, sem dinheiro para sustentar a família, desesperado, imolou-se, ateando fogo ao próprio corpo na rua. As tensões acumuladas, que haviam enfraquecido o mecanismo social de integração, determinaram então a explosão política.[8] O suicídio desencadeou uma onda de manifestações que se espalharam por toda a Tunísia e provocaram a queda do presidente da República,

Zine el-Abidine Ben Ali, no poder desde 1987. O movimento foi logo chamado de Revolução Jasmim, dado o formato das revoluções ocorridas nos países do Cáucaso, com base na estratégia do professor Gene Sharp, que inspirou a política de *regime change*, incrementada pelo presidente George W. Bush.

O ditador Ben Ali era aliado dos Estados Unidos na *War on Terror* e reprimiu duramente as organizações *jihadistas* Tunisian Combatant Group (TCG), Algerian Salafist Group for Preaching and Combat (GSPC) e al-Qa'ida/Islamic au Maghrib (AQIM). E a Tunísia participara da US-North African Economic Partnership (USNAEP), que visava a promover os investimentos americanos e a integração econômica da região do Magreb. Entre 2006 e 2010, a Tunísia recebeu dos Estados Unidos, a título de assistência, um total de US$ 69,28 milhões, dos quais apenas US$ 15,69 milhões para a promoção da democracia e dos direitos humanos e o restante, US$ 53,59 milhões, para assistência *"military and security"*.[9] Entre 1987 e 2009, as vendas de armamentos somaram US$ 349 milhões e, em 2010, a administração do presidente Obama solicitou ao Congresso a aprovação de US$ 282 milhões para o fornecimento de *"12 SH-60F Multi-Mission Utility Helicopters Sikorsky-made"* à Tunísia.[10]

Entretanto, em 2009, o embaixador dos Estados Unidos em Túnis, Robert F. Godec, havia informado ao Departamento de Estado, em telegrama revelado pelo WikiLeaks, que o presidente Zine el-Abidine Ben Ali estava a envelhecer, seu regime tornara-se *"sclerotic"*, não tinha um claro sucessor, a corrupção no círculo íntimo recrescia e o *"chorus of complaints is rising"*.[11] Os tunisianos detestavam intensamente, até mesmo odiavam, a *"first lady Leila Trabelsi and her family"*.[12] *"Corruption... is the problem everyone knows about, but no one can publicly acknowledge"*, comentou o embaixador Godec.[13] E acentuou que muitos tunisianos estavam frustrados com a falta de liberdade política, encolerizados com o desemprego e as iniquidades regionais. Como consequência, os riscos de estabilidade do regime em longo termo estavam crescendo e o extremismo representava contínua ameaça.[14] O presidente Zine el-Abidine Ben Ali, que tomara o poder em 1987, mediante um golpe de Estado respaldado pelo Servizio per le Informazioni e la Sicurezza Militare (SISMI), da Itália, já estava bastante enfraquecido. E não aguentou o governo. Fugiu para Jiddah, na Arábia Saudita, onde se exilou, em 14 de janeiro de 2011. Mas as demonstrações prosseguiram.

O que determinou na Tunísia a propagação do fogo, a erupção dos protestos, quando o jovem Mohamed Bouazizi incendiou o próprio corpo, em 17 de dezembro de 2010, não foi apenas a falta de liberdades civis e políticas, mas também as reformas neoliberais, determinadas pelo Fundo Monetário Internacional (FMI), pelo Banco Mundial e pelos Estados Unidos, iniciadas nos anos 1990, a corrupção, a rapacidade do governo, em que o clã de Ben Ali se enriquecia ao intermediar as privatizações e o comércio de importação e exportação, o alto nível de desemprego, a elevação dos preços dos alimentos, devido à eliminação dos subsídios, e diversas outras questões que tornaram a ditadura cada vez mais impopular. Contudo, a situação ainda era melhor que em outros países do Norte da África, como Egito e Líbia.

A população da Tunísia era de cerca de 10,4 milhões de habitantes, altamente alfabetizada e urbanizada, e apenas 11,8%, em 2005, viviam abaixo do nível de pobreza, de acordo com o Banco Mundial.[15] Com uma força de trabalho de quase 4 milhões de pessoas, a Tunísia tinha um altíssimo nível de desemprego, da ordem de 15% a 20% ou mais, uma vez que a cada ano 140.000 jovens entravam no mercado de trabalho, mas apenas de 60.000 a 65.000 empregos eram criados na grande Túnis e nas áreas ao longo do litoral.[16] E o desemprego tornava-se cada vez maior nas cidades do interior como Sidi Bouzid, Gafsa e Bengierdane, onde as demonstrações contra o governo já estavam a ocorrer, exprimindo a exclusão social, que afetava, sobretudo, a juventude.

Entretanto, a Tunísia, sob o governo autocrático de Zine el-Abidine Ben Ali (1987-2011), continuava um Estado laico, secular, onde as mulheres estavam plenamente emancipadas e integradas na sociedade urbana, tinham direito ao aborto, desde a promulgação do Code du Statut Personnel (CSP), pelo presidente Habib Bourguiba (1957-1987).[17] *"On women's rights, Tunisia is a model"*, escreveu o embaixador dos Estados Unidos, Robert F. Godec, em 17 de julho de 2009.[18]

A revolta na Tunísia, avaliou o jornalista John R. Bradley, foi espontânea e careceu de qualquer conotação ideológica.[19] Radicais (*bearded zealots*),[20] se houve, tiveram pouca influência.[21] Mas o clima psicológico havia sido criado pelos programas da National Endowment for Democracy, cuja tarefa, segundo William Blum, consistia em fazer *"somewhat overtly"* o que a CIA tinha feito *covertly* durante décadas e assim, esperançosamente, eliminar o estigma associado com as suas atividades encobertas.[22] Esse programa, criado em 1983 pelo Congresso, estava em execução em quase todos os países do Oriente Médio, e seu objetivo declarado era abrir espaço político nos países sob regimes autoritários, ajudando democratas e processos democráticos em países semiautoritários, auxiliando democracias bem-sucedidas, construindo democracias após conflitos e *"aiding democracy in the Muslim world"*.[23] Seus esforços incluíam o apoio a jornalistas e *"independent media"* na Jordânia, no Marrocos, no Iêmen e na Tunísia; programas para encorajar participação eleitoral *"by political activists"*, acompanhada pelo monitoramento eleitoral e pela avaliação pós-eleições, no Egito, no Líbano e no Kuwait; e atividades de construção e treinamento de organizações da sociedade civil, provendo oportunidades para a construção de *"networks among political activists"* em ambientes politicamente fechados como Líbia, Síria, Irã e Arábia Saudita.[24]

O presidente Barack Obama deu continuidade à *"freedom agenda"* do presidente George W. Bush e a MEPI recebeu, de 2002 a 2012, cerca de US$ 580 milhões destinados a mais de 680 projetos em 18 países e territórios por meio do seu quartel-general em Washington e dos escritórios regionais em Túnis e Abu Dhabi, estendendo-se a todas as regiões rurais e suburbanas bem como às comunidades tribais, e os programas *"have focused on political process strengthening, legal or institutional frameworks, elections management"*.[25]

A revolta contra o governo de Ben Ali, portanto, não surpreendeu os Estados Unidos. Era provavelmente esperada.[26] Washington estava alerta para a situação na Tunísia e em todo o Oriente Médio. O próprio presidente Ben Ali, ao prometer a Washington, em 2008, *"tried-and-true strategy"* para combater o terrorismo, disse a David Welch, secretário de Estado assistente, que a situação no Egito era *"explosive"* e que *"sooner or later"* a Irmandade Muçulmana tomaria o poder no Cairo. Acrescentou que o Iêmen e a Arábia Saudita estavam a enfrentar reais problemas e que toda a região era *"explosive"*.[27]

A situação no Egito se afigurava, de fato, explosiva. Em 2010 o Egito sofria severa crise de liquidez causada, sobretudo, pela perda do turismo e, consequentemente, com enormes prejuízos para o comércio, companhias de aviação etc. As receitas obtidas com o Canal de Suez igualmente declinaram, especialmente por causa da pirataria no Mar Vermelho, o que levou as companhias a buscar rotas mais seguras. E as remessas de dinheiro pelos egípcios no exterior caíram, em consequência da crise econômica e financeira que afetou os Estados Unidos e a União Europeia.

A corrupção, com o programa de privatização empreendido pelo presidente Mubarak, tornou-se crônica, principalmente nos ministérios da Saúde, Agricultura, Petróleo, Finanças e Antiguidades.[28] A taxa de crescimento econômico caíra de 4,6% para 2% em 2008.[29] As oportunidades de trabalho, havia décadas, não acompanhavam a taxa de crescimento da população, que estava a alcançar, em dezembro de 2010, cerca de 78,08 milhões de habitantes,[30] dos quais 43,4% viviam em áreas urbanizadas, cerca de 20% a 25% viviam abaixo do nível de pobreza, e o índice de desemprego, de uma força de trabalho de 26,1 milhões, era bastante elevado, da ordem de 9,7%.

Entrementes, no campo, existiam algumas regiões com excesso de mão de obra e outras com carência. E o país estava politicamente estagnado, sob a ditadura corrupta de Hosni Mubarak (1981-2011). Apesar de haver crescido 5% desde 2005, sua economia não conseguira criar empregos conforme as necessidades da população. A juventude estava seriamente afetada pelo desemprego. Cerca de 90% dos desempregados eram jovens com menos de 30 anos. Os graduados tinham de esperar pelo menos cinco anos por uma oportunidade de trabalho na administração. E as políticas neoliberais executadas pelo ditador Mubarak agravaram as desigualdades e empobreceram milhões de famílias.

Esses fatos, em meio ao desemprego, à extrema pobreza, à inflação, à alta dos preços dos alimentos e ao ressentimento político provocado pela

A SEGUNDA GUERRA FRIA

sistemática repressão, foram aparentemente fundamentais na deflagração da revolta, que as seitas islâmicas fundamentalistas, como a Irmandade Muçulmana, e os interesses estrangeiros trataram de instigar. Havia desencanto, rejeição ao Ocidente e uma busca nostálgica das raízes islâmicas,[31] enquanto o sentimento anti-Israel crescia de modo alarmante. Para a juventude, o Ocidente, especialmente os Estados Unidos, um deserto espiritual, tentava impor seus "valores imorais" ao mundo islâmico.[32]

O Egito tinha uma longa tradição de cultura islâmica. Em meados do século X, os fatimidas, xiitas (*Shia*), conquistaram a Tunísia, instalaram-se em Mahdia, depois ocuparam o vale do Nilo e construíram, em 969, a cidade do Cairo, para onde transferiram a sede do Califado. Eles eram partidários de Ali ibn Abi Talib (598/600-661), marido de Fatimah al-Zahra, filha de Muhammad e Khadija, e considerado o verdadeiro sucessor do Profeta, e estenderam seu domínio do Mar Vermelho ao Oceano Atlântico. Mas não impuseram as doutrinas *Isma'ili* aos muçulmanos do Egito, cuja maioria conviveu pacificamente com os cristãos e judeus, pelo menos até o reinado do sexto califa fatimida Abu 'Ali Mansur Tāriq al-Ḥākim (996-1021), 16° *imam Isma'ili*, que dizia possuir qualidades divinas.[33] A *Shari'ah* conformou o sistema jurídico do país e só foi abolida após a derrubada do rei Fārūq al-Awwal (1906-1966) pelo Movimento dos Oficiais Livres, sob a liderança dos coronéis Muhammad Naguib (1901-1984) e Gamal Abdel Nasser (nascido em 1918, presidente de 1956-1970), que aboliram a dinastia de Muhammad Ali e instituíram uma república secular no Egito e no Sudão.

A Irmandade Muçulmana, fundada em 1928 pelo imã Sheikh Muhammad Hasan al-Banna (1906-1949), apoiou o golpe, mas se opôs à secularização do regime e foi outra vez posta fora da lei pelo presidente Nasser, acusada de planejar seu assassinato. Alguns membros foram executados. Não obstante, a Irmandade Muçulmana sempre contou com milhares de adeptos, inclusive dentro das Forças Armadas, e, em 1966, Sayyid Qutb (1906-1966), autor de *Al-Adala al-Ijtima'iyya fi'l-Islam* (Justiça Social no Islã) e *Fi Zilal al-Qur'an* (Na sombra do *Qur'an*) e importante teórico da tendência salafista, foi preso, condenado e enforcado, juntamente com outros membros da Irmandade Muçulmana, sob a acusação de tramar contra o regime. Sayyid Qutb sustentava que a era do Ocidente estava esgotada, defendia a justiça social e a *Jihad* como forma de luta, e dizia que o Islã era a solução (*Al-Islam huwwa al-Hal*) e só o Islã oferecia esperança ao mundo.[34]

Inspirado certamente pelas ideias de Sayyid Qutb, o tenente-coronel Khalid Ahmed Showky Al-Islambouli planejou e, juntamente com outros jihadistas da Al-Gama'a al-Islamiyya, assassinou o presidente Muḥammad Anwar as-Sādāt (1970-1981), durante uma parada militar, no dia 6 de outubro de 1981, data comemorativa do ataque a Israel, iniciando a guerra do Yom Kippur (1973). O tenente-coronel Islambouli foi imediatamente capturado, julgado e fuzilado, juntamente com três outros conspiradores, em 15 de abril de 1982. Al-Gama'a al-Islamiyya, cujo líder espiritual era Sheik 'Umar Abd al-Rahman, conhecido como *Blind Sheik*,[35] e a Jihad Islâmica Egípcia, integrante da Irmandade Muçulmana, matriz desses e de outros grupos jihadistas, odiavam o presidente Sadat por ele ter assinado o Tratado de Paz Egito-Israel com o ministro Menachem Begin (1913-1992), em 26 de março de 1979, após os acordos de Camp David (1978), negociados com o presidente dos Estados Unidos Jimmy Carter.

O sucessor do presidente Anwar Sadat, Hosni Mubarak, manteve a mesma política externa e, em 22 de junho de 1995, al-Gama'a al-Islamiyya/Jihad Islâmica Egípcia, dirigido pelo terrorista Ayman al-Zawahiri e com a participação de Showqi Al-Islambouli, irmão mais jovem do tenente-coronel Islambouli, tentou assassiná-lo no caminho do Aeroporto Internacional de Addis Ababa (Etiópia), onde participaria de uma cúpula de presidentes de países africanos. O *New York Times* noticiou que afortunadamente o presidente Hosni Mubarak escapou do atentado a bala, comentando que ele era uma *"complicated figure"*, alvo dos islâmicos radicais por manter o governo secular e relações diplomáticas com Israel, ao mesmo tempo em que exercia uma *"corrupt and self-perpetuating military autocracy"*, na sua quinta década de domínio, e não oferecia qualquer esperança de democracia ou melhores condições de vida para milhões de *"desperately poor Egyptian peasants"*.[36] Em tais circunstâncias, assinalou o editorial do *New York Times*, o fundamentalismo islâmico, *"the most potent revolutionary force in the modern Middle East"*, explorava implacavelmente essa vulnerabilidade.[37]

Com efeito, cerca de dois anos após o atentado contra o presidente Mubarak, jihadistas de al-Gama'a al-Islamiyya, em 17 de novembro de 1997, lançaram um devastador ataque à cidade histórica de Luxor, no sítio arqueológico de Deir el-Bahri, ao sul do Cairo, massacrando 62 pessoas, na maioria turistas. O chefe e estrategista da Jihad islâmica era Abbud al-Zumar, um coronel da inteligência militar que havia planejado assassinar todos os líderes do país, capturar os quartéis da Segurança do Estado e estações de rádio e telefone, a fim de deflagrar uma insurreição islâmica contra o governo secular. O plano fracassou. Abbud al-Zumar e outros terroristas foram presos. A repressão recrudesceu ainda mais sob o regime autoritário de Hosni Mubarak, mas as condições referidas no editorial do *New York Times*, em 1995, tornaram-no ainda mais vulnerável, com milhões de camponeses em situação miserável e a situação macroeconômica a deteriorar-se cada vez mais.

O sucesso da rebelião na Tunísia, que levou à renúncia do presidente Ben Ali, em 14 de janeiro, estimulou o alçamento popular no Egito, onde, onze dias depois, em 25 de janeiro de 2011, milhares de pessoas marcharam pelas ruas do Cairo e ocuparam a Tahrir Square para protestar contra o presidente Hosni Mubarak e sua ditadura. Simultaneamente, outros milhares de pessoas saíram às ruas de Ismailiya, Alexandria e Suez e, no dia seguinte, ainda se tornaram mais agressivas, havendo a polícia atirado balas de borracha e usado canhões de água para reprimi-los. Cerca de 90.000 ativistas egípcios haviam se mobilizado, através do Facebook e do Twitter,[38] para o Dia da Fúria, o levante contra o governo autocrático de Hosni Mubarak, a corrupção, a repressão, a pobreza, o desemprego e as condições sociais existentes no Egito.[39] Condições objetivas e subjetivas, evidentemente, havia, mas ativistas treinados acenderam o estopim. E após 18 dias de demonstrações de massa, em 11 de fevereiro, o vice-presidente Suleiman anunciou que Mubarak havia renunciado e entregado o poder aos militares. Mas as manifestações, durante muito tempo, não cessaram. Os militares, ao livrar-se de Mubarak, pretenderam conservar o *statu quo*.

Durante algumas semanas, o governo de Washington nada disse sobre as sublevações na Tunísia e no Egito. O presidente Barack Obama manteve um *low profile*. E, quando Hillary Clinton viajou para Túnis, dois meses após a derrubada do ditador, houve demonstrações contra a sua visita. Porém, quando o levante começou, no Cairo, ela declarou que *"our assessment is that the Egyptian government is stable and is looking for ways to respond to the legitimate needs and interests of the Egyptian people"*. Essa avaliação de que o regime de Mubarak era estável demonstra o grau de hipocrisia e a duplicidade da política dos Estados Unidos *vis-à-vis* do Egito, cujas Forças Armadas, desde o Tratado de Paz Egito-Israel (1979), recebiam, anualmente, acima de US$ 1,3 bilhão a título de ajuda, bem como os mais modernos equipamentos militares.[40]

Em 30 de dezembro de 2008, Margaret Scobey, embaixadora dos Estados Unidos no Cairo, informara que os grupos de oposição ao regime de Hosni Mubarak haviam elaborado um plano de *"regime change"*, i.e., um plano para derrubá-lo antes das eleições, marcadas para setembro de 2011.[41] Segundo o mesmo telegrama divulgado pelo WikiLeaks e publicado pelo *Telegraph*, de Londres, um jovem dissidente egípcio, cujo nome foi mantido em segredo, contou com a ajuda da Embaixada Americana a fim de viajar e participar de um evento de ativistas da Aliança dos Movimentos Jovens em Nova York, patrocinado pelo Departamento de Estado e, no seu retorno ao Egito, relatou aos diplomatas que os grupos de oposição haviam articulado um plano para derrocar o presidente Hosni Mubarak e instalar um governo democrático em 2011.[42] A embaixadora Margaret Scobey questionou, porém, se tal plano não era *"unrealistic"* ou se poderia funcionar.[43]

Ahmed Maher, um dos fundadores e o principal estrategista do Movimento Jovem 6 de Abril, e Dalia Ziada entraram em contato com os militantes de OTPOR, da Sérvia, e o International Center on Nonviolent Conflict, constituído para treinar ativistas, agitadores, infiltrou-se no Cairo com o objetivo de realizar *workshops* e distribuir escritos do professor Gene Sharp, tais como "198 Methods of Nonviolent Action", uma lista de táticas que iam desde a greve de fome até os protestos abertos e à revelação da identidade dos agentes secretos.[44] Telegramas divulgados pelo WikiLeaks também informaram que o livro do professor Gene Sharp *From Dictatorship to Democracy* havia sido distribuído, em língua árabe, para os manifestantes da Tahrir Square, no Cairo, e que alguns fizeram cursos no Center for Applied Non Violent Action and Strategies (CANVAS), assim como jovens dissidentes da Síria e de Burma.[45] Consta que até membros da Irmandade Muçulmana leram em árabe, na internet, *From Dictatorship to Democracy*.[46]

Desde a aprovação pelo Congresso do FY2005 Consolidated Appropriations Act (P.L. 108-447),[47] os Estados Unidos haviam passado a financiar ONGs como Freedom Foundation e outras no Egito, através da USAID, assessorados por um conselho de ativistas, de acordo com o Annual Program Statement (APS), sem consultar o governo de Hosni Mubarak. E as políticas e atitudes do governo americano foram dúbias, confusas e, ao mesmo tempo, embaraçosas, o que revelava a duplicidade e as vacilações diante do que poderia acontecer no Egito, um aliado estratégico dos Estados Unidos no Oriente Médio.[48] É claro que a queda de Hosni Mubarak representava um risco para os Estados Unidos e para Israel. Não se podia descartar a possibilidade de que a Irmandade Muçulmana, a vanguarda do islamismo sunita e única força politicamente organizada no Egito, vencesse as eleições, assumisse o governo e os fundamentalistas islâmicos viessem a predominar, de alguma forma, nos outros países árabes.

Com exceção de Israel, um Estado democrático híbrido, secular com forte influência confessional, em todos os países do Oriente Médio havia condições domésticas, objetivas e subjetivas, para sublevações e dissidentes, muitos dos quais viviam exilados, sobretudo em países da Europa, conspirando contra os regimes. E conquanto existissem diferenças históricas, sociais e políticas e suas estruturas de Estado e instituições fossem distintas, nunca houve consciência nem tradição democrática em nenhum dos países árabes, tal como se desenvolveu no Ocidente. Democracia para os povos árabes, que se insurgiram no norte da África e no Oriente Médio, significava maiores oportunidades de trabalho, melhoria econômica e social, e participação política. Suas raízes históricas, políticas e culturais eram diversas das que determinaram o desenvolvimento da democracia na Europa e nas Américas.

Após a Primeira Guerra Mundial (1914-1918), a Grã-Bretanha e a França desmembraram o Império Otomano (Turquia), dividiram o Oriente Médio, com base no Sykes-Picot Agreement,[49] redesenharam a região, criaram países, deram-lhes a forma de Estado nacional, onde a organização social era predominantemente tribal, em parte nômade, delimitaram as fronteiras, demarcando as areias do deserto, e nomearam os governantes, rei e califas.[50] A linha traçada por François Georges-Picot e Sir Mark Sykes corria do Acre (Akko), na baía de Haifa, na costa do Mediterrâneo, até Kirkuk, perto da fronteira da Pérsia, e os novos países configuraram um mosaico de etnias, culturas, religiões, seitas e subseitas, clãs e tribos, a grande maioria nômade.

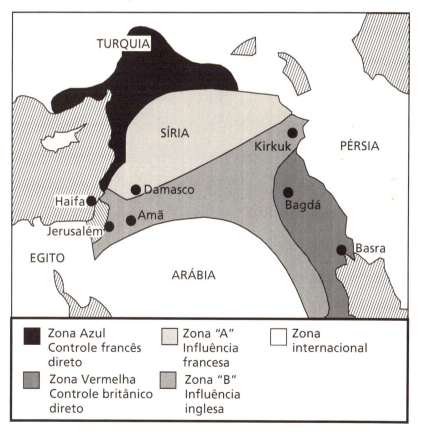

Fonte: BBC/The Sykes-Picot agreement

A Grã-Bretanha, cujas tropas avançaram de Basra até Bagdá e então até Mosul, onde cria haver petróleo,[51] criou artificialmente o Iraque, na Mesopotâmia, onde 75% da população, em 1920, vivia em tribos, grande parte de beduínos.[52] E também lhe coube, sob a forma de mandato, a Palestina, enquanto a França ganhou a Síria-Líbano como protetorado. Ambas as potências ainda se apossaram das colônias alemãs na África.

Contudo, o amálgama de etnias dificultou a criação de uma identidade nacional que sobrepujasse o clã, o espírito tribal e a solidariedade familiar. Conforme observou T. E. Lawrence, que organizou a revolta dos árabes contra o Império Otomano e despertou-lhes o nacionalismo, na Primeira Guerra Mundial, os povos que habitavam o Oriente Médio eram dogmáticos, desprezavam a dúvida, não viam meios-tons, senão as cores primárias, o preto e o branco, nos seus instintos profundos e extremos, *"they knew only truth and untruth, belief and unbelief".*[53] Eram tão instáveis quanto as águas.[54]

NOTAS

1. "Leading through Civilian Power the First Quadrennial Diplomacy and Development Review 2010", Department of State — USAID, disponível em: http://www.state.gov/documents/organization/153108.pdf.
2. "Conflict Barometer 2011", disponível em: http://hiik.de/de/konfliktbarometer/.
3. Ibidem.
4. Declan WALSH e Eric SCHMITT, "Militant Group Poses Risk to U.S.-Pakistan Relations", *The New York Times*, July 30, 2012.
5. "Balochistan — Pakistan's other war — Baloch politicians and leaders share their vision of self-determination and freedom from Pakistani rule", *Al Jazeera World*, January 9, 2012.
6. Wednesday, 30 December 2009, 13:28, SECRET STATE 131801 — NOFORN — SIPDIS — FOR TFCO EO 12958 DECL: 12/28/2019 TAGS EFIN, KTFN, PTER, PINR, PREL, PK, KU, AE, QA, SA SUBJECT: TERRORIST FINANCE: ACTION REQUEST FOR SENIOR LEVEL ENGAGEMENT ON TERRORISM FINANCER EF: A. (A) STATE 112368 B. (B) RIYADH 1499 C. (C) KUWAIT 1061 D. (D) KUWAIT 1021 E. (E) ABU DHABI 1057 F. (F) DOHA 650 G. (G) ISLAMABAD 2799 Classified By: EEB/ESC Deputy Assis-

tant Secretary Douglas C. Hengel for reasons 1.4 (b) and (d). "US embassy cables: Hillary Clinton says Saudi Arabia 'a critical source of terrorist funding'", *The Guardian*, December 5, 2010, disponível em: http://www.guardian.co.uk/world/us-embassy-cables-documents/242073.

7. Ibidem. Declan WALSH, "WikiLeaks cables portray Saudi Arabia as a cash machine for terrorists. Hillary Clinton memo highlights Gulf states' failure to block funding for groups like al-Qaida, Taliban and Lashkar-e-Taiba", *The Guardian*, December 5, 2010.

8. HIBOU, 2011, p. XV.

9. Stephen MCINERNEY, "Project on Middle East Democracy, 2010. The Federal Budget and Appropriations for Fiscal Year 2011: Democracy, Governance, and Human Rights in the Middle East", Heinrich Böll Stiftung — North America, April 2010.

10. Corey PEIN, "Tunisia before the Riots: $631 Million in US Military Aid", *War is Business*, January 14, 2011. "Massive U.S. Military Aid to Tunisia despite human rights abuses", *Asian Tribune*, World Institute for Asian Studies, Vol. 11, No. 463, 18/1/2011.

11. Friday, 17 July 2009, 16:19 SECRET SECTION 01 OF 05 TUNIS 000492 NOFORN — SIPDIS — DEPT FOR NEA AA/S FELTMAN, DAS HUDSON, AMBASSADOR-DESIGNATE GRAY, AND NEA/MAG FROM AMBASSADOR EO 12958 DECL: 07/13/2029 — TAGS PREL, PGOV, ECON, KPAO, MASS, PHUM, TS — SUBJECT: TROUBLED TUNISIA: WHAT SHOULD WE DO? Classified By Ambassador Robert F. Godec For E.O. 12958 Reasons 1.4 (B) And (D). Fonte: WikiLeaks. Elisabeth DICKSON, "The First WikiLeaks Revolution?", *Foreign Affairs*, January 13, 2011. Steve COLL, "Democratic Movements", *The New Yorker*, January 31, 2011. "'First WikiLeaks Revolution': Tunisia descends into anarchy as president flees after cables reveal country's corruption", *Daily Mail*, January 15, 2011.

12. Friday, 17 July 2009, 16:19 SECRET SECTION 01 OF 05 TUNIS 000492 NOFORN — SIPDIS — DEPT FOR NEA AA/S FELTMAN, DAS HUDSON, AMBASSADOR-DESIGNATE GRAY, AND NEA/MAG FROM AMBASSADOR EO 12958 DECL: 07/13/2029 — TAGS PREL, PGOV, ECON, KPAO, MASS, PHUM, TS — SUBJECT: TROUBLED TUNISIA: WHAT SHOULD WE DO? Classified By: Ambassador Robert F. Godec For E.O. 12958 Reasons 1.4 (B) And (D). Fonte: WikiLeaks.

13. Ibidem.

14. Ibidem.

15. *Tunisia Overview*, The World Bank, disponível em: http://www.worldbank.org/en/country/tunisia/overview.

16. Hibou, 2011, p. XV, 189-190.
17. Bradley, 2012, p. 32-33.
18. Friday, 17 July 2009, 16:19 SECRET SECTION 01 OF 05 TUNIS 000492 NOFORN — SIPDIS — DEPT FOR NEA AA/S FELTMAN, DAS HUDSON, AMBASSADOR-DESIGNATE GRAY, AND NEA/MAG FROM AMBASSADOR EO 12958 DECL: 07/13/2029 — TAGS PREL, PGOV, ECON, KPAO, MASS, PHUM, TS — SUBJECT: TROUBLED TUNISIA: WHAT SHOULD WE DO? Classified By: Ambassador Robert F. Godec. For E.O. 12958 Reasons 1.4 (B) And (D). Fonte: WikiLeaks.
19. Bradley, 2012, p. 2.
20. Ibidem, p. 2. Os zelotes constituíram uma seita judaica patriótica, radical, que empreendeu, do ano 48 a.C., durante o reinado de Idumean Herodes, até a queda de Jerusalém e de Massada, em 70 d.C. e 73 d.C., uma campanha terrorista para encorajar a insurreição, mediante o assassinato de legionários romanos e de judeus colaboradores, por *sicarii* infiltrados nas cidades que os apunhalavam com a *sica* (adaga curva), escondida debaixo da manta.
21. Bradley, 2012, p. 2.
22. William Blum, "Trojan Horse: The National Endowment for Democracy", International Endowment for Democracy.
23. National Endowment for Democracy, "Strategy Document, January 2007".
24. Stephen McInerney, "Project on Middle East Democracy, 2010. The Federal Budget and Appropriations for Fiscal Year 2011: Democracy, Governance, and Human Rights in the Middle East", Heinrich Böll Stiftung — North America, April 2010.
25. U.S. Department of State, Middle East Partnership Initiative (MEPI), April 19, 2012.
26. Azadeh Shahshahani e Corinna Mullin, "The legacy of US intervention and the Tunisian revolution: promises and challenges one year on", *Interface: a journal for and about social movements*, Volume 4 (1): 67, 101, May 2012.
27. Steve Coll, "Democratic Movements", *The New Yorker*, January 31, 2011.
28. Elaasar, 2008, p. 54-58.
29. Ibidem, p. 55.
30. Bank of Binary, disponível em: http://www.tradingeconomics.com/egypt/population.
31. Abdo, 2000, p. 3-4.
32. Ibidem, p. 131.
33. Hourani, 1991, p. 40-41. Wheatcroft, 2003, p. 398-399, 445-446.
34. Ibidem, p. 398-399, 445-446.

35. Sheik 'Umar Abd al-Rahman foi condenado à prisão perpétua nos Estados Unidos pelo atentado contra o WTC em 1993.
36. "Mr. Mubarak: Valuable and Vulnerable", *The New York Times*, July 4, 1995.
37. Ibidem.
38. Maggie MICHAEL, "Mubarak Faces Egypt Protests on 'Day of Rage'", *Huffingtonpost.com*, 25/5/2011.
39. Yolande KNELL, "Egypt's revolution — 18 days in Tahrir Square", *BBC News Cairo*, January 25, 2012.
40. Department of State — Egypt, disponível em: http://www.sta te.gov/r/pa/ei/bgn/5309.htm.
41. Tim ROSS, Matthew MOORE e Steven SWINFORD, "Egypt protests: America's secret backing for rebel leaders behind uprising!", *The Telegraph*, January 28, 2011.
42. Ibidem.
43. Ibidem.
44. Sheryl Gay STOLBERG, "Shy U.S. Intellectual Created Playbook Used in a Revolution", *The New York Times*, February 16, 2011.
45. "Q&A: Gene Sharp — Al Jazeera talks with the quiet but influential scholar of non-violent struggle", Al Jazeera, December 6, 2011. "Gene Sharp — Der Demokrator", *Die Zeit Online*. Tina ROSENBERG, "Revolution — What Egypt Learned from the Students who Overthrew Milosevic", *Foreign Policy Magazine*, February 16, 2011.
46. Sheryl Gay STOLBERG, "Shy U.S. Intellectual Created Playbook Used in a Revolution", *The New York Times*, February 16, 2011.
47. PUBLIC LAW 108-447-DEC. 8, 2004 118 STAT. 2809, Public Law 108-447 — 108th Congress — An Act — Making appropriations for foreign operations, export financing, and related programs for the fiscal year the United States of America in Congress assembled.
48. David E. SANGER, "As Mubarak Digs In, U.S. Policy in Egypt Is Complicated", *The New York Times*, February 5, 2011.
49. O Sykes-Picot Agreement foi negociado secretamente, em maio de 1916, pelos diplomatas François Georges-Picot, da França, e Sir Mark Sykes, da Grã-Bretanha, com o assentimento da Rússia.
50. FROMKIN, 1989, p. 503.
51. BARR, 2011, p. 65-66.
52. FROMKIN, 1989, p. 450.
53. LAWRENCE, 1962, p. 36-37.
54. Ibidem, p. 36.

Capítulo XIII

PROTESTOS COMEÇARAM ARMADOS EM BENGHAZI • O *LIVRO VERDE* E A TERCEIRA TEORIA UNIVERSAL • LÍBIA, UM ESTADO SEMITRIBAL • A TENTATIVA DE GADDAFI DE MUDAR A ESTRUTURA TRIBAL DO PAÍS • BIN LADIN APOIOU O LEVANTE NA LÍBIA • CONFORMAÇÃO GEOGRÁFICA E DEMOGRÁFICA DA LÍBIA • RIVALIDADES REGIONAIS • RADICALISMO ISLÂMICO NA CIRENAICA

À mesma época em que se desenvolviam as demonstrações no Egito, entre 13 e 16 de janeiro de 2011, os protestos violentos contra o regime do coronel Muammar Gaddafi começaram com ataques a prédios públicos e quartéis da polícia em al-Bayda, Darnah e Benghazi, cidades na Cirenaica, região oriental da Líbia, à margem do Mediterrâneo; 50 soldados foram executados, alguns decapitados, outros enforcados, juntamente com policiais, e a CNN mostrou os *cartoons* dinamarqueses, como *day of rage*, contra Gaddafi.[1]

Amer Saad, um dos insurgentes, revelou à TV al-Jazeera, logo no início dos protestos, que em al-Bayda eles haviam sido capazes de controlar a base aérea militar e haviam executado 50 africanos mercenários e dois conspiradores líbios (partidários de Gaddafi). Também em Darnah os conspiradores haviam sido executados, trancados nas celas da estação de polícia, depois incendiada, e eles queimados vivos.[2] Não foram demonstrações pacíficas. Nem os que protestavam estavam desarmados, uma vez que capturaram uma base aérea e uma estação de polícia. Era o começo de uma *hot war revolutionary*. E, assim como na Tunísia e no Egito, a elevação do preço dos alimentos fomentou o descontentamento, agravou as condições sociais e políticas lá existentes e, certamente, sob impulsos de ativistas e interesses externos, desencadeou o movimento para derrubar o governo de Muammar Gaddafi, havia 42 anos no poder.

A situação da Líbia, porém, era ainda mais complexa do que na Tunísia e no Egito. Muammar Gaddafi assumira o poder em 1969. Com um golpe militar derrubou o rei Idris, da seita Senussi (*tarikha*), fundada no século XIX, em Meca, pelo berbere Sayyid Muhammad ibn Ali as-Senussi (1787?-1859), da tribo Walad Sidi Abdalla e Sharif, i.e., descendente da Fatimah, filha de Muhammad, o Profeta. Durante a monarquia, o Estado sustentava-se sobre os chefes de tribos, que desempenhavam o papel de intermediários entre o rei Idris e os demais habitantes e redistribuíam a renda do petróleo sob a forma de *bay'ah*, obrigação determinada pelo *Qur'an*[3] e também obedecida pela Arábia Saudita e pelas demais monarquias tribais.

Com a derrubada da monarquia, em 1969, Gaddafi buscou impor à Líbia uma "democracia direta", com a eleição de "congressos populares", para que o povo assumisse a "máquina de governar", que denominou Terceira Teoria Universal, consubstanciada em *O Livro Verde*, oferecendo uma alternativa à ideia de democracia, o Estado de Massas (*Jamabirya*), com a organização do poder da comunidade sem o peso tribal e religioso.[4] E tentou ganhar o apoio do então presidente Gamal Abdel Nasser para obter da União Soviética a bomba atômica se lhe desse muito dinheiro, contou à revista *Der Spiegel* o ex-premier e ex-ministro do Exterior da Rússia, Yevgeny Primakov, acrescentando: "Gaddafi tinha a mentalidade de beduíno."[5]

Diferentemente da Tunísia e do Egito, a Líbia ainda não se havia consolidado como Estado-nação. Era o mais tribal entre os países árabes, uma espécie de Estado semitribal. Sua estrutura rural praticamente se assentava em mais de 140 tribos e clãs nômades e seminômades, muito segmentadas, e nas quais o sangue, o parentesco, era o fator primordial de união. Elas proporcionavam aos seus membros a indenização, multas sociais e vingança coletiva. Os chefes de tribo, clã e família constituíam a elite social, a fonte do poder, e deles emanava toda a autoridade.

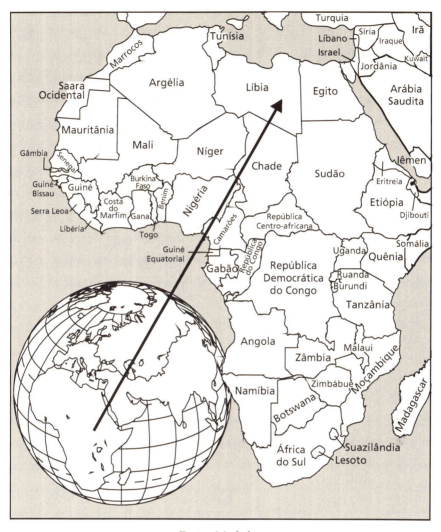

Fonte: Mathaba

Gaddafi, a princípio, tentou reduzir a influência das tribos, uma vez que lhe pareciam anacrônicas, obstaculizavam a modernização do país e era difícil integrá-las ou unificá-las em instituições de nível nacional. Ele considerava o tribalismo "nefasto" na medida em que a obediência tribal enfraquecia a lealdade nacional e retirava a autoridade do governo.[6] E dividiu a Líbia em zonas que atravessavam as fronteiras das tribos, separando-as e combinando-as com outras, em uma zona comum, de maneira a reduzir a força das instituições tradicionais e do parentesco local. Gaddafi, porém, não conseguiu superar a força das tribos e posteriormente teve de negociar com elas alianças e manipular sua fidelidade para o apoio à ditadura. Mas a Líbia continuou como um Estado rentista, com 92% de sua receita proveniente do petróleo.[7]

A tribo de Gaddafi — Ghadafa (Qadhadhfah) — era de beduínos,[8] de origem berbere-árabe, e aliou-se à confederação Sa'adi, liderada por Bara'as (a tribo da esposa de Gaddafi, Farkash al-Haddad al-Bara'as). E os conflitos entre outras tribos — as tribos Zawiya e Toubou — e as forças do governo começaram entre 2006 e 2008, no oásis de Kufra, localizado no sudeste da Líbia, 950 quilômetros ao sul de Benghazi, perto da fronteira com o Egito, o Sudão e o Chade. Benghazi, onde a rebelião irrompeu, em 2011, situa-se na Cirenaica, antiga província romana (Pentápolis) e tradicionalmente separatista, e em Barga (*Marsa al-Brega*), na bacia de Sirte, a leste do golfo de Sidra, jaziam 80% das reservas de petróleo da Líbia, calculadas em 43,1 bilhões (2007 est.), o equivalente a 1,7% das reservas mundiais. Essas reservas, cujo óleo era de fina qualidade — *"sweet and light"* —, revestiam-se de grande importância geopolítica, devido à proximidade das refinarias europeias, na outra margem do Mediterrâneo. E logo que a rebelião começou, os insurgentes, assessorados por forças especiais da Grã-Bretanha e da França, trataram de ocupar as instalações petrolíferas. Sangrentas batalhas ali foram travadas.

Ademais de sua importância econômica, a Cirenaica sempre constituiu um desafio para Gaddafi. Em 1º de março de 1949, o rei Sayyid Muhammad Idris bin Muhammad al-Mahdi as-Senussi (1889-1983), com o respaldo da Grã-Bretanha, proclamou a independência da Cirenaica, depois que a ONU reconhecera a independência da Líbia. O emirado acabou quando Gaddafi assumiu o poder em Trípoli, mas ali ainda predominava a influência Senussi, sufista, uma seita do Islã ascética e purificante, com um caráter dinástico e hierárquico, e Benghazi, com a segunda maior população do país, nunca aceitou o domínio da Tripolitânia.

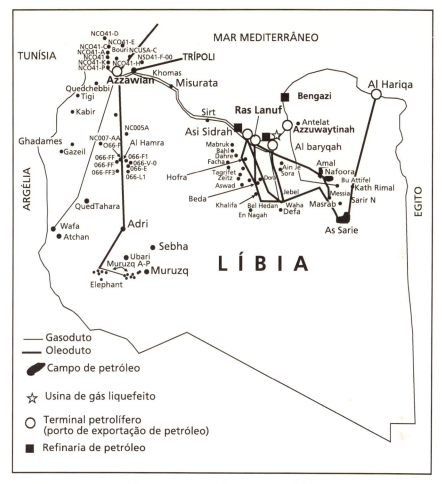

Mapa dos campos de petróleo na Líbia

Misurata, a primeira cidade na Tripolitânia, no oeste da Líbia, era habitada pela tribo Warfallah, o maior grupo tribal, dividido em 52 subtribos, com cerca de um milhão de pessoas, quase um terço da população da província de Tripolitana com 3,6 milhões (cerca de 66% da população do país), contra 26% na Cirenaica.[9] Essas tribos foram levadas para a Líbia, no século XI, pelos fatimidas, por motivos políticos. A elas estava aliada a tribo Az-Zintan, que habitava as montanhas de Nafusa, ao noroeste da Líbia, entre as cidades berberes — Jado, Yefren e Kabaw —, e também se insurgiu e sustentou a luta armada contra

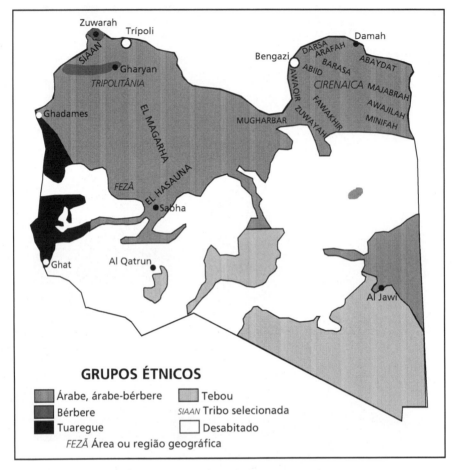

Composição étnica da Líbia
Fonte: CIA

o governo de Gaddafi, assim como, em fevereiro de 2011, as tribos Tuareg, Warfallah e Hasawna desertaram para o lado da oposição.

A população da Líbia era de aproximadamente 6,5 milhões de habitantes, dos quais 78% viviam em áreas urbanas, e o desemprego situava-se em torno de 30%; um terço da população vivia abaixo da linha de pobreza, embora o país tivesse um PIB de US$ 37,97 bilhões (2011 est.) e uma renda *per capita* de US$ 14.100 (2010 est.).[10] Os Tuareg e Toubou, na região de Fezzan, eram beduínos, mas os Sanusi (*zawaayaa*) — cerca de 500.000 —, que viviam no norte do Saara, no leste da Líbia, formavam o maior grupo de nômades, e sua influência era mais forte na Cirenaica.[11] Os níveis de educação eram mais baixos do que na Tunísia. A influência da cultura europeia, apesar da ocupação italiana (1910-1947), era muito pequena. Cerca de 20% de sua população permanecia iletrada, para os mais pobres não havia habitações melhores. A Líbia importava cerca de 75% dos alimentos, e as exportações de petróleo respondiam por cerca de 95% de sua receita comercial e 80% da receita do governo. Mas o cerne do descontentamento, *inter alia*, era a falta de oportunidades de trabalho, embora houvesse o PIB crescido 16,6% em 2010.

Um dos principais atores do levante, desde o início, foi o Grupo de Combate Islâmico Líbio (*Al-Jama'a al-Islamiyyah al-Muqatilah bi-Libya*), vinculado a al-Qa'ida, sob o comando de Abu Yahya al-Libi, cujos *jihadistas* já se haviam levantado contra o regime de Gaddafi, em 1990, nas cidades de Benghazi e Darnah, onde se haviam concentrado desde que regressaram da *Jihad* contra a União Soviética no Afeganistão. Muitos muçulmanos radicais, salafistas, exilados por Gaddafi, entraram na Líbia pelas fronteiras do Mali, do Egito e de outros países. Cerca de 350 ex-terroristas, anistiados e soltos pelo regime de Gaddafi, já estavam em Benghazi desde 2009, e esse número subiu para 850 quando a revolta eclodiu.[12]

Ao fornecer recursos financeiros, armamentos e toda espécie de assistência logística aos rebeldes, os Estados Unidos e demais países da OTAN patrocinaram organizações terroristas, dentre as quais se destacava o Grupo de Combate Islâmico Líbio, vinculado a al-Qa'ida,[13] cujo objetivo estratégico era reconstruir o Califado Islâmico e restabelecer a *Shari'ah*, como nos tempos do Profeta. À frente dos rebeldes na Líbia encontravam-se antigos *mujahidin*, que haviam combatido no Afeganistão as forças dos Estados Unidos. Abdel-Hakim al-Hasidi, um dos líderes dos insurgentes e dirigente do Grupo Islâmico de Combate, admitiu ao diário italiano *Il Sole 24 Ore* que havia recrutado em torno de 25 *jihadistas*, em Darnah, para lutar contra as tropas dos Estados Unidos no Iraque, e que alguns deles estavam na linha de frente em Adjabiya, no nordeste da Líbia, contra as forças de Gaddafi. Segundo ele, os membros de al-Qa'ida eram "bons muçulmanos".[14] E o presidente do Conselho Nacional de Transição, Mustafa Abdel-Jalil, declarou que a Líbia seria islâmica, com base na *Shari'ah*, e que as leis do regime de Gaddafi, proibindo a poligamia e autorizando o divórcio, seriam revogadas.[15]

Documentos encontrados em Abbottabad (Paquistão) e revelados pelo West Point's Combating Terrorism Center (CTC) mostraram que Usamah bin Ladin ficou muito contente com o levante na Líbia e na Síria. Em carta escrita ao Sheikh Mahmud ('Atiyya), um mês antes de seu assassinato por um comando da U.S. Navy SEALs e do Special Operations Group (SOG), da CIA, em 2 de maio de 2011, ele considerou as revoltas nos países árabes o mais "importante ponto da nossa história moderna", o ponto em que as nações se levantavam contra os tiranos e para as quais ele pedia a Allah começasse a reviver "a dignidade da religião e sua glória".[16] Afirmou ainda que "de fato aquilo que é testemunhado (مايالأ هذه يف ندشن ام نإو) nestes dias de consecutivas revoluções é um grande e glorioso evento" e o mais provável, de acordo com a realidade e a história, é que envolva a maioria do mundo islâmico com a vontade de Allah, e graças a Allah as coisas se encaminham fortemente para a saída dos muçulmanos do controle da América, razão pela qual a secretária de Estado (Hillary Clinton), em sua visita ao Iêmen, em 26 de abril de 2011, declarou: "*We worry that the region will fall into the hands of the armed Islamists.*"[17]

A carta de bin Ladin foi escrita durante a guerra na Líbia, quando a OTAN ajudava os *jihadistas*, treinados no Afeganistão e vinculados a al-Qa'ida, que organizavam grupos de combatentes, com apoio financeiro do Qatar e da Arábia Saudita e armamentos da França, contra o regime secular de Muammar Gaddafi. De acordo com informações divulgadas pela CNN, o líder de al-Qa'ida, Ayman al-Zawahiri, no início de 2011, enviara *jihadistas* veteranos para a Líbia, a fim de lá estabelecer um quartel-general.[18] E o próprio bin Ladin, em mensagem de 28 de março de 2011, encontrada em Abbottabad, escreveu que não podia esquecer a resposta dos "irmãos líbios" e que o comandante, na frente oriental (Darnah), informou que "novos irmãos" a eles se haviam juntando, na última semana, após um grupo de 30 *jihadistas*, e que outros também queriam ir para a Líbia. "Pedimos a Allah que capacite nossos irmãos a trazê-los e treiná-los em Tabsa (Argélia)."[19]

O diplomata John Christopher Stevens, como *chargé d'affaires* dos Estados Unidos em Trípoli, visitou em fevereiro de 2008 a cidade de Darnah (Derna), na Cirenaica, considerada a *wellspring* de grande número dos *"suicide bombers (invariably described as 'martyrs')"* e *mujahidin* que foram para o Iraque lutar contra os Estados Unidos, frustrados por não conseguirem derrubar Gaddafi.[20] E informou ao Departamento de Estado que um "grande número" dos habitantes de Darnah não estava feliz com a crescente atmosfera religiosa, então a dominar a cidade, desde 1980, e seu interlocutor atribuiu esse fato a *"unnatural foreign influences"* sobre as práticas religiosas da cidade, pois um grande número de líbios, que haviam lutado e foram submetidos a *"religious and ideological training"* no Afeganistão e na Cisjordânia, nos fins dos anos 1970, retornaram em meados de 1990 a essa região, no leste da Líbia, onde os serviços de segurança do governo, desde o Império Otomano, experimentaram dificuldades de estender seu domínio.[21]

Esse retorno, disse o interlocutor ao diplomata John Christopher Stevens, não foi *"coincidental"*, mas deliberado, uma *"coordinated campaign to propagate more conservative iterations of Islam*, em parte, a fim preparar os fundamentos para uma eventual derrubada do regime de Muammar Gaddafi, que os conservadores islâmicos odiavam, pelo Grupo de Combate Islâmico Líbio (*Al-Jama'a al-Islamiyyah al-Muqatilah bi-Libya*).[22]

As cidades de Benghazi e Darnah, na Cirenaica, sempre foram, na Líbia, o centro do islamismo radical, salafista. Em setembro de 2007, soldados dos Estados Unidos, em busca de insurgentes, invadiram um acampamento deserto, perto da cidade de Sinjar, no noroeste do Iraque, e lá encontraram mais de 700 documentos indicando a origem dos combatentes de al-Qa'ida que lá operavam contra as forças da Coalizão. Os documentos, analisados extensivamente pelo coronel do Exército Joseph Felter, pesquisador na Stanford University's Hoover Institution, e Brian Fishman, especialista em contraterrorismo da New America Foundation e do Combating Terrorism Center na U.S. Military Academy at West

Point, revelavam que cerca de 590 *jihadistas* entraram no Iraque e que a maioria — 239, i.e., cerca de 41% — era originária da Arábia Saudita.[23] Entretanto, com apenas 6 milhões de habitantes, menos de um quarto da população da Arábia Saudita (cerca de 20 milhões de árabes), a Líbia foi o segundo país que mais forneceu combatentes — 18,8% (112 combatentes) —, seguida por Síria, Iêmen e Argélia.[24] Só a cidade de Darnah, com apenas 80.000 habitantes, enviou 52 *jihadistas* para o Iraque, mais do que qualquer outra cidade, inclusive Riad, na Arábia Saudita, cuja população era de 4 milhões. O contributo da Líbia, *per capita*, para a *Jihad* no Iraque foi maior do que o de qualquer outro país.[25]

As cidades de Benghazi e Darnah eram a *vagina gentium* dos líbios que foram participar da *Jihad* no Iraque e depois voltaram para Líbia, a fim de encorajar e liderar o levante contra o regime de Gaddafi, desencantados com a inabilidade dos habitantes daquelas cidades de se insurgirem. Abu Laith al-Libi, emir do Grupo de Combate Islâmico Líbio, reforçou em Benghazi e Darnah a importância da aliança com al-Qa'ida,

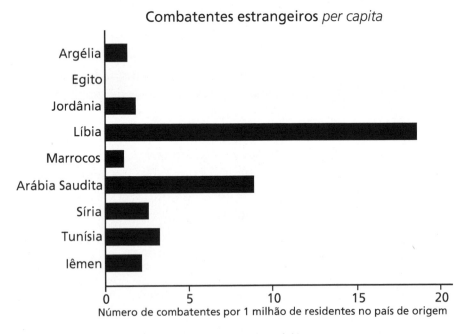

Fonte: West Point Study[26]

dizendo que "graças a Allah nós estamos levantando a bandeira da *Jihad* contra esse regime apóstata, sob o qual a liderança do Grupo de Combate Islâmico Líbio, a elite de seus filhos e comandantes, derramou seu sangue pelas montanhas de Darnah, pelas ruas de Benghazi, pelas cercanias de Trípoli, pelo deserto de Sabha e pelas areias da praia".[27] Abu Yahya al-Libi foi o comandante dos *jihadistas* do Grupo de Combate Islâmico Líbio (*Al-Jama'a al-Islamiyyah al-Muqatilah bi-Libya*) que se haviam insurgido contra o regime, entre 1995 e 1998, e o centro da rebelião foram as cidades de Benghazi e Darnah. Ele se referiu a essa guerra civil de baixa intensidade, ocorrida na Cirenaica, onde os Corpos da Guarda Revolucionária (*Liwa Haris al-Jamahiriya*) de Gaddafi esmagaram os salafistas. Abu Yahya al-Libi conseguiu escapar para o Afeganistão e lá foi preso pela ISAF, em 2002, porém conseguiu fugir da prisão de Bagram.

Segundo o West Point Report, havia, em 2007, controvérsias sobre a unificação do Grupo de Combate Islâmico Líbio com al-Qa'ida e sua aparente decisão de priorizar o suporte logístico ao Estado Islâmico do Iraque, porque alguns militantes preferiam lutar contra o regime na Líbia a combater no Iraque. Os autores do West Point Report sugeriram que seria possível exacerbar as divergências dentro do Grupo de Combate Islâmico Líbio entre os líderes, que desejavam lutar contra Gaddafi, e a tradicional base egípcia-saudita do poder de al-Qa'ida.

Em 9 de abril de 2008, Al Jazeera noticiou que Muammar Gaddafi havia libertado mais de 90 militantes do Grupo de Combate Islâmico Líbio, que se havia integrado com al-Qa'ida no Magreb Islâmico (AQIM), organização dos *jihadistas* no noroeste da África e na região subsaariana, antes denominada Grupo Salafista de Pregação e Combate. Em 23 de março de 2010, o governo da Líbia libertou mais 214 terroristas, muitos dos quais lhe foram entregues pela CIA (*extraordinary rendition*),[28] presos no Complexo Penitenciário Abu Salim, em Trípoli, como parte dos esforços de reabilitação dos militantes islâmicos radicais desenvolvidos pela Gaddafi International Charity and Development Foundation (GICDF), organização humanitária presidida por Saif al-Islam Gaddafi.[29] Especialmente visado foi o Grupo de Combate Islâmico Líbio.[30]

As negociações foram intermediadas por Noman Benotman, antigo líder do Grupo de Combate Islâmico Líbio, em contato com Saif Gaddafi, que assumiu o risco de iniciar o programa de reabilitação e ressocialização dos extremistas islâmicos líbios. E, ao que tudo indica, durante o período de estreita colaboração com o serviço de inteligência de Gaddafi — *Mukhabarat el-Jamahiriya* —, chefiado por Moussa Koussa, o MI6 cooptou Noman Benotman, que se tornou, uma vez libertado, analista sênior (Strategic Communications) da Quilliam Foundation, *think-tank* criado pelo primeiro-ministro Tony Blair para o monitoramento das atividades terroristas, a serviço do MI6 e do MI5.

Mas não só Noman Benotman; Moussa Koussa, estreito aliado de Gaddafi, foi igualmente cooptado pelo MI6. Ele fora o homem-chave nas negociações secretas com Sir Mark Allen, chefe adjunto do MI6, e Steve Kappes, da CIA, no Travellers Club, em Pall Mall, reduto favorito dos espiões em Londres, para que o governo de Gaddafi abandonasse o programa nuclear e armas de destruição em massa. Em 28 de março de 2011, Moussa Koussa desertou do regime de Gaddafi, atravessou, de automóvel, a fronteira em Ras Ajdir, entrando na Tunísia, onde fez contato com as autoridades britânicas, e, do aeroporto de Djerba, voou para Londres em um jato privado da Suíça.

Ao contrário do que Saif Gaddafi havia esperado com o programa de reabilitação, os *jihadistas* libertados não se voltaram contra al-Qa'ida. Pelo contrário, aliados a al-Qa'ida, trataram de encorajar o levante contra o regime da Líbia.[31] O *Wall Street Jornal* apontou nomes de três antigos *mujahidin*, dois dos quais detidos durante seis anos no campo de concentração de Guantánamo, que desembarcaram em Darnah para treinar recrutas e evitar a infiltração de partidários de Gaddafi.[32] Um deles era Sufyan bin Qumu, veterano do Exército líbio que havia trabalhado para bin Ladin no Sudão e posteriormente para al-Qa'ida no Afeganistão,[33] e que estava, no início de abril de 2011, a treinar rebeldes recrutados ao leste da cidade portuária de Darnah. Ele esteve preso no Afeganistão e, durante seis anos, no campo de concentração de Guantánamo, até ser entregue (*extraordinary rendition*) ao governo da Líbia. O outro era Abdel Hakim al-Hasady, um pregador islâmico que passara cinco anos ensinando no Afeganistão, onde fora capturado pelas tropas americanas; ele também se encarregara de treinar e mobilizar cerca de 300 rebeldes de Darnah.[34] Seu comandante no Afeganistão foi Salah al-Barrani, um veterano Mujahid, que, retornado à Líbia, se uniu ao Grupo de Combate Islâmico Líbio. O próprio Abdel Hakim al-Hasady, em entrevista ao jornal italiano *Il Sole 24 Ore*, admitiu que havia recrutado 25 *jihadistas* de Darnah para lutar contra as tropas dos Estados Unidos no Iraque e que alguns deles estavam atualmente nas linhas de frente em Adjabiya, 150 quilômetros ao sul de Benghazi.[35]

O presidente do Chade, Idriss Deby Itno, declarou estar "certo de que a AQIM [al-Qa'ida no Magreb] tomou parte ativa no levante" contra Gaddafi e os militares de al-Qa'ida, nas zonas que dominaram, tomaram a vantagem de pilhar os arsenais para adquirir armas, inclusive mísseis terra-ar (SAM 7), que foram contrabandeados para seus santuários em Ténéré (Tiniri), região extremamente árida no sul do Saara. E esse fato, na sua opinião, teria "pesadas consequências para a estabilidade de região e o espraiamento do terrorismo na Europa, no Mediterrâneo e no resto da África". Mustafa al-Gherryani, porta-voz dos rebeldes em Benghazi, por sua vez, declarou que havia carregamentos de armas provenientes dos países vizinhos e que elas eram pagas pelos Estados Unidos.[36] As armas eram embarcadas pelos militares do Egito, com o conhecimento de Washington, na fronteira com a Líbia,[37] e entregues aos *mujahidin* do Grupo de Combate Islâmico Líbio e *jihadistas* de al-Qa'ida no Magreb (AQIM).[38]

Questionado pelo senador James Inhofe sobre a existência de "*several reports about the presence of al-Qaeda among the rebels*", aos quais os Estados Unidos e a OTAN estavam a prestar assistência havia mais de uma semana, o almirante James Stavridis, comandante supremo da OTAN na Europa, revelou, em depoimento no Senate Armed Services Committee em 28 de março de 2011, que, embora os líderes da oposição parecessem responsáveis, os serviços de inteligência dos Estados Unidos haviam visto "*flickers of al Qaeda and Hezbollah*" entre os grupos rebeldes.[39] O governo britânico considerou essas informações "*very alarming".*[40] *"We are examining very closely the content, composition, the personalities, who are the leaders of these opposition forces"*, acrescentou o almirante James Stavridis.[41]

Porém, desde o início do levante em Benghazi, as agências de notícias e as redes de televisão noticiaram, repetidamente, que o ditador Muammar Gaddafi pretendia massacrar os rebeldes, apresentados como civis que se insurgiam contra o regime, embora aparecessem nos filmes homens barbudos, fortemente armados, gritando *Allahu Akhbar* (Allah é grande). Os meios de comunicação ocidentais aplicaram a lição de Joseph Goebbels (1897-1945), ministro da Informação Popular e Propaganda do Reich nazista, segundo a qual "uma mentira deve ser somente muitas vezes repetida e então ela se torna crível" (*Eine Lüge muss nur oft genug wiederholt werden. Dann wird sie geglaubt*). E essa lição, com técnicas de lavagem cerebral, serviu à CIA e a outros serviços de inteligência, na execução de *psy-ops*, operações de guerra psicológica para lavagem cerebral e para convencer o povo de algo que podia não ser necessariamente verdade.

Durante a Segunda Guerra Mundial, o notável estadista britânico Winston Churchill, ao combinar com Joseph Stalin, dirigente da União Soviética, esquemas conjuntos de burla e engano a fim de encobrir as operações contra a Alemanha nazista, ressaltou que, "na guerra, a verdade é tão preciosa que deve ser sempre acompanhada por uma guarda de mentiras".[42] O MI6 — Secret Intelligence Service (SIS) — possuía uma divisão para Information Operations (I/Ops) encarregada de planejar as operações de guerra psicológica, como antes faziam a Special Political Action (SPA) e o Information Research Department (IRD). Sua tarefa, *inter alia*, consistia em plantar, na imprensa, falsas estórias, rumores e desinformação, por meio de *off-the-record briefing* e *double-sourcing*, i.e., confirmadas por outro agente contratado para essa função.[43]

A remuneração paga a editores de jornais pelo MI6 podia chegar até £ 100,000, com acesso ao dinheiro via um *offshore bank* em acessível paraíso fiscal. O banco inglês mais utilizado era o Royal Bank of Scotland e, em menor escala, o Midland Bank, que forneciam *credit card* aos agentes em operações encobertas. Essas e outras atividades foram reveladas no livro *The Big Breach, from Top Secret to Maximum Securi-*

ty, pelo Agent D/813317, Richard Tomlinson,[44] que rompeu com o MI6, em 1995, e David Shayler, do MI5 (Military Intelligence, Section 5), agência de segurança e contrainteligência. *"British journalists — and British journals — are being manipulated by the secret intelligence agencies, and I think we ought to try and put a stop to it"*, denunciou David Leigh, jornalista investigativo do *Guardian*, de Londres.[45]

As manifestações de protesto, iniciadas na Tunísia e no Egito, ao se alastrarem à Líbia e à Síria, converteram-se em *"hot revolutionary war"*, na medida em que as atividades se tornaram ilegais e violentas.[46] Essa transição de *"peace"* para *"hot"*, explicou o coronel David Galula, podia ser gradual e confusa, como realmente se processou e era certamente esperado.[47] E o fato foi que o MI6 e o U.S. Army Civil Affairs and Psychological Operations Command (USACAPOC) usaram a mídia internacional como veículo de desinformação e contrainformação, mascarando o envolvimento direto e/ou indireto dos Estados Unidos e de seus aliados europeus.

Os próprios correspondentes do *New York Times* em Trípoli, David D. Kirkpatrick e Rod Nordland, informaram que havia uma onda de desinformação e confusão e salientaram, logo no início do artigo, que *"truth was first a casualty in Libya well before this war began, and the war has not improved matters at all, on any side"*.[48] E, de fato, os *soi-disant* rebeldes, saudados como *freedom fighters*, eram, na realidade, *mujahidin*, islâmicos radicais, que participaram da guerra contra os Estados Unidos no Afeganistão e no Iraque e regressaram à Líbia, provavelmente com o respaldo da Arábia Saudita e do Qatar, interessados em derrubar os regimes laicos no Oriente Médio e restabelecer a lei islâmica, a *Shari'ah*, baseada no *Qur'an* e nas tradições do Profeta.

NOTAS

1. "Raucous supporters rally around Libyan leader after day of violence", CNN, February 17, 2011.
2. Ian BLACK e Owen BOWCOTT, "Libya protests: massacres reported as Gaddafi imposes news blackout", *The Guardian*, February 18, 2011. PRASHAD, 2012, p. 149.

3. HAIMAZADEH, 2011, p. 108.
4. QADDAFI, 1983, p. 25-38. PRASHAD, 2012, p. 110.
5. Matthias SCHEPP e Bernhard ZAND, "What Will Happen After Gadhafi?", *Der Spiegel*, July 28, 2011.
6. Ibidem, p. 85. *Commentary on the Green Book*, vol. I, p. 238-243.
7. HAIMAZADEH, 2011, p. 105.
8. O termo beduíno provém do árabe — *b diyah* — e significa aquele que vive no deserto.
9. SENSINI, 2011, p. 125.
10. https://www.cia.gov/library/publications/the-world-factbook/geos/ly.html
11. Fonte: Bethany World Prayer Center, http://www.joshuaproject.net/people-profile.php?peo3=14752&rog3=LY.
12. SENSINI, 2011, p. 99.
13. Michel CHOSSUDOVSKY, "Our Man in Tripoli: US-NATO Sponsored Islamic Terrorists Integrated into Libya's Pro-Democracy Opposition", Global-research.ca, April 1, 2011.
14. Praveen SWAMI, Nick SQUIRES e Duncan GARDHAM, "Libyan rebel commander admits his fighters have al-Qaeda links", *The Telegraph*, March 25, 2011. Eli LAK, "Freelance jihadists join Libyan rebels. Ex-al Qaeda member speaks out", *The Washington Times*, March 29, 2011. Charles LEVINSON, "Ex-Mujahedeen Help Lead Libyan Rebels", *The Wall Street Journal*, Middle East News, April 2, 2011.
15. "Jalil: Ora la Libia sarà islamica E Al Qaeda già esulta. Il leader del Cnt parla a Bengasi: 'Siamo un paese musulmano, niente divorzio, sì a banche islamiche'. Poi chiede 'tolleranza'", *Libero Cotidiano*, 15/4/2012. Wil LONGBOTTOM, "Libya's new 'leader' says Sharia law will be used as basis to guide country after fall of Gaddafi regime", *Daily Mail*, September 13, 2011. Dugald MCCONNELL e Brian TODD, "Libyan leader's embrace of Sharia raises eyebrows", CNN, October 26, 2011.
16. Don RASSLER, Gabriel KOEHLER-DERRICK, Liam COLLINS, Muhammad AL-OBAIDI e Nelly LAHOUD, "Letters from Abbottabad: Bin Ladin Sidelined?", Harmony Program, The Combating Terrorism Center at West Point, May 3, 2012.
17. Ibidem.
18. Nic ROBERTSON e Paul CRUICKSHANK, "Source: Ayman al-Zawahiri — Al Qaeda leader sends veteran jihadists to establish presence in Libya", CNN, December 29, 2011. Nic ROBERTSON e Paul CRUICKSHANK, "In bid to thwart al Qaeda, Libya frees three leaders of jihadist group", CNN, March 23, 2010.
19. Combating Terrorism Center at West Point, "Letters from Abbottabad: Bin Ladin Sidelined?", 9/4/(1432 H), corresponding to 28 March (2011), This is

the message from al-Nasayib: (the brothers in Algeria), disponível em: http://www.ctc.usma.edu/posts/letters-from-abbottabad-bin-ladin-sidelined.

20. DIE HARD IN DERNA — Ref ID: 08TRIPOLI430 — Date: 6/2/2008 16:59 — Origin: Embassy Tripoli — Classification: CONFIDENTIAL//NO-FORN — Destination: 08TRIPOLI120 — Header: VZCZCXRO9119OO RUEHBC RUEHDE RUEHKUK RUEHROVDE RUEHTRO #0430/01 1541659ZNY CCCCC ZZHO P 021659Z JUN 08FM AMEMBASSY TRI-POLITO RUEHC/SECSTATE WASHDC IMMEDIATE 3484INFO RUE-HEE/ARAB LEAGUE COLLECTIVERUEAIIA/CIA WASHDCRUEAIIA/CIA WASHINGTON DCRHEFDIA/DIA WASHINGTON DCRHEHAAA/NSC WASHINGTON DCRUEHFR/AMEMBASSY PARIS PRIORITY 0484RUE-HLO/AMEMBASSY LONDON PRIORITY 0806RUEHMD/AMEMBASSY MADRID PRIORITY 0022RUEHTRO/AMEMBASSY TRIPOLI 3989. Tags: PGOV, PREL, KISL, PTER, PHUM, LY, IZ CONFIDENTIAL SECTION 01 OF 04 TRIPOLI 000430 NOFORN SIPDIS DEPT FOR NEA/MAG, S/CT E.O. 12958: DECL: 5/27/2018 TAGS: PGOV, PREL, KISL, PTER, PHUM, LY, IZ SUBJECT: DIE HARD IN DERNA REF: TRIPOLI 120 TRIPOLI 00000430 001.2 OF 004 CLASSIFIED BY: Chris Stevens, CDA, U.S. Embassy — Tripoli, Dept of State. REASON: 1.4 (b), (d) Passed to the Telegraph by WikiLeaks — 9:36PM GMT 31 Jan 2011.

21. Ibidem.

22. Ibidem.

23. Joseph FELTER e Brian FISHMAN, "The Enemies of Our Enemy", *Foreign Policy Magazine*, March 30, 2011. Webster G. TARPLEY, "The CIA's Libya Rebels: The Same Terrorists who Killed US, NATO Troops in Iraq — 2007 West Point Study Shows Benghazi-Darnah-Tobruk Area was a World Leader in Al Qaeda Suicide Bomber Recruitment", Washington DC, March 24, 2011.

24. Joseph FELTER e Brian FISHMAN, "The Enemies of Our Enemy", *Foreign Policy Magazine*, March 30, 2011.

25. Joseph FELTER e Brian FISHMAN, "Al Qa'ida's Foreign Fighter in Iraq: A First Look at the Sinjar Records", West Point, NY, Harmony Project, Combating Terrorism Center, Department of Social Sciences, US Military Academy, December 2007.

26. Ibidem.

27. Webster G. TARPLEY, "The CIA's Libya Rebels: The Same Terrorists who Killed US, NATO Troops in Iraq — 2007 West Point Study Shows Benghazi-Darnah-Tobruk Area was a World Leader in Al Qaeda Suicide Bomber Recruitment", Washington DC, March 24, 2011.

28. O que se chama de *"extraordinary rendition"* consiste na transferência extralegal de suspeitos de terrorismo presos pela CIA e pelo MI6 para terceiros países onde podiam ser encarcerados e submetidos a interrogatório, sob tortura, a fim de evitar as leis dos Estados Unidos e da Grã-Bretanha. Essa prática é chamada de "tortura por *proxy*". Calcula-se que, desde 2001, cerca de 3.000 prisioneiros foram transportados pela CIA para outros países, onde seriam torturados. A CIA usou as bases na Alemanha para manter ocultos alguns prisioneiros e, em janeiro de 2007, 13 dos seus operativos foram indiciados pelo governo, sob a acusação de sequestro na Macedônia, transporte para o Afeganistão e tortura de Khaled el-Masri, um cidadão equivocadamente preso como se fosse terrorista. O European Parliament report of February 2007 informou que a CIA havia efetuado 1.245 voos sobre território da União Europeia, com a cumplicidade de alguns de seus membros, com destino a países onde seriam torturados, violando o art. 3 da United Nations Convention Against Torture. Em alguns países da União Europeia, como Romênia, Polônia e alguns outros, a CIA manteve prisões secretas (*black sites*). "European Parliament adopts final report deploring passivity from some Member States. Plenary sessions Justice and home affairs", 14/2/2007.
29. Nic ROBERTSON e Paul CRUICKSHANK, "In bid to thwart al Qaeda, Libya frees three leaders of jihadist group", CNN, March 23, 2010.
30. "Combating Terrorism in Libya through Dialogue and Reintegration", ICPVTR Visit to Libya, March 2010. International Centre for Political Violence and Terrorism Research, S. Rajaratnam School of International Studies Nanyang Technological University, Singapore. Delegation: Professor Rohan Gunaratna, Head, ICPVTR; Dr. Ami Angell, Visiting Research Fellow, ICPVTR; Ms. Jolene Jerard, Associate Research Fellow, ICPVTR.
31. Ian BIRRELL, "MI6 role in Libyan rebels' rendition 'helped to strengthen al-Qaida'. Secret documents reveal British intelligence concerns and raise damaging questions about UK's targeting of Gaddafi opponents", *The Guardian*, October 24, 2011.
32. Charles LEVINSON, "Ex-Mujahedeen Help Lead Libyan Rebels", *The Wall Street Journal*, Middle East News, April 2, 2011.
33. Ibidem.
34. Ibidem.
35. Praveen SWAMI, Nick SQUIRES e Duncan GARDHAM, "Libyan rebel commander admits his fighters have al-Qaeda links. Abdel-Hakim al-Hasidi, the Libyan rebel leader, has said jihadists who fought against allied troops in Iraq are on the front", *The Telegraph*, March 25, 2011.

36. Katerina Nikolas, "Al Qaeda in the Islamic Maghrib pillaging weapons from Libya", *Hellium News*, March 29, 2011. "'Al-Qaeda snatched missiles' in Libya", *Neus.com.au*, AFP, March 26, 2011.

37. Charles Levinson e Matthew Rosenberg, "Egypt Said to Arm Libya Rebels", *The Wall Street Journal*, Middle East News, March 17, 2011. "Egypt arming Libya rebels, *Wall Street Journal* reports", March 18, 2011.

38. Peter Dale Scott, "Who are the Libyan Freedom Fighters and Their Patrons?", Global Research, *The Asia-Pacific Journal*, Vol. 9, Issue 13, No. 3, March 28, 2011.

39. Jennifer Rizzo, "'Flickers' of al Qaeda in Libyan opposition, U.S. NATO leader says", CNN, March 29, 2011. "Libya and Middle East unrest", *The Guardian*, March 30, 2011.

40. Nick Allen, "Libya: Former Guantánamo detainee is training rebels — A former detainee at Guantánamo Bay has taken a leading role in the military opposition to Col Muammar Gaddafi, it has emerged, alongside at least one other former Afghan Mujahideen fighter", *The Telegraph*, April 3, 2011.

41. "Rebels Only Show 'Flickers' of Al Qaeda", Reuters, March 29, 2011. York, 2011. "Are Libyan rebels an al-Qaeda stalking horse?!", *BBC News*, March 31, 2011.

42. Churchill, 1995, p. 876.

43. Todd e Bloch, 2003, p. 110-111. Pipes, 1996.

44. Tomlinson, 2001, p. 134.

45. David Leigh, "Britain's security services and journalists: the secret story", *British Journalism Review*, Vol. 11, No. 2, 2000, p. 21-26.

46. Galula, 2010, p. 43.

47. Ibidem, p. 43.

48. David D. Kirkpatrick e Rod Nordland, "Waves of Disinformation and Confusion Swamp the Truth in Libya", *The New York Times*, August 23, 2011.

Capítulo XIV

A RENÚNCIA DE GADDAFI À ENERGIA NUCLEAR • O RESTABELECIMENTO DE BOAS RELAÇÕES COM WASHINGTON, LONDRES E PARIS • A REVOLUÇÃO FABRICADA PELO DGSE DA FRANÇA • BARACK OBAMA COMO DITADOR GLOBAL • OPERAÇÕES DE GUERRA PSICOLÓGICA • O EMBUSTE DOS DIREITOS HUMANOS PARA JUSTIFICAR A INTERVENÇÃO DA OTAN • AS FORÇAS ESPECIAIS DO QATAR NA LÍBIA

Desde que Muammar Gaddafi, após a invasão do Iraque, renunciou à produção de armas de destruição em massa e renegou o terrorismo, o governo de Washington, aparentemente, estava satisfeito com sua colaboração na guerra contra al-Qa'ida. O subsecretário de Estado para controle de Armamentos e Segurança Internacional, John R. Bolton, declarou à Radio Sawa, em 5 de abril de 2003,[1] que a invasão do Iraque constituiu uma *"message"* que os Estados Unidos enviaram à Líbia, assim como ao Irã e à Síria, de que *"the cost of their pursuit of weapons of mass destruction is potentially quite high"* e *"the determination of the United States (...) to keep these incredibly dangerous weapons out of the hands of very dangerous people should not be underestimated"*.[2]

Muammar Gaddafi, ao perceber que seu país também poderia ser invadido, buscou, através de um palestino, contato telefônico com David Manning, no quartel-general do MI6, em Vauxhall Cross, visando a negociar um *quid pro quo*, mediante o qual ele destruiria seu programa de armas de destruição em massa (WMD) em troca do levantamento das sanções contra a Líbia.[3] Dois agentes do MI6 viajaram em avião, secretamente, para Sirte, onde Muammar Gaddafi tinha, no deserto, seu quartel-general, cercado por beduínos e camelos.[4]

O intermediário da negociação foi seu filho Saif al-Islam Gaddafi, e o primeiro encontro com agentes do Secret Intelligence Service (SIS) ocorreu no The Connaught, hotel cinco-estrelas localizado ente a Mount Street e a Carlos Place, no centro do distrito de Mayfair, em Londres.[5] O agente Mark Allen e Sir Richard Dearlove, diretor do MI6 (1999-2004), viajaram em seguida para Washington e informaram o presidente George W. Bush sobre a gestão do coronel Muammar Gaddafi, sendo então designado o agente Steve Kappes, da CIA, para participar das negociações com o diplomata Moussa Koussa, chefe do Mukhabarat el-Jamahiriya, o serviço de inteligência da Líbia. O entendimento foi difícil, dado implicar a rede do cientista Abdul Qadeer Khan, que desenvolveu o programa de armas nucleares no Paquistão e vendeu a tecnologia de enriquecimento de urânio da Urenco à Líbia, ao Iraque, à Coreia do Norte e ao Irã.[6]

As negociações com Gaddafi foram reveladas, em 23 de janeiro de 2004, por Flynt Leverett, antigo do membro Conselho de Segurança Nacional dos Estados Unidos, em artigo publicado no *New York Times*.[7] E, em 19 de dezembro de 2003, Abdel Rahman Chalgam, ministro dos Assuntos Estrangeiros, comunicou que a Líbia renunciara livremente ao programa de armas de destruição em massa, bem como decidira aderir tanto ao TNP quanto à Biological Weapons Convention (BWC) e à Chemical Weapons Convention (CWC).

O presidente George W. Bush, no State of the Union Address (20/1/2004), anunciou então que o coronel Muammar Gaddafi, após nove meses de intensas negociações com os Estados Unidos e a Grã-Bretanha, julgou *"correctly"* que seu país estaria em melhor situação e muito mais seguro sem armas de destruição em massa,[8] razão pela qual se comprometeu *"voluntarily"* a abrir e a desmantelar todos os seus programas, inclusive o de enriquecimento de urânio para armas nucleares.[9] E, em 2004, Bush levantou as sanções contra o regime de Muammar Gaddafi.

Mais de dez instalações, onde a Líbia estava a desenvolver o ciclo completo de enriquecimento do urânio para armas nucleares, foram desmanteladas, assim como foram destruídas as armas biológicas. Muammar Gaddafi, outrossim, reconheceu a responsabilidade pelo atentado terrorista contra o Boeing 747, da Pan Am (voo 103), que caiu em Lockerbie, na Escócia, em 21 de dezembro de 1988, e decidiu indenizar as famílias das vítimas, da mesma forma que as famílias das vítimas do atentado contra o avião McDonnell Douglas DC-10, da Union des Transports Aériens (UTA Flight 772), da França, derrubado sobre o deserto do Saara em 19 de setembro de 1989.

A Grã-Bretanha também normalizou as relações com a Líbia. Entre 2008 e 2009, diversas autoridades visitaram Trípoli com frequência e o governo de Londres autorizou a exportação de gás lacrimogêneo, munições para controle de multidões e pequenas armas, bem como lançadores de projéteis. E as maiores companhias petrolíferas e de serviços, tanto britânicas quanto americanas, entre as quais British Petroleum, Exxon-Mobil, Halliburton, Chevron, Conoco e Marathon Oil, bem como diversas outras empresas — Raytheon e Northrop Grumman, Dow Chemical Fluor White & Case — afluíram para a Líbia e constituíram em 2005 a U.S.-Libya Business Association.

Em 19 de agosto de 2009, uma comissão do Congresso (Congressional Delegation), composta pelos senadores John McCain, Joe Lieberman, Lindsey Graham, Susan Collins e Richard Fontaine, presidente do Armed Services Committee Staffer, continuaram os encontros com Muammar Gaddafi e seu assessor de Segurança Nacional, Mutassim al-Gaddafi.[10] E o senador Joseph I. Lieberman, independente de Connecticut, declarou que Mutassim al-Gaddafi era "importante aliado" na guerra contra o terrorismo, acentuando que *common enemies sometimes make better friends*.[11]

Muitos países, inclusive o Irã e a Coreia do Norte, disseram a Gaddafi que era um erro parar o desenvolvimento de mísseis de longo alcance e tornar-se amigo do Ocidente, revelou Saif al-Islam Gaddafi em entrevista à *RT* (*Russia Today*), após iniciada a guerra pela França, pelos Estados Unidos e pela Grã-Bretanha, e apontou como o grande erro da Líbia atrasar a compra de armamentos da Rússia e a construção de um forte exército. E advertiu que "nosso exemplo significa que ninguém pode confiar no Ocidente e deve estar sempre alerta".[12] Com efeito, tudo indica que nem os Estados Unidos nem a Grã-Bretanha nem a França deixaram de conspirar para destruir o regime de Gaddafi. Segundo Vijay Prashad, o colapso de Gaddafi enviou importante mensagem aos outros *"rogues states"*: seu maior erro foi renunciar ao programa nuclear.[13]

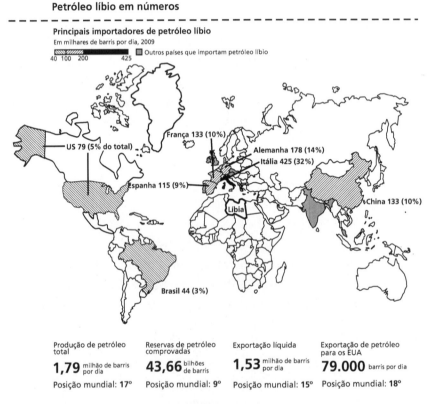

Fonte: Libya S.O.S.[18]

A França, conquanto o presidente Nicolas Sarkozy mantivesse abertamente bom relacionamento com Gaddafi e até, segundo constou, recebesse dinheiro para sua campanha eleitoral,[14] tinha forte motivo, *inter alia*, para desejar a derrubada de seu regime. Em 2009, a companhia francesa Total fora forçada, juntamente com outras petrolíferas, como a Chevron e a Occidental Petroleum, ambas dos Estados Unidos, a aceitar a renegociação dos contratos para exploração de gás e petróleo na Líbia.[15] Seu contrato para exploração dos campos de Mabruk e al-Jurf com a National Oil Corporation (NOC), companhia estatal da Líbia, foi estendido até 2032, mas significativamente reduzido: a Total e os demais consórcios, conforme documento de 2000 revelado pelo WikiLeaks, só teriam direito a 27% da produção de petróleo e a 40% e, posteriormente, 30% da produção de gás, e não mais 50% como nos contratos anteriores. A Grã-Bretanha, antes do levante em Benghazi, possuía investimentos na Líbia no valor de £ 1,5 bilhão, a maior parte na indústria de petróleo,[16] e já em setembro de 2011. Lord Stephen Green, ministro para o Comércio e Investimento, viajou a Trípoli, à frente de uma delegação de empresários britânicos, entre os quais representantes da British e da Shell, a fim de iniciar conversações de negócios com o Conselho Nacional de Transição.[17]

O jornalista italiano Franco Bechis revelou no diário direitista *Libero*, em 23 de março de 2011,[19] que provavelmente o serviço secreto da França — Direction Générale de la Sécurité Extérieure (DGSE) — começou a planejar a rebelião em Benghazi em 21 de outubro de 2010.[20] De fato, em outubro de 2010, Nuri al-Mesmari, chefe de protocolo de Gaddafi, abandonou a Líbia e, depois de passar pela Tunísia, asilou-se na França, onde manteve contato com os militares, começando o complô contra Gaddafi, que envolveu ativistas da oposição em Benghazi. E, a fim de articular o movimento para derrubar o governo de Gaddafi, com Nuri al-Mesmari e os militares franceses, em 23 de dezembro de 2010, chegaram a Paris três outros líbios: Ali Ounes Mansouri, Farj Charrant e Fathi Boukhris, que, juntamente com Ali Hajj, deflagraram o levante em Benghazi. O jornalista Franco Bechis acusou o presidente Nicolas Sarkozy de manipular a revolta na Líbia.[21] Há evidências de que já havia introduzido forças militares na região. E Sarkozy não deixaria de contar com o respaldo dos Estados Unidos.

Em 23 de fevereiro, poucos dias após a sublevação em Benghazi, o presidente Barack Obama, como um ditador global, declarou que Gaddafi havia perdido a legitimidade e devia deixar o governo. E, em 21 de março, quatro dias após a aprovação da Resolução 1973 do Conselho de Segurança da ONU, ele reiterou: *"I have (...) stated that it is U.S. policy that Gaddafi needs to go"*, disse ele, mostrando que o objetivo da intervenção na Líbia consistia em *"regime change"*, mas, cinicamente, explicou que a ação dos Estados Unidos era em apoio à Resolução 1973 do CSNU, com objetivo humanitário.[22] E os senadores John McCain e Joseph Lieberman, que um ano antes haviam se tornado *"good friends"* de Gaddafi, depois que ele abandonou o programa nuclear, formaram o coro com o presidente Obama: *"President Obama last week stated unequivocally that Colonel Gaddafi must go. He reiterated that position again today."*[23]

O propósito das operações de guerra psicológica (PSYOP), conforme definido pelo U.S. Army Civil Affairs and Psychological Operations Command (USACAPOC), assim como do MI6, era desmoralizar o inimigo, causando dissensões e agitação nas suas fileiras, e convencer a população a apoiar as forças dos Estados Unidos e de seus aliados.[24] E a estratégia para desencadear a guerra contra a Líbia consistiu em construir, através da mídia, um imaginário em que o ditador Muammar Gaddafi estava na iminência de massacrar os civis que protestavam contra seu regime em Benghazi. E, no dia 26 de fevereiro de 2011, oito dias depois do início da rebelião em Benghazi, França, Alemanha, Grã-Bretanha e Estados Unidos conseguiram que o Conselho de Segurança das Nações Unidas (CSNU) aprovasse a Resolução 1970,[25]

> condenando a violência e uso da força contra civis, lamentando a violação grosseira e sistemática dos direitos humanos, incluindo a repressão de manifestantes pacíficos, expressando profunda preocupação com as mortes de civis, e rejeitando inequivocamente o incitamento à hostilidade e à violência contra a população civil feita a partir do nível mais alto da Líbia.

Essa Resolução 1970, com o objetivo de *vendere fumum*, presumiu que "os ataques generalizados e sistemáticos em curso na Líbia contra a população civil podem constituir crimes contra a humanidade" e decidiu remeter a questão ao procurador do Tribunal Criminal Internacional, bem como aprovou uma série de sanções a serem aplicadas pelos membros da ONU, entre as quais:

1. congelar imediatamente todos os fundos, outros ativos financeiros e recursos econômicos que estejam em seus territórios, que são propriedade ou são controlados, direta ou indiretamente, por indivíduos ou entidades ligados ao regime de Muammar Gaddafi;

2. impedir o fornecimento direto ou indireto, a venda ou transferência para o Árabe Líbia Jamahiriya (...) de armas e material conexo de todos os tipos, incluindo armas e munições, veículos e equipamentos militares, equipamentos paramilitares e peças, assim como assistência técnica, treinamento (...) relacionados com atividades militares ou o fornecimento, a manutenção ou o uso de quaisquer armas e material conexo, incluindo o fornecimento de pessoal armado de mercenários originários ou não de seus territórios.

A *intentio mali* da Resolução 1970 era evidente. Menos de um mês depois, em 17 de março de 2011, os Estados Unidos, a França e a Grã--Bretanha, alegando que o governo de Muammar Gaddafi não havia cumprido a Resolução 1970, conseguiram aprovar, com abstenção de Rússia, China, Brasil, Índia e Alemanha, a Resolução 1973, que autorizou o estabelecimento de uma *"no-fly zone"* no espaço aéreo da Líbia, e "tomar todas as medidas necessárias para proteger os civis sob a ameaça de ataque na Líbia, incluindo Benghazi, excluindo uma ocupação estrangeira de qualquer forma em qualquer parte do território da Líbia".[26] A manipulação das notícias pela mídia — BBC, CNN, Al Arabya e al-Jazeera —, desinformando e exagerando o número de mortos, contribuiu decisivamente para criar o clima contra a Líbia no Conselho de Segurança da ONU.[27]

Essa vaga e pérfida resolução, aprovada pelo Conselho de Segurança, violava, entretanto, a própria carta das Nações Unidas, cujo artigo 2 do Capítulo I estabelece que "nenhuma disposição da presente Carta autorizará as Nações Unidas a intervir em assuntos que dependam essencialmente da jurisdição interna de qualquer Estado, ou obrigará os membros a submeterem tais assuntos a uma solução, nos termos da presente Carta; este princípio, porém, não prejudicará a aplicação das medidas coercitivas constantes do capítulo VII". Também o artigo 42 do Capítulo VII dispõe que, se o Conselho de Segurança considerar que "as medidas previstas no artigo 41 seriam ou demonstraram ser inadequadas (interrupção completa ou parcial das relações econômicas, dos meios de comunicação ferroviários, marítimos, aéreos, postais, telegráficos, radioelétricos, ou de outra qualquer espécie, e o rompimento das relações diplomáticas), poderá levar a efeito, por meio de forças aéreas, navais ou terrestres, a ação que julgar necessária para manter ou restabelecer a paz e a segurança internacionais. Tal ação poderia compreender demonstrações, bloqueios e outras operações, por parte das forças aéreas, navais ou terrestres dos membros das Nações Unidas".

As operações militares aéreas, navais ou terrestres dos membros das Nações Unidas só poderiam ocorrer caso fossem necessárias "para manter ou restabelecer a paz e a segurança internacionais". O levante contra o regime de Muammar Gaddafi era uma questão doméstica, não ameaçava a paz nem a segurança internacionais. Um ataque aéreo, terrestre ou marítimo a um país soberano constitui uma operação de guerra. E era o que o Barack Obama, o primeiro-ministro da Grã-Bretanha, David Cameron, e o presidente da França, Nicolas Sarkozy, haviam realmente planejado. Decerto, as manifestações de protesto, iniciadas em 26 de janeiro, foram instigadas pelos *jihadistas* e pelos agentes dos serviços de inteligência das potências ocidentais.

O chefe do Estado Maior das Forças Armadas da Grã-Bretanha, Sir David Richards, o secretário de Defesa, Liam Fox, o secretário de Assuntos Estrangeiros, William Hague, e o chefe da assessoria do primeiro-ministro David Cameron, Ed Llewellyn, estavam convencidos desde fins de fevereiro que urgia começar a ação para a derrubada de Gaddafi e que somente bombardeios não conseguiriam esse objetivo.[28] Seria necessário enviar forças terrestres e contratar mercenários. E a Grã-Bretanha, muito antes da aprovação da Resolução 1973, mandou para Benghazi, em helicóptero Chinook, agentes do SIS-MI6 (Secret Intelligence Service), seis membros do E Squadron, todos recrutados das unidades Tier 1 (SAS, SBS e Special Reconnaissance Regiment), da United Kingdom Special Forces (UKSF). Eles estavam equipados com enorme variedade de armamentos, munições, explosivos, cadernetas com informações militares, mapas, passaportes falsos e aparelhos seguros de comunicação e desceram de helicóptero na fazenda de Tom Smith (suposto agente do MI6), perto de Benghazi, mas foram aprisionados pelos rebeldes, que nada sabiam de sua missão, e depois resgatados por um navio britânico.[29]

Apesar do embaraçoso episódio do aprisionamento dos soldados britânicos nas cercanias de Benghazi, a Grã-Bretanha voltou a mandar agentes do MI6 e oficiais do SAS (Special Air Service) para orientar as forças do chamado Conselho Nacional de Transição, chefiado por Mustafa Abdel-Jalil, ex-ministro da Justiça de Gaddafi. Comandos do SEALs atuaram na Líbia, assim como membros da Direction Générale de la Sécurité Extérieure (DGSE), da Brigade des Forces Spéciales Terre (BFST), subordinada ao Commandement des Opérations Spéciales (COS), MI6 (Secret Inteligence Service) e SAS (Special Air Service), sempre vestidos como árabes, os *false-flaggers*, i.e., um *"illegal team"*, com identidade de outros países, de modo que não fossem identificados como ingleses, americanos ou franceses. Em 24 de fevereiro, antes da aprovação da Resolução 1970 pelo Conselho de Segurança da ONU, a fragata inglesa *HMS Cumberland* chegou a Benghazi e desembarcou comandos do SAS da Grã-Bretanha.[30] Um grupo das forças especiais da Holanda — Korps Commandotroepen (KCT) —, que um helicóptero da Marinha de Guerra havia transportado em 27 de fevereiro, foi capturado no oeste da Líbia, em Sirte, na costa sul do Golfo de Sidra, pelas tropas de Gaddafi.[31] E, em 2 de março, 400 soldados da 24th Marine Expeditionary Unit (24th MEU), da Marine Air Ground Task Force (MAGTF) dos Estados Unidos, chegaram a Creta. O major Carl Redding, porta-voz do Marine Corps, explicou que essas tropas foram enviadas a bordo do *USS Kearsarge*, do Expeditionary Strike Group, e do *USS Ponce*, *"as part of our contingency planning to provide the President flexibility on a full range of options regarding Libya"*.[32]

As três potências — Estados Unidos, Grã-Bretanha e França — não estabelecerem a *no-fly zone* para proteger civis, conceito ambíguo e duvidoso, introduzido com as resoluções 1265 (1999), 1296 (2000), 1325 (2000), 1674 (2006) sobre a proteção de civis em conflitos armados, e

1738 (2006), aprovadas pelo Conselho de Segurança da ONU. Empreenderam uma guerra contra a Líbia, mediante ataques aéreos, aliando-se abertamente aos rebeldes, como a Alemanha nazista fez durante a guerra civil na Espanha (1936-1939), quando bombardeou não apenas Guernica, mas diversas outras cidades, estreando seus bombardeiros Junkers Ju 52 e Heinkel He 111, e os caças Messerschmitt e Junkers Ju 87, que destruíram 386 aviões dos republicanos.

A França, no dia seguinte à sua aprovação, tomou a dianteira e começou o bombardeio, com 19 jatos Rafale e Mirage da Força Aérea, enquanto os aviões da Itália faziam operações de monitoramento. E, pouco depois, submarinos dos Estados Unidos e da Grã-Bretanha dispararam no mínimo 114 mísseis cruzeiros[33] contra 20 sistemas de defesa aérea e terrestre da Líbia, enquanto bombardeiros B-2 Spirit destruíram o maior aeroporto do país, em Trípoli,[34] e os Tornados Storm lançaram mísseis Shadow contra diversos pontos estratégicos.[35] Por volta de 21 de março, já havia sido neutralizado quase todo o sistema estratégico de defesa aérea (SAM) ao longo da costa da Líbia. Além dos aliados na OTAN, aviões da Suécia, do Qatar, dos Emirados Árabes Unidos e da Jordânia tomaram parte nas operações tanto de monitoramento quanto de ataque aéreo na Líbia.[36]

Após iniciar abertamente a campanha na Líbia, o presidente Barack Obama, o primeiro-ministro David Cameron e o presidente Nicolas Sarkozy assinaram conjuntamente e publicaram um artigo no *New York Times* no qual disseram: *"Our duty and our mandate under U.N. Security Council Resolution 1973 is to protect civilians, and we are doing that. It is not to remove Qaddafi by force. But it is impossible to imagine a future for Libya with Qaddafi in power."*[37]

Esse artigo, firmado pelos três chefes de governo, evidenciou o *ethos* dúplice e hipócrita dos Estados Unidos, da Grã-Bretanha e da França, os principais líderes da campanha militar contra a Líbia, ao entremostrar que pretendiam extrapolar e violar, cinicamente, o mandato da Resolução 1973, que consistia em estabelecer uma *no-fly zone* para a proteção dos civis e não autorizava o uso da força para promover mudança de regime, muito menos para a eliminação Muammar Gaddafi.

Muito antes da Resolução 1973, o presidente Obama havia ordenado ao Departamento do Tesouro que congelasse as contas da Libyan National Oil Corporation e sequestrara arbitrariamente US$ 30 bilhões. O regime de Gaddafi possuía 143,8 toneladas de ouro, no valor de mais de US$ 6,5 bilhões (£ 4 bilhões), depositadas como reservas internacionais em 25 nações, segundo o Fundo Monetário Internacional.[38] Foram congeladas. E, mediante as sanções aprovadas pelo Conselho de Segurança da ONU, as potências ocidentais apropriaram-se dos fundos soberanos (*sovereign wealth funds* — SWF) que a Líbia, como país exportador de petróleo, havia investido no exterior.

A Líbia, na Itália, possuía 7,5% do Unicredit, o segundo maior banco do país, 2% da Finmeccanica, um conglomerado industrial controlado pelo Estado, 1,5% do Juventus Football Club, menos de 1% de companhias pertencentes ao Grupo FIAT e cerca de 0,5% da ENI, a companhia petrolífera estatal.[39] O banco HSBC era o principal depositário (*custodian bank*) das reservas monetárias da Líbia. Somente em setembro de 2011, as potências ocidentais aprovaram o descongelamento de US$ 15 bilhões dos ativos confiscados na Europa e nos Estados Unidos, cujo total era estimado em até US$ 150 bilhões. Entrementes, Arábia Saudita, Qatar, Kuwait e demais países do Conselho de Cooperação dos Estados Árabes do Golfo (CCG) financiavam os *jihadistas* e a compra de armamentos pelos insurgentes.

A remoção do regime de Muammar Gaddafi já estava na agenda, no programa de "*promotion of democracy*", fazia muitos anos, e Washington apenas aguardava a oportunidade para promovê-la. Entrevistado pela jornalista Amy Goodman, em 2 de março de 2007, o general (r) Wesley Clark, ex-comandante em chefe da OTAN, revelou que a administração do presidente George W. Bush havia planejado atacar sete países em cinco anos: Iraque, Síria, Líbano, Líbia, Somália, Sudão e Irã. E acentuou: "*Obama's invasion of Libya was planned under the Bush administration, Syria is next.*"[40]

As forças especiais e os serviços de inteligência dos países da OTAN deram aos rebeldes, efetivamente, toda a sorte de assistência e colaboração, planejando as operações, orientando os bombardeios e coletando informações, inclusive com a utilização de *drones*.[41] Também Egito, Arábia Saudita, Jordânia e Bulgária, entre outros países, enviaram tropas de elite para ajudar os chamados rebeldes. Cinco outros países do Conselho de Cooperação dos Estados Árabes do Golfo (CCG) — Arábia Saudita, Kuwait, Bahrein, Emirados Árabes Unidos e Omã —, governados pelas oligarquias sunitas, colaboraram com a OTAN. O Qatar e os Emirados Árabes Unidos forneceram inclusive aviões à OTAN, durante seis meses, para a campanha de bombardeios.[42] E, no dia 20 de agosto, dia em que acabou o jejum do Ramadan, um navio da OTAN desembarcou no litoral da Líbia, com armamentos pesados, antigos *jihadistas* e tropas especiais do JSOC, dos Estados Unidos, BFST, da França, e SAS, do Reino Unido, que elaboraram a estratégia e procederam ao rápido avanço, conduzindo os rebeldes à conquista de Trípoli.

O emirado de Qatar, porém, desempenhou fundamental papel na campanha contra o regime de Gaddafi, ao enviar não apenas recursos financeiros e armamentos, mas centenas de forças de combate terrestre (Q-SOC)[43] — o que a OTAN estava, formalmente, impedida de fazer[44] — e comandar a ofensiva, inclusive para a tomada de Trípoli, planejada pelos oficiais do SAS e MI6.[45] O major-general Hamad bin Ali al-Atiya, chefe do Estado Maior do Qatar, confirmou que *"we were among them and the numbers of Qataris on the ground were hundreds in every region"*.[46] Suas forças especiais treinaram os rebeldes, encarregaram-se das comunicações, supervisionaram os planos de batalha, porque eram civis e não tinham experiência militar e, conforme as palavras do major-general Hamad bin Ali al-Atiya, os qataris atuaram como o vínculo entre os rebeldes e a OTAN.[47]

O tenente-general Joseph Charles Bouchard, comandante da Operation Unified Protector, da OTAN, elogiou a orientação dada pelo Emir Sheikh Hamad bin Kalifa ak-Thani e disse estar orgulhoso *"of Qatari forces' performance and this is justifiable from every perspective"*.[48] Ele também enalteceu o papel da mídia no sucesso da missão, especialmente Al Jazeera e os canais de notícias BBC e CNN.[49] Sem o apoio logístico e os bombardeios da OTAN, sem as forças especiais do

Qatar, da França e da Grã-Bretanha, e o fluxo de inteligência da CIA, coletada pelos *drones*, os chamados rebeldes não teriam avançado muito além de Benghazi.

NOTAS

1. *Sawa* (اوس), que em muitos dialetos árabes significa "juntos", é uma cadeia de rádio financiada pelo Congresso dos Estados Unidos para os países do Oriente Médio.
2. Paul KERR, "Top U.S. Officials Voice Concern About Syria's WMD Capability", *Arms Control Today*, May 2003.
3. CORERA, 2011a, p. 383.
4. Ibidem, p. 383.
5. Gordon CORERA, "Torture claims raise questions over Libya-Britain ties", *BBC News*, September 5, 2011. "Behind closed doors: The bewildering dance between Gaddafi and MI6", *The Independent*, August 25, 2011. Nabila RAMDANI, Tim SHIPMAN e Peter ALLEN, "Tony Blair our very special adviser by dictator Gaddafi's son", *Daily Mail*, June 5, 2010.
6. CORERA, 2011a, p. 384.
7. Flynt LEVERETT, "Why Libya Gave Up on the Bomb", *The New York Times*, January 23, 2004.
8. Indagado por Sir John Chilcot, membro do Parlamento britânico, durante o inquérito sobre o Iraque, um agente SIS1 declarou: "*I think Saddam Hussein woefully misread the world, whereas I think Gaddafi reads it quite well*", disponível em: http://www.iraqinquiry.org.uk/media/52549/sisi1-declassified.pdf.
9. 2004 State of the Union Address, delivered 20 January 2004, Washington, D.C., The White House, Presidente George W. Bush, disponível em: http://georgewbush-whitehouse.archives.gov/news/releases/2004/01/20040120-7.html.
10. ID 09 Tripoli 677 Subject Codel Mccain Meets Muammar And Muatassim Al-Qadhafi Date 2009-08-19 00:00:00 Confidential — Section 01 Of 02 Tripoli 000677 — SIPDIS — State For NEA/MAG and H E.O. 12958: Decl: 8/19/2009 — Tags: PREL PGOV PINS PINR PTER MASS MCAP Ly Subject: Codel Mccain Meets Muammar And Muatassim Al-Qadhafi — Ref: A. Tripoli 662; B. Tripoli 674; C. State 43049; D. Tripoli 648 Tripoli 00000677 001.2 Of 002 Classified By: Joan Polaschik, Charge D'affaires, U.S. Embassy Tripoli, Department Of State. Reason: 1.4 (B), (D). http://wikileaks.org/cable/2009/08/09TRIPOLI677.html.

11. Ibidem.
12. "US looks on Libya as McDonald's — Gaddafi's son", *Russia Today*, July 1, 2011.
13. PRASHAD, 2012, p. 233.
14. SENSINI, 2011, p. 149.
15. Maher CHMAYTELLI, "Total Accepts Lower Share of Libyan Oil Production (Update2)", *Bloomberg*, February 10, 2009.
16. Ian BLACK, "British trade mission seeks to make most of Libyan goodwill", *The Guardian*, September 26, 2011.
17. Ibidem.
18. http://libyasos.blogspot.de/
19. "Sarko' ha manovrato la rivolta libica", Affaritaliani.it. "French plans to topple Gaddafi on track since last November", *Mathaba News Network*, 25/3/2011. Apud Domenico LOSURDO, http://domenicolosurdo.blogspot.de/2011_03_01_archive.html, *Blitz quotidiano*, http://www.blitzquotidiano.it/politica-mondiale/libia-francia-ribelli-bengasi-007-gheddafi-794604/.
20. "Libia. La Francia ha armato i ribelli di Bengasi? Le manovre degli 007 di Sarkò con un fedelissimo di Gheddafi", *Blitz quotidiano*.
21. Ibidem.
22. Stephanie CONDON, "Obama: Qaddafi must go, but current Libya mission focused on humanitarian efforts", *CBS News*, March 21. Stephanie Condon 2011. "Obama: Qaddafi must go, but current libya mission focused on humanitarian efforts. *CBS News*, March 21. http://www.cbsnews.com/news/obama_gaddafi_must_go_but_current_libya_mission_focused_on_humanitarian_efforts/. 23.12.2014. Jeff Mason 2011. U.S. scuys Libya has spoken, Gaddafi must leave now. Washington, feb. 26, 2011. http://www.reuters.com/article/2011/02/26/us_Libya_usa_iolustre7k6D52011/0226. 23.12.2014. MICHAEL O'BRIEN, 2011. "Obama, in call to German chancellor: Gadhafi must go 'now'". *The Hills, Blog Briefing Room*, 26/2.
23. Mark HEMINGWAY, "McCain and Lieberman: 'Qaddafi must go'", *The Weekly Standard*, March 11, 2011.
24. U.S. Army Civil Affairs and Psychological Operations, http://www.psywarrior.com/psyop.html.
25. RES/1970 (2011) — Conselho de Segurança — Distr. Gerais 26 de fevereiro de 2011 — 11-24558 (E) *1124558*.
26. Security Council SC/10200 — 6498th Meeting (Night) Department of Public Information, News and Media Division, New York, "Security Council Approves 'No-Fly Zone' Over Libya, Authorizing 'All Necessary — Measures' To Protect Civilians, By Vote Of 10 In Favour With 5 Abstentions", http://www.un.org/News/Press/docs/2011/sc10200.doc.htm#Resolution.
27. SENSINI, 2011, p. 116-117.

28. Tim Shipman, "Send in the dogs of war: Mercenaries could help the rag-tag rebels say UK generals", *Daily Mail*, April 6, 2011.

29. Caroline Gammell e Nick Meo, "Libya: inside the SAS operation that went wrong", *The Telegraph*, March 6, 2011. "Libya unrest: SAS members 'captured near Benghazi'", *BBC Magazine*, March 6, 2011. Mark Urban, "Inside story of the UK's secret mission to beat Gaddafi", *BBC Magazine*, January 19, 2012.

30. Sensini, 2011, p. 109.

31. Mark Urban, "Inside story of the UK's secret mission to beat Gaddafi", *BBC Magazine*, January 19, 2012. Sensini, 2011, p. 109.

32. "Ship carrying Marines heads to Libya", *ABC News*, March 1, 2011. Rial World http://www.riehlworldview.com/carnivorous_conservative/2011/03/400-marines-head-toward-libya.html. Sensini, 2011, p. 110.

33. Cada míssil cruzeiro (*Cruise Missile*) custava US$ 1 milhão, e o novo modelo, US$ 2 milhões. No primeiro dia da Operation Odyssey Dawn os gastos dos Estados Unidos apenas com mísseis chegaram a US$ 100 milhões.

34. "The Pentagon says 114 Tomahawk cruise missiles have been launched from U.S. and British ships in the Mediterranean, hitting more than 20 (...)", FoxNews, March 20, 2011. Sanskar Shrivastava, "US Launches Missile Strike in Libya", *The World Reporter*, March 20, 2011.

35. Frank W. Hardy, "French Rafale Fighter Jets Attack and Destroy Libyan Targets", *North Africa Affairs,* March 19, 2011.

36. Christian F. Anrig, "A Força Aliada na Líbia — Avaliação Preliminar".

37. Barack Obama, David Cameron e Nicolas Sarkozy, "Libya's Pathway to Peace", *The New York Times*, April 14, 2011.

38. Paul Peachey, "Regime clan has £4bn in gold reserves, says IMF", *The Independent*, March 24, 2011. Sensini, 2011, p. 157.

39. Giorgio Sacerdoti, "Freezing Sovereign Wealth Funds Assets Abroad Under U.N. Security Council's Resolutions: The Case of the Implementation in Italy of Asset Freezes Against Qadhafi's Libya", May 1, 2012.

40. "Gen. Wesley Clark Weighs Presidential Bid: 'I Think about It Everyday'", *Democracy Now*, com Amy Goodman e Juan González, March 2, 2007. "U.S. General Wesley Clark: 'Obama's invasion of Libya was planned under the Bush administration, Syria is next'", *Foreign Policy*, September 14, 2011. Trevor Lyman, "Obama's invasion of Libya was planned under the Bush administration, Syria is next", Bastiat Institute, September 14, 2011.

41. Jorge Benitez, "Intell and Special Forces from allies helped rebels take Tripoli", Nato Source, August 22, 2011. Jorge Benitez, "Covert teams from NATO members 'provided critical assistance' to Libyan rebels", Nato Source, August 23, 2011.

42. Rick Rozoff, "Saudi Arabia — Persian Gulf of Strategic Interest to NATO", *Stop NATO*, June 20, 2012.

43. *"'The principle source of support for the rebels came from Q-SOC,' the Qatari special forces, says this source, who would only be identified as a former US intelligence contractor with direct knowledge of operations in Libya."* Spencer Ackerman, "Tiny Qatar flexed big muscles in Libya", Wired.co.uk, August, 26, 2011. *"But on the ground here, credit for helping to get the rebel army into shape goes to military advisers from the tiny Arabian Peninsula emirate of Qatar. (...) 'Qatar had stood by us from the very beginning, even before it was announced that they were here,' said Col. Ahmed Bani, a spokesman for the rebel army. 'They have been more effective than any other nation. They just haven't boasted about it.'"* Portia Walker, "Qatari military advisers on the ground, helping Libyan rebels get into shape", *The Washington Post*, May 13, 2011.

44. Ian Black, "Qatar admits sending hundreds of troops to support Libya rebels. Qatari chief-of-staff reveals extent of involvement, saying troops were responsible for training, communications and strategy", *The Guardian*, October 26, 2011.

45. Gordon Rayner, Thomas Harding e Duncan Gardham, "Libya: secret role played by Britain creating path to the fall of Tripoli", *The Telegraph*, August 22, 2011.

46. Ian Black, "Qatar admits sending hundreds of troops to support Libya rebels. Qatari chief-of-staff reveals extent of involvement, saying troops were responsible for training, communications and strategy", *The Guardian*, October 26, 2011.

47. Ibidem. Karen DeYoung e Greg Miller, "Intell and Special Forces from allies helped rebels take Tripoli", *The Washington Post*, NATO Source, October 26, 2011.

48. Ayman Adly, "Nato commander hails Qatari forces' role in Libya's liberation", *Gulf Times*, March 26, 2012.

49. Ibidem.

Capítulo XV

A SUBVERSÃO DO DIREITO INTERNACIONAL • O OBJETIVO DOS ESTADOS UNIDOS DE MANTER O DOMÍNIO MUNDIAL • SOBERANIA NACIONAL É PRIVILÉGIO APENAS DAS NAÇÕES FORTES • A RESPONSABILIDADE DE PROTEGER CIVIS (RTOP E R2P) COMO FARSA ULTRAIMPERIALISTA • O MITO DA MISSÃO CIVILIZADORA • A OTAN EXTRAPOLA ESTATUTO DE SUA CRIAÇÃO • O BRASIL REPELE A ATUAÇÃO DA OTAN NO ATLÂNTICO SUL

A proteção de civis configurou um subterfúgio para justificar a agressão à Líbia e legitimar a doutrina de intervenção humanitária, com que o cartel ultraimperialista trata de subverter os princípios e conceitos de Estado-nação, soberania nacional, não ingerência nos assuntos internos e de outros Estados e igualdade dos Estados independentemente de seu tamanho. Esses princípios e conceitos emanaram consensualmente dos Tratados de Vestfália, firmados em Münster e Osnabrück (Alemanha), em 15 de maio e 24 de outubro de 1648, pondo fim à Guerra dos 30 Anos, e que desde então haviam sustentado o Direito Internacional,[1] apesar de frequentemente desrespeitados. A fim de evitar a repetição da carnificina, em que pereceu um terço da população da Europa Central, foi que os Tratados de Vestfália, conforme Henry Kissinger acentuou, separaram a política internacional da política doméstica dos Estados, construídos com base na unidade nacional e cultural, e assim considerados soberanos, enquanto a política internacional era limitada por meio da interação das fronteiras estabelecidas. Para os formuladores, os novos conceitos de interesse nacional e de equilíbrio de poder não expandiam o papel da força e sim o limitavam.[2]

Contudo, conforme o jornalista William Pfaff ressaltou, *"Washington ignores whenever convenient"*[3] os princípios da soberania nacional e da igualdade das nações. E foi com base em tais princípios que o grande jurista brasileiro Ruy Barbosa, como chefe da Delegação do Brasil na Segunda Conferência de Paz em Haia (1907), proclamou que *"la souveraineté est la grande muraille de la patrie"* e defendeu *"l'égalité des Etats souverains"*, contra a posição dos Estados Unidos e de outras grandes potências, que pretendiam criar um Supremo Tribunal Arbitral, discriminando os demais países na sua composição.[4] A igualdade dos Estados era *"la condition primordiale de la paix entre les nations"*, acentuou Ruy Barbosa.[5] E o artigo 2º, § 7º, da Carta da ONU, ratificou o princípio da não intervenção nos assuntos internos dos Estados membros, um dos pilares do Direito Internacional, sustentando o princípio da soberania nacional.

O Direito Internacional, entretanto, não mais foi respeitado pelos Estados Unidos desde que o conflito bipolar — político e ideológico — desapareceu, virtualmente, com a desintegração da União Soviética. O capital financeiro, globalmente dominante e concentrado nos Estados Unidos, onde Wall Street, a principal sede, está, e nas demais potências industriais do Ocidente, deixou de reconhecer o direito de todas as nações à autodeterminação e independência política, expressão da crença democrática na igualdade dos Estados soberanos. O tipo de Estado nacional como se formou nos séculos XVI e XVII gradativamente começou a desaparecer com a globalização, conforme observou o politólogo alemão Herfried Münkler.[6] Os Estados Unidos, desde o fim do Bloco Socialista, empenharam-se em estabelecer a *Pax America*, com a criação de protetorados informais, sob o manto da OTAN. O notável economista austríaco Rudolf Hilferding (1877-1941) já havia escrito em sua clássica obra *Das Finanzkapital*, publicada em 1910, que o capital financeiro foi o conquistador do mundo, que cada território conquistado estabeleceu nova fronteira a ser ultrapassada, e *"als Ideal erscheint es jetz, der eignen Nation die Herrschaft über di Welt zu si-*

cher", i.e., o ideal agora era assegurar para a própria nação o domínio mundial, uma aspiração tão ilimitada quanto a luxúria capitalista da qual nasceu.[7] E daí porque os Estados Unidos, a fim de legitimar a projeção de seus valores (livre empresa, câmbio livre, liberdade de circulação de capitais e mercadorias), como valores universais, insistiam em impor o conceito de que o mundo estava a entrar no que Henry Kissinger chamou de "*post-sovereign era*", na qual as normas dos direitos humanos prevaleceriam sobre as tradicionais prerrogativas de governos soberanos".[8]

De fato, como assinalou o cientista político António de Sousa Lara, "a diluição das fronteiras físicas, jurídicas e culturais", com a globalização da economia, estava a alterar, profundamente, a sociedade internacional.[9] Entretanto, os direitos humanos, usados como pretexto para abolir o princípio da soberania nacional, não passavam de um codinome para encapar os interesses do capital financeiro e das corporações monopolistas multinacionais, que conformavam o Império Americano.

O novo conceito que os Estados Unidos tratavam de impor implicava a percepção de que a importância do Estado-nação estava a declinar e que, por conseguinte, a ordem internacional seria baseada em princípios transnacionais, razão pela qual consideravam que a política de *regime change* em outros países era um ato de política externa e não de intervenção nos assuntos domésticos.[10] A premissa, conforme Kissinger explicou, consistia na ideia de que as democracias eram inerentemente pacíficas, enquanto as autocracias tendiam para a violência e o terrorismo internacional.[11] Certamente, Kissinger, como homem culto, não cria no que escrevera. Os Estados Unidos, apresentados como o país-símbolo da democracia, quase nunca deixaram de estar em permanente guerra, ao longo de toda a sua história, acumulando vasta experiência em "*extrajudicial execution*" e operações de "*targeted killing*", i.e., assassinatos, atentados a bomba, sabotagem, guerra química e biológica, tortura etc., praticados na Ásia, África e América Latina, onde a CIA atuou, desde 1947, como "*chief and pioneering perpetrator of preemptive state terror*", conforme as palavras de Arno Mayer, professor *emeritus* da University Princeton.[12]

Os Estados Unidos, ao longo de sua história, demonstraram, empiricamente, que o direito, nas relações internacionais, não descende da lei, mas da força. *Jus est in armis*, i.e., o direito está nas armas. E assim os preceitos sobre crimes de guerra e crimes de lesa-humanidade, ainda que positivos, só atingem os derrotados e os governantes de Estados débeis e pequenos. *Vae victis*! Com razão Thomas Hobbes assinalou que a interpretação das leis dependia da autoridade soberana e que os intérpretes não podiam ser outros senão os súditos que deviam obediência à autoridade soberana.[13] E o direito internacional só é respeitado entre os Estados cujas forças, de um modo ou de outro, se equilibram e têm capacidade de retaliação. Como diziam os romanos, *vis legibus inimica et vis vi repellitur*.[14]

A doutrina da responsabilidade de proteger (RtoP) a população civil contra genocídio, crimes de guerra, limpeza étnica e crimes contra a humanidade foi estabelecida nos parágrafos 138 e 139 do "Outcome Document" da 2005 World Summit, que se realizou em Nova York entre 14 e 16 de setembro de 2005, e foi reafirmada em abril de 2006 pelo Conselho de Segurança da ONU, com a Resolução 1674. Essa doutrina — RtoP — consiste em não reconhecer a soberania nacional como um direito, porém como responsabilidade para prevenir e impedir quatro crimes — genocídio, crimes de guerra, crimes contra a humanidade e limpeza étnica — sob o termo genérico de *Mass Atrocity Crimes*.

A iniciativa partiu do Canadá, a refletir os vastos interesses que criaram e orientaram a International Commission on Intervention and State Sovereignty (ICSS), em Ottawa, financiada pela Carnegie Corporation, de Nova York, e as fundações Simons, Rockefeller, William & Flora Hewlett e Catherine T. McArthur[15] e responsável pela elaboração de *The Responsibility to Protect — Report of the International Commission on Intervention and State Sovereignty*,[16] para fundamentar a doutrina da RtoP e R2P (Responsabilidade de Proteger), e o *"right of humanitarian intervention"*, devido às controvérsias existentes desde as intervenções na Somália, na Bósnia e no Kosovo, bem como em Ruanda, onde não pôde ser efetuada.

Essa doutrina de responsabilidade de proteger (RtoP e R2P) parte do princípio de que a soberania não é um direito, mas um privilégio, e que, se um Estado violar os preceitos da boa governança, a comunidade internacional (Estados Unidos e seus vassalos da OTAN) está moralmente obrigada a revogar a soberania da nação e assumir o comando e o controle do Estado transgressor. É óbvio que tal princípio visa a *pulverem oculis effunder*, i.e., jogar poeira nos olhos, pois, na prática, só pode ser aplicado pelas grandes potências contra as nações mais débeis, que não dispõem de poder de defesa e retaliação, e a conclusão é, objetivamente, que todos os Estados devem armar-se, inclusive, tanto quanto possível, com artefatos nucleares.

O conceito de crime contra a humanidade tem fundamento nos Princípios de Nuremberg (1950), estabelecidos no julgamento dos dirigentes da Alemanha nazista (1945-1946) após a Segunda Guerra Mundial e aprovados pela ONU (Resolution 177), com o *status* de *ius cogens* ou norma peremptória, cominativa, nas relações internacionais.[17] Tais crimes são, e.g., genocídio, pirataria marítima, tanto a escravidão quanto o comércio de escravos, tortura, agressão bélica e guerras de conquista, sem justificação de autodefesa.

O Estatuto de Roma, que instituiu o Tribunal Criminal Internacional (TCI), em 17 de julho de 1998, e entrou em vigor em 1º de julho de 2002, definiu como crimes contra a humanidade, *inter alia*, atos de violência praticados intencionalmente durante um conflito armado contra a população civil que não participe diretamente nas hostilidades; ataques contra instalações civis que não têm objetivos militares, bem como com o conhecimento de que tais ataques causarão incidentalmente perdas de vida ou ferimento de civis ou danos a objetos civis ou ao meio ambiente; ataques ou bombardeios, por quaisquer meios, de cidades, vilas, residências ou edifícios sem defesa e que não têm objetivos militares; ditar condenações e efetuar execuções, sem prévio julgamento pronunciado por uma corte regularmente constituída, com as garantias judiciais reconhecidas como indispensáveis.[18] Porém, como disse o filósofo sofista grego Trasímaco (c. 459-400 a.C.), citado por Platão, "a justiça nada mais é do que o interesse e a vantagem do mais forte".[19]

O presidente George W. Bush identificou o Tribunal Penal Internacional como ameaça aos interesses dos Estados Unidos e não o aprovou, a fim de isentar suas autoridades e militares dos crimes de guerra e de lesa-humanidade.[20] Porém, conquanto não houvessem aprovado o Estatuto de Roma, os Estados Unidos recorreram ao preceito da responsabilidade de proteger a população civil (RtoP), no dia 26 de fevereiro de 2011, uma semana após o começo da rebelião em Benghazi, e acusaram o governo de Muammar Gaddafi de "ataques generalizados e sistemáticos em curso na Líbia contra a população civil que podem constituir crimes contra a humanidade". Contou com o apoio de seus sócios da União Europeia, tal como aconteceu na questão de Serra Leoa (Resolução 1.132, de 1997) e na da Iugoslávia-Kosovo (Resolução 1.160). A acusação contra Gaddafi foi logo remetida ao procurador do Tribunal Penal Internacional. E, menos de um mês depois, as mesmas potências ocidentais conseguiram aprovar a Resolução 1.973, autorizando o estabelecimento de uma *"no-fly zone"* no espaço aéreo da Líbia e "todas as medidas necessárias" para proteger os civis sob a ameaça de ataque na Líbia. Rússia e China, que têm o poder de veto, abstiveram-se. A alegação era a proteção de civis, conceito ambíguo e duvidoso, introduzido com as resoluções 1.265 (1999), 1.296 (2000), 1.325 (2000), 1.674 (2006) sobre a proteção de civis em conflitos armados, e 1.738 (2006), aprovadas pelo Conselho de Segurança da ONU.

O art. 2º, § 4º, da Carta da ONU vedava aos Estados-membros o uso da força nas relações internacionais, independentemente do motivo, exceto no exercício da legítima defesa (art. 51) ou nas situações referidas no art. 39, com autorização do Conselho de Segurança. No caso da Líbia, não havia nenhuma evidência que justificasse a autorização para o uso da força, nos termos do Capítulo VII da Carta da ONU, e a terceirização da OTAN para intervir militarmente no país, em respaldo à rebelião contra o governo de Muammar Gaddafi, convertendo-a em guerra civil. Com essa terceirização, encarregando a OTAN do serviço de guerra, Washington cuidou de esquivar-se da responsabilidade perante a opinião pública, tratando de operar por trás da cena.

O objetivo da Operation Odyssey Dawn, a ação militar deflagrada pela França, Grã-Bretanha e Estados Unidos imediatamente após o CSNU haver aprovado a Resolução 1.973, não consistia, de fato, na proteção de civis. O que as potências integrantes do cartel ultraimperialista exatamente pretendiam era a mudança do regime (*regime change*) na Líbia. E logo a tarefa foi delegada à OTAN e a guerra aérea tomou o nome de Operation Unified Protector, mas os Estados Unidos continuaram a gastar US$ 10 milhões por dia, sustentando as operações, inclusive com o emprego de *drones*, aviões não tripulados, teleguiados pela CIA. A cometer crimes de guerra e violar os direitos humanos, com bombardeios de populações civis e massacres, como ocorrido em Sirtes e em várias outras cidades.[21]

O próprio presidente do Council on Foreign Relations, Richard N. Haass, em artigo publicado pelo *Financial Times*, de Londres, reconheceu que a *"humanitarian intervention introduced to save lives believed to be threatened"* foi de fato uma *"political intervention"* para produzir a *"regime change"*.[22] Esse artigo confirmou *in flagranti* que os alemães consideravam a *Heuchelei* (hipocrisia) uma das virtudes americanas.[23] E *"l'hypocresie est un vice à la mode, et tous les vices à la mode passent pour vertus"*, já havia escrito Molière (1622-1673) no século XVII.[24]

O fato de haver a OTAN assumido um mandato da ONU para a proteção de civis e usá-lo como pretexto solerte para atacar a Líbia e derrubar o regime de Gaddafi constituía uma violação do art. 5º do próprio tratado que a criou, em 4 de abril de 1949, e que orientava "cada um dos Estados-membros a considerar um ataque armado contra um dos Estados como um ataque armado contra todos os Estados". O objetivo, no contexto da Guerra Fria, era a autodefesa mútua, na hipótese de um virtual ataque da União Soviética a um país da Europa Ocidental.

O presidente Jimmy Carter (1977-1981) afirmou que *"human rights is the soul of our foreign policy. And I say this with assurance, because human rights is the soul of our sense of nationhood"*.[25] Esta declaração, no contexto da Guerra Fria, visou a recuperar o prestígio e a imagem dos Estados Unidos, que estavam a rastejar na lama em consequência da Guerra no Vietnã, do apoio aos golpes de Estado e às ditaduras militares na América Latina e do escândalo de Watergate. Tornava-se necessário recuperar a força moral, o *ethos* dos Estados Unidos, e dar *rationale* à sua política internacional na luta contra o comunismo e a União Soviética. E o presidente Carter defendia, naturalmente, os interesses de seu país, porém exprimia a consciência que àquela época despertava no povo americano, evocando as tradições democráticas de sua cultura.

Mas o espírito de aventura, *"the American 'mission of civilization'"*, claramente subordinado à força dirigente do fator econômico, com o controle direto e preponderante dos *business men* sobre os políticos, impulsionou o imperialismo, diagnosticou o economista britânico John A. Hobson (1858-1940), em sua obra *Imperialism*, publicada em 1902.[26] E acrescentou que *"the adventurous enthusiasm of President Theodore Roosevelt and his 'manifest destiny' and 'mission of civilization' party must not deceive us"*.[27] Os Estados Unidos invocaram motivo humanitário para arrebatar o Panamá à Colômbia e construir o canal transoceânico.[28] Também alegaram motivo humanitário para intervir na Europa durante a Primeira Guerra Mundial.[29] *"Les Etats-Unis impérialistes seront portés à violer le droit internationale"*, comentou Joseph Patouillet, em 1904, citando a intervenção em Cuba (1898) como *"une guerre injustifiable et criminelle, un acte illégitime d'intervention par la violence dans les affaires d'un Etat voisin"*.[30]

O direito de intervenção humanitária que os Estados Unidos, intensamente, entre os fins do século XX e o começo do século XXI, começaram a promover, com o apoio das potências ocidentais, desdobra o mito da *"mission of civilization"* e tem como objetivo anular o princípio da soberania nacional, a fim de manter o domínio mundial, que cada vez mais se esmaece e se deteriora em meio à crescente internacionalização da economia e ao consequente aumento da iniquidade social, bem como à recuperação econômica e política da Rússia e à emergência da China e de outras potências. E, em virtude da aguda contradição entre a dimensão econômica do capital, cada vez mais globalizado, e a estreita dimensão territorial dos Estados nacionais, os Estado Unidos tentam impor-se como um poder ultraimperial, apoiados pelos vassalos da OTAN, que passou a desempenhar a função de *global cop*, manejando o *big stick* no nível planetário. A dominação da economia global, sem fronteiras, requer a guerra perpétua, infinita e ilimitada nos seus objetivos, a manutenção de um clima de permanente tensão e terror, a fim de controlar um sistema de múltiplos Estados e submeter todos os países aos ditames do mercado global, sob a preeminência do capital financeiro e das corporações multinacionais.

A ameaça que representa uma grande potência, com o maior nível de desenvolvimento industrial e tecnológico, mas enormes carências e necessidades de consumo, sobretudo de energia, pode ser muito maior quando ela está a perder a preeminência e quer conservá-la do que quando expandia o império e necessitava legitimar sua hegemonia econômica e política. Essa é a situação em que os Estados Unidos se encontravam, entre o fim do século XX e início do século XXI: uma superpotência que não era mais credora, mas devedora, dependente de tudo, altamente vulnerável, a enfrentar profunda crise existencial, desde a desaparição do fantasma do comunismo, com o esbarrondamento do Bloco Socialista e da própria União Soviética (1989-1991).

Os presidentes George Bush, Bill Clinton, Barack Obama e George W. Bush ignoraram a lei. Nem em Kosovo (1998-1999), nem na Guerra do Golfo (1991), nem na Líbia (2011), os Estados Unidos, seus territórios, possessões e Forças Armadas estavam na iminência de sofrer hostilidades. Mesmo na invasão do Iraque, ordenada pelo presidente George W. Bush em 20 de março de 2003, o Congresso, influenciado pela manipulação da opinião pública, aprovou, em 16 de outubro de 2002, a Resolução H.J. 114, autorizando *"the use of United States Armed Forces against Iraq"*,[31] sob a alegação de que Saddam Hussein possuía armas de destruição em massa e ameaçava a paz. *"If you want to keep the peace, you've got to have the authorization to use force"*, dissera George W. Bush ao Congresso.[32] A tarefa do Office of Strategic Influence (OSI), criado, sigilosamente, pelo secretário de Defesa, Donald Rumsfeld, dentro do Pentágono, consistiu em manipular a opinião pública, com falsas informações, e promover *psychological operations* (PSYOP), o mesmo objetivo do Ministerium für Propaganda und Volksaufklärung, dirigido por Joseph Goebbels durante o Terceiro Reich.

A intervenção militar no Iraque, assim como as demais guerras dos Estados Unidos, desde 1945, foi uma guerra presidencial e constituiu apenas o primeiro degrau de uma escalada com que o governo do ex-presidente George W. Bush (2001-2009) pretendeu redesenhar o mapa geopolítico e estratégico do Oriente Médio, i.e., obter controle das reservas de petróleo do Iraque, consolidar sua predominância no mundo islâmico, garantir as rotas dos dutos de óleo e gás, dar maior segurança a Israel, propiciar grandes negócios às corporações americanas e evitar que a OPEP substituísse o padrão dólar pelo o padrão euro nas transações internacionais, como Saddam Hussein estava a fazer.

Na trilha do presidente George W. Bush, o presidente Barack Obama nenhuma lei acatou, nem a opinião de advogados do Pentágono e do Departamento de Justiça, e não requereu ao Congresso autorização para desencadear a guerra contra a Líbia, como legalmente devia, de acordo com o art. 1º, Seção 8, da Constituição dos Estados Unidos. Esse desrespeito à Constituição dos Estados Unidos não constituiu, entretanto, um fato inédito. O Congresso norte-americano, em 230 anos de história, somente cinco guerras declarou: em 1812, contra a Inglaterra; em 1846, contra o México; em 1898, contra a Espanha; e as guerras mundiais de 1914-1918 e 1939-1945. Thomas Paine (1737-1809), libertário e internacionalista, nascido em Norfolk (Inglaterra), um dos *Founding Fathers* dos Estados Unidos, escreveu em sua clássica obra *Rights of Man* que a Constituição americana era *"to liberty what a grammar is to language: they define its parts of speech, and practically construct them into syntax"*.[33] Contudo, *"to be sure, our federal government has perverted beyond recognition this system that the Founding Fathers created"*, concluíram os acadêmicos americanos Thomas E. Woods Jr. e Kevin R. C. Gutzman.[34]

Antonio Gramsci apontou como importante para a compreensão histórico-crítica dos Estados modernos ver o ponto onde "a Constituição escrita se adapta (é adaptada) à variação das conjunturas políticas, especialmente as desfavoráveis às classes dominantes".[35] De fato, a Constituição escrita ou a *Blatt Papier* (folha de papel), elaborada pelos *Founding Fathers*, entre os quais Thomas Paine, foi pervertida a ponto de tornar-se irreconhecível, porque já não mais correspondia ao que Ferdinand Lassalle apontou como as *"tatsälichen Machtverhältnisse"*,[36] i.e., as relações reais de poder, que são a *"wirkliche Verfassung"* (Constituição real), representada, *inter alia*, pelo capital financeiro, as corporações e o complexo industrial-militar. Porém, Alexis de Tocqueville (1805-1859), em sua obra *De la Démocratie en Amérique*, escrita entre 1835 e 1840, constatou que o governante americano lhe parecia *"aussi centralisé et plus énergique que celui des monarchies absolues de l'Europe"*.[37] Era a república presidencialista, na qual *"every four years, Americans elect a king — but not only a king, also a high priest and prophet"*,[38] concentrando mais poderes do que um monarca constitucional.[39]

Após a Segunda Guerra Mundial, em quase 60 anos até 2002, nenhum presidente dos Estados Unidos solicitou autorização ao Congresso para enviar tropas para combater no estrangeiro. Em 1950, o presidente Harry Truman lançou o país na Guerra da Coreia (1950-1953) na condição apenas de comandante em chefe das Forças Armadas, sem solicitar autorização ao Congresso.[40] E, em 7 de novembro de 1973, em meio ao fiasco no Vietnã, guerra em que os Estados Unidos foram derrotados, com 58.269 soldados mortos, 153.303 feridos e 1.672 desaparecidos, o Congresso aprovou a War Powers Resolution (Public Law 93-148, Title 50, United States Code, Sections 1541-1548), ratificando o preceito de que somente com autorização conjunta das duas Casas do Congresso o presidente da República poderia enviar forças armadas para o exterior ou em caso de *"a national emergency created by attack upon the United States, its territories or possessions, or its armed forces"*.[41]

Ao falar perante do Parlamento da Grã-Bretanha em 25 de maio de 2011, o presidente Barack Obama, de modo a justificar a intervenção na Líbia, afirmou não crer, simplesmente, nos direitos das nações, mas nos direitos dos cidadãos.[42] E aduziu que seria fácil dizer, no início da repressão na Líbia, *"that none of this was our business — that a nation's sovereignty is more important than the slaughter of civilians within its borders"*.[43] Esse argumento tinha algum peso, o presidente Barack Obama ponderou, acentuando, porém, que os Estados Unidos *"are different"* e que abraçavam o princípio da *"broader responsibility"*,[44] sem considerar evidentemente os princípios da soberania nacional e de não intervenção nos assuntos de outros Estados. E essa foi a razão pela qual *"we stopped a massacre in Libya"*.[45]

No State of the Union, que pronunciou em 24 de janeiro de 2012, o presidente Obama vangloriou-se de que o mar das guerras retrocedia, de que uma onda de mudanças atravessava o Oriente Médio e o norte da África, de Túnis ao Cairo, de Sana a Trípoli; de que Gaddafi, o mais longevo ditador na ativa, havia ido e na Síria ele não tinha dúvida de que o regime de Bashar al-Assad cedo descobriria que as forças da mudança não podiam ser revertidas e a dignidade humana não podia ser negada. O presidente Obama admitiu, por fim, que *"how this incredible transformation will end remains uncertain"*.[46]

O ex-secretário de Estado, Henry Kissinger, mais realista e lúcido, publicou, porém, um artigo no *Washington Post* no qual comentou que, embora a chamada Primavera Árabe fosse apresentada como uma revolução regional liderada pelos jovens em favor dos princípios liberais e democráticos, a Líbia não estava governada por tais forças e *"hardly continues as a state"*; nem o Egito, cuja maioria eleitoral — *"possibly permanent"* — era esmagadoramente islâmica; nem os democratas pareciam predominar na oposição síria.[47] Salientou que o consenso da Liga Árabe sobre a Síria não era modelado pelos países anteriormente distinguidos pela prática e defesa da democracia, mas refletia amplamente o velho conflito milenar, conflito entre xiitas e sunitas, cuja maioria tentava dominar a minoria alawita (representada pelo regime de Bashar al-Assad), razão pela qual muitos grupos minoritários, tais como drusos, curdos e cristãos, opunham-se à mudança do regime na Síria.[48]

Kissinger ponderou que a doutrina geral de intervenção humanitária nas revoluções do Oriente Médio comprovaria ser *"unsustainable"*, salvo se vinculada ao conceito de segurança nacional dos Estados Unidos. A intervenção, argumentou, necessita considerar o significado estratégico e a coesão social do país, inclusive a possibilidade de fraturar a composição do complexo sectário e avaliar o que pode ser plausível no lugar do velho regime. E, no caso do Oriente Médio, observou Kissinger, o que se percebia era que as tradicionais forças fundamentalistas, robustecidas pela aliança com os revolucionários radicais, ameaçavam dominar o processo, enquanto a rede social que o desencadeou estava sendo marginalizada.[49]

Em outro artigo, também publicado no *Washington Post*, ponderou, a propósito da derrubada de Bashar al-Assad do governo da Síria, que a política de *regime change*, quase por definição, gera o imperativo de *nation-building* e, falhando esta, a ordem internacional começa a desintegrar-se. E os espaços vazios, indicando a falta de leis, como no Iêmen, na Somália, no norte do Mali, na Líbia e no noroeste do Paquistão, o que também poderia ocorrer na Síria, com o colapso do Estado, tornam o território base para o terrorismo ou o suprimento de armas aos países vizinhos, na ausência de uma autoridade central. E advertiu: *"Who replaces the ousted leadership, and what do we know about it? Will the outcome improve the human condition and the security situation? Or do we risk repeating the experience with the Taliban, armed by America to fight the Soviet invader but then turned into a security challenge to us?"*[50]

Não havia nenhuma razão legítima que justificasse o direito de guerra (*jus ad bellum*) contra a Líbia. As informações eram contraditórias e vagas. Em 22 de fevereiro, enquanto a International Coalition Against War Criminals estimava que 519 rebeldes haviam morrido, 3.980 haviam ficado feridos e mais de 1.500 estavam desaparecidos, a informação da Human Rights Watch era de que pelo menos 233 haviam sido mortos, e a Fédération Internationale des Droits de l'Homme calculava entre 300 e 400. O embaixador da Venezuela na Líbia, Afif Tajeldine, que passara a residir na Tunísia, declarou a La Radio del Sur que, antes da entrada da OTAN, havia 118 pessoas mortas no país e, depois que os bombardeios começaram, mais de 70.000 morreram em Trípoli e nos seus arredores.[51]

Entretanto, o número de mortos na Tunísia pelo governo de Zine el-Abidine Ben Ali fora de 300 durante o levante e de no mínimo 846 no Egito, quando se manifestavam pacificamente na Tahrir Square contra o regime de Hosni Mubarak, cujas forças de segurança — State Security Investigative Service (SSIS) — e a polícia continuavam a torturar e matar centenas de opositores. As potências ocidentais não propuseram qualquer resolução para proteger a população civil. Os rebeldes na Líbia, porém, não eram civis desarmados, que pacificamente protestavam contra o governo, como havia ocorrido na Tunísia e no Egito, e contavam com o apoio de forças especiais estrangeiras, inclusive assessores da CIA, que lá estavam mesmo antes da Resolução 1973 do Conselho de Segurança da ONU.

Na realidade, Estados Unidos, França a Inglaterra não apenas apoiaram os rebeldes na Líbia. Conforme referido no capítulo 14 acima, os navios de guerra dos Estados Unidos e da Inglaterra lançaram contra a Líbia, para destruir as defesas de Gaddafi, cerca de 124 mísseis de cruzeiro, acarretando gastos muito superiores a US$ 100 milhões (v. nota 33 no mesmo capítulo). E, da mesma forma que França e Grã-Bretanha e aliados do Oriente Médio, não observaram qualquer ética nem durante a campanha (*jus in bello*) nem depois da vitória e do bárbaro assassinato de Muammar Gaddafi (*jus post bellum*).

O art. 5º do Tratado da OTAN somente autorizava qualquer ação, "inclusive o emprego da força armada, para restaurar e garantir a segurança na região do Atlântico Norte".[52] Não previa sua interferência no norte da África. Entretanto, desde os anos 1990, após o desmoronamento do Bloco Soviético, a OTAN, sem que nenhuma força lhe freasse, começou agir fora de sua jurisdição. Em 1995, interveio na Bósnia e, em 1999, quando incorporou os Estados pertencentes ao extinto Pacto de Varsóvia, bombardeou a Sérvia durante a guerra do Kosovo. A partir de 2001, a OTAN encampou a guerra dos Estados Unidos no Afeganistão, como International Security Assistance Force (ISAF), depois estendeu sua atuação à África, com o fornecimento de apoio logístico à União Africana, em Dafur, no Sudão ocidental, fronteira com a Líbia, República Centro Africana e Chade. Entre 2005 e 2007, transportou inúmeras tropas da União Africana para Darfur, no oeste Sudão e, em 2010, levou 2.500 soldados de Uganda e Burundi para o Mogadíscio, capital da Somália, a fim de que realizassem operações de contrainsurgência.

No Corno da África, no Djibuti, a OTAN mantinha um posto avançado com 2.000 soldados americanos e o quartel-geral do Combined Joint Task Force do Pentágono. Como base para a Operation Ocean Shield, de combate à pirataria no Golfo de Aden e no Mar Vermelho, usa o Estado semiautônomo de Puntland (nordeste da Somália), onde a prospecção de petróleo em Shabeel, a uma profundidade de 2.703 metros, pela Horn Petroleum Corporation, subsidiária da companhia canadense Africa Oil Corp (CVE: AOI), indicou a existência de reservas (possivelmente a décima quarta maior do mundo), nos vales Dharoor e Nugaal, com mais de 10 bilhões de barris.[53]

Não sem motivo, em 23 de fevereiro de 2012, o primeiro-ministro da Grã-Bretanha, David Cameron, hospedou em Londres 55 delegações de países para uma conferência sobre a Somália, da qual participou o secretário-geral da ONU, Ban Ki-moon, com o objetivo de buscar apoio financeiro para combater o terrorismo, dar ajuda humanitária, estabilizar e reconstruir o país.[54] Logo depois, o secretário do Foreign Office, William Hague, viajou a Mogadíscio, capital da Somália, para conversar com o presidente Abdirahman Mohamed Farole sobre a reconstrução do país. Mas o *transfondo* da preocupação britânica não era a crise humanitária. Era o petróleo.

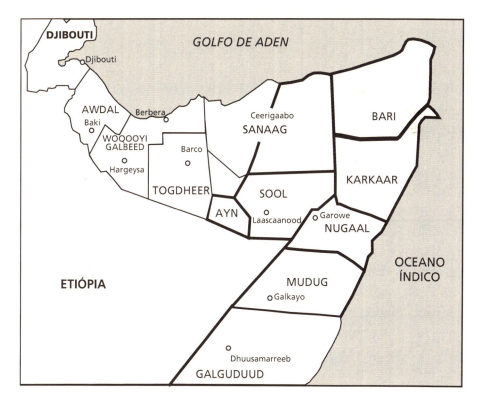

A OTAN, conquanto reconhecesse que *"is a regional, not a global organization"*, lançou, em 2009, o New Strategic Concept, sob o título de *NATO 2020: Assured Security; Dynamic Engagement,*[55] extrapolando seu escopo e sua jurisdição, de modo a permitir que suas forças pudessem intervir em qualquer parte, além do Atlântico Norte, sob os mais variados pretextos, entre os quais combate ao terrorismo, defesa do meio ambiente, proteção de civis e violação dos direitos humanos.[56] Esses temas foram incorporados em várias resoluções do Conselho de Segurança da ONU, com o fito de mudar a ordenação jurídica internacional, adaptando-a a uma economia capitalista globalizada, sob a hegemonia dos Estados Unidos e de seus sócios europeus, após o colapso da União Soviética e do Bloco Socialista.

Durante os debates sobre o novo conceito estratégico da OTAN, Portugal havia tentado fazer uma referência explícita ao Atlântico Sul, à África e ao Magreb.[57] Em 2009, o ministro dos Negócios Estrangeiros, Luís Amado, advogou a "mudança de foco da estratégia da OTAN no espaço geográfico do Atlântico", aproveitando as "relações privilegiadas (de Portugal) com o continente africano, o Mediterrâneo e em particular o Brasil".[58] Insistiu em que a OTAN devia "recentrar-se" no Atlântico e sublinhou o papel que Portugal podia ter pelas suas "relações privilegiadas" com a África e o Brasil. Segundo acentuou, com o "deslocamento" do eixo geopolítico e econômico para a Ásia e o Pacífico, a construção do novo conceito estratégico da Aliança Atlântica devia "dar atenção ao Mediterrâneo e às relações no Atlântico Sul", dado ser uma "aliança de base geográfica que tem por referência o Atlântico e é aí que deve centrar-se de forma a manter a sua própria razão de ser".[59]

Nesse mesmo ano, 2009, forças britânicas, navais e áreas, com aviões Typhoon, realizaram exercícios de guerra, com o codinome de Cape Bayonet, nas Ilhas Malvinas/Falklands, simulando uma invasão de forças inimigas (argentinas), como ocorrera em abril de 1982.[60] Tais exercícios ocorreram ao tempo em que começou intensa prospecção de petróleo e gás em torno do arquipélago, cujas reservas submarinas eram estimadas em 60 bilhões de barris, quase comparáveis às do Mar do Norte.[61]

A OTAN, por meio da Grã-Bretanha e dos Estados Unidos, que reativou a IV Frota em 2008, já estava de fato presente no Atlântico Sul.[62] E, ao encerrar, em 16 de abril de 2010, o II Fórum Roosevelt, promovido pela Fundação Luso-Americana em Angra do Heroísmo (Açores) para discutir os novos desafios da Europa e dos Estados Unidos e o papel das potências emergentes do Atlântico Sul e do Pacífico, o ministro da Defesa, Augusto Santos Silva, voltou a insistir na adoção de uma "efetiva política de segurança e defesa em que todos se revejam nesse espaço euro-atlântico",[63] salientando que Portugal tinha capacidade de ajudar a OTAN a olhar para o Atlântico Sul.[64]

A sugestão consistia em não separar o Atlântico Sul do Atlântico Norte, criando o conceito de "bacia do Atlântico". O então ministro da Defesa do Brasil, Nelson Jobim, atacou, porém, essa estratégia, cujo objetivo era ampliar a área de ingerência da OTAN, afirmando que nem o Brasil nem a América do Sul podiam aceitar que os Estados Unidos "se arvorem" o direito de intervir em "qualquer teatro de operação" sob "os mais variados pretextos".[65] E, ao encerrar a Conferência Internacional O *Futuro da Comunidade Transatlântica*, em Lisboa (2010), acusou a OTAN de, após o fim da Guerra Fria, continuar "a servir de instrumento para o avanço dos interesses de seu membro exponencial, os Estados Unidos da América, e, subsidiariamente, dos aliados europeus".[66]

O mesmo o ministro Nelson Jobim repetiu em Washington, na reunião com Janet Napolitano, secretária de Defesa Nacional para assuntos de segurança aérea. Não obstante a oposição do Brasil, o ministro da Defesa de Portugal, Augusto Santos Silva, declarou à agência de notícias Lusa que a OTAN negligenciara e não prestara a devida atenção ao Atlântico Sul no seu novo conceito estratégico. E, a ressaltar que o Atlântico Sul era "estratégico", recomendou que devia ser incluído "nas linhas fundamentais de ação" para a OTAN na década vindoura.[67]

NOTAS

1. *Acta Pacis Westphalicae*, Supplementa electronica, 1, disponível em: http://www.pax-westphalica.de/.
2. Henry A. KISSINGER, "Syrian intervention risks upsetting global order", *The Washington Post*, June 2, 2012.
3. William PFAFF, "Empire isn't the American way — Addiction in Washington", *International Herald Tribune*, 4/9/2002.
4. BARBOSA, 1966, p. 251-268. Vide também CARDIM, 2007, p. 115-149, 124-135.
5. BARBOSA, 1966, p. 256 e 369. Os discursos foram pronunciados em francês.
6. MÜNKLER, 2005.
7. HILFERDING, 1968, p. 457.
8. KISSINGER, 2011, p. 454.
9. SOUSA LARA, 2011, p. 41.
10. Ibidem, p. 459.
11. Ibidem, p. 459.
12. Arno MAYER, "Untimely Reflections", *Theory & Event*, Volume 5, Issue 4, Baltimore, The Johns Hopkins University Press, 2002.
13. HOBBES, 2002, p. 190.
14. A força é inimiga das leis e a força se repele com a força.
15. SENSINI, 2011, p. 75.
16. *The Responsibility to Protect* — Report of the International Commission on Intervention and State Sovereignty, December 2001. Os membros da Comissão foram Gareth Evans (presidente), Mohamed Sahnoun (vice-presidente), Gisèle Côté-Harper, Lee Hamilton, Michael Ignatieff, Vladimir Lukin, Klaus Naumann, Cyril Ramaphosa, Fidel Ramos, Cornelio Sommaruga, Eduardo Stein, Ramesh Thakur.
17. Principles of International Law Recognized in the Charter of the Nürnberg Tribunal and in the Judgment of the Tribunal 1950 — Copyright © United Nations — 2005 — Text adopted by the International Law Commission at its second session, in 1950 and submitted to the General Assembly as a part of the Commission's report covering the work of that session. The report, which also contains commentaries on the principles, appears in *Yearbook of the International Law Commission*, 1950, vol. II, § 97.
18. *Rome Statute of International Criminal Court* (as corrected by the procés-verbaux of 10 November 1998 and 12 July 1999), Part 2, Jurisdiction, Admissibility And Applicable Law — Article 5 — Crimes within the jurisdiction of the Court.
19. PLATO, 2000, Book I, p. 12-13.

20. MAIA, 2012, p. 197.
21. Charlie SAVAGE, "2 Top Lawyers Lost to Obama in Libya War Policy Debate", *The New York Times*, June 17, 2011.
22. Richard N. HAASS, "Libya Now Needs Boots on the Ground", *Financial Times*, August 22, 2011.
23. WEBER, 1988, vol. 1, p. 35.
24. MOLIÉRE, 1862, p. 72.
25. Jimmy CARTER, "Universal Declaration of Human Rights Remarks at a White House Meeting Commemorating the 30th Anniversary of the Declaration's Signing", December 6, 1978.
26. HOBSON, 1975, p. 74-79.
27. Ibidem, p. 77.
28. PATOUILLET, 1904, p. 162-165.
29. Ibidem, p. 163-164.
30. Ibidem, p. 273.
31. 107th Congress H. J. Res. 114 — To authorize the Use of United States Armed Forces against Iraq.
32. O então secretário de Estado, general Colin Powell, compareceu ao Conselho de Segurança da ONU no dia 5 fevereiro de 2003 e apresentou imagens de satélite, transcrições de conversações telefônicas interceptadas e outros informes de inteligência, como "*solid*" evidência de que o Iraque não tinha cumprido a resolução da ONU determinando o seu desarmamento. "*My colleagues, every statement I make today is backed up by sources, solid sources.*" "Powell presents US case to Security Council of Iraq's failure to disarm", UN News Centre — UN News Service. Posteriormente, o próprio Colin Powell teve de reconhecer que Saddam Hussein não mais possuía essas armas quando a guerra foi desencadeada. Peter SLEVIN, "Powell Voices Doubts about Iraqi Weapons", *The Washington Post*, 25/1/2004, p. A14.
33. PAINE, 1996, p. 58.
34. WOODS JR. e GUTZMAN, 2008, p. 202.
35. GRAMSCI, 2000, p. 299.
36. LASSALLE, 1991, p. 86-87, 94-100, 106-115.
37. TOCQUEVILLE, 1968, p. 157.
38. NOVAK, 1974, p. 3.
39. Ibidem, p. 15.
40. WOODS JR. e GUTZMAN, 2008, p. 183.
41. War Powers Resolution — Joint Resolution Concerning the War Powers of Congress and the President. 2008 Lillian Goldman Law Library — Yale Law Library, disponível em: http://avalon.law.yale.edu/20th_century/warpower.asp

42. Remarks by the President to Parliament in London, United Kingdom — Westminster Hall, London, United Kingdom. The White House — Office of the Press Secretary — For Immediate Release May 25, 2011 3:47 P.M. BST.

43. Ibidem.

44. Em memorandum datado de 4 de agosto de 2011, o presidente Barack Obama firmou o princípio de que prevenir *"mass atrocities and genocide"* estava no âmago do interesse da segurança nacional e da responsabilidade moral dos Estados Unidos. Presidential Study Directive on Mass Atrocities (Presidential Study Directive/Psd-10), The White House, Office of the Press Secretary, August 4, 2011.

45. Remarks by the President to Parliament in London, United Kingdom — Westminster Hall, London, United Kingdom. The White House — Office of the Press Secretary — For Immediate Release May 25, 2011 3:47 P.M. BST.

46. President Obama's 2012 State of the Union Address, *USA Today*, 25/1/2012.

47. Henry A. KISSINGER, "A new doctrine of intervention?", *Washington Post*, March 31, 2012.

48. Ibidem.

49. Ibidem.

50. Henry A. KISSINGER, "Syrian intervention risks upsetting global order", *The Washington Post*, June 2, 2012.

51. "A um ano da invasão da Líbia: pobreza, divisão e morte", *Diário da Liberdade* (Galiza), 3/4/2012.

52. *"Article 5. The Parties agree that an armed attack against one or more of them in Europe or North America shall be considered an attack against them all and consequently they agree that, if such an armed attack occurs, each of them, in exercise of the right of individual or collective self-defence recognised by Article 51 of the Charter of the United Nations, will assist the Party or Parties so attacked by taking forthwith, individually and in concert with the other Parties, such action as it deems necessary, including the use of armed force, to restore and maintain the security of the North Atlantic area."* The *North Atlantic Treaty*, Washington D.C., April 4, 1949.

53. Mark TOWNSEND e Tariq ABDINASIR, "Britain leads dash to explore for oil in war-torn Somalia. Government offers humanitarian aid and security assistance in the hope of a stake in country's future energy industry", *The Guardian*, February 25, 2012.

54. Foreign & Commonwealth Office, February 23, 2012, Full text of the Communique from the London Conference on Somalia at Lancaster House on 23 February, disponível em: http://www.fco.gov.uk/en/news/latest-news/?view=PressS&id=727627582.

55. NATO 2020: Assured Security; Dynamic Engagement, Analysis and Recommendations of the Group of Experts on a New Strategic Concept for NATO, May 17, 2010, disponível em:http://www.nato.int/cps/en/natolive/official_texts_63654.htm.

56. *Because of its visibility and power, NATO may well be called upon to respond to challenges that do not directly affect its security but that still matter to its citizens and that will contribute to the Alliance's international standing. These challenges could include the humanitarian consequences of a failed state, the devastation caused by a natural disaster, or the dangers posed by genocide or other massive violations of human rights.*" Ibidem.

57. Pedro SEABRA, "South Atlantic crossfire: Portugal in-between Brazil and NATO", Portuguese Institute of International Relations and Security, *IPRIS Viewpoints*, November 2010, p. 12.

58. Ibidem.

59. "NATO — Luís Amado defende 'recentramento' no Atlântico e sublinha papel de Portugal pelas relações com África e Brasil", 26/3/2009 — Público — Agência Lusa.

60. "Security Industry — U.K. mounts warfare exercise in Falklands", *Businesss News*, December 28, 2009.

61. Ibidem.

62. A IV Frota da Marinha dos Estados Unidos operou no Atlântico Sul entre os anos de 1943 e 1950.

63. Portugal considera espaço estratégico euro-atlântico o triângulo político que liga o país aos arquipélagos da Madeira e de Açores, daí sua projeção sobre o Atlântico Sul.

64. O governo de Portugal, desde o tempo da ditadura de Antônio de Oliveira Salazar (1932-1968), defendeu a extensão da OTAN ao Atlântico Sul, a fim de defender a África do ataque comunista e garantir a liberdade do tráfego marítimo, a Rota do Cabo, por meio da qual era transportado petróleo para a Europa Ocidental e os Estados Unidos. Os Estados Unidos possuem a Base das Lajes, na Terceira (Açores).

65. Claudia ANTUNES, "Ministro da Defesa ataca estratégia militar de EUA e Otan para o Atlântico Sul", *Folha de S. Paulo*, 4/11/2010.

66. Ministro Nelson Jobim, Discurso no encerramento da Conferência Internacional O Futuro da Comunidade Transatlântica, Lisboa, Instituto de Defesa Nacional, 10/9/2010.

67. "NATO neglecting South Atlantic in new strategic concept — MoD — Draft recommendations for a new strategic concept for NATO do not pay sufficient attention to the South Atlantic, says Portugal's defence minister, promising to raise the issue with alliance leader", *The Portugal News Online*, 18/9/2010.

Capítulo XVI

INTERVENÇÃO NA LÍBIA DESMORALIZOU A DOUTRINA DE PROTEGER (RTOP E R2P) E MATOU ENTRE 90.000 E 120.000 • GADDAFI LINCHADO, BRUTALIZADO, ABUSADO, ASSASSINADO • A DISPUTA PELO *"SCRAMBLE"* PETROLÍFERO • LÍBIA, PAÍS SEM GOVERNO E SEM ESTADO • *VACUUM* POLÍTICO E DISPUTAS TRIBAIS • FORÇAS ESPECIAIS DA ARÁBIA SAUDITA E DO QATAR NA LÍBIA • RESULTADO: NOVOS ATORES EM LITÍGIO NO *GREAT GAME* DA LÍBIA

As operações na Líbia, entretanto, desmoralizaram a OTAN e a doutrina da intervenção humanitária para a proteção dos civis. De 31 de março até 22 de outubro, a OTAN, na Operation Unified Protector, realizou 26.281 sortidas contra o regime de Gaddafi, enquanto um total de 17 navios de guerra da OTAN patrulhavam o Mediterrâneo, com a missão de embargar qualquer envio de armas para a Líbia.[1] Essas sortidas efetuadas pelas forças aéreas dos Estados Unidos, da França, da Grã-Bretanha,[2] da Itália e de outros países da OTAN e aliados destruíram 5.900 instalações militares, porém mataram entre 90.000 e 120.000 líbios e estrangeiros e desalojaram mais de 2 milhões de pessoas e trabalhadores originários de outros países, ademais de devastar as cidades.[3] Na cidade de Sormam, localizada 45 milhas a oeste de Trípoli, destruíram as ruínas romanas e usaram bombas BLU-109 (*Bomb Live Unit*), que perfuram até o subsolo.

O próprio ministro das Relações Exteriores da Itália, Franco Frattini, declarou à imprensa que a OTAN estava a afetar sua credibilidade, matando múltiplos civis com os bombardeios.[4] E o congressista dos Estados Unidos Dennis Kucinich na House of Representatives exigiu que os comandantes da OTAN fossem acusados de responsabilidade e levados à International Criminal Court (ICC) por bombardear e matar civis na Líbia. *"NATO's top commanders may have acted under color of international law, but they are not exempt from international law"*, acentuou o congressista Kucinich em pronunciamento oficial liberado por seu gabinete na House of Representatives. Ele escreveu ao procurador da ICC, Luis Moreno-Ocampo, e ao secretário-geral da ONU, Ban Ki-moon, urgindo o fim da expansão do uso de *drones* pela OTAN, matando civis. E insistiu que, se Gaddafi devia responder perante a corte criminal, os comandantes da OTAN também deveriam ser processados, por causa das vítimas que os bombardeios causaram.[5]

Oana Lungescu, porta-voz da OTAN em Bruxelas, admitiu, em dezembro de 2011, que *"it appears that innocent civilians may have been killed or injured"*.[6] Mas não apenas milhares de civis inocentes, mortos e feridos, foram vítimas dos bombardeios da OTAN. Os ataques aéreos, também com *drones* e mísseis disparados dos navios de guerra, devastaram a infraestrutura da Líbia, destruindo hospitais, armazéns e lojas de alimentos, meios de comunicação e distribuição, veículos, estações de TV e 1.600 edificações civis, na maior parte das cidades do país, entre as quais Trípoli, Surman, Mizdah, Ziltan, Ga'a, Majer, Ajdabiya, Misurata, Sirte, Barga (Brega), Sabratha e Benghazi.[7] A OTAN lançou pelo menos 7.700 bombas ou mísseis e ainda destroçou o reservatório e as máquinas que bombeavam 6.500.000 metros cúbicos de água fresca por dia para Trípoli, Benghazi, Sirte e outras cidades, do Nubian Sandstone Aquifer System, um aquífero de água fóssil essencial, localizado ao sul do Saara, do qual dependiam 70% da população da Líbia, um país onde o deserto abrange 95% do território.[8] Era conhecido como o Great Man-Made River e a construção custou ao governo de Gaddafi cerca de US$ 25 bilhões.

A Grã-Bretanha, oficialmente, declarou gastos de quase £ 300 milhões na guerra contra o governo de Gaddafi, i.e., para destruir a infraestrutura da Líbia, e o UK Department of Trade and Investment esperava obter, com a participação das companhias britânicas, um lucro de £ 200 bilhões, nos próximos dez anos, com contratos para reconstruir os sistemas de eletricidade, água, saúde e educação. John Hilary, diretor executivo da War on Want *anti-poverty charity*, declarou em entrevista à TV Russia Today (RT) que, após a guerra no Iraque, as empresas americanas ganharam os melhores contratos. "*We bomb, we destroy, and then we get the contracts to rebuild afterwards*", acrescentou, com a observação de que para a Grã-Bretanha os interesses comerciais eram sempre aqueles da British Petroleum (BP) e da Shell, que esperavam ir para a Líbia uma vez levantadas as sanções.[9]

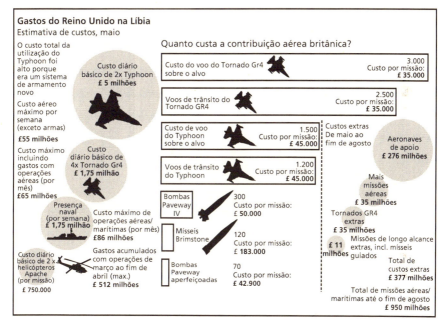

Gastos da Grã-Bretanha na Guerra da Líbia
Fonte: *The Guardian*

Os custos militares da Grã-Bretanha foram, entretanto, muito maiores do que os £ 260 milhões anunciados pelo secretário de Defesa, Liam Fox. Segundo os cálculos de Francis Tusa, editor de Análise de Defesa do *Daily Mail*, o número de ataques efetuados contra o regime de Gaddafi pela Royal Air Force (RAF) e pela Royal Navy alcançou o valor de £ 1,75 bilhões até o fim de outubro de 2011.[10] Segundo revelou *The Guardian*, de Londres, os custos ultrapassaram £ 600 milhões e atingiram, possivelmente, £ 1,25 bilhão com os gastos extras.[11] Até então, de acordo com as informações da Whitehall, a Grã-Bretanha já havia gasto em apenas duas guerras — Afeganistão e Iraque — £ 20,34 bilhões.[12] E sua dívida pública, em dezembro de 2011, alcançava o recorde de £ 1 trilhão.[13]

O ministro da Defesa de França, Gérard Longuet, calculou, no começo de setembro de 2011, que até o fim do mês os gastos com a guerra na Líbia seriam de € 320 milhões. Provavelmente foram muito maiores. O custo de uma hora de voo do jato Rafale era de € 13.000 e o do Miraje, entre € 10.000 e € 11.000. Cada míssil Tomahawk, comprado aos Estados Unidos, custava US$ 650.000. E dezenas foram disparados pela França contra a Líbia. Se, em 2010, o engajamento em operações no exterior custou à França € 900 milhões,[14] em 2011, com onze meses de guerra na Líbia, o montante certamente ultrapassou € 1 bilhão. A Grã-Bretanha, durante a campanha, realizou 1.300 sortidas (25% do total) contra a Líbia; a França, 1.200, a Itália, 600, e a fragata HMCS *Charlottetown* (FFH 339), do Canadá, realizou 350 bombardeios a partir de 5 de maio. Dinamarca e Noruega lançaram 700 bombas sobre a Líbia, a Bélgica realizou 60 sortidas e a Suécia mandou 120 militares e oito aviões para a região.[15]

Os Estados Unidos gastaram em torno de US$ 1,1 bilhão ou muito mais (nem a CIA, nem o Departamento de Estado nem outras agências revelaram publicamente seus gastos) com a *"covert intervention"* na Líbia para derrubar o regime de Muammar Gaddafi em 2011, fornecendo à OTAN mísseis, aviões de monitoramento, *drones* e toda sorte de munição.[16] E a Operation Unified Protector da OTAN custou bilhões de dólares e envolveu milhares de militares e funcionários civis, no mínimo 13.000, de 18 países, principalmente dos Estados Unidos, cerca de 8.000 servindo nos navios e aviões de combate.

Tal foi o imenso potencial de forças mobilizado pela OTAN e pelos Estados Unidos para destruir a Líbia, com mais de 26.281 sortidas aéreas, e assassinar Muammar Gaddafi. Era o que, certamente, os aliados da OTAN desejavam. Em reunião com o Conselho Nacional de Transição e os *soi-disant* rebeldes, a secretária de Estado, Hillary Clinton, disse que

Washington queria vê-lo "capturado ou morto".[17] Até a sua residência particular foi arrasada por um bombardeio, o que constituiu certamente uma tentativa de eliminá-lo fisicamente.[18] Gaddafi, segundo confirmou o presidente do Conselho Nacional de Transição, Mahmoud Jibril, foi realmente capturado vivo, mas não morreu de ferimentos letais causados pelo bombardeio do jato francês, como ele explicou.[19] Gaddafi foi linchado, brutalizado, abusado, assassinado e arrastado pelas ruas de Sirte, sua cidade natal, de onde estava a escapar para o deserto num comboio, detectado e atacado por um *drone* Predator, que disparou um míssil Hellfire (ao custo, em 2011, de US$ 10 milhões) sobre o veículo em que viajava.

O presidente da Rússia, Vladimir Putin, responsabilizou os Estados Unidos pelo assassinato de Gaddafi, dizendo que *drones*, inclusive americanos, atacaram a coluna de carros, e as forças especiais, usando rádio, chamaram os ditos rebeldes, que mataram Gaddafi sem investigação e julgamento.[20] Um jovem assumiu a responsabilidade pelo tiro que o ultimou.[21] E, em entrevista exclusiva à BBC, Omran el Oweib, o comandante da milícia que capturou Gaddafi, disse que ele foi arrastado para fora do cano de drenagem onde se escondera, deu cerca de dez passos e caiu no chão ao ser atacado por um grupo de combatentes.[22] Gaddafi foi linchado aos gritos de *Allahu Akhbar* (Allah é grande). Depois o cadáver foi levado para a cidade de Misrata e depositado em um compartimento refrigerado, junto com o do seu filho Mutassim, também assassinado.

O presidente Obama celebrou a morte de Gaddafi, declarando que a coalizão, que incluía os Estados Unidos, a OTAN e nações árabes, perseverou através do verão para *"protect Libyan civilians"*. E acrescentou que isso aconteceu quando *"we see the strength of American leadership across the world"* e *"we've demonstrated what collective action can achieve in the 21st century"*.[23] O vice-presidente Joe Biden foi mais claro e revelou um gasto maior do que o anunciado: *"In this case, America spent $ 2 billion and didn't lose a single life."*[24] Gastaram US$ 2 bilhões para destruir um país e tirar a vida de milhares de seus habitantes, usando salafistas descontentes, terroristas de al-Qa'ida e forças especiais das autocracias sunitas do Golfo Pérsico, sobretudo do Qatar, sem arriscar a vida de um soldado americano sequer.

A guerra na Líbia abriu para os Estados Unidos e para as demais potências ocidentais novos mercados, como forma de acabar com a depressão industrial, desenvolver suas forças produtivas, atenuar os efeitos da crise, com a ampliação do círculo de consumo do capital, e continuar o processo de reprodução capitalista. As companhias ocidentais de seguro, construção e infraestrutura, logo após o assassinato de Gaddafi, voltaram-se para a Líbia, em busca de oportunidades de lucros, como haviam feito no Iraque e no Afeganistão. Percebiam o grande potencial de negócios do país e criam que o Conselho Nacional de Transição e o novo governo que se formasse teriam muito boa vontade de conceder-lhes contratos de investimentos em virtude do apoio dado ao levante pela OTAN.[25] Diversos telegramas, publicados pelo WikiLeaks, revelaram que a Embaixada dos Estados Unidos em Trípoli estava a tramar, desde 2009, para impedir que empresas estatais, como a Gazprom, da Rússia, obtivessem o controle das principais instalações de petróleo na Líbia.[26]

Em 22 de agosto de 2011, estando ainda Gaddafi vivo, em Sirte, o *New York Times* noticiou que a guerra não havia terminado em Trípoli, mas *"the scramble"*, i.e., a disputa para assegurar o acesso às riquezas petrolíferas da Líbia já havia começado e que as potências ocidentais — especialmente as da OTAN, que deram crucial apoio aéreo aos rebeldes — pretendiam garantir para suas companhias o primeiro lugar na exploração o óleo do país.[27] E, uma semana antes da morte de Gaddafi, assassinado em 20 de outubro, uma delegação de 80 companhias francesas chegou a Trípoli para encontrar-se com os membros do Conselho Nacional de Transição. Pouco tempo depois, o ministro da Defesa da Grã-Bretanha, Philip Hammond, urgiu as companhias inglesas a correrem para Trípoli. *"There is a gold rush of sorts taking place right now"*, disse David Hamod, presidente e CEO da National U.S.-Arab Chamber of Commerce.[28] E, enquanto o cadáver de Gaddafi ainda permanecia à mostra em Misrata, a companhia British Trango Special Projects já estava a oferecer seus serviços aos investidores ingleses.

A Líbia, depois que a OTAN devastou suas cidades, necessitava literalmente da reconstrução de hospitais, clínicas, escolas, estradas e pontes, hotéis e complexos residenciais, que foram arruinados, bancos, bem como o treinamento e equipamento de novas forças armadas, do que certamente se encarregariam as empreiteiras — DynCorp, KBR, MPRI e outras — contratadas pelo Pentágono. Horace Campbell, professor de estudos africanos na Universidade de Syracuse, em Nova York, explicou que a participação dos Estados Unidos no bombardeio da Líbia visou a abrir a porta giratória para as privatizações, em benefício das empresas contratadas pelo Pentágono — DynCorp (NYSE:DCP), MPRI e KBR Inc. — que operavam na África e das quais o AFRICOM funcionava como frente de operação comercial,[29] com uma função predatória, a ameaça da força armada para obter vantagens econômicas e geopolíticas.[30]

De fato, o AFRICOM não possuía nenhum batalhão dos Marine Corps em suas bases desde que fora criado pelo presidente George W. Bush, em 2007. Suas atividades eram realizadas pelos *private military contractors* (PMCs), i.e., pelos mercenários da DynCorp International e outras, que propiciavam o apoio logístico e o treinamento militar de forças armadas africanas, a um custo de US$ 100 milhões, dentro do programa African Contingency Operations Training and Assistance.[31] A DynCorp obtivera contrato de US$ 20 milhões para sozinha dar suporte em operações e manutenção dos quartéis Edward B. Kesselly Barracks e Camp Ware, na Líberia.[32] Outras companhias, inclusive a PAE Government Services (subsidiária da Lockheed Martin) e a Protection Strategies Inc., receberam contratos — cada uma — no valor de US$ 375 milhões, e a KBR Inc., antiga subsidiária da Halliburton, foi contratada para dar apoio a três bases militares em Djibuti, Quênia e Etiópia usadas pelo U.S. Combined Joint Task Force-Horn of Africa.[33] A Northrop Grumman, por sua vez, foi contemplada com US$ 75 milhões para treinar 40.000 *peacekeepers* africanos ao longo de cinco anos, e a MPRI (Military Professional Resources Inc), divisão da L-3 Communications, o Departamento de Estado contratou para treinar militares no Benin, na Etiópia, em Gana, no Quênia, no Mali, em Malawi, na Nigéria, em Ruanda, no Senegal, bem como para prover assistência às forças armadas da África do Sul.[34]

Os bombardeios da OTAN, ao destruírem as cidades da Líbia, queimaram excedente de produção bélica e, ao mesmo tempo, abriram oportunidades de negócios e lucros para as corporações dos Estados Unidos, da França e da Grã-Bretanha — e outras —, com a reconstrução a ser paga pelo petróleo, cuja indústria foi, na maior parte, poupada e permaneceu intacta. As duas refinarias de Zawiya, cidade portuária que liga Trípoli à Tunísia, sobreviveram e, seis meses após o término do conflito, voltaram a funcionar com 2.300 trabalhadores, produzindo gasolina e outros combustíveis a 100% de sua capacidade.[35] Mas várias vezes foram ocupadas pelas milícias, inclusive de Zintan, requerendo pagamento, sob a alegação de que a haviam protegido durante a guerra. De qualquer forma, a produção de petróleo, em maio de 2012, foi de 1,5 milhões bpd, nível pouco inferior ao de antes da guerra, em torno 1,77 milhões bpd.[36] A Líbia tinha reservas provadas de petróleo, em 2007, da ordem de 3,5 bilhões de barris, o que representava cerca de 3,5% das reservas mundiais.[37] E a British Petroleum anunciou, em julho de 2012, que retomaria a exploração das concessões que lhe haviam sido outorgadas.

Não sem razão, alguns grupos de direitos humanos já apontavam o declínio da credibilidade dos Estados Unidos na área dos direitos humanos,[38] a perder cada vez mais qualquer influência no Oriente Médio e no Magreb, na medida em que os muçulmanos percebiam suas políticas — sob a rubrica de *War on Terrorism* — como um intento de converter um amplo movimento dentro da civilização islâmica a aceitar os valores estruturais da modernidade, que violavam os preceitos do Qur'an, capturando suas fontes de energia.[39]

Um relatório do United Nations Human Rights Council salientou que também as milícias anti-Gaddafi e a OTAN *"committed serious violations"* dos direitos humanos *"including war crimes and breaches of international rights law"*.[40] Os rebeldes, que os Estados Unidos e a OTAN sustentaram e o presidente Obama celebrou como heróis, *freedom-fighters*, eram, em grande maioria, forças especiais do Qatar, terroristas, sectários e bandidos, que aproveitaram a guerra para matar e roubar. Pilharam casas, incendiaram lares e hospitais, lojas e outras propriedades, abusaram dos direitos humanos e cometeram crimes de guerra, em quatro cidades que capturaram nas montanhas de Nafusa, espancando civis, torturando e executando sumariamente os partidários de Gaddafi.[41]

A Human Rights Watch (HRW) documentou amplamente o saque de lares e lojas, o incêndio de casas de suspeitos partidários de Gaddafi e, o mais perturbador, a *"vandalization"* de três clínicas médicas e pequenos hospitais locais, incluindo o roubo de equipamentos médico em cidades como al-Awaniya, Rayayinah, Zawiyat al-Bagul e al-Qawalish. *"The rebel conduct was disturbing"*, disse Fred Abrahams, assessor especial da Human Rights Watch.[42] Os bombardeios das cidades de Bani Walid e Sirte comprovaram que a OTAN não interviera na Líbia para proteger os civis. Os civis nessas e em outras cidades foram as maiores vítimas da OTAN e dos seus *"freedom fighters"*. O país, em meados de 2012, ainda era um caos.

"Os rebeldes são piores do que ratos. A OTAN é o mesmo que Usamah bin Ladin", disse um residente de Sirte à correspondente do diário britânico *The Telegraph*, acrescentando que agora havia dez famílias vivendo na mesma casa com pouca comida, água limpa insuficiente e nenhum gás. E acrescentou: "Antes vivemos vida saudável, (...) agora nós vivemos piores do que animais."[43] Outra moradora de Sirte, Susan Farjan, declarou à mesma jornalista que "vivíamos na democracia sob Gaddafi, ele não foi um ditador. Vivi em liberdade, as mulheres líbias tinham os mais completos direitos".[44] Famílias, em Sirte, disseram que os bombardeios da OTAN e, depois, as milícias do Conselho de Nacional de Transição tornaram a região um "inferno vivo".[45] "Eu vi bombas, mísseis, combatentes em toda a parte", comentou Mabrouka Farjan, de 80 anos, aduzindo que a vida sob Gaddafi foi "boa" e eles nunca sentiram medo. E outra senhora gritou: "Eles estão matando nossas crianças. Por que estão fazendo isso? Por quê? A vida era boa antes!"[46] A OTAN e seus ditos rebeldes devastaram Sirte. Só destroços restaram.

Após o assassinato de Gaddafi, o CSNU, em 27 de outubro de 2011, anunciou a revogação da Resolução 1.973, que havia autorizado a *no-fly zone*, e os Estados Unidos, a França e a Inglaterra, perfidamente, violaram e intervieram na Líbia com o objetivo de *regime change* e a consequente abertura de mercado para investimentos e acumulação de capital pelas suas corporações. Mas os ditos rebeldes, juntamente com as forças da OTAN, os *jihadistas* do Grupo de Combate Islâmico Líbio, os terroristas de al-Qa'ida, as forças especiais de Qatar e outras continuaram a matança de partidários de Gaddafi ou de tribos adversas e o massacre de civis inocentes.[47] As prisões estavam cheias de supostos adeptos de Gaddafi, negros imigrantes acusados de mercenários, quando não eram logo executados etc.

Não sem razão, pouco depois que o CSNU aprovou a Resolução 1.973 e a OTAN começou a bombardear a Líbia, o ex-presidente Bill Clinton, em 25 de março, declarou, a respeito do que os Estados Unidos, a França e a Inglaterra estavam a fazer: "Vai ser mais difícil construir estabilidade nesses países do que foi derrubar a velha ordem. Então agora acho que estão atirando em uma incerteza."[48] E o presidente do Council on Foreign Relations, Richard N. Haass, exortou o presidente Obama a que reconsiderasse sua decisão de não colocar *"American boots on the ground"* e, consequentemente, ocupasse a Líbia com tropas dos Estados Unidos, uma vez que os líbios não lhe pareciam capazes de manejar a situação, após a queda de Gaddafi, e seria necessária a assistência estrangeira.[49] De fato, com a queda do regime de Gaddafi, houve um *vacuum* político. O Estado, que se devia caracterizar pelo monopólio da violência, desapareceu. Cerca de 60 milícias sectárias e tribais, armadas e em conflitos entre si, é que representavam o poder real. Cada uma dominou uma região, uma cidade, uma área, e não admitiam qualquer ingerência. Não aceitavam submeter-se ao Conselho Nacional de Transição. Mustafa Abdel-Jalil, presidente do Conselho Nacional de Transição, sem legitimidade, nenhuma autoridade tinha. Era inefetivo.

A Líbia tornou-se uma colcha de remendos semiautonômos, como feudos de cada milícia.[50] As milícias, que receberam armas das potências ocidentais e também capturaram os arsenais do regime de Gaddafi, formaram cinturões em torno de zonas e cidades, tais como Misrata, Zintan e Zuwarah, e reacenderam suas idiossincrasias tribais. O chefe da milícia de Zintan, Mokhtar al-Akhdar, com 2.200 homens, ocupou o Aeroporto Internacional de Trípoli e recusou-se a entregá-lo ao Conselho Nacional de Transição, que então mobilizou cerca de 5.000 combatentes para tomar o controle do local.[51] Seus homens, fardados e portando rifles de assalto AK-47, ocuparam vários edifícios do governo em Trípoli.

O antigo *jihadista* Abd al-Hakim Belhadj, emir do Grupo Islâmico de Combate Líbio e comandante de poderosa milícia, ocupou Trípoli, assumiu a chefia do Conselho Militar e criou o partido *Al-Watan* (A Nação) para concorrer às eleições.[52] Abdullah Naker, um dos comandantes da milícia de Zintan, prendeu-o no aeroporto de Trípoli, mas depois o soltou, embora ele fosse acusado ser agente do Qatar, de ter chegado no último momento, se infiltrado entre os rebeldes e ocupado Bab al-Aziziya, o quartel-geral de Gaddafi.[53] Abd al-Hakim Belhadj era um *mujahadi* veterano da guerra no Afeganistão e, em 2004, havia sido preso no aeroporto de Kuala Lumpur, na Malásia, por agentes do MI6, depois entregue à CIA e, por fim, enviado para a Líbia (*extraordinary rendition*) de modo que fosse torturado e interrogado pelo serviço de segurança de Gaddafi.[54] Lá ficou preso seis anos, até 2010, quando foi anistiado.

O que se configurou na Líbia foi um regime de *warlords*, com os políticos e as empresas pagando salários para obter seu apoio e proteção. E tudo indicava que outra vez a Líbia seria repartida, como fora após a derrota da Itália, em 1943, quando Barga ficou sob a ocupação da Grã-Bretanha, Fazzan, sob a ocupação francesa, e Trípoli, sob o controle da Base Aérea Mellaha (Wheelus), capturada pelos ingleses, usada pelos Estados Unidos para bombardear a Alemanha e, posteriormente, fechada por Gaddafi. Augurou-se que o objetivo dos Estados Unidos, da Grã-Bretanha e da França — e de Israel nas sombras — era realmente desconstruir o mapa político do Oriente Médio, armado a partir do Sykes-Picot Agreement de 1916, a fim de que as diversas regiões, com suas divergências étnicas, tribais e religiosas se separassem e formassem pequenos Estados débeis e mal constituídos, mais fáceis de controlar.

Os chefes de tribos e comandantes de milícias declararam a semiautonomia da Cirenaica, a mais rica região petrolífera da Líbia, desafiando a coalizão que havia formado o Conselho Nacional de Transição. Milhares de pessoas compareceram à inauguração do Congresso do Povo da Cirenaica, perto de Benghazi, com o objetivo de transformar a província em um Estado federal.[55] As regiões da Tripolitânia e de Fazzan estavam virtualmente controladas por militantes de al-Qa'ida. E a suposição era de que as potências ocidentais pretendiam separar a região de Barga, que se estendia de Sirte, no oeste, até Al-Salloum, no leste, fronteira com o Egito, e estabelecer uma espécie de sistema federal, com Estados semiautônomos, como no Iraque.

Mas o *Great Game* no Oriente Médio era por demais complexo, porquanto se aguçou a disputa entre atores médios, com a participação da Arábia Saudita, do Qatar e dos demais países do Conselho de Cooperação dos Estados Árabes do Golfo (CCG), bem como do Irã, cujas radicais divergências étnicas e, sobretudo, religiosas se expressaram, nitidamente, nos teatros da Guerra Fria, que os Estados Unidos e as potências ocidentais continuaram a travar contra a Rússia, desde que ela econômica e politicamente se recuperou, e a China emergiu como potência global, a competir por mercados e fontes de matérias primas na África e em todos os demais continentes.

Al-Qa'ida também se afirmava como importante ator invisível no *Great Game* do Oriente Médio. Usamah bin Ladin, que saudou com entusiasmo as revoltas no Oriente Médio, escreveu, uma semana antes de seu assassinato, em carta apreendida pelo comando do SEALs em Abbotabad, que a Irmandade Muçulmana, a manter a doutrina salafista, podia assenhorear-se da direção dos movimentos e estabelecer, nos países do Oriente Médio, o verdadeiro Islã, domínio de Allah, conforme a *Shari'ah*.[56] O Qatar financiava a Irmandade Muçulmana e bin Ladin entendia que as correntes condições — as revoltas contra os "tiranos" na Tunísia, no Egito, no Iêmen, na Líbia e na Síria, considerados apóstatas e hereges — trouxeram "oportunidades sem precedentes" e os próximos governos islâmicos deviam seguir a doutrina salafista em benefício do Islã. Ele esperava que os regimes da Líbia, da Síria e do Iêmen caíssem, como os da Tunísia e do Egito.[57]

A estratégia recomendada por bin Ladin aos grupos vinculados a al-Qa'ida consistia em primeiro combater os americanos, que eram os maiores "infiéis", e levar os Estados Unidos a abandonar a vasta base militar na Arábia Saudita, o centro do Islã, onde se encontravam as duas cidades sagradas: Meca e Medina. E, em outra carta dirigida ao chefe de al-Qa'ida no Iêmen (AQI), Qādī Abū Bashir,[58] bin Ladin observou que a intolerância e a vingança eram profundas na cultura árabe e que esse *ḥadīth* do profeta Muhammad provava que qualquer um lutando contra os muçulmanos sob a bandeira dos Estados Unidos devia ser morto.[59] E, a fim de implantar um Estado Islâmico em Sana'a, capital do Iêmen, ele devia ter certeza, primeiramente, de que os jihadistas eram capazes de ganhar o seu controle.

NOTAS

1. NATO JFC Naples, *NATO and Libya, Operational Media Update for October 22, 2011*. Stefan HASLER, "Explaining Humanitarian Intervention in Libya and Non-Intervention in Syria", Naval Postgraduate School, Monterey, CA, June 2012, Unclassified, Standard Form 298 (Rev. 2-89), Prescribed by ANSI Std. 239-18 93943-5000.

2. A França efetuou um terço dos ataques, a Grã-Bretanha, 21%, e os Estados Unidos, 19%. C. J. CHIVERS e Eric SCHMITT, "In Strikes on Libya by NATO, an Unspoken Civilian Toll", *The New York Times*, December 17, 2011.

3. Franklin LAMB, "Anatomy of a NATO War Crime", Information Clearing House, December 17, 2011.

4. "Libya civilian deaths 'sap NATO credibility' — Italy's foreign minister says military alliance was losing the propaganda war to Gaddafi", Al Jazeera, June 20, 2011.

5. "Libya: NATO Generals Should Be taken to ICC says US Rep. Dennis Kucinich", *Afrique.com*. "Kucinich Calls for NATO Accountability". John GLASER, "Kucinich: NATO Not Exempt From Law — Top commanders should be held accountable for civilian deaths, Kucinich said in a statement", *AntiWar.com*, August 23, 2011.

6. C. J. CHIVERS e Eric SCHMITT, "In Strikes on Libya by NATO, an Unspoken Civilian Toll", *The New York Times*, December 17, 2011.

7. Franklin LAMB, "End Game for Benghazi Rebels as Libyan Tribes Prepare to Weigh In?", *Foreign Policy Journal*, August 3, 2011. C. J. CHIVERS e Eric SCHMITT, "In Strikes on Libya by NATO, an Unspoken Civilian Toll", *The New York Times*, December 17, 2011.

8. "NATO bombs the Great Man-Made River", Human Rights Investigations, July 27, 2011.

9. "Britain spent £ 300 million to destroy Libya's infrastructure & expects £ 200 billion in reconstruction", *CounterPsyOps*. "British bombs, destroy and rebuild", *Press TV*.

10. Ian DRURY, "Libyan campaign 'could cost UK £1.75billion' (after politicians told us it would be a few million)", *Daily Mail*, October 30, 2011.

11. Nick HOPKINS, "UK operations in Libya: the full costs broken down", *The Guardian*, September 26, 2011.

12. Gerri PEEV, "UK's £20bn bill for fighting Iraq and Afghan wars", *Daily Mail*, June 21, 2010. "Cost of wars in Iraq and Afghanistan tops £20bn", *BBC UK*, June 20, 2010.

13. "Government debt rises to a record of £ 1tn", *BBC News Business*, January 24, 2012.

14. "La guerre en Libye aura coûté 320 millions d'euros, selon Longuet", *Le Monde*, 6/9/2011. "Combien Ça Coûte ? — Le prix de l'intervention en Libye", *Big Browser*, Blog LeMonde. Emmanuel CUGNY, "Guerre en Libye, le coût pour la France", *France Info*, Mars 22, 2011.

15. Richard NORTON-TAYLOR e Simon ROGERS, "Nato operations in Libya: data journalism breaks down which country does what", *The Guardian*, October 31, 2011.

16. John BARRY, "America's Secret Libya War", *The Daily Best*, August 30, 2011.

17. "Será possível? Hillary Clinton pregou publicamente um assassinato?!", *Quoriana*, Blog Leonor en Líbia (de Trípoli), artigo publicado em *Russia Today*, editado por Mathaba (A Resistência Líbia), 21/10/2011.

18. "Un bâtiment de la résidence de Kadhafi détruit par l'Otan", *Le Figaro*, 25/4/2011.

19. "The mystery of Muammar Gaddafi's death", *Pravda*, 21/10/2011. "Libya's Col Muammar Gaddafi killed, says NTC", *BBC News Africa*, October 20, 2011.

20. "Putin accuses US of role in Gaddafi death", *Daily Mail*, December 16, 2011. Maxim TKACHENKO, "Putin points to U.S. role in Gadhafi's killing", CNN, December 15, 2011.

21. Damien GAYLE, "'I killed Gaddafi', claims Libyan rebel as most graphic video yet of dictator being beaten emerges", *Daily Mail*, October 25, 2011.

22. Gabriel GATEHOUSE, "Libyan commander describes Muammar Gaddafi's last moments", *BBC News Africa*, October 22, 2011. "Gaddafi's death details revealed", *China.org.cn*, October 23, 2011.

23. Remarks by the President on the Death of Muammar Qaddafi, The White House, Office of the Press Secretary, October 20, 2011.

24. Pepe ESCOBAR, "The Roving Eye — How the West won Libya", *Asia Times*, October 22, 2011.

25. Scott SHANE, "West Sees Opportunity in Postwar Libya for Businesses", *The New York Times*, October 28, 2011.

26. Kevin G. HALL, "WikiLeaks cables show that it was all about the oil", *McClatchy Newspapers*, July 12, 2011.

27. Clifford KRAUSS, "The Scramble for Access to Libya's Oil Wealth Begins", *The New York Times*, August 22, 2011.

28. Ibidem.

29. "AFRICOM as Libya Bombing Motive", Common Dreams — Institute for Public Accuracy (IPA), Washington, March 24, 2011.

30. Oliver TAKWA, "The Crisis in Libya — the Imperative of rushing the ASF", *The Current Analyst*, May 21, 2011.

31. "U.S. Military Contractors Move into Africa", AllGov.com, March 24, 2010.

32. "DynCorp International Wins $20 Million Africap Task Order In Liberia", Press Release.

33. "U.S. Military Contractors Move into Africa", AllGov.com, March 24, 2010.

34. Ibidem.

35. James FOLEY, "Libya's Oil Industry Defies Expectations", *PBS NewsHour*, July 6, 2012.

36. Reese ERLICH, "Militias Become Power Centers in Libya", *Roots Action*, July 25, 2012. *The Progressive*, September 2012 issue.

37. KEENAN, 2009, p. 126.

38. PECK, 2010, p. 247.

39. Ibidem, 248.

40. Neil MACFARQUHAR, "U.N. Faults NATO and Libyan Authorities in Report", *The New York Times*, March 2, 2012.

41. CNN WIRE STAFF, "Libyan rebels looted and beat civilians, rights group says", CNN, July 13, 2011.

42. "Libyan rebels abused civilians: Human Rights Watch", *BBC News Africa*, July 12, 2011.

43. Ruth SHERLOCK, "Gaddafi loyalists stranded as battle for Sirte rages", *The Telegraph*, October 2, 2011.

44. Ibidem.

45. Ibidem.

46. Ibidem.

47. Kareem FAHIM e Adam NOSSITER, "In Libya, Massacre Site Is Cleaned Up, Not Investigated", *The New York Times*, October 24, 2011.

48. Mariana BARBOSA, "Bill Clinton diz que aliados 'atiram contra incerteza' na Líbia", *Folha de S. Paulo*, 26/3/2011.

49. Richard N. HAASS, "Libya Now Needs Boots on the Ground", *Financial Times*, August 22, 2011.

50. David D. Kɪʀᴋᴘᴀᴛʀɪᴄᴋ, "Libyan Militias Turn to Politics, a Volatile Mix", *The New York Times*, April 2, 2012. Hadeel Aʟ-Sʜᴀʟᴄʜɪ, "Libya militia hands Tripoli airport control to government", Reuters, April 20, 2012.

51. "Libyan forces clash with militia at Tripoli airport", *Russia Today*, June 4, 2012.

52. Adrian Bʟᴏᴍғɪᴇʟᴅ, "'Rendition' Libyan commander Abdel Hakim Belhadj to form his own party. Abdel Hakim Belhadj, a prominent Islamist commander suing MI6 over his alleged rendition by the C", *The Telegraph*, May 15, 2012. "Profile: Libyan rebel commander Abdel Hakim Belhadj", *BBC News Africa*, July 4, 2012.

53. "Rival militia briefly holds Libya Islamist chief", Reuters, November 25, 2011.

54. Rod Nᴏʀᴅʟᴀɴᴅ, "In Libya, Former Enemy Is Recast in Role of Ally", The *New York Times*, September 1, 2011.

55. "Semi-autonomous region declared in oil-rich eastern Libya", *Al Arabiya*, March 6, 2012.

56. Cᴏᴍʙᴀᴛɪɴɢ Tᴇʀʀᴏʀɪsᴍ Cᴇɴᴛᴇʀ ᴀᴛ Wᴇsᴛ Pᴏɪɴᴛ, *Letters from Abbottabad: Bin Ladin Sidelined?*, SOCOM-2012-0000010. A carta é assinada: *"Your brother, Abu "Abdullah"* (codinome de bin Ladin) Monday, 22, Jamadi al-Awal 1432 (Monday 26 April 2011).

57. Ibidem.

58. Abu Bashir: Nationality: Yemeni Passport no.: Yemeni passport number 40483, issued on 5 Jan. 1997 National identification no.: no Address: na Listed on: 19 Jan. 2010 Other information: Since 2007, leader of Al-Qaida in Yemen (AQY). Since Jan. 2009, leader of Al-Qaida in the Arabian Peninsula (QE.A.129.10.) operating in Yemen and Saudi Arabia. His deputy is Said Ali al-Shihri (QI.A.275.10.). Associated with senior Al-Qaida (QE.A.4.01.) leadership, claims he was secretary to Usama Bin Laden (QI.B.8.01.) prior to 2003. Arrested in Iran and extradited to Yemen in 2003, where he escaped from prison in 2006 and remains fugitive as at Jan. 2010. INTERPOL Orange Notice (file #2009/52/OS/CCC, #75) has been issued for him. Security Council Al-Qaida and Taliban Sanctions Committee Adds Names of Two Individuals, One Entity to Consolidated List Security Council SC/9848 — 19 January 2010 — Department of Public Information, News and Media Division, New York, http://www.sfc.hk/edistributionWeb/gateway/EN/circular/openFile?refNo=H575.

59. Cᴏᴍʙᴀᴛɪɴɢ Tᴇʀʀᴏʀɪsᴍ Cᴇɴᴛᴇʀ ᴀᴛ Wᴇsᴛ Pᴏɪɴᴛ, *Letters from Abbottabad: Bin Ladin Sidelined?*, Letter to the Generous Brother Abu Basir, s/d, SOCOM-2012-0000016-HT.

Capítulo XVII

A REVOLTA ISLÂMICA NO IÊMEN • OS ANTAGONISMOS RELIGIOSOS • OS XIITAS EM ÁREAS ESTRATÉGICAS PARA O OCIDENTE • AS REVOLTAS NA ARÁBIA SAUDITA E NO BAHREIN • O ESTREITO DE ORMUZ • CAMPANHAS DE *KILL/CAPTURE* NO IÊMEN • A ASCENSÃO DOS SALAFISTAS NA TUNÍSIA • A VITÓRIA DA IRMANDANDE MUÇULMANA NO EGITO • TERROR E CAOS NA LÍBIA

Com uma população de 24,7 milhões de habitantes (2012 est.), dos quais 45% viviam abaixo do nível de pobreza (2003 est.) e 35% estavam desempregados, o Iêmen, havia anos, estava convulsionado por conflitos tribais, sectários e duas rebeliões, de tendências políticas e religiosas distintas e divergentes. O presidente Ali Abdullah Saleh reprimia o Movimento Sul do Iêmen nas províncias de Lahj, Dalea e Hadramout, liderado pelo antigo *mujahid* Tariq al-Fadhli, de tendência separatista,[1] e, desde 2004, enfrentava a insurgência xiita liderada por Abdul Malik al Houthi, à frente de al-Houthi Zaydi, grupo também conhecido como Ash-Shabab al-Mu'min (Juventude Crente), no distrito de Sa'ada, no norte do país, perto da fronteira com a Arábia Saudita, acusado de manter vínculo com o Irã e o Hizballah.

A monarquia Wahhabi da Arábia Saudita e toda a elite sunita dos países do CCG haviam passado a considerar o Irã o principal inimigo depois que o aiatolá Ruhollah Khomeini,[2] líder espiritual dos xiitas, liderou a revolução islâmica e assumiu o poder em Teerã. O Irã tornou--se, no século XX, o primeiro país dominado pelos xiitas no Oriente Médio. E o cisma religioso constituía o principal fator do antagonismo, que transpunha as fronteiras da Arabia Fœlix, como era chamada pelos romanos a Península Árabe.

O número dos xiitas no Iêmen podia chegar a 45% da população, calculada em quase 25 milhões (2012 est.), e o imã Zayd, patrono da seita Zaidiyyah, era considerado descendente direto de Ali e Fatimah.[3] E, em Omã, embora as comunidades xiitas, assentadas principalmente em Baharna (Bahraini), Ajmi e Lawatia, constituíssem menos de 5% de uma população de 2,7 milhões de habitantes e estivessem bem integrados, com influência econômica e política, inclusive no governo, a maioria buscava inspiração no aiatolá Ali al-Sistani, em Najaf, e alguns jovens podiam estar sendo crescentemente recrutados pelo Hizballah, liderado pelo aiatolá Muhammad Fadlallah, no Líbano.[4]

Daí que o rei Abdullah bin Abdulaziz al Sa'ud temia o *spillover* da insurgência liderada por Abdul Malik al Houthi sobre o território da Arábia Saudita, pois no sul, fronteira com o Iêmen, os xiitas — cerca de 1,5 milhão a 2 milhões de habitantes — predominavam e haviam come-

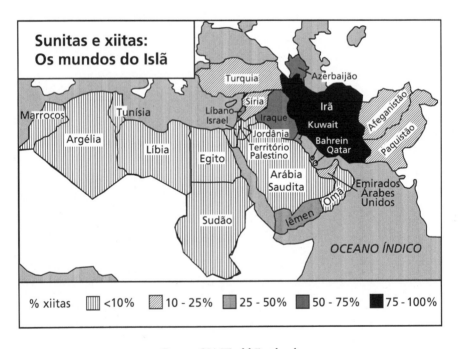

Fonte: *CIA World Factbook*

çado a protestar desde 2011. Embora o número de xiitas, no total dos muçulmanos, representasse de 10% a 15%, contra mais ou menos 90% de sunitas, eles constituíam a maioria da população do Irã, do Azerbaijão, do Iraque, do Bahrein, e minorias qualitativamente importantes em quase todos os demais países do Oriente Médio e adjacências. E concentravam-se em áreas de estratégica relevância para o Ocidente.[5]

Na Arábia Saudita, em uma população de 19,4 milhões, os xiitas representavam cerca de 10% e habitavam, majoritariamente, em al-Qatif e al-Awamiyah, na Província Oriental, a mais rica em petróleo. E aí configuravam um punhal apontado para o coração petrolífero do país, de onde os Estados Unidos importavam cerca de 12% dos 19 milhões de barris que consumiam, a cada 24 horas, em 2011.[6] Os xiitas viviam institucionalmente discriminados, nas piores condições econômicas, proibidos de construir suas mesquitas etc., pela monarquia salafista/Wahhabi, assim como os muçulmanos sufis, de Jeddah, e os ismaelitas, do sul, a região mais pobre da Arábia Saudita. As tensões eram antigas, porquanto os sunitas, principalmente os sunitas salafistas/Wahhabi,[7] sempre odiaram os xiitas, bem como os sufis e ismaelitas, considerados hereges e apóstatas.

Desde 2011, a população xiita começou a protestar com mais intensidade e a insurgir-se, mas as manifestações pacíficas foram reprimidas brutalmente pelas tropas do rei Abdullah al Sa'ud. Nos primeiros meses de 2012, outras manifestações de protesto contra o regime Wahhabi e os Estados Unidos ocorreram ao longo dos portos da Arábia Saudita — Qatif (*al-Qatif*), Rabiyia (*al-Rabeeya*) e Awamiyah (*al-Awamia*) —, por onde fluíam, diariamente, mais de 2 milhões bpd de petróleo.

Tanto nas manifestações de 24 de novembro de 2011 quanto em 24 de janeiro de 2012, foram mortos dezenas de civis, que protestavam pacificamente, e milhares foram presos.[8] E essa Província Oriental da Arábia Saudita, ademais de sua enorme importância econômica devido aos campos de petróleo, era de vital significação geopolítica e estratégica, dado situar-se à margem do Golfo Pérsico, sendo sua capital, Dammam, ligada ao Bahrein pela ponte de Manamah.

Mapa da Arábia Saudita com as 13 províncias
Fonte: Lonely Planet

Os xiitas compunham cerca de 70% da população do Bahrein, estimada (2011) em 1.214.705 habitantes (517.368 eram trabalhadores estrangeiros), e também viviam, econômica e politicamente, marginalizados, nas mesmas condições que na Arábia Saudita. Em 2011, eles igualmente se rebelaram. O emir sunita, autoproclamado rei em 2002, Hamad bin Isa bin Salman Al Khalifa, impôs a lei marcial e os manifestantes foram massacrados pelas tropas da Arábia Saudita e dos Emirados Árabes Unidos, que atravessaram a ponte de Manamah, sob a égide do Conselho de Cooperação do Golfo (CCG), a fim de sufocar as manifestações e proteger as "instalações estratégicas" lá existentes. Essas manifestações, exigindo reformas democráticas, sob a liderança do clérigo Shayk Isa Qassim, não cessaram. A maioria xiita, no Bahrein, já se havia levantado pelo menos duas vezes (em 2011 e em março de 2012) contra a dinastia sunita governante do Shayk Hamad bin Isa Al Khalifa, e fora reprimida brutalmente pelas tropas da Arábia Saudita, que cruzaram a ponte entre os dois países até Manamah.

O Bahrein é um pequeno país insular, de 692 quilômetros quadrados, um arquipélago de 35 ilhas e ilhotas no Golfo Pérsico, habitado anteriormente por pescadores de pérolas. Lá foi que primeiro, em 1932, jorrou petróleo na Península Árabe, explorado pela Bahrain Petroleum Company, subsidiária da Standard Oil of California, estabelecida no Canadá.[9] No entanto, conquanto sua produção de petróleo fosse diminuta, da ordem aproximada de 239.900 bbl/d (2009 est.), o Bahrein revestiu-se, posteriormente, de vital importância geopolítica e estratégica para os Estados Unidos. O Pentágono lá mantém, em Juffair, próxima de al-Manamah, uma grande base naval que abriga a 5ª Frota, com aviões, destróieres — cerca de 40 navios de guerra — e 30.000 efetivos, e sua Força Aérea passou a usar o aeroporto de Muharaq e a base aérea Shaikh Isa para as operações no Golfo Pérsico, no Mar Vermelho e no Mar Árabe e a segurança do Estreito Ormuz. Através dessa rota passavam, aproximadamente, 22% do óleo cru e produtos de petróleo importados pelos Estados Unidos provenientes da Arábia Saudita, do Bahrein, do Iraque, do Kuwait, do Qatar e dos Emirados Árabes Unidos.

Momentaneamente, pelo menos, as tropas do rei Abdullah conseguiram reprimir as revoltas xiitas, no seu território e no Bahrein. No Iêmen, porém, o presidente Ali Abdullah Saleh, após a intensificação dos levantes, inclusive uma tentativa de assassiná-lo, da qual se tratou na Arábia Saudita, não resistiu e renunciou, mediante uma solução de compromisso, que lhe deu imunidade, e o vice-presidente, marechal de campo Abd Rabbuh Mansur al-Hadi, assumiu o governo, após eleição, em 21 de fevereiro de 2011, comprometendo-se com o secretário do Serviço Exterior da Grã-Bretanha, William Hague, a manter a luta contra al-Qa'ida com todas as suas forças. E os Estados Unidos, no primeiro semestre de 2012, não pararam de disparar *drones*, provavelmente da base militar em Djibuti, contra os insurgentes, no sul de Abian, província de al-Mahfad, onde estaria o bastião de al-Qa'ida na Península Árabe (AQAP) e do grupo Ansar al-Shari'ah (Partidários da Shari'ah), também vinculado a al-Qa'ida, que lá teria implantado um califado islâmico. Os Estados Unidos continuavam *at war* no Iêmen, assim como no Paquistão. Os *drones* continuaram a fazer milhares de vítimas, especialmente mulheres e crianças, devido aos erros de informação sobre os alvos, nas regiões de Aden, Hadramaut e Abian.

Os Estados Unidos tinham em andamento no Iêmen duas campanhas de *killing/capture* separadas, uma executada pela CIA, com o disparo de *drones*, e outra pelas tropas do Joint Special Operations Command (JSOC), que conduziram 43 operações, desde 2011, matando pelo menos 274 pessoas, qualificadas de militantes extremistas, muitas das quais eram adolescentes.[10] O general James Jones, do Marine Corps, ex-assessor de Segurança Nacional, descreveu o Iêmen como um *"embryonic theater that we weren't really familiar with"*. E o presidente Obama exigiu ver a *"kill list"*, com as biografias dos suspeitos, o que um membro do governo chamou de macabro *"baseball cards"* de uma *"unconventional war"*.[11]

Os drones dos Estados Unidos, possivelmente disparados das bases em Djibuti, Seychelles e Etiópia, eliminaram entre 294 e 651 supostos terroristas, além de 55 a 105 civis e 24 crianças, entre 2002 e 2004, no Iêmen.[12] Só com um ataque, em outubro de 2011, um *drone* disparando míssil Hellfire matou pelo menos nove pessoas no sul do país, incluindo um líder de al-Qa'ida na Península Árabe, baseada no Iêmen, e um americano, Anwar al-Awlaki, de 17 anos, o que foi muito controvertido por haver ele nascido nos Estados Unidos e executado sem ser de nada acusado e sem base em qualquer processo legal.[13] E a utilização desses mísseis Hellfire violava uma resolução da ONU, de 1992, que só os permitia para fins *"exclusively military"*.

John Brennan, assessor do presidente Obama, tentou legalizar os procedimentos criminosos da administração, alegando que os Estados Unidos permaneciam *at war* com al-Qa'ida, autorizada pelo Congresso, após os ataques terroristas de 11 de setembro, mediante o 2001 Authorization for Use of Military Force (AUMF), o que permitia ao presidente usar amplamente o poder coercitivo e, não obstante o constrangimento imposto pelas leis domésticas e internacionais, aplicá-lo de forma pragmática e flexível, em casa caso.[14]

Na realidade, conquanto evasiva e mero sofisma, a autorização fora dada para o uso da força militar contra *"those responsible for the recent attacks launched against the United States"*.[15] O presidente Obama, entretanto, pretendeu perpetuar a autorização e legalizar o programa de *killing/capture*, de matar quase em escala industrial, e além de muito usar *advanced weapons systems*, como os *drones* e helicópteros transportando comandos de operações especiais — SEALs — que penetravam no Iêmen com a missão de *unlawful extrajudicial killing*, i.e., eliminar todos os suspeitos de atividades terroristas. As autoridades de Washington calcularam que, desde a inauguração do governo de Obama, em 2009, mais de 2.000 militantes e civis foram mortos no Iêmen, no Paquistão e em outros países.[16]

Entretanto, o Bureau of Investigative Journalism, sediado no Reino Unido, calculou que, de 2004 até 2011, os *drones* dos Estados Unidos mataram, somente no Paquistão, entre 2.500 e 3.000 pessoas, das quais entre 479 e 811 eram civis, entre os quais 174 crianças.[17] E a própria embaixadora do Paquistão nos Estado Unidos, Sherry Rehman, em teleconferência com Douglas Lute no Aspen (Colorado) Security Forum, entre 25 e 28 de julho de 2012, disse que, embora os ataques com *drones* pudessem ter ajudado na guerra contra o terrorismo, *"they have diminishing rate of returns"* e contribuíram para incrementar o antiamericanismo no país e o recrutamento de novos militantes.[18]

Um advogado iemenita, Haykal Banafa, escreveu diretamente ao presidente Obama, advertindo-o que, quando um míssil disparado por um *drone* americano matava uma criança no Iêmen, o pai seguramente ia para a guerra. E acrescentou que isso nada tinha a ver com al-Qa'ida.[19] A morte de cada muçulmano, civil ou terrorista, multiplicou, certamente, o número dos inimigos dos Estados Unidos, devido

à solidariedade tribal e à *hadīth da vingança*. Os militantes de al-
-Qa'ida na Península Árabe (AQAP), baseados no sul do Iêmen, salta-
ram de 300 em 2009 para mais de 1.000 em 2012.[20] E seu chefe, o
terrorista Nasir al-Wahayshi, ameaçou matar o presidente do Iêmen,
Ali Abdullah Saleh, eliminar a família real da Arábia Saudita e o presidente Mubarak e fazer a *Jihad* até a mesquita de Al-Aqsa, em Jerusalém, no Monte do Templo, denominado pelos árabes *Al Haram Al
Sharif*, o terceiro lugar mais sagrado para os muçulmanos, pois creem
que de lá Muhammad subiu ao Jardim (Paraíso) para receber de Allah
as revelações do Qur'an.

No início de 2010, o professor Gregory Johnsen, especialista da
Universidade de Princeton, advertiu que a preeminência da al-Qa'ida no
Iêmen, a completar vinte anos desde que o país se reunificara, estava a
crescer, que a rebelião xiita se expandia no norte, e que o sul, onde jaziam as reservas de petróleo, ameaçava outra vez com a secessão.[21] E
previu que o Iêmen podia explodir ainda em 2010. Com efeito, a explosão ocorreu, embora em janeiro de 2011, à mesma época em que irromperam as demonstrações contra o governo de Mubarak, a insurgência
contra o governo de Ali Abdullah Saleh, uma gradual e confusa mistura
de *cold* e *hot revolutionary war*, recrudesceu.

Bin Ladin havia informado a Qāḍī Abū Bashir que a "ideologia
jihadista" estava a difundir-se em outras regiões, particularmente entre os jovens, em comparação com outros movimentos islâmicos, e que
a ideologia salafista funcionava bem com as questões da comunidade
(*Ummah*).[22] Ele se referiu às experiências (Síria, Egito e Líbia) e disse
que os "inimigos" (Estados Unidos) consideravam o Iêmen sua propriedade, por causa da localização geográfica, onde havia as maiores
reservas de petróleo do mundo,[23] o Golfo Pérsico. As reservas provadas do Iêmen, da ordem de 3,16 bilhões bbl (2010) eram, no entanto,
pequenas, e a produção de petróleo, cerca de 288.400 bpd (2009),
representavam 25% do PIB e 70% da receita do governo. Os demais
recursos provinham de café, peixe seco e salgado e, mais recentemen-
te, gás liquefeito.

Fonte: U.S. Government

O Iêmen revestia-se, entretanto, de enorme significação estratégica, devido à sua localização geopolítica, como percebeu bin Ladin, próxima do estreito de Bab el Mandeb, que liga o Golfo de Aden ao Mar Vermelho, separando a África (Djibuti e Eritreia) da Ásia (Iêmen), crucial passagem para o Mediterrâneo e o Atlântico, o *chokepoint* do transporte marítimo do petróleo do Golfo Pérsico antes de entrar no Canal de Suez e no oleoduto SUMED, de 320 quilômetros, pertencente à Arab Petroleum Pipeline Company/Sumed Company.

O Departamento de Energia em Washington estimou que 3,2 milhões bpd fluíram através do estreito de Bab el-Mandab e do complexo Suez/SUMED, em 2009, para os Estados Unidos e a Europa.[24] Daí que, a pretexto dos ataques de piratas da Somália e a ameaça de al-Qa'ida no Iêmen, os Estados Unidos militarizaram a área em torno de Bab el-Mandab, com a implantação de bases militares, como Camp Lemonnier (Naval Expeditionary Base), situada no Djibuti, e outras secretas. E com o controle desse estreito os Estados Unidos teriam condições de interromper o fluxo de petróleo da Arábia Saudita para a China ou outros países.

O estreito de Bab el-Mandab é o *chokepoint* entre a África e o Oriente Médio e a ligação estratégica entre o Mediterrâneo e o Oceano Índico, regiões às quais os Estados Unidos, enxugando suas Forças Armadas e mudando sua "postura global", pretendiam dar destaque na sua estratégia de segurança,[25] enfatizando o papel da Marinha e da Força Aérea para conter a China, no sul da Ásia. O próprio presidente Obama declarou que a região do Pacífico teria "prioridade máxima" na sua política externa e ordenou o envio de 2.500 soldados para o norte da Austrália. E o Iêmen é um país estrategicamente bem situado, ao lado do Golfo Pérsico e da Península Árabe, e as forças militares dos Estados Unidos chegaram à Somália e ao Quênia e continuaram a avançar ao longo do litoral oeste do Oceano Índico. Com o domínio sobre o estreito de Bab el-Mandab e o estreito de Malacca, os Estados Unidos conquistaram enorme vantagem estratégica no *Great Game*. O estreito de Malacca liga o Oceano Índico ao mar do sul da China e ao Pacífico, bem como as economias da Ásia Oriental às do Oriente Médio e da Europa. E é através do estreito de Bab el-Mandab e Malacca que passam 80% do óleo cru do Oriente Médio e da África importados pela China. Daí o interesse dos Estados Unidos em manter a presença no Iêmen, na aliança com a Índia, admitindo publicamente apoiar sua candidatura a membro pleno do CS da ONU e a reconciliação com os militares em Mianmar (Birmânia).

Na Tunísia, as eleições para a assembleia constituinte já se haviam realizado em 23 de outubro de 2011 e ganhou o partido islâmico Mouvement Ennahda, também denominado Ḥarakat an-Nahḍah (Mouvement de la Renaissance Islamique), com 41,47% dos votos, obtendo 89 das 217 cadeiras do Parlamento; Moncef Marzouki foi eleito presidente e Hamadi Jebali, primeiro-ministro, para formar um governo até novas eleições em meados de 2013. Esse partido surgiu em 1981, inspirado pela Irmandade Muçulmana (Ikhwan al-Muslimin), do Egito, principalmente influenciado pelos teóricos radicais salafistas Sayyid Qutb (1906-1966) e Abul A'la Maududi (1903-1979), defensores do revivalismo, o despertar islâmico (as-Ṣaḥwah l-ʾIslāmiyyah), e da doutrina segundo a qual a soberania de Deus (Allah) e a soberania do povo mutuamente se excluíam e o Islã não era possível sem a *Shari'ah*. Legalizado em 1º de março de 2011, após a queda de Ben Ali, o Mouvement Ennahda apresentou-se, entretanto, como um partido islâmico moderado, embora suas bases fossem, aparentemente, conservadoras.

De qualquer forma, os salafistas, que antes não tinham espaço no regime de Ben Ali, aproveitaram o levante e ampliaram seus adeptos e as atividades de proselitismo (*da'wa*), sobretudo entre massa rural e os desempregados, manipulando-lhes a fúria e o descontentamento. O Islã, nos desertos e naqueles países em crise da África do Norte e do Oriente Médio sem perspectivas de melhoria, podia ser, como no conceito de Karl Marx, a "expressão da miséria real", o "suspiro da criatura aflita", a "alma de um mundo desalmado" e até mesmo o "*Opium des Volks*".[26] A salvação, para muitos, era a *Jihad,* a fim de mudar o mapa social e político, restaurar a essência e os valores medievais dos tempos do Profeta, e o Ennahda, mesmo coligado no governo com outros partidos — Congresso pela República e Fórum Democrático pelo Trabalho e Liberdade — não tinha força e nada fez para reprimir os excessos dos salafistas, incrementados pelos enormes recursos financeiros que continuaram a receber da Arábia Saudita, dos Emirados Árabes e do Qatar.[27] Eles atacaram o festival de al-Aqsa, em Bizerte (nordeste da Tunísia), bem como, frequentemente, assaltaram outros festivais culturais — sufis, xiitas — em diversas regiões do país.[28] Em fim de agosto de 2012, a situação na Tunísia continuava imprevisível, em virtude das crescentes agressões dos salafistas contra pessoas de outras crenças e até mesmo contra mulheres que se vestiam esportivamente.[29] O líder de al-Qa'ida já havia urgido os tunisianos a demandarem a implantação da *Shari'ah*.

No Egito, na Tahrir Square, no Cairo, e em outras cidades, milhares de choques entre manifestantes e as forças de repressão do Conselho Supremo das Forças Armadas (CSFA) continuaram a ocorrer ao longo de 2011, apesar da queda e da prisão de Hosni Mubarak. Também irromperam conflitos entre radicais islâmicos e cristãos coptas, com os quais as forças de repressão também se confrontaram, matando várias pessoas. Os militares haviam jogado fora os anéis para salvar os dedos e tentavam manter o controle sobre o país. Porém, como já se esperava, a Irmandade Muçulmana, legalizada com o nome de Al-Hurriyya wa al'Adala (Partido da Liberdade e Justiça) venceu as eleições tanto para a Assembleia Popular, entre 28 de novembro de 2011 e 10-11 de janeiro de 2012, quanto para a presidência do Egito, em maio de 2012, elegendo Muhammad Mursi, com 51,7% dos votos, contra o marechal do ar Ahmed Shafiq, ex-primeiro-ministro de Mubarak (31/1/2011-3/3/2011), que obteve 48% dos votos.[30] A Irmandade Muçulmana, incluindo aliados, ganhou 235 cadeiras na Assembleia Popular (10,1 milhões de votos, 37,5% do total), e os salafistas — legalizados sob o nome Al-Nour (A Luz), — conquistaram o segundo lugar, i.e., 123 lugares (7,5 milhões de votos, 27,8%).[31]

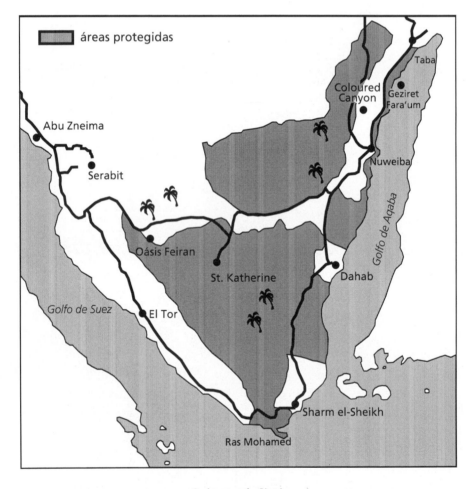

O deserto de Sinai

Muhammad Mursi não venceu com uma clara e ampla maioria sobre seu opositor, o marechal Ahmed Shafiq. Houve suspeitas de que o Supremo Conselho Militar manipulou os dados para evitar um conflito violento com os partidos islâmicos, que haviam ganhado a maioria na Assembleia Popular.[32] Porém, em 14 de junho de 2012, o Supremo Conselho Militar, diante da ampla maioria islâmica eleita, decidiu dissolvê-la, o que foi referendado pelo Supremo Tribunal Constitucional. As tensões recrudesceram. Muhammad Mursi, uma vez empossado na presidência do Egito, em 10 de julho, decidiu anular a sentença do Supremo Tribunal que suspendia a Assembleia Constitucional, e esta continuou a funcionar até que pudesse manifestar-se sobre a nova Constituição. Criou-se um impasse. As contradições não se arrefeceram.

Entre as tribos que ainda povoavam o vasto deserto do Sinai, fronteira com Israel, e onde ainda viviam cerca de 40.000 beduínos, mantendo sua cultura pastoral e sem qualquer sentido de nacionalidade, o radicalismo islâmico, aparentemente, estava a crescer, em meio a atividades ilegais, como tráfico de drogas e contrabando de armas.[33] Desde a queda de Gaddafi, os salafistas e os militantes de al-Qa'ida, que capturaram os arsenais da Líbia, transformaram o Sinai e a Faixa de Gaza na rota para o contrabando de armas e munições, que se esparramaram por todo o Oriente Médio e o norte da África. A península do Sinai, situada à margem do Golfo de Suez e do Golfo de Aqaba, era região de importância geopolítica e estratégica para o Ocidente, na qual ocorreram, entre 2004 e 2006, três atentados a bomba, que resultaram na morte de 150 pessoas, e outros tantos que nem foram registrados. O gasoduto Arish-Ashkelon, com 100 quilômetros submarinos, conectando o Arab Gas Pipeline, no Egito, com Israel, à margem do Sinai, sofreu diversos ataques. E, em meados de agosto de 2012, houve dois choques de radicais islâmicos, no Sinai, com as forças do Egito, e 16 soldados foram mortos.

Não se soube ao certo quem foram os responsáveis pela morte dos 16 soldados — se foram extremistas salafistas da Tawhid wal Jihad e do Majlis Shura Al-Mujahidin fi Aknaf al-Quds (Conselho Shura Mujahidin de Jerusalém), cujo chefe Hisham Al-Saidni, também conhecido como

Abu Walid al-Masri, tinha seu quartel em Jabaliya, ao norte da cidade de Gaza, ou membros de al-Qa'ida no Sinai, ou beduínos descontentes, militantes da organização Jundallah (soldados de Deus, sunitas iranianos, terroristas),[34] embora, segundo o Mossad, tudo indicasse que foram *jihadistas* da Ansar Bayt al-Maqdis, também conhecida como Ansar Jerusalem.

Esses eventos deram ao presidente Muhammad Mursi a oportunidade e o pretexto para destituir todo o alto-comando militar — o Conselho Supremo das Forças Armadas, chefiado pelo marechal de campo Muhammad Hussein Tantawi, de 76 anos — e desmontar toda a legislação e o esboço de Constituição já elaborado, além de cancelar o decreto que retirava do presidente quaisquer prerrogativas em matéria de Defesa e Segurança. Muhammad Mursi confrontou os militares, assumiu a plenitude do poder executivo, nomeou novo ministro da Defesa, o general Abdel Fattah al-Sisi, e enviou tanques e aviões para limpar a fronteira do Sinai com Israel dos militantes do Salafi Jihadi Group e de al-Qa'ida.[35]

A fim de estabelecer uma trégua com os grupos salafistas no Sinai, o governo do Egito libertou dezenas de militantes e negociou com os chefes beduínos assegurar a um corpo de 6.000 atiradores o *status* de milícia independente, com modernos armamentos, encarregada de manter a segurança na região, sobretudo na faixa da fronteira Egito-Israel, 260 quilômetros, rota dos *peacekeepers*, a maioria da US 82nd Airborne Division, pavimentada secretamente pelos engenheiros da MFO (Multinational Forces and Observers) da base de Sheikh Zuweid, no Mediterrâneo,[36] no norte do Sinai, perto de Taba, no Golfo de Aqabal.[37] Entretanto, embora o presidente Mursi houvesse anunciado que completara a ofensiva contra os terroristas, os salafistas atacaram o posto de exército egípcio em Sheikh Zuweid, no norte do Sinai, com granadas e armas automáticas.[38] O governo retomou a repressão.

As contradições no âmbito da maioria islâmica, dominante na Assembleia, não estavam, de fato, resolvidas e não seria fácil compatibilizar a economia de mercado com a justiça social dentro da moldura da *Shari'ah*, conforme a Irmandade Muçulmana defendera em seu programa. Por outro lado, o partido Al-Nour (salafista), que obtivera a segunda maioria, pretendia estabelecer no art. 2º da Constituição do Egito que o Islã era a religião do Estado e a *Shari'ah* a principal fonte da legislação e legitimidade do poder, de modo a implementar a soberania de Allah. Porém, os muçulmanos, como a *sunna* e as *hadith* determinavam havia mais de 1.000 anos, já não se sentiam obrigados a uma obediência ou a qualquer outro dever político incondicional,[39] sobretudo se o governo se apresentava como secular e liberal. A militância islâmica constituía a maior ameaça aos regimes modelados pelo Ocidente no Iraque, na Tunísia e no Egito. E, como ponderou o professor da Universidade de Londres P. J. Vatikiotis, a questão consistia realmente na incompatibilidade de um Estado habitado e governado por mulçumanos, com base na *Shari'ah*, ser puramente secular, *conditio sine qua non* do Estado-nação. A *Umma* para o militante islâmico está acima do Estado-nação e rejeita a realidade mundana e temporal.[40]

A evolução dos acontecimentos no Egito colocou o presidente Barack Obama diante de uma difícil situação. Não podia deixar de apoiar medidas do presidente Mursi, subordinando os militares, que desejavam preservar o poder sob a capa de um regime democrático, porém perdia o principal aliado que tinha desde quando, em 1973, o presidente Sadat afastou-se da União Soviética e aproximou-se dos Estados Unidos, cuja assistência militar (em 2012 ainda foi de US$ 1,3 bilhão) desempenhou papel central no desenvolvimento político do Egito. Contudo, a transição, conforme o Conselho Supremo das Forças Armadas desejava, de modo a conservar seu poder, não seguiu o rumo esperado. O presidente Mursi assumiu a plenitude do poder executivo, conquanto a luta interna continuasse e a Constituição não estivesse definitivamente elaborada até setembro de 2012.

Na Líbia, o que os Estados Unidos/OTAN produziram, derrubando o regime de Muammar Gaddafi, foi o caos, a *fitna*, a sedição e a anarquia, em meio à crescente instabilidade e aos contínuos conflitos entre milícias, vinculadas a regiões ou tribos que preencheram o *vacuum* político com a destruição do regime de Gaddafi.[41] Na Cirenaica, os chefes tribais e comandantes de milícia proclamaram, em março de 2012, a semiautonomia da rica província petrolífera,[42] onde a rebelião começara, e os "federalistas" atacaram os postos de votação para as eleições parlamentares, em julho de 2012.[43] O projeto dos "federalistas" provavelmente era restabelecer o sistema das três províncias existente ao tempo do Império Romano: Tripolitânia, no Ocidente, Fezzan, no sudoeste, e Cirenaica/Barga, no leste. E o presidente do Conselho Nacional de Transição, Mustafa Abdel-Jalil, acusou-os de estarem a receber financiamento estrangeiro, de "nações árabes irmãs", que sustentavam a sedição ocorrida no leste, dividindo o país.[44] Essas nações árabes, envoltas em véus, eram Qatar, Arábia Saudita e Emirados Árabes Unidos, cujas forças especiais e cujos mercenários serviram à OTAN na luta contra Gaddafi.

A Aliança de Forças Nacionais, congregando 60 pequenos partidos e duas dezenas de sociedades civis, sob a liderança Mahmoud Jibril, cientista político formado pela Universidade de Pittsburgh (Estados Unidos) e presidente do Conselho Nacional de Transição (CNT), venceu as eleições parlamentares. O fato de que os dois principais partidos islâmicos — Justiça e Desenvolvimento (Irmandade Muçulmana) e *Al-Watan* (salafista), chefiado pelo antigo *jihadista* e *warlord* Abdel Hakim Belhadj, comandante do Conselho Militar de Trípoli — não fizessem a maioria na Assembleia, destinada a elaborar a Constituição, pouco significou. O líder salafista Ismail Salabi tornou-se comandante da Brigada de Benghazi e o comando da Brigada de Trípoli continuou nas mãos do *jihadista* Abdel Hakim Belhadj.

Em entrevista ao diário O *Estado de S. Paulo*, Mahmoud Jibril recusou os rótulos de liberal e secular e declarou que a *Shari'ah* se tornou "parte de nossa identidade", "uma parte da *Shari'ah* está internalizada em nossa consciência" e faz "parte de nossa sociedade".[45] Ademais, Abdel Hakim Belhadj, cuja campanha eleitoral, muito cara, contou com dinheiro dos países do Golfo Pérsico, sobretudo dos Emirados Árabes e do Qatar,[46] conservou praticamente o poder em Trípoli, com suas milícias, que se recusaram a entregar as armas, assim como quase todas nas demais regiões do país. E o governo, de fato, nada podia fazer, pois nenhum poder tinha.

A *vis major* eram as milícias, que tomaram as leis em suas próprias mãos.[47] E as tensões entre centenas de tribos e seitas recrudesceram, bem como entre cidades, resultando em conflitos armados entre as milícias. E os salafistas, após as eleições de julho, usaram um trator para demolir a mesquita dos sufis/sufistas, construída havia mais de 500 anos, e o mausoléu Al-Shaab al-Dahman, com a conivência das forças policiais do Comitê de Segurança Suprema (CSS). Alegaram cumprir uma *fatwa* (pronunciamento religioso), emitida pelo um *mufti* (jurisconsulto islâmico) saudita Shaykh Muhammad Al-Madkhali, pregador da doutrina Wahhabi, que ordenou a dessacralização de todos os santuários, inclusive o complexo de Sidi Abd al-Salam, erguido pelos sufistas na Líbia, depois os congratulou pelo feito.

As milícias salafistas, em poucos meses, destruíram as Sufi *zawiyas* (monastérios) e as Marabout Tombs, no centro de Trípoli, Benghazi e Zliten, em plena luz do dia, sem que as forças de segurança, contemplativas, nada fizessem. Essas demolições levaram o ministro do Interior, Fawzi Abdel-Al, a renunciar, acusado de negligência por temer enfrentar os homens armados responsáveis pelo vandalismo.[48] Outras mesquitas de ramos do Islã considerados heréticos pelos Wahhabi-salafistas foram também destruídas, não apenas em Trípoli, mas também em Ziltan e Misrata, e as sepulturas, violadas.[49]

A "*bomb democracy*" da política do Ocidente e dos países do Golfo, comentou o *Modern Tokyo Times*, levou para a Líbia massacres de negros africanos, a matança dos partidários de Gaddafi, a criação de "*new society*" baseada na desordem, desestabilizando o norte do Mali e criando problemas para a Tunísia, ao disponibilizar para os salafistas vasta quantidade de armamentos pesados e dinheiro da Arábia Saudita e do Qatar de maneira a difundir sua crença fundamentalista radical.[50]

Uma delegação da International Committee of the Red Cross (ICRC), chefiada por Georges Comninos, visitou várias prisões em Misrata, Trípoli, Khoms, Tarhouna, Zawiyah, Ziltan, Misrata e Benghazi, em Zintan e nas montanhas de Nefusa, desde março de 2011, e encontrou, em 60 lugares, mais de 8.500 presos.[51] Nessas cidades, inclusive Zintan e outras, milhares de ex-membros do regime de Gaddafi ainda eram mantidos presos sem acusação formal, sem direito à assistência jurídica e sem qualquer perspectiva de um julgamento justo. O exato número de detidos pelos rebeldes era desconhecido. E as execuções prosseguiam. Só em um dia, 12 de agosto de 2012, dez prisioneiros que se amotinaram no cárcere de Fernadj, em Trípoli, foram fuzilados,[52] mas o movimento Resistência Verde continuou a operar em toda a Líbia.

A melhor descrição do estado em que se encontrava a Líbia quase um ano após o triunfo da intervenção da OTAN, com base na doutrina de responsabilidade de proteger os civis (R2P), fez o Departamento de Estado, com data de 27 de agosto de 2012. Segundo o aviso do Departamento, os cidadãos americanos que eventualmente tivessem de viajar à Líbia deviam ter cuidado com a *"incidence of violent crime, especially carjacking and robbery"*, que se tornaram um sério problema, *"political violence in the form of assassinations and vehicle bombs"* que recrudesceu em Benghazi e Trípoli.[53]

O Bureau of Consular Affairs advertiu que, *"despite this progress"*, os crimes violentos continuavam a ser problema em Trípoli, Benghazi e em outras partes do país, tais como assaltos de carros e roubos, atentados a bomba em Trípoli e assassinato de militares e membros do regime em Benghazi. *"Inter-militia conflict can erupt at any time or any place in the country"*, prosseguiu o aviso, relatando que sete funcionários iranianos do Crescente Vermelho (*Iranian Red Crescent*) haviam sido sequestrados em Benghazi em 31 de julho por membros da milícia local e ainda não haviam sido libertados, assim como muitos outros estrangeiros.[54] A capacidade de intervenção da Embaixada Americana permanecia limitada, em tais casos, pois esses grupos não são reconhecidos nem controlados pelo governo.[55] Era esse o progresso que ocorrera na Líbia. Com toda a razão, o escritor americano Stephen Lendman muito bem disse que, *"wherever NATO intervenes, massacres, mass destruction, and unspeakable horrors and human misery follow"*.[56]

NOTAS

1. Ginny HILL, "Yemen: Economic Crisis Underpins Southern Separatism", Carnegie Endowment for International Peace, June 2, 2009.
2. Ruhollah al-Mousavi al-Khomeini.

3. Segundo os xiitas, foi o Profeta quem indicou o imã Ali ibn Abi Talib, seu primo e genro, marido de Fatimah, filha única, como seu sucessor. Ali foi o quarto califa e o último eleito dentre os primeiros convertidos ao Islã. Mas teve de lutar pelo que considerava seus direitos e acabou assassinado. Sua cabeça estaria preservada em Kerala, cidade santa dos xiitas, situada no Iraque. Os xiitas são maioria no Iraque e no Irã. Os sunitas trataram a escolha dos primeiros califas como um processo puramente eletivo e seguiram os quatro primeiros califas — Abu Bakr Siddique, sogro de Muhammad, Umar ibn al-Khattāb, Uthman ibn Affan e Ali ibn Abi Talib. Eles defendem o princípio de que o Califa deve ser escolhido com base na *Shura* e no *consensus* da *ummah* (comunidade). Mas não existem diferenças essenciais entre as duas correntes do islamismo, que obedecem aos ensinamentos do *Qur'an*, embora possuam obrigações, assim como locais de peregrinações, parcialmente diferentes, e também se subdividam em diversas tendências.

4. Subject: Shi'a Islam In Oman; Origin: Embassy Muscat (Oman); Cable time Tue, 22 Jul 2008 08:15 UTC; Classification: CONFIDENTIAL. 09MUSCAT851 VZCZCXRO2957 RR RUEHBC RUEHDE RUEHKUK RUEHROV DE RUEHMS #0540/01 2040815 ZNY CCCCC ZZH R 220815Z JUL 08 FM AMEMBASSY MUSCAT TO RUEHC/SECSTATE WASHDC 9810 INFO RUEHEE/ARAB LEAGUE COLLECTIVE RHMFISS/CDR USCENTCOM MACDILL AFB FL RUEAIIA/CIA WASHDC RHEFDIA/DIA WASHDC RHEHNSC/NSC WASHDC Hide header CONFIDENTIA L SECTION 01 OF 03 MUSCAT 000540 SIPDIS DEPARTMENT FOR NEA/ARP, DRL E.O. 12958: DECL: 07/22/2018 TAGS: PGOV [Internal Governmental Affairs], PHUM [Human Rights], PINR [Intelligence], PREL [External Political Relations], OPRC [Public Relations and Correspondence], KIRF [International Religious Freedom], MU [Oman] SUBJECT: SHI'A ISLAM IN OMAN REF: 07 MUSCAT 0125 Classified By: Ambassador Gary A. Grappo for Reasons 1.4 b/d. Fonte: http://wikileaks.org/cable/2008/07/08MUSCAT540.html.

5. BRADLEY, 2012, p. 95-97.

6. Alexander COCKBURN, "Trouble in the Kingdom", *CounterPunch Diary* — Weekend Edition, October 7-9, 2011.

7. A Grã-Bretanha, interessada em penetrar no Golfo Pérsico, foi que, após subjugar a costa do Golfo de Aden e o sul do Iêmen, em 1839, apoiou primeiramente a aliança das tribos de Sa'ud bin ad-Aziz e Ibn Abd al-Wahhab e os induziu a realizar a *Jihad* contra o Império Otomano. Entre 1865 e 1891, seus guerreiros empreenderam uma campanha de rebeliões e pilhagens, na

tentativa de submeter toda a Península Árabe à hegemonia Wahhabi-Sa'udi. O quartel-geral foi transferido para Riad, perto de Dariyah, no nordeste da Arábia Saudita. SCHWARTZ, 2002, p. 78-91.

8. Jafria News, http://jafrianews.com/2012/01/25/saudi-forces-fire-on-peaceful-shia-protesters-in-qatif/.
9. YERGIN, 1993, p. 280-281.
10. Noah SHACHTMAN, "29 Dead in 8 Days as U.S. Puts Yemen Drone War in Overdrive", *Danger Room*, September 5, 2012. "Arabian Peninsula Media Roundup", *Jadaliyya*, September 11, 2012.
11. Jo BECKER e Scott SHANE, "Secret 'Kill List' Proves a Test of Obama's Principles and Will", *The New York Times*, May 29, 2012.
12. Daya GAMAGE, "Civilian death by drone attacks is high: but US sidesteps the issue arguing legality", *Asian Tribune* (Asiantribune.com), 5/9/2012.
13. Laura KASINOF, "Airstrikes Hit Yemen — Violence Escalates in Sana", *The New York Times*, October 15, 2011.
14. "Obama and the Laws of War", Interviewee: Matthew C. Waxman, Adjunct Senior Fellow for Law and Foreign Policy, Interviewer: Jonathan Masters, Online Editor/Writer, Council of Foreign Relations, May 10, 2012.
15. 107th Congress Public Law 40 — From the U.S. Government Printing Office], [DOCID: f:publ040.107] — [[Page 115 STAT. 224]], Public Law 107-40 — 107th Congress, Joint Resolution: To authorize the use of United States Armed Forces against those responsible for the recent attacks launched against the United States. NOTE: Sept. 18, 2001 — [S.J. Res. 23], disponível em: http://www.gpo.gov/fdsys/pkg/PLAW-107publ40/html/PLAW-107publ40.htm.
16. Laura KASINOF, "Airstrikes Hit Yemen — Violence Escalates in Sana", *The New York Times*, October 15, 2011.
17. Daya GAMAGE, "Civilian death by drone attacks is high: but US sidesteps the issue arguing legality", *Asian Tribune* (Asiantribune.com), 5/9/2012.
18. Kimberly DOZIER, "Pakistan demands CIA stops drone strikes", *USA Today*, 29/7/2012. Joe WOLVERTON, "As CIA Drone War Deaths Increase, So Does Anti-U.S. Sentiment", *Infowars.com*, New American, August 4, 2012. "Pakistani diplomat calls for end to U.S. drone strikes — Sherry Rehman says attacks have a 'diminishing rate of return'", The Associated Press — CBC News World, July 27, 2012.
19. Joe WOLVERTON, "As CIA Drone War Deaths Increase, So Does Anti-*U.S. Sentiment*", *Infowars.com*, New American, August 4, 2012.
20. Noah SHACHTMAN e Spencer ACKERMAN, "Let's Admit It: The US Is at War in Yemen, Too", *Danger Room*, June 14, 2012.

21. Gregory D. Johnsen, "Welcome to Qaedastan — Yemen's coming explosion will make today's problems seem tame", *Foreign Policy*, January/February 2010.
22. Ibidem.
23. Ibidem.
24. "World Oil Transit Chokepoints", Energy Information Administration, December 30, 2011.
25. Leon Panetta, secretário de Defesa dos Estados Unidos, Discurso na Escola Superior de Guerra (ESG), Rio de Janeiro, Brasil, 25 de abril de 2012, arquivo do Autor.
26. Marx, 1981a, p. 378.
27. Rob Prince, "Tunisia Culture Wars: Ruling Ennahda Party Refuses to Rein in Salafists", *Foreign Policy in Focus* (FPIF), July 30, 2012. A project of the Institute for Policy Studies. A think tank without walls.
28. Alminji Alsaadany, "Tunisian Ministry of Culture warns of sectarian tensions", *Asharq Alawsat*, 24/8/2012.
29. Henry Samuel, "Tourists should beware of Islamist mobs in Tunisia, warns French politician", *Daily Telegraph*, August 23, 2012.
30. Matthew Weaver, "Muslim Brotherhood's Mohammed Mursi wins Egypt's presidential race", *The Guardian*, June 24, 2012.
31. Omar Ashour, "The unexpected rise of Salafists has complicated Egyptian politics", *The Daily Star* (Líbano), January 6, 2012.
32. Abdel Amir al-Rekabi, "Is Egypt Replacing a Dictator with an 'Electoral Dictatorship'?", *Al-Haya* (Saudi Arabia), July 27, 2012.
33. Günther Lachmann, "Sinai-Wüste — Das blutige Geschäft mit Organen vor Israels Grenze", *Welt Online*, 18/11/2011.
34. Essa organização terrorista, também conhecida como Movimento de Resistência do Povo do Irã, foi constituída, ao tempo do governo do presidente George W. Bush, por sunitas iranianos adversários do regime e recrutados por agentes do Mossad, com passaporte dos Estados Unidos, e financiada com recursos da CIA, para realizar atos de terrorismo no Irã. Uma *false flag operation*. Mark Perry, "False Flag — A series of CIA memos describes how Israeli Mossad agents posed as American spies to recruit members of the terrorist organization Jundallah to fight their covert war against Iran", *Foreign Policy*, January 13, 2012. Jason Ditz, "Israel Framed CIA in Backing Jundallah Terrorists. Memos: Mossad Agents With US Passports, US Dollars Recruited Terror Group", *AntiWar News*, January 13, 2012.
35. "Egypt to 'send' aircraft, tanks into Sinai for first time since 1973 war", *Al Arabiya News*, August 20, 2012. "Egypt to use aircraft, tanks in Sinai for first

time since 1973 war with Israel", Reuters — Haaretz, August 20, 2012. Matthew LEVITT, Yoram COHEN e Becca WASSER, "Deterred but Determined: Salafi-Jihadi Groups in the Palestinian Arena", *Policy Focus 99*, The Washington Institute for Near East Policy, January 2010.

36. "Egypt to grant 6,000 gunmen Sinai militia status", *DEBKA file Exclusive Report*, September 3, 2012.

37. Ibidem.

38. Ibidem.

39. VATIKIOTIS, 1987, p. 9 e 54.

40. Ibidem, p. 55.

41. Abigail HAUSLOHNER, "Benghazi Breakaway Highlights Libya's Uncertain Future", *Time*, March 7, 2012.

42. "Semi-autonomous region declared in oil-rich eastern Libya", *Al Arabiya*, March 6, 2012.

43. Luke HARDING, "Libya elections: polling station raids mar first vote since Gaddafi's death", *The Guardian*, July 7, 2012.

44. "Libyan leader claims Arab nations supporting 'sedition' in east. Sheikh Ahmed Zubair al-Sanussi who was elected leader of the region, is a member of the ruling National Transitional Council", *Al Arabiya*, March 6, 2012.

45. Andrei NETTO, "'O futuro da Líbia será bem melhor do que muita gente esperava' — entrevista/M. Jibril", *O Estado de S. Paulo*, 15/7/2012.

46. "Wahl in Libyen: Islamisten auf dem Vormarsch. — Am Wochenende findet in Libyen die erste Parlamentswahl seit dem Sturz von Diktator Gaddafi statt. Der sogenannte Nationalkongress soll den Übergangsrat ersetzen", *Badische Zeitung*, July 7, 2012.

47. Gert Van LANGENDONCK, "Libya militias taking law into own hands", *The Christian Science Monitor*, November 4, 2011.

48. Luiz SANCHEZ, "Libyan Minister resigns after Sufi mosque destroyed", *Daily News*, Cairo, August 27, 2012. Tom HENEGHAN, "UNESCO urges end to attacks on Libyan Sufi mosques, graves", Reuters, The United Nations Paris, August 29, 2012.

49. Ibidem.

50. Murad MAKHMUDOV e Lee Jay WALKER, "Libya and Mali: Salafi Islamists destroying shrines courtesy of Saudi Arabia and Qatar", *Modern Tokyo Times*, August 26, 2012.

51. Libya: monitoring the situation of detainees — 01-12-2011, Operational Update No 16/2011, International Committee of the Red Cross, http://www.icrc.org/eng/resources/documents/update/2011/libya-update-2011-12-01.htm.

52. "Libyans will be executed 10 prisoners today", *Libya Against Super Power Media*, August 11, 2012.
53. Travel Warning — U.S. Department of State — Bureau of Consular Affairs, http://travel.state.gov/travel/cis_pa_tw/tw/tw_5762.html.
54. Ibidem.
55. Ibidem.
56. Stephen LENDMAN, "Libya — Out of Control Violence in Libya", *IndyBay*, February 17, 2012.

Capítulo XVIII

O ASSALTO AO CONSULADO DOS ESTADOS UNIDOS EM BENGHAZI • O ASSASSINATO DO EMBAIXADOR CHRIS STEVENS • REVOLTAS CONTRA FILME SOBRE MUHAMAD • AS MILÍCIAS SECTÁRIAS COMO FONTES DE PODER • RELÍQUIAS HISTÓRICAS DESTRUÍDAS PELOS RADICAIS ISLÂMICOS • O LEVANTE DOS TUAREGUES NO MALI • A SECESSÃO DO AZAWAD • A GUERRA NA ZONA DO SAARA-SAHEL

Os Estados Unidos sofreram as consequências diretas da insegurança e do clima de terror criado na Líbia com a destruição do regime e o assassinato de Gaddafi. Enquanto, no Cairo, aos gritos de fé (*shah'ada*), "Não há Deus exceto Deus e Muhammad é seu profeta", adotado por al-Qa'ida, milhares de muçulmanos salafistas, escalando os muros, assaltavam a Embaixada dos Estados Unidos e queimavam sua bandeira, sem que os policiais egípcios reagissem, milícias armadas da Ansar al-Shari'ah (Defensores da Lei Islâmica, a *Shari'ah*) e, provavelmente, militantes de al-Qa'ida na Península Árabe (AQAP), na mesma noite de 11 de setembro de 2012, como se comemorassem os atentados contra o WTC em Nova York, atacaram o consulado dos Estados Unidos em Benghazi[1] com foguetes RPG-7 (foguetes russos portáteis propulsores de granadas antitanque), incendiaram o edifício e mataram o embaixador John Christopher Stevens,[2] um dos artífices do levante contra Gaddafi, e três outros funcionários do Departamento de Estado.[3] Um mês antes, em agosto, ele havia alertado o Departamento de Estado que a situação no leste da Líbia estava completamente deteriorada, que havia "*a security vacuum*" na cidade de Benghazi, perto da qual, todos os residentes sabiam, a Ansar al-Shari'ah, vinculada a al-Qa'ida no Magreb, mantinha um campo de treinamento de *jihadistas*.[4]

A Ansar al-Shari'ah era liderada por Abu Sufyan bin Qumu, que fora prisioneiro em Guantánamo desde 2003 e fora entregue (*rendition*), em 2007, ao regime de Gaddafi, contra o qual combateu, com a cobertura dos bombardeios da OTAN, na guerra de 2011.[5] E um dos seus militantes, portando exemplar do Qur'an e um fuzil Kalashnikov, declarou à BBC que "a democracia é a condição humana onde as leis são feitas pelo homem". E acrescentou que "somente Deus tem autoridade de fazer a lei, razão pela qual o Islã e a *Shari'ah* são incompatíveis com a democracia".[6] A hierocracia sempre foi o que predominou nas comunidades islâmicas, onde a lei emanava da *fatwâ* emitida por um *mufti*,[7] como intérprete da *Shari'ah*, oráculo de Allah.[8] Assim também sempre foi o judaísmo rabínico, para o qual Deus, uno e único, manifestou sua vontade, tanto para a vida privada quanto para a vida pública, através da Torah (Tábua das Leis), que Moisés recebeu no Monte Sinai (*Her Sinei*), extremo sul da península do Sinai.

O estopim das manifestações, aparentemente, foi um filme insultuoso, de baixíssimo nível, contra Muhammad, intitulado *Innocence of muslims*, promovido na internet, em conivência com o extremista copta Nakoula Basseley Nakoula, homem de negócios de origem egípcia, pelo pastor americano Terry Jones, da direita cristã da Flórida (Dove World Outreach Center) e célebre por haver queimado publicamente, anos antes, exemplares do *Qur'an*.[9] Mas o FBI excogitou a possibilidade de que o ataque armado ao Consulado dos Estados Unidos em Benghazi fora planejado, e tudo indicava que realmente o foi, ordenado por Ayman al-Zawahri, líder de al-Qa'ida,[10] como vingança pela morte do seu imediato, o líbio Abu Yahya al-Libi, atingido por um *drone* no Waziristão em 4 de junho. E, conforme posteriormente a CIA concluiu, o assalto foi planejado e preparado semanas antes de 11 de setembro.[11]

Abu Yahya al-Libi, codinome de Muhamad Hassan Qaid, era um dos muitos *jihadistas*, militantes do Grupo Islâmico de Combate Líbio, que lutaram no Afeganistão, onde foi capturado pela ISAF em 2005 e, em 2008, conseguiu escapar da prisão de Bagram, próxima de Cabul. Um de seus companheiros foi Abd al-Hakim Belhadj, comandante militar de Trípoli. E Benghazi foi o reduto dos *jihadistas*, dos quais uma grande maioria lutou contra os Estados Unidos no Iraque; outros foram presos, torturados pela CIA, como terroristas, e depois entregues (*rendition*) ao regime de Gaddafi, a partir de 2004, quando o presidente George W. Bush normalizou as relações com a Líbia.[12]

A secretária de Estado Hillary Clinton admitiu a possibilidade de que al-Qa'ida au Maghrib Islamique (AQMI), que estava a operar no norte de Mali, houvesse participado no ataque ao Consulado dos Estados Unidos em Benghazi.[13] Porém, os agentes do FBI, em Benghazi, ainda nada haviam conseguido confirmar. Era possível que os atores houvessem atravessado a porosa fronteira do sul da Líbia. De qualquer forma, a previsão era de que deter líderes ou combatentes da Ansar al-Shari'ah ou outros implicaria confrontos sangrentos. Os Estados Unidos avaliavam, portanto, o uso de *drones* ou de comandos da SOC contra os suspeitos que fossem localizados.

A secretária de Estado Hillary Clinton advertiu publicamente os líderes no Egito, na Líbia, no Iêmen e na Tunísia, onde as missões diplomáticas dos Estados Unidos foram atacadas, que eles deviam restaurar a ordem e rejeitar *"the tyranny of a mob"*.[14] Porém, quando Gaddafi tratou de reprimir a *"mob"*, ela o acusou de massacrar civis e articulou a intervenção da OTAN. Certamente Hillary Clinton nunca leu *Política*, obra de Aristóteles, pois ele havia já escrito que a democracia tinha impressionantes pontos de semelhança com a tirania, e Edmund Burke, citando-o após a Revolução Francesa, acrescentou que, na democracia, a maioria dos cidadãos era capaz de exercer a mais cruel opressão sobre a minoria.[15]

Com a derrubada de Gaddafi, deixou de existir na Líbia um centro de poder e sobreveio a *fitna*, a sedição, o constante conflito entre as próprias milícias tribais, étnicas e sectárias, que disputavam o poder, rolando nas ruas.[16] Muhammad al-Magariaf, presidente do Congresso Geral Nacional, e seu grupo representavam o Estado e faziam a lei, sob a qual nenhum governo eleito estava realmente a operar. Em outubro de 2012, o Congresso destituiu Mustafa Abushagur do cargo de primeiro-ministro, que nem poder tinha. Carecia de exército e polícia. E Mahmoud Jibril, da Aliança das Forças Nacionais, começou a costurar um acordo de governabilidade — inexistente — com a Irmandade Muçulmana. Mas o fato é que se afigurava difícil — quase impossível — obter o desarmamento das milícias, expropriar-lhes a fonte do poder. Em Benghazi, o grupo Ansar al-Shari'ah, que atacara o Consulado dos Estados Unidos, assumira realmente o poder e prestava à população alguns serviços sociais e de segurança e, como outras tantas milícias, rejeitava a democracia por ser contrária ao *Qur'an* e à *Sunna'h*. Em Bani Walid, perto de Misrata, a milícia dominante foi formada pelos partidários de Gaddafi e opunha-se ao governo instituído em Trípoli. E, em fins de outubro de 2012, a guerra civil, de fato, continuava. Bani Walid, quartel-general da tribo Warfalla, permanecia sob o cerco e ataques de foguetes, morteiros e até de gases tóxicos, perpetrados pelas milícias islâmicas de Benghazi e Misrata, que nem medicamentos deixavam entrar na cidade. Durante os combates, morreu Khamis Kadhafi, sétimo filho do coronel Gaddafi e chefe das tropas de elite.[17] A população estava a ser massacrada. E Tawurgha', antes povoada por 30.000 pessoas, tornou-se uma cidade fantasma. Seus habitantes não podiam voltar para casa e centenas continuavam presos, em lugares secretos e campos de concentração, devido às suas origens africanas. As milícias salafistas faziam limpeza étnica.

Um ano após o término do terrorismo aéreo da OTAN, a população da Líbia, em outubro de 2012, vivia sob o temor das milícias tribais e sectárias, que violavam sua dignidade e matavam seus filhos, e sofria inúmeros atos de terrorismo e outros crimes, como sequestros, assassinatos, com base na filiação tribal, como acontecia no Líbano e no Iraque, onde as pessoas eram mortas de acordo com as sua carteira de identidade, na qual sua filiação sectária ou étnica era registrada.[18] Também propriedades eram confiscadas, com base nesses mesmos critérios; milhares de famílias foram desalojadas, cemitérios e relíquias históricas destruídos, bens e petróleo contrabandeados.[19] *"Tripoli and other Libyan cities will no longer endure the harm, violations and criminality of the so-called rebels and militias in post-Gadhafi Libya*", escreveu Mohammad Omar Beaiou em *Al Monitor*.[20]

O *vacuum* de poder e segurança era a realidade na Líbia, onde o desemprego, após a derrubada do regime de Gaddafi, atingira 40% das pessoas com menos de 40 anos, com os sistemas de saúde e educação extenuados e as empresas transnacionais, diante da volatilidade e da incerteza quanto ao destino político do país, hesitavam em fazer maiores investimentos. E, de acordo com Patrick Haimzadeh, ex-embaixador da França em Trípoli e autor do livro *Au Coeur de la Libye de Kadhafi*, os fundamentalistas islâmicos penetraram em todo o aparelho de segurança da Líbia, tornando no mínimo porosas as linhas de separação entre as milícias "leais" e as milícias jihadistas.[21]

Abigail Hauslohner, correspondente do *Washington Post* em Darna, cidade no leste da Líbia, contou que os *jihadistas* armados, inclusive a poderosa brigada dos Mártires de Abu Slim, ligada a al-Qa'ida, continuavam a operar nas sombras, seis semanas após o assalto ao Consulado americano, em Benghazi, aterrorizando a população com seu extremismo religioso, a realizar atentados a bomba,[22] apesar dos ataques com *drones* efetuados pelos Estados Unidos, a partir provavelmente de Djibuti, da base militar Camp Lemonnier. Os *jihadistas* montaram suas instalações em casas e fazendas nas Montanhas Verdes (*Jabal al Akhdar*), no entorno de Darna, região coberta de pinheiros, oliveiras e outras árvores. Seu objetivo expresso era levar a Líbia a adotar a *Shari'ah*.

O presidente Obama, após o ataque ao Consulado em Benghazi, percebeu que democracia ajudara a implantar e logo enviou para a Líbia mais agentes da CIA, marines e *drones*, a fim de imprimir maior velocidade às investigações sobre a morte do embaixador Christopher Stevens e outros três funcionários americanos. Essa tarefa, porém, se afigurava difícil e complicada devido ao caos existente na Líbia desde a derrubada do regime de Gaddafi e às limitadas fontes de inteligência de que os Estados Unidos dispunham, ainda mais ressentindo a escassez de operadores, espalhados para acompanhar os conflitos através do Oriente Médio, da África e da Ásia.[23] Os corpos de operações clandestinas e paramilitares da CIA estavam carentes de pessoal treinado. O serviço clandestino dispunha de apenas 5.000 operadores e o corpo de paramilitares, enviados para as zonas de guerra, era de algumas centenas.[24] As guerras clandestinas em que os Estados Unidos se envolveram ampliaram-se de tal forma que a CIA estava *overstretched*. Havia virtualmente esgotado seus recursos humanos.

A segurança das embaixadas e dos consulados dos Estados Unidos estava igualmente a custar cada vez mais caro. Após a explosão de duas embaixadas americanas na África Oriental por al-Qa'ida em 1998, o Departamento de Estado contratou as companhias empreiteiras, com experiência em construir quartéis e prisões, e gastou bilhões de dólares para edificar novas instalações, altamente seguras, que mais pareciam fortalezas do que postos diplomáticos. Entre 2001 e 2010, 52 embaixadas foram construídas com esse modelo, e outras estavam em andamento, geralmente afastadas dos centros urbanos.[25]

Entretanto, a perspectiva no Oriente Médio e no Magreb era inquietante para Washington. As manifestações contra as embaixadas e os consulados dos Estados Unidos e de potências europeias aliadas, bem como contra as empresas e escolas americanas, a exprimir o latente espírito de revolta, expandiram-se a mais de 19 países da África do Norte e do Oriente Médio, entre os quais o Egito, a Tunísia, o Iêmen, o Irã, o Iraque, a Faixa de Gaza e Israel, alcançando até o Sudão e a Indonésia.[26] Demonstrações ocorreram em Casablanca, Túnis, Sudão, Bangladesh, Teerã, Bagdá, e Tel-Aviv, e colocaram Washington diante de enorme desafio: a previsão era de que a situação no Oriente Médio ainda seria turbulenta, no futuro previsível e muito além, conforme avaliou Richard Haass, presidente do Council on Foreign Relations.[27] Washington enviou para o Iêmen 106 tanques de guerra, 12 dos quais para defender a Embaixada contra novo ataque dos *jihadistas*, que a arruinou, como acontecera no dia 13 de setembro, logo após o assalto ao Consulado Americano em Benghazi. E, juntamente com os tanques, o Pentágono despachou 50 marines para Sana'a.[28]

Na Líbia, ademais da crise de poder, agravada pelas dissensões sectárias, a situação econômica configurava-se igualmente difícil e tendia a agravar a instabilidade social e os conflitos políticos. Os Estados Unidos e o Fundo Monetário Internacional estavam a impor *cookie-cutter solutions*, i.e., soluções *standard* que sempre determinaram para todos os países, tais como privatização ou terceirização das companhias estatais, eliminação dos subsídios, concedidos pelo regime de Gaddafi a segmentos mais pobres da população, para energia e alimentos básicos, e a Estados africanos, entre os quais Mali, Etiópia, Mauritânia, Libéria, Chade, Dafur, Sudão, Somália, Niger, Nigéria, Guiné-Bissau, Congo e outros países. Em 2010, Gaddafi oferecera à África investimentos no montante de US$ 97 bilhões.[29] *The Christian Science Monitor*, quando os rebeldes já haviam ocupado 90% de Trípoli, em agosto de 2011, escreveu que, como o único grande contribuinte do orçamento da União Africana, o primeiro doador de ajuda à África pobre e fidedigno advogado da cooperação pan-africana, Muammar Gaddafi *"is a man whose impact reaches far beyond his country's borders"*.[30]

Com efeito, a derrubada do regime e o assassinato de Gaddafi desestabilizaram e tumultuaram ainda mais o norte da África. O Mali, com 15,4 milhões de habitantes e apenas 35% de seu território urbanizado, foi o primeiro país mais duramente afetado. Em 22 de março de 2012, o capitão Amadou Sanogo liderou uma revolta no quartel de Kati,[31] derrubou o presidente Amadou Toumani Touré (2002-2012) e instituiu um Comitê Nacional pelo Estabelecimento da Democracia. E o pretexto para o levante foram as lutas desencadeadas pelos tuaregues, reunidos no Mouvement National de Libération de L'Azawad (MNLA), visando a emancipar a região por eles habitada no Mali e que se estendia através do deserto do Saara pela Mauritânia, pela Líbia e por outros países das circunvizinhanças, na linha de Sahel, do Atlântico ao Mar Vermelho.

Os tuaregues (cerca de 1,5 a 2 milhões) dividiam-se em várias tribos, espalhadas por diversas regiões do Saara, entre o Mali, o Niger, a Argélia (os maciços de Hoggar/Ahaggar, no Saara), a Mauritânia, Burkina Faso e o sudoeste da Líbia. Eram nômades e nunca reconheceram fronteiras, senão aquelas estabelecidas pela natureza. Como beduínos, sempre viveram do pastoreio de ovelhas e cabras, sobre o dorso dos camelos, em caravanas ao longo do Sahel, mudando de lugar conforme as estações do ano e as necessidades de pasto e sal. Assim também se tornaram mercadores e estabeleceram a *trans-saharan connection*, as rotas de comércio, inclusive de ouro, lâmpadas de óleo e escravos.[32]

A origem dos tuaregues não é muito clara, mas tudo indica que eles emergiram de tribos berberes do norte da África. Resistiram ferozmente aos exércitos muçulmanos, nos séculos VII e VIII, e foram convertidos ao Islã, muito mais tarde do que outros povos daquela região, pelos

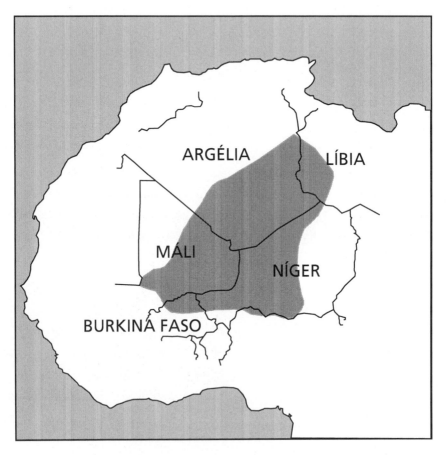

Azawad — a região dos tuaregues no Saara
Fonte: Wikimedia Commons

comerciantes árabes sunitas, que iam do Mediterrâneo à África em busca de escravos, depois os levavam a pé, através do Saara,[33] sob temperaturas extremas, a enfrentar tempestades de areia e sede, para serem vendidos ao Ocidente e ao Oriente Médio.[34] A rota passava por Sidjilmasa, Taghaza, Walata, Gana, Bamako e Niani, antes de alcançar a costa, no Magreb.

Os tuaregues ("abandonados de Deus", em árabe) chamavam a si próprios de *Imohag* (homens livres), eram nominalmente muçulmanos,

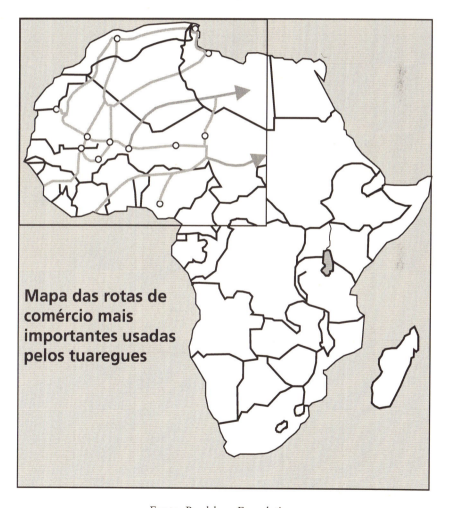

Mapa das rotas de comércio mais importantes usadas pelos tuaregues

Fonte: Bradshaw Foundation

mas não ortodoxos, e a maior islamização ocorreu, nas gerações mais jovens, à medida que começaram a substituir sua língua nativa — Tamahak, de origem berbere — pelo árabe, sobretudo em Ahaggar, no centro da Argélia. Mas os tuaregues, divididos em pelo menos oito grupos ao longo de cinco países — sul da Argélia, Niger, Mali, Chade, sudoeste da Líbia — cobertos pelo Saara,[35] não tinham identidade própria, não eram unificados e as tribos e clãs, nômades, embora já houvesse algumas sedentárias, entravam geralmente em conflito umas com as outras, por cima das quais formaram cinco grandes confederações. Sua

Argélia — Ahaggar

estrutura social era rígida, dividida entre *Ihaggaren* (nobres) — a aristocracia de guerreiros — e *Imrad* ou *Kel Ulli* (vassalos).[36] Até mais ou menos a década de 1960, os tuaregues possuíam escravos.

As fronteiras do Mali foram estabelecidas pela França, sem nenhuma base geográfica tribal, entre a Argélia francesa e o Sudão francês. Mas a rebelião do MNLA e das organizações islâmicas, proclamando a independência de Azawad, que compreende as cidades de Timbuktu, Gao e Kidal, no Mali, ainda não se havia ampliado aos outros países onde os tuaregues viviam até meados de 2012. E somente na segunda metade do século XX, após o Mali tornar-se independente do Sudão Francês e do Senegal, em 1960, os tuaregues começaram a insurgir-se abertamente, reclamando a emancipação de Azawad, região por eles habitada. Muitos deles que viviam em Fezzan lutaram na guerra da Líbia, onde foram treinados e fortemente armados pelo exército de Gaddafi; quando perceberam que a rebelião de Benghazi avançava, desertaram, liderados pelo coronel Ibrahim Ag Bahanga (morto em acidente de automóvel, mas talvez assassinado) e por outros oficiais da mesma origem tribal, e regressaram ao nordeste do Mali, onde se uniram ao Mouvement National de Libération de l'Azawad (MNLA). E a independência de Azawad foi declarada em 6 de abril de 2012.[37]

O levante cortou ao meio o território do Mali. Os separatistas do MNLA ocuparam as cidades de Gao, Kidal e Timbuctu e, embora não ortodoxos, seculares, contaram com o apoio dos militantes da Ansar Eddine (Defensores de Fé), liderada pelo *jihadista* islâmico Iyad Ag Ghaly, que fora cônsul-geral do Mali na Arábia Saudita e, cooptado pela doutrina Wahhabi, pretendeu implantar a *Shari'ah* na região de Azawad e em todo o Mali, proclamando que todas as mulheres teriam de usar véus, os ladrões teriam a mão cortada e as adúlteras seriam apedrejadas até a morte. As duas organizações então romperam e os sectários salafistas da Ansar Eddine, sempre a gritar *Allahu akbar*, fizeram sua sede na histórica cidade de Timbuktu — A Cidade dos 333 Santos (Patrimônio Cultural da Humanidade, da Unesco)[38] —, de onde expulsaram os combatentes da MNLA, destruíram, "em nome de Allah", as centenárias mesquitas sufis e os mausoléus dos santos Sidi Mahmud, Sidi Moctar e

Mali com as posições reclamadas pelo MNLA
Fonte: Wikimedia Commons

Alpha Moya, e outras sepulturas,[39] e hastearam a bandeira negra de al-Qa'ida, com a *shah'ada* (declaração de crença) na unicidade (*tawhid*) de Deus: *lā 'lāha 'illà l-Lāh, Muḥammadur rasūlu l-Lāh* (Não há deus exceto Deus e Muhammad é o profeta).

Outras organizações islâmicas radicais — al-Qa'ida au Maghrib Islamique (AQMI), que consta haver sido criado pelo Département du Renseignement et de la Securité (DRS), da Argélia, e o Mouvement pour l'Unicité et le Jihad en Afrique de l'Ouest (MUJAO) — uniram-se à Ansar Eddine, apoiando a implantação da *Shari'ah* na região de Azawad.[40] E elas mantinham vínculos com os militantes de Boko Haram (*Jamā'atu Ahlis Sunnah Lādda'awatih wal-Jihad*), no norte da Nigéria e do Níger, onde os franceses, na região de Agadez, exploravam duas grandes minas de urânio (Arlit e Akouta), uma das quais subterrânea (250 metros), perto da cidade de Akokan, contaminando a água com a radioatividade, reduzindo os pastos para o gado, as ovelhas, cabras, os cavalos e camelos dos beduínos, que também eram afetados por moléstias fatais, sem nada deixar exceto a radiação por milhares de anos.[41] Areva construiu duas cidades no deserto e as minas de urânio contribuíram certamente para o levante dos tuaregues habitantes do Mali, de onde sempre transitaram para o Niger.

A guerra de secessão no Mali agravou-se ainda mais depois que o grupo fundamentalista Ansar Eddine expulsou as forças do MNLA de Timbuktu e transformou a cidade em sua base, abrindo quatro frentes de luta: governo civil de Bamako, militares golpistas, tuaregues separatistas seculares e tuaregues salafistas. E, como atores fantasmas, no *transfondo* da guerra civil, estavam decerto interessadas a companhia petrolífera Total, da França, e a Qatar Petroleum Company, que se envolveram pesadamente na derrubada de Gaddafi e exploravam petróleo no norte do Mali.

A recuperação da integridade territorial do Mali, um dos dez países mais pobres do mundo, com um PIB em torno de US$ 9 bilhões e um PIB per capita anual de US$ 691 (2010 est.),[42] se afigurou ainda mais problemática, uma vez que interesses estrangeiros provavelmente fomentavam a secessão. Rico em depósitos de ouro, fosfato e sal, o norte, parcelado em lotes, estava entregue às companhias petrolíferas Total, da França, e Qatar Petroleum Company, para a exploração de petróleo e gás.[43] E havia fortes evidências de que o Qatar financiava os salafistas e, no Mali, muitos criam que a rebelião fora encorajada pela França, responsável por outro levante nos anos 1950.[44]

O hebdomadário *Le Canard Enchaine*, com base em informação do serviço francês de inteligência militar, revelou que o financiamento dos grupos islâmicos — al-Qa'ida au Maghrib Islamique (AQMI), Mouvement pour l'Unicité et le Jihad en Afrique de l'Ouest (MUJAO), no norte do Mali — provinham do Qatar. E os argelinos Abu Zeid, Mokhtar Belmokhtar e Yahya Abu al-Hammam reuniram-se com vários imãs e com Ghaly, líder da Ansar Eddine, que estaria a buscar o apoio dos religiosos para consolidar seu poder no Azawad.

Embora não houvesse evidência mais concreta, não se podia descartar o envolvimento dos Estados Unidos no golpe desfechado pelo capitão Amadou Sanogo, oficial formado nas escolas do U.S. Marine Corps, em Fort Benning, na Geórgia, de inteligência, no Fort Huachuca, Arizona (2007), no Language Institute at the Lackland Air Force Base (Texas), em Quantico (Virgínia) e no Camp Pendleton (Califórnia).[45] Os Estados Unidos tinham interesse em conter a influência da China no Mali, que se tornara seu maior parceiro comercial e ampliava cada vez mais sua presença econômica na África.[46] Além do mais, como observou o professor Jeremy Kennan, da Universidade de Londres, o presidente George W. Bush identificou o Saara como novo teatro da *war on terror* e implantou, em 2002, a Pan Sahel Initiative (PSI),[47] destinada a proteger as fronteiras, monitorar a movimentação do povo e combater o terrorismo.[48] Em janeiro de 2004, uma equipe antiterror dos Estados Unidos desembarcou em Nouakchott, capital da Mauritânia, e posteriormente 400 soldados e 500 *rangers* entraram na região do Chade-Niger, onde também atuariam mercenários da Pacific Architects & Engineers (PAE), empreiteira do Pentágono, já operando em mais de 60 países, entre os quais Djibuti e Sudão.[49] E, em 2007, o Pentágono instalou o U.S. Africa Command (AFRICOM), intensificando a militarização da África, com o objetivo de assegurar e defender as fontes de recursos minerais estratégicos, bem como conter a expansão dos investimentos da China.

A Pan Sahel Initiative (PSI) foi então ampliada, a um custo de mais de US$ 500 milhões, com o lançamento do Trans-Saharan Counterterrorism Programme (TSCTP), cujos objetivos eram, principalmente, incrementar a capacidade local de combater o terrorismo; fortalecer a cooperação institucional entre as forças de segurança da região (Mauritânia, Mali, Chade, Burkina Faso e Niger, assim como Nigéria e Senegal); promover governos democráticos, e reforçar os laços militares bilaterais com os Estados Unidos.[50] A *"fabrication of a fiction of terrorism"* havia criado as condições ideológicas necessárias, segundo o professor Jeremy Kennan, para a militarização da África e a segurança das fontes de minerais estratégicos do interesse nacional dos Estados Unidos — sobretudo petróleo, cujas reservas provadas na Nigéria, em 2006, eram da ordem de 51,9 bilhões de barris, com capacidade de produzir 4,94 mbd.[51]

O presidente Barack Obama, em 2010, havia ordenado a construção de duas estratégicas bases secretas e a concentração de 50.000 soldados da força aérea e naval nas ilhas de Socotra, arquipélago situado 80 quilômetros ao leste do Corno da África e 380 quilômetros a sudeste do Iêmen, no Oceano Índico, e de Masirah, pertencente a Omã, no sul do Estreito de Ormuz, através do Mar Vermelho e do Golfo de Aden.[52] Essas duas bases se encadearam com as existentes em Jebel Ali e Al Dahfra, nos Emirados Árabes Unidos; Arifjan, no Kuwait; e Al Udeid, no Qatar. Os Estados Unidos, no início de 2012, tinham provavelmente 100.000 soldados na região. E, a ampliar sua presença, estão o USS *Abraham Lincoln*, o USS *Carl Vinson*, o USS *Enterprise*, aos quais se somou o porta-aviões nuclear *Charles de Gaulle*, da França.

Entre 2009 e 2011, assessores da Special Operations Command — Africa SEAL estiveram a treinar e supervisionar forças do Mali em operações de contra-terrorismo, com veículos blindados, perto de Gao.[53] *"Terrorism in Saara-Sahel, fabricated to justify the GWOT (global war on terrorism), has now become a self-fullfiling prophecy"*, escreveu o professor Jeremy Kennan, acrescentando que as múltiplas rebeliões dos tuaregues transformaram o Saara-Sahel da *"terror zone"* imaginada pelo presidente George W. Bush e pelo Pentágono em uma *"very real war zone"*.[54]

Mais de 200.000 pessoas escaparam do norte do país, ocupado pelos fundamentalistas, por causa da violência e da escassez de alimentos. O ministro do Exterior do Canadá, Rick Roth, logo declarou à imprensa estar preocupado com *"the deteriorating security and humanitarian situation"* e anunciou que examinava com seus parceiros da OTAN a possibilidade de intervir no Mali para conter o avanço dos terroristas de al-Qa'ida sobre o Sahel.[55] Os Estados Unidos já haviam posto tropas em *stand by* e até se esperava que, se necessário, atacassem com *drones* os chefes do Ansar Eddine e de outros grupos radicais, dominantes no Azawad, onde implantaram a *Shari'ah*, a repressiva lei islâmica, na região de Timbuktu.[56] Entretanto, sob pressão dos países vizinhos da ECOWAS (Economic Community of West African States), que aplicaram sanções, e possivelmente do Departamento de Estado, o capitão Sanogo aquiesceu em deixar que um civil, Diaconda Traore, formasse um governo de transição, apoiado pelos Estados Unidos, com a participação de um dos militares rebeldes.

A situação no Mali, dividido entre o Exército e os tuaregues (seculares e salafistas) armados, juntamente com radicais islâmicos ligados a al-Qa'ida, afigurava-se imprevisível. E, em 12 de outubro de 2012, o CSNU aprovou, por unanimidade, uma resolução dando aos líderes da Comunidade Econômica de Estados de África Ocidental (CEDEAO) 45 dias para preparar um plano de intervenção militar a fim de recuperar o norte do Mali (dois terços do território nacional), ocupado, desde março, pelos tuaregues do Movimento Nacional para a Libertação de Azawad (MNLA) e por grupos islâmicos radicais — Ansar al Dine, Movimento para o Monoteísmo e a Jihad na África Ocidental e al-Qa'ida au Maghrib Islamique (AQMI).[57]

Os terroristas de AQMI, aparentemente, receberam milhares de dólares do Qatar, da Arábia Saudita e dos Emirados Árabes Unidos, como sempre foi do conhecimento do governo da França e dos Estados Unidos. E, no sul da Líbia, havia um oásis, onde funcionavam três campos de formação de *jihadistas*, salafistas líbios e egípcios, que seriam enviados para a região de Timbuktu, a fim de se juntarem aos 6.000 outros combatentes, muito bem treinados e equipados com armas transferidas da Líbia após a morte de Muammar Gaddafi.[58] Entrementes, a França, no CSNU, tratava de aprovar, ainda em outubro de 2012, uma resolução política visando a estabelecer uma estratégia com o objetivo de dissuadir os *jihadistas* do Sahel de se dirigirem para Bamako, com a instalação de tropas da CEDEAO no seu entorno. Essa resolução poderia permitir uma negociação com os tuaregues "não terroristas" que viviam no Sahel.

Contudo, a reconquista do norte do Mali, da região de Azawad, configurava-se uma operação muito complicada e difícil, que implicaria tropas cerca de 7.000 a 10.000 efetivos, que os países da região como a Nigéria e a Argélia não tinham condições de fornecer. Estavam a combater os terroristas, entre outras frentes de luta, ou não queriam se envolver no Mali. E tanto os Estados Unidos quanto a França não se manifestaram dispostos a enviar suas próprias tropas. A perspectiva era de que a intervenção para expulsar os insurgentes salafistas, que capturaram o norte do Mali, não seria mera operação, porém uma guerra mais longa e muito cara, em que os soldados teriam de combater em meio a fatores geográficos e climáticos adversos, favoráveis às táticas de guerrilha e aos quais não estavam acostumados. De qualquer forma, com tropas da CEDEAO ou da OTAN intervenção militar no norte do Mali se afigurava inevitável, mais cedo ou mais tarde.

A secessão de Azawad, a atuação cada vez mais violenta do grupo *jihadista* de Boko Haram no norte da Nigéria e o incremento do terrorismo na Somália tornaram completamente instáveis o Magreb e a região sub-Saara, onde al-Qa'ida e demais grupos a ela vinculados estabeleceram importante campo de operações e os Estados Unidos, a partir do Camp Lemonnier (Djibuti), expandiram uma constelação de bases de *drones* de vigilância e ataque, na África, contra a nova geração de *jihadistas*, desde Mali, Líbia e Iêmen até a República Centro Africana. Outrossim, pequenos aeroportos civis na Etiópia e em Seychelles serviam para o disparo de *drones*. Mas o Camp Lemonnier funcionava *full-time*, dia e noite, no lançamento de *remotely piloted aircraft* (RPA). Em 20 de agosto, em carta ao Congresso, o secretário adjunto de Defesa, Ashton B. Carter, informou que, em média, 16 *drones* (*unmanned* MQ-1B Predator) e quatro jatos levantavam voo ou aterrissavam, diariamente, em Camp Lemonnier.

NOTAS

1. David D. Kirkpatrick, Suliman Ali Zway e Kareem Fahim, "Attack by Fringe Group Highlights the Problem of Libya's Militias", *The New York Times*, September 15, 2012.
2. Desde 1968, cinco embaixadores dos Estados Unidos foram assassinados: John Gordon Mein, na Guatemala (1968), Adolph Dubs, no Afeganistão (1979), Cleo A. Noel Jr., no Sudão (1973), Rodger P. Davies, em Chipre (1974), e Francis E. Meloy Jr., no Líbano (1976).
3. David D. Kirkpatrick, "Anger Over a Film Fuels Anti-American Attacks in Libya and Egypt", *The New York Times*, September 11, 2012. Ashraf Khalil, "Cairo and Benghazi Attacks: Two Sets of Fundamentalisms Unleash Havoc. Two attacks on American diplomatic buildings in Cairo and Benghazi, Libya, illustrate the ugly bigotry of two sets of religious fundamentalists in different ends of the world", *Time*, September 11, 2012. David D. Kirkpatrick e Steven Lee Myers, "Libya Attack Brings Challenges for U.S.", *The New York Times*, September 12, 2012.
4. Michael R. Gordon, Eric Schmitt e Michael S. Schmidt, "Libya Warnings Were Plentiful, but Unspecific", *The New York Times*, October 29, 2012.
5. "Abu Sufian Ibrahim Ahmed Hamuda Bin Qumu is a 53-year-old citizen of Libya. He was transferred to Libya on Sept. 28, 2007". SECRET//NOFORNI I 20300422 DBPARTMENT OF DEFENSE, JOINT TASK FORCE GUANTANAMO GUANTANAMO BAY. CUBA APO AE 09360 JTF GTMO-CG 22 Aprrl2005 3511NW 9lst Avenue, United States Southem Command, MEMORANDUM FOR Commander, Miami. L 33 172.F to Recommendation Transfer the Controlof Another Country for to SUBJECT: Update (S) (TRCD) for Guantanamo ISN: US9LY-000557DP Detainee, Detention Continued Assessment JTF GTMO Detainee Information: 1. (FOUO) Personal JDIMSAIDRC Reference Name: Abu Sufian Ibrahim Ahmed Hamouda Aliases and Current/TrueName: Abu Sufian Ibrahim Ahmed Hamuda Bin Oumu. Abu Mariam. Abdul Faris Al Libi. Abu Faris Al Libi. Marwan. Al Hassari.Abdul RazzaqHamad. Ibn Mabrukah Hamad o Placeof Birth: Darna. Libya (LY) Date of Birth: 26 June 1959 Citizenship: Libya o Internment Serial Number (ISN): US9LY-000557DP 2. (FOUO) Health: Detaineehas a non-specific personality disorder. He has no known drug and refuses allergies and is not on any chronic medications. Detainee has latent Tuberculosis treatment. He has no travel restrictions. 3. (S//NF)JTF GTMO Assessment: to detainee transferred the be a. (S) Recommendation: JTFGTMO recommends (TRCD). Detention Control of Another Country for Continued Re-

tainin DoD (DoD)on assessed detainee b. (S//NF)Summary: JTFGTMO previously previous it is assessment, since detainee's 23 August 2003. Based uponinformation obtained CLASSIFIED BY: MULTIPLE SOURCES REASON: E.O. 12958SECTION 1.5(C) DECLASSIFY ON: 20300422 SECRET// NOFORN/ I 20300422 Fonte: Guantánamo Dockt. *The New York Times*, http://projects.nytimes.com/guantanamo/detainees/557-abu-sufian-ibrahim-ahmed-hamuda-bin-qumu.

6. David D. KIRKPATRICK, Suliman Ali ZWAY e Kareem FAHIM, "Attack by Fringe Group Highlights the Problem of Libya's Militias", *The New York Times*, September 15, 2012.

7. Jurisconsulto eclesiástico, clérigo.

8. WEBER, 1996, p. 287.

9. Jill REILLY, "'Death to America' chant protestors as they storm U.S. Embassy in Yemen smashing windows and pelting offices with stones", *Daily Mail*, September 13, 2012.

10. "Al Zawahri personally ordered Al Qaeda to murder US Ambassador Stevens", *DEBKAfile Exclusive Report*, September 12, 2012.

11. Eric SCHMITT, "After Benghazi Attack, Talk Lagged Behind Intelligence", The *New York Times*, October 21, 2012.

12. David D. KIRKPATRICK, Suliman Ali ZWAY e Kareem FAHIM, "Attack by Fringe Group Highlights the Problem of Libya's Militias", *The New York Times*, September 15, 2012.

13. Steven Lee MYERS, "Clinton Suggests Link to Qaeda Offshoot in Deadly Libya Attack", *The New York Times*, September 26, 2012.

14. "Arab Protests: Clinton Urges Countries to Resist Tyranny of Mob", Reuters/ *The Huffington Post*, 15/9/2012.

15. BURKE, 1986, p. 228-229. Aristóteles disse que, quanto à forma que corresponde à democracia, ela é mais absoluta e mais tirânica que a oligarquia. ARISTOTLE, 1996, p. 298.

16. "Putin: Using Al-Qaeda in Syria like sending Gitmo inmates to fight (Exclusive)", *Russia Today* — TV-Novosti, September 6, 2012.

17. Pierre PRIER, "Libye: combats dans un ex-fief de Kadhafi", *Le Figaro*, 22/10/2012.

18. Mohammad Omar BEAIOU, "Libyan Revolution Continues with Uprising Against Militias", *Al Monitor*, October 1, 2012.

19. Ibidem.

20. Ibidem.

21. Patrick HAIMZADEH, "After the uprisings — Libyan democracy hijacked", *Le Monde Diplomatique*, October 5, 2012. John ROSENTHAL, "French Libya Ex-

pert: Official Libyan Security Colludes with Ansar al-Sharia", *Transatlantic Intelligencer*, October 28, 2012.

22. Abigail HAUSLOHNER, "After Benghazi attacks, Islamist extremists akin to al-Qaeda stir fear in eastern Libya", *The Washington Post*, October 27, 2012.

23. Kimberly DOZIER, "U.S. scrambles to rush spies, drones to Libya", Associated Press, *USA Today*, September 15, 2012.

24. Ibidem.

25. James RISEN, "After Benghazi Attack, Private Security Hovers as an Issue", *The New York Times*, October 12, 2012.

26. "Massenproteste in arabischer Welt — USA fürchten Wut der Muslime — Demonstranten vor der US-Botschaft in Sanaa: Video soll Wut provozieren", Reuters/*Der Spiegel*, 13/9/2012.

27. Peter BAKER e Mark LANDLER, "U.S. Is Preparing for a Long Siege of Arab Unrest", *The New York Times*, September 15, 2012.

28. "About 106 US tanks delivered to Yemen", *Al-Sahwa Net*, Yemen news site, 14/10/2012.

29. "Gaddafi placed $97 Billion to free Africa from imperialism", *CounterPsyOps*.

30. Scott BALDAUF, "Will Africa miss Qaddafi? Even with Muammar Qaddafi's deep financial ties across Africa, many of the continent's leaders are ambivalent about his departure", *The Christian Science Monitor*, August 23, 2011.

31. Rukmini CALLIMACHI, "Amadou Haya Sanogo, Mali Coup Leader, Derails 20 Years of Democracy", *Huffington Post*, 7/7/2012.

32. MORAES FARIAS, 2003, p. CXV, CXVI-CXVII. Damon de LASZLO, "The Tuareg on the Sahara — The Nomadic Inhabitants of North Africa — Tuareg Merchant Trade Routes across the Sahara", Bradshaw Foundation.

33. Calcula-se que cerca de 2 milhões ainda vivem no Saara.

34. KEMPER, 2012, p. 23. Damon de LASZLO, "The Tuareg on the Sahara — The Nomadic Inhabitants of North Africa — Tuareg Merchant Trade Routes across the Sahara", Bradshaw Foundation.

35. KENNAN, 2002, p. xxii, 5.

36. Ibidem, p. 10.

37. Lydia POLGREEN e Alan COWELL, "Mali Rebels Proclaim Independent State in North", *The New York Times*, April 6, 2012.

38. Timbuktu, situada no deserto do Saara, era a sede da Koranic Sankore University e de outras *madrasas*, bem como das mesquitas Djingareyber, Sankore e Sidi Yahia e, durante os séculos XV e XVI, foi o centro cultural do Islã.

39. Mahmoud Sidibe QADRI, "Destruction of Timbuktu Sufi Shrines Exposes Wahhabi Agenda. CounterPsyOps", *The Islamic Post*, August 29, 2012. "Protest gegen Unesco. Islamisten zerstören Weltkulturerbe in Timbuktu. Islami-

stische Kämpfer haben in Timbuktu im Norden Malis jahrhundertealte Gräber zerstört und weitere Verwüstungen angekündigt. Ihren Bildersturm erklären sie als 'Auftrag Gottes' gegen die Unesco", *Welt Online*, 30/6/2012. "Bürgerkrieg in Mali Islamisten zerstören Weltkulturerbe" *Der Spiegel*, 30/6/2012. Andrea BÖHM, "Mali Taliban in Timbuktu — Im westafrikanischen Mali spielt sich eine Tragödie ab. Islamisten errichten im Norden des Landes eine Terrorherrschaft. Wer greift ein?", *Die Zeit*, 30/8/2012.

40. Dianguina TOUNKARA e Yaya TRAORE, "Négociations sur le Nord du Mali: Partition, autonomie ou respect de la Constitution de 1992? Entre dissonances constitutionnelles et périls sécessionnistes", *Mali Actualités*, Septembre 22, 2012.

41. Cordula MEYER, "Uranium Mining in Niger — Tuareg Activist Takes on French Nuclear Company", *Spiegel Online*, 4/2/2010.

42. U.S. Department of State, Bureau of African Affairs, Background Note: Mali, January 3, 2012.

43. "Azawad, Why is the International Community Ignoring this?", *The Moor Next Door*, Maghreb Affairs, Geopolitics, International Relations, in forum Ancient Egypt at EgyptSearch Forums. Assist America — Pre-Trip-Information, http://assistamerica.countrywatch.com/rcountry.aspx?vcountry=3&topic=CBWIR&uid=5824177.

44. Andy MORGAN, "Mali's Tuareg Rebellion", *The Global Dispatches*, March 27, 2012.

45. "Mali coup leader trained with US military: Pentagon", *The Times of India*, AFP, March 28, 2012. Sobre as fontes de financiamento no norte do Mali: Le Canard Enchaîné l'a révélé hier: Le Qatar finance les terroristes d'Aqmi et du Mujão 2012 06.06, http://www.cridem.org/c_Info.php?article=630368.

46. Brendan O'REILLY, "China's Winning Strategy in Africa", *Asia Times*, August 16, 2012.

47. KEENAN, 2009, p. 2.

48. Pan Sahel Initiative, Office of Counterterrorism, U.S. Department of State Archive, November 7, 2002.

49. KEENAN, 2009, p. 36. "U.S. seeks to block terrorists in Sahara", *The Washington Times*, January 12, 2004.

50. THE TRANS-SAHARA COUNTERTERRORISM PARTNERSHIP, U.S. Africa Command, Program Overview, General Carter F. Ham, Commander.

51. KEENAN, 2009, p. 51 e 124.

52. "Massive US Military Buildup on Two Strategic Islands: Socotra and Masirah", *DEBKA-Net-Weekly*, January 26, 2012.

53. Flickr, U.S. Africa Command: GAO, Mali, A U.S. Navy SEAL, advisor watches a Malian special operations, http://www.flickr.com/photos/africom/4406298566/.

54. KEENAN, 2009, p. 9.
55. Lee BERTHIAUME, "Canada could be drawn into Mali civil war. Calls for military intervention grow after al-Qaida insurgents take over country's north", *Vancouver Sun*, July 13, 2012.
56. "Mali: Civil war or peace negotiations?", *All Voices*, Bamako, Mali, April, 12, 2012.
57. Faith KARIMI, "U.N. Security Council seeks detailed Mali military intervention plan", CNN, October 13, 2012. "UN urges military action plan for Mali. Security Council gives West African nations 45 days to provide details of plan for international military intervention", *Al Jazeera*, October 13, 2012. "El Consejo de Seguridad de la ONU aprueba la intevención militar en Malí", *El País* (Espanha), 13/10/2012.
58. Gilles LAPOUGE, "O Hamas e o Catar", *O Estado de S. Paulo*, 25/10/2012.

Capítulo XIX

REVOLTAS ÁRABES TINHAM MÉTODO • NA SÍRIA COMO NA LÍBIA • DA *"COLD REVOLUTIONARY WAR"* À *"HOT REVOLUTIONARY WAR"* • OBJETIVOS ESTRA-TÉGICOS DO OCIDENTE • CONTROLE DO MEDITERRÂNEO E FONTES DE ENERGIA • APOIO DA TURQUIA, DO QATAR E DA ARÁBIA SAUDITA AOS TERRORISTAS NA SÍRIA • PROPOSTA DE "INTERVENÇÃO HUMANITÁRIA" VETADA PELA RÚSSIA E PELA CHINA

Os Estados Unidos, a Grã-Bretanha e a França, com os bombardeios efetuados sob o manto da OTAN, a participação de militantes de al-Qa'ida e as forças especiais do Qatar e outras, derrubaram, em cerca de oito meses, o regime de Muammar Gaddafi. Ao contrário da Líbia, na Síria, pareceu uma loucura que as manifestações, iniciadas em 26 de janeiro de 2011, quase ao mesmo tempo do levante em Benghazi, e apresentadas pela mídia internacional como pacíficas, assumissem a forma de insurgência, em março, em quatro regiões da Síria, simultaneamente, e se desdobrassem, por mais de um ano, como luta armada, apesar da dura e sangrenta repressão do governo de Bashar al-Assad. Porém, conforme comentou Polônio a respeito do comportamento de Hamlet, "embora seja loucura, há um método nela".[1]

De fato, havia método nas manifestações tanto na Líbia quanto na Síria. Não obstante existissem condições objetivas e subjetivas para as sublevações que ocorreram nos países árabes, os Estados Unidos, à frente de seus sócios da União Europeia, armaram metodicamente uma equação, com ampla dimensão econômica, geopolítica e estratégica, no

Oriente Médio e no Magreb, sobretudo por trás das sublevações na Líbia e na Síria, iniciadas em 2011. A *"cold revolutionary war"*, em que as demonstrações, dentro da legalidade, ainda se mantiveram, a fim de capitalizar a opinião pública internacional, evoluíram pouco depois para a *"hot revolutionary war"*, quando passaram para ações violentas contra o governo da Síria, com apoio externo. A transição da *"peace"* para a *"war"*, assinalou o coronel David Galula, podia ser *gradual and confusing*.[2] Assim foi na Líbia e na Síria, onde o levante não era apenas contra o regime oligárquico, mas, sobretudo, contra o regime dos heréticos *alawitas*, chamados pejorativamente de *noseiris* pelos salafistas.[3]

O objetivo dos Estados Unidos e das demais potências ocidentais, no entanto, era assumir o controle do Mediterrâneo e isolar politicamente o Irã, aliado da Síria, bem como conter e eliminar a influência da Rússia e da China no Oriente Médio e no Magreb. A Rússia, desde 1971, estava a operar o porto de Tartus, na Síria, e projetava reformá-lo e ampliá-lo, como base naval, em 2012, de modo que pudesse receber grandes navios de guerra, garantindo sua presença no Mediterrâneo. Consta que a Rússia também planejava instalar bases navais na Líbia e no Iêmen. E os Estados Unidos, ao financiar a oposição, na Síria, desde 2005-2006, visou a desestabilizar e derrubar do regime de Bashar al-Assad, a fim de impedir, *inter allia*, o aprofundamento, no âmbito naval, de suas relações com a Rússia e quebrar o eixo entre o Irã, o Hizballah, no Líbano, e o Hamás, na Palestina.

O presidente George W. Bush, no discurso sobre o State of the Union, em 2 de fevereiro de 2005, após ufanar-se do resultado de sua política *"in the spread of democracy"* no Iraque e no Afeganistão, acentuou que os Estados Unidos, *"to promote peace in the broader Middle East"*, deviam confrontar regimes que continuavam a abrigar terroristas e buscar armas de destruição em massa.[4] E acusou, nominalmente, a Síria de *"still allow its territory, and parts of Lebanon, to be used by terrorists who seek to destroy every chance of peace in the region"*, e esperava que seu governo, já sob as sanções do Syrian Accountability Act, terminasse o *"support for terror and open the door to freedom"*.[5] Com as tropas na fronteira da Síria, após a queda de Saddam Hussein e a ocupação do Iraque, a verdadeira obsessão em Washington, sobretudo entre os *neocons*, que rodeavam o presidente George W. Bush, era derrubar o regime de Damasco, como *"low-hanging fruit"*,[6] e realizar o imperial desígnio dos Estados Unidos de redesenhar o mundo árabe. Mas, àquela época, quando o presidente George W. Bush quis invadir a Síria, como fizera no Iraque, o então primeiro-ministro de Israel, Ariel Sharon (2001-2006), acautelou-o com o argumento de que Bashar al-Assad era o *"devil we know"* e que a alternativa, de acordo com a sabedoria convencional, seria pior, i.e., a Irmandade Muçulmana.[7]

Ao noticiar, diariamente, a guerra na Síria como um exercício de violência brutal do governo de Bashar al-Assad, informando números de mortos, com base em "ativistas", o que o Ocidente tentou foi obter uma resolução do Conselho de Segurança da ONU que lhe servisse como cobertura para intervir militarmente na Síria, com os bombardeios da OTAN, como foi feito na Líbia. Contudo, a Rússia e a China vetaram quaisquer sanções. E, devido à complexidade da guerra civil na Síria e às suas consequências no Oriente Médio, os Estados Unidos não tiveram condições de efetuar a intervenção armada, mas a intenção não mudou. O objetivo continuou sendo a mudança do regime (*regime change*), a mesma política executada na Líbia.

A queda do regime de Bashar al-Assad, após a derrubada de Muammar Gaddafi, na Líbia, pelas forças da OTAN, permitiria suprimir a presença da Rússia, de suas bases navais na Síria (Tartus e Latakia); cortar as vias de suprimento de armas para o Hizballah, baluarte dos xiitas contra as investidas de Israel no sul do Líbano; conter o avanço da China sobre as fontes de petróleo; isolar completamente e estrangular o Irã, com a consequente eliminação do governo islâmico (xiita) de Mahmoud Ahmadinejad. O resultado da equação, ao mudar completamente o equilíbrio de forças no Oriente Médio, seria o estabelecimento pelos Estados Unidos e seus sócios da União Europeia da *full-spectrum dominance*, i.e., o pleno domínio territorial, marítimo, aéreo e espacial, bem como a posse de todos os ativos do Mediterrâneo, região de vital importância estratégica, desde os tempos do Império Romano, como via de comunicação entre o Oriente e o Ocidente, que possibilitou ao Império Bizantino, quando o controlou, projetar sua influência sobre todas as direções.[8] Também para o Império Britânico, o Mediterrâneo, antes da Primeira Guerra Mundial, foi de essencial interesse para sua política internacional e o controle de toda a Commonwealth, como rota marítima, linhas áreas, oleodutos etc., e daí assumir posteriormente o protetorado do Egito.[9]

O objetivo de controlar todo o Mediterrâneo Washington manifestou claramente ao assinar o acordo com Madri, anunciado em 5 de outubro de 2011, pelo qual a base naval de Rota (Cádiz), na Espanha, devia albergar quatro destróieres, equipados com antimísseis (BMD) da Marinha dos Estados Unidos e operados por 1.100 militares e 100 civis, como um sistema de defesa da OTAN, a pretexto de prevenir ataques de mísseis balísticos do Irã e da Coreia do Norte, e seria acompanhado por outros sistemas, na Romênia, na Polônia e na Turquia.

Ademais do aspecto geopolítico e estratégico, tudo indica que a conquista das fontes de energia no Mediterrâneo também foi, *inter allia*, um dos principais motivos pelos quais os Estados Unidos e seus aliados da União Europeia trataram de encorajar abertamente a mudança do regime (*regime change*) de Bashar al-Assad. Embora a produção de petróleo, na Síria, fosse modesta, da ordem de 530.000 bpd, não se pode descartar esse fator como *rationale* da sangrenta resistência, concentrada na cidade de Homs (também chamada Hims),[10] onde os supostos rebeldes explodiram o maior oleoduto do país, em dezembro de 2011.[11] É preciso considerar todos os fatores que determinaram o apoio dado à insurgência, pelo Ocidente, mediante diversos mecanismos, inclusive com intensa guerra psicológica, através da mídia internacional, e em aliança com as monarquias absolutistas do Oriente Médio.

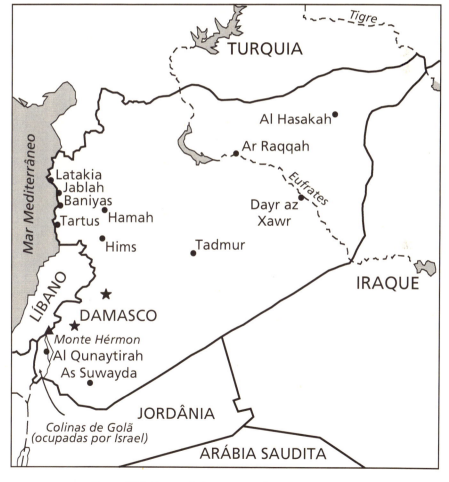

Fonte: U.S. Energy Information Administration (EIA)

As reservas de petróleo na Síria eram estimadas em 2,5 bilhões de barris, de acordo com o *Oil and Gas Journal* (1/1/2010), situadas principalmente na parte oriental do país, próximo à fronteira com o Iraque, ao longo do Eufrates, havendo apenas um pequeno número de campos na região central. Sua localização era estratégica em termos de segurança e de rota de transporte de energia, cuja integração se esperava aumentar com a inauguração, em 2008, do Arab Gas Pipeline, e a inclusão no gasoduto da Turquia, do Iraque e do Irã. E a Síria construiu um sistema de oleodutos e gasodutos, controlados pela empresa estatal Syrian Company for Oil Transportation (SCOT), a fim de transportar óleo cru e refinado para o porto de Baniyas, situado 55 quilômetros ao sul de Latakia e 34 quilômetros ao norte de Tartus, onde estavam instaladas as duas bases navais da Rússia.

Em 24 de março de 2011, o ministro do Petróleo e Recursos Minerais e a General Petroleum Corporation (GPC), empresa estatal da Síria, anunciaram a abertura de uma concorrência internacional para a exploração e produção de petróleo, oferecendo três blocos (I, II e III), cada

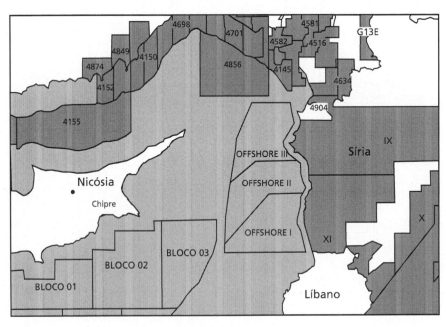

Localização dos três blocos *offshore* da Síria oferecidos no Bid Round 2011
Fonte: PetroView®

um com 3.000 quilômetros quadrados em uma extensão total de 9.038 quilômetros quadrados, localizados *offshore*, na zona econômica da Síria, no Mediterrâneo.[12]

O anúncio da concorrência excitou as empresas petrolíferas, ao abrir a perspectiva de acesso aos hidrocarbonetos, em uma área subexplorada e considerada a verdadeira fronteira da exploração de petróleo no Mediterrâneo. O centro desse projeto eram 5.000 quilômetros determinados por "*long-offset multi-client 2D seismic data*" e adquiridos pela companhia francesa CGGVeritas,[13] em 2005, para exploração em águas profundas, entre 500 e 1.700 metros.

Entretanto, em fevereiro de 2012, os terroristas de al-Qa'ida atacaram e também explodiram a maior refinaria da Síria, localizada em Bab Amro, distrito 7 quilômetros a oeste do centro de Homs, cidade em que se concentrava a oposição ao regime de Assad. Essa refinaria, com capacidade de processar 250.000 bpd, ligava, através de um oleoduto inaugurado em 2010, os campos de petróleo, no leste da Síria, à estação de Tel Adas e ao porto de Tartus. A exploração do petróleo estava a cargo da empresa General Petroleum Corporation (GPC), com o suporte da Syrian Petroleum Co. e da Gulfsands Petroleum Syria Ltd. A Royal Dutch Shell e a China National Petroleum Corporation eram sócias do GPC, através da *joint venture Al-Furat Petroleum Co* (AFPC). O governo de Assad ainda planejava construir duas refinarias na Síria: a de Deir ez-Zor, com capacidade de processar 100.000 bbl/d pela CNPC, em Abu Khashab, e a da cidade de Homs, com capacidade 140.000 bbl/d, a ser construída por um consórcio de companhias da Venezuela, da Síria, do Irã e da Malásia.[14]

Contudo, se as reservas de petróleo na Síria, calculadas em 1º de janeiro de 2011, pelo *Oil and Gas Journal*, continham, aparentemente, apenas 2,5 bilhões de barris (400 milhões de metros cúbicos),[15] 8,5 bilhões de pés cúbicos de gás, o interesse das potências ocidentais, entre outros, apontava, sobretudo, para os ativos petrolíferos, descobertos na Bacia Levantina, entre Grécia, Turquia, Chipre, Israel, Síria e Líbano.[16] Segundo o ministro do Petróleo e Recursos Naturais da Síria, Sufian Allaw, na Bacia do Mediterrâneo, os estudos científicos modernos indicaram a existência de enorme reserva de gás natural, calculada em 122 trilhões de pés cúbicos, e petróleo, da ordem de 107 bilhões de barris, ao longo da plataforma marítima da Síria.[17] Diversas companhias anunciaram que ali descobriram importantes reservas de gás e petróleo, mas a exploração era complicada devido às tensões entre os países da região.[18] Essas reservas, em águas profundas, nas camadas subsal, a leste do Mediterrâneo, próximo à Bacia Levantina,[19] estendiam-se ao longo dos 193 quilômetros da costa da Síria até o Líbano e Israel.[20]

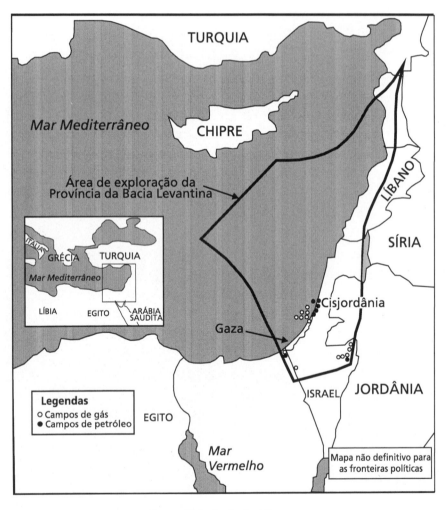

Fonte: *U.S. Geological Survey*

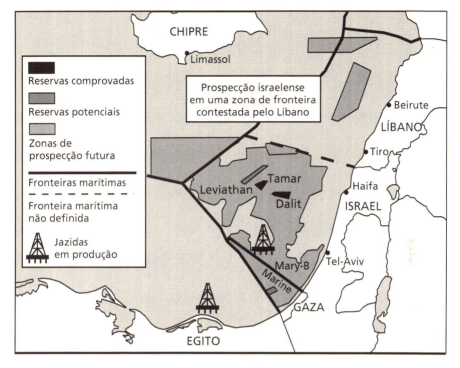

Prospecção de óleo e gás nas fronteiras de Gaza, Israel e Líbano
Fonte: http://www.voltairenet.org

Desde 2010, ou mesmo antes, já se estimava a existência de jazidas com 122 trilhões de pés cúbicos de gás natural, localizadas na Bacia Levantina, a leste do Mediterrâneo, não descobertas e tecnicamente recuperáveis.[21] A partir de então, o *Great Game* na região intensificou-se dramaticamente com a descoberta das gigantescas reservas na zona econômica exclusiva de Israel, na Bacia Levantina, e de monumental reserva de gás natural, por isso denominada Leviathan.[22] Os geólogos da U.S. Geological Survey calcularam que a área, abrangendo o litoral de Israel, Líbano e Síria, possuía ainda reservas que podiam ser recuperadas com o uso das atuais tecnologias disponíveis.[23]

O Líbano questionou na ONU a exploração de tais reservas, dado que também se estendiam à sua zona econômica exclusiva, mas Israel não se mostrou disposto a ceder sequer "uma polegada", conforme declarou seu ministro do Exterior, Avigdor Lieberman.[24] De acordo com as estimativas da U.S. Geological Survey (USGS), os depósitos de gás na Bacia Levantina eram da ordem de aproximada de 3,5 trilhões de metros cúbicos. As descobertas na zona econômica exclusiva de Israel, dos campos de Marie B, Gaza Marine, Y ½, Leviathan, Dalit e Tamar somavam, em 2011, 800 bilhões de metros cúbicos de gás.[25]

A exploração do campo Leviathan I, em 2011, havia alcançado 5.170 metros de profundidade, onde os depósitos de gás natural eram estimados em 16 trilhões de pés cúbicos, e devia ainda atingir 7.200 metros, onde existia uma reserva adicional de 600 milhões de metros cúbicos. E a companhia petrolífera americana Noble Energy, sediada em Houston, anunciou, em fevereiro de 2012, a descoberta em Tanin, 13 milhas ao noroeste do campo de Tamar, na plataforma marítima de Israel, de outro campo de gás natural, prospectando uma profundidade de 18.212 pés, um depósito de aproximadamente 130 pés de gás natural espesso. As grandes descobertas da Noble Energy, que explorava a zona econômica exclusiva de Israel no Mediterrâneo, foram estimadas entre 0,9 e 1,4 trilhão de pés cúbicos de gás.[26] A lado de tais reservas de gás, havia a possibilidade da existência de 4,2 bilhões de barris de óleo.

Também no delta da bacia do Nilo, o U.S. Geological Survey avaliou a existência de 1,8 bilhão de barris de reservas recuperáveis de petróleo, bem como de 223 trilhões de pés cúbicos de reservas de gás recuperáveis e de 6 bilhões de barris de gás natural líquido.[27] O cálculo da U.S. Geological Survey era de que, em todo o Mediterrâneo, as reservas de petróleo poderiam chegar a 3,40 bilhões de barris e 9 bilhões de metros cúbicos de gás.[28]

As imensas reservas de óleo e gás, ao longo de Grécia, Turquia, Chipre, Síria, Líbano e Israel, até o delta do Nilo, apresentavam extraordinária significação geoeconômica, geopolítica e geoestratégica, uma vez que podiam abastecer, diretamente, o Estados Unidos e a União Europeia, e evitar as ameaças de interrupção no Golfo Pérsico, por onde milhões de barris do hidrocarbonetos eram transportados em navios-tanques e oleodutos. E a disputa dessas fontes de gás e óleo, na Bacia

Levantina, constituiu fator do litígio geopolítico entre a Turquia e a República de Chipre, bem como entre Israel e o Líbano, evidenciando o grau da relevância estratégica da região, do mar da Líbia à Síria.

A militarização das manifestações de protestos na Síria, a ponto de transformá-las em uma *low-level insurgency*, evidenciou que seus objetivos não consistiam na democratização do regime de Bashar al-Assad.[29] Os manifestantes da oposição, chamados de "ativistas", não eram pessoas desarmadas. Entre os que marchavam havia pessoas armadas, que atiravam nos civis e no Exército.[30] E eles logo receberam os mais modernos equipamentos bélicos, como sistemas de visão noturna, de comunicação e informações sobre os movimentos das forças do governo, produzidos nos Estados Unidos, no Reino Unido e na França.

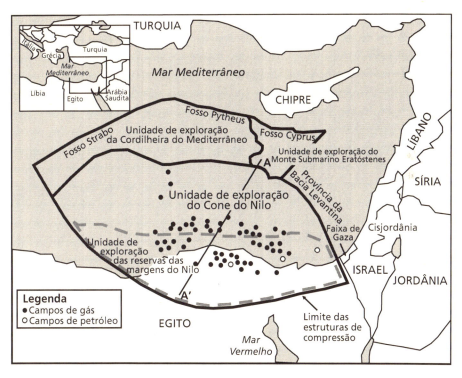

Localização de 4 reservas avaliadas no delta da bacia do Nilo,
no leste do Mediterrâneo
Fonte: USGS

A agência DEBKA*file*, de Israel, informou que comandos e operadores do MI6, Special Forces Support Group (SFSG), Special Air Service (SAS) e Special Boat Service, da Grã-Bretanha, desde 2011 treinavam os combatentes da oposição na Síria e também os supriam de armamentos e SIGINT (coleta de inteligência através da interceptação de sinais de comunicação).[31] Os jornais *Le Canard Enchaine*, da França, em sua edição de 23 de novembro de 2011, e *Milliyet* revelaram também a presença de agentes do Service Action de la Direction Générale de la Sécurité Extérieure (DGSE) e do Commandement des Opérations Spéciales (COS), que estavam a treinar desertores do exército sírio em técnicas de guerrilha urbana, organizando o chamado Exército Sírio Livre.[32] Os campos localizavam-se em Trípoli, no sul da Turquia e nordeste do Líbano.[33] E os países do Golfo estavam a pagar o Exército Sírio Livre, do qual participavam muitos desertores, tentando encorajar mais defecções do Exército regular de Bashar al-Assad.[34]

Segundo fontes do Pentágono, muitos *drones*, aviões teleguiados pela CIA, operavam, desarmados, no espaço aéreo da Síria a fim de monitorar a movimentação das tropas de Bashar al-Assad e os ataques contra os insurgentes, conforme revelou a rede de televisão americana NBC.[35] A própria secretária de Estado, Hillary Clinton, declarou que os Estados Unidos *"support the opposition's peaceful political plans for change"*, mas preferiam atuar por meio da Liga Árabe e das Nações Unidas, a fim de não parecer que se envolviam no conflito e não dar pretexto para a intervenção do Irã.[36]

As rivalidades de diferentes matizes, tanto políticas quanto religiosas, de países da região (Turquia, Arábia Saudita e Qatar) constituíram, igualmente, um fator fundamental no *Great Game*, jogado sobre o território da Síria, tornando a derrubada do regime de Assad fundamental para o êxito da equação armada pelos Estados Unidos e por seus sócios da União Europeia. A Síria sempre foi um país nodal no Mediterrâneo. Era, ao longo da história, conforme T. E. Lawrence descreveu em *Seven Pillars of Wisdom*, um corredor entre o mar e o deserto, juntando a África com a Ásia, a Arábia com a Europa, e sempre fora uma área fechada, uma terra vassala de Anatólia, Grécia, Roma, Egito, Arábia, Pérsia Mesopotâmia.[37] "*For if Syria was by nature a vassal country it was by habit a country of tireless agitation and incessant revolt*", acrescentou T. E. Lawrence.[38]

A Síria sofreu enorme instabilidade após a Segunda Guerra Mundial, entre 1946 e 1970.[39] Com toda a razão, Itamar Rabinovich, professor de História do Oriente Médio na Universidade de Tel Aviv e ex-embaixador de Israel nos Estados Unidos, escreveu que, durante 25 anos de existência, i.e., desde que se emancipou da França (1947), a Síria era um "*unstable state*", uma arena na qual as rivalidades internacionais se manifestavam, até Hafez al-Assad (1930-2000), pai de Bashar al-Assad, assumir o poder (1971-2000), à Frente do Partido Ba'ath Socialista Árabe (*Hizb Al-Baath Al-Arabi Al-Ishtiraki*), laico e nacionalista.[40] Depois, mediante um contrato não escrito entre a minoria *alawita*, no governo, e a maioria sunita (c. 70%) da população, a Síria, com um regime autoritário, oligárquico, adquiriu "*stability, prestige and a leading role in Arab nationalist 'resistance'* (*to the United States and Israel*)".

O governo do presidente Bashar al-Assad, como o de seu pai, continuou secular, contrário ao islamismo político, e prendia os *jihadistas* que procediam dos outros países árabes para lutar no Iraque.[41] A situação na Síria era relativamente estável, não obstante o nível de desemprego alcançar 20% e cerca de 2,2 milhões, i.e., 11,4% da população de 21 milhões, viverem abaixo do nível de pobreza.[42] Porém, a erupção da revolta contra o regime, concluiu o embaixador Itamar Rabinovich, marcou o fim do contrato não escrito e fez a Síria retroceder para a situação pré-1970.[43]

A Síria converteu-se outra vez na arena de rivalidades regionais e internacionais, a refletir as transformações políticas que ocorriam na região, e o tribalismo árabe sunita passou a constituir significativo fator sociocultural e político, tanto a favor como contra o regime de Assad, no conflito armado que eclodiu em 2011, principalmente em Dera'a, Deir al-Zor, sobre o Eufrates, e nos subúrbios de Homs e Damasco. A União dos Clãs e das Tribos Árabe, dizendo representar mais de 50% da população, anunciou sua existência via YouTube em 11 de março de 2011. As tribos do nordeste e do leste da Síria, tais como Shammar, Baggara, Jabbour, Dulaim e Ougaidat, devido aos vínculos de parentes-

A SEGUNDA GUERRA FRIA

co na Arábia Saudita, receberam apoio — armas e material móvel — para lutar contra o regime do presidente Assad. As cadeias tribais não desapareceram na Síria como na Líbia e nos demais países da Oriente Médio e do Magreb,[44] apesar de que o Sykes-Picot Agreement, firmado pela França e pela Grã-Bretanha, em 1916, dividisse a Mesopotâmia e o Levante, criando, artificialmente, países com fronteiras nacionais, onde predominavam estruturas sociais muito diversas do Ocidente.

Embora não se possa precisar o número de beduínos na Síria — o cálculo, em meados de 1980, era de menos de 7% da população — e o número de tribos nômades estivesse a decrescer — apenas oito remanesciam, cruzando as fronteiras nacionais, a herança beduína —, a influência dos laços de parentesco continuou a modelar em grande parte mentalidade dos sírios, inclusive da família Assad. O passado para eles é presente. Não é esquecido. E o costume tribal (*'urf*) redivivo tornou a guerra civil ainda mais violenta, como vingança pelos massacres infligidos pelo presidente Hafez al-Assad quando assumiu o governo do país, à frente do Partido Ba'ath, e instituiu um regime laico. Contudo, outros *shaykhs* tribais permaneceram ao lado do governo, a combater os insurgentes, e realizaram um Fórum de Tribos e Clãs Sírios e Árabes para enfatizar a resistência à intervenção estrangeira e assegurar a soberania do país.[45]

O objetivo das monarquias autocráticas da Arábia Saudita e do Qatar, que integravam a Liga Árabe e sustentavam a oposição, era, entretanto, derrubar o último regime laico, secular, ainda existente no Oriente Médio, representado pelo presidente Bashar al-Assad, um *alawita*, outro segmento do Islã, que dissimula sua doutrina com a *taqiyya*, prática xiita, seita islâmica dominante no Irã e da qual mais se aproxima. Os *alawitas* (um ramo dos xiitas) constituíam apenas 15,3% da população, embora dominassem e controlassem todo o aparelho do Estado havia várias décadas, desde os anos 1970, quando Hafez al-Assad, do Partido Ba'ath, assumiu o governo do país, contando com o respaldo de muitos empresários e grandes comerciantes sunitas, com ideias liberais e que não desejavam Estado islâmico, um califado na Síria.

A missão da Liga Árabe, com 144 membros de várias nacionalidades e sob a chefia do general sudanês Muhammad Ahmad Mustafa Al-Dabi,[46] esteve na Síria, entre dezembro de 2011 e fevereiro de 2012, e presenciou grupos armados da oposição, em Hom's, Idlib, Hama e Dar'ā, cometendo violências contra as forças do governo, que em certas circunstâncias tinham de responder aos ataques; outros grupos, que atacaram forças do governo e civis com *armour-piercing projectiles* (projéteis perfuradores de blindagem), com pontos de urânio empobrecido, matando e ferindo várias pessoas; o bombardeio de um ônibus civil, com a morte inclusive de mulheres e crianças.[47] Os observadores da Liga Árabe igualmente testemunharam o bombardeio de um trem, carregando diesel, um ônibus da polícia, um oleoduto e pontes destruídos pelos grupos armados.[48] E o relatório apontou, claramente, os responsáveis: "*Such incidents include the bombing of buildings, trains carrying fuel, vehicles carrying diesel oil and explosions targeting the police, members of the media and fuel pipelines. Some of those attacks have been carried out by the Free Syrian Army and some by other armed opposition groups.*"[49]

O chefe da missão da Liga Árabe, o general Muhammad Ahmad Mustafa Al-Dabi, informou, no relatório, que muitos grupos haviam "*falsely reported that explosions or violence had occurred in several locations*", e que, quando os observadores da missão da Liga Árabe lá chegavam, percebiam que "*those reports were unfounded*". E salientou que, de acordo com as informações da equipe no local, a mídia "*exaggerated the nature of the incidents and the number of persons killed in incidents and protests in certain towns*".[50]

Segundo o relatório, o governo de Assad esforçou-se para ajudar o sucesso da missão, removeu todos os obstáculos que a podiam dificultar e facilitou deslocamentos dos observadores e os encontros, sem restrições, com todos os grupos.[51] Porém, a missão, desde que começou o trabalho, havia sido alvo de "*vicious media campaign*", com a publicação de infundadas declarações atribuídas ao seu chefe e de "*grossly exaggerated events*", distorcendo a verdade, o que contribuiu para aumentar as tensões entre o povo sírio e solapar as atividades dos observadores. "*Some media organizations were exploited in order to defame the Mission and its Head and cause the Mission to fail*", concluiu o general Muhammad Ahmad Mustafa Al-Dabi.[52]

Realmente, os Estados Unidos, a França e a Grã-Bretanha, e outras forças no Oriente Médio, haviam desfechado contra o regime de Bashar al-Assad igual campanha de guerra psicológica, como fizeram contra o de Gaddafi, na Líbia. A hipocrisia sempre caracterizou o comportamento das três potências ocidentais. Enquanto Qatar e Arábia Saudita, duas autocracias Salafi-Wahhabi de estilo medieval, financiavam a contratação de mercenários e forneciam armamentos para derrubar o regime de Bashar al-Assad, a mídia ocidental, sempre com base em informações de "ativistas" da oposição, descrevia a guerra, que não era apenas civil, porquanto forças estrangeiras participavam, como se ocorresse um contínuo massacre de civis desarmados, que protestavam e lutavam pela democracia na Síria. *"The international narrative on the revolt in Syria has been decidedly one-sided"*, afirmou o jornalista irlandês Stephen Starr, que residia na Síria e acompanhou o levante desde o começo.[53]

O propósito da massiva campanha da mídia era induzir a opinião pública contra o governo de Bashar al-Assad e levar o Conselho de Segurança das Nações a aprovar uma Resolução que permitisse aos Estados Unidos, à Grã-Bretanha e à França usarem a OTAN para bombardear a Síria, tal como fizeram na Líbia. E as três potências apresentaram ao Conselho de Segurança, em 4 de outubro de 2011, logo após a queda do regime de Gaddafi, um projeto de Resolução contra a Síria, visando ao estabelecimento de uma *no-fly zone* sobre a Síria. Baseava-se no mesmo pretexto usado para a Líbia: proteger os civis. Porém, o projeto de Resolução foi vetado pela Rússia e pela China, com a abstenção de Brasil, Índia, África do Sul e Líbano.[54] O modelo falaz de *"humanitarian intervention"* e *"responsibility to protect"* ruíra, desmoralizado, com a intervenção na Líbia.

A própria OTAN descartou a possibilidade de implantar uma *no-fly zone* na Síria após o presidente Bashar al-Assad advertir que uma intervenção ocidental causaria um "terremoto" e "incendiaria toda a região".[55] Com efeito, Assad tinha o suporte de grande parte da população — *alawitas*, cristãos, xiitas, drusos, curdos e outras minorias — a Síria era um país nodal e contava com o respaldo, na região, do Irã, do Iraque, onde os xiitas predominavam, e das milícias do Hizballah, que, em 36 dias de guerra, entre julho e agosto de 2005 (*July War*), demonstraram enorme evolução como força coesiva capaz de vitórias sem precedentes contra um maior e mais bem equipado inimigo, as Forças de Defesa de Israel.

Os países do BRIC (Brasil, Rússia, Índia e China) tinham clara consciência de que a Resolução, propondo o estabelecimento da *no-fly zone* sobre a Síria, era, mais uma vez, manobra de engodo para capciosamente possibilitar a intervenção militar da OTAN, sob o pretexto fraudulento de defender a população civil, defesa humanitária etc., quando o objetivo era de *regime change*, como na Líbia. Os Estados Unidos e seus aliados, porém, não desistiram. Com o apoio da Liga Árabe, dominada pelas autocracias sunitas do Conselho de Cooperação do Golfo Pérsico (CCG), os Estados Unidos, quando da votação sobre uma nova resolução em 4 de fevereiro de 2012, intimaram Bashar al-Assad a deixar o poder, e sofreram mais uma contundente derrota. A Rússia e a China vetaram-na. E a equação armada pelo Ocidente, com o apoio da Liga Árabe, falhou nesse cálculo. Os Estados Unidos e seus sócios da União Europeia não puderam usar falaciosamente a cobertura do CSNU e instrumentalizar a OTAN para destruir o regime de Bashar al-Assad.

O duplo veto de Rússia e China à Resolução, proposta outra vez pelos Estados Unidos ao CSNU, mostrou claramente que as duas potências, após a experiência da Líbia, não se dispunham a dar qualquer aval à intervenção na Síria, país fundamental para demarcar a área de influência do Irã no Oriente Médio e no sudeste da Ásia. Tanto a Rússia quanto a China, ao vetarem duas vezes resoluções contra a Síria, mostraram que não permitiriam a mudança do *statu quo* do equilíbrio de poder regional, possibilitando aos Estados Unidos e às potências ocidentais o domínio completo do Mediterrâneo. Esse equilíbrio de poder era crucial para a segurança nacional da China, a garantia da liberdade de navegação e do ininterrupto suprimento de petróleo e gás importados do Irã. E o sistema antimísseis, implantado pelo Pentágono a partir da Espanha, indicava que o alvo era realmente a Rússia, e a derrubada de Assad, após a de Muammar Gaddafi, seria mais um passo para o controle do Mediterrâneo, o que possibilitaria o xeque-mate no Irã.

Porém, conforme Zbigniew Brzezinski, ex-assessor de Segurança Nacional de Jimmy Carter (1977-1981), declarou à jornalista Cláudia Antunes, da *Folha de S. Paulo*, os Estados Unidos não tinham uma política clara para o conflito na Síria e contribuiriam para uma explosão regional, engolfando o Iraque e o Irã, se mantivessem uma retórica emocional e de ameaças à Rússia, aliada do regime de Bashar al-Assad. "A verdade é que, a menos que haja cooperação internacional para uma proposta que o governo Assad possa suportar, e que contenha um esforço supervisionado para que se alcance algum consenso interno, esse conflito não vai acabar", avaliou Brzezinski.[56]

Outrossim o professor Paulo Sérgio Pinheiro, do Conselho de Direitos Humanos da ONU e presidente da Comissão de Inquérito sobre a Síria, afirmou que a militarização do conflito — seja através de intervenção externa seja armando grupos rebeldes — iria levar a Síria a uma guerra civil com muito mais vítimas do que as 10.000 que já haviam morrido. Previu que as consequências seriam "absolutamente catastróficas" e diagnosticou que "não há solução militar para a crise da Síria".[57] Em outra entrevista, o professor Paulo Sérgio Pinheiro, com muita lucidez, declarou que os rebeldes "não estão interessados em construir uma democracia na Síria" e que alguns desses grupos "querem é a volta de um califado".[58] "Os governos estrangeiros precisam parar de fornecer armas para os rebeldes", disse Paulo Sérgio Pinheiro, reiterando que "isso está apenas agravando a guerra", pois não há perspectiva de vitória para nenhum dos lados e "quanto mais tempo o conflito durar, pior será a capacidade de a Síria se reconstruir".[59]

Entre a centena de grupos rebeldes — sírios e *jihadistas* estrangeiros — que praticamente dominavam a província de Idlib, fronteira com a Turquia, estavam a Jamiat al-Ikhwan al-Muslimun (Sociedade de Irmãos Muçulmanos ou Irmandade Muçulmana), que participava do Conselho Nacional Sírio (CNS) e que o Qatar sustentava; o grupo salafista Ahrar al-Sham, financiado pelo Kuwait; Jabhat al-Nusra, vinculado a al-Qa'ida; Farouk Brigades, de Homs; Suqoor al-Sham, liderado por Ahmed Abu Issa, formando uma coalizão chamada Jabhat Tahrir Syria (Frente de Libertação Síria). A revista *Time* apontou a Arábia Saudita e o Qatar como os *"international patrons"* dos rebeldes.[60]

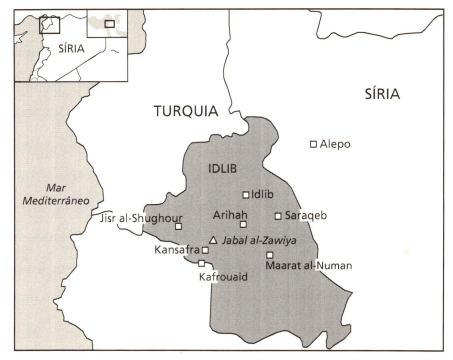

Fonte: BBC

Em toda a Síria, havia no mínimo dez Conselhos Militares, um dos quais, comandado pelo coronel Afif Suleiman, em Idlib, província onde Ahmed Abu Issa já havia implantado a *Shari'ah*. Na região montanhosa de Jebel Zawiya, província de Idlib e centro da insurgência, no noroeste da Síria, onde Ahmed al-Sheikh e Hamza Fatalah realizavam emboscadas e operações de guerrilha,[61] três *warlords* — Abu Issa, Jamal Marouf e Ali Bakran — controlaram as 26 vilas, mas nenhum deles teve condições impor sua liderança sobre o outro. Não se entendiam. Nenhum também queria submeter-se ao Conselho Nacional Sírio, constituído sob os auspícios da Turquia. Não aceitavam uma liderança do exterior.[62] Todos lutavam por poder e também não tinham interesse em um plano de paz da ONU. O Exército Sírio Livre começara a talhar um "mini Estado" em torno das cidades e áreas estratégicas que passou a controlar depois da captura de Azaz, abrindo a fronteira de Bab al-Salama com a

Turquia, e onde implantou a *Shari'ah*.[63] Porém, a situação das chamadas "zonas liberadas" — partes de Idlib, Alepo e Hama — era precária, pois o exército de Assad podia penetrar quando quisesse e só não o fizera porque estava esgotado.

Os Estados Unidos, a França, a Grã-Bretanha, assim como a Turquia, o Qatar e a Arábia Saudita, quando as tentativas de usar o CSNU falharam, organizaram um tal Grupo de Amigos da Síria, que passou a financiar a contratação de mercenários e o fornecimento de armas aos rebeldes. As jornalistas Karen DeYoung e Liz Sly em maio de 2012 revelaram, através do *Washington Post*, que os rebeldes sírios estavam a receber significativamente mais e melhores armamentos, pagos pelos países do Golfo Pérsico sob a coordenação dos Estados Unidos.[64] As conexões eram feitas por meio do Syrian Support Group (SSG), constituído por exilados sírios nos Estados Unidos e no Canadá, bem como por antigos oficiais da OTAN, e encarregado de levantar fundos para o Exército Sírio Livre.[65] E, a partir de Istambul, esse grupo secreto comandava a distribuição de suprimentos vitais — fuzis Kalashnikov, metralhadoras BKC, foguetes propulsores de granadas e munição — oriundos dos arsenais de Gaddafi, na Líbia, do Qatar e da Arábia Saudita e transportados pelo serviço de inteligência da Turquia para os rebeldes e mercenários nas fronteiras da Síria.

Ademais de fomentar com armas e dinheiro as organizações islâmicas radicais, os Estados Unidos, a Grã-Bretanha e a França, a guerra psicológica prosseguia, de forma a promover a criação de um clima que permitisse a intervenção na Síria, mesmo sem contar com qualquer aparência de legalidade, como o presidente George W. Bush fizera no Iraque, em 2003. Contudo, a Síria configurava um problema de maior e mais complexa dimensão. Confrontava diretamente os Estados Unidos com os interesses da Rússia e da China, ademais do Irã. E, depois da mentirosa alegação de que Saddam Hussein possuía armas de destruição em massa e da intervenção da OTAN na Líbia, não visou a defender os civis, mas a mudar o regime, matando milhares de civis. Washington virtualmente perdera credibilidade internacional para tomar uma iniciativa unilateral, com apoio aberto apenas da Grã-Bretanha e da França.

NOTAS

1. SHAKESPEARE, 1975, *Hamlet*, Act II, Scene II, p. 1084.
2. GALULA, 2010, p. 43.
3. Aron LUND, "Syrian Jihadism", *Policy Brief*, Swedish Institute of International Affairs, September 14, 2012.
4. State of the Union Addres, The White House — President George W. Bush, http://georgewbush-whitehouse.archives.gov/stateoftheunion/2005/. Miller Center — University of Virginia — State of the Union Address (February 2, 2005), George W. Bush, http://millercenter.org/president/speeches/detail/4464.
5. Ibidem.
6. AJAMI, 2012, p. 52.
7. Itamar RABINOVICH, "The Devil We Knew", *The New York Times*, November 18, 2011.
8. PIRENNE, 1992, p. 74.
9. SCHMITT, 1991, p. 35-37.
10. Homs encontra-se a 450 metros acima do nível do mar, a 160 quilômetros de Damasco e a 190 quilômetros de Alepo. Situa-se às margens do Rio Orontes e é o ponto onde as cidades do interior e a costa do Mediterrâneo se interligam.
11. "Syria unrest: Oil pipeline attacked near Homs", *BBC News*, Middle East, December 8, 2011.
12. "Announcement for International Offshore Bid Round 2011", Syrian Petroleum Co., *Engineer Live*, February 22, 2012.
13. CGG Veritas é uma firma francesa de trabalho geofísico, formada pela fusão das empresas Compagnie Générale de Géophysique (CGG) e Veritas DGC Inc, em 2007. Sua atividade consiste na aquisição de áreas terrestres ou marítimas para monitorar as reservas, analisar e interpretar estudos eletromagnéticos.
14. "A Barrel Full Oil & Gas Wiki — Country Oil & Gas Profiles", Syria Oil & Gas Profile.
15. U.S. Energy Information Administration (EIA), http://www.eia.gov/countries/cab.cfm?fips=SY.
16. William ENGDAHL, "Das Becken der Levante und Israel — eine neue geopolitische Situation? Neuer Persischer Golf-Konflikt um Gas und Öl?", *Neue Rheinische Zeitung (NRhZ)*, September 12, 2012.
17. Sufian ALLAW, "Syria' oil fell between 20% and 25% because of the sanctions... No company withdraw", *Syrian Oil & Gas News* — al-Hayat.

18. Eric Fox, "The Mediterranean Sea Oil And Gas Boom", September 7, 2010.
19. A Bacia Levantina, com enormes reservas, está situada na região oriental do Mediterrâneo, entre o Chipre e o delta do Nilo, e contém 10.000 metros de sedimentos mesozoicos e cenezoicos.
20. "Oil and gas worldwide. Offshore oil treasures in eastern Mediterranean sea", *Neftgaz.RU News.*
21. "Natural Gas Potential Assessed in Eastern Mediterranean", *Science Daily*, April 8, 2010.
22. A Bacia Levantina situa-se no Mar Mediterrâneo, entre a Ásia Menor e o Egito.
23. http://www.yalibnan.com/2010/04/10/levant-basin-holds-122-trillion-cubic-feet-of-natural-gas/ F. William Engdahl, "The New Mediterranean Oil And Gas Bonanza Part I — Israel's Levant Basin — A New Geopolitical Curse?", ASEA — RENSE.COM, 19/2/2012. F. William Engdahl é autor de *Century of War — Anglo-American Oil Politics.*
24. Ibidem.
25. Alain Bruneton, Elias Konafagos e Anthony E. Foscolos, "Economic and Geopolitic Importance of Eastern Mediterranean Gas for Greece and the E.U. Enphasis on the Probable Natural Gas Deposit occurring in the Lybian Sea with the Exclusive Economic Zone of Greece", *Oil Mineral Wealth*, 2011.
26. "Noble Energy Announces Another Significant Discovery in the Levant Basin Offshore Israel". February 6, 2012. In: http://investors.nobleenergyinc.com/releasedetail.cfm?ReleaseID=646478, acessado em 8/4/2017.
27. "Undiscovered Oil and Gas of the Nile Delta Basin, Eastern Mediterranean", Geology.com.
28. "Assessment of Undiscovered Oil and Gas Resources of the Levant Basin Province, Eastern Mediterranean", U.S. Department of the Interior, U.S. Geological Survey.
29. Steven Heydemann, "Managing militarization in Syria", *Foreign Policy*, February 22, 2012.
30. Sophie Shevardnadze, "Assad: Erdogan thinks he's Caliph, new sultan of the Ottoman (EXCLUSIVE)", *Russia Today*, November 9, 2012.
31. Michel Chossudovsky, "SYRIA: British Special Forces, CIA and MI6 Supporting Armed Insurgency. NATO Intervention Contemplated", Global Research, January 7, 2012.
32. Céline Lussato, "La DGSE va-t-elle former les déserteurs syriens? Selon le Canard enchaîné, des agents français actuellement au Liban et en Turquie 'ont pour mission de constituer les premiers contingents de l'Armée syrienne libre'", *Le Nouvel Observateur*, 23/11/2011. "France training rebels to fight Syria", PressTV, November 26, 2011.

33. Michael Ludwig, "Wollen Niedergang wettmachen" Putin attackiert den Westen", *Frankfurter Allgemeine Zeitung*, 9/7/2012.

34. Starr, 2012, p. ix-xi.

35. World news on msnbc.com, http://www.msnbc.msn.com/id/46451682/ns/world_news-the_new_york_times. "U.S. Drones Fly over Syria", *RIA-Novost*, 20/2/2012.

36. Ibidem.

37. Lawrence, 1962, p. 344. Ibidem.

38. Ibidem.

39. Pipes, 1996, p. 4.

40. Itamar Rabinovich, "The Devil We Knew", *The New York Times*, November 18, 2011.

41. Ajami, 2012, p. 61.

42. Starr, 2012, p. 113.

43. Itamar Rabinovich, "The Devil We Knew", *The New York Times*, November 18, 2011.

44. Carole A. O'Leary e Nicholas A. Heras, "Syrian Tribal Networks and their Implications for the Syrian Uprising", The James Town Foundation, *Terrorism Monitor*, Volume 10, Issue 11, June 1, 2012.

45. "Syrian tribes and clans denounce foreign interference", *Russia Today*, 4/2/2012.

46. "Arab League Syria mission to continue Initial report by Arab League observers claims monitors were harassed by the Syrian government and its opponents", *Al Jazeera* — Middle East, January 9, 2012.

47. League of Arab States Observer Mission to Syria, Report of the Head of the League of Arab States Observer Mission to Syria for the period from 24 December 2011 to 18 January 2012, p. 4, 27/1/2012, 1 McAULEY 259.12D 12-21687 (Signed) Muhammad Ahmad Mustafa Al-Dabi — Head of the Mission.

48. Ibidem, p. 4.

49. Ibidem, p. 8.

50. Ibidem, p. 4.

51. Ibidem, p. 8.

52. Ibidem, p. 7.

53. Starr, 2012, p. 213.

54. "Russia and China veto UN resolution against Syrian regime. Anger from Europe and US as two security council powers argue implied threat of sanctions will not bring peace", Associated Press, *The Guardian*, October 5, 2011. George Galloway, "Why NATO 'no-fly zone' in Syria would be disas-

trous. The Syrian opposition is calling for a NATO no-fly zone but, says George Galloway, 'no-flying' means lots of flying and bombing by us of the people down below", Stop War Coalition, October 31, 2011.

55. Luke HARDING, "Nato all but rules out Syria no-fly zone. Syrian president warns that intervention could lead to 'another Afghanistan' as Nato officials say Libya-like action lacks support", *The Guardian*, October 30, 2011.

56. Claudia ANTUNES, "EUA agravam conflito na Síria, diz ex-assessor de segurança", *Folha de S. Paulo*, 6/6/2012.

57. Deborah BERLINCK, "Intervenção militar na Síria será catastrófica, diz Paulo Sérgio Pinheiro", *O Globo*, 1/6/2012.

58. Hwaida SAAD e Nick CUMMING-BRUCE, "Civilian Attacks Rise in Syria, U.N. Says", *The New York Times*, September 18, 2012. "Os governos precisam parar de fornecer armas para os rebeldes — entrevista de Paulo Sérgio Pinheiro", *O Globo*, 18 de setembro de 2012.

59. Ibidem.

60. Rania ABOUZEID, "Syria's Secular and Islamist Rebels: Who Are the Saudis and the Qataris Arming?", *Time*, September 18, 2012.

61. Tracey SHELTON, "On the front lines of Syria's guerrilla war Exclusive account of Sham Falcons, a rebel group waging war against the Assad government from their mountain hideouts", Al Jazeera, June 13, 2012.

62. Jonathan SPYER, "Behind the Lines: Military councils in Syria Behind the Lines: Military councils in Syria", *The Jerusalem Post*, 9/7/2012.

63. Seamus MIRODAN, "Free Syrian army carves out its on 'mini-state' at captured border area", *The Irish Time*, September 17, 2012.

64. Karen DEYOUNG e Liz SLY, "Syrian rebels get influx of arms with gulf neighbors' money, U.S. coordination", *The Washington Post*, May 16, 2012. Tzvi Ben GEDALYAHU, "US Helps Gulf States Arm Syrian Rebels: Report. The US is coordinating with Saudi Arabia and Qatar in arming Syrian rebels. Syria's Muslim Brotherhood also is involved", *Arutz Sheva*, 16/5/2012.

65. Rania ABOUZEID, "Syria's Secular and Islamist Rebels: Who Are the Saudis and the Qataris Arming?", *Time*, September 18, 2012.

Capítulo XX

O FRACASSO DA MISSÃO DA ONU • KOFI ANNAN ACUSA AS POTÊNCIAS OCIDENTAIS DE ACENDER O CALDEIRÃO DE ÓDIOS E ILEGALIDADES DOS REBELDES • *JIHADISTAS* ESTRANGEIROS E AL-QA'IDA NA SÍRIA • CRISTÃOS E DRUSOS PERSEGUIDOS PELOS REBELDES • OPERAÇÕES DE GUERRA PSICOLÓGICA PARA ENGANAR A OPINIÃO PÚBLICA • MASSACRES FABRICADOS PARA A MÍDIA

Os Estados Unidos e seus aliados ocidentais perceberam que não podiam aplicar à Síria a mesma estratégia da Líbia, através da OTAN, extrapolando, criminosamente, a resolução do CSNU. Em abril de 2012, o CSNU encarregou o embaixador Kofi Annan, ex-secretário-geral, de negociar uma trégua na Síria e um acordo que pudesse pacificar o país. Entretanto, a missão, decerto, visava a *vendere fumum*, por parte do Ocidente, uma vez que estava previamente destinada a fracassar. A trégua não dependia apenas do governo de Assad, que não se dispunha a deixar o governo, como demandavam a oposição e o Ocidente. Tratava-se de uma *foreign-sponsored civil war* e qualquer acordo também dependia de uma centena de facções armadas da oposição, sobretudo dos poderes externos, e estes continuavam a apoiá-las e não abandonaram o plano de derrubar o regime de Bashar al-Assad. Não havia maneira de controlar suas provocações, mesmo com o envio de observadores da ONU.[1]

O emir do Qatar, Shaykh Hamad bin Khalifa al-Thani, sabia e disse que o plano de Kofi Annan não teria êxito. E não teve. A missão fracassou, como a da Liga Árabe, porque nem os Estados Unidos nem seus sócios da União Europeia e parceiros sunitas-salafistas do Conselho de

Cooperação do Golfo (CCG) nem a Turquia tinham qualquer interesse em um acordo ou na paz. E o conceito de negociar em política internacional era alheio aos sunitas, predominantes na Síria e nos países do Golfo Pérsico. Pelas mesmas razões, a missão do diplomata argelino Lakhdar Brahimi, que o CSNU designara como sucessor de Kofi Annan, estava destinada a fracassar, como declarou o coronel Abdel Jabbar al-Okaidi, comandante do Exército Sírio Livre em Alepo, em entrevista à France Press.[2] Era o óbvio.

Kofi Annan, posteriormente, declarou ao jornalista Jon Snow, do Channel Four, da TV britânica, que o *"Assad regime will not be defeated militarily"*, e que os rebeldes também não. E não havia opção para uma intervenção militar internacional na Síria. As potências ocidentais, segundo comentou, contribuíram, *"unwittingly"*, para acender um explosivo caldeirão de ódios, ilegalidades, fanatismo e criminalidade *"now burning in the most tender region on earth"*.[3] Por fim, Kofi Annan elogiou a Rússia e a China por bloquear os esforços do Ocidente para internacionalizar a crise.[4]

O ministro do Exterior da Síria, Walid al-Moallem, ao falar na Assembleia Geral da ONU, acusou alguns membros do Conselho de Segurança de apoiar o *"terrorism"*, aludindo aos Estados Unidos, à Grã-Bretanha e à França, e ressaltou que a paz na Síria demandava que Turquia, Arábia Saudita, Qatar, Líbia e outros países parassem de armar, financiar e apoiar a oposição.[5] "Esse terrorismo, que é externamente respaldado, é acompanhado por uma provocação da mídia, sem precedentes, inflamando o extremismo religioso, patrocinado por Estados bem conhecidos na região, que facilitavam o fluxo de armas, dinheiro e *jihadistas* através das fronteiras de alguns países vizinhos" — assim o ministro Walid al-Moallem sintetizou a real situação de seu país.[6]

A *hot revolutionary war*, na Síria, cada vez mais se havia intensificado, em 2012, juntamente com a infiltração de *jihadistas* e as operações de guerra psicológica (*psy-ops*) para enganar a opinião pública e induzi-la a apoiar a intervenção militar do Ocidente, ainda que sem o aval da ONU. O jornalista Sultan al Qassemi, comentarista de questões árabes, denunciou na revista *Foreign Policy* que Al Arabiya e Al Jazeera, os dois principais canais de televisão do Golfo Pérsico, pertencentes às monarquias autocráticas de Qatar e Arábia Saudita, faziam cobertura parcial do conflito na Síria, distorcendo os fatos contra o regime de al-Assad, quase tão mal como seus oponentes.[7] O jornalista Fadi Salem, diretor do Programa de Governança e Inovação da Dubai School of Government, denunciou que ambos os canais de TV pagavam grandes somas de dinheiro a fontes anônimas com informações sobre a Síria, transmitidas via Skype, sendo depois os vídeos reciclados, no YouTube, conforme seus interesses de propaganda política.[8] E o jornalista Stephen Starr contou que Al Jazeera mandou construir modelos de cidades *look-a-like* sírias para filmar, com diretores dos Estados Unidos, da França e de Israel, cenas de soldados espancando e matando civis, para transmitir nos noticiários.[9]

Um dos rebeldes, Qusai Abdel-Razzaq Shaqfeh, da província de Hama, confessou em programa da TV estatal de Damasco que havia atuado como testemunha e fabricado falsas notícias e vídeos sobre eventos para a TV Al Jazeera, com sede em Doha, e colaborado com estrangeiros para armar grupos e atacar as forças de segurança do governo e civis, havendo contactado também profissionais, a fim de montar programas com demonstrações fabricadas e enviar os vídeos aos canais árabes de televisão.[10]

Al Jazeera, do Qatar, e Al Arabya, TV da Arábia Saudita, baseada em Dubai, haviam, entretanto, perdido a credibilidade entre a maioria dos sírios, que as percebiam como instrumentos dos Estados Unidos e de Israel e consideravam sua cobertura dos acontecimentos desequilibrada e facciosa. Os resultados de uma pesquisa — YouGov Siraj poll on Syria, realizada entre 17 e 19 de dezembro de 2011 e financiada pela Qatar Foundation para The Doha Debates — mostraram que, enquanto em outros países as pessoas queriam a renúncia de Bashar al-Assad, 55% da população na Síria defendiam a sua permanência no governo, e uma das principais razões era o medo do futuro, o medo de uma guerra civil.[11] Apenas o jornalista Jonathan Steele publicou essa notícia, no *Guardian*, de Londres, notícia ignorada por quase todas as mídias dos países do Ocidente, cujos governos *"have called Assad to go"*.[12]

Segundo constatou o jornalista Jonathan Steele, os ataques desfechados pela mídia contra a missão da Liga Árabe, chefiada pelo general sudanês Muhammad Ahmad Mustafa Al-Dabi, que esteve na Síria quase ao mesmo tempo da pesquisa, emanaram do temor de que os observadores árabes informassem que a violência não mais estava confinada às forças do regime e que a imagem de protestos pacíficos, suprimidos pelo exército e pela polícia de Assad, era falsa.[13] *"Biased media coverage"* continuou *"to distort"* a missão dos observadores da Liga Árabe, acentuou Steele.[14]

A fundação pontifícia Ajuda à Igreja que Sofre (AIS) também denunciou que as informações sobre a Síria, apresentadas na imprensa ocidental, deviam ser vistas de forma crítica e com "muita reserva". A mensagem enviada à Agência ECCLESIA, pelo responsável de projetos para a região, padre Andrzej Halemba, ressaltou que as notícias causaram "verdadeira indignação" junto da comunidade católica síria e que as pessoas se sentiam "instrumentalizadas e enganadas" pelos meios internacionais de comunicação.[15] "Parece que se ignora o fato de estarem em causa lutas internas de poder, tensões religiosas entre diversos grupos muçulmanos, contendas tribais, atos de vingança e retaliação", assinalou a nota da fundação católica AIS.[16]

Os cristãos na Síria (ortodoxos gregos, católicos siríacos, siríacos ortodoxos, alguns maronitas e protestantes) somavam cerca de 10% da população, apoiavam o regime de Bashar al-Assad e começaram a emigrar em massa, muitos para Tartus, onde se localizava a base naval russa, outros para a Turquia e o Líbano, devido às ameaças e violências das milícias rebeldes, salafistas, como antes acontecera no Iraque, de onde fugiram entre 500.000 e 1 milhão de fiéis, muitos para Damasco,[17] perseguidos após a derrubada de Saddam Hussein, em 2003.[18]

Em Qatana, em julho de 2011, os salafistas atacaram uma demonstração da comunidade de drusos, de apoio ao governo, depois proclamaram um califado islâmico, com a escolha de um emir.[19] E no mínimo 9.000 cristãos tiveram de abandonar seus lares em Qusayr, cidade no ocidente da Síria, e buscar refúgio na Turquia, sob a ameaça do chefe da milícia local, Abdel Salam Harba.[20] Em Homs um grupo armado salafista atacou a igreja católica e a transformou em centro de operações. Nas vilas Al-Haidariya e Al-Ghassaniya, jurisdição de Homs (*Rif Homs*), 17 cristãos que apoiavam o presidente Assad foram assassinados pela Brigada al-Farouk do Exército Sírio Livre.[21] E os insurgentes, ao norte de Latakia, incendiaram a floresta de Kherbet Sulass, antes de fugirem para a fronteira da Turquia.

Também o sequestro de pessoas tornou-se comum, incessante, ao longo das estradas entre Latakia, Jisr al-Shughur e Alepo, para a extorsão de dinheiro, e os sequestrados nessas áreas retornavam sempre às famílias como cadáveres, executados sumariamente se alegavam filiação religiosa ou apoio ao presidente Assad. Nem sempre o motivo era político, porém um modo de fazer dinheiro, em meio ao caos em que várias partes do país se abismaram. O número de sequestrados na Síria, em setembro de 2012, estava entre 2.000 e 3.000 e seus destinos eram desconhecidos, desde o começo do levante, segundo o Syrian Observatory for Human Rights.[22] Uma lista podia ser encontrada no Facebook, contendo ameaças aos partidários do regime, sobretudo militares, se eles se recusassem a desertar. Um dos vários grupos terroristas dedicados aos sequestros e a outros atos de terrorismo era a brigada Ossoud Al--Shahba'a, afiliada ao Exército Sírio Livre, em Alepo. Ninguém na Síria estava imune ao sequestro e à execução sumária pelos rebeldes.

O embaixador-adjunto da Rússia na ONU, Mikhail Lebedev, denunciou a existência de cerca de 15.000 terroristas infiltrados na Síria.[23] E agentes da Arábia Saudita usaram os sunitas no Iraque a fim de persuadir os terroristas de al-Q'aida a que se movessem para a Síria com o objetivo de derrubar o regime alawita de Bashar al-Assad. O próprio Ayman al-Zawahiri, que liderava al-Q'aida, anunciou que estava a apoiar a oposição na Síria, onde, segundo se sabia, já havia aproximadamente 1.000 jihadistas, responsáveis pelos atentados a bomba em Damasco e Alepo, assim como pelo assassinato de generais, a sabotagem do oleoduto e de outras infraestruturas do país.

Além de terroristas de al-Q'aida, estavam também a atuar na Síria militantes da organização sunita iraniana Mujahideen-e-Khalq (MEK). Conforme revelou o jornalista americano Seymour Hersh, em artigo publicado na revista *The New Yorker* (6/4/2012), eles foram treinados (intervenção em comunicações, criptografia, manejo de criptografia e táticas de pequenas unidades), desde 2005, pela Joint Special Operations Command (JSOC), em terreno secreto, cerca de 65 milhas distante de Las Vegas, com o objetivo de realizar operações encobertas no Irã, onde assassinaram, nos últimos anos, cinco cientistas iranianos, com a colaboração do Mossad. Essa organização — Mujahideen-e-Khalq (MEK) — estava na lista do Departamento de Estado, desde 1997, como terrorista.[24]

O embaixador da Rússia na Síria, Azmat Allah Kolmahmedov, comentou com o professor Paulo Sérgio Pinheiro, em missão da ONU em Damasco, a situação da província de Homs, de onde os rebeldes expulsavam os cristãos das cidades de Quasair, Rastan e Talbiseh, parcela da área rural de Idlib e Deir al-Zour, região do Eufrates, promovendo "limpeza religiosa". Por sua vez, o embaixador da Índia, V. P. Haran, destacou a assistência que os serviços de inteligência estrangeiros prestavam aos insurgentes e o embaixador da África do Sul, S. E. Byneveldt, referiu-se à "política dos massacres", enfatizada de forma a favorecer algum tipo de intervenção do Ocidente. Era com o que contava o Conselho Nacional Sírio, em Istambul, completou o professor Paulo Sérgio Pinheiro.

O massacre em Houla, em que foram mortos mais de cem civis, entre os quais 25 crianças, executados a tiro e/ou esfaqueados, em 25 de maio de 2012, os "ativistas" da oposição, através da mídia internacional, trataram de atribuir ao governo. O presidente al-Assad negou-o.[25] E reafirmou que a guerra na Síria era uma "guerra externa promovida por elementos internos".[26] O crime, no caso o massacre dos civis em Houla, não interessava ao governo e sim à oposição, como *trick war*, uma tragédia fabricada com fins de propaganda contra o regime e de forma a encorajar uma intervenção aberta das potências ocidentais, como acontecera na Líbia.

O professor Paulo Sérgio Pinheiro, representante da ONU para investigar o massacre em Houla, declarou à imprensa que havia manipulações de imagens no YouTube, um mito de que a garganta das crianças foram cortadas, mas ninguém conseguiu ter evidência de que isso tenha ocorrido.[27] E contou que entrevistou 20 famílias que tiveram maridos, pais e irmãos assassinados por grupos armados por terem sido leais ao governo,[28] i.e., que foram evidentemente executados pelos bandos da oposição, cerca de cem grupos a atuar na Síria, nem todos da mesma linha e entre eles muitos estrangeiros.[29]

O próprio editor de *BBC World News*, Jon Williams, escreveu que ninguém tinha exatamente detalhes de quem executou os ataques em Houla, nem por que, e que nada ainda estava claro.[30] Qualquer que fosse a causa, ponderou, as autoridades temiam que o massacre de Houla marcasse o começo do aspecto sectário do conflito. A oposição acusou as milícias Aka Shabih'a (fantasmas), aliadas ao governo, pelos massacres em Houla e depois em Qubair. Mas, fora o número dos mortos, ressaltou Jon Williams: *"It's not clear who ordered the killings — or why."*[31] E, após acentuar que *"stories are never black and white — often shades of grey"*, comentou, no artigo publicado no site da *BBC World News*, que os opositores do presidente Assad tinham uma agenda, descrita como *"brilliant"* por uma autoridades ocidental, que a comparou às *"psy-ops"*, técnicas de lavagem cerebral usadas pelos militares dos Estados Unidos e de outros países, *"to convince people of things that may not necessarily be true"*.[32] Um "saudável cepticismo" era qualidade essencial para qualquer jornalista, concluiu Jon Williams, advertindo que os riscos eram altos e tudo podia não ser o que sempre parecia.[33]

O governo da Alemanha, em resposta à deputada Sevim Dagdelen, da Linkefraktion (fração da Esquerda), admitiu haver recebido muitas informações sobre o massacre de Houla, ocorrido em 25 de maio, mas não podia revelar seu conteúdo, pois era *VS-Vertraulich* (confidencial), dado o interesse do Estado, e não havia sólidas informações (*belastbare Informationen*).[34] Não obstante não ter sólidas informações, a Alemanha, como outras potências da Europa, expulsou o embaixador da Síria, acusando o governo de Assad de haver cometido os crimes, sem apresentar qualquer evidência.

Os diários como *Die Welt*, *Bild* e outros, ao contrário do governo da coalizão democrata-cristã-liberal (CDU-CSU-FDP), chefiado pela *Kanzelerin* Angela Merkel, responsabilizaram os rebeldes pelo massacre. Jürgen Todenhöfer, ex-deputado da CDU (Christlich Demokratische Union Deutschlands), foi à Síria, onde entrevistou o presidente Bashar al-Assad para a TV ARD, o canal mais importante da Alemanha, e escreveu um artigo para o diário de massa *Bild*, no qual acusou os rebeldes, al-Qa'ida e organizações radicais de promoverem o massacre como estratégia de marketing (*Massaker-Marketing-Strategie*) contra o governo e forçar uma intervenção militar do Ocidente.[35] A *Massaker-Marketing-Strategie*, para *Medienarbeit* (trabalho de mídia), evidenciou-se mais uma vez com o massacre de 200 pessoas na localidade de Tremseh. A oposição, os Estados Unidos e as potências ocidentais logo acusaram o governo de Assad de matar civis, quando, na realidade, os mortos eram insurgentes, não foram executados e sim alvo de artilharia pesada e ataques de helicópteros.[36] A própria porta-voz da U.N. Supervising Mission na Síria, Sausan Ghosheh, declarou à imprensa que o ataque aparentemente visou grupos e casas específicos, de muitos desertores e ativistas.[37] Tremseh estava ocupada pela oposição havia alguns meses.

Depois que vários vídeos foram exibidos, mostrando as atrocidades — dezenas de cadáveres amarrados e com os olhos vendados sobre um tapete de sangue — e execuções em massa cometidas assumidamente pelos rebeldes na cidade de Alepo, Navi Pillay, a alta comissária da ONU para os direitos humanos, advertiu que as *"opposition forces should be under no illusion that they will be immune from prosecution"*.[38] Tais vídeos, exibidos pelos próprios rebeldes, evidenciavam que os massacres de Houla e outros foram também cometidos pelos insurgentes, com o fito de provocar uma "intervenção humanitária" do Ocidente, como na Líbia.

Um relatório do Human Rights Watch (HRW), sediado em Londres, denunciou detalhadamente torturas, detenções ilegais, execuções extralegais, sumárias e outros crimes de guerra, que também poderiam ser considerados crimes contra a humanidade, cometidos ampla e sistematicamente por milícias do Exército Sírio Livre.[39] Assim, a *covert war*, acompanhada pelas *"psy-ops"*, continuava em andamento e era efetivamente sustentada com armas e dinheiro pelas potências ocidentais e por seus aliados do Conselho de Cooperação do Golfo (CCG), integrado pelas seis monarquias absolutistas e mais retrógradas do Oriente Médio.

Após a derrubada do presidente Hosni Mubarak, abandonado pelos Estados Unidos, que o respaldaram durante décadas, a Arábia Saudita conquistou enorme influência, no Egito, com o advento da Irmandade Muçulmana e dos salafistas, e intensificou o envio de recursos para financiar o movimento islâmico sunita em todo o Oriente Médio. E a

Liga Islâmica Mundial (*Rabitat al-'Alam al-Islami*), fundada em 1962, associou os Wahhabi aos salafistas, em uma cadeia internacional, que incluiu a Assembleia Mundial da Juventude Islâmica, a Federação Internacional de Estudantes e a Associação Islâmica de Estudantes da América do Norte e do Canadá.[40]

O professor de estudos islâmicos contemporâneos da Universidade de Oxford, Tariq Ramadan, revelou que o Qatar e a Arábia Saudita doaram US$ 18 milhões, segundo relatório da Rand Corporation, a grupos salafistas, um pouco antes da eleição no Egito, onde em oito meses de democracia eles ganharam 24% dos assentos da Assembleia.[41] Na Tunísia, também, os salafistas receberam recursos financeiros do Qatar e da Arábia Saudita, e também na Líbia. "Os Estados Unidos são aliados das petro-monarquias do golfo Pérsico, de onde os salafistas recebem recursos financeiros e ideológicos", disse o professor Tariq Ramadan, comentando que é um "jogo bastante complexo", "uma contradição não resolvida", que varia de um país para o outro, uma vez que a desestabilização no Oriente Médio pode ser contrária aos interesses dos Estados Unidos, mas ao mesmo tempo justifica sua presença na região, "o que significa controle".[42]

A estratégia de Washington, acentuada após o colapso da União Soviética, visou a impedir, virtualmente, a estabilidade em qualquer região onde pudesse surgir algum outro poder, ainda que regional, o que explica, em certa medida, a crise no Oriente Médio e, particularmente, em torno do Irã. Os Estados Unidos, porém, não são bem vistos nem queridos pela maioria dos muçulmanos em nenhum país.[43] E os salafistas aproveitaram a oportunidade, aberta pelo Ocidente, para tentar a captura do poder não só na Líbia, mas também no Egito, na Tunísia e na Síria. O terremoto no Oriente Médio e na África do Norte não cessou. E um dos fatores são as ambições da Arábia Saudita, sua preocupação com a assimetria regional, em virtude da influência do Irã sobre o Iraque, sob o domínio dos xiitas, e seu esforço para obter o completo domínio da tecnologia nuclear.[44] A rivalidade entre a Arábia Saudita e o Irã refletia o antagonismo sectário entre a seita sunita-Wahhabi e os xiitas.

Segundo o especialista britânico em Oriente Médio John R. Bradley, autor de *After the Arab Spring: How Islamists Hijacked the Middle East*

Revolts, o Conselho Nacional Sírio (CNS), organizado pelos serviços secretos do Ocidente, era dominado pela Irmandade Muçulmana e sustentado pela Arábia Saudita e pelo Qatar. O chamado Exército Sírio Livre foi organizado e armado com recursos desses dois países árabes e a assistência da OTAN.[45] E foi inchado por mercenários recrutados na Líbia, salafistas, wahhabitas e militantes de al-Qa'ida, os mais radicais fundamentalistas islâmicos, via Líbano e Turquia, que pretendiam massacrar os *alawitas*, xiitas, cristãos, drusos e outras minorias religiosas, consideradas hereges (*kuffār*) e que apoiavam o governo de Assad. O Conselho Nacional Sírio (CNS), criado igualmente pelas potências da OTAN, funcionava em Istambul. O primeiro-ministro Recep Tayyip Erdogan, que mais e mais substituía o secularismo pelo islamismo na Turquia, permitiu ao Exército Sírio Livre o uso das bases turcas em Iskenderun e Antakya, perto da fronteira, facilitou o contrabando de armamentos da OTAN para os insurgentes e autorizou a atuação dos agentes de inteligência dos Estados Unidos e de outros países a operarem em torno de Adana. A Turquia entrou a participar ativamente da guerra na Síria como *pivotal country* dos Estados Unidos e dos sócios da União Europeia.

Outros *pivotal countries*, cujos interesses nacionais de reviver o Império Otomano diferiam da Turquia, eram a tirania teocrática Wahhabi do rei Abdullah bin Abdul Aziz Al-Saud, e o Qatar, cujo emir, o Shaykh Hamad bin Khalifa al-Thani, também autocrata salafista, defendeu publicamente o envio de tropas árabes para a Síria. E, de acordo com fontes de inteligência, forças especiais do Qatar, juntamente com as da Grã-Bretanha, já estavam a operar de forma encoberta, desde 2011, na cidade de Homs, a 152 quilômetros de Damasco, em apoio aos rebeldes, como assessores militares e manejando as comunicações, o suprimento de armas e munições e o recrutamento de mercenários, que entraram e entram na Síria através, sobretudo, da fronteira com a Turquia. Os contingentes estrangeiros aquartelavam-se no distrito de Khaldiya, Bab Amro, ao nordeste, e Bab Derib e Rastan ao norte de Homs.[46]

Cerca de 6.000 militantes sírios, e também líbios, treinados pelas forças especiais do Qatar em Nalut e que serviram na guerra contra Gaddafi, sob o comando do *jihadista* Abdel Hakim Belhadj, do Conselho

Militar de Trípoli, formaram, na fronteira turca, uma brigada — Liwa al-Ummah — com a participação inclusive de irlandeses e armas levadas da Líbia — foguetes antiaéreos 12.5 mm e 14.5 mm, foguetes propulsores de granadas e fuzis PKCs e rifles M16s —, para promover a *Jihad* na terra de *al-Sham*,[47] a Grande Síria (*Bilad al-Sham al-Kabir*), e expulsar os *kuffār, os descrentes ocidentais que ocupavam a região.*[48]

Não apenas da Irlanda, mas também da Noruega mais de 100 *jihadistas* islâmicos foram para a Síria. O tenente-general Kjell Grandhagen, chefe do serviço de inteligência militar da Noruega — *Etterretningstjenesten (E-tjenesten)* —, declarou à Norwegian Broadcasting (NRK) estar "extremamente preocupado com o fato de que alguns norueguses haviam ido para Síria e participavam das batalhas juntamente com os *jihadistas* ligados a al-Qa'ida."[49] E a ministra da Justiça Grete Faremo disse que, quando voltarem ao país, poderão ser processados criminalmente por vínculos e treinamento com al-Qa'ida. Segundo informou o jornal *Aftenposten*, dois dos mais radicais islâmicos da Noruega, o antigo líder de um bando e condenado por extorsão Arfan Bhatti e Mohyeldeen Mohammad, de origem iraquiana e ex-estudante de *Shari'ah* na Universidade Islâmica de Madinah, estavam entre os norueguses que haviam viajado para a Síria, embora a TV NRK noticiasse que Bhatti fora para o Paquistão.[50]

O jornalista-fotógrafo da Grã-Bretanha John Cantlie atravessou a Síria, desde a Turquia, em meados de 2012, com um colega holandês, e foi capturado pelos *jihadistas*. Segundo logo percebeu, alguns deles, cerca de 10 a 15, eram britânicos que falavam inglês com acento de Birmingham, mas havia também cidadãos da Tchetchênia, do Paquistão, de Bangladesh, da Bósnia e de outras nacionalidades. Eram salafistas preocupados com a infiltração de *takfiri'* (apóstatas) no movimento.[51] Uma semana depois os dois jornalistas-fotógrafos conseguiram escapar, mas o fotógrafo John Cantlie levou um tiro no braço.[52] O jornalista sírio Malik al-Abdeh, residente na Inglaterra, declarou à BBC que era inevitável que esses jovens do Reino Unido fossem para a Síria, *"fighting for God and fighting for Islam is one of the pillars of being a Muslim"*. E acrescentou que houve oportunidade de lutar contra os soviéticos no

Afeganistão, contra os russos na Tchetchênia, contra os sérvios na Bósnia *"and now against the Alawites in Syria"*.[53] A despeito da insistência dos rebeldes no contrário, *"there is evidence"* de que os jihadistas estrangeiros estavam comandando a *"holy war"* contra as forças do presidente Bashar al-Assad, escreveu o jornalista Henry Ridgwell.[54]

Muçulmanos chineses radicais, da minoria étnica Turkic Uighur, separatistas da região noroeste de Xinjiang, segundo *The China Post*, também foram lutar na Síria ao lado de al-Qa'ida e de outros grupos terroristas desde maio de 2012. Eram militantes do Movimento Islâmico do Turquistão Oriental e da Associação Educação e Solidariedade do Turquistão Oriental.[55] A estimativa é de que havia na Síria *jihadistas* de 14 nacionalidades africanas ou asiáticas e europeias, i.e., *jihadistas* de três continentes.

Outrossim, em uma zona da Jordânia, mais de 10.000 líbios estavam sendo treinados, conforme várias fontes, e recebiam cerca de US$ 1.000 por mês, pagos pela Arábia Saudita e pelo Qatar, a fim de levá-los a participar da guerra na Síria.[56] Repórteres da BBC descobriram e fotografaram, em uma mesquita de Alepo, três engradados com material bélico enviado para os rebeldes pela Arábia Saudita, oriundo da firma LCW (Lugansk Cartridge Works, sediada em Lugansk/Ucrânia), remetido pela Dastan Engeneering Company Ltd., especializada em armamentos navais e complexos balísticos, na cidade de Kiev, na Ucrânia.[57] Esses armamentos, nas caixas descobertas e fotografadas na mesquita, foram originalmente comprados pela Royal Saudi Arabian Land Forces em fevereiro de 2010, conforme documento afixado sobre elas, e reenviados para os rebeldes em Alepo. O *New York Times* confirmou que a Arábia Saudita estava a enviar armas para os rebeldes, o que, aliás, o governo de Riad nunca negou, mas, aparentemente, suspendeu a remessa de material bélico pesado, por pressão dos Estados Unidos, a recear que caísse em mãos dos terroristas.[58]

Entretanto, conforme posteriormente o *New York Times* revelou, os envios de armamentos letais pela Arábia Saudita e pelo Qatar destinavam-se realmente aos grupos rebeldes mais radicais, *jihadistas*, que lutavam contra o governo de Bashar al-Assad.[59] E a Casa Branca estava na dúvida se, em lugar de uma estratégia de intervenção mínima e indireta, não seria melhor auxiliar a oposição democrática, *"who share our va-*

lues", como declarou, demonstrando completa ignorância, o candidato do Partido Republicano à sucessão do presidente Obama.[60] Os Estados Unidos alegavam que apenas forneciam aos rebeldes informes de inteligência, armamentos leves de segunda mão, como rifles e granadas, por meio da Arábia Saudita e do Qatar. Mas diversas cidades, entre as quais Antakya, ao longo da fronteira da Turquia com a Síria, converteram-se em *bazaar* de material bélico, onde os rebeldes compravam armamentos de *shadowy intermediaries*, negociantes de armas do Qatar, da Arábia Saudita e do Líbano, em uma atmosfera caótica, difícil de identificar a identidade ou o partido ao qual pertenciam.[61]

Segundo Philip Giraldi, ex-analista da CIA, aviões da OTAN, sem insígnias ou qualquer brasão nacional, estavam a aterrissar, havia muitos meses, nas bases militares da Turquia, perto de Iskenderum, na fronteira da Síria, transportando armamentos capturados nos arsenais de Gaddafi, bem como mercenários e voluntários da Líbia, para incorporar-se ao Exército Sírio Livre. Instrutores das forças especiais da Grã-Bretanha continuavam igualmente a cooperar com os rebeldes, enquanto a CIA e contingentes das U.S. Spec Ops (United States Special Operations Command) forneciam e operavam equipamentos de comunicações, orientando os ataques contra as tropas do governo.[62]

Homem muito bem informado, Philip Giraldi revelou ainda ao jornal de Istambul *Hürriyet Daily News* que havia cerca de 50 agentes de inteligência de alto nível dos mais diversos países, entre os quais Estados Unidos, França, Alemanha, Grã-Bretanha e talvez Grécia, a atuar na fronteira da Síria com a Turquia.[63] Os paramilitares dos Estados Unidos baseavam-se no Consulado em Adana ou na base aérea de İncirlik e dirigiam as operações de dentro da Turquia, com a cooperação do seu serviço de inteligência, o Milli İstihbarat Teşkilatı (MİT).

O primeiro-ministro Tayyip Erdogan já havia se referido à presença de contingentes da Grã-Bretanha e do Qatar na Síria quando falou no Parlamento de Ankara, em 7 de fevereiro de 2012, e admitiu a possibilidade de enviar forças turcas e árabes a Homs e, posteriormente, a outras cidades.[64] E a missão do caça Phantom RF-4E da Força Aérea da Turquia, que invadiu o espaço aéreo da Síria em junho de 2012 e foi

A SEGUNDA GUERRA FRIA

abatido, era exatamente testar a rota e a defesa aérea do país. A Turquia, em sua rivalidade com o Irã, fazia um jogo obscuro e abrigou grande número de líderes da oposição a Assad, inclusive 300 integrantes do Exército Sírio Livre, milícias de militares desertores assim como, de acordo com algumas fontes, armou os insurgentes e autorizou que fossem abastecidos de armas pela Arábia Saudita e pelo Qatar.[65] O que Ankara manifestava, aparentemente, era o intuito de internacionalizar o conflito e estabelecer a hegemonia turca sobre a Síria e demais países árabes, restaurando, ainda que informalmente, o Império Otomano.[66]

Entre mentes, enquanto Estados Unidos, Grã-Bretanha, França e Alemanha realizavam um jogo de cena no CSNU, responsabilizando o presidente Assad pela continuidade da violência, seus respectivos governos, conforme os diários *Bild am Sonntag* e *Süddeutsche Zeitung*, da Alemanha, e *Sunday Times*, da Grã-Bretanha, noticiaram, haviam autorizado tropas especiais do Special Air Service (SAS) e os agentes especiais do MI6 e do BND a monitorar os ataques das milícias do Exército Sírio Livre contra as forças do regime na Síria.[67] Sem mandato do Parlamento (*Bundestag*), a Marinha de Guerra da Alemanha a serviço do BND (*Bundesnachrichtendienst*), que possuía o melhor serviço de inteligência na Síria, estacionou no Mediterrâneo[68] o navio-espião *Oker* (A53) (*Flottendienstboot Klasse 423*), com 40 comandos especialistas em inteligência estratégica (*Strategische Aufklärung*), sob o comando do capitão de corveta Omar de Stefano,[69] equipado com *Fernmelde — und SIGINT-stechnik* (*Signals Intelligence*), i.e., com equipamentos eletromagnéticos, hidroacústicos e sensores eletro-óticos.

A missão dos navios alemães consistia em captar e decifrar as telecomunicações da Síria, gravar todas as mensagens e comunicações militares e dos membros do governo e do Estado Maior e também descobrir com o scanner-satélite a movimentação das tropas sírias até um raio de 600 quilômetros do litoral. Seu ponto de apoio era a Base Aérea de Incirlik, operada pelas forças áreas dos Estados Unidos e da Turquia, 12 quilômetros a leste de Adana, onde a Alemanha instalou um centro de escuta permanente para interceptar todas as ligações telefônicas efetuadas em Damasco. Outros navios — *Alster* (A 50) e *Oste* (A 52) — a serviço do Kommando Strategische Aufklärung (Comando de Inteligência Estratégica), da Bundeswehr (Forças Armadas), operavam na região.[70] O governo da Alemanha, entretanto, negou, como era previsível, que estivessem os navios em missão de inteligência. É uma atividade que nenhum país oficialmente confirma.

Estavam a combater o regime de al-Assad grupos estrangeiros ligados à Irmandade Muçulmana, ademais de outros *"very dangerous set of actors"* (um elenco muito perigoso de atores), que participam da oposição armada, conforme a própria Hillary Clinton, secretária de Estado, reconheceu numa entrevista à jornalista Kim Ghattas, da BBC, em 27 de fevereiro de 2012. E esses atores, a própria Hillary Clinton citou, eram "al-Qa'ida, Hamás, e outros que estão em nossa [Estados Unidos] lista de terroristas".[71] Mesmo assim o denominado grupo "Amigos da Síria", composto pelos Estados Unidos e por seus aliados da Europa e do Golfo Pérsico, decidiu destinar US$ 100 milhões para pagar salários aos insurgentes, por meio de um fundo do Conselho Nacional Sírio, e os Estados Unidos comprometeram-se a fornecer-lhes equipamentos de comunicação, ademais de ter dezenas de *drones* (aviões teleguiados) sobrevoando a Síria para dar informações logísticas às forças da oposição, assim como assessores da CIA.

Os combatentes estrangeiros, inclusive os terroristas de al-Qa'ida,[72] continuaram, entrementes, a infiltrar-se na Síria, tanto pelas fronteiras da Turquia quanto pelas fronteiras do Líbano. A Arábia Saudita, ao perceber de que o governo de Bashar al-Assad podia derrotar a oposição, segundo as fontes de inteligência do DEBKA*file*, tratou de persuadir os grupos de al-Qa'ida de que os *alawitas*, dominando a Síria, eram os mais perigosos inimigos.[73] E o ministro do Interior do Iraque, Adnan al-Assadi, confirmou que grande número de *jihadistas* haviam ido para a Síria e que o preço das armas subira em Mosul porque estavam sendo enviadas de Bagdá para Nínive, na margem oriental do rio Tigre. A agência israelense DEBKA*file* estimou que uma rede de cerca de 1.500 combatentes de al-Qa'ida — sírios, egípcios, líbios, mauritanos, paquistaneses, libaneses e palestinos — havia ido para a Síria.[74] A própria secretária de Estado, Hillary Clinton, declarou à imprensa saber que o líder de al-Qa'ida, Ayman al-Zawahiri, sucessor de bin Ladin, estava *"supporting the opposition in Syria"*, e admitiu que os Estados Unidos se encontravam do mesmo lado.[75] E, em encontro secreto com chefes do Conselho Nacional Sírio, prometeu-lhes que os Estados Unidos continuariam a dar-lhes assistência logística e prover-lhes de sofisticados aparelhos de comunicação para coordenar os esforços militares em terra.

O YouTube, em julho de 2012, exibiu um vídeo em que insurgentes mascarados, à frente da bandeira negra de al-Qa'ida e portando rifles AK-47s, diziam estar formando células de suicidas na Síria para fazer a *Jihad*, em nome de Deus.[76] O jornalista Rod Nordland, do *New York Times*, comentou que al-Qa'ida havia ajudado a mudar a natureza do conflito, injetando, com crescente frequência, a arma aperfeiçoada no Iraque — homens-bombas — na batalha contra o presidente Bashar al-Assad.[77] *"The evidence is mounting that Syria has become a magnet for Sunni extremists, including those operating under the banner of Al Qaeda"*, comentou o jornalista Rod Nordland, acrescentando: *"The video (...) is one more bit of evidence that Al Qaeda and other Islamic extremists are doing their best to hijack the Syrian revolution."*[78]

O serviço de inteligência da Alemanha, o BND, informou ao *Bundestag* (Parlamento) que, desde o fim de dezembro de 2011 até o começo de julho de 2012, 90 ataques terroristas na Síria podiam ser atribuídos a organizações ligadas a al-Qa'ida ou grupos *jihadistas*.[79] Em maio, um terrível ataque terrorista ocorreu em Damasco, com a explosão de um carro-bomba junto ao complexo do Idarat al-Mukhabarat al-Amma (Diretório Geral de Inteligência). Cerca de 55 pessoas morreram e 400 ficaram feridas.[80] Esse foi um entre mais de uma centena de ataques terroristas, com suicidas e carros-bomba, realizados em Damasco, Alepo, Daraa, Idlib, Deir ez-Zor e outras cidades da Síria desde, pelos menos, dezembro de 2011. E, em julho de 2012, um ataque terrorista contra o quartel-general da Segurança Nacional, executado por um homem-bomba, matou o general Dawoud Rajiha, ministro da Defesa, e o vice-ministro, general Assef Shawkat, cunhado do presidente Assad, além de diversos outros oficiais, e feriu seriamente o ministro do Interior, Muhammad Ibrahim al-Sha'ar.

Tais atentados foram realizados pela Frente de Defesa do Povo do Levante (*Jabhat al-Nusra li-ahl al-Sham*), ligada a al-Qa'ida, Organização de Base da *Jihad* na Mesopotâmia (*Tanzim Qaidat al-Jihad fi Bilad al-Rafidayn*), que antes operava no Iraque, e diversas outras organizações, cujas milícias também se enfrentavam pelo controle de ruas e de quarteirões. Os *jihadistas* afluíram para a Síria da Jordânia, do Líbano, do Iraque, do Egito, da Tunísia, da Argélia, dos Emirados Árabes Unidos, da Arábia Saudita, da Palestina, do Kuwait, do Iêmen, assim como de países islâmicos não árabes — Afeganistão e Paquistão. Eles formavam centenas de milícias/brigadas (*kataeb*) autônomas, algumas afiliadas frouxamente ao Exército Sírio Livre, mas, organizadas localmente, só atuavam nas suas respectivas regiões. E recrutavam insurgentes nos cinturões de pobreza, os subúrbios de Alepo e Damasco, onde as classes médias geralmente permaneciam quietas.[81]

A Síria estava sendo fraturada e controlada por brigadas rivais, que não ousavam atravessar e entrar no território de outras brigadas sem confrontos e derramamento de sangue. Esses conflitos eram frequentes em Idlib e Alepo, onde competiam pelo poder e influência, com base nas suas interpretações religiosas e culturais, sobretudo entre muçulmanos não árabes, do Paquistão, do Afeganistão, da Tchetchênia, dos Bálcãs, inclusive com relação às mulheres, especialmente as viúvas e filhas de partidários do regime, que assaltavam sexualmente, tomavam como espólios de guerra e exploravam como escravas.[82] De acordo com o Office of the United Nations High Commissioner for Refugees (UNHCR), a violência que conflagrava Alepo era de tal magnitude que cerca de 30 famílias desalojadas necessitavam diariamente de urgente ajuda.[83]

O presidente da Rússia, Vladimir Putin, comentou, em uma entrevista às TV Russia Today — TV Novosti, que usar militantes de al-Qa'ida e de outras organizações radicais para combater o regime Bashar al-Assad era perigoso, o mesmo que abrir a prisão de Guantánamo, dar armas a todos os prisioneiros e enviá-los para lutar na Síria. Era "o mesmo tipo de gente", ressaltou Putin, qualificando a atuação de Washington como política de visão curta, a mesma de quando os Estados Unidos deram apoio ao surgimento de al-Qa'ida, que depois voltou o fogo contra eles.[84]

A SEGUNDA GUERRA FRIA

Aparte o antagonismo religioso, entre os sunitas e salafistas-Wahhabi das autocracias do Golfo Pérsico e os *alawitas* de Bashar al-Assad, apoiados pelos xiitas do Irã e, discretamente, do Iraque, havia também questões econômicas entrelaçadas. De acordo com Vijay Prashad, autor da obra *Arab Spring, Libyan Winter*, e o jornalista Pepe Escobar, especializado em Oriente Médio, um dos objetivos do Qatar, *inter alia*, ao defender e apoiar por todos os meios as tentativas de *regime change* de Bashar al-Assad, seria obstruir a construção do gasoduto entre Irã, Iraque e Síria,[85] cujo acordo preliminar os ministros de Energia celebraram em julho de 2011.[86] Esse gasoduto de 1.500 quilômetros partiria de Assalouyeh, onde está localizado o maior campo de gás natural do mundo, com reservas de 14 trilhões de metros cúbicos recuperáveis, no Irã, à margem do Golfo Pérsico, e atravessaria o Iraque até Damasco, com a capacidade de transferir 110 milhões de metros cúbicos de gás natural por dia, produzidos pela Iranian South Pars.[87]

O ministro do Petróleo do Irã, Rostam Qasemi, anunciou que sua produção de gás, em 2014, com um investimento de US$ 54 bilhões, chegaria a 1,5 milhão bpd por volta de 2016.[88] Igualar-se à do Qatar, emirado com o qual a Turquia pretendia construir um gasoduto de 2.500 quilômetros, de Doha até Istambul, no Mediterrâneo, atravessando Arábia Saudita, Jordânia e Síria, bem como, talvez, conectar-se com o projetado gasoduto Nabucco. Esse projeto — o gasoduto Nabucco —, considerado fundamental pelo governo da Alemanha e de outros países da Europa, para não permanecerem dependentes do gás da Rússia, perdera, aparentemente, a chance de concretização. Ademais da concorrência com o gasoduto Trans-Adriático, cuja construção prosseguia, os principais fornecedores, que seriam o Azerbaijão e o Turcomenistão, relutavam em assumir qualquer compromisso com o Nabucco, devido às pressões da Gazprom e de Moscou.

O emir do Qatar, Shaykh Hamad bin Khalifa al-Thani, cujo interesse, *inter alia*, era impedir o projeto do gasoduto entre Irã, Iraque e Síria, insistiu em advogar, na Assembleia Geral da ONU, que os países árabes, i.e., as autocracias sunitas-salafistas do Conselho de Cooperação do Golfo (CCG), tinham o "dever militar" de invadir a Síria. Mas nem ele nem os rebeldes, que continuavam a apelar pela intervenção estrangeira, avaliaram o impacto que o ataque ao Consulado dos Estados Unidos em Benghazi causou nos Estados Unidos, ao verem na televisão os jovens enfurecidos na Líbia, no Egito e no Iêmen, atacando as instalações americanas.[89] Esse trágico evento, que resultou na morte do embaixador Christopher Stevens e de outros três funcionários americanos, acautelou os Estados Unidos de que, eventualmente, poderiam apoiar uma intervenção unilateral na Síria, onde a oposição estava *"fragmented, radicalized and increasingly well-armed"*, como notou Ian Bremmer, presidente do Eurasia Group, firma especializada em *risk-management*, acrescentando que *"that conflict will drag on without intervention by outsiders for some time to come"*.[90] As consequências da desintegração do regime de Bashar al-Assad poderiam ser muito piores do que na Líbia. Nem os Estados Unidos nem as potências da União Europeia, nem a Turquia nem os países CCG se prepararam — nem podiam fazê-lo — para enfrentar o desmonte do Estado organizado pelo Partido Baath na Síria.

NOTAS

1. "Annan — Assad agree approach to Syria crisis", *Al-Akhbar*, July 9, 2012.
2. Elad BENARI, "Syrian Rebels: Peace Envoy Brahimi's Mission is Doomed. UN-Arab League envoy Lakhdar Brahimi ends his first visit to Syria, as a rebel commander says his mission would fail", *Arutz Sheva* — Israel National News, 9/16/2012.
3. Jon SNOW, "Kofi Annan's dire warning on Syria", *Channel Four Snowblog*, October 8, 2012.
4. Ibidem.
5. "Syria tells US and its allies to stop 'interfering' in its civil war", Associated Press in New York, *The Guardian*, October 1, 2012. "Syrian Minister: Assad Is 'Not in a Bunker'", *Al-Monitor*, September 29, 2012.
6. Ibidem.
7. Sultan AL QASSEMI, "Breaking the Arab News. Egypt made al Jazeera — and Syria's destroying it", *Foreign Policy*, August 2, 2012.
8. Ibidem.
9. STARR, 2012, p. 213, 60.

10. "Syria's official TV airs confessions of alleged terrorists", *English.news.cn*, 3/9/2011.
11. "Arabs want Syria's President Assad to go — opinion poll", *The Doha Debates* — Member of Qatar Foundation, January 2, 2012.
12. Jonathan STEELE, "Most Syrians back President Assad, but you'd never know from western media. Assad's popularity, Arab League observers, US military involvement: all distorted in the west's propaganda war", *The Guardian*, January 17, 2012.
13. Ibidem.
14. Ibidem.
15. "Síria: Fundação católica internacional contesta cobertura dos media ocidentais".
16. Ibidem.
17. Philip GIRALDI, "NATO vs. Syria", *The American Conservative*, December 19, 2011.
18. Jack HEALY, "Exodus From North Signals Iraqi Christians' Slow Decline", *The New York Times*, March 10, 2012. "Mosul Iraq's 'Most Dangerous City' for Christians", *Worthy News*, 20/8/2012.
19. "In Homs, 30 Dead as Communal Factions Fight; Bukamal and Qatana Light Up as Calm Returns to Hama", *Syria Comment*, July 18, 2011. *Starr*, 2012, p. 79.
20. "Syria Christians Targeted by Islamist Rebels amid Massive Exodus", *Worthy Christian News*, Daily Christian News Service, August 23, 2012. "Syrian Islamist opposition casts out Christians", *Russia Today*, June 14, 2012.
21. Kamel SAKR, "Sectarian cleansing in Rif Homs", *Al-Quds al-Arabi* — MidEast Wire.
22. Marah MASHI, "Kidnapping in Syria: An Economy of War", *Al Akhbar*, September 28, 2012.
23. Tom MILES, "Russia says 15,000 foreign 'terrorists' in Syria", Reuters, March 8, 2012.
24. Seymour M. HERSH, "Our Men in Iran?", *The New Yorker*, April 6, 2012.
25. "Syria crisis: Assad denies role in Houla massacre", *BBC News World*, June 3, 2012.
26. "Em rara aparição, Assad nega massacre e justifica repressão feroz a opositores — Presidente sírio faz pronunciamento surpresa transmitido pela TV estatal síria", *O Globo*, 3/6/2012.
27. "Grupos armados já têm mais poder de fogo", entrevista de Paulo Sérgio Pinheiro, *O Globo*, 26/6/2012.
28. Ibidem.
29. Ibidem.

30. Jon WILLIAMS, "Reporting conflict in Syria", *BBC World News*, June 7, 2012.
31. Ibidem.
32. Ibidem.
33. Ibidem.
34. "Gewalt in Syrien Deutschland beteiligt sich an Propaganda", *Frankfurter Allgemeine Zeitung*, 16/7/2012. "Tremseh killings targeted rebels — UN monitors", *Russia Today*, July 15, 2012. "Syria: UN probes Tremseh massacre reports", *BBC News*.
35. Jürgen TODENHÖFER, "Mein Treffen mit Assad", *Bild*, 9/7/2012. "Todenhöfer kritisiert 'Massaker-Marketing-Strategie' syrischer 'Rebellen'", *Mein Parteibuch Zweitblog*, 9/7/2012.
36. "Tremseh killings targeted rebels — UN monitors", Russia Today, July 15, 2012. "Syria: UN probes Tremseh massacre reports", *BBC Middle East*, July 14, 2012.
37. CNN WIRE STAFF, "U.N. team inspects site of reported Syrian massacre, *CNN*, July 14, 2012.
38. Kareem FAHIM, "U.N. Official Warns Syrian Rebels About Atrocities", *The New York Times*, September 10, 2012.
39. Damien MCELROY, "Syrian rebels accused of war crimes. Human rights groups have accused Syrian rebels of war crimes for carrying out summary executions and imposing arbitrary justice on hundreds of regime detainees consigned to makeshift prisons", *The Telegraph*, August 10, 2012. Aryn BAKER, "Why the Syrian Rebels May Be Guilty of War Crimes. A new Human Rights Watch report details abuses by the Free Syrian Army", *Time*, September 19, 2012.
40. John R. BRADLEY, "Saudi Arabia's Invisible Hand in the Arab Spring How the Kingdom is Wielding Influence Across the Middle East", *Foreign Affairs*, October 13, 2011.
41. Interview with Islamic Scholar Tariq Ramadan on the Growing Mideast Protests and "Islam & the Arab Awakening", *Jadaliyya — Democracy Now!.* Marcelo Ninio, "Protestos Contra Filme Anti-Islã — Casa Branca apoia petromonarquias que financiam islamitas radicais/Entrevista/Tariq Ramadan", *Folha de S. Paulo*, 17/9/2012 http://www1.folha.uol.com.br/fsp/poder/66789-filme-anti-isla-e-usado-por-radicais-em-seu-jogo-politico.shtml, acessado em 7/4/2017.
42. Ibidem.
43. Ibidem.
44. Frederic WEHREY, Theodore W. KARASIK, Alireza NADER, Jeremy GHEZ, Lydia HANSELL e Robert A. GUFFEY, "Saudi-Iranian Relations Since the Fall of Saddam Rivalry, Cooperation, and Implications for U.S. Policy", Sponsored by the Smith Richardson Foundation, RAND — National Security Research Division, 2009, p. ix.

45. James Hider, "Secret deal to supply arms to resistance", *The Times*, January 26, 2012.

46. "First foreign troops in Syria back Homs rebels. Damascus and Moscow at odds", *DEBKAfile Exclusive Report*, February 8, 2012.

47. Mary Fitzgerald, "The Syrian Rebels' Libyan Weapon — Meet the Irish-Libyan commander giving Bashar al-Assad nightmares", *Foreign Policy*, August 9, 2012.

48. *Jihad in Islam*, 1429h ? 2008, Hizb ut-Tahrir Publications, p. 16-18.

49. "Concerns rise over Norwegians fighting in Syria", *Newsinenglish.no*. "Up to 100 Norwegians join Syrian war", *The Norway Post*, October 20, 2012. "Norske politikere advart mot navngitte islamister. I et hemmelig stortings-møte ble norske toppolitikere nylig orientert om potensielle navngitte isla-mistiske terrorister i Norge, skriver Dagbladet", *Aftenposten*, 22/10/2012.

50. Ibidem.

51. Henry Ridgwell, "Britons Among Foreign Jihadists Fighting in Syria", *Voice of America*, September 26, 2012. James Longman, "Syria conflict: British fighters seek jihad", *BBC News*, August 16, 2012.

52. "Syria conflict: Photographers' UK jihadist claim considered. Reports that Britons were among Islamist militants who kidnapped and wounded two photographers in Syria are being taken 'very seriously' by ministers, the Foreign Office has said", *BBC News UK*, August 11, 2012.

53. James Longman, "Syria conflict: British fighters seek jihad", *BBC News*, August 16, 2012.

54. Henry Ridgwell, "Britons Among Foreign Jihadists Fighting in Syria", *Voice of America*, September 26, 2012.

55. Christopher Bodeen, "Beijing report says Chinese Muslims are fighting in Syria", *The China Post*, October 30, 2012.

56. "Made in Jordan: Thousands of gunmen preparing to enter Syria?", *Russia Today*, February 21, 2012. V. também: http://lcw.lg.ua/index.php/en/, acessado em 7/4/2017 e http://dastan-engineering.com/, acessado em 7/4/2017.

57. "'Saudi weapons' seen at Syria rebel base. A BBC team has uncovered evidence that could prove that Syrian rebels are getting military assistance from the Gulf region", *BBC News Middle East*, October 8, 2012. J. Chivers, "What a Crate in Syria Says About Saudi Help to the Rebels", *The New York Times*, October 11, 2012. V. também: http://lcw.lg.ua/index.php/en/, acessado em 7/4/2017, e http://dastan-engineering.com/, acessado em 7/4/2017.

58. Robert F. Worth, "Citing U.S. Fears, Arab Allies Limit Syrian Rebel Aid", *The New York Times*, October 6, 2012.

59. David E. Sanger, "Rebel Arms Flow Is Said to Benefit Jihadists in Syria", *The New York Times*, October 14, 2012.

60. Ibidem.
61. Ibidem.
62. Philip GIRALDI, "NATO vs. Syria", *The American Conservative*, December 19, 2011.
63. "There are 50 senior agents in Turkey, ex-spy says", *Hürriyet Daily News*, Istambul, September 18, 2012.
64. Ibidem. Dorian JONES, "Turkey Debates Role in Possible Syria Intervention", *Voice of America*, February 7, 2012.
65. Ibidem. Jürgen GOTTSCHLICH, "Türkei im Syrien-Konflikt. Ankara hadert mit seiner Retterrolle", *Spiegel*, 9/2/2012.
66. Ibidem.
67. "BND-Rolle im Syrien-Konflikt. Opposition fordert Aufklärung über Marineschiff", *Süddeutsche Zeitung*, 20/8/2012. "BND spioniert Assads Truppen mit High-Tech-Schiff aus", *Focus Online*, 19/8/2012. Martin S. LAMBECK e Kayhan ÖZGENC, *Assad-Armee Unter Beobachtung Deutsches Spionageschiff kreuzt vor Syrien, Bild am Sontag*, 19/8/2012. "Tropas especiais de países da OTAN norteiam a guerra civil na Síria", *Pravda.ru*, 2/9/2012.
68. Rüdiger GÖBEL, "Aufklärung unerwünscht", *AG Friedensforschung*, August 21, 2012.
69. Christoph REUTER e Raniah SALLOUM, "Bürgerkrieg in Syrien. Das Rätsel des deutschen Spionage-Schiffs", *Der Spiegel*, 20/8/2012.
70. Thorsten JUNGHOLT, "Wie die Bundesregierung in Syrien spioniert — Aufklärungsschiffe aus Eckernförde, Satellitenbilder und BND-Agenten liefern Deutschland ein eigenes Lagebild des Bürgerkrieges in Nahost. Die Daten könnten über die Türkei weitergereicht warden", *Die Welt*, 19/8/2012.
71. Elliott ABRAMS, "America's Duplicity with the Syrian Opposition", *National Review Online*, February 27, 2012.
72. "Fighters 'entering Syria from Lebanon' — Al Jazeera's James Bays reports from northern Lebanon. Armed groups, including al-Qaeda, have allegedly sent fighters across Lebanon's northern border into crisis-torn Syria", *Al Jazeera*, February 20, 2012.
73. "Saudis prompt Al Qaeda-Iraq move to Syria: Assad's ouster top priority", *DEBKAfile Special Report*, February 13, 2012. Liz SLY e Greg MILLER, "Syrian revolt grows militant. General gunned down in Damascus Bombings add to fears of al-Qaeda influence", *The Washington Post*, 12/2/2012.
74. Ibidem.
75. Wyatt ANDREWS, "Clinton — Arming Syrian rebels could help al Qaeda", *The Arab Spring CBS Evening News* (with Scott Pelley), February 27, 2012.

76. Rod NORDLAND, "Al Qaeda Taking Deadly New Role in Syria's Conflict", *The New York Times*, July 24, 2012.
77. Ibidem.
78. Ibidem.
79. "Gewalt in Syrien. Deutschland beteiligt sich an Propaganda", *Frankfurter Allgemeine Zeitung*, 16/7/2012. John ROSENTHAL, "German intelligence: al--Qaeda all over Syria", *Asia Times — Middle East*, July 24, 2012. "BND: Al-Qaida in Syrien verantwortlich für etwa 90 Terrorangriffe und Houla-Massaker".
80. Ian BLACK, "Syria suffers worst terror attack since start of uprising", *The Guardian*, May 11, 2012.
81. Aron LUND, "Syrian Jihadism", *Policy Brief*, Swedish Institute of International Affairs, September 14, 2012, p. 9.
82. Radwan MORTADA, "Jihadis in Syria: The Cracks Start to Show", *Al-Akhbar English*, October 3, 2012.
83. "Number of Syrians displaced by conflict continues to rise, UN refugee agency reports", UNHCR — UN Refugee Agency.
84. "Putin: Using Al-Qaeda in Syria like sending Gitmo inmates to fight (Exclusive)", *Russia Today* — TV-Novosti, September 6, 2012.
85. Pepe ESCOBAR, "Why Qatar wants to invade Syria", *Asia Times*, September 28, 2012. Pepe ESCOBAR, "Syria's Pipelineistan war. This is a war on deals, not bullets", Al Jazeera, August 6, 2012.
86. Hassan HAFIDH e Benoit FAUCON, "Iraq, Iran, Syria Sign $10 Billion Gas-Pipeline Deal", *The Wall Street Journal*, July 25, 2011.
87. Ibidem.
88. Stephanie CLANCY, "Pipeline projects in the Middle East", *Pipelines International*, March 2010.
89. Tony KARON, "Despite Syria's Bloodbath, Libya-Style Intervention Remains Unlikely", *Time*, September 21, 2012.
90. Ibidem.

Capítulo XXI

A GRANDE SÍRIA OU *BILAD-AL-SHAM*, CENÁRIO DO FIM DOS TEMPOS • ADVENTO DO IMĀM AL-MAHDI COMO ATRAÇÃO PARA OS *JIHADISTAS* • PROFECIAS ESCATO-LÓGICAS DAS GRANDES RELIGIÕES MONOTEÍSTAS • O COMEÇO DO *AL-MALHAMA-TUL-KUBRA* • BRIGADAS DE VÁRIOS PAÍSES ÁRABES NA SÍRIA • PROVOCAÇÕES DA TURQUIA E RESPALDO ABERTO AOS REBELDES

Ademais dos interesses geopolíticos, estratégicos e econômicos que determinaram a participação de diversos atores estrangeiros na *foreign-sponsored civil war* visando a derrubar o regime de Bashar al-Assad, um fator escatológico tornou a Síria forte e complexo atrativo, um ímã para milhares de *jihadistas*, oriundos dos mais distantes e diversos países islâmicos crentes de que lá estava a ocorrer a batalha do fim dos tempos, na qual o advento do Imām al-Mahdi ocorreria no Último Dia, advento de urgente importância tanto para os sunitas quanto para os xiitas.

O Islã desenvolveu-se a partir de um ramo heterodoxo do judaísmo. Cerca de 700 anos antes da morte de Muhammad (*c.* 570-632 d.C.) tribos judaicas habitaram a Arábia, mais ou menos vinte, em torno de Taima, Kahybar, Yathrib (depois chamada Madina/Medina) e também em Hejaz; logo a Torah (*tawrat*) foi traduzida para o árabe[1] e o judaísmo começou a penetrar as tribos árabes-falantes da região.[2] A difusão do monoteísmo judaico, ainda não rabínico, contribuiu, decerto, para o desenvolvimento do Islã, mais um ramo heterodoxo da doutrina de Moisés e de Abraão.[3] E ambas as religiões — judaísmo e islamismo (também o cristianismo, que teve a igual origem no monoteismo hebraico) — mantiveram alguns dos mesmos traços (entre os quais o ascetismo místico)[4] e crenças, como a do Jardim de Éden (*Gan Eden*) e a do fim dos tempos, o Armagedom chamado pelos árabes de *Al-Malhama-tul-Uzma, Al-Malhama-tul-Kubra*, referida nos *Ahadiths*, que contêm as leis e histórias relacionadas com o Profeta.

Conforme o professor Fred Donner, da Universidade de Chicago, Muhammad havia iniciado, por volta de 622 d.C., um movimento de reforma, a comunidade dos crentes — *mu'minūn* — incluindo judeus e cristãos, que criam em um só Deus e na iminência do Último Dia do Julgamento (*yawm al-din, yawm al-qiyāmah*), o fim das idades.[5] E um dos seus essenciais aspectos era a orientação escatológica, a crença de que a Hora, como várias vezes o fim das idades era referida no *Qur'an*, ocorreria e daí a necessidade de combater os descrentes e hipócritas, a *Jihad*. O Islã assim nasceu de uma "comunidade carismática de guerreiros", estabelecida no oásis de Medina, que depois conquistou Meca e a Ka'bah (630 d.C,), sob o comando do Profeta, que derrotou sua própria tribo Quraysh e esposou o interesse expansionista dos árabes, avançando sobre a Pérsia.[6]

Somente após duas gerações, a partir de 680 d.C., os crentes do *Qur'an* passaram a chamar a si mesmos de muçulmanos (obedientes a Deus) e se diferenciaram dos judeus cristãos, que os consideraram hereges e infiéis. Essa diferenciação se deveu, em larga medida, aos esforços da dinastia Umayyad (660-750 d.C.), particularmente ao *amir al-um'uminin* 'Abd al Malik.[7] Porém, tanto os adeptos do judaísmo quanto do cristianismo e do Islã sempre consideraram a Torah, o *jus divinum*, a *Shari'ah* indestrutíveis[8] e esperaram o fim dos tempos, com a chegada do Messias (*Mâshiyakh*),[9] o "ungido", descendente de Davi, ou o retorno de Cristo ou a vinda do *Al-Mahdi al-Muntadhar* ou *Sahib Al-Zaman* (o Senhor das Idades, o Salvador). As profecias escatológicas das três grandes religiões monoteístas — judaísmo, cristianismo e islamismo — apresentam muitas similaridades, apesar de algumas diferenças.

A Torah e a Bíblia mencionam o Armagedom, mas só os Ahadiths estabelecem a localização do *Al-Malhama-tul-Kubra* na Grande Síria ou *Bilad-Al-Sham*, o Levante, que incluía, sobretudo, a área entre o Rio

Eufrates e o Mar Mediterrâneo, i.e., Iraque, Líbano, Palestina, Jordânia, Sinai, norte de Israel (Galileia) e Alexandretta (Iskanderun) e Hatay (Antióquia), depois integradas à Turquia, *até o mandato francês, instituído pelo Sykes-Picot Agreement*. Essa região, *al-Sham*, que podia significar tanto o Levante (Grande Síria) quanto Damasco, revestiu-se da maior relevância na escatologia islâmica, como o campo de batalha próximo do fim dos tempos.[10]

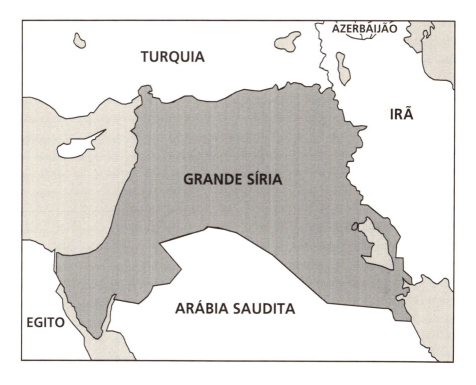

Alguns *scholars* creem que a palavra Armagedom, de origem grega, derivou-se de importante cidade hebraica, na Palestina, nas montanhas de Megiddo (*Har Megiddo*), na baixa Galileia, ao sudoeste de Haifa. E, desde que as sublevações atingiram a Líbia e a Síria, adentrando o *Bilad al-Sham,* muitos árabes sunitas, os *ulamas* da Arábia Saudita, do Qatar e de outros países, passaram a instigar os *jihadistas*, apresentando, dentro uma perspectiva escatológica, como o começo do *Al-Malhama-tul-Kubra,* o que o Ocidente batizou de Primavera Árabe. E a crença, de acordo com os *Ahadiths*, era de que o *Mahdi*, o supremo comandante do *Ummah*, o sucessor do Profeta, haveria de chegar no *Bilad al-Sham*, para conduzir a *Jihadd* e reconstruir o Grande Califado, limpando a terra dos *kuffar*, apóstatas (cristãos, judeus *et alt.*), antes de reconquistar Jerusalém.[11] "A guerra do fim dos tempos já iniciou. Esse é o começo de *Al-Malhama-tul-Kubra*", disse o presidente do Arrahman Qur'an Learning Centre (AQL), o *ulama* Ustadz Bachtiar Natsir, secretário-geral do Ulama Muda Indonesia (MIUMI), em Jacarta, acrescentando que os muçulmanos deviam orientar-se para a arena do fim dos tempos, i.e., para a Síria.[12] Outros *ulamas/muftis* salafis fizeram e continuaram a fazer a mesma pregação.

Entre uma centena ou mais de grupos *jihadistas* que se infiltraram na Síria, estavam as brigadas (*katiba*, pl. *kataib*) Abdullah Azzam de al-Qa'ida, Jabhat al-Nusra li-Bilad al-Sham (Frente de Apoio à Terra da Síria), orientadas pelo clérigo mauritano Abul-Munther al-Shanqiti, e Doura Fighting Group, adeptos da doutrina *takfiri*, salafista ainda mais radical. Essas três organizações se inspiraram em um texto sobre o retorno do sultão Salāḥ ad-Dīn Yūsuf ibn al-Ayyūb (1138-1193),[13] conhecido no curda, que originalmente introduziu a *madrassah* no Egito para suprimir as seitas islâmicas não ortodoxas e conquistou Jerusalém, após vencer a Segunda Cruzada, na batalha de Hattin (1187).[14] O rei Ricardo Coração de Leão (Ricardo I, da Inglaterra, 1157-1199), comandando a Terceira Cruzada, capturou o Acre (Tell Akko), derrotou os sarracenos (assim os muçulmanos eram chamados pelos cristãos na Idade Média), na batalha de Arsuf (1991), perto de Jaffa, mas não conseguiu recuperar Jerusalém para os cristãos. O sultão Salāḥ ad-Dīn, que Walter Scott tornou personagem do romance *The Talisman*, no qual contou que ele pretendeu casar-se com Lady Edith Plantagenet, da Casa Real inglesa, para estabelecer a paz com os cristãos,[15] e Ricardo Coração de Leão, ambos notáveis guerreiros, cultivaram recíproco respeito e não tiveram alternativa senão assinar o Tratado de Ramla, mediante o qual Jerusalém continuaria sob o domínio dos sarracenos, mas aberta à peregrinação e ao comércio dos cristãos.

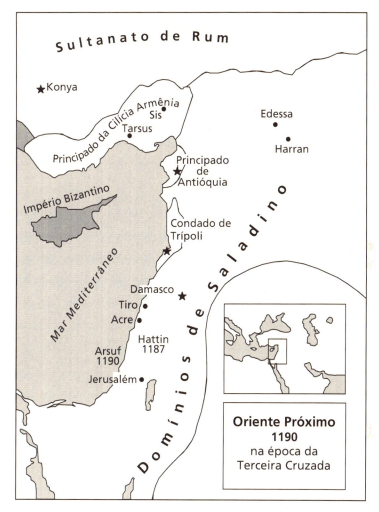

O Oriente Próximo em 1190

O fluxo de brigadas *jihadistas* para a Síria tornou-se intenso, recebendo, perto da base americana de Incirlik, na fronteira da Turquia com a Síria, treinamento especializado em comando, controle e comunicações, e os mais modernos equipamentos bélicos — armas antitanques, mísseis antiaéreos portáteis, propulsores de foguetes com granadas e até mísseis Stinger, fabricados na Turquia, sob licença dos Estados Unidos.[16] O chefe do Estado-Maior das Forças Armadas russas, o general Nikolai Makarov, confirmou que os rebeldes sírios utilizavam lança-mísseis portáteis de diversos Estados, principalmente os Stinger, de fabricação americana.

Os *jihadistas* Shaykhs Mahdi al-Harati e Abdul Hakim al-Misri, antigos comandantes da Brigada de Trípoli, levaram para a Síria inúmeros militantes da Líbia. E, entre pelo menos uma centena de milícias que se formaram para combater o regime de Bashar al-Assad, destacavam-se as brigadas Suqour al-Sham (Falcões da Síria), comandada por Ahmad al-Shaykh, conhecido como Abu-Issam, com mais de 50 unidades, combatendo nas províncias de Idlib, Rif Dimashq, Latakia e Hama, e particularmente em Jabal al-Zawiya, Khan Sheikhoun, áreas leste e oeste, al-Maarah, Saraqeb, Idlib e Sarmin; as brigadas Muhammad al-Khalaf, Daoud, Ansar al-Haq, Rashid Abu-Abdu, Dhi Qar, al-Muhajerin wal-Asar, al-Khansa Brigade, Martyr Muhammad al-Abdallah e al-Ansar, comandada por Abu-Ali al-Ansari, antigo militante da Fatah al-Islam, do Líbano, que passou para a Síria, após fugir da prisão, lutando em Homs.[17] E a organização Jabhat al-Nusra (Frente de Proteção do Levante), comandada por Mohammed al-Golani, foi que efetuou inúmeros atentados terroristas a bomba em Alepo e Damasco, duas das cidades mais antigas da Síria.[18]

A violência recrudesceu mais e mais na Síria, com a participação de grupos terroristas *"foreign-backed"*, e o enviado especial da ONU, embaixador Lakhdar Brahimi, declarou que Damasco estimava em milhares o número de combatentes estrangeiros.[19] O professor Paulo Sérgio Pinheiro, no informe de outubro à Comissão de Direitos Humanos da ONU, em Genebra, ressaltou que a presença de centenas de *"radical Islamists or jihadists"* na Síria era particularmente perigosa, elevando dramaticamente as tensões sectárias, que eles "não combatiam pela democracia e liberdades, mas estavam a combater por suas próprias agendas".[20]

Os muçulmanos moderados lutavam contra os salafistas e jihadistas e outros grupos islâmicos, de diversas e adversas crenças, e a poderosa brigada Farouq, cujo centro de operação era Homs, e a brigada Sukour al-Sham, de Idlib, formaram a frente de libertação, a fim de intensificar a *Jihad* para derrubar o regime do presidente Assad e instituir no al-Sham um Estado islâmico, um novo califado. Nas regiões ao norte de Idlib, que os rebeldes chamavam de libertada, a bandeira negra islâmica, usada por terroristas de al-Qa'ida e *jihadistas*, passou a flutuar em vários *checkpoints* rebeldes e nos edifícios municipais. O supremo comandante do Exército Sírio Livre, general Mustafa al-Sheikh, cujo quartel-general se situava na Turquia, entrou na Síria e teve de atravessar Idlib, pesadamente armado, com os rifles carregados, nervosamente, segundo testemunhou a repórter *do Sunday Telegraph*. "Não é por causa do regime que estamos carregando armas. Nós estamos com medo de sermos atacados pelos *jihadistas*", explicou à jornalista.[21]

A luta armada na Síria tornou-se, assim, uma guerra cada vez mais sectária, o conflito contra a minoria *alawita* (15,3%, apoiada pelos cristãos e por outras minorias — curdos, ismaelitas e drusos — e por sunitas seculares, de maior instrução). O emissário da ONU e da Liga Árabe, sucessor de Kofi Annan, o diplomata Lakhdar Brahimi, homem com fina experiência, inclusive na guerra de libertação da Argélia (1954-1962), manifestou o receio de que a Síria se desintegrasse e o conflito civil se convertesse em uma *"proxy multi-state war"*,[22] i.e., uma guerra de múltiplos Estados mandatários de outros Estados estrangeiros, abalando fortemente o *statu quo* regional, dado que lá estavam a jogar, por trás das milícias rebeldes, tanto as potências ocidentais quanto Turquia, Arábia Saudita, Qatar, contra Irã, Rússia e China, ao lado de Assad. Na primeira semana de agosto de 2012, as Forças Especiais da Síria haviam capturado 200 combatentes, em um subúrbio de Alepo, entre eles os oficiais sauditas e turcos que comandavam as milícias.[23] Também em Bustan al-Qasr, distrito de Alepo, o Exército de Assad, rechaçando um ataque armado, matou dezenas de insurgentes, que entraram na Síria pela Turquia, entre eles quatro oficiais turcos.[24]

No combate ao regime do presidente Bashar al-Assad, al-Qa'ida aliou-se a Estados Unidos, França e Grã-Bretanha, as três potências ocidentais que, direta ou indiretamente, mais encorajaram e participaram da insurgência, juntamente com Turquia, Arábia Saudita e Qatar. Ayman al-Zawahiri,[25] sucessor de Usamah bin Ladin como guia e líder de al-Qa'ida, em 11 de fevereiro de 2012, divulgou suas instruções em um videotape de oito minutos — intitulado *"En avant, les lions de Syrie"* ("Adiante, leões da Síria"), difundido pela internet e por outros meios de comunicação, exortando todos os *jihadistas* do Iraque, da Jordânia, do Líbano e da Turquia a convergirem para os campos de batalha na Síria.[26] Ele acusou o regime de Bashar al-Assad de cometer "crimes contra seus cidadãos", de ser "pernicioso e canceroso", "anti--islâmico", e incitou os rebeldes a derrubá-lo. E acrescentou que os *jihadistas* deviam ajudar "seus irmãos na Síria com tudo o que pudessem, com suas vidas, dinheiro, opinião, bem como também com informações".[27] Ao mesmo tempo, Ayman al-Zawahiri aconselhou os sírios a não confiarem no Ocidente nem nos governos árabes, aliados dos Estados Unidos.

A intensificação da violência e do terror, com a sucessão de sangrentos atentados em Alepo e Damasco, diminuiu o apoio ao levante e o número de defecções nas forças armadas de Assad caiu significativamente. A maioria dos militares permanecia leal ao governo. O ataque terrorista, que devastou em Alepo o distrito governamental, com a explosão de quatro carros-bombas, matando quarenta pessoas e ferindo mais de cem, no início de outubro de 2012,[28] assustou ainda mais a população e reduziu o apoio aos rebeldes. A milícia Jabhat al-Nusra, vinculada a al-Qa'ida, reivindicou a responsabilidade pelo atentado.[29]

Ademais da participação de muçulmanos de diversas nacionalidades, os combates na Síria tendiam a alastrar-se além de suas fronteiras, atingindo o Líbano, cuja população, na maioria, estava a temer o envolvimento em outro conflito, após a devastadora guerra civil, de 15 anos, entre 1975 e 1990.[30] Os conflitos entre sunitas e *alawitas* eclodiram, na cidade de Trípoli (Trablos), norte do Líbano, onde os grupos armados, em meados de 2012, se enfrentaram, com fuzis e propulsores de granadas, nos distritos de Jabal Mohsen e Bab al Tabbaneh, este o bastião salafista, onde os *jihadistas* descansavam, acolhidos em hospitais improvisados, e se aprovisionam.[31]

Os salafistas praticamente construíram, no Líbano, um *"shadow state"* para os combatentes da oposição, com o apoio das monarquias do

Golfo.[32] O Shaykh Houssam Sbat, chefe do Departamento Islâmico de Doações de Trípoli, informou aos imãs e educadores islâmicos, em Trípoli e Akkar, no norte do Líbano, a decisão do Qatar de pagar salários aos rebeldes por toda a vida, e passou a financiar a rádio Tariq al-Irtiqaa (Caminho para a Ascensão), em Trípoli, visando a expandir a influência dos Emirados no norte do Líbano. Um coronel reformado do Exército libanês estabeleceu um escritório para distribuir armas e recrutar jovens dispostos a lutar no norte do Líbano e na Síria. O escritório foi instalado em Talat al-Rifaiya, na área de Trípoli.[33] E, em outubro de 2012, cerca de seis grupos *jihadistas* estavam a operar no norte e nordeste do Líbano, nas regiões de Ersal, e nas montanhas do seu entorno, onde havia campos de treinamento, em Masharih al-Qaa, Bekaa, especialmente em Bar Elias, Qab Elias, Fourzol e, decerto, em Aley, Khaldeh e Naameh.[34] Em outubro de 2012, havia no Líbano cerca de 100.000 refugiados da Síria e o governo solicitou ajuda aos Estados Unidos, à França e à Grã-Bretanha para reequipar e modernizar suas forças armadas.

Entretanto, em 19 de outubro, poderosa bomba devastou o distrito Achrafieh, na vizinhança de Beirute e habitado pelos cristãos e, além de ferir 80 pessoas, matou oito, entre as quais o brigadeiro-general Wissam al-Hassan, chefe das Forças de Segurança Interna (FSI), aparato constituído com recursos da CIA e dos países do CCG, como contrapeso para o serviço de inteligência militar, ligado a Damasco.[35] O general Wissam al-Hassan, sunita, era inimigo de Bashar al-Assad desde o assassinato do primeiro-ministro do Líbano, Rafik Hariri, 2005, e estava envolvido em um projeto político que ultrapassava as fronteiras do Líbano, relacionado com o conflito regional, contra o regime na Síria e no Líbano, bem como no Iraque, no Irã e na Rússia.[36] Mas o presidente Bashar al-Assad, que logo a oposição no Líbano acusou como responsável, sem provas ou evidências, não tinha, naquelas circunstâncias, nenhuma razão para ordenar um atentado a bomba para matar o general al-Hassan. Pelo contrário, o presidente Bashar al-Assad condenou o atentado, bem como o Hizballah. A quem interessava o crime, a morte do general al-Hassan? Tratou-se, certamente, de uma grande provocação, com o objetivo de agravar as contradições internas entre sunitas e xiitas, levantar a opinião pública contra a Síria, com grandes demonstrações, como as ocorridas após o enterro do general al-Hassan na grande mesquita Al Amine, onde também foi sepultado o ex-primeiro-ministro Rafik Hariri, assassinado na explosão de um carro-bomba em 2005.

O atentado contra o general al-Hassan sem dúvida visou a desestabilizar o governo do primeiro-ministro Najib Mikati, apoiado pelo Hizballah, e provocar a sua renúncia. O presidente Michel Suleimán não a aceitou e os embaixadores de vários países do Ocidente pediram-lhe que não deixasse o cargo, a fim de evitar que o Líbano se abismasse no caos.[37] Mas o gabinete do primeiro-ministro Najib Mikati terminou por efetivar sua renúncia. E sangrentos confrontos entre xiitas e sunitas prosseguiram nas ruas de Beirute e em Trípoli, após o sepultamento do general al-Hassan. O Exército libanês teve de ocupar partes das cidades com tanques e blindados e o Estado-Maior emitiu um comunicado, advertindo a população contra a escalada do conflito e que tomaria medidas firmes para evitar que o Líbano se transformasse *"de nouveau en champ de bataille de conflits régionaux, et que l'assassinat du général Wissam al-Hassan ne soit utilisé pour assassiner la nation libanaise"*.[38]

A essa mesma época, durante a madrugada de 21 para 22 de outubro, grupos de *jihadistas* atacaram posições do Exército na fronteira da Jordânia com a Síria e foram travadas duas batalhas, em que foi morto o cabo Mohamad Abdulla Manaseer Abbadi. O Exército capturou 13 *jihadistas*. O ministro da Comunicação do governo de Amã, Samih Maayta, não revelou a nacionalidade dos jihadistas, mas os descreveu como extremistas salafistas, seita banida na Jordânia, que tentavam entrar ilegalmente na Síria para juntar-se às forças contra o regime do presidente al-Assad.[39] O Dairat al-Mukhabarat al-Ammah (Diretório Geral de Inteligência — GID), de Amã, também desbaratou um complô e prendeu 11 jordanianos ligados a al-Qa'ida, que haviam obtido na Síria armas e explosivos para atacar alvos civis e governamentais, inclusive a Embaixada dos Estados Unidos, *shoppings* e empresas americanas.[40] Os atentados, antes programados para 5 de outubro, seriam realizados no dia 9 de novembro, aniversário das explosões simultâneas de três hotéis em Amã, promovidos em 2005 por operadores de al-Qa'ida.[41]

Washington estava consciente de que a continuação da crise na Síria ameaçava a estabilidade de toda a região, ao atingir, sobretudo, Jordânia, Líbano e Iraque. Nenhum país dentro ou nas vizinhanças de al-Sham podia evitar o impacto da guerra contra o regime de Bashar al-Assad, ao se entremesclarem cada vez mais os antagonismos sectários, religiosos, tribais, interesses políticos e estratégicos, econômicos e de hegemonia regional. E o rumo da guerra civil na Síria ameaçava também a segurança do Iraque, governado pelos xiitas, que apoiavam Assad e temiam a vitória dos sunitas radicais na Síria.[42] Havia indícios de que os sunitas sírios, em guerra contra o regime de Assad, coordenaram suas operações terroristas com os insurgentes sunitas, no Iraque, onde os atentados a bomba nunca cessaram, ocorriam quase todos os dias e onde, somente em setembro de 2012, um ataque matou 365 pessoas, das quais 95 militares e 88 policiais. O líder tribal Shaykh Hamid al-Hayes, que antes lutara contra os americanos, declarou que os combatentes da província de Anbar, oeste do Iraque, haviam ido para a Síria apoiar seus irmãos sunitas.[43]

Os conflitos tendiam a alcançar também as estratégicas colinas de Golã, ocupadas por Israel desde 1967 e onde viviam cerca ou mais de 18.000 colonos israelenses e 40.000 drusos, a maioria pró-Assad, e 2.000 sunitas, e onde havia ricas fontes de água, que podiam irrigar as plantações de uva, pomares e pastagens de gado nas zonas áridas de seu entorno. O major-general Aviv Kochavi, ministro da Defesa de Israel, disse aos deputados do Knesset (Parlamento) que o "Islã radical" estava a ganhar terrenos na Síria, submetida a um processo de *Iraqisation*", com os militantes e as facções tribais controlando diferentes setores do país.[44] "Podemos ver um contínuo fluxo de ativistas de al-Qa'ida para a Síria", disse o general Kochavi, prevendo que, com a erosão do regime de Assad, as colinas de Golã poderiam "tornar-se uma arena de atividades contra Israel, similar à situação do Sinai, como resultado do crescente movimento da *Jihad* na Síria".[45]

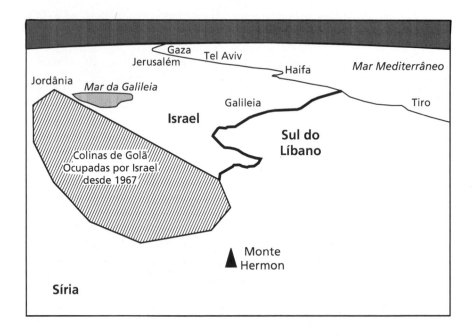

O governo de Israel moveu tropas para a segurança de Golã, mas o primeiro-ministro, Binyamin Netanyahu, cuidou, desde o início, de não se envolver na Síria e, se o fez, foi de modo muito imperceptível. Pautou sua política pelo pressuposto de seu antecessor, Ariel Sharon, de que Bashar al-Assad era o *"devil we know"*, adverso a Israel, mas não se propunha a atacá-lo, e que a alternativa seria muito pior, a *fitna*, a desordem e o predomínio dos salafistas, como estava a ocorrer na Líbia. A única vez que publicamente se manifestou, na mesma linha dos governantes das potências ocidentais, foi quando ocorreu o massacre em Houla, que os rebeldes trataram de atribuir ao regime de Assad.[46] Mas o fato é que Israel, em 2010, havia começado a negociar secretamente com a Síria um tratado de paz, interrompido pela guerra civil, mediante o qual retiraria as tropas das colinas de Golã,[47] e também temia que as armas químicas que supostamente Assad possuía caíssem, em meio ao colapso do regime, em mãos dos grupos terroristas, salafi-*jihadistas*, e do Hizballah.[48]

Segundo Michael Eisenstadt, diretor do programa de estudos militares e de segurança do Washington Institute for Near East Policy, a

Síria devia possuir o maior e mais avançado estoque de armas químicas e biológicas do mundo árabe.[49] E não apenas Israel, os Estados Unidos, sobretudo, temiam que os rebeldes e terroristas, já mesclados e difíceis de distinguir, capturassem esse arsenal, o que decerto tratavam de fazer; e enviaram 150 soldados das Special Operations Forces (SOF) para a Jordânia, fronteira com a Síria. *"We want to ensure that security is maintained and we want to be very sure that those (weapons) do not fall into the wrong hands"*, declarou o secretário de Defesa, Leon Panetta, após o encontro dos ministros dos países da OTAN em Bruxelas.[50] A missão do contingente da SOF era monitorar a segurança desses estoques de armas químicas e biológicas e treinar as forças da Jordânia em tarefas específicas caso a guerra na Síria se alastrasse e ameaçasse o país.

A guerra civil na Síria, fomentada pelo Ocidente, pela Turquia, pela Arábia Saudita e pelo Qatar e por outros países do Golfo, estava a gerar uma vasta crise humanitária, não apenas com o deslocamento interno das populações, mas também com um crescente número de refugiados, que desbordavam as fronteiras para os países vizinhos. Milhares de sírios fugiam de suas casas e buscavam abrigo em escolas, mesquitas e prédios públicos. O Office of the United Nations High Commissioner for Refugees (UNHCR) estimou, em agosto de 2012, que havia cerca de meio milhão de pessoas deslocadas (IDPs) dentro das fronteiras da Síria, sem trabalho, sem escola, sem lugar de negócios, sem acesso a alimentos, assistência médica e eletricidade, o que tornava a situação insuportável.[51] E o drama era ainda mais grave, dado que atingia, segundo o embaixador Jan Eliasson, adjunto do secretário-geral da ONU, mais de 2,5 milhões de pessoas, incluindo os refugiados da Palestina e do Iraque, que necessitavam de proteção dentro da Síria. Também o secretário-geral da ONU, Ban Ki-moon, declarou que a militarização do conflito somente perpetuaria a devastação e o sofrimento, que a guerra sectária estava a afetar 2 milhões de pessoas e ameaçava a segurança e a estabilidade dos países vizinhos.[52]

Mas três dos principais artífices e *sponsors* da tragédia estavam sentados no Conselho de Segurança — Estados Unidos, Grã-Bretanha e

França, que forneciam recursos financeiros, logísticos e militares aos rebeldes para derrubar o governo de Bashar al-Assad, violando o princípio da soberania nacional e a Carta das Nações Unidas, enquanto a Turquia empenhava-se em promover uma guerra não declarada contra a Síria, suprindo os rebeldes com armamentos, mísseis de curto alcance e lançadores de foguetes montados em veículos de quatro rodas.[53] A rebelião, iniciada em 2011, não duraria tantos meses, tornando-se *hot war revolutionary*, se poderes estrangeiros não a houvessem sustentado e continuassem a fazê-lo por todos os meios.

A solução, como acentuou o ministro do Exterior da Rússia, Sergey Lavrov, era simples: bastava que os atores estrangeiros se comprometessem a não interferir na guerra civil da Síria.[54] Porém, os atores estrangeiros haviam demonstrado que o objetivo era o de *regime change* e buscaram a intervenção da OTAN para acelerar a queda de Assad. Isso era improvável, comentou o professor Robert A. Pastor, da American University em Washington, e ex-assessor do presidente Jimmy Carter para o Oriente Médio, acrescentando que o Exército sírio continuava bastante forte para recapturar as áreas ocupadas pelos rebeldes e era suprido de armamentos pela Rússia e pelo Irã, além de que Assad mantinha suporte de parte da população e das forças de segurança, lideradas pela minoria *alawita*, que permanecia poderosa, apesar das defecções.[55]

De acordo com o UNHCR, o número de sírios que buscavam refúgio no Líbano, Turquia, Jordânia e Iraque também recrescia e saltou de 157.577 para 170.116 em apenas três dias, entre 14 e 16 de agosto de 2012.[56] A previsão era de que chegaria a 700.000 o número de sírios que saíram do país por causa da guerra. No Líbano havia 34.096 asilados, em áreas como Akkar, recebendo assistência do governo. A estimativa era de que, no Iraque, 15.096 sírios, curdos na maioria, haviam buscado refúgio, e 12.073 estavam registrados.[57] Igualmente, na Jordânia, onde já havia mais de 451.700 refugiados iraquianos,[58] cerca de 150.000 sírios entraram no país, sendo alojados em Mafraq, Ramtha, Irbid, Zarqa, Maan, Al Karak e Amã, dos quais 38.883 registrados recebiam assistência e proteção.[59]

Na Jordânia, porém, onde já houvera muita turbulência e a ameaça de um levante islâmico não desaparecera, o rei Abdullah II at-tānī bin al-Ḥusayn havia aceitado (10 de outubro de 2012) a renúncia do governo chefiado por Fayez Tarawneh, designando Abdullah Nsou para substituí-lo e iniciando negociações com a Irmandade Muçulmana para a formação de um governo parlamentarista. Shaykh Zaki Bani Irshed, líder da Frente de Ação Islâmica, ligado ao Hamás, na Palestina, e o político mais popular na Jordânia,[60] disse ao jornal palestino *Al-Quds al-Arabi*, editado em Londres, que a identidade do próximo primeiro-ministro na Jordânia daria ao público e aos islâmicos importante sinal de como rei Abdullah estava a pensar sobre o caminho do regime e das instituições responsáveis pelas decisões no próximo estágio. Mas a nomeação de Walid Obeidat, como novo embaixador da Jordânia em Tel Aviv, gerou mal-estar com a Irmandade Muçulmana, que criticou o governo por sinalizar a normalização das relações com Israel. E, em meados de outubro, novas turbulências eram esperadas se o governo implementasse a decisão de elevar o preço das *commodities* básicas subsidiadas, inclusive petróleo e pão.

A situação que pior e mais grave se configurava era ao longo da fronteira da Turquia, cujo primeiro-ministro Recep Tayyip Erdogan assumiu o papel do mais ardoroso e visível partidário dos rebeldes, a ponto de interferir diretamente na guerra civil, com velada colaboração da OTAN. Daí que também a Turquia se tornou, praticamente, o país para o qual, segundo a agência de manejo de desastre e emergência de Ankara — Afet ve Acil Durum Yönetimi Başkanlığı (AFAD) —, mais de 130.000 cidadãos sírios cruzaram a fronteira desde abril de 2011, e 93.576, no começo de outubro de 2012, estavam assentados em 12 cidades-acampamentos, em Hatay, Şanlıurfa, Gaziantep, Kahramanmaraş, Osmaniye e Adıyaman.[61] Em Alepo, 145 quilômetros distante de Latakya, na Turquia, onde os insurgentes estabeleceram santuário, a população foi altamente sacrificada, em virtude da intensidade dos combates.[62] E a histórica mesquita de Umayyad, reconstruída três vezes (1069, 1401 e 1893), tornou-se o quinto Patrimônio Mundial da Humanidade, danificado durante a guerra civil na Síria, entre seis outros considerados pela Unesco.

Ao que tudo indica, o primeiro-ministro Recep Tayyip Erdogan, desencantado com a possibilidade do ingresso da Turquia na União Europeia, envolveu-se diretamente na guerra da Síria, respaldando os insurgentes e terroristas, com o objetivo de projetar sua influência sobre o Oriente Médio e restaurar, ainda que informalmente, o Império Otomano, derrotado na guerra de 1914-1918 e abolido, juntamente com o sultanato de Mehmed VI (1861-1926), pelo general Mustafa Kemal Atatürk (1881-1938), um militar iluminista, que instituiu a república democrática e secular na Turquia.

Provavelmente o primeiro-ministro Erdogan tinha a intenção de invadir a Síria e inúmeras provocações ocorreram. Em 3 de outubro, um ataque de morteiro atingiu a cidade turca de Akçakale, próxima da fronteira com a Síria, matando cinco civis, todos mulheres e crianças. O ministro do Exterior da Turquia, Ahmet Davutoglu, logo contactou o secretário-geral da ONU, Ban Ki-moon, e o embaixador Lakhdar Brahimi, e denunciou a ocorrência como um "ato de agressão da Síria" e "flagrante violação do Direito internacional" etc., solicitando ao CSNU "tomar as medidas apropriadas para por fim a tais atos de agressão e para assegurar-se de que a Síria respeite a soberania, integridade territorial e segurança da Turquia". O cinismo e a hipocrisia da nota de um país que abertamente se envolvia na luta armada dentro da Síria não tiveram limites. E a verdade é que ninguém sabia ao certo de que força partira o ataque de morteiro contra a cidade de Akçakale. Nenhuma investigação fora feita. E o vice-ministro do Exterior da Rússia, Gennady Gatilov, advertiu que as autoridades sírias e turcas deviam exercer o "máximo possível de moderação", ante a possibilidade de "membros radicais" da oposição síria "provocarem deliberadamente" conflitos na região de fronteira, em "benefício próprio".

E era exatamente o que acontecia, tanto que o próprio comandante do Exército dos Estados Unidos na Europa e do 7º Exército, o tenente-general Mark Hertling, posteriormente declarou a um canal privado de televisão na Turquia que não estava claro quem havia disparado os projéteis contra a cidade de Akçakale e admitiu a possibilidade de que eles tivessem partido dos rebeldes, com o fito provocar a reação da OTAN. *"We are not sure if these shells are from the Syrian army, from rebels who want to get Turkey involved in the issue or from the PKK*", afirmou o general Mark Hertling, acrescentando que nem a OTAN nem os Estados Unidos queriam envolver-se na crescentemente complexa questão da Síria.[63]

As milícias rebeldes, com o suporte da Turquia, controlavam quase todo o norte da Síria, parte de Idlib e Alepo, exceto a região habitada pelos curdos, cerca de 1,2 milhão a 1,5 milhão,[64] o equivalente a 8%-10% da população síria, que optaram pela neutralidade.[65] Assad estava perfeitamente informado de que Erdogan procurava motivo para intervir militarmente na Síria, o que já fazia de forma encoberta. A enfrentar uma guerra interna, fomentada por poderes estrangeiros, não iria Bashar al-Assad, portanto, autorizar ou permitir qualquer ataque que desse à Turquia pretexto para invadir a Síria, somando suas forças aos rebeldes e terroristas. Não iria contemplar um *full-scale conflict* com a Turquia e o inevitável envolvimento da OTAN, da qual ela era associada.

No entanto, o primeiro-ministro Recep Tayyip Erdogan requereu, e o Parlamento turco concedeu-lhe, poderes para conduzir operações militares trans-fronteiriças, em territórios de outros países, e a Turquia retaliou.[66] Os ataques de morteiro contra o território da Turquia prosseguiram por mais alguns dias, ao mesmo tempo que os ataques terroristas abalavam Alepo e outras cidades, praticados pela Jabhat al-Nusra, filiada a al-Qa'ida. Os tiros de morteiro que atingiram Akçakale e outras cidades na fronteira foram evidentemente desfechados por *false-flaggers* — rebeldes ou agentes turcos fantasiados de soldados sírios —, de forma a dar motivo para que Erdogan mandasse retaliar contra instalações militares sírias e até mesmo fosse à guerra. E, como as provocações não alcançaram o fito almejado, os ataques, ao fim de poucos dias, cessaram. Mas a Turquia bombardeou a Síria 90 vezes nas duas primeiras semanas de outubro de 2012.

O primeiro-ministro Erdogan, ansioso para fazer a guerra e projetar sua influência, não encontrou o necessário apoio, nem interna nem externamente, para deflagrá-la. Em Ankara e Istambul houve grandes manifestações contra a guerra, contra a militarização do conflito com a Síria. Ele enfrentava crescentes problemas com a população.[67] Segundo pesquisa realizada na Turquia, apenas 18% da população turca apoiavam a política de Erdogan e do partido islâmico, por ele liderado — Justiça e Desenvolvimento (AKP) —, e a maioria era contrária a qualquer tipo de intervenção na Síria.[68] Também outras pesquisas, realizadas em meio ao recrudescimento das tensões entre Damasco e Ankara, mostraram que a maioria do povo turco se opunha a qualquer tipo de intervenção na guerra Síria retalhada.[69] "Aqui ninguém apoia o que Erdogan está fazendo na Síria", disse ao jornalista brasileiro Andrei Netto, do *Estado de S. Paulo*, um empresário turco da cidade de Izmir que preferiu não ser identificado. E acrescentou: "Para nós, é claro que Erdogan está fazendo o que os Estados Unidos estão pedindo, pois nas revoluções da Tunísia, da Líbia e do Egito ele agiu muito diferente."

Segundo o jornalista Mehmet Ali Birand, correspondente na ONU do diário turco *Hurriyet Daily News*, a Turquia era percebida em todo o mundo como "*a puppet*" dos Estados Unidos e atuava de acordo com as ordens recebidas da Washington.[70] E Washington estava abertamente tentando acalmar Ankara, com receio de que Erdogan levasse a Turquia a uma guerra por causa de um acidente. E a razão era óbvia: Washington não tinha a intenção de intervir na Síria e entrar em outra guerra. O povo estava cansado de intervenções internacionais, de ver jovens soldados voltarem mortos, em esquifes, e a maioria dizia: "*It is not our war; why are we sending our children?*"[71]

Ao longo de toda a fronteira com a Síria, o primeiro-ministro Erdogan mandou, entretanto, estacionar carros blindados do Exército turco, e mais de 200 canhões apontados para o sul, segundo o jornalista Andrei Netto.[72] Mais de 87 bombardeios, a pretexto de represália, foram feitos contra a Síria, matando mais de 12 soldados e destruindo vários blindados. Erdogan, porém, não contava, decerto, com integral suporte das Forças Armadas — Exército, Marinha e Força Aérea —, desmoralizadas e alquebradas, desde que foram presos cerca de 326 oficiais, alguns dos quais de alta patente, e sentenciados a 20 anos de prisão, sob a acusação de haverem conspirado para derrubar o governo islâmico.

Erdogan ainda estava a enfrentar a guerrilha dos curdos (8 milhões, i.e., 20% da população turca), sobretudo em Afrin e Koban, conduzida pelo PKK (Partiye Karkeren Kurdistan),[73] que podia recrudescer com a adesão dos curdos da Síria, já virtualmente autônomos, e do Iraque, e estender-se ao leste do Cáucaso — Armênia e Geórgia e Província Autônoma de Najichevan, no Azerbaijão. Eram mais de 30 milhões de curdos que habitavam essa região, uma região inflamável, na qual podia generalizar-se uma guerra de libertação (*milli mükadele*) para criar seu próprio país, o Curdistão, como Estado nacional, que poderia ter as reservas de petróleo de Kirkuk, no Iraque, como sua base econômica, fator geopolítico e estratégico de grande significação.[74]

No nível internacional, o Irã anunciou que a invasão da Síria seria percebida como *casus belli*, o que deixaria a Turquia na situação de ter de combater em duas longas frentes de fronteira. O CSNU não tomou qualquer outra iniciativa, senão emitir um texto condenando fortemente os ataques. O governo dos Estados Unidos apenas intensificou as atividades de inteligência e as consultas militares com a Turquia, por trás da cena, para a eventualidade de que o confronto com a Síria escalasse para uma guerra regional. O primeiro-ministro do Iraque, Nouri al-Maliki, declarou, em visita a Moscou, que a OTAN não devia usar a Turquia como pretexto para intervir na Síria.[75] Mostrou de que lado estava. E o próprio comandante da OTAN, general Anders Fogh Rasmussen, reiterou em entrevista ao diário *The Guardian* que a Aliança não apoiaria uma intervenção militar *Libya-style* na Síria, que era "*a very, very, complex society*" e uma "*foreign military intervention could have broader impacts*".[76]

Mas logo após os ataques de morteiros contra cidades da Turquia, que ninguém comprovou de que lado partiram, e as represálias, visando sempre a ajudar os mercenários, o presidente Erdogan, em 10 de outubro, determinou que jatos F-16s da Força Aérea turca forçassem um Airbus A320 da Syrian Arab Airlines, com 35 passageiros, em rota de Moscou para Damasco, a aterrissar no Aeroporto de Esenboga, em Ankara, sob a alegação de que transportava material bélico para a Síria.[77] O avião não transportava armamentos, nada que violasse as leis internacionais, e sim equipamento eletrônico para uma estação de radar, não proibido por nenhuma convenção. Esse fato era do conhecimento do primeiro-ministro Erdogan, que fora informado pela CIA sobre o que havia no Airbus A320, e sua interceptação ocorreu por solicitação dos Estados Unidos.[78]

Conforme noticiou a agência russa Cihan News, o avião carregava 12 caixas com aparelhagem técnica para as bases de radar antiaéreo da Síria. E o que os Estados Unidos e a Turquia queriam era conhecer os detalhes desse sistema de defesa russo, que possibilitou detectar e derrubar o jato F-4 da Turquia que em junho de 2012 invadiu o espaço aéreo da Síria a fim de calcular as potenciais perdas em caso de tornar-se necessária a operação da OTAN contra o regime do presidente Assad, bem como contra o Irã, cuja defesa também se baseava no sistema russo.[79] A Rússia e a Turquia, entretanto, resolveram a questão diplomaticamente. As autoridades turcas reconheceram a legitimidade da carga transportada de Moscou para Damasco em um avião de passageiros e se retrataram da alegação inicial de que levava armas e munições.[80] Mas os serviços de inteligência da OTAN fizeram a coleta de inteligência, de segredos essenciais do sistema eletrônico da defesa e comunicação da Síria e do Irã.

NOTAS

1. Gibbon, 1995, p. 171-172. Uma lenda árabe atribui ao rei Davi o primeiro assentamento judaico em Madina (Medina); outra lenda o atribui a Moisés. Johnson, 1988, p. 166-167.
2. Sand, 2010, p. 191-192.
3. Ibidem, p. 191.
4. Weber, 1956, p. 443.
5. Donner, 2010, p. 57-59, 70-71.
6. Weber, 1996, p. 286-287, 269-270. Brook, 2010.
7. Donner, 2010, p. 195-196.
8. Weber, 1996, p. 286-287.
9. A palavra *Mâshiyakh*, originalmente hebraica, depois aramaica, foi transliterada para o grego como messias. A palavra grega para o "ungido" é *christos* e o título em grego e não em hebraico é que ficou adicionado ao nome de Jesus. Johnson, 1988, p. 124-125.

10. Islam EL SHAZLY, "Syria: Bilad Al-Sham", *Al Rahalah*, August 24, 2011.
11. Asif Mohiuddin FARRUKH, "The Coming Armageddon", *Pakistan Observer*, April 10, 2010. Ash-Shayk MUHADITH e Muhammad Nasir ud-Deen AL-ALBAANI, "Warning Against the Fitnah of Takfeer", distributed by Islamic Propagation Office at Rabwah.
12. "Ustadz Bahctiar Natsir: The issue of Syria, the Perspective of Al Malhamah Kubra", *Al Hittin*, July 13, 2012. Voa-Islam, http://www.voaislam.com/news/indonesiana/2012/04/05/18549/bachtiar-nasir-miumi-tak-akan-berangkulan-terlalu-rapat-dengan-negara/.
13. Dr. Salih as-Salih — Die Fitna des Takfirs, http://www.alislaam.de/manhadsch/PDF/allgemein/man0024_Die%20Fitna%20des%20Takfir.pdf.
14. Salāḥ ad-Dīn al-Ayyubi (Saladin) assumiu o controle do Egito após a morte do último califa Fatimid em 1171. Quando os Cruzados atacaram o Egito, Salah al-Din fortificou o Cairo, resistiu e tornou-se um dos grandes heróis do Islã. A dinastia fundada por Salāḥ ad-Dīn — Ayyubids — reinou sobre o Egito até 1252, sobre a Síria até 1260 e sobre a parte ocidental da Arábia até 1229. HOURANI, 1991, p. 84.
15. SCOTT, 1907, p. 161, 191-195, 277-278.
16. John CHERIAN, "Spillover effect — The Syrian rebels are on the back foot after months of fighting, and the consequences of the conflict are now being felt in the entire neighbourhood", *Frontline*, Volume 29, Issue 20, October 6-19, 2012. Rebellengruppe lehnt Waffenruhe in Syrien ab, 2012, Die Welt, 24.10. http://www.welt.de/newsticker/news3/article 110223069/Rebellengrupe_lehnt_waffenruhe_in_syrien_ab.html. Acesso: 29.01.2015.
17. Radwan MORTADA, "Syria has become a magnet for the world's jihadis", *Al-Akhbar*, August 6, 2012.
18. "Profile: Syria's al-Nusra Front", *BBC News Middle East*, May 15, 2012.
19. "Syria conflict: UN's Pinheiro gives jihadist warning", *BBC News*, October 16, 2012.
20. Ibidem.
21. Ruth SHERLOCK, "Syria despatch: rebel fighters fear the growing influence of their 'Bin Laden' faction. The growing strength of Islamists in the fight against President Bashar al-Assad is alarming Syria's secular opposition, reports Ruth Sherlock", *The Telegraph*, October 13, 2012.
22. John CHERIAN, "Spillover effect — The Syrian rebels are on the back foot after months of fighting, and the consequences of the conflict are now being felt in the entire neighbourhood", *Frontline*, Volume 29, Issue 20, October 6-19, 2012.
23. Ibidem.
24. "Free Syrian Army Fighters Killed on Lebanon's border", *RIA Novosti*, Beirute, October 6, 2012.

25. Ayman al-Zawahiri nasceu em 1951, no Egito, estudou psicologia, farmacologia e formou-se em medicina na Universidade do Cairo. Aos 14 anos uniu-se à Irmandade Muçulmana. Foi um dos fundadores da *Jihad* Islâmica egípcia e, em 1980, viajou para o Afeganistão, onde encontrou bin Ladin, que dirigia a base Maktab al-Khadamat (MAK), onde treinavam os *mujahidins* recrutados pela CIA e pelo Inter-Services Intelligence (ISI), o serviço de inteligência do Paquistão, para combater as tropas da União Soviética, que haviam ocupado o país.

26. Martina FUCHS, "Al Qaeda Leader Backs Syrian Revolt against Assad", *Current.Mil-Tech News*/Reuters, February 12, 2012.

27. Ibidem. "Le chef d'Al-Qaïda soutient la rébellion en Syrie dans une vidéo", *Le Monde*, 12/2/2012. Jason BURKE, "Al-Qaida leader Zawahiri urges Muslim support for Syrian uprising. Ayman al-Zawahiri calls on Muslims in Iraq, Jordan, Lebanon and Turkey to join fight against 'pernicious, cancerous regime'", *The Guardian*, 12/2/2008.

28. "Middle East Deadly explosions hit central Aleppo. At least 40 people have been killed and dozens more wounded as several explosions ripped through the centre of Aleppo", Al Jazeera, October 3, 2012. http://www.theguardian.com/world/middle_east_live/2012/oct/03/syria_aleppo_bomb_attacks_live.

29. Kareem FAHIM e Hwaida SAAD, "Cajoling, Drugging and More as Rebels Try to Draw Defectors", *The New York Times*, October 3, 2012.

30. "Syria and Lebanon — Spillover", *The Economist*, August 20, 2012. "Syria fighting shatters unity of Druze in Golan", Associated Press, *NetMagazine, Israel News*, 8/16/2012.

31. Stephen DOCKERY, "Tripoli clashes signal escalation of Syria spillover", *The Daily Star, Lebanon News*, August 22, 2012.

32. Radwan MORTADA, "A Shadow State in Lebanon for the Syrian Opposition", *Al-Akhbar*, October 9, 2012.

33. Ibidem.

34. Ibidem.

35. Anne BARNARD, "Blast in Beirut Is Seen as an Extension of Syria's War", *The New York Times*, October 19, 2012. "Who Was Wissam Al-Hassan?!", *Al-Akhbar* English, October 19, 2012. "Libanon: Tausende nehmen Abschied von getötetem Geheimdienstchef", *Der Spiegel*, 21/10/2012

36. Ibrahim AL-AMIN, "It's True... There's No Going Back", *Al-Akhbar English*, October 22, 2012.

37. Marlene KHALIFE, "Western Diplomats Rally around Lebanese Prime Minister", *As-Safir*, October 22, 2012.

38. Adrien JAULMES, "Liban: la classe politique appelle au calme", *Le Figaro*, 22/10/2012.

39. David D. Kirkpatrick e Neil Macfarquhar, "Lebanon and Jordan Move Quickly to Contain Syria-Related Violence", *The New York Times*, October 23, 2012. Jodi Rudoren e Ranya Kadri, "War tide awash at Syria borders", *The Boston Globe*, October 23, 2012.

40. Ibidem.

41. Hani Hazaimeh, "Suspected terrorists planned to take advantage of October 5 mass rally — security official", *The Jordan Times*, October 22, 2012.

42. Tim Arango, "Syrian War's Spillover Threatens a Fragile Iraq. A Free Syrian Army soldier in Aleppo looks through a mirror that helps him see government troops", *The New York Times*, September 24, 2012.

43. Ibidem.

44. "Putin vows support for Annan on Syria", *Al-Akhbar English*, July 17, 2012. "Syria moving troops from Golan to Damascus: Israel", AFP, July 17, 2012.

45. Ibidem.

46. Barak Ravid, "Netanyahu: Israel 'appalled' by Syria massacre; Iran and Hezbollah must also be held responsible", *Haaretz*, May 27, 2012.

47. Isabel Kershner, "Secret Israel-Syria Peace Talks Involved Golan Heights Exit", *The New York Times*, October 13, 2012.

48. "Israeli Prime Minister Benjamin Netanyahu: Hezbollah may get chemical arms if Assad folds", *Al Jazeera*, July 23, 2012.

49. Summary of DEBKA Exclusives, October 10, 2012, Briefs: October 12, 2012. Gul Tuysuz, "Turkey to Syria: Don't send arms through our air space", CNN, October 12, 2012.

50. Ibidem. Alex Newman 2012, without Asking Congress, Obama Puts U.S. Troops on Syria Bordev, *New American*, 12 October. http://www.thenewamerican.com/usnews/foreign_policy/item/13189_whithout_asking_congress_obama_puts_us_troops_on_syria border. Acessado em 28.12.2017.

51. Islamic Relief USA, http://www.irusa.org/emergencies/syrian-humanitarian-relief/.

52. "Ban urges end to Syria fighting as number of people affected reaches two million", UN News Centre.

53. Marah Mashi, "The Threefold Siege on Syria's Harem", *Al-Akhbar English*, October 31, 2012.

54. "UN report: Syrian govt forces, rebels committed war crimes", *Russia Today*, August 15, 2012.

55. Robert A. Pastor, "A third option in Syria — Forget about overthrowing Assad. Both sides need to avoid a long civil war and agree to meaningful reforms", *Los Angeles Times*, October 10, 2012.

56. "Number of displaced people grows as Syria violence continues, says UN agency", UN News Centre, August 17, 2012.

57. "Number of Syrians displaced by conflict continues to rise, UN refugee agency reports", UNHCR — UN Refugee Agency, July 31, 2012.
58. "2012 UNHCR country operations profile — Jordan Working environment", UNHCR — UN Refugee Agency.
59. "Number of Syrians displaced by conflict continues to rise, UN refugee agency reports", UNHCR — UN Refugee Agency, July 31, 2012. "2012 UNHCR country operations profile — Jordan Working environment", UNHCR — UN Refugee Agency.
60. Jonathan SPYER, "Analysis: Increasingly, Hamas is gaining acceptance in the Arab world. The old view of a closed Israeli-Palestinian system west of the Jordan is fading", *The Jerusalem Post*, 16/10/2012.
61. *AFAD Press Release: As of today, Republic of Turkey has 93.576 Syrian Citizens...*, October 1, 2012, Republic of Turkey, Prime Ministry Disaster and Emergency Management Presidency. "Number of Syrian Refugees in Turk Camps Exceeds 100,000 — Ankara says numbers of Syrian refugees in Turkey who fled the killings in the war-torn Arab country exceeds 100,000", *Al-Ahram Online* (Cairo), Reuters, October 15, 2012.
62. "Number of Syrians displaced by conflict continues to rise, UN refugee agency reports", UNHCR — UN Refugee Agency, July 31, 2012.
63. "Origin of Syrian shells into Turkey unclear, US general says", *Hurriyet Daily News*, October 27, 2012.
64. STROHMEIER e YALÇIN-HECKMANN, 2000, p. 163.
65. Andrei NETTO, "Revolução na Síria afunda no impasse militar de Alepo", *O Estado de S. Paulo*, 21/10/2012.
66. "Syria and Turkey on the brink of war. This week's conflict in Syria has put that country on the brink of a full-scale military confrontation with Turkey", *Voice of Russia*, October 6, 2012.
67. Andrei NETTO, "Turquia se torna peça-chave para insurgentes sírios", *O Estado de S. Paulo*, 21/10/2012.
68. Ibidem.
69. "Despite tensions, Turks against Syria intervention", *Hurriyet Daily News*, October 23, 2012.
70. Mehmet Ali BIRAND, "US' Damascus message: Military intervention out of question", *Hurriyet Daily News*, October 23, 2012.
71. Ibidem.
72. Ibidem. "Diyar: Turkish serious plan to attract the Syrian army to the border and unload the inside", *Resistant Win*, 7/10/2012.
73. Partido dos Trabalhadores do Curdistão.
74. STROHMEIER e YALÇIN-HECKMANN, 2000, p. 24-25, 138-139.

75. "Iraqi PM: Turkey not threatened by Syria, don't overblow war or drag in NATO", *Russia Today*, October 10, 2012.
76. Martin Chulov, "UN unanimously condemns Syrian shelling of Turkish town. All 15 security council members, including Russia, call on Syria to respect 'sovereignty and territorial integrity of its neighbours'", *The Guardian*, October 5, 2012.
77. Anne Barnard e Sebnem Arsu, "Turkey, Seeking Weapons, Forces Syrian Jet to Land", *The New York Times*, October 10, 2012.
78. Emru Uslu, "Does Intercepted Jet Complete Syria Puzzle for NATO?", *Taraf e Al Monitor*, October 15, 2012.
79. Ibidem.
80. "Turkey 'Admits' Russian Air Cargo Legal", *RIA Novosti*, October 18, 2012.

Capítulo XXII

EMBAIXADOR ASSASSINADO ERA *"KEY CONTACT"* PARA CONTRATAR *JIHADIS-TAS* E ENVIÁ-LOS À SÍRIA • TREINAMENTO DE MERCENÁRIOS PELA BLACKWATER E OUTRAS *"MILITARY CORPORATIONS"* • GUERRA E TERRORISMO POR PROCURA-ÇÃO • A PERDA DE HEGEMONIA DOS ESTADOS UNIDOS, APESAR DE POTÊNCIA DO-MINANTE • AS REFORMAS ECONÔMICAS DE DENG XIAOPING E A EMERGÊNCIA DA CHINA

De acordo com fontes de inteligência da DEBKA*file*, de Israel, a DGSE (Direction Générale de la Sécurité Extérieure), da França, e a CIA avaliaram que o número de rebeldes que combatiam o governo do presidente Bashar al-Assad não era de 70.000, como antes Washington supunha, mas de cerca de 30.000, dos quais 10% (3.000) eram *jihadistas* ligados a al-Qa'ida.[1] O total do balanço de forças, adensado pelos assessores iranianos das brigadas de elite al Quds (*Nīrū-ye Quds* — Força Jerusalém), favorecia o regime de Bashar al-Assad, que contava com 70.000 combatentes das milícias *alawitas* e do Exército regular sírio, e tornava difícil, senão virtualmente impossível, a vitória da oposição. Além do mais, os rebeldes estavam a perder crucial apoio interno, devido a atos predatórios, destruição de patrimônios sem o menor sentido político, comportamento criminoso, arrogância e crueldade, matanças a sangue frio de prisioneiros, de soldados do Exército legalista, a perpetuar a violência, uma guerra de atritos devastadora, que já havia resultado, em novembro de 2012, em cerca de 40.000 mortos, centenas de milhares de refugiados e mais de um milhão forçados a abandonar seu lares.[2]

Ao que tudo indica, embora fornecessem apoio logístico e inteligência, os Estados Unidos e as potências ocidentais, não apenas com receio de estarem a financiar al-Qa'ida, mas também devido à crise financeira, haviam suspendido doação de recursos financeiros ao Exército Sírio Livre (ESL), para o pagamento dos mercenários, e pressionado os países do CCG a igualmente fazê-lo. "Nós havíamos cortado os pagamentos durante algum tempo, porém agora voltamos outra vez a receber financiamento, especialmente de Qatar, Líbia e Emirados Árabes Unidos", declarou Khaled Khoja, representante do Conselho Nacional Sírio (SNC), na Turquia, ao jornal *Hürriyet Daily News*, acrescentando que, não obstante as promessas dos Estados Unidos de ajuda à oposição, nem o SNC nem os rebeldes haviam recebido *"a cent"*.[3] "O governo dos Estados Unidos disse que pagou milhões de dólares à oposição, contudo nós não recebemos um centavo desse dinheiro", reiterou Khaled Khoja.[4] E o coronel Abdul Salam Humaidi, desertor do Exército de Assad, informou que os rebeldes, i.e., os mercenários, recebiam US$ 150 por mês,[5] alto salário para a Síria naquelas circunstâncias.

Com razão, o presidente Bashar al-Assad, em entrevista exclusiva à TV Russia Today (RT), disse que ocorria na Síria um *"new style of war"*, o *"proxy terrorism"* (terrorismo por procuração), e, embora suas tropas estivessem lutando uma guerra "dura e complicada", ela poderia parar dentro de poucas semanas se outros países deixassem de enviar armas aos rebeldes, dando todo o suporte político, inclusive dinheiro, em escala sem precedentes: "Sem combatentes estrangeiros e contrabando de armamentos, *'we could finish everything in weeks'*".[6] O apoio externo era o que mais sustentava o terrorismo na Síria.[7] E a Turquia, mais do que qualquer outro país, era o que mais apoiava o ingresso de terroristas e o contrabando de armamentos para a Síria.

Segundo a percepção de Assad, o presidente Erdogan estava a pensar que era um califa e a imaginar que, se a Irmandade Muçulmana tomasse o poder na região, especialmente na Síria, ele poderia garantir seu futuro político, tornar-se o novo sultão e controlar todo o Oriente Médio, como no Império Otomano, sob outro manto.[8] *"Nós somos a última fortaleza do secularismo e da estabilidade e coexistência na região; e*

haverá um efeito dominó que afetará o mundo do Atlântico ao Pacífico"
se o regime da Síria cair, disse o presidente Bashar al-Assad na entrevista
exclusiva a Sophie Shevardnadze, da TV Russia Today (RT), que foi ao
ar em 8 de novembro de 2012. E acrescentou que não era um *"puppet"*,
*que não foi feito pelo Ocidente nem para o Ocidente. "I am Syrian, I was
made in Syria, I have to live in Syria and die in Syria",* concluiu Assad.[9]

O repórter Aaron Klein, chefe do bureau para as notícias *online* do
WorldNetDaily, em Jerusalém, revelou, através da 77-WABC Radio,
que, de acordo com fontes do serviço de segurança do Egito, o embaixador Christopher Stevens, morto no assalto ao Consulado dos Estados
Unidos em Benghazi, desempenhou um papel central no recrutamento
de *jihadistas* para lutar contra o regime de Bashar al-Assad. Serviu como
"key contact" com os sauditas a fim de coordenar o recrutamento de
jihadistas islâmicos da Arábia Saudita, da Líbia e da África do Norte e
enviá-los para a Síria através da Turquia.[10]

O antigo agente da CIA e assessor do presidente Obama para a questão do terrorismo no AfPak, Bruce Riedel, disse ao *Hindustan Times*
que não havia dúvida de que o Grupo de Combate Islâmico Líbio, *"al-
Qaida's Libyan franchise"*, constituía parte da oposição a Gaddafi e que
sua fortaleza era Benghazi. E na Síria os Estados Unidos também estavam provavelmente a apoiar al-Qa'ida e outros grupos que combatiam
o regime de Assad. E o jornal *WND* noticiou que, durante o mês de
agosto, pelo menos 500 *hardcore mujahidin*, oriundos do Afeganistão,
onde lutaram contra os Estados Unidos, bem como combatentes da
Jihadiya Salafia na Faixa de Gaza, outro ramo de al-Qa'ida, haviam sido
mortos, em batalhas, pelo Exército do presidente Assad.[11]

Entrementes, segundo foi revelado no Irã e, ao que tudo indica, a
informação transpirou do Ministério da Inteligência e da Segurança Nacional *(Vezarat-e Ettela'at va Amniat-e Keshvar — VEVAK)*, o Ocidente
e as monarquias petrolíferas do Golfo deram à corporação militar americana Blackwater a missão de ocupar, com mercenários, a cidade de
Alepo e treinar os rebeldes para derrubar Assad, como antes fora feito
na Líbia, a partir de Benghazi.[12] O jornal turco *Idinik* também noticiou
que agentes da Blackwater estavam a operar na fronteira e entravam na

Síria através da província turca de Hatay. E o escritor egípcio Muhammad Husayn Haykal avaliou em 6.000 o número de mercenários operando dentro da Síria e indicou a colaboração do Mossad, de Israel, na área de inteligência.[13] Os agentes da Blackwater instalaram seu quartel em Adana, cidade no sul da Turquia, a cerca de 100 quilômetros da fronteira síria, perto de Incirlik, a base aérea dos Estados Unidos, onde a CIA e a DIA (Defense Intelligence Agency) estabeleceram seu centro de informações desde o início do conflito.[14]

Por sua vez, Haytham Manna, veterano membro da oposição e residente em Paris, confirmou, falando na London School of Economics, que a Arábia Saudita, o Qatar e a Turquia estavam a infiltrar terroristas na Síria e que o *statu quo* se deterioraria ainda mais se as potências mundiais não encontrassem uma solução para a crise.[15] "*Never in the modern history of the region have we seen an example of democracy being built after such an escalation of violence*", concluiu Haytham Manna, presidente do Corpo para a Mudança Democrática do Conselho Nacional Sírio.[16]

Qualquer que fosse o desfecho da *foreign-sponsored civil war* na Síria, seria extremamente difícil, senão impossível, implantar a democracia no país após sangrenta guerra sectária, travada por terroristas e mercenários, contra o regime do presidente Bashar al-Assad. Afeganistão, Líbia e Iraque bem serviam como exemplo e demonstravam as dificuldades de *building nation*, sequência necessária da política de *regime change*, continuada pelo presidente Obama. O Estado-nação historicamente resultou de um processo orgânico, social e político, e não apenas da pura e simples vontade de qualquer potência estrangeira. Razão tinha o ex-presidente Bill Clinton quando disse, no começo da guerra contra o regime de Gaddafi, que o Ocidente estava "atirando em uma incerteza".[17] Nação e democracia na Líbia não passaram de miragem. A situação em que o país ficou após a derrubada de Gaddafi configurou uma estrondosa derrota dos Estados Unidos. E a perspectiva era de que, na Síria, o resultado da *foreign-sponsored civil war*, visando a mudar o regime de Bashar al-Assad, seria ainda mais desastroso, em virtude não só das profundas e radicais dissensões domésticas, mas, igualmente, das implicações geopolíticas e estratégicas no al-Sham.

Como observou o jornalista Peter Hain no diário *The Guardian*, a mudança de regime, como Estados Unidos, Grã-Bretanha e França pretendiam, jamais funcionaria na Síria porque não se tratava de um simples conflito entre o povo e o governo. A minoria xiita e os *alawitas*, somados aos cristãos e a outras minorias, respaldando Assad, somavam um terço da população e temiam ser oprimidos e esmagados pela maioria sunita, fanáticos salafistas, desertores, *foreign fighters* e salteadores, todos com armas fornecidas pelos países do Golfo e a Turquia, muitas contrabandeadas da Líbia e do Afeganistão.[18] Ademais dos interesses do Ocidente no controle do Mediterrâneo, a fim de assegurar as fontes e a rota do petróleo, a guerra entre sunitas e xiitas/*alawitas* tornara-se cada vez mais sectária, a refletir e representar as contradições políticas e religiosas da Arábia Saudita, bem como da Turquia, com o Irã, aliado do presidente al-Assad, que tinha o suporte da Rússia e da China.[19] Tratava-se de uma *regional proxy war*. "*The current British-American policy is failing on a monumental scale*", concluiu Peter Hain.

A expectativa era de que o Estado, a sociedade e a milenar cultura na Síria entrariam em colapso e o conflito envolveria toda a região se a oposição triunfasse. Essa guerra significava também o início da guerra pela reconquista do Iraque. Os sunitas, como escreveram Hussein Agha e Robert Malley, jamais aceitaram a perda de Bagdá para o xiitas, representantes da dinastia Safavid, que dominou o vasto Império Persa de 1501 a 1722, com pequena sobrevida entre 1729 e 1736.[20] A vitória dos sunitas na Síria tornava inelutável a possibilidade de outra guerra para a retomada do Iraque, perdido para os xiitas com a derrubada de Saddam Hussein, o que implicaria mais um sério revés econômico e político para os Estados Unidos.

A desconfiança dos Estados Unidos aprofundou-se, em todo o Oriente Médio, desde a queda de Hosni Mubarak, abandonado pelo presidente Obama. E aprofundou-se de tal modo que o primeiro-ministro do Iraque, Nouri al-Maliki, concordou em estudar a possibilidade de um acordo militar com o Irã, cujo ministro da Defesa, Ahmad Vahidi, visitou Bagdá em 3 de outubro de 2012. Esse acordo com o Irã, se efetivado, anularia qualquer entendimento estratégico do Iraque com os Estados

Unidos.[21] E o primeiro-ministro Nouri al-Maliki avançou ainda mais na sua política para firmar a independência e a soberania do Iraque. Devido às violações de seu espaço aéreo, solicitou ao Parlamento o cancelamento de todos os acordos assinados por Saddam Hussein e prorrogados depois de sua queda, os quais permitiam a Turquia a perseguir o PKK (Partido dos Trabalhadores Turcos), dentro de uma distância de 15 quilômetros no território curdo do Iraque, além de outras medidas.

Alguns dias após as conversações com o ministro da Defesa do Irã, o primeiro-ministro do Iraque, Nouri al-Maliki, viajou para Moscou, onde assinou com o primeiro-ministro Dimitri Medvedev, em 9 de outubro, contratos no valor de US$ 4,2 bilhões para compra dos mais variados armamentos, entre os quais mísseis terra-ar Pantsir-S1, úteis para a defesa contra ataque de jatos de guerra. A declaração conjunta dos dois chefes de governo revelou que o negócio estava em discussão havia cinco meses e que as discussões prosseguiam para aquisição pelo Iraque de jatos MiG-29, veículos pesadamente blindados e outros tipos de material bélico. O primeiro-ministro Maliki reuniu-se, outrossim, com o presidente Vladimir Putin para tratar da cooperação dos dois países na área de energia, e a perspectiva da Câmara de Indústria e Comércio era de que a Rússia fizesse, nos próximos anos, investimentos diretos no Iraque da ordem de até US$ 10 bilhões.[22] Os entendimentos do primeiro-ministro Maliki com o Irã e a Rússia indicaram que os Estados Unidos ganharam a batalha contra o regime de Saddam, mas perderam o Iraque.

Entretanto, por haver assinado o Strategic Framework Agreement (SFA) e o Security Agreement — também conhecido como Status of Forces Agreement (SOFA) —, tornava-se difícil para Bagdá livrar-se da tutela e não ceder às pressões de Washington. Um mês depois de celebrar o acordo com a Rússia, o Iraque cancelou o contrato alegando suspeitas sobre os termos da aquisição do material bélico, mas tudo indicava que o fizera por pressão dos Estados Unidos. Igor Korotchenko, do Centre for Analysis of World Arms Trade, sediado em Moscou, disse à BBC que o cancelamento foi *"absolutely unprecedented in the history of the Russian arms trade"* e que, tão logo o negócio foi anunciado, ele predisse que os Estados Unidos não permitiriam que o Iraque comprasse tal quantidade de armamentos da Rússia, o que seria *"an absolutely unacceptable scenario"* para Washington.[23] A alegação da suspeita de corrupção era cortina de fumaça.

Mesmo com o cancelamento da compra de armamentos da Rússia pelo Iraque, sob pressão dos Estados Unidos, o acordo firmado em Moscou pelo primeiro-ministro Nouri al-Maliki com o primeiro-ministro Dimitri Medvedev mostrou que o cenário em Bagdá mudou. Desde 2001, ano fatídico em que George W. Bush entrou na Casa Branca e ocorreram os trágicos atentados terroristas de 11 de setembro, o novo Pearl Harbor para a *global war on terrorism*, os Estados Unidos sofreram severas derrotas, assinalando a deterioração da *New World Order*, que o velho George Bush, após o colapso do Bloco Soviético, tentara implantar, impondo a *full-fledged dominance* do Império Americano, o Estado-gendarme, ante o qual todos os demais países deviam ajoelhar-se. E o fato é que, conquanto conservassem o *status* de potência globalmente dominante, detentora da maior força coercitiva do mundo, com um poder de destruição incomparável, sem paralelo, com capacidade de intervir imediata e efetivamente em qualquer região, os Estados Unidos, a partir do início do século XXI, começaram a perder a hegemonia mundial, i.e., as condições de nação dirigente. Os Estados Unidos não mais podiam determinar, como antes, a vontade dos outros Estados.

Não mais Richard Olney, secretário de Estado (1895-1897) do presidente Grover Cleveland (1893-1897), podia ufanar-se da soberania dos Estados Unidos sobre a América Latina, proclamando que sobre o continente seu *fiat* era lei.[24] A maioria dos países do Hemisfério Ocidental já não acompanhava sua política internacional, divergia ou até mesmo a ela se opunha. Mesmo em quatro importantes países com os quais contara para garantir seus interesses corporativos e militares no Oriente Médio — Irã, Egito, Turquia e Arábia Saudita — sua influência fora largamente reduzida, em maior ou menor grau.[25] Nem mais Israel se subordinava às diretrizes de Washington, como o primeiro-ministro Binyamin Netanyahu demonstrara, ao autorizar novos assentamentos na Cisjordânia, declarando que não discutiria a possibilidade de retirar-se para as fronteiras de 1967, conforme o presidente Obama o havia publicamente exortado a fazer, para solucionar o conflito na Palestina. A Resolução 242 do CSNU, fundamento do inócuo "processo de paz", nem sequer fora respeitada por Israel. A crise de autoridade dos Estados Unidos evidenciou-se. Conforme comentou o economista Paul Craig Roberts, ex-secretário adjunto do Tesouro durante a administração de Ronald Reagan e colunista do *Wall Street Journal*, *"how is a country a superpower when it lacks the power to determine its own foreign policy in the Middle East?"*. E acrescentou: *"Such a country is not a superpower. It is a puppet state."*[26]

Com o desaparecimento do Bloco Soviético e o desvanecimento do comunismo, o consenso aglutinador, o aparelho hegemônico esfumara. A *global war on terrorism* não constituiu fator de coesão internacional. Ao contrário, o execrável campo de concentração de Guantânamo, as torturas dos prisioneiros em Abu Graib, no Iraque, os sequestros de pessoas e as prisões secretas mantidas em diversos países pela CIA, os assassinatos e outros procedimentos ilegais e criminosos desmoralizaram os Estados Unidos como defensores dos direitos humanos, exemplo de democracia. Tratava-se de um país cujo índice de encarceramento de seus cidadãos era bem superior ao de Rússia, Cuba, Irã e China.[27] E para os islâmicos os Estados Unidos continuaram a configurar o Grande Satã (*Shaytân-e Bozorg*), como o aiatolá Ruhollah Khomeini, o líder da Revolução Islâmica no Irã, denominou-os em 1979.

Em agosto de 2008, a enérgica reação militar do presidente Vladimir Putin, atacando as forças da Geórgia que invadiram a região separatista da Ossétia do Sul, constituiu séria advertência de que aquela região, no Cáucaso, à margem do Mar Negro, estava na esfera de influência da Rússia e não admitia a ingerência dos Estados Unidos e da OTAN. O presidente George W. Bush declarou que a invasão da Ossétia do Sul era inaceitável, e o vice-presidente Dick Cheney declarou que a iniciativa da Rússia não ficaria sem resposta. E ficou. A Rússia reconheceu a independência das duas regiões separatistas da Geórgia — Abecásia e Ossétia do Sul — e nada aconteceu.

A crise bancária deflagrada em 2007 em virtude da desregulamentação dos mercados financeiros e do desenfreado poder dos estabelecimentos de crédito e das corporações multinacionais aprofundou-se em 2008 com a bancarrota do Lehmann Brothers, o quarto maior banco americano de investimento, levando a economia mundial, dramaticamente, à depressão, da qual quatro anos depois ainda não saíra, e representou mais um golpe contra os Estados Unidos. Os Estados Unidos deixaram de ser exportador líquido de capitais e não mais lideram as compras ou o estabelecimento de firmas em outros países. Com enormes déficits comercial e fiscal, bem como na conta corrente do balanço de pagamento, converteram-se em potência devedora, sem condições de pagar sua dívida externa. Os bancos centrais de outros países detêm reservas da ordem de mais de US\$ 4 trilhões. Os Estados Unidos atolaram-se em dívidas, por diversos fatores, sobretudo porque estavam a produzir menos do que consumiam. Dependiam de tudo, inclusive de capitais e financiamentos. Como bem observaram Bill Bonner e Addison Wiggin, "a nação mais rica, mais poderosa do mundo depende das poupanças dos países mais pobres".[28] Assim, erodiu outro instrumento de dominação ideológica, o neoliberalismo, o fundamentalismo de mercado, cuja consolidação as organizações financeiras multilaterais tentaram consolidar após a desintegração do Bloco Soviético, uma vez fracassado o modelo stalinista de socialismo.

Ao mesmo tempo, a emergência da China, com o modelo de capitalismo privado sob o controle do Estado, similar à Nova Política Econômica (NEP),[29] que Lênin começara a implantar na União Soviética e Stalin liquidou a partir de 1927/1928, mudou profundamente a equação geopolítica e estratégica mundial. Deng Xiaoping, àquela época, havia vivido em Moscou, onde estudara as obras de Marx e Engels na Universidade Sun Yat-sen, e viu que agricultores independentes, empresários privados e os capitais estrangeiros, autorizados pelo Partido Comunista, puderam promover rápido desenvolvimento da União Soviética, cuja economia fora destroçada pela guerra civil (1917-1921), ao derrubar drasticamente a produção industrial, em meio a terrível escassez de alimentos e inflação.[30] O modelo da NEP ele já havia aplicado quando assumira o Bureau do Sudoeste da China, após a vitória da revolução, em 1949-1952.[31] E, após o falecimento de Mao Zedong

(1893-1976), tratou de reintroduzi-lo na China.[32] Juntamente com os demais dirigentes do Partido Comunista, Deng Xiaoping havia percebido que não podia manter o mesmo modelo de socialismo, com a estatização de toda a economia, implantado na União Soviética por Stalin. Marx e Engels jamais haviam concebido o socialismo como via de desenvolvimento ou modelo alternativo para o capitalismo, senão como consequência do próprio desenvolvimento das forças produtivas do capitalismo, e ensinaram que somente com o aumento da oferta de bens e serviços, em quantidade e em qualidade, seria possível atingir um nível em que a liquidação das diferenças de classe, com o socialismo, constituísse verdadeiro progresso e tivesse consistência, sem acarretar consigo o estancamento ou, inclusive, a decadência do modo de produção da sociedade.[33]

Assim, sob a orientação de Deng Xiaoping, que discreta e modestamente, passara de fato a controlar o poder, como vice-presidente do Partido Comunista, vice-primeiro e presidente do Comitê Central Militar, a China, ao fim dos anos 1970, começou a promover reformas econômicas, autorizando os chineses a realizar empreendimentos comerciais privados e abrindo o país aos investimentos estrangeiros. O Estado deixou de ser o único dono dos meios de produção, conquanto continuasse a ser o principal vetor da industrialização. E Deng Xiaoping, visando a revitalizar a economia a partir das zonas rurais, instituiu o estabelecimento de contratos de produção com agricultores individuais e o desenvolvimento de empresas rurais, do mesmo modo que, no setor urbano, concedeu autonomia de gestão às empresas estatais e promoveu a descentralização regional, investimentos e desregulamentação dos preços.

Jiang Zemin e Li Peng, sucessores de Deng Xiaoping, continuaram a impulsionar a reorganização institucional no governo e no Partido Comunista da China, e empreenderam a reforma do sistema financeiro, reforma fiscal, e estabeleceram o regime empresarial. Tais reformas possibilitaram o extraordinário crescimento econômico,[34] cuja taxa subira de 4,5%, na década de 1960-1970, para 5,8% entre 1970 e 1980, e saltara para 8,5% na década de 1980-1990, enquanto a taxa de crescimento dos Estados Unidos declinava de 3,8% na década de 1960-1970 para 2,7% entre 1970 e 1980, e 2,8% na década de 1980-1990, baixando para -0,7% em 1991, ano em que a própria União Soviética se desintegrou, após a dissolução do Bloco Socialista.

A China, em 2011, era o maior credor dos Estados Unidos, com reservas de mais de US$ 3 trilhões, das quais apenas US$ 1,145 trilhão estavam investidos em U.S. *Treasuries*, pouco mais de um terço do volume total, porquanto, em face da extrema debilidade e insegurança da economia americana, Beijing continuava a diversificar o perfil de suas aplicações em outras divisas.[35] As previsões eram de que a China se tornaria a maior economia mundial em 2016, e o então primeiro-ministro Wen Jiabao, admitindo o *"primary stage of socialism for the next 100 years"*, afirmou que o Partido Comunista persistiria executando as reformas e inovações para assegurar o vigor e a vitalidade duradouros do socialismo com características chinesas.[36] *"Without the sustained and full development of productive forces, it will be impossible to achieve social fairness and justice, an essential requirement of socialism"*, afirmou Wen Jiabao,[37] reafirmando a doutrina de Karl Marx, segundo a qual uma formação social nunca desmorona sem que as forças produtivas dentro dela estejam suficientemente desenvolvidas, e que as novas relações de produção superiores jamais aparecem, no lugar, antes que as condições materiais de sua existência sejam incubadas nas entranhas da própria sociedade antiga.[38] Para distribuir a riqueza, antes seria necessário criá-la.

A China entrou no *great game* global com vigorosa posição de força, dado ser a principal credora dos Estados Unidos, com um imenso mercado, inigualável, e extraordinária capacidade produtiva. E o presidente Barack Obama, ao lançar nova estratégia de defesa nacional — *Defense Strategic Guidance* — em 5 de janeiro de 2012, enfatizou a necessidade de fortalecer a presença dos Estados Unidos, com maiores recursos navais e aéreos, para contrabalançar a China, na Ásia-Pacífico, e a fim de conter o Irã no Estreito Ormuz.[39] O *transfondo* do conceito *AirSea Battle*, elaborado pelo governo de Barack Obama, consistia em manter a *full-fledged dominance* aérea e naval dos Estados Unidos no Mediterrâneo e no Pacífico Ocidental.

A SEGUNDA GUERRA FRIA

Entretanto, não apenas a hegemonia dos Estados Unidos fora posta em xeque pela crise financeira e depois econômica e social, ao expandir-se à União Europeia. O aparelho hegemônico dos Estados Unidos também estava mais e mais debilitado, na medida em que sua poderosa engrenagem militar não conseguia triunfar no Afeganistão nem estabelecer a paz no Iraque após dez anos de guerra, usando os mais sofisticados e modernos armamentos eletrônicos contra forças que somente dispunham de recursos primitivos, tecnicamente muito inferiores, mas em perfeita simbiose com a natureza e o ambiente social. As guerras no Afeganistão e no Iraque, como a guerra no Vietnã, contribuíram para esvair o mito da invencibilidade dos Estados Unidos. O uso do poderio militar sempre teve estreitos limites econômicos, políticos, militares e morais, sobretudo em guerras assimétricas, contra forças não convencionais, que não podiam ser desarticuladas porque não constituíam massa orgânica, como um exército, mas grupos autônomos, que passaram a articular-se, sobretudo, através da internet e das mídias sociais, embora a viverem nas condições mais primitivas, como nas cavernas do Hindu Kush.

Na Líbia, onde a intervenção da OTAN não resultou na democracia mas no caos, quem colheu os benefícios não foi o Ocidente, mas Shaykh Hamad bin Khalifa al-Thani, do Qatar, cujo diminuto e riquíssimo país, enviando forças especiais e contratando mercenários, deu enorme contributo para derrubar o regime de Gaddafi, com o fito projetar sua influência no Oriente e na África do Norte. O Kalifa al-Thani tornou-se, virtualmente, um dos principais promotores da instabilidade e esteio financeiro do terrorismo islâmico em todo o Oriente Médio. Não só na Líbia e na Síria ele tratou de projetar a influência da Qatar como potência regional. Os terroristas de al-Qa'ida au Maghrib Islamique (AQIM) e *Ansar Diene*, que conquistaram e impuseram a *Shari'ah* na região de Timbuktu, norte de Mali, sob o comando de Iyad Ag Ghali, receberam certamente recursos do Qatar.

Uma das enormes dificuldades para o estabelecimento de um governo central em Trípoli consistiu, desde a destruição do regime de Gaddafi, no fato de que o poder se estraçalhou, repartido por diversos grupos radicais da Irmandade Muçulmana e salafistas, com o patrocínio do Qa-

456

tar, e outros vinculados a al-Qa'ida au Maghrib (AQIM), em suma, os *thouwar* (revolucionários, que lutaram contra Gaddafi) de Trípoli, Misrata, Zintan, Benghazi e outras cidades, que jamais reconhecerem o Conselho Nacional de Transição[40] nem se manifestaram dispostos a aceitar a autoridade do presidente Muhammad al-Magariaf, eleito em 10 de agosto de 2012, nem do primeiro-ministro Ali Zaydan.

A jornalista Abigail Hauslohner, correspondente do *Washington Post* na Líbia, informou que, operando nas sombras, os *thouwar*, extremistas islâmicos armados, continuavam a aterrorizar a cidade de Darna, o que revelava o extremo exemplo de confrontação em andamento e quão profundamente as sementes do fundamentalismo frutificaram no *vacuum* de segurança deixado pela queda de Gaddafi, em setembro de 2011,[41] com militarização da sociedade, o conflito entre as identidades tribais e religiosas e *"l'intervention d'acteurs étrangers"*.[42]

NOTAS

1. "New intelligence: Syrian rebels are too few to win", *DEBKAfile Exclusive Report*, Summary of DEBKA Exclusives, October 19, 2012.
2. Anne BARNARD, "Missteps by Rebels Erode Their Support Among Syrians", *The New York Times*, November 8, 2012.
3. İpek YEZDANI, "US hasn't given a cent for wages: Syria rebels. Qatar, Libya and the UAE are footing bills for Syrian militants' wages, but the US has yet to cough up promised cash, senior dissident Khodja says", *Hürriyet Daily News*, October 24, 2012.
4. Ibidem.
5. Ibidem.
6. Sophie SHEVARDNADZE, "Assad: Erdogan thinks he's Caliph, new sultan of the Ottoman (EXCLUSIVE)", *Russia Today*, November 9, 2012. "Ditador sírio nega que exista uma guerra civil em seu país", *Folha de S. Paulo*, 9/11/2012.
7. Neil MACFARQUHAR, "Syria Says Foreign Support for Rebels Aids Terrorism", *The New York Times*, November 18, 2012.
8. Ibidem.
9. "Assad to RT: 'I'm not Western puppet — I have to live and die in Syria'", *Russia Today*, November 8, 2012. "President Bashar Al Assad: Exclusive In-

terview. 'I'm not a Western puppet — I have to live and die in Syria'", *Russia Today* — Global Research, November 8, 2012.

10. "Slain U.S. ambassador recruited jihadists. Egyptian officials say. Stevens worked with Saudis against Assad", *Heavensclimb.blogspot.com*, November 8, 2012. "Slain U.S. Ambassador Recruited Jihadists Egyptian officials say Stevens worked with Saudis against Assad", *WND Exclusive*, 24/9/2012.

11. "Benghazi 'Consulate' Actually a Recruiting Center for Weapons Shipments, Militia to Syria", *News Rescue*. Aaron KLEIN, "Look Who U.S. Is Supporting. Mujahedeen last fought American troops in Afghanistan Now", *WND Exclusive*, 8/2/2012.

12. "Iran Commentary Says Blackwater Given 'Mission' From West to Overthrow Al-Asad", Commentary by Mohammad-Hoseyn Ja'fariyan: "Stateless Armies, a Gift From the Brutal West!", *Qods Online*, October 28, 2012. Mashhad Qods Online in Persian — Website of conservative Mashhad daily published by the Qods Cultural Foundation of the Holy Shrine of Imam Reza (Astan-e Qods-e Razavi), http://www.qudsonline.ir; http://www.biyokulule.com/view_content.php?articleid=5335.

13. "Blackwater training anti-Assad terrorists in Turkey: Report", *Press TV*, August 1, 2012.

14. "US security firm trains anti-Assad mercenaries in Turkish camps", *The Voice of Russia*, August 2, 2012. "Blackwater training anti-Assad terrorists in Turkey: Report", *Press TV*, August 1, 2012.

15. "Syrian Opposition: Qatar, S. Arabia, Turkey behind Terrorists' Infiltration into Syria", FARS News Agency, Iranian news network, October 24, 2012.

16. Haytham Manna's Lecture at LSE: "Violence and Democratic Perspectives in Syria", on October 22, Dr Haytham Manna, head of the Syrian National Coordination Body for Democratic Change, delivered a lecture as part of the MEC's evening lecture series. London School of Economics blog, 24 October 2012.

17. Mariana BARBOSA, "Bill Clinton diz que aliados 'atiram contra incerteza' na Líbia", *Folha de S. Paulo*, 26/3/2011.

18. Peter HAIN, "Western policy on Syria is failing on a monumental scale", *The Guardian*, October 21, 2012.

19. Ibidem.

20. Hussein AGHA e Robert MALLEY, "This Is Not a Revolution", *New York Review of Books*, November 8, 2012.

21. Nidal AL-LAYTHI e Karim Abd ZAYER, "Potential Iran-Iraq Deal Worries West, Pressures Turkey", *Al-Monitor*, October 4, 2012.

22. Vitaly SALNIK, "Russia to sign $5-billion defense contract with Iraq", *Pravda. Ru*, 5/10/2012. "What is behind Iraq's arms deal with Russia? As both coun-

tries sign a multi-billion weapons contract, we ask if it is for purely financial or political reasons", *Al Jazeera*, October 10, 2012. Moign KHAWAJA, "Iraq-Russia conclude $4.2 billion weapons deal — report", *Arabian Gazette*, October 11, 2012. Haifa ZAITER, "Is Iraq's New Alliance with Russia a Game Changer for Region?", *As-Safir*, October 12, 2012. M. K. BHADRAKUMAR, "Russia bridges Middle Eastern divides", *Asia Times*, October 11, 2012.

23. "Iraq cancels $4.2bn Russian arms deal over 'corruption'", *BBC*, November 10, 2012.

24. CONNELL-SMITH, 1966, p. 45-46.

25. BRZEZINSKI, 2012, p. 100.

26. Paul Craig ROBERTS, "Puppet State America", Institute for Political Economy, November 19, 2012.

27. Scott SHANE, "The Opiate of Exceptionalism", *The New York Times*, October 19, 2012.

28. BONNER e WIGGIN, 2006, p. 276.

29. Sobre a NEP vide MONIZ BANDEIRA, 2009, p. 62-83.

30. VOGEL, 2011, p. 23-25 e 719.

31. Ibidem, p. 23.

32. Ibidem, p. 25.

33. *"Eine Gesellschaftsformation geht nie unter, bevor alle Produktivkräfte entwickelt sind, für die sie, weit genug ist, und neue höhere Produktionsverhältnisse treten nie an die Stelle, bevor die materiellen Existenzbedingungen derselben im Schoß der alten Gesellschaft selbst ausgebrütet worden sind"* MARX, 1981b, p. 8-9. *"Erst auf einem gewissen, für unsere Zeitverhältnisse sogar sehr hohen Entwicklungsgrad der gesellschaftlichen Produktivkräfte wird es möglich, die Produktion so hoch zu steigern. daß die Abschaffung der Klassenunterschiede ein wirklicher Fortschritt, daß sie von Dauer sein kann, ohne einen Stillstand oder gar Rückgang in der gesellschaftlichen Produktionsweise herbeizuführen".* ENGELS, 1976, p. 556-559. Esse mesmo artigo consta também em MARX e ENGELS, 1976, p. 39.

34. Na China, o setor privado passou a representar 39% do PIB, o setor público, 36%, sendo os 25% restantes creditados à produção das áreas rurais e às cooperativas.

35. Noronha GOYOS JR., 2012, p. 54-55.

36. Wen JIABAO, "Our Historical Tasks at the Primary Stage of Socialism and Several Issues Concerning China's Foreign Policy", Embassy of The People's Republic of China in Uganda, ug.china-embassy.org/eng/xwdt/t302141.htm.

37. Ibidem.

38. *"Eine Gesellschaftsformation geht nie unter, bevor alle Produktivkräfte entwickelt sind, für die sie weit genug ist, und neue höhere Produktionsverhält-*

nisse treten nie an die Stelle, bevor die materiellen Existenzbedingungen derselben im Schoß der alten Gesellschaft selbst ausgebrütet worden sind.” MARX, 1981b, p. 8-9.

39. *Defense Strategic Guidance* — Strategic Guidance: Priorities For 21st Century Defense [Jan. 2012]. United States Department of Defense. January 5, 2012.

40. Patrick HAIMZADEH, “Multiplication des centres de pouvoir. Qui a gagné la guerre en Libye?”, *Le Monde Diplomatique*, Décembre 2011.

41. Abigail HAUSLOHNER, “After Benghazi attacks, Islamist extremists akin to al-Qaeda stir fear in eastern Libya”, *The Washington Post*, October 27, 2012.

42. Patrick HAIMZADEH, “Multiplication des centres de pouvoir. Qui a gagné la guerre en Libye?”, *Le Monde Diplomatique*, Décembre 2011.

Capítulo XXIII

A FABRICAÇÃO DO PROBLEMA: ISRAEL • OPOSIÇÃO DO GENERAL MARSHAL E DO DEPARTAMENTO DE ESTADO À CRIAÇÃO DE ISRAEL • AS GUERRAS ÁRABE-ISRAELENSES DE 1948, 1956, 1967 E 1973 E A CONQUISTA DE TERRITÓRIOS PALESTINOS • BOMBAS ATÔMICAS DE ISRAEL • OCUPAÇÃO ILEGAL DA CISJORDÂNIA • O CESSAR-FOGO • ELEVAÇÃO DO STATUS DA AUTORIDADE PALESTINA NA ONU

Quando o Supremo Conselho dos Aliados decidiu desmembrar a Mesopotâmia do Império Otomano[1] e endossou a Declaração de Balfour, na Conferência de San Remo, em 24 de abril de 1920, a população árabe na Palestina, da ordem aproximada de 568.000, superava imensamente o conjunto de cristãos (74.000) e judeus (58.000).[2] E o capitão Thomas E. Lawrence (Lawrence da Arábia), que tão bem conhecia a região e os povos que a habitavam, previu um conflito sem fim na Palestina, porquanto os camponeses árabes não se dispunham a ceder suas terras para os colonos judeus[3] e assim se estava a criar uma situação em que *"the Jewish infuence in European finance might not be sufficient to deter the Arabs from refusing to quit — or worse!"*.[4] Em 1948, quando o Estado judaico foi criado, cerca de dois terços dos árabes que habitavam a Palestina eram camponeses.[5] E a maior parte perdeu as suas terras.

Razão também tinha o general George Marshal (1880-1959) quando se opôs à criação do Estado de Israel, como secretário de Estado do presidente Harry S. Truman (1945-1953), pois defendia a criação de um só Estado, com eleições gerais, e escreveu às Nações Unidas, em 17 de setembro de 1947, que os Estados Unidos estavam *"reluctant to endorse the partition of Palestine"*. O embaixador George F. Kennan, autor da doutrina de *containment* da União Soviética, afirmou em *memorandum* interno que *"suporting the extreme objectives of political Zionism"* seria *"to the detriment of overall U.S. security"* no Oriente Médio.[6] Abriria maiores oportunidades para a União Soviética.

Por sua vez, o embaixador Loy Henderson, diretor da Agência do Oriente Médio do Departamento de Estado, em *memorandum*, arguiu contra a proposta de partição da Palestina entre árabes e judeus, mostrando que essa iniciativa ignorava os princípios da autodeterminação e do governo da maioria, e reconhecia o princípio de um Estado racial teocrático, que discriminaria em todas as instâncias, com base na religião e na raça, as pessoas fora da Palestina. *"The stress on whether persons are Jews or non-Jews is certain to strengthen feelings among both Jews and Gentiles in the United States and elsewhere that Jewish citizens are not the same as other citizens"*, acrescentou Loy Henderson.[7] No seu entender, a partição não só não funcionaria como conduziria a imprevisíveis problemas no futuro.

O embaixador Loy Henderson avaliava que os Estados Unidos perderiam o prestígio entre os árabes se apoiassem a criação de um Estado judeu. Essa questão configurava uma das mais importantes para o Departamento de Estado, uma vez que o petróleo constituía o eixo das relações com os países árabes. Posição similar tomou o chefe do Estado-Maior Conjunto, em *memorandum* intitulado "The Problem of Palestine", no qual argumentou que a partição da Palestina entre árabes e judeus possibilitaria à União Soviética substituir os Estados Unidos e a Grã-Bretanha na região e colocaria em risco o acesso das duas potências ao petróleo do Oriente Médio.[8] *"There are thirty million Arabs on one side and about 600,000 Jews on the other"*, disse o secretário de Defesa, James V. Forrestal (1947-1949), a Clark Clifford (1906-1998), assessor da Casa Branca, que defendia a criação do Estado judaico, perguntando: *"Why don't you face up to the realities?"*[9] Essas eram as populações de árabes e judeus, no mundo, àquela época.

A princípio, o presidente Harry Truman vacilou. O Departamento de Estado e o Departamento de Defesa manifestaram-se claramente contra a partição da Palestina e a preocupação era o atrito que adviria com os países árabes, todos adversos ao sionismo e ao plano da United Nations Special Committee on Palestine (UNSCOP).[10] Mas, a fim de conquistar o voto dos judeus para sua reeleição em 1948, o presidente Truman determinou que o embaixador Herschel Johnson, adjunto do chefe da Legação Americana, anunciasse no CSNU que os Estado Unidos apoiavam o plano de partição da Palestina, elaborado pela UNSCOP, o que foi feito na sessão de 11 de outubro de 1947.[11]

Embora os Estados Unidos tivessem interesse na Palestina, onde grupos sionistas extremistas explodiram oito pontes perto da fronteira da Transjordânia, o King David Hotel, em Jerusalém, e cometeram diversos outros atentados terroristas entre 1946 e 1947,[12] não foi qualquer consideração estratégica que determinou a decisão de Truman de apoiar a partilha e a consequente criação do Estado judeu, mas o oportunismo eleitoral, a fim de captar o voto dos judeus para a sua reeleição em 1948. Todos os especialistas do Departamento de Estado, quase sem exceção, foram contra a criação do Estado judeu.[13] E o general George Marshal escreveu um *top-secret memorandum* não usual, no qual registrou haver declarado ao presidente Truman, após a reunião: *"I said bluntly that if the President were to follow Mr. Clifford's advice and if in the elections I were to vote, I would vote against the President."*[14]

Em 29 de novembro, a Assembleia Geral da ONU, sob a presidência do embaixador brasileiro Oswaldo Aranha, aprovou a *1947 UN Partition*, que dividia a Palestina, até então sob mandato da Grã-Bretanha, em três entidades: um Estado judeu, um árabe e uma zona internacional em torno de Jerusalém.[15] E, em meio aos conflitos deflagrados na região, David Ben-Gurion, presidente do Conselho Nacional, proclamou, em 14 de maio de 1948, a independência do novo Estado de Israel, do qual se tornou primeiro-ministro. E o embaixador da União Soviética na ONU, Yakov A. Malik (1948-1952), foi o primeiro a votar pelo reconhecimento do Estado de Israel. Configurava uma recompensa pelo holocausto, que a tirania nazista de Adolf Hitler (1933-1945) promoveu, exterminando 6 milhões de judeus (além de ciganos, comunistas, socialistas alemães e milhares de outras pessoas) em câmaras de gás e fuzilamentos em campos de concentração na Alemanha, na Polônia e em outros países da Europa.

A SEGUNDA GUERRA FRIA

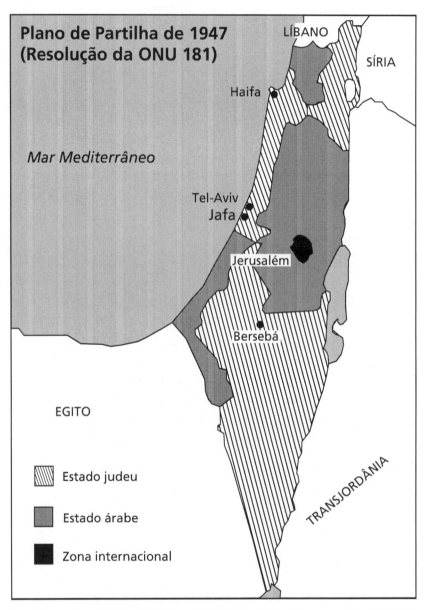

Israel segundo os limites definidos pelo *1948 Partition Plan* aprovado pela ONU. Após 1948, praticamente toda a Palestina, a área internacional, o oeste da Síria (Golã) e o sul do Líbano foram invadidos por Israel e ocupados pelos colonos judeus.

Dar ao Estado judeu o nome de Israel, segundo o historiador Jacob Neusner, complicou ainda mais a situação, porque Israel significa para o judaísmo o povo santificado, que aceitou a Torah no Sinai e, desde as Escrituras hebraicas até a liturgia da sinagoga, passando pela Torah oral, o protagonista de Deus é chamado de Israel.[16] A história, porém, nunca pagou o preço da recompensa aos sobreviventes de Auschwitz, Dachau, Bergen-Belsen, Majdanek, Oranienburg, Treblinka, Ravensbrück e outras fábricas de matança em massa. Logo em seguida à proclamação da independência, em 15 de maio, os exércitos de Egito, Iraque, Jordânia, Arábia Saudita, Líbano e Síria invadiram a Palestina e atacaram o recém-nascido Estado de Israel. A chamada Guerra de Independência terminou com a vitória de Israel, que firmou um armistício, em 1949, após apropriar-se de 78% do território e 100% das águas da Palestina, incorporando mais 20%, mais 2.500 milhas quadradas às 5.600 milhas quadradas concedidas pela *1947 UN Partition*.

A população de Israel dobrou, não mais com os *aliyahs*, os imigrantes israelitas que retornavam à Terra de Israel (*Eretz Yisrael*), velha aspiração e vetor do sionismo. Aumentou com os sobreviventes do holocausto e grandes massas de judeus refugiados dos países árabes. E ali eles trataram de reconstruir a nação judaica, com base territorial, oficializaram e restauraram o hebreu como língua nacional[17] e trabalharam e lutaram arduamente pela sua subsistência e preservação da espécie, mas trataram de constranger e restringir as tentativas de desenvolvimento de um Estado palestino independente. O que sempre os inspirou foi a ideologia messiânica do Grande Israel, a Terra Prometida, um Estado a eles apenas pertencente, discriminatório, e não um Estado multinacional ou multicultural, como a Suíça e a Bélgica.[18] Os árabes que lá habitavam nunca o aceitaram.

Em julho de 1956, o presidente do Egito, Gamal Abdel Nasser (1956-1970), nacionalizou o Canal de Suez Canal, ameaçando os interesses da Grã-Bretanha e da França, os suprimentos de petróleo e o comércio do Ocidente. No final de outubro, Israel, cujo trânsito pelo Estreito de Tiran, ligando o Golfo de Aqaba ao Mar Vermelho, o presidente Nasser bloqueara, assaltou as posições militares do Egito, capturou a Faixa de Gaza, a Península do Sinai e, em seguida, ocupou o Canal de Suez, enquanto a França e a Grã-Bretanha bombardeavam o Egito. Dias depois, em 5 de novembro, as

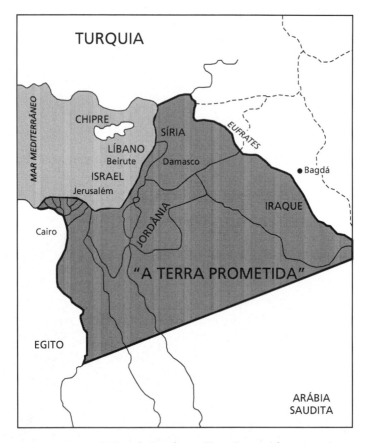

A Grande Israel — a Terra Prometida

hostilidades terminaram por pressão dos Estados Unidos e da União Soviética, que forçaram a retirada das tropas israelenses de Suez. Porém Israel alcançou seu objetivo, a liberdade de navegação, através do Estreito de Tiran, rota histórica do *exodus*, por onde Moisés (Moshe) (1358-1350 a.C.) havia conduzido os hebreus do Egito ao atravessar o Golfo de Aqaba, no Mar Vermelho. De acordo com a tradição, Moisés não era hebreu, mas um sacerdote egípcio (*ägyptischer Priester*),[19] provavelmente de nobre origem, tese aceita por Karl Marx e Sigmund Freud.[20] Segundo Freud, que defendeu a mesma teoria, Moisés seria adepto da doutrina monoteísta do faraó Ikhnaton (1350 a.C.), esposo de Nefertiti (c. 1370 a.C.-c. 1330 a.C.), e, após sua morte, teria fugido do Egito com os hebreus.[21] Aliás, Voltaire já havia salientado que se

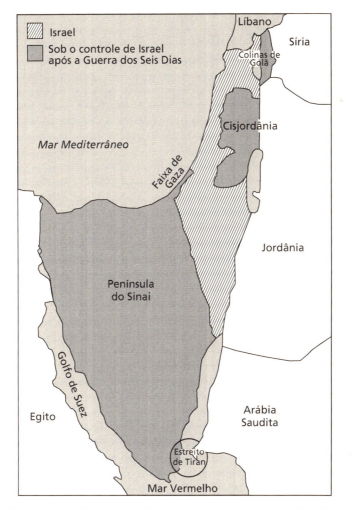

Território mantido por Israel antes e depois da Guerra de Seis Dias.
O Estreito de Tiran, no círculo, entre o Golfo de Aqaba, ao norte,
e o Mar Vermelho, ao sul

podia constatar no Pentateuco que Moisés e todo o seu povo haviam nascido no Egito e, possivelmente, outra língua não falavam senão o egípcio.[22]

Em 1967, o Egito, a Jordânia, a Síria e o Iraque avançaram para as fronteiras de Israel e outra vez o Estreito de Tiran foi bloqueado ao tráfego internacional. Depois de algumas semanas, Israel, ao perceber a iminente ameaça, lançou um *preemptive* ataque contra os exércitos árabes e, em seis dias de combates, conquistou a Banda Ocidental; tomou da Jordânia o leste de Jerusalém, local da Montanha do Templo (*Haram al-Sharif*), o terceiro local mais sagrado do Islã e que os judeus chamam de *Har ha-Bayith*; ocupou as colinas de Golã, da Síria,[23] a Faixa de Gaza e a Península do Sinai, do Egito. Como resultado, ocorreu uma limpeza étnica e 750.000 árabes, em uma população de 900.000, fugiram ou foram desalojados, refugiados das áreas sobre as quais Israel ganhou jurisdição. Foi o *exodus* dos palestinos.[24] Seis meses depois, o CSNU aprovou a Resolução 242, confirmando a inadmissibilidade de aquisição de territórios pela força, exortando Israel que retirasse suas forças daqueles que foram ocupados e reiterando o direito dos povos de viverem em segurança dentro de suas fronteiras.

Em 6 de outubro de 1973, quando os judeus celebravam o Yom Kippur (Dia da Expiação), seu mais sagrado feriado religioso, as tropas do Egito e da Síria atacaram Israel, com o objetivo de recuperar as áreas ocupadas na guerra de 1967. Quando as tropas árabes avançaram, o general Moshe Dayan, ministro da Defesa, deu o alerta nuclear e colocou em prontidão 24 bombardeiros B-52, com as 13 bombas atômicas que possuía.[25] Seu propósito, ao que tudo indica, não era propriamente lançá-las, mas induzir os Estados Unidos a tomarem uma atitude mais decisiva com respeito à União Soviética e forçá-la a conter a Síria e o Egito.[26]

Israel já então estava a fabricar secretamente algumas bombas atômicas, a partir da tecnologia de separação de isótopos, enriquecimento de urânio pelo processo de água pesada.[27] Recebia assistência da Comissão de Energia Atômica da França, na usina de Dimona, localizada no deserto de Negev, ao sul de Jerusalém, eludindo a Agência Internacional de Energia Atômica e o próprio governo dos Estados Unidos.[28]

Israel começara a construção da usina nuclear de Dimona provavelmente bem antes de 1958, mas a CIA levou três anos para descobrir o sítio, se é que antes não o sabia. E a prova final quem forneceu foi o físico e professor Henry Gomberg, da Universidade de Michigan, que foi convidado a ser consultor da Israeli Atomic Energy Commission (IAEC) e, nas conversações com as autoridades e os cientistas israelenses, concluiu que Israel estava engajado em um vasto projeto atômico classificado, em adição ao projeto do Soreq Nuclear Research Center, operado pela Israel Atomic Energy Commission (IAEC), com reatores fornecidos pelos Estados Unidos nos anos 1950, no âmbito do programa Átomos para a Paz.[29] O Departamento de Estado e a Casa Branca receberam então a notícia da existência do Negev Nuclear Research Center em Dimona. A não identificação desse projeto foi considerada uma enorme falha da comunidade de inteligência dos Estados Unidos.

Segundo Carl Ducketts, alto funcionário da CIA, Israel, em 1968, possuía três bombas atômicas, fabricadas com 200 libras de urânio enriquecido, contrabandeadas dos Estados Unidos pelo judeu americano Zalman Shapiro.[30] O agente do Mossad Ari Ben-Menashe revelou em suas memórias que, entre 1968 e 1973, Israel fabricara 13 bombas atômicas, cada qual com um poder destrutivo três vezes maior do que as que arrasaram Hiroshima e Nagasaki.[31] Porém o governo de Tel Aviv não admitia possuir capacidade termonuclear, com receio de que os judeus nos Estados Unidos e em outras partes do mundo reprovassem esse esforço e diminuíssem o apoio financeiro que lhe prestavam.

Após 16 dias de guerra, o CSNU aprovou a Resolução 338, confirmando a 242, e conclamando os países para conversações de paz. Israel outra vez havia vencido no campo de batalha e, só após a reunião da cúpula árabe, em Rabat (Marrocos), reconheceu a Organização de Libertação da Palestina (OLP), criada em 1964, como legítima representante do povo palestino, concordou em retirar suas tropas da Síria, exceto das colinas de Golã, e reteve todos os territórios capturados em 1967.

Os países árabes, membros da Organization of Petroleum Exporting Countries (OPEC),[32] valeram-se da guerra para compensar as perdas com a desvalorização do dólar em 10%, promovida pelo presidente Richard Nixon (1969-1974),[33] e recorreram ao petróleo como instrumento de pressão contra o Ocidente. Suspenderam o fornecimento aos países que apoiavam Israel, e o preço do barril saltou de US$ 2,90, em setembro de 1973, para US$ 11,65 em dezembro do mesmo ano, o que abalou a economia mundial, a Europa Ocidental, o Japão e, sobretudo, os Estados Unidos, onde o consumo havia aumentado de 3,2 milhões de barris diários, em 1970, para 6,2 milhões diários, em 1973. A Arábia Saudita elevou então a sua participação na exportação mundial de 13%, em 1970, para 21%, em 1972.[34]

A SEGUNDA GUERRA FRIA

Como observou o ex-presidente Jimmy Carter, Israel, por necessidade, manteve uma das mais poderosas forças militares para conter seus inimigos, porém nenhuma das diversas guerras resolveu as causas básicas do conflito.[35] Essas causas básicas sempre foram profundas e complexas, com raízes nas crenças religiosas e mitos históricos seculares, existentes entre os povos da região. Somente em 1977 o primeiro presidente de um Estado árabe, o presidente Anwar as-Sādāt, do Egito, visitou Israel, abrindo caminho para o seu reconhecimento e a assinatura de um tratado de paz entre os dois países, após os Acordos de Camp David, negociados por intermediação do presidente Jimmy Carter (1977-1981). Israel retirou suas tropas do Sinai e o Egito abriu-lhe o Canal de Suez. Nenhum outro governante de país árabe, na época, acompanhou a iniciativa do presidente Anwar as-Sādāt, iniciativa que lhe custou a vida, em 1981, assassinado por um salafista, o tenente-coronel Khalid Ahmed Showky Al-Islambouli.

Em 1993, a OLP concluiu os Acordos de Oslo com Israel, mediante os quais renunciou à violência, a Autoridade Palestina foi estabelecida, sob a presidência de Yasser Arafat, e a Jordânia, que lhe havia cedido a Banda Ocidental, i.e., as áreas da Judeia e de Samaria (*Yehuda ve-Shomron*) e Jerusalém Oriental, reconheceu o Estado de Israel. Contudo, os antagonismos se agravaram. Em 1995, o primeiro-ministro Yitzhak Rabin, que assinou os Acordos de Oslo, foi assassinado por um sionista fundamentalista, os grupos palestinos contrários aos Acordos de Oslo intensificaram os ataques contra Israel e, em 2001, Ariel Sharon, do Likud, elegeu-se para o governo de Israel e confinou Yasser Arafat em Ramallah, onde ele morreu em 2004. Ariel Sharon era contra o processo de paz encaminhado com os Acordos de Oslo.

O Hamás, sunita, um dos partidos palestinos, adversário da OLP, nunca renunciou ao seu objetivo de destruir de Israel. Contudo, Israel tornou-se uma realidade histórica e política e somente fanáticos, dos quais a racionalidade se ausentou, podiam pensar em destruí-lo. E no Oriente Médio, onde as principais religiões e seitas monoteístas floresceram, o que sempre predominou foi a fé, e a fé começa onde a razão acaba, está além da razão, é o paradoxo, a crença no absurdo, como

470

ensinou Søren Kierkegård.[36] Nem os muçulmanos nem os judeus, fundamentalistas, se dispuseram a renunciar às suas crenças.

Os sionistas ultraortodoxos, integracionistas, para os quais o que imperava, com base na visão rabínica, era a vontade de Deus uno e único, manifestada na Torah,[37] continuaram a expandir os assentamentos na Judeia e em Samaria, na Banda Ocidental ou Cisjordânia, os territórios ocupados na guerra de 1967. Ocupar o coração bíblico da Grande Israel — Judeia e Samaria —, onde, em meados de 2012, já habitavam ilegalmente mais de 500.000 israelitas[38] — esse foi sonho de Golda Meir, uma das fundadoras do Estado de Israel e primeiro-ministro entre 1969 e 1974. Ela dizia que as fronteiras de Israel não estavam delimitadas pelas linhas dos mapas, mas pelo espaço onde os hebreus viveram, i.e., toda a Palestina ou Canaã, a Terra Prometida, a Terra de Israel (*Eretz Yisrael*). Mas, ponderou o grande escritor judeu Arthur Koestler, isso criava um "*tragic paradox*", porque a religião judaica, diferentemente do cristianismo, do budismo ou do islamismo, implicava a condição de que ela pertencia à histórica nacionalidade judaica, ao "povo eleito".[39] O notável filósofo Baruch de Spinoza, que era judeu, compreendeu as contradições do judaísmo: a contradição do monoteísmo, a existência de um só Deus universal, mas legado a um único povo, um "povo eleito", "escolhido", o povo judeu.[40] Contudo, conquanto fascinante, era irrelevante a questão étnica — se os judeus europeus que fundaram o Estado de Israel, os *ashkenazim*, com olhos azuis, pele clara e cabelos ruivos,[41] eram descendentes dos antigos povos do Khanato de Khazar, no sul da Rússia, ou dos semitas, *mizrahim* e *sephardim* da Península Ibérica, da Palestina, do Magreb, chamados de orientais, oriundos do Iêmen ou de outros países do Oriente Médio. Se suas raízes estavam nas estepes entre o Mar Negro e o Mar Cáspio ou na Babilônia e no Egito, *in casu*, não importava. Não retirava de Israel o direito de existir *de jure* e de *fato*, não por sua aura mitológica ou porque os hebreus historicamente lá haviam habitado, havia milhares de anos, mas porque foi criado por uma decisão da ONU e, gostassem ou não, já estava povoado e existia como personalidade jurídica do Direito Internacional.[42]

Em 22 de maio de 2012, perante o *lobby* israelense American Israel Public Affairs Committee (Aipac), que sempre teve muito peso sobre a política doméstica nos Estados Unidos por financiar candidaturas tanto de democratas quanto de republicanos, e consequentemente exerceu forte influência sobre sua política internacional, o presidente Barack Obama fez um discurso no qual afirmou que um Estado palestino deveria ser reconhecido conforme as suas fronteiras de 1967, antes da Guerra dos Seis Dias, advertindo que o isolamento de Israel estava a crescer, sem o confiável processo de paz no Oriente Médio.[43]

O retorno às fronteiras de 1967 era objetiva e praticamente inviável. Israel nunca aceitou nem mesmo o regresso dos palestinos expulsos, porque nas regiões ocupadas nas guerras de 1947, 1967 e 1973 já havia cidades com bairros luxuosos, hospitais e universidades. Logo, os israelenses não iriam ceder essas áreas, nem parecia viável um acordo mediante *swap*, trocas de terras, conforme sugerido pelo presidente Obama. Ademais, o retorno dos palestinos seria o fim do Estado etnocrático, nacionalista com *ethos* religioso e místico. Israel, em 2012, tinha uma população estimada em 7,6 milhões de cidadãos, dos quais 5,7 milhões eram judeus e quase 2 milhões, palestinos. E estava cercado por outros 1,3 milhão de palestinos dos quais 33% viviam com a ajuda da ONU em campos de refugiados na Faixa de Gaza (sob o comando do Hamás) e quase 2 milhões ou mais na Cisjordânia, administrada pela Autoridade Palestina, porém igualmente povoada por mais de 350.000 colonos israelenses, que controlavam vasta área.

O ex-presidente Jimmy Carter e a social-democrata Gro Harlem Brundtland, ex-primeira-ministra da Noruega (1990-1996), visitaram, em outubro de 2012, o Augusta Victoria Hospital, junto ao Monte das Oliveiras, de onde puderam olhar *"over vast Israeli setllements spreading across the West Bank, as well as the wire fences, high walls and roads that increasingly separate the Jewish and Arab populations"*. Os assentamentos espalhados em Jerusalém Oriental (East-1) orientavam-se no sentido de integrá-la com Ma'ale Adummim, outro assentamento israelense, na Banda Ocidental (Cisjordânia), além da Linha Verde, violando a lei internacional e isolando os árabes com muros altos, cercas de arame e estradas.[44]

O número de assentamentos *"have doubled since the Oslo peace accords of 1993"*, Jimmy Carter e Gro Harlem Brundtland observaram no artigo publicado no *New York Times*, adiantando que milhares de casas já estavam planejadas ou em construção.[46] Entrementes, cerca de

500.000 palestinos viviam no Líbano e cerca de 8 milhões espalhavam-se pelos demais países, como apátridas no Oriente Médio e em outras regiões, grande parte em campos de refugiados, inclusive em Gaza.

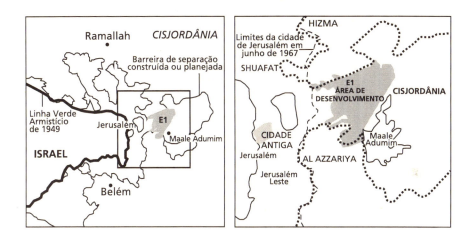

Fonte: The New York Times Company[45]

Israel temia que, se os palestinos retornassem e se integrassem à sua sociedade, uma vez que eles constituiriam a maioria da população, poderiam eleger o governo e acabariam com o Estado judaico. A explosão demográfica, de um modo ou de outro, é que podia ameaçar a existência de Israel como Estado predominante etnocrático, segundo a aspiração sionista. De qualquer modo, dentro de toda a Palestina (incluindo Israel), o número de árabes era aproximadamente da ordem de mais de 5,5 milhões, número quase igual ao dos judeus em Israel. E o fato de o governo de Binyamin Netanyahu continuar autorizando construções na Cisjordânia (mais 700 já havia sido autorizadas em fevereiro de 2012), desrespeitando e inviabilizando o princípio da criação de dois Estados, implicava também a possibilidade de violenta explosão, nas circunstâncias de uma guerra contra o Irã. O fácil triunfo na Guerra dos Seis Dias — previu Isaac Deutscher — poderia aparecer, em um futuro não muito remoto, na verdade, um verdadeiro desastre para Israel, uma criação terrena e não uma santidade bíblica, uma nação-Estado escolhida por Deus.

A SEGUNDA GUERRA FRIA

As divergências sectárias entre o Hamás e a OLP, que se agravaram após a morte (assassinato?) de Yasser Arafat, ainda mais engravesceram a complexa crise na Palestina, cujas origens se configuraram na sua repartição, visando a criar o lar nacional dos judeus (*Eretz Israel*),[47] conforme a Declaração de Balfour,[48] emitida pela Grã-Bretanha e endossada pelo presidente Woodrow Wilson (1913-1921), cuja confissão presbiteriana apoiava o sionismo.[49]

Após as sublevações na Tunísia, no Egito, na Líbia e na Síria, com o respaldo militar e financeiro das monarquias sunitas-salafistas do Golfo, bem como do Ocidente, em 2011, o equilíbrio político se inclinou, no Oriente Médio, em favor do Hamás, no que foi ajudado, virtualmente, pelo avanço dos colonos sobre o território da Cisjordânia, na jurisdição da Autoridade Palestina, presidida por Maḥmūd 'Abbās, conhecido como Abu Mazen, e cuja admissão na ONU, mesmo como observador, Israel nunca admitiu, ameaçando inclusive destruí-la.

O Emir Shaikh Hamad bin Khalifa al-Thani, do Qatar, em outubro de 2012, visitou a Faixa de Gaza, sob o governo do Hamás, onde foi recebido pelo primeiro-ministro Ismail Haniya, e ofereceu US$ 450 milhões para projetos de reconstrução da infraestrutura civil que as Forças Armadas de Israel arrasaram durante a Operation Cast Lead (Operação Chumbo Fundido), invasão terrestre, entre dezembro de 2008 e janeiro de 2009. E, logo após a recepção que lhe foi dada pelo povo, as tensões na Faixa de Gaza reacenderam-se, evidenciando quão problemática era a restauração da normalidade na Faixa de Gaza.

Os bombardeios recomeçaram e escalaram com intensivos *raids*, matando militantes do Hamás e da *Jihad* Islâmica, enquanto de Gaza os palestinos lançavam foguetes Qassam contra cidades como Sderot, em Israel. O fato, entretanto, foi que essa visita do Khalifa al-Thani, emir do Qatar, enfraqueceu ainda mais a Autoridade Palestina, sob a presidência de Maḥmūd 'Abbās. E tudo indicou que os Estados árabes que apoiavam a OLP (*Al-Fatah*) passaram a apoiar o Hamás, acrônimo de *Ḥarakat al-muqāwama al-islāmiyya* (Movimento de Resistência Islâmica), em consequência de entendimento do presidente do Egito, Muhammad Mursi, com o emir do Qatar.[50] O presidente Erdogan, da Turquia, também anunciou uma visita à Faixa de Gaza, governada pelo Hamás, que não reconhecia Israel e tinha como objetivo do seu programa destruí-lo. Criou-se uma situação mais difícil para Tel Aviv.

Pouco tempo depois, em meados de novembro, as Forças de Defesa de Israel assassinaram (*targeted killing*) Ahmad Said Khalil al-Jaabari, comandante operacional das Brigadas Izz ad-Din al-Qassam, braço ar-

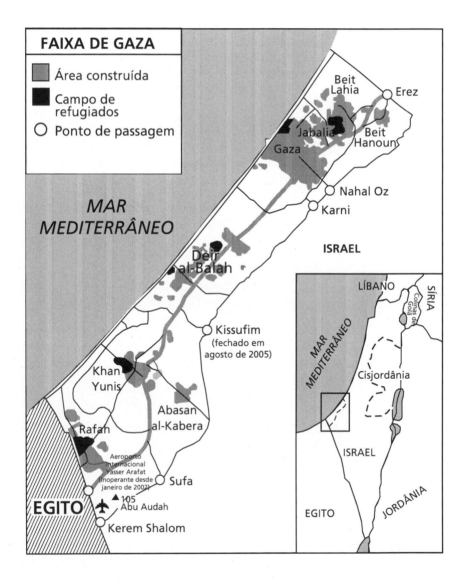

mado do Hamás e que, segundo o diário *Haaretz*, era uma *"subcontractor"* de Tel Aviv, encarregado de manter a segurança de Israel em Gaza, embora fosse descrito como "terrorista", responsável pelo sequestro e depois libertação do soldado israelense Gilad Shalit em troca da libertação de 1.000 prisioneiros palestinos.[51] O soldado Shalit foi libertado em outubro. Al-Jaabari, ao cumprir o contrato, perdeu a garantia de vida.[52] Porém, horas antes de sua execução extrajudicial, com um míssil, ele recebera o projeto de um acordo de trégua permanente, enviado pelo governo de Tel Aviv, que incluía os mecanismos de cessar-fogo em caso de enfurecimento entre Israel e as facções em Gaza.[53] As negociações haviam sido encaminhadas por Gershon Baskin, codiretor do Israel/Palestine Center for Research and Information (IPCRI), e pelo adjunto de ministro do Exterior do Hamás, Ghazi Hamad.

Alguns círculos do governo de Israel entendiam, no entanto, que a *deterrence* somente seria alcançada na medida em que fossem eliminados os líderes políticos do Hamás e destruída sua infraestrutura militar em Gaza. Essa política, nem em curto nem em longo prazo, nunca surtiu efeito nem mesmo quando foi assassinado com um míssil, por Israel, o fundador e hierocrata do Hamás, o Shaykh Ahmed Yassin.[54] Não dissuadiu os ataques de Gaza, onde o povo estava efetivamente sitiado. E a execução de al-Jaabari, que não foi acidental, mas programada, não surtiu efeito algum. Serviu apenas como provocação para a escalada do conflito. O círculo vicioso dos assassinatos e massacres de civis prosseguiu. Segundo Aluf Benn, comentarista do diário *Haaretz*, o assassinato de al-Jaabari foi simples e clara mensagem: falhou, está morto. No que falhou, exatamente, não se soube. O próprio ministro da Defesa Ehud Barak costumava dizer: *"In the Middle East there is no second chance for the weak."*[55] Não era, porém, o Hamás que continuava a disparar os foguetes Qassam contra Israel, mas a *Jihad* Islâmica, os Comitês de Resistência Popular ou grupos salafistas, não conformados com a trégua.[56] E al-Jaabari, que Tel Aviv, seguindo o exemplo do ex-presidente George W. Bush, classificou como *"unlawful combatant"*, estava apenas a dirigir seu automóvel, numa rua de Gaza, quando foi atingido pelo míssil.

A escalada do conflito em Gaza, provavelmente, convinha ao governo da dupla *ultra-hawkish* Netanyahu-Lieberman, por várias razões, inclusive fortalecer seus partidos, Likud-Ysrael Beitenu, nas eleições de janeiro para o Knesset, desviando as atenções do povo dos graves problemas econômicos e sociais. Assim aconteceu quando Ariel Sharon mandou bombardear o reator do Iraque, em 1981; quando Israel, com a Operation Grapes of Wrath, invadiu o Líbano, em 1996, e Gaza, ao realizar a Operation Cast Lead, às vésperas da eleição, em janeiro de 2009.

Àquela época, o notável historiador Eric Hobsbawm, que era judeu, muito bem salientou que o *"criticism of Israel does not imply anti-semitism, but the actions of the government of Israel occasion shame among Jews and, more than anything else, they give rise to anti-semitism today"*.[57] A ação de Israel em Gaza, acrescentou, não era a do povo vítima da história, nem mesmo da mitologia do *"brave little Israel"* de 1948-1967, como Davi derrotando o cerco de Golias. Israel estava a perder rapidamente a boa vontade, como os Estados Unidos sob o governo de George W. Bush, e por similares razões: *"nationalist blindness and the megalomania of military power"*.[58]

O que Israel tratou, quando realizou a Operation Cast Lead e invadiu Gaza entre dezembro de 2008 e fevereiro de 2009, foi de arrasar tudo e devolver a região às condições de maior atraso, a depender quase exclusivamente da ajuda internacional. Durante dois meses, as tropas de Israel mataram mais de 1.400 palestinos, destruíram 10.000 pequenas propriedades e granjas, meio milhão de árvores foram arrancadas, mais de um milhão de frangos e galinhas foram mortos, ademais de ovelhas, bois, vacas e cabras. Cerca de 60% da produção agrícola em Gaza acabou e 75% da população passou a viver com insegurança alimentar crônica. Sem acesso a água para beber; muitos habitantes de Gaza sobreviviam com 20 litros/dia/pessoa, quando, em Israel, o consumo médio de água era de 300 litros/dia/pessoa. E, em 2010, a taxa de desemprego, com a destruição da infraestrutura produtiva em Gaza, havia subido para 45,2%.[59]

As operações militares contra o Hamás na faixa de Faixa de Gaza jamais constituíram, essencialmente, uma guerra, no sentido de duelo (*erweiterter Zweikampf*) em escala ainda mais vasta, como definiu Carl von Clausewitz, conquanto configurassem um desdobramento da política, mediante atos de extrema violência, visando a submeter os palestinos aos desígnios de Israel.[60] O Hamás era um simples partido religioso. A Faixa de Gaza nunca foi um Estado palestino soberano. Nunca teve propriamente autonomia, sempre esteve controlada de fora para dentro, por um governo externo, i.e., pelo governo de Israel, do qual sempre dependeu. As Forças Armadas de Israel, sobretudo a partir de 2005, passaram a controlar as fronteiras, decidindo quem podia entrar ou sair, e também o litoral da Gaza, inclusive as atividades dos pescadores, e o espaço aéreo; destruíram o Yasser Arafat International Airport e levantaram um muro de 7 milhas (11 quilômetros), separando a Faixa de Gaza do Egito, com apenas três pontos de cruzamento: Erez Crossing, Rafah Crossing, Karni Crossing, Kerem Shalom Crossing Sufa Crossing.

Com toda a razão, o presidente do Egito, Muhammad Mursi, acusou Israel de ser *"an occupying country, and international laws oblige occupiers with many things that Israel doesn't abide by"*.[61] E acrescentou que era inaceitável a escalada da situação ou a invasão terrestre, cujas consequências, se a efetivasse, Israel teria de enfrentar na região.[62] Israel criara uma situação ilegal, injusta, para a Faixa de Gaza, como terra ocupada, e *ex injuria non oritur ius*, i.e., não podia torná-la uma lei internacional que justificasse o direito de defesa. Israel, como nas vezes anteriores, violou, na condição de potência ocupante *de facto*, os dispositivos da IV Convenção de Genebra.[63]

A assimetria entre o poder militar de Israel e das organizações de resistência palestina sempre foi desproporcional; as dimensões, incomparáveis. Os foguetes Qassam, que Nidal Fat'hi Rabah Farahat e Adnan al-Ghoul desenvolveram e o Hamás começou a usar no início dos anos 1980, eram artefatos caseiros, fabricados com bombas de TNT e ureia, na cabeça de canos de chumbo, sem sistema de comando e propulsados por uma sólida mistura de açúcar e nitrato de potássio. E com esses foguetes os palestinos tiveram de enfrentar as represálias de Israel durante a Operation Pillar of Cloud (alusão ao Pilar das Nuvens — דּוּמַע וְנָעַ —

como povo guiado por Deus, e.g., Exodus 13:21),[64] depois mudado o codinome para Pilar of Defence, com jatos F-16 e helicópteros Apache e *drones*, fabricados nos Estados Unidos.

Somente em dois dias — 14 e 15 de novembro de 2012 — o sistema de defesa aérea de Israel — Iron Dome — interceptou cerca de 105 foguetes Qassam, dos 274 lançados pelo Hamás, mas Israel gastou US$ 5,2 milhões usando os mísseis do Iron Dome, cada um valendo US$ 50.000, enquanto cada foguete Qassam não custava mais do que algumas centenas de dólares.[65] E, logo no dia 16 de novembro, a Câmara e o Senado dos Estados Unidos aprovaram imediatamente resoluções reconhecendo em Israel o direito de defesa,[66] redigidas pelo *lobby* AIPAC (American Israel Public Affairs Committee), o único agente estrangeiro que opera nos Estados Unidos sem precisar ser registrado como agente estrangeiro.[67]

A Operation Pillar of Defence possibilitou o maior teste para o Iron Dome, cuja construção foi financiada pelos Estados Unidos, através do consórcio anglo-israelense Raytheon Co.-Rafael Advanced Defence Systems Ltd. Em cinco dias de guerra, de 14 a 19 de novembro, um total de 737 foguetes haviam sido disparados de Gaza, e o Iron Dome foi penetrado por mais de dois terços, pois somente interceptou 245. Os outros atingiram Israel, demonstrando a vulnerabilidade de seu território.[68] Informou-se, entretanto, que os ataques da força aérea israelense eliminaram, aparentemente, 90% dos estoques de foguetes do Hamás, inclusive os de mísseis com alcance de mais 70 quilômetros (31 milhas), os mísseis Fajr-5.[69]

Ao que tudo indicou, o assassinato premeditado de al-Jaabari constituiu uma provocação, que o Hamás retaliou com uma chuva de foguetes, dizendo que Israel tinha aberto as "portas do inferno" (*gates of hell*).[70] O objetivo de Israel, *inter alia*, era realmente abrir as portas do inferno, mas para os palestinos, justificando a ampla operação, não apenas aérea como também terrestre, se necessário, para destruir os depósitos de mísseis iranianos de longo-alcance — Fajr-3 e Fajr-5 — em poder do Hamás. Daí que, desde o início de outubro, quando um foguete de curto alcance disparado de Gaza alcançou o sul de Israel, o governo de Tel Aviv começou a condicionar a opinião pública para uma "inevitável" intervenção e pôs 75.000 reservistas de prontidão no dia 16 de novembro. Era o *status quo ante bellum*.

A ofensiva de Israel, em oito dias, devastou a Faixa de Gaza. Arrasou o edifício do primeiro-ministro do Hamás, Ismail Haniyeh, centros dos meios de comunicação local e internacional, pulverizou a infraestrutura de serviços de Gaza, ainda não restaurada desde a invasão de 2008-2009, matou mais de 160 palestinos civis, dois terços dos quais mulheres e crianças, feriu mais de 1.230 palestinos[71] e destruiu arsenais de mísseis antitanques e antiaéreos Fajr-5, de fabricação iraniana, com alcance de mais de 70 quilômetros, capazes de atingir Tel Aviv e Jerusalém, supostamente estocados em Gaza. E, segundo algumas fontes, o informe de que havia estoques de mísseis Farj-3 e Farj-5 do Irã foi, presumivelmente, a razão, *inter alia*, pela qual a força área de Israel, em 23 de outubro, havia bombardeado a fábrica de armamentos Yarmouk, no Sudão, de propriedade da Military Industry Corporation, um dos maiores fabricantes de material bélico da África, ao sul de Cartum. O Sudão sempre foi um santuário para os militantes de al-Qa'ida e uma rota de traficantes, contrabandistas, e as autoridades de Israel criam que as armas iranianas iam do porto de Bandar Abbas, atravessando o Sinai e alcançando Gaza, através de túneis. E, ao atacar as instalações militares de Yarmouk e os arsenais militares de mísseis Farj-3 e Farj-5, em Gaza, Israel pretendeu reduzir a capacidade ofensiva dos aliados do Irã — Hamás e Hizballah —, impedir o seu reabastecimento com mísseis de segunda geração e, *inter alia*, testar o sistema de defesa aérea Iron Dome. Constituiu um ensaio de eventual guerra contra a República Islâmica, a qual o primeiro-ministro Netanyahu nunca tirou da agenda.

O ministro do Interior de Israel, Eli Yishai, declarou abertamente que o objetivo da operação contra Gaza era "devolvê-la à Idade Média", porque somente assim Israel ficaria em calma por 40 anos.[72] O Hamás era apenas uma das peças no jogo para atingir o Irã. Contudo, no dia 21 de novembro, o presidente do Egito, Muhammad Mursi, e seu ministro das Relações Exteriores, Muhammad Kamel-Amr, conseguiram estabelecer um cessar-fogo, assinado no Cairo, com a presença da secretária de Estado dos Estados Unidos, Hillary Clinton, representando de Israel (mas o papel dos Estados Unidos foi inefetivo), mediante o qual o Hamás e Israel encerrariam as hostilidades e seriam abertas as passagens no bloqueio de Gaza, para facilitar o movimento de pessoas, a livre movimentação dos residentes em áreas de fronteira e o trânsito de bens e produtos e terminar todas as restrições.[73] Os Estados Unidos apenas prometeram enviar tropas para o Sinai, a fim de vigiar e impedir o tráfico de armas para Gaza. E as negociações prosseguiriam.

O Hamás e a direita militarista de Israel foram ao fim os triunfantes, no círculo vicioso, *ad continuum*, da *lex talionis*, a lei do "olho por olho",[74] pois os árabes adotavam a mesma doutrina do Código de Hamurabi (c. 1700 a.C), assim como os judeus (וְיָע תחַתּ יָע), endossada pela Torah (Exodus 21:22-25),[75] i.e., o Pentateuco, a parte da Bíblia judaica, e pelo Qur'an (Sure 5: 45).[76] A expectativa não era absolutamente de segurança e paz. A trégua apresentava-se extremamente frágil e Israel continuava a rompê-la, cometendo ilegalidades e prendendo mais de uma centena de palestinos na Banda Ocidental. E, se bem que pudesse, momentaneamente, haver perdido parte de sua capacidade militar (ainda não se avaliou o *quantum*), o Hamás emergiu politicamente vitorioso ao colocar na agenda das negociações do cessar-fogo o levantamento do bloqueio Gaza, e adquiriu um status similar ao do Hizballah no Líbano. Os mísseis e foguetes eventualmente deixaram de voar. *Quo usque tandem?* A violência contra Gaza possibilitou, no entanto, que Maḥmūd 'Abbās conseguisse outra vitória: cerca de 138 países aprovaram (41 abstiveram-se) a elevação da Autoridade Palestina ao status de observador não membro da ONU, na Assembleia Geral, realizada no dia 28 de novembro de 2012, o que representou um revés para os Estados Unidos e para Israel.[77] E o primeiro-ministro Binyamin Netanyahu autorizou, como retaliação, a construção de mais 3.000 casas nos territórios ilegalmente ocupados na Banda Ocidental e em Jerusalém Oriental. Dani Seidemann, advogado em Jerusalém e ativista pela paz, denunciou que o avanço sobre a área E1, com a construção de mais 3.000 casas, representava *"the fatal heart attack of the two-state solution*", e aduziu que o primeiro-ministro Binyamin Netanyahu estava a brandir *"the doomsday weapon"*.[78] *Impunitas peccandi illecebra.*

NOTAS

1. A ideia do Estado de Israel como lar nacional nasceu com o judeu *ashkenazi* Tivadar Herzl, que buscou o apoio financeiro da casa bancária da família Rothschild. O desmembramento da Palestina foi consumado com o Tratado de Sèvres (1920).
2. Em 1919, havia na Palestina cerca de 65.000 judeus, em uma população estimada em 700.000 habitantes. RENOUVIN e DUROSELL, 1967, p. 47. HOURANI, 1991, p. 323.
3. Os árabes ocupavam a Palestina havia mais de 1.200 anos, ou seja, desde o século VII. A aquisição de terras por imigrantes judeus da Europa começou no século XIX, e após a Primeira Guerra Mundial continuou com recursos do Jewish National Fund, em nome do povo judaico, e essas terras nunca poderiam ser vendidas ou arrendadas de volta aos árabes. Mas o projeto sionista já poderia concretizar-se sem o suporte militar da Grã-Bretanha.
4. JAMES, 1995, p. 275-391.
5. ARAKIE, 1973, p. 72.
6. Apud MEARSHEMEIER e WALT, 2007, p. 51.
7. Donald NEFF, "Truman Overrode Strong State Department Warning Against Partitioning of Palestine in 1947", Information Clearing House, *Daily News Headlines Digest*. "The United States and the Recognition of Israel: A Chronology", Harry S. Truman Museum and Library, compiled by Raymond H. Geselbracht from Harry S. Truman and the Founding of Israel by Michael T. Benson.
8. TRUMAN, 1956, p. 149.
9. Apud Richard HOLBROOKE, "Washington's Battle Over Israel's Birth", *The Washington Post*, May 7, 2008.
10. TRUMAN, 1956, p. 132-137.
11. Ibidem, p. 154-155.
12. Ibidem, p. 150-153.
13. Ibidem, p. 162.
14. Apud Richard HOLBROOKE, "Washington's Battle Over Israel's Birth", *The Washington Post*, May 7, 2008.

15. A Assembleia Geral da ONU não aprovou um plano de partilhas, mas apenas aceitou o princípio proposto pelo UNSCOP.

16. NEUSNER, 2002, p. 282.

17. Os judeus que emigraram para a Palestina falavam diversos idiomas, mas só os da Europa oriental, os ashkenazim, se percebiam como nação e falavam o iídiche (*jiddisch*), uma língua que se desenvolveu na Idade Média com base no alemão falado na região do Reno (*Rheinland*), com infusão hebraica, eslava e de outras línguas. Muitos judeus cossacos, que serviram no Exército Imperial da Rússia, diziam ter origem em famílias judaicas ashkenazi de Kiev, Ladyzhin (vila à margem do Rio Bug) e Odessa. BROOK, 2010, p. 177. Os sefarditas/sefardis, judeus da Península Ibérica, falavam e continuaram a falar o ladino (*djudezmo*), derivado do espanhol medieval, com aportes do hebreu, do turco e do grego. Porém, da mesma forma que o iídiche, o ladino ou judeu-espanhol só se escreve em caracteres hebraicos.

18. SAND, 2010, p. 21-22.

19. "Marx an Engels in Manchester, London, 10 Mai 1861 & Marx an Engels in Manchester, Londres, 30 Juli 1862", in MARX e ENGELS, 1974, p. 165 e 259.

20. FREUD, 1967, p. 13-17.

21. Ikhnaton ou Amen-hotep IV da dinastia XVIII egípcia instituiu uma religião monoteísta no Egito, representada pelo deus Aton, com o fito de retirar o poder político dos sacerdotes, sobretudo daqueles do deus Amon, da cidade de Tebas, e concentrá-lo em suas mãos. (FREUD, 1967, p. 31-32.) Depois de sua morte, o culto de Ikhnaton foi proibido no Egito. O egiptólogo alemão da Universidade de Heidelberg Jan Assmann sustentou que o culto de Ikhnaton teria causado um trauma antimonoteísta na memória cultural egípcia, que depois levou a um sentimento anti-hebreu no Egito antigo. (ASSMANN, 2000, p. 77.) Portanto, a figura de Moisés foi já cedo identificada com o culto de Ikhnaton pelo historiador Manetho, no século III a.C. Porém, Assmann nega uma relação causal entre o culto de Ikhnaton e o judaísmo. (ASSMANN, 2011, p. 47-48).

22. VOLTAIRE, 1964, p. 295.

23. Em 1981, Israel incorporou por lei as Colinas de Golã ao seu território.

24. GORDON, 2008, p. 5.

25. BEN-MENASHE, 1992, p. 208.

26. HERSH, 1991, p. 223-231.

27. O cientista Ernst David Berman, filho de um rabino que fugira da Alemanha nazista, com o apoio do primeiro-ministro David Ben-Gurion, foi quem desenvolveu o programa, em meados dos anos 50 do século XX, com o apoio de Shimon Peres, então diretor-geral do Ministério de Defesa. O primeiro reator nuclear de Israel foi estabelecido perto do Mediterrâneo, em Nahal

Sorek, e Israel contou com a cooperação da França, que lhe cedeu materiais atômicos e cientistas para colaborarem na construção de reatores. HERSH, 1991, p. 19-46. BEN-MENASHE, 1992, p. 199-211.

28. HERSH, 1991, p. 11, 20-25, 60-61, 68-70.
29. "Post-Mortem on SNIE 100-8-60: Implications of the Acquisition by Israel of a Nuclear Weapons Capability", United States National Archives — Israel and the Bomb, p. 81-85.
30. Ibidem, p. 241-242.
31. BEN-MENASHE, 1992, p. 208.
32. A OPEC foi criada em 1960 como um cartel para coordenar as políticas de produção de petróleo de seus membros, cuja maioria era do Oriente Médio, como Irã, Iraque, Kuwait, Arábia Saudita. Estados africanos, como Líbia, Argélia e Nigéria, assim como a Venezuela, também participavam da OPEC.
33. Em 1973, o presidente Richard Nixon, ante o agravamento da crise fiscal dos Estados Unidos, teve de desvalorizar o dólar em 10%, rompendo tanto o Smithsonian Agreement quanto o European Joint Float e pavimentando o caminho para a livre flutuação das moedas. O dólar, que só os Estados Unidos podiam produzir, transformou-se na divisa fiduciária internacional. O general Charles de Gaulle, presidente da França (1959-1969), acusou então os Estados Unidos de assumirem um "privilégio exorbitante", na medida em que podiam continuar financiando seus déficits com a emissão de mais dólares e colocá-los em circulação. BRANDT, 1980, p. 305.
34. UNGER, 2004, p. 36.
35. CARTER, 2006, p. 67.
36. KIERKEGÅARD, 1993, p. 49, 58-60.
37. NEUSNER, 2002, p. 162.
38. Jodi RUDOREN e Mark LANDLER, "Housing Move in Israel Seen as Setback for a Two-State Plan", *The New York Times*, November 30, 2012. Dani DAYAN, "Israel's Settlers Are Here to Stay", *The New York Times*, July 25, 2012.
39. Os judeus ashkenazim, segundo o escritor Arthur Koestler e vários *scholars*, não eram etnicamente de origem hebraica. Descendiam dos *khazars*, um povo que adotou o judaísmo como religião oficial provavelmente por volta de 740, no reinado do *bek* Bulan Sabriel, devido talvez à influência de sua esposa Serakh, que era judia, e/ou do seu descendente Obadiah, devido aos contatos com os judeus de origem persa perseguidos pelo Império Bizantino, ancestrais dos Judeus da Montanha, conhecidos como Juhuros, que viviam no leste e no norte do Cáucaso, sobretudo no Daguestão, na Tchetchênia e no Azerbaijão. Segundo Arthur Koestler, esses judeus, etnicamente, estavam mais relacionados com as tribos húngaras, magiares e uigu-

res do que com as sementes de Abraão, Isaac e Jacob. O Khanato de Khazar ocupava uma posição estratégica, entre o Mar Negro e o Mar Cáspio, e foi destruído pelos árabes entre os séculos XII e XIII. Aí ocorreu uma diáspora. Substancial parte dos judeus de Khazar fugiu para a Polônia, e outra se estabeleceu na região do Reno, Palatinado, Freiburg, Ulm e Heidelberg, na Alemanha, bem como na França. BROOK, 2010. KOESTLER, 1976, p. 13-19, 154-166, 223-226.

40. DEUTSCHER, 1970, p. 30.

41. BROOK, 2010, p. 3.

42. KOESTLER, 1976, p. 223-226.

43. Natasha MOZGOVAYA, "Obama to AIPAC: 1967 borders reflect long-standing U.S. policy. U.S. president clarifies his Mideast vision for Israel, Palestine borders not identical to June 4, 1967 lines", *Haaretz*, May 22, 2011. "Obama AIPAC address: 1967 borders reflect long-standing policy", *The Washington Post*, May 22, 2011.

44. Gro Harlem BRUNDTLAND e Jimmy CARTER, "Two-State Solution on the Line", *The New York Times*, November 25, 2012.

45. Jodi RUDOREN e Mark LANDLER, "Housing Move in Israel Seen as Setback for a Two-State Plan", *The New York Times*, November 30, 2012.

46. Gro Harlem BRUNDTLAND e Jimmy CARTER, "Two-State Solution on the Line", *The New York Times*, November 25, 2012.

47. Para mais detalhes, MONIZ BANDEIRA, 2006, p. 77-81.

48. A Balfour Declaration foi emitida em 2 de novembro de 1917 pelo ministro do Exterior da Grã-Bretanha, Arthur James Balfour, para o barão Rothschild, líder da Comunidade Judaica Britânica, para transmitir à Federação Sionista da Grã-Bretanha e da Irlanda.

49. Em 1916, a Assembleia Geral Presbiteriana, confissão a que o presidente Woodrow Wilson se filiava, aprovou uma resolução favorável ao estabelecimento de um lar nacional para os judeus na Palestina, resolução esta endossada pela Federação Americana do Trabalho.

50. Danny RUBINSTEIN, "Qatar's Hamas Ties Undermine Fatah's Palestinian Authority Rule", *Al Monitor*, October 29, 2012.

51. Aluf BENN, "Israel killed its subcontractor in Gaza. The political outcome of the operation will become clear on January 22, but the strategic ramifications are more complex: Israel will have to find a new subcontractor to replace Ahmed Jabari as its border guard in the south", *Haaretz*, 14/11/2012.

52. Gershon BASKIN, "Israel's Shortsighted Assassination", *The New York Times*, November 16, 2012.

53. Nir HASSON, "Israeli peace activist: Hamas leader Jabari killed amid talks on long-term truce. Gershon Baskin, who helped mediate between Israel and Hamas in the deal to release Gilad Shalit, says Israel made a mistake that will cost the lives of 'innocent people on both sides", *Haaretz*, 15/11/2012.

54. Gershon BASKIN, "Israel's Shortsighted Assassination", *The New York Times*, November 16, 2012.

55. Aluf BENN, "Israel killed its subcontractor in Gaza. The political outcome of the operation will become clear on January 22, but the strategic ramifications are more complex: Israel will have to find a new subcontractor to replace Ahmed Jabari as its border guard in the south", *Haaretz*, 14/11/2012. Jonathan FREEDLAND, "The battle between Israel and Gaza solves nothing. All the violence in Gaza and Israel will do is sow hatred in the hearts of yet another generation", *The Guardian*, November 15, 2012.

56. Gershon BASKIN, "Israel's Shortsighted Assassination", *The New York Times*, November 16, 2012.

57. "Responses to the War in Gaza", *London Review on Books*, vol. 31, n. 2, January 29, 2009, p. 5-6.

58. Ibidem.

59. Rami ZURAYK e Anne GOUGH, "Behind the pillars of cloud", *Al-Jazeera*, Qatar, 22/11/2012.

60. CLAUSEWITZ, 1998, p. 17-20.

61. David D. KIRKPATRICK e Mayy EL SHEIKH, "An Outgunned Hamas Tries to Tap Islamists' Growing Clout", *The New York Times*, November 18, 2012.

62. Ibidem.

63. TÍTULO I — Disposições gerais — Art. 4º: São protegidas pela Convenção as pessoas que, num dado momento e de qualquer forma, se encontrem, em caso de conflito ou ocupação, em poder de uma Parte no conflito ou de uma Potência ocupante de que não sejam súbditas. Convenção IV, Convenção de Genebra Relativa à Proteção das Pessoas Civis em Tempo de Guerra, de 12 de agosto de 1949. Adotada a 12 de agosto de 1949 pela Conferência Diplomática destinada a Elaborar as Convenções Internacionais para a Protecção das Vítimas de Guerra, que reuniu em Genebra de 21 de abril a 12 de agosto de 1949. Entrada em vigor na ordem internacional: 21 de outubro de 1950.

64. "De dia foi o Senhor à frente deles com um pilar de nuvens para indicar-lhes o caminho; à noite, iluminava-os com um pilar de fogo. Assim podiam viajar de dia e de noite." *Torah*, Exodus 13:21, Biblia Hebraica Stuttgartensia, editio quinta emendata, p. 108.

65. Tzvi Ben GEDALYAHU, "Iron Dome Foils 90 Percent of Missiles — The Iron Dome system has intercepted 90 percent of missile attacks on urban centers

during the latest rocket bombardment from Gaza", *Arutz Sheva Israel National News Com*, 3/11/2012.

66. Paul Craig ROBERTS, "Puppet State America", Institute for Political Economy, November 19, 2012.

67. "Senate, House resolutions back Israel's actions in Gaza", *The Global News Service of the Jewish People*, November 16, 2012.

68. Tony CAPUCCI, "Israel's U.S.-Financed 'Iron Dome' Effective Against Rockets", *The Washington Post*, November 17, 2012.

69. Efraim HALEVY, "Israel needs a Gaza strategy more than war", *Financial Times*, November 18, 2012.

70. Harriet SHERWOOD, "Hamas says 'gates of hell opened' as Israel kills military leader in Gaza. Ahmed al-Jabari's assassination in missile strike marks 'start of broader operation' that may involve ground troops, says Israel", *The Guardian*, November 15, 2012. Phoebe GREENWOOD, "Israel has 'opened the gates of hell': Hamas warning as leader is killed in strike. Dispatch: As Israel and Gaza teeter on the brink of war, with Hamas warning that an air strike that killed Ahmad Jabari, the head of its military wing, has 'opened the gates of hell'", *The Telegraph*, November 14, 2012.

71. Robert FISK, "What was it all for? The murder of Palestinians and Israelis is just a prelude to the next Gaza war", *The Independent*, November 23, 2012. "Palestinians: Gaza situation is very fragile and cease-fire violations threaten calm", Associated Press/*The Washington Post*, November 23, 2012.

72. Karin BRULLIARD e Abigail HAUSLOHNER, "Israel pounds Gaza from air as troops assemble", *The Independent*, November 18, 2012. "IDF prepares for ground invasion as Gaza offensive enters fourth day", Haaretz, November 17, 2012.

73. *"1. a. Israel should stop all hostilities in the Gaza Strip land, sea and air including incursions and targeting of individuals. b. All Palestinian factions shall stop all hostilities from the Gaza Strip against Israel including rocket attacks and all attacks along the border. c. Opening the crossings and facilitating the movements of people and transfer of goods and refraining from restricting residents' free movements and targeting residents in border areas and procedures of implementation shall be dealt with after 24 hours from the start of the ceasefire."* Anup KAPHLE, "Terms of Israel-Palestinian cease-fire", *The Washington Post*, November 21, 2012.

74. O princípio "olho por olho", na verdade, restringe a vingança, limitando a punição à proporção do dano.

75. Exodus, 21.22-25, in *Biblia Hebraica Stuttgartensia*, editio quinta emendata, p. 121.

76. *Der Koran* (Arabisch-Deutsch), Aus dem Arabischen von Max Henning, Teil 6 — Sure 5 — Die Reue, 45.
77. Ethan BRONNER e Christine HAUSER, "U.N. Assembly, in Blow to U.S., Elevates Status of Palestine", *The New York Times*, November 29, 2012.
78. Jodi RUDOREN e Mark LANDLER, "Housing Move in Israel Seen as Setback for a Two-State Plan", *The New York Times*, November 30, 2012.

Capítulo XXIV

DESFIGURAÇÃO DA ESTRUTURA SOCIAL DE ISRAEL • GRAVIDADE DA CRISE • PRIVATIZAÇÃO DOS *KIBBUTZIM* • IMIGRAÇÃO RUSSA E MUDANÇA DO PERFIL CULTURAL DE ISRAEL • RACISMO CONTRA OS SEFARDIM • DESIGUALDADE ECONÔMICA • MANIFESTAÇÕES DE PROTESTO EM TEL AVIV • O PROGRAMA NUCLEAR DO IRÃ E NEGOCIAÇÕES COM BRASIL E TURQUIA • A TRAIÇÃO DE OBAMA

A situação interna de Israel em 2012 não era das mais confortáveis e desde 1980 sua estrutura econômica e social, assentada fundamentalmente sobre os *kibbutzim*, conforme o ideal coletivista dos primitivos colonos, cada vez mais se desfigurara, em meio à grave crise financeira que afetou o país, com a inflação chegando a uma taxa de 450% em 1984, e se agravou após o governo haver implantado, em 1985, um plano de estabilização monetária segundo o modelo do Fundo Monetário Internacional (FMI). E, sob a influência do neoliberalismo, que então predominou, o processo de privatização e a adoção de normas não cooperativas em Israel, a partir de 2004, modificaram a estrutura moral dos *kibbutzim*, tal como defendida pelo MAPAI (acrônimo de *Mifleget Poalei Eretz Yisrael*), um partido socialista moderado e, desde 1968, integrado no Partido Trabalhista, da Internacional Socialista.

Os *kibbutzim*, em virtude da crise financeira e da crescente imigração, e da necessidade de expandir a produção agrícola, viram-se na contingência de contratar trabalho, o que, como salientou Isaac Deutscher, significava transformar-se em empregadores capitalistas, "abandonar e trair seus princípios básicos".[1] Após um século, desde que foi implantado o Deganya Aleph, o primeiro *kibbutz* na Palestina (1910), ainda sob o Império Otomano, os que existiam, em 2012, pouco ou nada pareciam com o ideal cooperativista, similar ao dos *phalanstères*, concebidos pelo socialista francês Charles Fourier (1772-1837). Somente um quarto dos *kibbutzim* funcionavam como cooperativas equalizadas, enquanto o restante começava a pagar salários a seus membros, segundo um estudo realizado pelo Instituto de Pesquisa sobre Kibbutz e a Ideia Cooperativa da Universidade de Haifa.[2] "Houve grandes mudanças no *way of life* do *kibbutz*, mas mesmo naqueles *kibbutzim* privatizados, pagando salários, produtos e certos serviços, a solidariedade ainda era o DNA do *kibbutz*", disse ao *Haaretz* Ze'ev Shor, secretário do Kibbutz Movement.

Tratava-se de mero sofisma. O *kibbutz*, que projetava a imagem de Israel como Estado de bem-estar social, inspirado na social-democracia europeia, virtualmente se esvaiu. Já não proporcionava os serviços de saúde, educação, apoio social e solidariedade comunal, mesmo dentro das linhas do nacionalismo étnico.[3] Dos 256 a 265 *kibbutzim* (incluindo 16 religiosos) existentes em 2012, 188 estavam organizados sob o *novo modelo de kibbutz*, privatizados, o que incluía diferentes níveis de salários para seus membros; 65 *kibbutzim* eram dirigidos comunalmente; e nove o eram como *kibbutzim* integrados. A maioria estava localizada nas áreas de periferia, ao norte e extremo sul (Arava), com uma população total registrada de 106.000 pessoas, dos quais mais de 20.000 crianças com menos de 18 anos.[4]

A imigração do Leste Europeu, ao tempo em que o neoliberalismo predominava como doutrina triunfante com o desmoronamento do Bloco Socialista, nos anos 1990, contribuiu, outrossim, para aprofundar a crise econômica e social, mudar o caráter e o perfil cultural do povo israelense, com profundos reflexos políticos, tanto internos quanto externos. Antes, durante o Mandato Britânico, a maioria dos imigrantes era de origem europeia ocidental, com tendência social-democrata. Depois chegaram os judeus da Ásia e da África, com outra cultura. E dos 3.075.229 judeus que emigraram para Israel desde 1948 até 2010, cerca 1.209.264 israelitas russos ou russos de origem judaica procederam da

PERDA DE TERRAS PALESTINA — de 1946 a 2010

Área judaica / Área palestina — MANDATO BRITÂNICO 1946

Israel / Palestina — PLANO DAS NAÇÕES UNIDAS 1947

Território israelense / Território palestino (Anexado pelo Egito e pela Jordânia) — Jerusalém — ISRAEL — 1949 - 1967

Israel e território palestino ocupado / Território palestino — ISRAEL — 2010

Esse mapa mostra sucintamente a expansão de Israel, desde sua criação em 1947,
à custa do território destinado ao Estado palestino.
Fonte: Mapcards (http://www.fosna.org/content/mapcardshttp://auphr.org/images/
stories/maps/palminimuralfinal.pdf).

União Soviética,[5] dos quais cerca de 1 milhão entre 1989 e 1991, após a desintegração do Bloco Socialista. Eles passaram a constituir quase um sexto da população judaica (cerca de 5,7 milhões), a maioria dos quais de direita, ainda com a mentalidade da Guerra Fria e do anticomunismo. E os sionistas ultraordotoxos, fundamentalistas, predominaram entre os 350.000 a 400.000 colonos que expandiram seus assentamentos na bíblica Judeia e em Samaria, i.e., à Banda Ocidental ou Cisjordânia, os territórios ocupados por Israel na guerra de 1967; eles almejavam retomar toda a Palestina ou Canaã, a Terra Prometida, a Terra de Israel (*Eretz Yisrael*), e influenciaram cada vez mais as Forças de Defesa de Israel (IDF).

Dos 50% do território alocados à Palestina pelo United Nations Partition 1947, Israel, em 2010, já havia ocupado 28% dos 22% restantes destinados a viabilizar um Estado palestino. A expansão dos assentamentos devorou gradativamente o diminuto espaço que restou aos palestinos, a dificultar cada vez ver mais a solução do problema com a existência de dois Estados: um judeu e o outro, palestino. E o poderoso *lobby* israelita nos Estados Unidos, que contribuiu para levar o governo do presidente George W. Bush à desastrosa guerra com o Iraque e a encorajar o ataque ao Líbano, em 2006, influenciou-o também no sentido de subsidiar, indiretamente, a colonização dos territórios ocupados na Palestina, a pretexto de segurança e defesa de Israel.[6]

População por área, 2009

	População (milhares)	% de Israel pré-1967
Colinas de Golã	40,8	0,6%
Jerusalém Oriental	444,3	6,6%
Assentamentos israelenses na Cisjordânia	289,2	4,3%
Áreas pós-1967	**774,4**	**11,5%**
Região Norte	1.209,4	18%
Região Central	4.425,2	65,9%
Região Sul	1.076,6	16%
Israel pré-1967	**6.711,2**	**100%**
Território econômico total	**7.485,6**	**111,5%**

Fonte: OECD[7]

O ideal dos primeiros colonos de construir Israel como sociedade igualitária desvaneceu-se. Em 2011, Israel tinha o segundo maior índice de pobreza entre os países da OECD (OECD data, 2011): havia 1,7 milhão de judeus que viviam abaixo da linha de pobreza, e 850.300 crianças iam dormir com fome todas as noites. As famílias dos trabalhadores conformavam 49% do total da população vivendo abaixo da linha de pobreza (National Insurance Institute data, 2009). Os grupos mais atingidos eram os judeus ultraortodoxos (56,9% de todas as famílias) e a população árabe (53,5% de todas as famílias). O nível de desemprego situava-se em 6,7%, mas a média dos salários era relativamente baixa.

Aproximadamente 60% dos empregados ganhavam menos de 75% da média nacional de salários, com 40% recebendo menos do que a metade da média nacional (National Insurance Institute data, 2008).[8] Em 2010, cerca de 100.000 judeus *ashkenazim* ortodoxos protestaram, em Jerusalém, contra a Suprema Corte de Israel, que proscreveu a segregação dos *sefarditas/sefardim* nas escolas femininas e nos assentamentos na Cisjordânia.[9] E o racismo manifestava-se também contra os judeus etíopes (Beta Israel), os *falashas* que viviam em Habesh/Abissínia e emigraram para Israel depois da Lei do Retorno de 1950.[10] Eles sempre se disseram descendentes de Menelik I, filho do rei Salomão com Makeda/Bilqis (*Malkat̲ Šəḇâ*), a rainha de Sabá, pertencentes a uma das tribos perdidas, a tribo de Dan.

Mapa das Doze Tribos de Israel

A SEGUNDA GUERRA FRIA

Em 2002, Israel já ocupava o segundo lugar, abaixo dos Estados Unidos, entre os países do Ocidente em termos de lacunas em renda, propriedade, capital, educação e gasto.[11] Desde então o *gap* somente aumentou. Um estudo da OECD de 2011 — como aliás também o Adva 2009-10 Annual Social Report — demonstrou que quase 40% dos israelenses *"find it difficult or very difficult to live on their current income"*.[12] O diário *Haaretz* calculou que os 500 israelenses mais ricos possuíam um montante de US$ 75 bilhões, num país cujo PIB era de apenas US$ 205 bilhões, enquanto as vinte famílias mais ricas controlavam quase a metade do mercado de ações.[13] A fortuna da família Wertheimer, estimada entre US$ 6,5 bilhões e US$ 7,5 bilhões, aumentou, em 2011, US$ 1 bilhão em relação a 2010. A fortuna da família Sammy Ofer, calculada entre US$ 4,8 bilhões e US$ 5,3 bilhões, cresceu em US$ 1,3 bilhão desde 2010.[14] E a fortuna conjunta das famílias mais ricas era 25% maior do que o orçamento de Israel em 2011.[15] Essa classe, enriquecida com um capitalismo predatório segundo o modelo dos Estados Unidos, foi o principal suporte do governo da coalizão dos partidos Likud-Ysrael Beitenu, de extrema direita, formado, na maior parte, por imigrantes russos, entre os quais, seu dirigente, Avigdor Lieberman, cujo primeiro emprego em Israel foi de porteiro de cabaré.

O governo do Likud e de seus aliados da extrema-direita, chefiado por Binyamin Netanyahu, manteve, durante duas décadas, sintonia com a mentalidade conservadora do Ocidente, consubstanciada em economia de livre-mercado, desregulamentação do sistema financeiro, corte de impostos para os ricos, baseada no darwinismo social, segundo o qual os que estavam pobres não eram os mais aptos para sobreviver economicamente.[16] E a situação chegou a tal que, desde 2011, várias demonstrações de massa ocorreram contra o governo, a demandar justiça social, diante do declínio dos *standards* de vida, da elevação do custo dos alimentos e da habitação, da decadência do serviço de saúde e da educação. Essas demonstrações assemelharam-se àquelas que ocorriam nos demais países do Oriente Médio e que o Ocidente batizou de Primavera Árabe.

As massivas demonstrações de protesto, que culminaram, em setembro de 2011, com a marcha de 430.000 pessoas (a maior na história de

Israel), em Tel Aviv, evidenciaram que as principais contradições no país não eram apenas étnicas ou religiosas, porém sociais. Mais de 60 anos após sua fundação, Israel apresentava enorme nível de desigualdade, com uma economia inteiramente dependente dos Estados Unidos, dos quais recebiam, desde 1985, US$ 3 bilhões por ano,[17] a maior parte como ajuda militar, conquanto não cobrisse todas as despesas do orçamento das Forças de Defesa de Israel (IDF), avaliado no mínimo em US$ 13 bilhões ou, aproximadamente, 7%-8% do PIB, um dos mais altos do mundo.[18]

O custo dos Estados Unidos, com a instabilidade no Oriente Médio, cujo epicentro era o conflito Israel-Palestina, já havia alcançado, em 2002, um total de quase US$ 3 trilhões, maior do que o custo com a guerra no Vietnã.[19] E continuou a subir. De acordo com o Congressional Research Service, o montante da ajuda dos Estados Unidos a Israel, desde a fundação em 1948, cobriu a cifra de US$ 112 milhões; na década de 2000 foi da ordem de US$ 3 bilhões por ano, e, em 2011, essa assistência atingiu o valor de mais de US$ 8,2 milhões a cada dia.[20]

Em 1981, o primeiro-ministro Menachem Begin, ao visitar Washington, buscou expandir a colaboração com os Estados Unidos, tornando Israel um *strategic asset*, e solicitou ao governo do presidente Ronald Reagan que estocasse armamentos e munições nas suas bases militares na Palestina, para situações de emergência, na eventualidade de guerra no Oriente Médio.[21] Washington mais tarde consentiu o estabelecimento, através do U.S. European Command (EUCOM), do programa de War Reserves Stock Allies-Israel (WRSA-I), com o armazenamento, em Israel, de mísseis, veículos blindados, munições de artilharia, que poderiam ser usados pelas Forças de Defesa de Israel (IDF), com autorização de Washington, como ocorreu, em 2006, na guerra contra o Hizballah, no Líbano, matando 1.200 pessoas, a maioria civis.

O valor dos estoques de armamentos dos Estados Unidos em Israel aumentou para US$ 800 milhões em 2010. O Congresso aprovou, ainda, a P.L. 111-266, o Security Cooperation Act de 2010,[22] elevando o valor dos armamentos para US$ 1 bilhão, em 2011, e mais US$ 200 milhões, em 2012.[23] E, posteriormente, aprovou uma doação de mais

US$ 205 milhões para desenvolver o eficiente sistema de defesa antimísseis de curto alcance, que somente em abril de 2012 conseguiu evitar que atingissem Israel 93 foguetes, lançados desde a Faixa de Gaza pelas Brigadas Izz ad-Din al-Qassam, braço armado do Hamás.

A guerra de atritos letais entre Israel e o Hamás na Faixa de Gaza nunca cessou, embora intermitente. Qual o presidente Obama fez nos Estados Unidos, o primeiro-ministro Binyamin Netanyahu, *constant warmongering*, instituiu um banco de dados com os nomes dos palestinos e líderes de diversas organizações (entre eles Khalil al-Jaabari), os quais devia mandar assassinar, mediante ataques cirúrgicos, avaliando o tempo e as vantagens políticas, sem processo, sem julgamento, e assim reconhecendo oficialmente o uso de *extrajudicial executions*,[24] prática instituída em Israel pelo primeiro-ministro Ariel Sharon desde que ocorrera a intifada de Al Aqsa, em 29 de setembro de 2000, quando ele, então primeiro-ministro, visitou provocativamente o Monte do Templo/Haram al Sharif, em Jerusalém. Essa intifada aumentou a intensidade da resistência palestina à ocupação de Israel.

Várias intifadas sucederam-se e os conflitos tornaram-se constantes. The Palestinian Society for the Protection of Human Rights and Enviroment (LAW) estimou que, entre 29 de setembro de 2000 e 14 de janeiro de 2001, 799 palestinos foram mortos, dos quais 194 crianças, e 17.000 ficaram feridos. Por outro lado, a B'Tselem, ONG israelense, calculou que, no mesmo período, 236 foram assassinados, dos quais 36 crianças, ademais de centenas de feridos.[25] Decerto os israelenses, que jamais esqueceram suas tragédias, desde a Inquisição católica até o holocausto promovido pelo nazismo, assustavam-se com as ameaças dos radicais islâmicos, "excessos verbais caracteristicamente árabes" de "varrer Israel do mapa", como sempre gritaram, *inter alia*, o Hamás e a Jihad Palestina, ameaças das quais os *warmongers se aproveitaram*, evocando os mitos bíblicos, para instigar a "beligerância frenética, a arrogância e o fanatismo de que os israelenses deram aquela amostra inicial ao invadir o Sinai, indo até o Muro das Lamentações e as Muralhas de Jericó".[26] E, conforme Isaac Deutscher salientou, os árabes "não perdoam e jamais esquecerão o golpe que Israel lhes infligiu: a tomada de suas terras, o destino de milhões de refugiados e as repetidas derrotas militares e humilhações".[27]

Mahmoud Ahmadinejad, presidente do Irã, não era árabe, era persa, xiita islâmico e antissionista, e, ao declarar *"Marg bar Esraeel"* (Morte a Israel) e negar que houve o holocausto, exacerbou-se. Contudo, embora antissionista, nada indicou que ele realmente pretendesse exterminar os judeus da face da Terra e sim acabar com o Estado etnocrático, sionista, que promoveu o *exodus* de milhões de palestinos. Tratou-se de uma retórica vazia, que serviu de pretexto para Israel armar-se cada vez mais e desviar as atenções do fato de que, desrespeitando as resoluções da ONU, continuou a expandir os assentamentos nos territórios ocupados, sobretudo com as guerras de 1967 e 1973.

Há muito tempo o aiatolá Ali Khamenei dissera que o Irã não pretendia produzir armas nucleares. Em 9 de agosto de 2005 ele emitiu um *fatwâ* (pronunciamento legal de autoridade religiosa do Islã) proibindo a produção, o armazenamento e o uso de armas nucleares, cujo texto foi lido, como declaração oficial, em reunião da Agência Internacional de Energia Atômica (AIEA) em Viena. E, em março de 2012, reiterou, como líder dos principistas, que venceram as eleições para o Parlamento (*Majlis Shora Eslami*), e hierocrata, o Supremo Guardião de suas leis religiosas (*Velayat-e Faqih*), que o Irã não estava em busca de armas "nucleares" e era "inútil e perigoso" estocá-las.[28]

Segundo o jornalista Roger Cohen, do *New York Times*, o moderno programa nuclear do Irã é equivalente ao de nacionalização da indústria de petróleo pelo primeiro-ministro Mohammed Mosaddeq — uma afirmação do orgulho da Pérsia contra a tutelagem do Ocidente.[29] E Teerã dispôs-se a não permitir que seu empreendimento terminasse em humilhação igual à sofrida com a derrubada de Mosaddeq por um golpe como o que os Estados Unidos e a Grã-Bretanha orquestraram em 1953.[30]

A CIA e o MI6, o Secret Intelligence Service (SIS), da Grã-Bretanha, àquele tempo, instrumentalizaram o general Fazlollah Zahedi para derrubar o governo de Mosaddeq, que o Tudeh (Partido Comunista) passara a apoiar. E a *covert action*, cujo codinome fora TP-Ajax, consistiu em promover a divulgação de notícias falsas e atentados contra líderes iranianos, perpetrados por agentes da CIA, que se disfarçavam de comunistas, seguidos por manifestação "espontânea" de populares, reclamando o retorno do xá Muhammad Reza Pahlavi, que se autoexilara em Roma.[31] A CIA, com US$ 11.000, comprou a cooperação de um terço dos deputados para conspirar e matar Mosaddeq, dado que tinham imunidade parlamentar.[32] Não chegaram a matá-lo. Ele, porém, foi derrubado e preso e os militantes do Tudeh, fuzilados. Poucas intervenções no Oriente Médio foram como o "ignóbil" golpe de 1953 contra o primeiro-ministro Mosaddeq, escreveu Christopher de Bellaigue, professor do St. Antony College, em Oxford.[33] Os iranianos nunca olvidaram esse acontecimento, que resultou na implantação da feroz ditadura do xá Reza Pahlavi, por um quarto de século, até 1979, nem esqueceram que os Estados Unidos forneceram ao Iraque armas químicas na guerra contra o Irã, de 1980 a 1988.[34]

O conflito por causa do programa de enriquecimento de urânio, que o primeiro-ministro Binyamin Netanyahu e outros dirigentes começaram a fomentar, apresentando o Irã como ameaça existencial, nunca passou de *fumum pro fulgore dare*, engodo para encobrir as contradições de poder e de predomínio na região. Desde a derrubada de Saddam Hussein, os xiitas haviam assumido o poder no Iraque, o que provocou um potencial desequilíbrio de forças, na medida em que o Iraque tendia, obviamente, a alinhar-se com o Irã. E a situação criada avivou a rivalidade regional, envolvendo os Estados Unidos e as potências Ocidentais, intolerantes com a pretensão do Irã, dos aiatolás da Revolução Islâmica, de desenvolver a tecnologia de enriquecimento de urânio, o que lhe possibilitaria produzir armamento nuclear. E o temor ainda era maior porque esse feito, certamente, instigaria a Arábia Saudita, sendo uma potência petrolífera, sunita-Wahhabi, cuja ambição era restaurar o Califado, a seguir o exemplo e antagonizar o Irã, por se tratar de uma potência petrolífera xiita e, por conseguinte, rival. O ex-secretário de Estado Henry Kissinger deixou esse temor bem claro ao prever *"the apocalyptic strain in the Iranian theocracy and the near-certainty that several regional powers will go nuclear if Iran does"*.[35]

Contudo, não obstante ir ao ponto de negar que houve o Holocausto realizado pelos nazistas, nunca foi crível que o presidente do Irã Mahmoud Ahmadinejad pretendesse de fato exterminar o povo judeu. Acabar com Israel, na sua concepção, significava extinguir o Estado sionista, que segmentou a Palestina e marginalizou milhões de muçulmanos. Tratava-se de pura retórica. Em 2012, existia no Irã uma antiga comunidade judaica, desde o tempo da Diáspora, com 25.000 a 30.000 pessoas, oficialmente reconhecidas como minoria religiosa, com lugar no Parlamento, e seu representante, eleito em 2008, era o Dr. Ciamak Moresadeq, diretor do Dr. Sapir Hospital and Charity Center. Nunca deixaram de funcionar, em Teerã, onde estão a tumba de Daniel e de vários outros profetas, mais de uma dezena de sinagogas, bem como em Isfahan, onde viviam 1.200 judeus, muitas delas com escolas hebraicas, restaurantes judeus, uma casa para os idosos, cemitério e uma livraria com 20.000 títulos. O aiatolá Khomeini distinguia os judeus dos sionistas e protegeu-os.

Os judeus iranianos publicavam o jornal *Ofogh-e-Bina*, e mantinham um centro de pesquisa, com *scholars* judeus, do Central Library of Jewish Association, sem sofrer qualquer repressão. Em 23 de fevereiro de 2009, Roger Cohen publicou um artigo no *New York Times*, sob o título "What Iran's Jews Say", no qual relatou que, ele próprio um judeu, nunca fora recebido tão calorosamente como em Teerã, onde havia uma comunidade judaica, que lá trabalhava e realizava seu culto em relativa tranquilidade.[36] Em Isfahan, outra grande cidade, ele viu, naquele ano, 2009, na Praça Palestina, em frente à mesquita Al-Aqsa, uma sinagoga com uma bandeira na entrada: "Congratulações da comunidade judaica de Isfahan pelo 30º aniversário da Revolução Islâmica". E Morris Motamed, então deputado judeu no *Majlis* (Parlamento), confirmou-lhe que, de fato, sentia no Irã "profunda tolerância com relação aos judeus".[37]

O jornalista Samy Adghirni, da *Folha de S. Paulo*, contou, em reportagem, que certo dia estava em um táxi, indo para o centro de Teerã, quando viu, "ao passar em frente à sinagoga Abrishami, um grupo de jovens judeus conversando, tranquilamente, quipá na cabeça, no meio da rua".[38] E acrescentou haver lembrado que o Irã tinha a segunda maior comunidade judaica no Oriente Médio depois de Israel, e que, apesar de algumas restrições, os judeus iranianos praticavam sua fé sem sofrer maiores incômodos. "Essa realidade, como tantas outras acerca do Irã, continua desconhecida da maior parte dos brasileiros", escreveu Samy Adghirni, acentuando que a imagem externa do Irã era "moldada em grande parte pelas tensões entre Teerã e as potências ocidentais. E essa imagem externa não poderia ser pior".[39]

Se o Estado de Israel constituía uma realidade, tinha todo o direito de existir, de ser respeitado e defender-se. O Irã, outrossim, tinha todo o direito de desenvolver a tecnologia nuclear para fins pacíficos, inclusive como signatário do TNP. E não era admissível que as grandes potências ocidentais aplicassem um duplo padrão de política, discriminatório, deixando que Israel, Paquistão e Índia possuíssem armamentos nucleares, mas pretendessem impedir que o Irã, como nação soberana, produzisse o urânio enriquecido.

A AIEA, com a Resolução GC(53)/RES/17, adotada pela 53ª Conferência Geral em 18 de setembro de 2009, expressou preocupação com a ameaça de proliferação nuclear no Oriente Médio, assim como com as "*Israeli nuclear capabilities*", e convocou Israel a aceder ao TNP e colocar todas as suas "*nuclear facilities under comprehensive IAEA safeguards*".[40] Israel tinha instalações nucleares e não era segredo para a AIEA. E, em carta a todos os Estados membros da AIEA, o diretor-geral Yukiya Amano comunicou os termos da resolução intitulada "*Israeli nuclear capabilities*".[41] O ministro do Exterior do Israel, Avigdor Lieberman, respondeu, porém, que a resolução da AIEA era "claramente incompatível com os princípios básicos e normas da lei internacional", que era o direito soberano de qualquer Estado decidir se acedia a qualquer tratado, e que isso era claramente manifestado na Convenção de Viena de Leis e Tratados e no Art. III (D) do Estatuto da AIEA de executar suas atividades "*with the due observance of the sovereign rights of States*".[42] A pressão colocou o Estado sionista em uma posição desconfortável, na medida em que queria que a comunidade internacional tomasse uma atitude dura para impedir o programa nuclear do Irã, mas ao mesmo tempo repulsava todas as convocações para esclarecer suas próprias capacidades nucleares, secretamente desenvolvidas e preservadas.[43] De fato, não apenas Israel, mas os Estados Unidos e as potências europeias não queriam reconhecer no Irã, que era signatário do TNP, o direito soberano de desenvolver seu programa nuclear, ainda que, insistentemente, declarasse fazê-lo para fins pacíficos.

O Ocidente sempre atuou *vis-à-vis* do Irã com hipocrisia desde de 1979, quando a Revolução Islâmica acabou com a subordinação do país aos Estados Unidos. Quem começou o programa nuclear do Irã foi o xá Reza Pahlavi, nos meados dos anos 1960, e o primeiro reator de 5 megawatts foi instalado na Universidade de Teerã, no Teheran Nuclear Research Center (TNRC), fornecido pelos Estados Unidos, juntamente com laboratórios auxiliares e 6,5 quilogramas de urânio da mais alta qualidade. Mais tarde o Irã comprou mais dez reatores para produzir eletricidade e a Siemens, da Alemanha, começou a construção de quatro reatores — Bushehr Nuclear Plant —[44] no litoral, entre as vilas de Halileh e Bandargeh.[45] O xá Reza Pahlavi, ainda que assinasse o Tratado de Não Prioliferação de Armas Nucleares (TNP), estava aparentemente interessado na aplicação militar da energia nuclear.

Após a Revolução Islâmica, porém, o aiatolá Khomeini, como líder supremo, o hierocrata da República Islâmica, referiu-se às bombas lançadas pelos Estados Unidos contra Hiroshima e Nagasaki, matando civis inocentes, como "ações diabólicas", opostas ao espírito do Islã, e emitiu um *fatwa*, cancelando inteiramente o projeto e proibindo a produção de armas nucleares ou quaisquer outras de destruição em massa pelo Irã.[46] Só depois que Khomeini faleceu, em 1989, o aiatolá Ali Khamenei retomou o programa nuclear, porém sempre negou que o Irã pretendesse produzir armamentos atômicos e pretendeu alcançar um acordo com a Agência Internacional de Energia Atômica (AIEA).

O embaixador Seyed Hossein Mousavian, membro do Comitê de Relações Exteriores e do Supremo Conselho de Segurança Nacional do Irã, e ex-porta voz da equipe de Teerã nas negociações do programa nuclear, lançou em 2012 uma importante obra — *The Iranian Nuclear Crisis: A Memoir* — na qual expôs didaticamente as dez razões pelas quais o Irã não desejava produzir armamentos nucleares.[47] Conforme explicou, o aiatolá Ali Khamenei e o presidente Mahmoud Ahmadinejad avaliavam que a posse de armas nucleares somente daria ao Irã uma pequena vantagem regional de curto prazo, que se transformaria em uma vulnerabilidade em longo prazo, ao desencadear no Oriente Médio uma corrida armamentista, com a participação de Egito, Turquia e Arábia Saudita.

O embaixador Seyed Hossein Mousavian, outrossim, salientou que as configurações técnicas que o Irã escolheu para suas usinas de enriquecimento demonstraram clara preferência por fortalecer sua capacidade de produção de *low enriched uranium* (LEU), o que não permitiria rápida passagem à produção de urânio de elevado enriquecimento, necessário às armas nucleares.[48] O relatório da Agência Internacional de Energia Atômica (AIEA), em novembro de 2011, sobre as atividades nucleares do Irã, não se referiu a qualquer armamento específico.[49] E o relatório da Arms Control Association (ACA) afirmou que o Irã estava por muitos anos longe de produzir armas atômicas.[50]

Entretanto, embora continuasse a afirmar que todas as opções estavam sobre a mesa, inclusive o "componente militar", para impedir que o Irã adquirisse a capacidade de produzir armas nucleares, o presidente Barack Obama, para evitar um confronto armado, insistiu na solução do impasse por meios diplomáticos, em meio ao endurecimento de sanções e operações encobertas de sabotagem e assassinatos,[51] a guerra nas sombras. E, durante a Nuclear Security Summit, realizada em Washington entre 12 e 13 de abril de 2010, ao conversar com o presidente do Brasil, Luiz Inácio Lula da Silva (2003-2011), e o presidente Recep Tayyip Erdogan, da Turquia, o presidente Obama abordou a questão do programa nuclear do Irã. O Brasil, que sempre resistira aos Estados Unidos e conseguira, secretamente, dominar o ciclo completo de enriquecimento do urânio desde, pelo menos, 1987, quando foi anunciado pelo presidente José Sarney (1985-1990),[52] já se havia recusado a assinar o Protocolo Adicional do TNP, que daria maior acesso a toda a extensão da infraestrutura de sua indústria, sempre defendeu o direito de ter o Irã um programa nuclear para fins pacíficos. O presidente Lula da Silva dispôs-se a intermediar, juntamente com o presidente Erdogan, as negociações. E, uma semana após o encontro em Washington, em 20 de abril, o presidente Obama, sabendo que o presidente Lula da Silva iria ao Irã com uma comitiva de empresários, em 15 de maio de 2010, escreveu-lhe uma carta solicitando que encorajasse o presidente Mahmoud Ahmadinejad a negociar a suspensão do programa nuclear.

Na carta ao presidente Lula, datada de 20 de abril de 2010, ele então explicitou, detalhadamente, as condições aceitáveis para os Estados Unidos. Outra carta também foi escrita ao presidente Erdogan, com a mesma data, uma semana após a conversação entre os três presidentes (Brasil, Estados Unidos e Turquia). Segundo o presidente Obama, os Estados Unidos apoiavam *"strongly"* a proposta apresentada ao Irã pelo então diretor-geral da Agência Internacional de Energia Atômica (AIEA), Muhammad El Baradei. E desde o princípio ele considerou "a solicitação iraniana uma oportunidade clara e tangível de começar a construir confiança mútua e assim criar tempo e espaço para um processo diplomático construtivo". E, com base na proposta da AIEA, o Irã teria de transferir 1.200 quilos de *low enriched uranium* (LEU) que produzira, para fora do país, especificamente para a Turquia, o que *"would build confidence and reduce regional tensions"*, ao reduzir substancialmente seu *stockpile*, e receberia da Rússia o combustível nuclear para o Tehran Research Reactor (TRR). *"This element is of fundamental importance for the United States"*, ressaltou Obama.

O presidente Mahmoud Ahmadinejad, em janeiro, já havia rejeitado a proposta, pois desejava manter o LEU no próprio Irã. Porém, após intenso trabalho, com pertinácia e extraordinária competência diplomática, o ministro de Relações Exteriores do Brasil, embaixador Celso Amorim, acompanhado pelo ministro das Relações Exteriores da Turquia, Ahmet Davutoglu, encarregou-se diretamente das negociações, que se estenderam por 18 horas, depois de semanas de consultas, e conseguiu, em 16 de maio, um notável êxito, o acordo no qual o Irã, voluntariamente, fez difíceis concessões, ao aceitar que o LEU fosse levado para a Turquia, como caução, enquanto a Rússia produzia combustível nuclear para o Tehran Research Reactor (TRR).[53]

Durante o curso das negociações, as três fundamentais questões reclamadas pelo presidente Obama foram atendidas: 1) o Irã aceitou o *swap* de 1.200 quilos de LEU por 120 quilos de combustível nuclear para o Tehran Research Reactor (TRR); 2) aceitou que a troca se efetuasse em território de país neutro, no caso, a Turquia; 3) concordou em transferir o LEU, ainda que o combustível nuclear não chegasse um ano antes do prazo. E concordou em enviar uma carta à AIEA comprometendo-se com os termos do *swap*.[54] A Declaração de Teerã atendeu, precisamente, a todos os quesitos do presidente Obama, expostos na carta ao presidente Lula, datada de 20 de abril, e estabeleceu cláusulas inéditas de cooperação com o Irã, que reafirmou seus compromissos com o Tratado de Não Proliferação Nuclear (TNP).

O acordo sobre a troca de combustível nuclear configurou significativo êxito diplomático, resultante de negociações previamente efetuadas pelo embaixador Celso Amorim, considerado o *"world's best foreign minister"*, na atualidade, por David Rothkopf, membro do Council on Foreign Relations dos Estados Unidos.[55] Logo notificada, por escrito, a AIEA,[56] como solicitara o presidente Obama, o acordo seria "ponto de partida, o começo da cooperação e um passo positivo e construtivo (...) no campo das atividades nucleares pacíficas, substituindo e evitando todo tipo de confrontação, abstendo-se de medidas, ações e declarações retóricas" que pudessem prejudicar os direitos e as obrigações do Irã sob o TNP. O LEU, na Turquia, continuaria a ser propriedade do Irã e quando o Grupo de Viena (Estados Unidos, Rússia, França e AIEA) desse resposta positiva, "outros detalhes da troca" seriam elaborados por meio de um acordo escrito e dos arranjos apropriados, a fim de entregar os 120 quilos de combustível necessários para o Tehran Research Reactor (TRR).

O *swap*, que o Brasil e a Turquia negociaram, abriria o caminho para negociações mais amplas sobre o programa nuclear do Irã, evitaria as sanções, que afetariam as atividades comerciais iranianas, e consolidaria o direito internacional de desenvolver a tecnologia nuclear para fins pacíficos, consubstanciado no TNP, mas não considerado pelos Estados

Unidos e pelas grandes potências.[57] Os dois puderam alcançar um entendimento inclusive porque partiam do princípio de que o programa nuclear do Irã tinha fins civis, pacíficos, e que o *swap*, nos termos de *fideicommissum*, dissiparia as últimas dúvidas do Ocidente, inclusive ao depositar o LEU, como *escrow*, na Turquia, membro da OTAN, conforme o presidente Obama havia sugerido. O limite do enriquecimento do urânio até 20% e a quantidade em poder do Irã seriam negociados e estabelecidos, ulteriormente, uma vez criada a confiança.[58]

O desejo do presidente Obama, àquele tempo, não foi, aparentemente, alcançar um acordo com o Irã com respeito ao enriquecimento do urânio, mas destruir a República Islâmica, que nacionalizara a produção de petróleo e não se subordinava à sua tutela desde 1979. O que ele pretendia, por ser difícil a opção militar, era, *inter alia*, derrocar o presidente Mahmoud Ahmadinejad e o regime xiita, mediante novas sanções, que pudessem entravar o desenvolvimento econômico do Irã, evitar que representasse qualquer ameaça contra Israel e/ou a Arábia Saudita e exercer maior influência sobre o governo do Iraque, de onde os Estados Unidos estavam a retirar suas forças.

Também, não obstante haver solicitado, por escrito, a colaboração do presidente Lula da Silva, o presidente Obama não podia aceitar que o Brasil e a Turquia houvessem triunfado, diplomaticamente, resolvendo um impasse que ele não conseguira resolver com sucessivas sanções e ameaças, com o fito de dobrar o Irã e levá-lo a aceitar suas condições. Talvez não acreditasse no êxito das gestões que e o Brasil e a Turquia faziam, cujo fracasso fortaleceria ainda mais sua atitude visando a quebrar o Irã, por meio de novas e mais sanções que sua secretária de Estado, a belicosa Hillary Clinton, estava a articular no CSNU. E, ao ver que as gestões diplomáticas do Brasil e da Turquia alcançaram êxito, o presidente Obama traiu. Recuou.

Como escreveu, no *New York Times*, o embaixador Celso Amorim, a insistência dos Estados Unidos nas sanções contra o Irã, ignorando efetivamente a Declaração de Teerã e mesmo sem dar tempo ao Irã de responder ao Grupo de Viena (Estados Unidos, França e Rússia) confirmou a opinião de muitos analistas de que os tradicionais centros de poder *"will not share gladly their privileged status"*.[59] De fato, o presidente Obama nem considerou a Declaração de Teerã e afoitamente autorizou Hillary Clinton a apresentar o novo elenco de sanções para aprovação pelo CSNU. Sabotou de fato qualquer entendimento, posto que não interessava nem aos Estados Unidos nem a Israel, cujos interesses Washington estava a refletir, solucionar o impasse por meio de negociações, mas devastar economicamente a República Islâmica do Irã, como acontecera com o Iraque, e depois atacá-la. O próprio embaixador Celso Amorim declarou — e estava certo — que as sanções, na maioria das vezes, afetavam mais os povos, mais vulneráveis, do que os governantes. Isso foi o que aconteceu com o Iraque, onde, segundo um funcionário da ONU, as sanções contribuíram para o extermínio de 500.000 crianças entre 1990 e 2000, antes da ilegítima e ilegal invasão, em 2003, que violou o princípio da segurança coletiva.[60] E era o que estava a ocorrer com o Irã, cuja economia estava quase estrangulada, com a escassez de divisas, a desvalorização da moeda, a inflação fora do controle, o estancamento do comércio e o desemprego.

Mas, desde então, as novas sanções que foram adotadas com a Resolução 9948 do CSUN não impediram o Irã de prosseguir com seu programa nuclear, embora lhe afetassem a economia.[61] De acordo com um informe da AIEA, sua produção de urânio enriquecido a 20% saltou de 159 para 255 libras, mas foi convertido somente para o uso no reator nuclear de pesquisa médica, não sendo disponível para armamentos atômicos. E mais 1.000 centrífugas foram instaladas, em subterrâneos, perto da cidade de Qom, embora nem todas ainda estivessem a funcionar.[62] O aiatolá Ali Khamenei declarou perante os chefes de Estado e de governo das 120 nações reunidas na Cúpula do Movimento dos não Alinhados, em Teerã, em fins de agosto de 2012, que adquirir armas atômicas era um "grande e inesquecível pecado" e que "a República do Irã jamais correu atrás de armas atômicas, mas não abandonará o direito de usar a energia nuclear para fins pacíficos".[63] "O Irã jamais sucumbirá às pressões do Ocidente", insistiu.

NOTAS

1. Deutscher, 1970, p. 95.
2. Eli Ashkenazi, "After 100 years, the kibbutz movement has completely changed. Only a quarter of kibbutzim still function as equalized cooperatives, while the rest have begun paying salaries to their members", *Haaretz*, January 7, 2010. Mordecai Naor, "The Kibbutz at 100/But does it have a future?", *Haaretz*, January 23, 2011.
3. Tony Karon, "Massive Protests Raise the Question: Should Israel be More European or American?", *Time*, August 10, 2010.
4. Kibbutzim Site: http://www.kibbutz.org.il/eng/
5. Israel Central Bureau of Statistics, Jewish Virtual Library, http://www.jewishvirtuallibrary.org/jsource/Immigration/immigration_by_country2.html.
6. Mearsheimer e Walt, 2007, p. 333-334.
7. *Study on Geographic Coverage of Israeli Data* — Statistic Directorate — OECD — Organization for Economic Cooperation and Development, p. 25.
8. Israel Central Bureau of Statistics — Jewish Virtual Library, http://www.jewishvirtuallibrary.org/jsource/Immigration/immigration_by_country2.html. "Social and Economic Rights in Israel 2011", ACRI's Social and Economic Rights Department, May 14, 2011.
9. Ferenc Cser, "Racism in Israel: they would not be managed in common with Jews of color", June 23, 2010.
10. Gideon Levy, "Ethiopian students affair shows prevalent racism in Israel — When the children of Petah Tikva have all found schools to attend, society will not stop being racist", *Haaretz*, September 3, 2009.
11. Ruth Sinai, "Israel No. 2 in West in social inequality", *Haaretz*, December 3, 2002.
12. Clement Daly 2011, Arab-Jewish goal?, *The Eastern Echo*, October 5.
13. Nathan Lipson e Rony Gabay, "And the rich grew richer", *Haaretz*, 7/6/2011.
14. Ibidem.
15. Ibidem.
16. Tony Karon, "Massive Protests Raise the Question: Should Israel be More European or American?", *Time*, August 10, 2010.
17. Jeremy M. Sharp, U.S. Foreign Aid to Israel, Congressional Research Center, September 16, 2010.
18. Ibidem.
19. Thomas R. Stauffer, "The Costs to American Taxpayers of the Israeli-Palestinian Conflict: $3 Trillion", The Council for National Interest, July 31, 2011.

20. Jeremy M. Sharp, U.S. Foreign Aid to Israel. CRS Report for Congress Prepared for Members and Committees of Congress, March 12, 2012, Congressional Research Service 7-5700, www.crs.gov RL33222.
21. David K. Shipler, "U.S.-Israel Strategic Link: Both Sides Take Stock", *The New York Times*, October 2, 1981.
22. Yaakov Katz, "US may give Israel Iraq ammo", *The Jerusalem Post*, 2/11/2010.
23. "US to boost weapons stockpile in Israel: report", AFP, November 11, 2010.
24. Gordon, 2008, p. 202.
25. Renata Capella e Michael Sfard, *The Assassination Policy of the State of Israel, November 2000-January 2002*, The Public Committee Against Torture in Israel (PCATI) & The Palestinian Society for the Protection of Human Rights and Environment (LAW).
26. Deutscher, 1970, p. 117.
27. Ibidem.
28. M. K. Bhadrakumar, "Obama gets Iran right, finally", *Asia Times*, March 6, 2012.
29. Roger Cohen, "The False Iran Debate", *The New York Times*, March 22, 2012.
30. Ibidem.
31. O golpe foi sugerido, inicialmente, pelo MI6, da Grã-Bretanha, e orquestrado pelo agente da CIA Kermit (Kim) Roosevelt, que também atuou no Egito e ajudou os militares a derrubarem o rei Farouk. Posteriormente ele escreveu um livro contando a história, sob o título *Countercoup: Struggle for Control of Iran*, publicado em 1979 pela New York McGraw-Hill Book Company. Em 2000, o *New York Times* obteve e publicou cópia de um documento ainda classificado, escrito em março de 1954 pelo Dr. Donald N. Wilber, "*the CIA's chief coup planner*", revelando os detalhes do complô. Reza Pahlavi resistiu a demitir Mosaddeq, com receio de perder o trono. A princesa Ashraf Pahlavi, irmã do xá, e o general H. Norman Schwarzkopf serviram como intermediários da CIA para mantê-lo sob pressão e impedir que recuasse. James Risen, "Secrets of History: The CIA in Iran", *The New York Times*, April 16, 2000.
32. Bellaigue, 2012, p. 228.
33. Ibidem, p. 273.
34. U.S. Department of State. Washington, D.C. 20520 — 1983, Nov — 1 P5:23. Information Memorandum. To: The Secretary of State; From: PM — Jonathan T. Howe. Subject: Iraq Use of Chemical Weapons; Department of State. 8335709. Nov — 21 — 1983. Action Memorandum. To Lawrence S. Ragleburger; From: PM — Jonathan T. Howe; NEA — Richard W. Murphy. Subject: Iraqi Use of Chemical Weapons. Issue for decision: Whether

to instruct USINT Baghdad to raise issue of Iraqui CW use and urge cessation. National Security Archive, http://www2.gwu.edu/~nsarchiv/.
35. Henry A. KISSINGER, "Iran must be President Obama's immediate priority", *The Washington Post*, November 17, 2012.
36. Roger COHEN, "What Iran's Jews Say", *The New York Times*, February 23, 2009.
37. Ibidem.
38. Samy ADGHIRNI, "Um brasileiro no Irã — Fotos de um Irã surpreendente", *Folha de S. Paulo*, 31/10/2012.
39. Ibidem.
40. Board of Governors General Conference — GOV/2010/49-GC(54)/14, Date: 3 September 2010 — General Distribution — Original: English — For official use only. Item 8(b) of the Board's provisional agenda (GOV/2010/38). Item 20 of the Conference's provisional agenda (GC(54)/1) Israeli nuclear capabilities. Report by the Director General — Yukiya Amano.
41. Text of the Director General's letter to IAEA Member States. (Dispatched on 7 April 2010). A) Director General — Yukiya Amano.
42. Carta do Adjunto de Primeiro-Ministro Avigdor Lieberman ao Diretor Geral da AIEA Yukika Amano, 26 de julho de 2010.
43. THE ASSOCIATED PRESS, "Report: IAEA to discuss Israel's nuclear activities for first time. Israeli nuclear capabilities are on the provisional agenda for the International Atomic Energy Agency's", *Haaretz*, May 8, 2010.
44. O reator Bushehr-1 começou a funcionar comercialmente em 1º de janeiro de 2012.
45. BERGMAN, 2008, p. 316-317.
46. Ibidem, p. 317.
47. MOUSAVIAN, 2012.
48. Sobre o tema, vide Leonam dos Santos GUIMARÃES, "10 razões para Irã não querer a bomba", *Época*, 19/12/2012.
49. "Implementation of the NPT Safeguards Agreement and relevant provisions of Security Council resolutions in the Islamic Republic of Iran", Report by the Director General AIEA — Board of Governors — GOV/2011/65 — Date: 8 November 2011 — Original: English — For official use only — Item 5(c) of the provisional agenda — (GOV/2011/63).
50. Mark FITZPATRICK, *Iran Nuclear Brief*, Analysis from the "Solving the Iranian Nuclear Puzzle", The Arms Control Association (ACA) — Briefing Series, October 3, 2011.
51. Cerca de cinco cientistas nucleares iranianos foram assassinados desde 2007, ou pela CIA ou pelo Mossad, que financiava os terroristas sunitas da Majahidin-e Khalq Organization (MOC ou MeK), adversários do regime xiita no Irã.

A SEGUNDA GUERRA FRIA

52. Desde 1987, o Brasil dominava o ciclo completo da tecnologia de enriqueci-mento de urânio, com uma proporção maior do isótopo 235 do que ocorre no urânio natural. Não conseguiu esse sucesso sem defrontar-se, durante quatro décadas, com implacável e sistemática oposição dos Estados Unidos. As Forças Armadas não se conformaram com as salvaguardas impostas pela Agência Inter-nacional de Energia Atômica (AIEA). Daí que, fora de seu controle, empreende-ram, a partir de 1979, o Programa Nuclear Paralelo, de modo que pudessem desenvolver tecnologias de separação de isótopos. E, conquanto constasse do texto não secreto do Acordo Nuclear que o processo de enriquecimento do urânio seria o dos jatos cruzados, o Brasil importou a tecnologia da ultracentri-fugação, através dos técnicos e cientistas brasileiros que foram treinar nos cen-tros de pesquisa de Jülich e Karlsruhe, bem como na própria Siemens, na Alemanha. Eles não estavam sujeitos às salvaguardas da AIEA.

53. Nota n° 310, Declaração Conjunta de Irã, Turquia e Brasil, 17 de maio de 2010. Arquivo do Itamaraty.

54. Celso AMORIM, "A Política Externa Brasileira no governo do Presidente Lula (2003-2010): uma visão geral", *Revista Brasileira de Política Internacional*, vol. 53, no. spe., Brasília, Dec. 2010. PARSI, 2012, p. 171-176.

55. David ROTHKOPF, "The world's best foreign minister", *Foreign Policy*, Octo-ber 7, 2009.

56. Iran: A Letter to the IAEA — Iranian Ambassador to the International Ato-mic Energy Agency. Ali Asghar Soltanieh at IAEA headquarters in Vienna. Stratfor Global Intelligence, May 24, 2010.

57. Diego Santos Vieira de JESUS, "Building Trust and Flexibility: A Brazilian View of the Fuel Swap with Iran", Center for Strategic and International Studies, *The Washington Quarterly*, Spring 2011, p. 61-75.

58. Celso AMORIM, "A Política Externa Brasileira no governo do Presidente Lula (2003-2010): uma visão geral", *Revista Brasileira de Política Internacional*, vol. 53, no. spe., Brasília, Dec. 2010.

59. Celso AMORIM, "Let's Hear from the New Kids on the Block", *The New York Times*, June 14, 2010.

60. PARSI, 2012, p. 175.

61. Resolution SC/9948 — Security Council 6335th Meeting* (AM) — Security Council Imposes Additional Sanctions on Iran, Voting 12 in Favour to 2 Against, with 1 Abstention: Brazil, Turkey, Lebanon Say Tehran Declaration Could Boost Diplomatic Efforts, While Sanctions Represent Failure of Di-plomacy, http://www.un.org/News/Press/docs/2010/sc9948.doc.htm.

62. Joby WARRICK, "U.N.: Iran speeding up uranium enrichment at underground plant", *The Washington Post*, August 30, 2012.

63. Ibidem.

Capítulo XXV

A AMEAÇA DE NETANYAHU CONTRA O IRÃ • GÜNTER GRASS ACUSA ISRAEL DE AMEAÇAR A PAZ MUNDIAL COMO UM *ROGUE STATE* • O ARSENAL NUCLEAR SECRETO DE ISRAEL • DADOS COMPARATIVOS ENTRE ISRAEL E IRÃ • CHEFES DO MOSSAD E DOS ESTADOS UNIDOS CONTRA ATAQUE AO IRÃ • A PREVISÃO ERA DO AUTO-HOLOCAUSTO, A DESTRUIÇÃO DE ISRAEL • *APOCALIPSE NOW!*

A ameaça do primeiro-ministro Binyamin Netanyahu de atacar o Irã durante a campanha eleitoral nos Estados Unidos, em 2012, visou, aparentemente, a pressionar o presidente Barack Obama a conceder a Israel ainda armamentos mais sofisticados e avançados, ao competir com os extremistas do Partido Republicano no apoio a Israel. O presidente George W. Bush, na sua administração, recusara-se a vender-lhe bombas de penetração profunda (*bunker-penetrating bombs*) e aviões de reabastecimento, como consequência das estimativas de que Israel pudesse usá-los para atacar as instalações nucleares do Irã.[1] Entretanto, Prêmio Nobel da Paz, o presidente Barack Obama atendeu às solicitações do primeiro-ministro Binyamin Netanyahu e autorizou o secretário de Defesa, Leon Panetta, a negociar com o ministro de Defesa de Israel, Ehud Barak, a venda de aviões de reabastecimento e de bombas de penetração profunda (GBU-28 *bunker-piercing*).[2]

O Ma'ariv Israeli News Service informou que fornecimento de tais armas a Israel foi condicional a um acordo com o primeiro-ministro Binyamin Netanyahu no sentido de que ele retardasse o ataque ao Irã até 2013.[3] Contudo, fontes políticas de Israel informaram que a maioria do gabinete era a favor de um ataque militar ao Irã, mesmo sem a aprovação dos Estados Unidos, e o primeiro-ministro Netanyahu, no Knesset (Parlamento), fez um discurso bem explícito e resoluto, declarando que não hesitaria em tomar qualquer iniciativa, mesmo sem o acordo do presidente Barack Obama, e citou como precedente o primeiro-ministro Menachem Begin (1977-1983), que mandou bombardear o reator do Iraque, contra a orientação de Washington e a opinião de Yitzhak Hofi, do Mossad, e de Yehoshua Saguy, chefe da inteligência da IDF.[4] E, a preparar a opinião pública para a guerra, acusou o Irã como a "força dominante" por trás dos ataques de Gaza, declarando que os "grupos de terror" estavam sob o seu guarda-chuva e que os israelenses poderiam imaginar o que aconteceria se estivessem armados com bombas nucleares.

Mais da metade da população de Israel era contrária a atacar o Irã, segundo pesquisa divulgada pelo diário israelense *Haaretz*, e considerava que, se fosse necessário, não deveria fazê-lo sozinho.[5] Porém, o governo do primeiro-ministro Binyamin Netanyahu, do Likud, estreitamente aliado ao partido Ysrael Beitenu, sob a liderança do israelita russo Avigdor Lieberman, refletia a tendência da ultradireita, que passara a influenciar grande parte da população de Israel. E, conforme percebeu Aluf Benn, editor-chefe do diário israelense *Haaretz*, o primeiro-ministro Netanyahu, desde que retornara da visita a Washington, no início de março de 2012, empenhou-se, como *warmonger*, em preparar a opinião pública para a guerra contra o Irã, tentando convencê-la de que a ameaça a Israel era tangível e existencial e devia ser suprimida a fim de evitar um *"second Holocaust"*.[6] Não era crível, no entanto, que o Irã viesse a atacar Israel com ogivas atômicas, se as produzisse ou as tivesse. Um ataque de tal natureza massacraria também a população palestina, dentro e fora de Israel, e grande parte da população do Líbano etc. O *"second Holocaust"*, a que o primeiro-ministro Netanyahu esquizofrenicamente se referiu, não seria somente de judeus, mas igualmente de árabes cristãos, muçulmanos (inclusive muçulmanos xiitas) *et alt*.

Ao contrário do Irã, que de um modo ou de outro sempre foi monitorado pelos inspetores da AIEA, Israel, com um crescente potencial nuclear — entre 300 e 400 ogivas atômicas —, jamais se submeteu a qualquer inspeção e nunca assinou o Tratado de Não Proliferação das Armas Nucleares (TNP). E a belicosidade do primeiro-ministro Binyamin Netanyahu, com sua retórica terrorista de *warmonger*, tornava obrigatório dizer, como corajosamente o fez o notável escritor alemão Günter Grass, que Israel ameaçaria a paz mundial, como um *rogue state* (Estado irresponsável), se atacasse o Irã.[7] As consequências, inclusive, seriam desastrosas para sua própria população.[8]

No fim dos anos 1990, a comunidade de inteligência dos Estados Unidos havia calculado que Israel possuía entre 75 e 130 armas nucleares, baseada nas estimativas de produção.[9] O arsenal incluía ogivas para mísseis Jericho-1 e Jericho-2, ademais de bombas para os aviões e outras armas táticas. Conforme outros cálculos, Israel poderia ter, àquele tempo, cerca de 400 armas nucleares, mas o número parecia exagerado e seu último inventário incluiu menos de 100 artefatos.

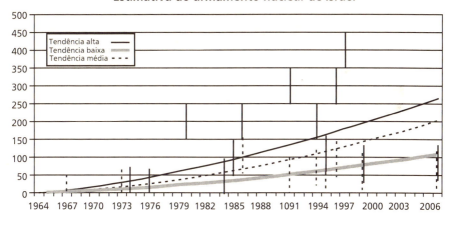

Fonte: FAS[10]

Segundo o ex-presidente Jimmy Carter revelou em entrevista à imprensa, Israel, em 2008, possuía um arsenal nuclear da ordem de 150 ogivas nucleares.[11] Em fevereiro de 2012, Patrick "Pat" Buchanan, um "paleoconservador" (linha tradicional) do Partido Republicano e excomentarista político da televisão MSNBC (canal a cabo dos Estados Unidos), estimou que Israel tinha cerca de 300 ogivas nucleares e advertiu que uma guerra no Oriente Médio seria desastrosa para os Estados Unidos e a economia mundial.[12] Seu ex-assessor de Segurança Nacional, Zbigniew Brzezinski, posteriormente, declarou igualmente que o problema de o Irã avançar no programa era "pálido" em comparação com o que chamou de "*an act of utter irresponsibility and potential immorality*", dado o número de mortes de civis que provocaria.[13] Brzezinski, que em 1979 fora contra o ataque a Teerã, quando os funcionários da Embaixada Americana foram feitos reféns dos estudantes revolucionários, pois, como geopolítico, conhecia perfeitamente as dificuldades que desencadearia, ponderou que um ataque inflamaria toda a região, disseminando o ódio, e prejudicaria os interesses americanos do Afeganistão à Síria, gerando um "*widespread, long-lasting hatred*" contra os Estados Unidos entre o povo iraniano.[14]

O arsenal de Israel podia ser de 150 a 300 ogivas nucleares e a Israeli Defence Force — Air Force (IDF/AF) possuía 1.000 aeronaves, cerca de 350 jatos de combate, contando com 125 F-15 avançados e esquadrões de F-16, especificamente modificados para empreender ataques estratégicos a longa distância, ademais de uma frota de Heron TP,[15] *drones*, i.e., aeronaves não tripuladas (UAV), que podiam atingir 40.000 pés de altura e voar pelo menos 20 horas, até alcançar o Golfo Pérsico. A Israeli Defense Force — Air Force (IDF/AF) talvez fosse maior do que a do Reino Unido e da Alemanha.[16] Contudo afigurava-se muito limitada a possibilidade de sua utilização para deflagrar uma guerra contra o Irã com a segurança de vitória.

Alguns, em Israel, criam que o ataque ao reator Osirak (Operation Opera), no Iraque (1981), constituíra um sucesso histórico, um precedente para o uso da força militar a fim de impedir a proliferação de armas nucleares. Porém, oficiais do Pentágono entendiam que um ataque às instalações nucleares no Irã seria uma operação muito complexa, muito diferente dos ataques "cirúrgicos" realizados por Israel ao reator Osirak, no Iraque, e ao reator da Síria (Operation Orchard), na região de Deir ez-Zor, em 6 de setembro de 2007, com um total de oito aviões F-15I Strike Eagle, F-16 Fighting Falcon e uma aeronave de inteligência.[17]

A fim de atacar o Irã, no entanto, Israel necessitaria de ao menos 100 bombardeiros F-15, com bombas *anti-bunker* GBU-28 (*laser-guided*), das quais constava que dispunha apenas de 30, escoltados por caças a jato F-16 Fighting Falcon, que voassem uma distância de 1.600 quilômetros (cerca de 1.000 milhas) sobre um espaço aéreo hostil, devendo ser reabastecidos no ar por outros aviões.[18] Segundo o antigo diretor da CIA Michael Hayden, Israel não seria capaz de efetuar ataques aéreos que seriamente afetassem o programa nuclear do Irã. Teria sérios problemas de alcançar as maiores usinas de enriquecimento de urânio em Natanz e Fordo, e a planta de conversão de urânio em Isfaham. Dentro do *establishment* de Israel, porém, havia poucas vozes isoladas que duvidavam do sucesso de uma larga investida contra o Irã, mas o consenso era de que a operação seria complexa e difícil para a capacidade da Força Aérea de Israel.[19] O bombardeio da fábrica de armamentos Yarmouk, ao sul de Cartum, no Sudão, mostrou, no entanto, que Israel tinha condições de alcançar alvos 1.600 quilômetros distantes de seu território, como as usinas Natanz, perto da cidade de Kashan, e Fordo, de Qom, no Irã.

A posse de armamentos nucleares, no entanto, não tornava Israel uma grande potência, apesar de que emergisse como importante parceiro energético, com o campo de gás Leviathan, no litoral, e imensas reservas de óleo e gás no Mediterrâneo, disputadas por Estados Unidos, União Europeia, Rússia e China. Seu poderio militar não correspondia à sua extensão territorial, à sua dimensão demográfica nem aos seus recursos materiais e humanos.[20] E os cenários que se delineavam, em caso de um ataque ao Irã, com ou sem o respaldo dos Estados Unidos, seriam realmente catastróficos. Bastava comparar os dados geográficos e demográficos, bem como a dimensão de suas forças armadas convencionais, para avaliar o desastre que levaria ao fim o Estado de Israel, com um holocausto provocado pelo seu próprio primeiro-ministro, Binyamin Netanyahu. Um auto-holocausto. Era o que também previa o presidente da Rússia, Vladimir Putin.[21]

O território de Israel era de apenas 20.770 quilômetros quadrados, cercado por Egito, Faixa de Gaza, Líbano, Síria e Cisjordânia (West

Bank). O Irã, por outro lado, ocupava o décimo sexto maior território do mundo, ao sudoeste da Ásia, com uma larga extensão de 1.648.195 quilômetros quadrados e fronteiras com oito países, e mais de 2.440 quilômetros do litoral entre o Golfo Pérsico e o Golfo de Omã, interligados pelo estratégico Estreito de Ormuz. Sua população era de 78,8 milhões de habitantes (2012 est.), cerca de dez vezes maior do que a de Israel. O diretor do Military Balance Project, na Universidade de Tel Aviv, coronel Yiftah Shapir, admitiu que Israel poderia lançar um ataque contra o Irã e causar muitos danos, inabilitando seu programa nuclear, porém teria de bombardear o país e não poderia fazê-lo sozinho.[22] Ele reconheceu que o máximo que Israel podia conseguir era atrasar seu programa nuclear por *"some months"* e, no máximo quanto possível, cinco anos.[23] Tanto o general (r) Nathan Sharony, chefe do Council for Peace and Security, composto por 1.000 altos oficiais de segurança de Israel, quanto o ex-chefe do Mossad (2002-2010) Meir Dagan, também pensavam que o ataque ao Irã não compensaria, não seria favorável a Israel.[24]

Em 2010 o primeiro-ministro Binyamin Netanyahu, apoiado pelo ministro da Defesa, Ehud Barak, chegou a ordenar aos generais Gabi Ashkenazi, chefe do Estado-Maior, e Meir Dagan, chefe do Mossad, que elevassem o nível de alerta para F-Plus, código para a preparação de um ataque imediato contra o Irã. Os generais Gabi Ashkenazi e Meir Dagan alegaram que se tratava de iniciativa "ilegal", que não fora aprovada pelo Knesset (Parlamento), e recusaram-se a cumpri-la.[25] O código de alerta elevado a F-Plus tornaria a guerra fatalmente inevitável.

Posteriormente, na Hebrew University, o general Meir Dagan qualificou um ataque militar ao Irã como *"a stupid idea"* e, na Tel Aviv University, disse que isto provocaria uma guerra regional, impossível para Israel enfrentar, e daria à república islâmica razão para prosseguir com seu programa nuclear.[26] E, em novembro de 2011, falou no Club de Indústria e Comércio de Tel Aviv que Israel não devia atacar o Irã e previu uma *Katastrophe*, se o fizesse.[27] Por sua vez, o general (r) David Fridovich, ex-comandante adjunto do Special Operations Command e depois diretor de Defesa e Estratégia no Jewish Institute for National

Security Affairs, declarou ao diário israelense que um ataque de Israel ao Irã poderia ser *"counterproductive"*.[28] A mesma opinião manifestou o general James Cartwright, do Marine Corps, acetuando inclusive que persuadiria mais iranianos a apoiar o programa nuclear e convencê-los de que por isso o país devia ter os armamentos. Um ataque — acrescentou — poderia destruir as instalações, mas não *"uninvent"* a tecnologia, e o capital intelectual continuaria a existir.[29] E Shlomo Gazit, ex-chefe da Intelligence and National Security da Israeli Defence Force, acentuou, claramente, que um ataque ao Irã teria consequência oposta, i.e., resultaria na *"liquidation of Israel"*.[30] E acentuou: *"We will cease to exist after such an attack."*[31] Daí que o general Martin Dempsey, chefe do Estado Maior das Forças Armadas dos Estados Unidos, declarou à CNN que *"we think that it's not prudent at this point to decide to attack Iran"*.[32]

"(...) A unilateral Israeli attack on Iran today would be disastrous", escreveu o jornalista Roger Cohen. Esse ataque uniria o Irã em fúria; fecharia a República Islâmica por uma geração; daria substancial impulso ao "cambaleante" regime de Assad na Síria; radicalizaria o mundo árabe em um momento de delicada transição; incendiaria as fronteiras do Líbano, onde se concentravam forças do Hizballah; impulsionaria o Hamás; arriscaria as tropas dos Estados Unidos na região, instaladas sobretudo no Bahrein e no Qatar; impeliria o preço do petróleo para o céu; estremeceria a vulnerável economia global e deflagraria uma possível guerra em todo o Oriente Médio.[33]

Em 30 de agosto de 2012, o general Martin Dempsey, chefe do Estado Maior Conjunto dos Estados Unidos, declarou pela terceira vez que um ataque de Israel ao programa nuclear do Irã poderia atrasá-lo, mas provavelmente não o destruiria. E, falando aos jornalistas em Londres, acrescentou, impacientemente, estarrecendo a assistência: *"I don't want to be complicit if they [Israel] choose to do it."*[34] Esclareceu, em seguida, que a coalizão internacional que estava a aplicar sanções contra o Irã poderia dissolver-se se Israel tomasse a iniciativa de atacá-lo. Em outubro, durante manobras conjuntas realizadas no Oriente Médio, o general Martin Dempsey encontrou-se, em Tel Aviv, com o ministro de

Defesa de Israel, Ehud Barak, e advertiu-o de que os comandantes militares americanos consideravam que qualquer ataque de Israel contra o Irã limitaria severamente a habilidade dos Estados Unidos na montagem da operação contra o programa nuclear, pois cortaria o suporte logístico vital dos países do Golfo Pérsico.[35] Um dos grandes temores dos países do Golfo era de que o Irã adquirisse capacidade nuclear. O outro era uma guerra regional que pudesse desestabilizar o Oriente Médio. E eles estavam conscientes de que um ataque de Israel, isolado, não liquidaria o programa nuclear do Irã e o tornaria ainda mais agressivo. O Irã, embora sofresse pesados danos, poderia retomar o programa nuclear dentro de alguns anos.

Os Estados Unidos, no entanto, já estavam a reorientar e reformular sua estratégia no Oriente Médio, em vista do rumo que as revoltas islâmicas tomaram com a ascensão da Irmandade Muçulmana. O objetivo de Washington aparentemente era construir um eixo com as monarquias sunitas do Golfo, envolvendo a Irmandade Muçulmana, dominante no Egito, e a Turquia, contra a aliança xiita, inspirada e guiada por Teerã. Contudo, o presidente Obama, com base nos informes da CIA e dos demais órgãos de inteligência, sabia que as condições não favoreciam a iniciativa de um ataque militar ao Irã e avaliava que as consequências seriam danosas para os Estados Unidos.

Com uma população superior à do Iraque e do Afeganistão somadas, e uma configuração topográfica muito escarpada, o Irã apresentava um teatro no qual dificilmente os Estados Unidos poderiam travar uma guerra terrestre e ocupar facilmente o território, cujas instalações nucleares — cerca de 12 a 20 — estavam espalhadas por diversas regiões. Alguns agentes da inteligência da França, do Reino Unido e dos Estados Unidos suspeitavam que, em Fordo, com 3.000 reatores, os cientistas iranianos estivessem tentando enriquecer o urânio com uma concentração superior a 20% de pureza, o que capacitaria o governo a produzir artefatos nucleares, se fosse estocada quantidade suficiente para o uso militar. Essa usina estava construída parcialmente dentro de uma montanha, a nordeste da mesquita da cidade de Qom, bastante protegida, com uma bateria de mísseis antiaéreos, montada pela Guarda Islâmica Revolucionária.[36]

A usina nuclear de Natanz, na província de Isfahan, distante de Israel quase 1.609 quilômetros, encontrava-se cerca de 8 metros abaixo do nível do solo, protegida por várias camadas de cimento. Lá operavam aproximadamente 5.000 centrífugas, alimentadas com urânio hexafluoride. Haveria cerca 2.800 centrífugas em Fordo, encravadas na montanha, e quase 1.400 estavam a funcionar. E, segundo o coronel reformado da USAF Rick Pyatt, seria muito difícil o ataque ao Irã. Os aviões de Israel teriam de voar sobre um território estrangeiro hostil, porquanto os alvos estavam 1.700 quilômetros distantes, devendo ser reabastecidos no ar, e seria muito duvidoso que os mísseis Jericho-2 ou Jericho-3, ogivas de peso limitado, provavelmente menos de 1.000 libras, pudessem penetrar muito fundo para alcançar o nível determinado de destruição.[37] Se o Irã tivesse ou tiver o projeto de enriquecer urânio para fabricar artefatos nucleares — e muitos suspeitavam existir experimentos, inclusive na base militar de Parchim —, outras usinas subterrâneas também deviam existir, dentro de cavernas, difíceis de detectar com satélites e aviões. A topografia do Irã, a configuração de seu relevo, apresentava enorme dificuldade para ataques aéreos. Era muito similar à do Afeganistão, muito escarpada e difícil de mapear com aviões, inclusive porque os voos teriam de ser de baixa altura e a república islâmica construiu ótimo sistema de defesa antiaérea, com inúmeros mísseis terra-ar.

Uma operação aérea contra instalações nucleares do Irã teria de ser, provavelmente, acompanhada por tropas terrestres. Mas Israel contava apenas com 176.500 homens no serviço ativo, dos quais 133.000 no exército, e 565.000 na reserva, enquanto o Irã tinha mais de 523.000 no serviço ativo, dos quais 350.000 no exército, e cerca de 125.000 nos corpos da poderosa Guarda Revolucionária Islâmica.[38] Ademais, o Irã possuía excelente sistema de defesa naval, montado com mísseis Sunburn, importados da Rússia e da China, o míssil mais letal contra qualquer navio, desenhado para voar 1.500 milhas por hora, 9 pés acima do solo e da água.[39] Também contava com submarinos e modernos barcos de patrulha, equipados com mísseis, e teria capacidade de interditar a estratégica linha de comunicação marítima através do Golfo Pérsico[40] e controlar a passagem dos carregamentos de petróleo. O desequilíbrio de forças convencionais entre os dois países era enorme.

Mesmo com o respaldo da esquadra, estacionada no Golfo Pérsico, e a participação de tropas dos Estados Unidos, uma guerra contra o Irã, desencadeada por Israel, seria uma conflagração extremamente difícil, cara e sangrenta. E, conforme os analistas do Pentágono, mesmo um ataque aéreo dos Estados Unidos às instalações nucleares do Irã não seria o bastante para destruir todos os reatores para enriquecimento de urânio, embora fosse mais amplo, menos arriscado e provavelmente lhes causasse muito mais danos que se realizado por Israel.[41] Poderia somente atrasar o programa, mas não impedir que o Irã produzisse, em médio ou longo prazo, armas atômicas.[42]

A população do Irã constituía outro fator de relevância estratégica. Era superior à soma das populações do Iraque e do Afeganistão e grande parte estava concentrada nas montanhas, traçando um cinturão estendido entre Zagros e Elbroz e uma linha entre o litoral do Mar Cáspio e o Estreito de Ormuz. Outra parte da população vivia em algumas cidades

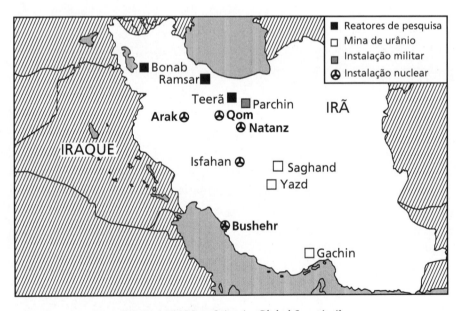

Fonte: 1155/New Scientist Global Security[43]

e no nordeste, em Mashhad, cidade com 2,83 milhões de habitantes, próxima à fronteira com o Afeganistão e o Turcomenistão, onde se encontra a tumba do imã al-Rida (765-c.818), um dos sucessores do profeta Muhammad, venerado pelos xiitas e visitado por cerca de 20.000 pessoas, anualmente. O resto do país era muito pouco povoado. Com três lados cercados por montanhas e dois pelo Mar Cáspio e o Golfo Pérsico, o tamanho e a topografia tornavam o Irã uma fortaleza muito difícil de ser invadida, e ainda mais de ser conquistada.[44]

Fonte: Stratfor — The Market Oracle[45]

Um ataque de Israel ao Irã seria, por conseguinte, um desastre. Mataria milhares de civis, arrasaria cidades, porém não poderia aniquilar 78,8 milhões de iranianos nem devastar um território de 1.648.195 quilômetros quadrados, que correspondia ao conjunto dos territórios da Alemanha, dos Países Baixos, da Bélgica, da França, da Espanha e de Portugal. Por outro lado, o Irã logo retaliaria e, se lançasse seguidamente uma chuva de mísseis Shahab, Gahdr-3ª ou Sejji, com bombas de fragmentação, cuja submunição (bomblet), cerca de 202 explosivos, poderia atingir entre 200 e 400 metros e alcançar até 149 quilômetros,

demoliria muitas cidades de Israel, inclusive Tel Aviv, e dizimaria milhares de seus habitantes. Certamente o Hamás (sunita), na Faixa de Gaza, e o Hizballah (xiita), no Líbano, aproveitariam para também atacar Israel com mísseis Katyusha, Fajr-5, Urgan, Khaibar e outros de que as duas organizações paramilitares dispunham. Embora Israel possuísse o Arrow-3 High Altitude Ballistic Missile Defence System e o Iron Dome Anti-Rocket Missile System, que interceptaram 85% dos mísseis Grad e Qassam,[46] disparados (cerca de 60 a 85) pela Jihad Islâmica a partir de Gaza, no começo de março de 2012 seria extremamente difícil, quase impossível, o governo de Binyamin Netanyahu resistir aos bombardeios, mesmo com os abrigos pré-construídos pelo Israeli Homeland Command, e ao levante da população palestina dentro de Israel. Seria uma guerra híbrida, de alta e baixa intensidade. E a população de Israel poderia ser, em larga medida, aniquilada.

Devido à sua relevância geopolítica e geoestratégica, interligando o subcontinente indiano ao Mar Mediterrâneo, seria virtualmente inevitável o spillover da guerra contra o Irã, deflagrada por Israel com ou sem a participação dos Estados Unidos, devido às suas implicações religiosas e sectárias. Embora o número de xiitas, entre os muçulmanos, represente de 10% a 11%, contra mais ou menos 90%, eles constituíam a maioria da população de Irã, Azerbaijão, Iraque, Bahrein, e minorias qualitativamente importantes em quase todos os países do Oriente Médio e adjacências. E concentravam-se em áreas geopolíticas significativamente estratégicas, que o Irã poderia instrumentalizar, em caso de guerra com Israel e o Ocidente, para o Irã,[47] além de que nunca deixou de manter estreitas relações com o Afeganistão, Índia, Iraque e Paquistão — parceiros regionais dos Estados Unidos. Se a maioria xiita derrubasse a autocracia sunita da família al Khalifa, legitimada pela presença da base dos Estados Unidos no Bahrein, e assumisse o poder, certamente contaria com o respaldo da população xiita da Província Oriental da Arábia Saudita, bem como com o respaldo do Iraque.

A guerra sectária espraiar-se-ia, também, ao Líbano, à Jordânia, recrudesceria no Iraque e na Síria, bem como na Líbia e no Iêmen, e poderia atingiria o Qatar, onde os Estados Unidos construíram instalações do US Central Command (USCENTCOM) e US Army Forces Central Command (ARCENT), em as Sayliyah, aquartelando duas brigadas e mais de 11.000 soldados. Na Base Aérea de Al Udeid, localizada a oeste de Doha, estão instalados o United States Central Command (USCC) e United State Air Force Central Command (USAFCC), bem como está hospedada a 379th Air Expeditionary Wing da USAF e o No. 83 Expeditionary Air Group RAF. De um modo ou de outro, a guerra sectária afetaria e envolveria as tropas dos Estados Unidos, dado que há décadas apoiam Israel e os regimes ditatoriais da região, inclusive a monarquia Wahhabi absolutista e corrupta da Arábia Saudita, e o resultado seria o incremento do antiamericanismo e o maior fortalecimento de al-Qa'ida.

A SEGUNDA GUERRA FRIA

Cerca de 64% das reservas mundiais de petróleo (o Irã é o quarto maior exportador) estão situadas no Oriente Médio, que supre 70% das necessidades mundiais de petróleo, e a rota do Golfo Pérsico, atravessando o Estreito de Ormuz, até o Golfo de Oman e o Mar Árabe, é vital para a economia mundial. É o mais importante *chokepoint* do comércio mundial de petróleo. Por lá passam diariamente cerca de 40% do transporte marítimo global de petróleo e a guerra inevitavelmente interromperia o fluxo de 17 Mb/d do cru para a Europa e os Estados Unidos, bem como para China, Japão e Coreia do Sul, entre outros países. O Estreito de Ormuz seria diretamente afetado e, em consequência, o transporte de óleo, ainda que o Irã militarmente não o bloqueasse. O fechamento do Estreito de Ormuz exigiria o uso de rotas alternativas mais longas, como o East West Crude Oil Pipeline Petroline, com capacidade de 5 milhões bbl/d, e uma extensão de 745 milhas, escoando de Abqaiq, no leste da Arábia Saudita, até o Yanbu Oil Terminal, na costa do Mar Vermelho, o que aumentaria bastante o custo de transporte.

Desde o início de 2012, o preço do petróleo tipo Brent aumentou cerca de 10% e chegou a US$ 125,98, em março, devido à instabilidade no Oriente Médio. E a guerra entre os dois países, ademais de massacrar, possivelmente, milhares de árabes e israelenses, bem como americanos, elevaria o preço do gás e do petróleo a um nível inimaginável, catapultado para uma cifra superior a US$ 250, podendo mesmo chegar a US$ 500 o barril, interrompendo o comércio e causando um cataclismo na economia mundial, já abalada e deprimida, desde 2007-2008, pela crise do sistema financeiro após o colapso do Lehmann Brothers e de outras corporações, e não superada nem nos Estados Unidos nem na Europa até 2012. Os voláteis mercados financeiros entrariam em completo pânico, com outro golpe, muito mais profundo, que atrasaria ainda mais a recuperação do crescimento econômico dos Estados Unidos e, sobretudo, da União Europeia.

O presidente George W. Bush, em 2003, solicitou US$ 87 bilhões para a reconstrução do Iraque e do Afeganistão. Entretanto, desde então, os Estados Unidos gastaram entre 2003 e 2014 nas duas guerras, por ano, um mínimo de US$ 67 bilhões (2003) e um máximo de US$ 185 bilhões

(2008), voltando a US$ 92 bilhões em 2014, e menos de 5% do total foi usado para a reconstrução.[48] Só em 2011, a campanha na Líbia custou os *taxpayers* (contribuintes) americanos cerca de US$ 2 milhões por dia.[49] E, ao fim do ano, os Estados Unidos haviam gastado em torno de US$ 1 bilhão, fornecendo à OTAN mísseis, aviões de monitoramento, *drones* e toda sorte de munição para derrubar o regime de Muammar Gaddafi e levar o país ao caos.[50] Uma conflagração abrangendo todo o Oriente Médio envolveria necessariamente os Estados Unidos, cuja dívida pública, em 11 de março de 2012, havia alcançado um montante de mais de US$ 15,5 trilhões, maior que o PIB, estimado em US$ 15,04 trilhões (2011),[51] e continuava a crescer cerca de US$ 4,01 bilhão por dia.[52] E seus gastos na região, que já somam trilhões de dólares, cresceriam de maneira insuportavelmente esmagadora.

Em 2002, o presidente George W. Bush (2001-2005 e 2005-2009) acusou o Irã de constituir com o Iraque e a Coreia do Norte o *"axis of evil"*. E ordenou que o U.S. Strategic Command, apoiado pela Força Aérea, elaborasse planos para bombardear o Irã. Porém, dentro do Pentágono, generais e almirantes advertiram que o bombardeio do Irã provavelmente não destruiria todas as suas instalações nucleares e poderia produzir sérias consequências econômicas, políticas e militares para os Estados Unidos.[53] A comunidade de inteligência não havia encontrado evidência específica de atividades clandestinas ou de instalações ocultas e os planos de guerra não eram seguros de acertá-las. E o presidente George W. Bush recuou, mas atacou o Iraque, e o general Colin Powell, então secretário de Estado, até compareceu à ONU e ao Conselho de Segurança, em 6 de fevereiro e em 7 de março de 2003, para provar que Saddam Hussein possuía armas químicas e nucleares e era necessário urgentemente atacá-lo e derrubar seu regime. O presidente George W. Bush e o general Colin Powell mentiram. O Iraque não possuía nenhuma arma nuclear nem química.

Com duas guerras perdidas, no Iraque e no Afeganistão, do qual ainda buscava uma retirada mais ou menos honrosas para as suas tropas, o presidente Barack Obama parecia consciente do problema tanto econômico quanto militar. E não queria fazer uma aventura, especialmente em um ano eleitoral, embora não sem desconsiderar o grau de "instabilidade e imaturidade" da opinião pública nos Estados Unidos, i.e., do "seu potencial de histeria", como observou, há alguns anos, o inesquecível cientista político americano Brady Tyson.[54] A comunidade de inteligência dos Estados Unidos não estava convencida de que o Irã pretenda realmente construir armas nucleares, e a National Intelligence Estimate (NIE) de 2011 confirmou as conclusões de 2007 e 2010, segundo as quais o programa foi paralisado em 2003.[55] Contudo, não descartou a possibilidade de que fosse capaz de produzir bastante urânio enriquecido (HEU), que tanto serve para uso civil (geração de energia nuclear) quanto para uso militar (produção de armas atômicas).

O general James R. Clapper Jr., diretor da National Intelligence dos Estados Unidos, declarou que os especialistas americanos criam que o Irã estava a preservar a opção de produzir armamento nuclear, contudo nenhuma evidência havia de que tomara ou estivesse disposto a levar adiante esse propósito. O general David H. Petraeus, diretor da CIA, bem como o secretário de Defesa, Leon E. Panetta, e o general Martin E. Dempsey, chefe do Estado Maior Conjunto das Forças Armadas, fizeram a mesma avaliação em suas entrevistas na televisão.[56] E, segundo o físico nuclear brasileiro José Goldemberg, os "grandes progressos" na área nuclear que o presidente do Irã, Mahmoud Ahmadinejad, anunciou "não são realmente significativos".[57] Varetas de combustível nuclear com urânio enriquecido para usar num reator de pesquisas, como o presidente Mahmoud Ahmadinejad mostrou na televisão, foram produzidas na década de 1980, no Instituto de Energia Atômica na Universidade de São Paulo (USP).[58]

Não é crível que o Irã viesse a atacar Israel com ogivas nucleares, se as produzisse. Um ataque dessa natureza massacraria também a população palestina, dentro e fora de Israel, e grande parte da população do Líbano. E o aiatolá Ali Khamenei, líder dos principistas, que venceram as eleições para o Parlamento (*Majlis Shora Eslami*) de março de 2012, e Supremo Guardião de suas leis religiosas (*Velayat-e Faqih*), reiterou que o Irã não estava em busca de armas "nucleares" e estocá-las era "inútil e perigoso".[59]

Conforme pesquisa efetuada pelo Chicago Council on Global Affairs, os americanos não queriam mais gastar seus trilhões de dólares em novas guerras. Cerca de 67% da população, em outubro, acreditava que a guerra no Iraque não valera os gastos, 69% julgavam que a guerra no Afeganistão não livrara os Estados Unidos do terrorismo e 71% disseram que a guerra no Iraque devia tornar o governo mais cauteloso no uso da força. E a maioria dos americanos, em geral, se opôs ao uso de força para negociar com o presidente Ahmadinejad, bem como ao envolvimento dos Estados Unidos em uma eventual guerra deflagrada por Israel, a pretexto do programa nuclear do Irã.[60]

Tudo indicava que a retórica de Binyamin Netanyahu, ávido por atacar o Irã, fosse para pressionar o presidente Barack Obama a conceder armamentos ainda mais sofisticados e avançados a Israel, ao competir com os extremistas do Partido Republicano. O presidente George W. Bush, durante sua administração, recusou-se a vender-lhe bombas de penetração profunda (*bunker-penetrating bombs*) e aviões de reabastecimento, em consequência das estimativas de que Israel pudesse usá-los para atacar as instalações nucleares do Irã.[61] Entretanto, o Prêmio Nobel da Paz, presidente Barack Obama, atendeu às solicitações do primeiro--ministro Binyamin Netanyahu e autorizou o secretário de Defesa, Leon Panetta, a negociar com o ministro de Defesa de Israel, Ehud Barak, a venda de aviões de reabastecimento e de bombas de penetração profunda (GBU-28 bunker-piercing).[62]

O Ma'ariv Israeli News Service informou que o fornecimento de tais armas a Israel visou a um acordo com o primeiro-ministro Binyamin Netanyahu no sentido de que ele retardasse o ataque ao Irã até 2013.[63] Contudo, fontes políticas de Israel informam que a maioria do gabinete é a favor de um ataque militar ao Irã, mesmo sem a aprovação dos Estados Unidos, e o primeiro-ministro Binyamin Netanyahu, no Knesset (Parlamento), fez um discurso bem explícito e resoluto, declarando que não hesitaria em tomar qualquer iniciativa, mesmo sem o acordo do presidente Barack Obama, e citou como precedente o primeiro-ministro Menachem Begin (1977-1983), que mandou bombardear o reator do

Iraque, contra a orientação de Washington e a opinião de Yitzhak Hofi, do Mossad, e Yehoshua Saguy, chefe da inteligência da IDF.[64] E, a preparar a opinião pública para a guerra, acusou o Irã como a "força dominante" por trás dos ataques de Gaza, declarando que os "grupos de terror" estavam sob o seu guarda-chuva e que os israelenses poderiam imaginar o que aconteceria se estivessem armados com bombas nucleares. A guerra psicológica era a sua constante.

Aluf Benn, editor-chefe do diário israelense *Haaretz*, percebeu que o primeiro-ministro Binyamin Netanyahu, desde que retornara da visita a Washington, no início de março de 2012, se empenhara, como *warmonger*, em preparar a opinião pública para a guerra contra o Irã, tentando convencê-la de que a ameaça a Israel é tangível e existencial e devia ser suprimida para evitar um *"second Holocaust"*.[65] Não é crível que o Irã viesse a atacar Israel com ogivas atômicas, se as produzisse. Um ataque dessa natureza massacraria também a população palestina, dentro e fora de Israel, e grande parte da população do Líbano. O *"second Holocaust"* não seria somente de judeus, mas igualmente de árabes cristãos muçulmanos (inclusive xiitas).

Entretanto, embora para conter as pressões do *lobby* judaico, que apoiava os candidatos extremistas do Partido Republicano, continuasse a afirmar que todas as opções estavam sobre a mesa, inclusive o "componente militar", para impedir que o Irã adquirisse armas nucleares, o presidente Barack Obama desejava evitar um confronto armado e insistia na solução do impasse por meios diplomáticos, em meio ao endurecimento de sanções e operações encobertas de sabotagem e assassinatos,[66] a guerra nas sombras, que a CIA e o Mossad executavam.

Não havia alternativa porquanto, em caso de um ataque aéreo ao Irã, o cenário reproduziria o do Apocalipse, quando o sexto Anjo tocou a trombeta e foram soltos os quatro Anjos que estavam acorrentados à beira do Eufrates e se conservavam para a hora, o dia, o mês e o ano da matança da terça parte dos homens; eram 200 milhões de soldados e os cavalos que montavam, encouraçados com uma chama sulfurosa azul, tinham a crina como a juba de um leão, de suas narinas saíam fogo, enxofre e fumaça e uma terça parte dos homens foi morta por esses três flagelos, que lhes saíam das narinas.[67]

NOTAS

1. Barak Ravid, "Netanyahu asked Panetta to approve sale of bunker-busting bombs, U.S. official says", *Ha'aretz*, March 7, 2012.
2. Ibidem.
3. Michael Kelley, "US Offers Israel Advanced Weapons In Exchange for Not Attacking Iran", *Business Insider — Military & Defense*, March 8, 2012. AFP, "US 'offered Israel new arms to delay Iran attack'", 8/3/2012.
4. Ben Caspit, "Assessment: Security Cabinet Majority Is Pro Attack", *Ma'ariv*, March 15, 2012. Dan Margalit, "The Prime Minister's Verbal Poker Is Beginning to Be Successful", *Israel Hayom*, March 15, 2012.
5. "Ha'aretz poll: Most of the public opposes an Israeli strike on Iran — Support for Netanyahu's Likud party is at all-time high, but Israelis still skeptical regarding attack on Iran's nuclear facilities without U.S. backing", *Haaretz*, 8/3/2012.
6. Aluf Benn, "Netanyahu is preparing Israeli public opinion for a war on Iran", *Ha'aretz*, 15/3/2012.
7. "'Grass' Gedicht im Wortlaut — Das Gedicht von Günter Grass, 'Was gesagt werden muß'", *Suddeutsche Zeitung*, 4/4/2012. "Im Wortlaut 'Was gesagt werden muss' von Günter Grass", *Der Spiegel*, 4/4/2012.
8. Ibidem.
9. A comunidade de inteligência dos Estados Unidos calculava, em 1999, que Israel tinha então entre 75 e 150 ogivas nucleares, conforme boletim da Federation of American Scientists (FAS). Scarborough, 2004, p. 194-223.
10. "Nuclear Weapons — Israel", Federation of American Scientists (FAS), University of St. Andrew, January 8, 2007.
11. "Israel: Carter Offers Details on Nuclear Arsenal", Reuters, *The New York Times*, May 27, 2008. "Israel tem 150 armas nucleares, diz ex-presidente dos EUA", *BBC Brasil*, 26 de maio de 2008.
12. Pat Buchanan, "300 Nukes in Israel Yet Iran a Threat?". "300 ojivas nucleares israelíes, una amenaza mundial", *HispanTV*, 29/2/2012. Mark Whittington, "Pat Buchanan Oddly Thinks Israel Is a Bigger Threat than Iran",

Yahoo!, February 22, 2012. Jeff POOR, "Buchanan: Who is a bigger threat — Iran or Israel?", *The Daily Caller*, 22/2/2012.

13. Barbara SLAVIN, "US Can Deter and Contain Iran, Brzezinski Says", *Al Monitor*, November 26, 2012.

14. Ibidem.

15. Os vants Heron TP, fabricados pela IAI (Israel Aerospace Industries), podem voar a uma altura de até 13.000 metros, acima da altitude da aviação comercial. Os Estados Unidos têm outro modelo, o MQ-1 Predator, usado para matar supostos terroristas, em operações chamadas de "3D": *"dull"*, i.e., operações sombrias.

16. Anshel PFEFFER, "Israel could strike Iran's nuclear facilities, but it won't be easy", *Haaretz*, 20/2/2012.

17. "Report: U.S. officials say Israel would need at least 100", *Haaretz*, 20/2/2012.

18. Ibidem. Michael KELLEY, "US Offers Israel Advanced Weapons In Exchange for Not Attacking Iran", *Business Insider — Military & Defense*, March 8, 2012.

19. Anshel PFEFFER, "Israel could strike Iran's nuclear facilities, but it won't be easy", *Haaretz*, 20/2/2012.

20. "O status de potência pode ser estimado pela sua extensão territorial e pelo número de sua população, bem como pelos recursos materiais e humanos que um Estado tem condições de usar a fim de predizer quão vitorioso pode ser em uma guerra com outro Estado, se usa seus recursos como vantagem." DEUTSCH, 1966, p. 52. GRAMSCI, 1976, p. 191.

21. Stephen BIERMAN e Ilya ARKHIPOV, "Putin Says Iran Military Strike to Be 'Truly Catastrophic'", *Bloomberg Businessweek*, February 27, 2012.

22. "Israel May Lack Capability for Effective Strike on Iran Nuclear Facilities", *Bloomberg*, 11/9/2011.

23. Larry DERFNER, "Security expert: Attacking Iran isn't worth it", *+972*, February 6, 2012.

24. Ibidem.

25. Esse fato foi revelado no programa da TV Uvda (Fact), Canal 2 de Israel, no dia 5 de novembro de 2012. Aron HELLER, "TV report: Israel security heads nixed Iran attack", *US News*, November 5, 2012. "Israeli PM's order to prepare for attack on Iran in 2010 rejected by his security chiefs", *Daily Mail*, November 5, 2012.

26. Ethan BRONNER, "A Former Spy Chief Questions the Judgment of Israeli Leaders", *The New York Times*, June 3, 2011.

27. Ronen BERGMAN e Juliane von MITTELSTAEDT, "Dagans Bombe", *Der Spiegel*, 7/11/2011.

28. Hilary Leila KRIEGER, "Strike on Iran could be counterproductive", *Jerusalem Post*, March 15, 2012.

29. Kristina WONG, "Attacking Iran's nuke sites may only slow progress", *The Washington Times*, February 27, 2012.

30. "An Attack on Iran Will End Israel as We Know It", *Tikun Olam-מלוע ןוקית*: Make the World a Better Place — Promoting Israeli democracy, exposing secrets of the national security state.

31. Ibidem.

32. David JACKSON, "Obama to meet Israel's Netanyahu on March 5", *USA Today*, February 20, 2012.

33. Roger COHEN, "Israel's Iran Itch", *The New York Times*, August 16, 2012.

34. "Top US soldier: 'I don't want to be complicit' if Israel attacks Iran", *DEBKAfile Special Report,* August 30, 2012.

35. Julian BORGER, "US warns Israel off pre-emptive strike on Iran. Arab spring has left US-friendly rulers in region nervous about possible impact of an Israeli strike on Iran's nuclear programme", *The Guardian*, October 31, 2012.

36. Julian BORGER e Patrick WINTOUR, "Why Iran confessed to secret nuclear site built inside mountain", *The Guardian*, 26/9/2009.

37. David ISENBERG, "Israeli Attack on Iran's Nuclear Facilities Easier Said Than Done", *Inter Press Service*, Washington, February 13, 2012. Rick FRANCONA, "Iran-Israel's Air Strike Options Update", *Middle East Perspectives*, June 22, 2008.

38. "Factbox: How Israel and Iran shape up militarily", Reuters, 3/11/2011.

39. "Iran's Arsenal of Sunburn Missiles Is More Than Enough to Close the Strait", *Business Insider — Russ Winter*, February 8, 2012.

40. Anthony H. CORDESMAN e Alexander WILNER, "Iran and the Gulf Military Balance I: The Conventional and Asymmetric Dimensions", Center for Estrategic & International Studies (CSIS), March 6, 2012.

41. Mark LANDLER, "Obama Says Iran Strike Is an Option, but Warns Israel", *The New York Times*, March 2, 2012.

42. Ibidem.

43. "Iran's key nuclear sites", *BBC News Middle East*, 9/1/2012.

44. "The Geopolitics of Iran: Holding the Center of a Mountain Fortress", Stratfor — Global Intelligence, December 16, 2011. John MAULDIN, "Fortress Iran is Virtually Impregnable to a Successful Invasion", *Market Oracle*, July 24, 2008.

45. Ibidem.

A SEGUNDA GUERRA FRIA

46. Os mísseis da *Jihad* Islâmica atingiram as vilas de Berseba, Ashkelon, Kiryat Malachi, Netivot, Ofakim, Gan Yavneh e Kfar Azza, bem como os *kibbutzim* Eshkol e Shear Hanegev.
47. BRADLEY, 2012, p. 95-97.
48. FRUM e PERLE, 2004, p. 122-123. Richard Perle foi assistente do secretário de Defesa, Donald Rumsfeld, durante o governo do presidente George W. Bush. Das Statistik-Portal-Statistiken und studien aus über 18.000 Quellen 2015, US-Kriegskosten im Irak und in Afghanistan von 2003 bis 2014, (in Milliarden US-Dollar), http://de.statista.com/statistik/daten/studie/173138/umfrage/kriegs kosten_dev_usa_im_irak_und_afghanistam. Acesso em 28.12.2017.
49. "Allies meet in Abu Dhabi to discuss post Gaddafi future", *Daily Mail*, June 9, 2011. Das Statistik-Portal-Statistiken und Studien aus über 18.000 Quellen 2015, US-Kriegskosten im Irak und in Afghanistan von 2003 bis 2014 (in Milliarden US-Dollar). Disponível em: http://de.statista.com/statistik/daten/studie/173138/umfrage/kriegskosten-der-usa-im-irak-und-afghanistan. Acesso em 28.12.2017.
50. John BARRY, "America's Secret Libya War", *The Daily Best*, August 30, 2011.
51. CIA — World Factbook, https://www.cia.gov/library/publications/the-world-factbook/geos/us.html.
52. U.S. National Debt Clock, The Outstanding Public Debt as of 11 Mar 2012 at 05:59:13 PM GMT, http://www.brillig.com/debt_clock/.
53. Seymour M. HERSH, "The military's problem with the President's Iran policy", *The New Yorker*, July 10, 2006.
54. Brady TYSON, "O sistema Interamericano depois de São Domingos", *Política Externa Independente*, Rio de Janeiro, Editora Civilização Brasileira, Ano I, nº 3, Janeiro de 1966, p. 83-108.
55. Josh ROGIN, "Exclusive: New National Intelligence Estimate on Iran complete", *Foreign Policy,* February 15, 2011.
56. James RISEN e Mark MAZZETTI, "U.S. Agencies See No Move by Iran to Build a Bomb", *The New York Times*, February 24, 2012.
57. José GOLDENBERG, "O Irã e as armas nucleares", O Estado de S. Paulo, 19/3/2012.
58. Ibidem.
59. M. K. BHADRAKUMAR, "Obama gets Iran right, finally", *Asia Times*, March 6, 2012.
60. "Foreign Policy in the New Millennium", Results of the 2012 Chicago Council Survey of American Public Opinion and U.S. Foreign Policy, p. 5-6, 17, 29-32. Dina SMELTZ e Roger COHEN, "The Need for U.S.-Iran Talks", *The New York Times*, November 12, 2012.

61. Barak RAVID, "Netanyahu asked Panetta to approve sale of bunker-busting bombs, U.S. official says", *Ha'aretz*, March 7, 2012.

62. Ibidem.

63. Michael KELLEY, "US Offers Israel Advanced Weapons In Exchange for Not Attacking Iran", *Business Insider — Military & Defense*, March 8, 2012. AFP, "US 'offered Israel new arms to delay Iran attack'", 8/3/2012.

64. Ben CASPIT, "Assessment: Security Cabinet Majority Is Pro Attack", *Ma'ariv*, March 15, 2012. Dan MARGALIT, "The Prime Minister's Verbal Poker Is Beginning to Be Successful", *Israel Hayom*, March 15, 2012.

65. Aluf BENN, "Netanyahu is preparing Israeli public opinion for a war on Iran", *Ha'aretz*, 15/3/2012.

66. Cerca de cinco cientistas nucleares iranianos foram assassinados desde 2007, ou pela CIA ou pelo Mossad, que financia os terroristas sunitas da Majahidin-e Khalq Organization (MOC ou MeK), adversários do regime xiita no Irã.

67. *Offenbarung des Johannes* (Apokalipse), 9 Kapitel. *Das Neuen Testament*, in Die Heilige Schrift des Alten und Neuen Testament, p. 330-331.

Epílogo

"Primavera Árabe": democracia do caos e do terror

"History is eternal becoming and therefore eternal future."
Oswald Spengler[1]

"Time present and time past
Are both perhaps present in time future,
And time future contained in time past."
T.S. Eliot[2]

A história não se repete. Continua em espiral e evolui para uma etapa superior, frequentemente aos saltos, assumindo novas formas e novos aspectos, relacionados reciprocamente entre si, porém fragmentos efetivos de épocas passadas se combinam e se preservam no inconsciente social e na cultura dos povos, na alma coletiva, ainda que modificados, qualitativamente, pela dinâmica e pelo desenvolvimento das forças produtivas da sociedade. Daí que as rebeliões nos países do Oriente Médio e da África do Norte, bem como nos Bálcãs — Iugoslávia, Kosovo, Bósnia, Croácia etc. — e nas repúblicas orientais da finada União Soviética, a partir dos anos 1990, configuraram, por assim dizer, um desdobramento histórico, uma segunda guerra fria, que os Estados Unidos (cujo poder econômico o cartel ultraimperialista formado com as potências da União Europeia unificou e tornou politicamente mais eficaz) empreenderam, explorando fatores endógenos e encorajando a oposição doméstica, com o objetivo, *inter alia*, de avançar o sistema de *global governance*, sob sua hegemonia, e assegurar completamente o monopólio das fontes de energias fósseis e de rotas estratégicas, *vis-à-vis* de um inimigo invisível/visível, representado pela emergência da China, como superpotência econômica e novo centro de poder mundial, e do soerguimento da Rússia, sob o governo do presidente Vladimir Putin (2000-2008 e 2008-2012), ademais de reforçar a segurança e o predomínio de Israel na região.

Condições domésticas evidentemente havia para que os levantes ocorressem, tanto na Eurásia quanto na Tunísia, no Egito, na Líbia, na Síria e nos demais países do Oriente Médio. A estagnação econômica, a elevação do custo dos alimentos, o desemprego, a pauperização e a exclusão social, entre outros complexos e diversos fatores, fomentaram a insatisfação popular e determinaram a eclosão das revoltas, em meio à crise sistêmica da economia mundial, deflagrada com o colapso financeiro de grandes bancos nos Estados Unidos entre 2007 e 2008. O movimento também se espraiou, decerto, devido ao fenômeno do contágio, dada a identificação dos sentimentos e das circunstâncias. O sucesso do levante na Tunísia estimulou o alçamento no Egito e daí se alastrou, conforme as condições domésticas de cada um dos países, não obstante a diferença entre suas estruturas sociais e políticas.

Contudo, sem o encorajamento econômico, político, moral e militar dos Estados Unidos e de seus sócios da União Europeia, sobretudo da Grã-Bretanha e da França, as revoltas dificilmente haveriam acontecido ou tomado maiores proporções e/ou mesmo triunfado. Ademais das intervenções armadas da OTAN — a carranca militar do cartel ultraimperialista das potências ocidentais —, as chamadas organizações não governamentais (ONGs) constituíram uma das armas empregadas pelos Estados Unidos, com a colaboração da União Europeia, para promover a *"political warfare"*, mobilizando multidões, com o pretexto de fomentar o desenvolvimento da democracia, o que significava *regime change*, i.e., derrubar governos e instalar regimes favoráveis aos seus investimentos e interesses estratégicos. E as multidões quase sempre foram acessíveis ao "poder verdadeiramente mágico das palavras", com uma fraseologia corrompida para obscurecer a realidade e provocar, na alma coletiva, as mais violentas tempestades ou acalmá-las.[3]

O próprio William Colby (1920-1996), ex-diretor da CIA, declarou, nos anos 1980, que muitas operações, antes conduzidas de forma encoberta (*covert actions*) pela CIA, poderiam doravante ser realizadas, abertamente e sem questionamento, pelas ONGs (um terço das cem maiores estava baseado nos Estados Unidos).[4] Não sem razão, a Duma (Parlamento) aprovou uma lei determinando o registro das ONGs que operavam na Rússia. Tratava-se de uma iniciativa de segurança nacional, similar ao Foreign Agents Registration Act (FARA), existente nos Estados Unidos desde 1938, mediante o qual as organizações *acting as agents of foreign principals* deviam registrar-se na National Security Division (NSD), do Departamento de Justiça, e revelar suas relações com o exterior.[5]

Entretanto, a mídia ocidental, como instrumento das operações de guerra psicológica (*psy-ops*), de manipulação dos fatos políticos, criticou a lei aprovada pela Duma, mas o presidente Vladimir Putin, no início de abril de 2013, declarou à TV ARD, da Alemanha, que somente nos quatro meses anteriores as ONGs, na Rússia, haviam recebido do estrangeiro 28,3 bilhões de rublos, o equivalente a 690 milhões de euros, e o governo tinha o direito de saber a origem de tais recursos.[6] Lá então existiam 654 ONGs, muitas cujo *shadow sponsor* era a USAID, sob o rótulo de US-Russian Foundation for Economic Advancement and the Rule of Law (USRF).[7] The National Endowment for Democracy (NED), National Democratic Institute, International Republican Institute, Freedom House e George Soros's Open Society Institute constituíam algumas das principais fontes encobertas de financiamento da oposição e, com fundamento, o jornal *Pravda* denunciou que "todo o dinheiro estrangeiro que ia para a Rússia tinha como propósito subverter o governo" e destruí-lo a partir de dentro.[8] Essas ONGs foram virtualmente as mesmas que alimentaram e conduziram a *cold war revolutionary* nos países do Cáucaso e da Europa Oriental, i.e., as chamadas "revoluções coloridas", como a Revolução Rosa, na Geórgia (2003), a Revolução Laranja, na Ucrânia (2004) etc., ao mesmo tempo que os países da União Europeia, a Grã-Bretanha, a França e a Alemanha, começavam a desmantelar a economia social de mercado, construída após a Segunda Guerra Mundial, e se empenhavam para eliminar a soberania nacional dos demais Estados, na área política e social, e ajustá-los aos interesses do sistema financeiro internacional.

A SEGUNDA GUERRA FRIA

Segundo revelou Veronica Krasheninnikova, presidente do Institute of Foreign Policy Studies and Initiatives, sediado em Moscou, os Estados Unidos forneceram mais de US$ 5 bilhões a cerca de 260.000 grupos da sociedade civil na Rússia desde 1991, e isso apenas em dados oficiais. "Os Estados Unidos estão tentando alcançar certo objetivo de política exterior", disse ela ao *Financial Times*.[9] A USAID reconheceu que o financiamento de *"democracy and governance programmes"* fora de US$ 37,2 milhões em 2011.[10]

O presidente Barack Obama (2009-2013, 2013-), mesmo após o fiasco no Afeganistão — onde os Talibans já haviam proclamado um Emirado Islâmico[11] — e no Iraque, não desistira de consolidar uma ordem global, um império planetário, sob a hegemonia dos Estados Unidos e da Grã-Bretanha, conforme preconizara o geopolítico Nicholas J. Spykman.[12] Essa era a *ultima ratio* da política do presidente Obama, como fora do presidente George W. Bush, e ele próprio reafirmou, perante o Parlamento britânico, em Westminster (maio de 2011), que a *"special relationship"* dos dois países (Estados Unidos e Grã-Bretanha), sua ação e liderança eram indispensáveis à causa da dignidade humana, e os ideais e o caráter de seus povos tornavam *"the United States and the United Kingdom indispensable to this moment in history"*.[13] As demais potências da Europa, o Japão e outros países não representariam nada mais que vassalos, porquanto a globalização econômica e política, fomentada pelo sistema financeiro internacional e pelas grandes corporações multinacionais, estava a debilitar cada vez mais o poder dos Estados nacionais, levando-os a perder a soberania sobre suas próprias questões econômicas e sociais, bem como de ordem jurídica.

Com toda a razão, ao analisar a questão da *global governance*, o professor António de Sousa Lara, da Universidade Técnica de Lisboa, concluiu que o estabelecimento de uma nova ordem global, "com unicidade de estruturas, de formatação de políticas e de interesses, configura claramente a emergência de uma nova forma de ideologia e de um novo modelo de totalitarismo de aparência democrática".[14] A recuperação da Rússia, porém, voltou a alarmar os Estados Unidos, não por causa do comunismo, cuja ameaça havia desaparecido, mas devido ao fato de constituir também um vasto império continental, detentor de enorme poder militar, atômico e convencional, e percebido como seu principal adversário. O que esbarrondara com a Guerra Fria não fora a Rússia como potência, mas um regime socialista autárquico, estatal, no qual a burocratização, emoldurando o sistema produtivo, e a equalização social empeciam a acumulação de capital, fundamental para o desenvolvimento econômico. E, ademais, a União Soviética jamais teve condições de libertar-se da economia mundial de mercado, que sempre funcionou segundo as leis do capitalismo e na qual estava visceralmente integrada pelas necessidades de intercâmbio comercial, exportação e importação de *commodities* e manufaturas.

A tentativa de desestabilizar a Rússia e dividi-la, tanto quanto possível, prosseguiu, portanto, após o desmantelamento do regime comunista, como antes os Estados Unidos haviam feito para fragmentar a União Soviética. Zbigniew Brzezinski, em 1979, entendera que a revolução fundamentalista no Irã, a instituição da lei islâmica (*Shari'ah*) pelo presidente Muhammad Zia-ul-Haq (1979), no Paquistão, e outros fenômenos similares indicavam o despertar generalizado de uma consciência mais autoassertiva, baseada na etnicidade e nos princípios do *Qur'an*, e induziu o presidente Jimmy Carter, do qual era assessor de Segurança Nacional, a abrir um terceiro *front* na Guerra Fria, levantando contra Moscou os povos islâmicos da Ásia Central, no *Heartland* da Eurásia, com o fito de fraturar a União Soviética.[15]

A CIA, com a colaboração do serviço de inteligência do Paquistão (ISI) e da Arábia Saudita, recrutou cerca de 100.000 "combatentes pela liberdade" nos países islâmicos da África do Norte e do Oriente Médio, para lutar contra os comunistas ateus, uma operação na qual o dinheiro do comércio de drogas desempenhou relevante papel. A CIA, virtualmente, criou Usamah bin Ladin, um dos organizadores do recrutamento dos *mujahidin*, e instigou o fundamentalismo islâmico, refratário, em sua essência, à civilização capitalista, cujos costumes e produtos grande parte dos muçulmanos, embora seletiva ou secretamente os assimilasse e usasse, sempre percebeu como pecado, não permitidos pela *Sunna*, pelo modo de vida e pelas tradições do Islã.

A SEGUNDA GUERRA FRIA

Esse movimento, após a retirada das tropas soviéticas do Afeganistão, recresceu no Oriente Médio e na Ásia Central, regiões de maior importância econômica e estratégica para as potências industriais do Ocidente, devido às grandes jazidas de gás e petróleo lá existentes. E, manipulados política e culturalmente por serviços secretos estrangeiros (e.g. Arábia Saudita, Paquistão), movimentos islâmicos sunitas, de caráter fundamentalista, começaram a deflagrar diversos conflitos civis, a partir da dissolução da União Soviética (1991), no Tadjiquistão, Uzbequistão, Azerbaijão, na Tchetchênia e em outras repúblicas do Cáucaso.[16]

O presidente George W. Bush e os *neocons* (neoconservadores), assim como grande parte da elite política de Washington, imaginaram que a implantação, no Oriente Médio, de regimes democráticos, nos quais as massas, influenciáveis, crédulas e carentes de sentido crítico, sempre foram extraordinariamente mais fáceis de manipular por meio do *soft-power*, tornaria a segurança nacional dos Estados Unidos menos vulnerável ao terrorismo, do qual al-Qa'ida, sob o comando de Usamah bin Ladin, configurava a maior ameaça desde os atentados de 11 de setembro de 2001. Al-Qa'ida, no entanto, era apenas uma das expressões do Islã político, como foram denominados por Samir Amin os movimentos de orientação salafista, Wahhabi, Irmandade Muçulmana etc., que não aceitavam a modernidade — porque a modernidade estava baseada no direito da criatividade humana de lidar com as questões terrenas — nem a democracia, uma vez que o poder soberano emanava de Allah (*wilaya al faqih*), as leis — a *Shari'ah* — foram por ele ditadas, e não cabia aos homens organizar a sociedade conforme sua vontade.[17] Esse nome — al-Qa'ida (a base) — foi usado primeiramente no magazine *Jihad*, em 1980, pelo teólogo sunita Abdullah Yusuf Azzam, nascido na Palestina e um dos fundadores do Hamás, para resistir às tropas da União Soviética no Afeganistão. Abdullah Azzam foi, entretanto, assassinado em 24 de novembro de 1989, suspeita-se que por inspiração de bin Ladin, que se apropriou do nome e formou um abrigo para as organizações multinacionais terroristas, cujos membros provinham de vários países, mas particularmente do Egito.[18]

A ressurgência do Islã político aumentou o elenco dos *players* e complicou ainda mais o *Great Game* no Oriente Médio, onde a insolúvel questão da Palestina cada vez mais se complicava, com o avanço de Israel na Judeia e em Samaria, julgando-se no direito de ocupar todo o território antes habitado pelos hebreus, i.e., toda a Palestina, a Terra de Israel (*Eretz-Israel*). Não obstante servirem como peões da OTAN, a Arábia Saudita, o Qatar, o Kuwait e os Emirados Árabes Unidos entraram no teatro da segunda guerra fria como os grandes *sponsors* dos insurgentes e terroristas, segundo seus próprios interesses, que consistiam em derrubar os regimes existentes na Tunísia, na Líbia, no Egito e na Síria, não por serem autocráticos, mas por serem seculares, considerados apóstatas (*dhummis*), e assim terraplenar o Oriente Médio para a reconstrução do Grande Califado sunita, sob a regência da *Shari'ah*.

As intervenções militares realizadas no Afeganistão (2001) e no Iraque (2003) pelo governo do presidente George W. Bush concorreram para desestabilizar toda a região e fertilizaram o campo para o florescimento e a expansão do terrorismo, em meio ao caos econômico, social e político. A entidade celebrizada como al-Qa'ida descentralizou-se ainda mais, multiplicou-se, com a formação de diversas associações assimétricas, entre as quais al-Qa'ida na Península Árabe, al-Qa'ida no Magreb Islâmico, Jabhat al-Nusrah, Boko Haram, Ansar al-Shari'ah, Somalia al-Shabaab, Egypcian Islamic Jihad etc. Essas associações e outras constituíram uma vasta rede multinacional de *franchises*, com o mais amplo alcance, de modo horizontal, não centralizado, i.e., sob o comando de emires regionais, responsáveis pela *Jihad* contra os infiéis (tanto as forças ocidentais e os cristãos quanto os xiitas e outras seitas islâmicas não sunitas), conectando diversos grupos radicais dos movimentos islâmicos no Afeganistão, no Iraque, na Síria, no Sudão, na Somália, na Nigéria etc.[19]

O professor C. Snouck Hurgronje, da Universidade de Leiden (Holanda), previu, em 1916, que a fé na vinda do Imām al-Mahdī para regenerar o mundo era apta para gerar movimentos revolucionários, liderados por demagogos capazes, que poderiam se apresentar como o tal messias ou como alguém para preparar o terreno para sua chegada.[20]

E as agruras e vicissitudes econômicas, sociais e políticas — desemprego endêmico, crescente aumento do custo de vida, repressão etc. — estavam a reviver nos povos árabes um *substratum* inconsciente, uma herança arcaica, e a restauração do Grande Califado, similar ao Califado Rashidum, dos "quatro califas corretamente orientados", assumiu o contorno de utopia, que somente se podia alcançar mediante a *Jihad* e a implantação da *Shari'ah*.

Com efeito, na Ásia Central, no Oriente Médio e na África do Norte, as tensões sociais fermentavam; sob regimes autocráticos e em meio à estagnação econômica, o Islã político atraiu para a *Jihad* jovens desempregados, sem perspectiva de melhoria de vida, dando-lhes a esperança de chegar, por meio do martírio, ao Jardim/Paraíso (*al-Jannah*), prometido no *Qur'an* e nas *Hadiths*, onde poderiam casar com *houris* (companheiras), ter esposas renovadas como virgens e receber carnes e frutas servidas por mancebos.[21]

A partir dos anos 1980, a *Jihad* reacendeu-se e intensificou-se, muitas vezes, como "operação-martírio", na qual o terrorista se suicidava ao detonar a bomba levada junto ao seu próprio corpo, matando algumas dezenas de pessoas, ou milhares, como aconteceu em 11 de setembro de 2001, quando transformaram aviões de passageiros em mísseis, lançando-os sobre o WTC.[22] E a *ratio decidendi*, que levou os árabes à guerra santa, consistiu na crença de que a vida própria não podia ser tão valiosa como certos bens abstratos e gerais,[23] a serem desfrutados no Jardim de Allah. O oferecimento de recompensa, ainda que sob a forma de utopia sensual, orgíaca, aos que deviam sacrificar a própria vida refletiu o contexto histórico, em que os muçulmanos de Medina iam participar da *Jihad* contra os idólatras de Meca.

II

O Islã, conforme definiu Max Weber, era uma *"Kampfreligion"*, uma religião de luta, que nasceu em uma comunidade carismática de guerreiros, sob o comando de Muhammad, um "profeta guerreiro", e de seus companheiros.[24] Max Weber não estava errado na sua avaliação, apesar de certa simplificação, criticada por alguns acadêmicos como Ira M. Lapidus e Bryan S. Turner.[25] "Um profeta no século VII não podia tornar-se um verdadeiro líder espiritual de uma comunidade tribal sem exercer liderança política e, na Península Arábica, dominar o básico da montaria, da luta de espadas e da estratégia militar", ponderou o escritor paquistanês Tariq Ali.[26]

O movimento dos Crentes (*ummat al-um'minum*), dos que criam na unicidade de Deus a partir do qual o Islã abrolhou, não surgiu no deserto semítico da Arábia, povoado escassamente por pastores e agricultores, assentados em pequenas aldeias no entorno de oásis, com uma economia de subsistência, e por tribos de beduínos, cujo modo de produção consistia na pilhagem de caravanas que passavam do Egito e do Iêmen para Meca, onde comercializavam escravos, têxteis, joias, grãos, vinho e outros produtos. Em Meca foi que Muhammad ibn 'Abd Allah ibn 'Abd al-Muttalib ibn Hashim (570-632 d.C.), o Profeta, nasceu e deflagrou, no século VII, o movimento dos Crentes, com a pregação do *Qur'an*, apresentado como revelação divina. Ele era, como outros habitantes de Meca, mercador e caravaneiro e, como tal, guerreiro também, uma vez que tinha de enfrentar eventuais ataques de beduínos na travessia do deserto.

Meca não era um oásis. Era uma cidade de mercadores e um centro religioso, no oeste da Arábia, sob o controle da tribo Quraysh, à qual pertencia o clã Hashim, de Muhammad. Lá estava situada a Ka'aba, grande templo em forma de cubo negro, com 360 ídolos de pedra ou estátuas de divindades pré-islâmicas, entre as quais *Al-Lah* (Grande Deus). Era um santuário pagão e atraía anualmente milhares de peregrinos para os tradicionais festivais de comércio e cultura, em Okaz, mercado situado entre Meca e Taif, que duravam quatro meses, durante os quais os árabes se comprometiam a não usar armas nem iniciar guerras, a fim de garantir o ambiente de negócios. A lenda atribuía a edificação da Ka'aba a Abraão, patriarca do monoteísmo, e seu filho Ismael, havido de Hagar, antepassado mítico dos árabes.[27] E as peregrinações, que datavam de 500 anos antes de Cristo, robusteciam as atividades e os vínculos comerciais entre Meca e as demais regiões da Arábia, desde o Iêmen até Damasco, na Síria, à margem do Mediterrâneo.

Conquanto fosse uma cidade comercial, a mais desenvolvida da Arábia, Meca, no século VII, continuava regida pelas normas tribais, consuetudinárias, os poderes públicos e privados se confundiam e a classe dos comerciantes economicamente dominava. Havia, decerto, uma população flutuante, não tribal, refugiados e mercadores de outras partes, que para lá afluíam a fim de realizar negócios ou por quaisquer outros motivos. Entretanto, a divisão do trabalho ainda não atingira o ápice, não havia força pública, os clãs permaneciam intactos, com suas tradições totêmicas, e a organização social de Meca, como *Gentilverbände*,[28] seguia ordenada conforme os antigos costumes gentílicos — parentesco, sexo e idade —, em que os laços de consanguinidade, vínculos de família, proviam a solidariedade (*assabya*) e a segurança aos seus membros.

Meca era o que Patricia Crone chamou de *stateless society*, em que a resolução dos conflitos — o preço do sangue — era regulada e mitigada pela própria tribo, como entidade étnica-sociocultural, ou pelas relações intertribais,[29] tal qual entre os beduínos, criadores de camelos, cavalos e ovelhas, que migravam, de acordo com as estações, em busca de pastagem, e carregavam as próprias armas, pois não confiavam a outrem sua defesa. Era mais fácil excitá-los do que desarmá-los.[30] Porém, os habitantes de Meca, cuja riqueza provinha das operações de comércio, dependiam da cooperação com outras tribos, bem como de acordos com as comunidades nômades, os beduínos, livres, sem leis e instituições, sem controle político, que ameaçavam o tráfego das caravanas através do deserto.

Como escreveu o grande historiador Edward Gibbon, o serviço dos beduínos, no campo, era veloz e vigoroso, mas sua amizade era venal, sua fé inconstante, sua inimizade caprichosa.[31] Eram, igualmente, adictos ao roubo e ao comércio, e as caravanas que percorriam o deserto podiam ser por eles pilhadas ou resgatadas.[32] Assim, toda tribo, de um modo ou de outro, constituía virtualmente uma comunidade militar, ademais de realizar acordos com os beduínos e pagar peagem, como salvo-conduto, para as suas caravanas comerciais.[33] E as violentas disputas entre tribos e clãs, entre pastores e agricultores, pelas terras dos oásis, e/ou entre as forças dos Impérios Persa e Bizantino, em decadência, contribuíam, outrossim, para o espírito guerreiro dos árabes, quer vivessem como beduínos, nômades, pastores, quer como agricultores e mercadores sedentários. A mentalidade e o *ethos* dos habitantes de Meca, conquanto sedentários e dedicados ao comércio, não muito se distanciavam dos beduínos. Eram, coetaneamente, nômades e urbanos.

A Arábia, àquele tempo, estava circundada por dois impérios: Persa, sob a dinastia Sassânida (226-651 d.C.), e Bizantino, herdeiro do Império Romano do Oriente, ambos decadentes. Não havia fronteiras territoriais, étnicas, demográficas ou políticas isolando-a de outras partes do Oriente Médio. Ao sul da península, na *Arabia Felix*, o Iêmen, existiram alguns reinos, entre os quais Saba, Aksum e Himyar, que controlavam o Mar Vermelho e a costa do Golfo de Aden. Havia, outrossim, tribos cristãs (nazarenos), judaicas e pagãs.[34] E grande parte dessa região era habitada por beduínos, cujos clãs (*'ašā'ir*) e tribos estavam em frequentes contendas.

Até a primeira metade do século VII, os árabes eram politeístas, idólatras e grande parte da herança pagã greco-romana ainda subsistia, ademais de outras influências, inclusive o zoroastrismo, religião dominante no Império Persa. Como cidade comercial, para onde afluíam caravanas de todas as partes, inclusive da África do Norte, Meca também foi penetrada por muitas outras tendências religiosas, *maximé* monoteístas, através de grupos judaicos e cristãos. Ao que se sabe, os primeiros judeus chegaram à Arábia logo após a destruição do segundo templo em Jerusalém, em 70 d.C.[35] Porém, havia no Iêmen comunidades árabes que falavam hebraico, possivelmente descendentes de migrantes e refugiados da Palestina ou Babilônia.[36] E inscrições em tumbas com nomes judaicos, descobertas em 1956, indicaram a presença de comunidades hebraicas na província de Hijaz (parte da *Arabia Petræa*, antiga província romana), na costa do Mar Vermelho, no sexto século antes de Cristo.[37]

Meca, segundo Ira M. Lapidus, convertera-se em um dos mais complexos e heterogêneos lugares da Arábia.[38] Havia crescido além dos limites da tribo e dos clãs. O intercâmbio comercial com outras regiões e a presença de forasteiros de diversas convicções religiosas e sectárias, sem vínculos com as tribos e os clãs locais, modificaram as relações econômicas e produziram, como consequência, a estratificação social e a concentração da riqueza, favorecida pela circulação monetária do comércio, bem como discrepâncias inassimiláveis entre a situação individual e os imperativos da lealdade ao clã.[39] Conforme observou o historiador islâmico nascido na Tunísia Ibnin Khaldūn al-Ḥaḍrami (1332-1406), em sua famosa obra *Muqaddimah*, uma nação dominada pelos beduínos, controlando os desertos, encontrava-se em uma situação não diferente da anarquia.[40] Com efeito, Meca estava a perder sua identidade social e moral e a anarquia ameaçava o movimento comercial na Arábia.[41]

O professor Fred M. Donner expressou sua convicção de que o Islã começou como um movimento religioso — não como movimento social, político ou mesmo nacional —, que estava preocupado, em particular, com a salvação pessoal por meio da intensificação da fé e a restauração de um comportamento justo e virtuoso, para enfrentar o dia do julgamento (*yawm al-din*), no final dos tempos.[42] O caráter pietista e escatológico, que a mensagem do *Qur'an* apresentava, implicava, no entanto, um sentido político e social, com a condenação da arrogância, do hedonismo, do egoísmo, da usura, da riqueza e do abandono das virtudes tribais, em suma, a condenação do materialismo mercantil de Meca,[43] uma sociedade tocada pela influência imperial, mas sem a centralização do poder político[44] para manter e expandir, na Arábia, a ordem comercial, da qual sua riqueza dependia.

O monoteísmo, germinado provavelmente no Egito, durante o reinado do faraó Iknaton/Akhenaten (1336 ou 1334 a.C.), constituiu uma necessidade histórica no processo de estruturação da comunidade gentílica, mediante a centralização e concentração de um poder público, ou desagregação social e política. Segundo Max Weber, aparentemente, só essa organização religiosa, fundada na crença na unicidade de Deus, proveria sólidas bases para permanentes estruturas políticas e militares.[45] E tal foi a razão, *inter alia*, que decerto levou Constantino (307-337 d.C.) a legalizar e tornar o cristianismo religião oficial do Império Romano, legitimando o absolutismo do monarca,[46] ao acabar com a pluralidade dos deuses. Todos os povos deviam obediência a um só monarca, por *jus divinus*, e deviam cultuar a sua pessoa. Daí que, também na Arábia, o monoteísmo, infiltrado através de grupos judaicos e nazarenos, tornou-se, naquelas circunstâncias, a essência das pregações de Muhammad, cujo objetivo consistia, essencialmente, em congregar os árabes, até então fragmentados e politeístas, não mais pelos vínculos tribais de sangue, mas, sobretudo, pela religião, submetendo-os a um Deus único, onipotente, do qual, como o último Profeta, ele se tornara o mensageiro exotérico, o "liame vivo entre os homens e a divindade".[47]

As revelações do *Qur'an*, com valor normativo, ético, correspondiam a necessidades tanto comerciais quanto sociais e políticas, dado que não havia na Arábia lei comum nem autoridade maior do que a dos chefes de tribos, clãs e famílias. E tais necessidades se aguçaram, em face das contradições domésticas, em Meca, e contendas externas com os beduínos, senhores do deserto, e os habitantes de Yathrib (depois Medina — *Madīnat an-Nabī* — Cidade do Profeta). As atividades de comércio, das quais Meca configurava o principal centro, ao longo da Arábia, requeriam ordem e segurança e, por conseguinte, o estabelecimento de uma autoridade central que somente o monoteísmo, como ideologia político-religiosa, podia legitimar, conforme a consciência possível, no nível do desenvolvimento das forças produtivas àquela época.

Não se sabe quem escreveu as suratas do *Qur'an*. Muhammad provavelmente era iletrado, nunca havia sido instruído na arte de ler e escrever.[48] E os homens no seu entorno também, uma vez que beduínos e gente mais pobre e humilde.[49] Certamente, algumas pregações foram ditadas por ele a alguns dos seus discípulos e outras memorizadas e transmitidas oralmente, como, decerto, chegaram ao conhecimento de Muhammad as referências aos antigos profetas da *Torah* (já havia tradução do Pentateuco para o árabe)[50] e ao messias (*Masih*), Jesus, filho de Maria, dos Evangelhos, citadas no *Qur'an*.[51] O Islã reconheceu Moisés e Jesus como mensageiros de Deus, atribuindo, porém, a Muhammad a condição de último profeta.[52] Outro não mais apareceria, na escatologia islâmica, até a vinda do Imām al-Mahdī (que não é explicitada no *Qur'an*), para o *yawm al-din* (dia do Julgamento), ecoando as pregações da Igreja Ortodoxa Siríaca, estabelecida na Antióquia, supostamente, pelo apóstolo Pedro no ano 34 d.C.

Conforme descreveu Ibn bin Khaldūn, as leis e os preceitos religiosos do Islã enraizaram-se como crença, artigos de fé, que foram reproduzidos oralmente através das gerações.[53] E o Qur'an só foi completamente compilado após a morte do Profeta, posto que, enquanto vivesse, ele poderia fazer novas revelações. A autoria dos seus signos (versículos) foi atribuída ao próprio Deus (*Allah*), que os teria revelado a Muhammad por intermédio do anjo Gabriel, confiando-lhe a missão de restaurar o verdadeiro monoteísmo, o monoteísmo de Abraão, e a virtuosidade entre os árabes, com a previsão escatológica do Juízo Final, quando os "filhos das trevas" seriam chamados a prestar contas perante Allah. A ameaça do julgamento e do fogo, como punição de Deus (*Allah*), era fundamental para forçar o cumprimento das leis embutidas no *Qur'an*, oriundas, de fato, do sistema jurídico e ético do judaísmo, com algumas inovações.

Como Werner Sombart salientou, a lei para os judeus era a lei de Deus e a lei moral e as ordenações divinas eram inseparáveis.[54] A obediência às leis de Deus, segundo Thomas Hobbes, era a condição essencial para a salvação do homem, ante a perspectiva escatológica do Juízo Final; a interpretação das leis, porém, dependia da autoridade soberana, e a interpretação não podia ser outra senão aquela apontada por ela mesma, a autoridade soberana, à qual os súditos deviam obediência.[55] Esse o princípio do monoteísmo judaico, que tanto o cristianismo quanto o Islã, de um modo ou de outro, preservaram como aparelho ideológico dos sistemas de dominação.

O *Qur'an*, cuja versão oficial foi promulgada pelo califa 'Uthman (644-656 d. C.),[56] refletiu o espírito da época em que Muhammad viveu, uma época turbulenta, de desagregação, terror, conquistas e massacres, em que a paz, segundo Karen Armstrong, somente podia ser alcançada por meio da espada.[57] E Muhammad, de certo modo, desenvolveu a teologia da guerra justa, como algumas vezes necessária para preservar os valores morais e instituir uma sociedade mais equitativa. Porém, ao demandar, na condição de mensageiro de Deus, a reforma das normas gentílicas e o estabelecimento de um *ethos* social, ele ameaçou a estabilidade do tradicional estamento dominante, o poder dos ricos mercadores, cujas transações comerciais eram favorecidas e incrementadas pelas peregrinações que diversas tribos faziam para os rituais em torno da Ka'aba e no mercado de Okaz, em Taif.

As mudanças na estrutura social de Meca, decorrentes da prosperidade econômica que o monopólio comercial havia gerado, produziram, no correr dos séculos VI e VII, descontentamento e insatisfação em certas camadas da sociedade.[58] E as mensagens de Muhammad fomentaram as contradições intestinas e o surgimento, dentro de Meca, de outra comunidade, com base religiosa, a comunidade dos que criam na unicidade de Deus, reforçando a importância da individualidade, com normas éticas e ritos que transcendiam as dimensões dos clãs e das tribos, cujas características eram determinadas pelas condições materiais de produção e distribuição de bens nas quais viviam.

As mensagens de Muhammad contra a luxúria, a suntuosidade dos mercadores e a acumulação da riqueza, enquanto, do outro lado, a pobreza recrescia, ameaçaram o domínio da opulenta elite Quraysh, que custodiava a Ka'aba.[59] Na condição de Profeta, mensageiro de um Deus único, ele demandou a reforma das normas tribais, tanto de ética comercial e financeira, ao proibir a usura (*ribā*), considerada o quinto pecado mais grave, e a exploração dos mais necessitados, quanto de ética civil e de família (casamento, divórcio, herança etc.), favorecendo mais o *status* das mulheres, embora não estabelecesse a igualdade de direitos com os homens. "*The Quranic ideal and Muhammad's example were probably much more favorable to women than later Arab and Muslim practice*", observou o professor Ira M. Lapidus.[60]

A religião foi a forma sob a qual a ideologia política se expressou, entrelaçando o comportamento ético, os interesses econômico-comerciais e a estrutura social como um sistema de ideias a pautar a vida, em Meca e em toda a Arábia. E não tardou a reação dos idólatras, dos poderosos mercadores da tribo Quraysh e do clã Umayya, que havia sobrepujado o domínio do clã Hāshim, ao qual o Profeta pertencia. Os Crentes (muçulmanos, obedientes a Deus), convertidos à doutrina do *Qur'an*, foram perseguidos, presos, espancados, ameaçados de morte. Alguns fugiram para a Abissínia. E, com a morte de seu tio Abū Ṭālib ibn 'Abd al-Muṭṭalib (550-619), que o criara e era o chefe do clã Hāshim (da tribo Quraysh), e de sua rica esposa Kahdijah, ambos no mesmo ano de 619, Muhammad sentiu-se isolado e buscou apoio fora de Meca.

Yathrib (Medina) era uma pequena aldeia agrícola em torno de um oásis, cerca de 325 quilômetros distante de Meca. Os clãs politeístas — Aws e Kazraj —, que lá chegaram do Iêmen nos anos 400 d.C., após a destruição da represa de Ma'ārib, localizada 55 milhas ao nordeste de San'a, eram dominantes e entravam constantemente em litígio um com o outro. Entretanto, como agricultores, necessitavam de estabilidade no oásis onde estavam assentados. E em 620 um grupo de homens do clã Kazraj aceitou Muhammad como Profeta e, depois, juntamente com outros do clã Aws, convidaram-no para ser o árbitro (*hakam*) da contenda em Medina, onde celebraram o compromisso de al-'Qaba, mediante o qual prometeram obedecer-lhe e defendê-lo. Lá havia então dezenas de famílias e clãs judaicos, entre os quais os clãs Qaynuqa, Qurayza, Qaynuqa e Nadir, o que facilitou a simpatia e maior aceitação do monoteísmo.

A *hijra* (migração), a mudança de Muhammad com seus discípulos e companheiros, os Crentes (*muhajirun*), para Medina (622), marcou o advento do Islã, o começo da transição da Arábia do politeísmo para o monoteísmo, da sociedade regulada pelos costumes gentílicos para a sociedade em que Deus (Allah) era o soberano e o Profeta, seu mensageiro. Muhammad, com o poder carismático (*Charismatische Herrschaft*),[61] organizou a *Umma*, a comunidade dos Crentes, como um corpo autônomo, embrião de Estado, sem conotação étnica ou territorial. E o *Qur'an*, definindo suas normas econômicas, sociais e civis, configurou a constituição política na esfera religiosa.[62]

III

Edward Gibbon, como outros autores, escreveu que Muhammad era epiléptico, mas um gênio,[63] com poderoso carisma e enorme eloquência. E, epiléptico ou não, o fato foi que ele transformou a Arábia, sobre os escombros de dois impérios (Persa e Bizantino), e mudou a história mundial.[64] O professor Jean-Baptiste Duroselle ressaltou que a conjunção de circunstâncias favoráveis, de um povo combativo, com vigoroso sentimento de insuportabilidade, e um *"homme de génie visionaire"*, dotado de autoridade impiedosa e sem discussão, de uma ambição sem freio, com sentido de guerra e de organização, provocou em todas as épocas *"phénomènes fulgurantes et périssables"*.[65] Com efeito, não foi Muhammad que de fora para dentro se impôs à sociedade árabe, com o poder carismático, como Profeta, apóstolo de Deus. Ele foi produto de uma conjunção de circunstâncias, produto de uma sociedade na qual a política se expressava e se conduzia na esfera da religião, como ideologia, e cujas contradições e antagonismos econômicos e sociais criaram a necessidade de uma autoridade pública (*dawla*), não territorial, responsável por toda a *Umma*, como nação, não de caráter étnico, porém de caráter ideológico-religioso.

A *Umma* abrangeu, inicialmente, os judeus e cristãos, os "Povos do Livro" (Pentateuco), i.e., monoteístas, que criam nas primeiras revelações feitas pelos profetas bíblicos. Contudo, apesar da tolerância inicial com os não muçulmanos, seu primeiro biógrafo, no século VIII, Muḥammad ibn Isḥāq (c. 704-767 ou 768), contou que Muhammad, a fim de consolidar o domínio em Medina, ordenou a execução de cerca de 600 a 700 ou mesmo de 800 a 900 judeus, homens e mulheres, da tribo Qurayza, logo após derrotá-los em Trench, e seus bens foram distribuídos entre os muçulmanos.[66] Outrossim, quando esmagou os judeus da tribo Khaybar, ordenou a tortura de Kinana até que ele revelasse onde estava escondido o tesouro da comunidade.[67] Voltaire, na tragédia em cinco atos *Le fanatisme, ou Mahomet le prophète*, escrita em 1736 e estreada em 1741, retratou Muhammad como um fanático que formou seus primeiros sentimentos nos *"horreurs desde Deserts, cette Patrie errante au trouble abandonné"*.[68] Porém, embora Profeta, ponderou Hegel, Muhammad não se elevou acima da condição humana.[69] Não era filho de Deus.

O fanatismo de Muhammad refletiu as circunstâncias em que viveu, e a intolerância religiosa, por ele manifestada, não teve origem no Islã, mas no monoteísmo judaico, no *Deuteronômio*, de Moisés, que ordenava explicitamente eliminar, matar todos os que adorassem deuses distintos do Deus de Israel — *Elohïn/Adonai/Yahwe* — e praticassem ritos diferentes dos estabelecidos pelos sacerdotes.[70] O Deus dos judeus — chamado Allah pelos árabes — determinou, no *Deuteronômio*, que quem quer que cometesse a apostasia, fosse ele um profeta, seu próprio irmão ou filho, devia ser morto por lapidação.[71] E a *Jihad*, a guerra santa, não surgiu com o Islã. Constituiu também ensinamento do *Deuteronômio*: "Yahwe, teu Deus, colocará em tuas mãos [a cidade que recuse a paz e a ser tributária] e passarás ao fio da espada todos os varões. As mulheres, as crianças e o gado e quanto haja na cidade, tudo será teu butim (...)."[72] Esse mesmo mandamento, inspirado pelas Escrituras, encontra-se no *Qur'an*. E o judaísmo, segundo Max Weber, foi abertamente, e em particular, o modelo de predicação de Muhammad.[73]

Muhammad combateu implacavelmente os clãs judaicos que não o reconheceram como *rasul*, i.e., como Profeta, o apóstolo de Deus, seguindo a tradição hebraica, na linha de Abraão, Moisés e Noé, e que não aceitaram as normas e crenças instituídas nas revelações do *Qur'an*. E seu principal objetivo foi subjugar Meca e estender-lhe a nova ordem político-religiosa, da qual o infiel (*jahiliyya*), os idólatras, que não se submetiam a Deus, representavam o inimigo a derrotar. A conquista de Meca asseguraria o domínio da Arábia. E, desde 622, os *muhajirun*, reforçados por tribos de beduínos, iniciaram uma campanha de assaltos e pilhagem das caravanas que se dirigiam para Meca. Em 624, destruíram enorme caravana, com mais de 1.000 camelos e mercadorias no valor de 50.000 dinares,[74] por meio de uma emboscada no oásis de Badr, ao sudoeste de Medina. Essa vitória foi percebida como um sinal divino em favor de Muhammad, e levou diversas outras tribos de beduínos, que defendiam Meca, a abandoná-la e se tornar clientes, protegidas da *Umma*.[75]

Seis anos depois, em 630, o Profeta, triunfante em sucessivas batalhas, retornou à sua cidade natal, não como submisso, perdoado, mas empunhando a cimitarra, como senhor da guerra,[76] e destruiu os ídolos existentes na Ka'aba, disposto a implantar a monolatria, a adoração do Deus abstrato, que somente Abraão, Moisés e ele haviam conhecido. E assim tratou de ampliar a *Umma*, formando uma confederação de tribos e tribos clientes, protegidas, uma espécie de *"supertribe"*, conforme a definição do professor Bryan S. Turner,[77] em que todos os muçulmanos deveriam ser irmãos de todos os muçulmanos.[78] Era a norma da sociedade gentílica, que se ampliava e se perpetuava, alicerçada pelo Islã, mas nem sempre praticada entre os povos árabes.

Muhammad faleceu em 632. Não tinha filho homem vivo para sucedê-lo, por agnação, na chefia da linhagem, e não designou nenhum nome para comandar a *Umma* nem o modo de elegê-lo.[79] E, não obstante a oposição de alguns clãs, o mercador Abī Bakr (573-634), seu antigo companheiro (*sahabi*) e pai de Ayesha ('Ā'iša), a mais jovem esposa de Muhammad, foi eleito *Khalifat rasal Allah* (califa do Mensageiro de Deus). A ele caberia assumir a *dawla*, antes representada pelo Profeta com seu poder carismático, dirigir a *Umma*, constituída como Califado, uma forma particular de governo/Estado, não territorial, não nacional, que buscava a superação do tribalismo primevo (*jahilliya*), com a introdução do sentido de irmandade religiosa, na qual o pagamento do *zakat*, o tributo religioso, constituía o sinal de submissão ao Islã.

Legitimado com a canonização e rotinização do poder carismático do Profeta, mediante a *shahada* ("Não há deus, exceto Deus e Muhammad é seu Profeta"), o califa Abī Bakr, como *shaykh*, reteve o poder temporal e religioso, mas não o legislativo, porque Allah era o soberano e o código jurídico estava embutido nas revelações do *Qur'an* e na *Sunna/Hadith*, coleção de textos sobre o comportamento, as ações e as palavras de Muhammad. Estes, assim como os dogmas, os costumes, o consenso e as tradições, eram as fontes que fundamentavam a *Shari'ah* (*jus divinus*) e das quais os *ulamā'/muftis* (*schollars* religiosos, doutos), conformando uma hierocracia, faziam as interpretações casuísticas,

A SEGUNDA GUERRA FRIA

dentro de determinado contexto, e formulavam a jurisprudência (*fiqh*), a pautar as decisões dos califas e emires.

Entretanto, como acentuou Max Weber, o Islã, sob o manto religioso-ideológico, atendia, desde o início, aos interesses expansionistas dos árabes,[80] i.e., dos mercadores de Meca. E Abī Bakr e seus sucessores, os chamados "quatro califas corretamente guiados", do Califado Rashidun (632-661),[81] prosseguiram com a guerra de conquista, aproveitando a exaustão e o enfraquecimento dos impérios Bizantino e Sassânida, a fim de remodelar a civilização de acordo com o novo *ethos* e os interesses de uma economia mercantil. Em 634, com pouco mais de 13.000 combatentes, o Califado Rashidun, sediado em Medina, conquistou a fortaleza bizantina de Bosra, na Transjordânia (Palestina), em 635, Damasco e, um ano depois, na batalha de Yarmok, toda a Síria; em 637-638, os muçulmanos entraram em Jerusalém, em 639, conquistaram a Armênia e o Egito, ao mesmo tempo que capturavam a Mesopotâmia, a Pérsia e avançavam nas estepes da Ásia.[82]

Não obstante haverem do Islã emergido, em diferentes épocas de sua história, cerca de 72 seitas — entre as quais sufis, de tendência mística e ascética, alawis, ibadis, drusos, zaids, yazadis etc.[83] —, o maior cisma ocorreu com o grande levante — *al-Fitna al Kubra* —, a guerra civil, que durou cinco anos, desde a batalha de Siffin (657) até o assassinato de Ali.[84] O Califado Rashidun já então dispunha de 100.000 combatentes e se estendia da Arábia até o Egito, no Ocidente, e as montanhas do Irã, no Oriente. Mas os filhos de Ali, Hasan e Husayn, havidos de Fatima'h e netos de Muhammad, não conseguiram tomar o poder.

Um'awiya ibn Abi Sufyan, governador da província da Síria, instituiu o Califado Umayyad (661-750), transferiu a capital para Damasco, tornou a sucessão hereditária, dinástica, e dissociou a força armada das estruturas tribais, com a formação de um exército, composto de escravos comprados ou capturados em batalhas, de modo que obedecessem ao seu comando e não aos parentes.[85] A *Jihad*, como guerra santa, consolidou-se como o sexto pilar do Islã. E o Califado Umayyad, entre 647 e 709, ocupou o Magreb, i.e., toda a África do Norte, exceto Ceuta, as duas margens do Mediterrâneo, que deixou de ser o *Mare Nostrum* do

Império Romano, a Sicília e o sul da Itália. O Islã expandiu-se então à Península Ibérica (Al-Andalus), até o sul da França, através dos Pirineus, onde foram detidos pelas forças do príncipe Charles Martel (688-741), em Poitiers, na batalha de Tours, em 732.[86] Os sarracenos ainda levaram o Islã ao Cáucaso à Ásia Central, ao norte da Índia (Paquistão e Índia), estabelecendo um império de cerca de 15 milhões de quilômetros quadrados, no qual judeus e cristãos, os "Povos do Livro" (*ahl al-kitab*), podiam permanecer e conservar sua religião, mas somente se pagassem as taxas do Islã.

O Islã, porém, não se propagou apenas por meio da espada, com guerras de conquista. Também as correntes de comércio, através de caravanas e navios, promovidas pelos árabes, e missionários concorreram para a sua difusão. E, ao estender seu domínio, o Califado Umayyad absorveu o aparato administrativo e burocrático dos impérios Bizantino e Sassânida, toda a máquina de captação de tributos, tornou-se patrimonial e autoritário. E, segundo Ira M. Lapidus, a dinastia Umayyad somente pela força das armas conseguiu manter o Califado durante 90 anos, durante os quais impôs quatro décadas de paz,[87] conquanto tivesse de enfrentar inúmeras rebeliões de tribos xiitas, a revolta dos berberes (740-743) e outra guerra civil (680-692) antes de exaurir-se.

A terceira guerra civil, da qual os persas convertidos ao Islã (*mawali*) participaram, apoiando os rebeldes, ocorreu entre 744 e 750. Abu al-'Abbās al-Saffāh (722-754), pertencente ao clã Banu Hashim, da tribo Quraysh, e comandante das forças rebeldes, entrou em Kufa, ao sul do Iraque, após derrotar Marwan II, da dinastia Umayyad; ele capturou o poder e, posteriormente, transferiu a capital do Califado para Bagdá, tornando-a grande cidade, um centro metropolitano, estrategicamente situado na Mesopotâmia, entre o Tigre e o Eufrates.

A dinastia Abássida, assim como a dinastia Umayyad, não se apoiou nas milícias tribais. Continuou a formar o exército *mamlūk* — uma elite militar — com escravos de várias origens, em grande parte turcos e berberes, capturados ou comprados, dissociando a estrutura militar dos vínculos tribais, e consolidou seu domínio sobre os povos árabes e não árabes.[88] O Império Árabe transformou-se em Império Islâmico como um vasto espaço comercial-ideológico, um mosaico de etnias (árabes, persas, berberes kharjites, turcos *et alt.*), abrangendo desde a Arábia até a África do Norte e a Península Ibérica, o subcontinente da Índia, onde descendentes de Gengis Khan mantiveram, de 1526 a 1757, o Império Mogul, que se estendeu por 3,2 milhões de quilômetros quadrados, de Bengala, ao leste, ao Balquistão, província do Paquistão, no oeste, e a Kashimir e Kaveri, no norte, abrangendo cerca de 110 milhões de habitantes. O Islã, outrossim, entrou nas estepes da Tartária, fronteira da China, quando forças da dinastia Abássida derrotaram as do imperador Xuanzong, da dinastia Tang, na batalha de Talla (751), penetraram o Cáucaso, onde se estabeleceu o emirado de Tbilisi (*al-Tifiis*), na Geórgia. No século X, tribos búlgaras, assentadas entre os rios Volga e Kama, nos Urais, adotaram o Islã.

O árabe tornou-se a língua franca, falada em todas as regiões do Império Islâmico, que chegou ao apogeu durante o Califado Abássida: milhares de mesquitas (3.000 apenas em Bagdá) e escolas (*madrasas*) foram criadas; o califa Hārūn al-Rashīd, que reinou entre 786 e 809, fundou a Casa da Sabedoria (*Bayt al-Hikma*), onde as obras de muitos clássicos gregos, como Aristóteles, e romanos, bem como de outras civilizações, foram sistematicamente traduzidas e retransmitidas à Renascença Europeia via tradutores judeus, em Córdoba, durante a ocupação da Espanha pelos muçulmanos. A cultura árabe, ao atingir o ápice, com o desenvolvimento da medicina, da matemática e da álgebra (com a introdução dos "algarismos arábicos", na verdade, originários da Índia),[89] da astronomia, da tecnologia hidráulica e de outras ciências, fundiu-se com a cultura persa, sob a dinastia Abássida, facilitada pela transferência da capital do Califado de Damasco para Bagdá, na Mesopotâmia.

O Califado Abássida perdurou do ano 750 ao ano 1258, quando os mongóis destruíram Bagdá. Todavia, ainda que evoluísse para um modelo similar ao do Império Sassânida — monarquia absoluta e maior centralização da burocracia —, seu enfraquecimento já havia começado, entre os séculos VIII e X. No ano 756, Abd al-Rahman ibn Um'awiya (731-788), da dinastia Umayyad e que havia escapado dos abássidas com alguns familiares após a derrota de Damasco, tomou Sevilha e, apoiado pelos berberes e beduínos do Iêmen, assumiu, em 755, o emirado de Córdoba, fundado pelo califa Al-Walid I (711-750), na Península Ibérica, região de Al-Andalus.[90] O emirado de Córdoba, transformado em Califado (929-1031), deu à província de Al-Andalus, onde cristãos e judeus puderam conviver, formidável progresso econômico, com a construção de estradas, aquedutos e outras benfeitorias, assim como extraordinário avanço cultural, artístico e científico, o maior centro de civilização da Europa em plena Idade Média.

Contudo, a maior parte da população não aderiu ao Islã, apesar de que algumas comunidades se tornassem híbridas — moçárabes (*musta'rib*) — com a adoção do idioma e dos costumes árabes por cristãos e/ou do cristianismo por berberes, árabes e mouriscos. E, mesmo islamizadas e rodeadas pelos árabes, as comunidades cristãs em Al-Andalus mantiveram, na medida do possível, a língua latina-hispana, romanceada em virtude seguramente de sua identidade religiosa e da própria resistência nacional, segundo o professor Emílio González Ferrín, da Universidade de Sevilha.[91]

Após a derrubada do califa Hisham III (da dinastia Umayyad), em 1009, desencadeando uma guerra civil em Al-Andalus, o Califado de Córdoba, abolido em 1031, desintegrou-se, com o surgimento de dezenas de taifas — 39 emirados e pequenos reinos independentes, que preencheram o *vacuum* do poder e mantiveram o esplendor cultural, científico artístico — sob a regência de clãs e famílias berberes, árabes ou da Ásia Central.[92] Grande parte das taifas foi governada por eslavos oriundos da Europa.[93] Porém, carentes de organização militar, não tiveram condições de consolidar-se. E, quando o rei Afonso VI (1040-1109) tomou Toledo (1085), os almorávidas (*al-Murābiṭūn*),[94] tribo nômade de berberes, oriunda da Mauritânia e adepta do Islã ortodoxo, ascético, atravessaram o estreito de Gibraltar, sob o comando do emir Yusef ibn Tashfin, e conquistaram, violentamente,[95] metade da Península Ibérica. A ocupação efetiva do território foi efetuada com tropas procedentes do Magreb. E, depois de outro período de anarquia e guerra civil (*fitna*), o *shaykh* berbere Muhammad Ibn Abdallah ibn Tumart, da tribo berbere Hergha, integrante da confederação Masmuda, afigurou-se como El-

Mahdi e liderou os almôadas (*al-Muwahhidum*), um movimento para redimir o Islã e restabelecer sua pureza original, contrapondo-se à antropomorfia que estava a sofrer na Península Ibérica.

Os almôadas derrotaram e suplantaram os almorávidas no Magreb e na Península Ibérica, e Ab al-Um'min, ao suceder Ibn Tumart, assumiu o título de califa. O regime se manteve sob uma aliança militar de tribos berberes e árabes. Mas o domínio islâmico na Península Ibérica estava a decompor-se. E, em permanente guerra, os muçulmanos, sob ataques dos reis cristãos, foram derrotados em Lisboa (1147) pelo rei Afonso Henriques, com apoio das Cruzadas, no Algarve (*Al-Gharb*), na primeira metade do século XIII, e, finalmente, em Granada (1492), quando o emir Abu Abdallah Muhammad XII (c. 1460-c. 1533), conhecido como Boabdil, capitulou ante as forças dos reis Fernando de Aragão e Isabel de Leão e Castela.[96]

Entrementes, desde o ano 969, o ramo *Ismaili* (ismaelita) do Islã xiita — *Shī'atul'Alī* —, liderado por Abdullāh al-Mahdī Billah, berbere e originário da Tunísia, havia instalado em al-Qāhira (Cairo), Egito, o Califado Fatimida (*al-Fāṭimiyyūn*), abrangendo vasta área do Magreb (Marrocos, Argélia, Tunísia e Líbia). Esse Califado, cujo exército também foi composto de *mamālīk* (escravos soldados), estendeu-se do Sudão a Palestina, Sicília, Levante e Hijaz, do Mar Vermelho até o Oceano Atlântico, através do Mediterrâneo, e durou de 909 até 1171. Quando morreu o último califa fatimida, Al-Adid (1149-1171), Salah ad-Din al-Ayyub (Saladin), de origem curda, assumiu o sultanato do Egito e da Síria, realinhou-o com o Califado Abássida e reforçou o sunismo, mediante a criação de centenas de *madrasas* para o ensino do *Qur'an* e da *Sunna*. A dinastia Ayyubi dominou o Oriente Médio durante os séculos XII e XIII, período em que se intensificou a guerra santa dos cristãos, com o envio de outras Cruzadas ao Oriente Médio.

Em 1250, após a morte do sultão as-Salih Ayyub (1240-1249), seu filho, al-Malik al-Din Turanshah, foi assassinado pelos seus guardas (*Bahris*) e a elite militar, formada por escravos originários de tribos turcas da Ásia Central (Kipchak/Kuman), circassianos (Adyghe), do Cáucaso, e georgianos, implantou a Dinastia Mamluk (*Memlük Sul-*

tanlığı), que resistiu aos ataques das Cruzadas e dos mongóis e perdurou até 1517. À mesma época, em 1258, os mongóis, sob o comando de Hulagu Khan, invadiram e saquearam Bagdá, onde queimaram as bibliotecas e mataram milhares de pessoas, inclusive mulheres e crianças, o califa Al-Musta'sim Billah e toda a sua família. O Califado Abássida, já enfraquecido com a perda do Califado de Córdoba, Magreb e Ifriqiya (área entre a Tunísia, Tripolitânia, no ocidente da Líbia, e o leste da Argélia), desapareceu. Apenas um príncipe abássida, Abu Abd Allah, com o título honorífico de Al-Mustansir, conseguiu escapar para o Cairo, onde manteve simbolicamente o Califado, sem qualquer poder, sob a proteção da dinastia Mamluk, que passara a dominar o Egito a partir de 1261.

O Califado Abássida desintegrou-se em várias províncias autônomas, sem um governo central, e os mongóis trataram de reconstruir Bagdá, com a mais completa liberdade religiosa em toda a Mesopotâmia. Muitos se converteram ao Islã, como ocorrera em Khurasan, nordeste do Irã, onde também se mesclaram com tribos persas e turcos saljuks, nômades, oriundos da Ásia Central, que haviam instituído o Sultanato de Rûm (1077-1307), na Anatólia, região do Império Bizantino, entre o Mar Negro, o Mediterrâneo e o Mar Egeu.[97]

IV

Por volta de 1299, Osman I/Othman I (1258-1326), à frente de tribos turcas assentadas na Anatólia, apartou-se do Sultanato de Rûm (*Saljūqiyān-e Rūm*), que se desmembrou em pequenos emirados (*beyliks*). Seu esforço, desde o início, visou a subjugar os guerreiros nômades, beduínos, submetendo-os a assentamentos organizados e sedentários. Assim começou a erguer o Império Otomano, um sultanato patrimonial, com o aparato burocrático herdado do Império Bizantino, e consolidou-o, quando, após vários cercos, o sultão Mehmed II (1431-1481), em 1453, conquistou finalmente Constantinopla (Bizâncio), onde celebrou o triunfo, na catedral Hagia Sophia, cantando, com um *imman*, a *shahada*: "Não há deus, exceto Deus, e Muhammad é seu Profeta."

A SEGUNDA GUERRA FRIA

Ao atravessarem o estreito de Galípoli (Ampulia), no Mar Adriático, e entrarem no sul da Itália, os otomanos abriram as portas para a penetração de outras tribos turcas, que avançaram sobre os Bálcãs e ocuparam o norte da Grécia, Albânia, Sérvia, Bósnia, Croácia, Herzegovina, Bulgária e, expandindo-se ao longo da bacia do Danúbio, alcançaram a Europa Central e ocuparam a Hungria. Foram, porém, contidas e derrotadas, às portas de Viena, pelas forças do arquiduque da Áustria, Leopold I Habsburg (1640-1705), imperador do Sacro Império Romano-Germânico, comandadas pelo general Raimondo Graf Montecúccoli (1609-1680), na batalha de São Gotardo, em 1664.

O Império Otomano constituía então uma vasta e poderosa estrutura militar, centralizada e burocraticamente organizada, com capacidade de impor e arrecadar impostos e taxas em toda a extensão do seu domínio.[98] E, ao visitar a Turquia, a Grécia e outros países do Império Otomano, Lord Byron, em 1815, observou que, com coragem, temperamento, força e capacidade individual de usar armas, *"every Mussulman is born a soldier"*.[99] Era um *ghāzi*, o guerreiro que lutava pela fé em Allah, era o espírito da *Jihad*, alimentado pela aspiração de difundir o Islã.[100] Cerca de cem anos depois, durante a guerra de 1914-1918, o capitão Thomas E. Lawrence, celebrizado como Lawrence da Arábia, comentou também que *"the sword had been the virtue of the children of Othman"*, porém ponderou que as espadas, naquele tempo, já haviam passado de moda em favor de armamentos mais mortais e científicos.[101]

Com efeito, as mutações tecnológicas e na composição orgânica do capital possibilitaram o advento da indústria pesada e a supremacia dos Estados nacionais europeus como potências industriais — sobretudo Grã-Bretanha, França e Alemanha — e a expansão da economia capitalista, mediante o anabolismo das economias naturais, não capitalistas e pré-capitalistas. E o derruimento do Império Otomano, estancado e, virtualmente, debilitado desde a derrota na Áustria, acelerou-se a partir da eliminação do khanato da Crimeia (1783) e prosseguiu, durante o século XIX, com a independência dos países dos Bálcãs, assegurada pelo Império Russo (Tratado de Santo Stefano — 1877), a perda da Bulgária

(1878) e a ocupação do Egito pela Grã-Bretanha (1882), para defender seus interesses no Canal de Suez.

Um mosaico de inúmeras etnias, nações, e abrangendo grandes comunidades cristãs e judaicas, o Império Otomano, falido, a depender cada vez mais dos bancos estrangeiros, afigurava o *Sick Man of Europe* — expressão atribuída ao czar Nicolai I, da Rússia. Era um império decrépito, moribundo.[102] E não mais tinha condições de resistir, internamente, às revoltas nacionalistas, ao crescente poder militar da Europa e à penetração de suas mercadorias e capitais, sobretudo da Alemanha, da França, da Grã-Bretanha, que, desde os fins do século XIX, Turquia, Egito, Argélia, Tunísia e Marrocos começaram a receber.

Quando eclodiu a guerra mundial de 1914-1918, apenas a Turquia, que assinara um tratado de aliança com a Alemanha, e o Irã constituíam, no Oriente Médio, comunidades nacionais relativamente estáveis, com suas próprias idiossincrasias, psicologia social, idioma e cultura. A Turquia, porém, encontrava-se em processo de mudança, atrelada, desde o fim do século XIX, à economia capitalista por investimentos franceses e alemães, associados ao Banco Otomano na construção da ferrovia Anatólia, Haichar-Pacha-Ismid, e outros empreendimentos na Turquia asiática. E, em 1908, os Jovens Turcos — oficiais do 3º Corpo do Exército, na Macedônia — já se haviam revoltado contra o sultão Abdul Hamid II, marchado contra Constantinopla e, unindo muçulmanos e cristãos, restaurado a Constituição. Por sua vez, o Irã, cujos costumes, tradições e a língua da Pérsia (farsi) o xá Ismail I (1500-1525), da dinastia Safávida, havia restaurado, convertendo a população ao ramo Shi'a (xiita) do Islã, estava dividido em zonas de influência do Império Britânico e do Império Russo desde a revolução de 1905-1909. E o Egito, conquanto se tornasse colônia da Grã-Bretanha, que destruiu sua economia agrária, preservara a própria identidade histórica, mantida sob o domínio da dinastia *mamlūk*.

O Islã, ao incorporar à *Umma* as mais variadas etnias, nações e diversas culturas e religiões, sofreu profundas influências e variadas transformações, a refletir as condições históricas locais em todas as regiões geográficas sobre as quais se difundiu. Todavia, os árabes, conquanto conformassem, sobre um território contínuo, uma comunidade étnica, uma nação, com o mesmo idioma, o sagrado idioma do *Qur'an*, ao qual nunca renunciaram, e a mesma cultura e religião, não superaram a dispersão e a descentralização, características da economia natural e pré-capitalista, como acontecera na Europa.

Os Califados Rashidun, Ummayad, Abássida e Córdoba construíram imenso espaço econômico, favoreceram a circulação de mercadorias e a expansão do capital mercantil, que inicialmente se concentrava em Meca. O comércio muçulmano através do Saara e do Sahel (na África Ocidental, negra) permitiu assim que a Europa se aprovisionasse do ouro e passasse a usá-lo para cunhar moedas, tais como as que haviam começado a circular, na Península Ibérica e na Itália, como os *maravedís* e os *marabottini*, cunhados pelos Almorávidas (*Al-Murâbitûn*); unificou pesos, medidas e valores de moedas, assim como os investimentos de capitais comerciais e outros, originários de regiões antes controladas ou pelo Império Bizantino (o Egito, a Palestina, a Síria e partes do Magreb) ou pelo Império Sassânida, que abrangia a Pérsia e toda a Mesopotâmia. As rotas abertas pelos árabes criaram gigantesca rede integrada de comércio, que se estendeu da Ásia à África do Leste e à África do Norte, e da África do Norte à Península Ibérica — Catalunha, Espanha, Portugal —, adunando espaços de consumo, i.e., vinculando grandes espaços urbanos mais antigos (Damasco e Alexandria) e grandes cidades como o Cairo e Bagdá, na época, uma das maiores cidades do mundo, equivalente a Constantinopla.

Os califados, porém, não consolidaram nenhuma estrutura estatal centralizada e unitária que se perpetuasse, não obstante o monoteísmo islâmico e o alto grau de concentração de poder que alguns tiveram, como o Abássida, durante o qual o califa Hārūn al-Rashīd (786-809) criou vasto serviço de correio oficial, com uma rede de hospedarias nas quais os portadores de mensagens chegavam e encontravam cavalos selados e novos homens descansados, prontos para levar rapidamente as mensagens à etapa seguinte, até alcançar os confins do império. As condições materiais do modo de produção e distribuição dos bens de consumo, geradas por fatores geográficos e históricos, *inter alia*, produziram profundas diferenças econômicas, sociais, políticas e culturais, comparadas com as que existiram na Europa sob a Cristandade, quando a Igreja católica ativamente obstruía os avanços científicos. E várias causas, entre as quais o uso dado aos capitais acumulados e os meios de vida dos beduínos e pastores, contribuíram para bloquear a transição da economia mercantil para a economia industrial. Somente algumas iniciativas capitalistas incipientes ocorreram, em começo do século XIX, na Turquia, no Irã e no Egito, onde o sultão Mehmet Ali (1805-1849) fomentara a instalação de pequenos empreendimentos estatais. Apesar da diversidade de interpretação e aplicação, os rígidos cânones do Islã constituíram outros fatores que, em maior ou menor grau, concorreram para inibir, no Oriente Médio, o desenvolvimento da produção industrial, a começar pelo ramo têxtil, que realmente impulsionara o desenvolvimento do capitalismo industrial na Inglaterra, onde a fiandeira, o tear mecânico e a máquina a vapor constituíram a alavanca que revolucionou toda a economia manufatureira[103] e propiciou o surto da indústria pesada, o setor de bens de capital, responsável pela autossustentação e autotransformação do capitalismo.

A ética e a mentalidade dos muçulmanos, alicerçadas na *Sunna*, *Hadiths* e no *Qur'an*, eram refratárias à introdução de novas técnicas, rejeitavam a *bid'ah* (inovação) e condenavam práticas não consequentes com os tempos de Muhammad. E tais fatores, conjugados com a topografia, o clima, a escassa concentração urbana — carência de uma estrutura demográfica capaz de gerar novas demandas e estimular a acumulação de capital, mediante grandes vendas lucrativas —, a misoginia, os tabus, os preconceitos contra a nudez e o consumo de vários produtos da modernidade, *inter alia*, não propiciaram as condições para que o capitalismo industrial se desenvolvesse. Mesmo os camponeses sedentários, como os pastores e beduínos, tinham de tecer as próprias roupas a fim de atender às suas necessidades. E da Síria e da Mesopotâmia, o Crescente Fértil, e, ao longo da Península Árabe, do Hijaz (região de Meca e Medina) até o Iêmen (*Arabia Felix*), as comunidades — pastoris e agrárias, sedentárias, nômades ou seminômades — não ultrapassaram o estágio do artesanato, da economia de subsistência, com pequena produção destinada ao mer-

A SEGUNDA GUERRA FRIA

cado, ou baseada no suprimento de camelos e de cereais. Conquanto pudessem acumular um patrimônio-móvel, i.e., um patrimônio-dinheiro, mediante os lucros do comércio, as comunidades árabes, por serem nômades ou mesmo sedentárias, não tiveram condições de transformá-lo em patrimônio industrial, como força de produção capitalista.

Com exceção do Iêmen, a região mais fértil e úmida da Península Árabe, as condições geofísicas do Oriente Médio, coberto por desertos — imensas extensões de areia e rochas, com um total de cerca de 2,3 milhões de quilômetros quadrados, a *Arabia Deserta* —, não favoreceram o florescimento das forças capitalistas de produção, antes contribuíram para a permanência da tradicional mentalidade do Islã e o ainda mais acentuado conservadorismo, o fanatismo religioso e a pobreza nas comunidades agrárias e pastoris, quase totalmente isoladas do resto do mundo antes de 1920. Era uma situação similar à do norte da África, onde o Saara se estendia por 9,1 milhões de quilômetros quadrados.

V

Com a derrota do Império Otomano, assim como dos Impérios Germânico e Austro-Húngaro, na guerra mundial de 1914-1918, Grã-Bretanha e França, as potências imperiais triunfantes, decidiram dividir o Oriente Médio em vários novos Estados, apropriados aos fins da produção capitalista e à implantação de economia de livre mercado, incorporando-os ao esquema da divisão internacional do trabalho. Era um imenso território, com zonas de economia natural, não capitalistas e pré-capitalistas, que se abria e possibilitava, ao descerrar novos mercados para a ampliação do círculo de consumo, o incremento da produção e a acumulação do capital. E, como observou o economista inglês John A. Hobson, a exploração de partes do mundo através da pilhagem militar, do comércio desigual e do trabalho forçado constituía a *"great indispensable condition"* para o crescimento do capitalismo europeu.[104] A exportação de capital para as regiões atrasadas, de economia natural ou pré-capitalista, era condição essencial e necessária à expansão imperialista das potências industriais da Europa.

Os árabes, principalmente os beduínos, tinham má opinião dos turcos, do Império Otomano, percebido como tirânico, brutal.[105] A rejeição ao domínio, à opressão e à exploração de um Estado estrangeiro, como a Turquia afigurava, foi o que, principalmente, compeliu os árabes a se insurgirem durante a guerra mundial de 1914-1918. O capitão Thomas E. Lawrence, oficial do Military Intelligence (MI5), conseguiu levantá-los contra o domínio do Império Otomano, aliado à Alemanha e ao Império Austro-Húngaro, com a perspectiva de que eles teriam direito a formar um Estado territorial independente, étnico-linguístico, sobre o território que tradicionalmente ocupavam no Oriente Médio.

Contudo, não obstante a promessa "definida e clara" da Grã-Bretanha, os árabes não obtiveram a independência e a autodeterminação pela qual se sublevaram e se bateram contra as forças do Império Otomano. Era impossível conciliar o emergente nacionalismo árabe e o imperialismo britânico, como o capitão Lawrence inutilmente tentara fazer.[106] Aos árabes, carentes de unidade, de sentido de comunhão de destino, devido às rivalidades religiosas, sectárias, e às idiossincrasias de tribos e de clãs, faltou força política e militar para consecução de seu objetivo de independência. E Grã-Bretanha e França esquartejaram o Império Otomano apodrecido conforme seus interesses imperiais, econômicos, geopolíticos e estratégicos. E o grande *sharif, sayyd* Hussein ibn Ali, descendente do Profeta, governador de Hijaz e guardião das duas mais sagradas mesquitas — Al-Masjid al-Haram (Meca) e Al-Masjid al-Nabawi (Medina) —, não logrou criar o reino árabe unido, como lhe fora prometido pela Grã-Bretanha.

A França, na retalhadura do Império Otomano, assenhoreou-se, sob seu mandato, da Síria e do Líbano. E, de modo a apaziguar os árabes, a Grã-Bretanha entregou a Mesopotâmia, desde então denominada Iraque, a um dos filhos do *sharif* Hussein ibn Ali, o *sharif* Faisal bin Hussein bin Ali al-Hashimi, expulso de Damasco pelas forças da França, que abortaram a criação da Grande Síria — *Bilad ash-Sham* —, da margem oriental do Mediterrâneo ao Levante, oeste do Eufrates, norte do Deserto Arábico e sul das montanhas Taurus, entre o sul da Turquia e as terras altas da Anatólia. Ao outro filho do *sharif* Hussein ibn Ali,

Abdullah, coube o Emirado da Transjordânia, estabelecido em 1921, sob o protetorado da Grã-Bretanha, e transformado em reino da Jordânia após a Segunda Guerra Mundial. A Itália, na partição, recebeu o sudoeste da Anatólia; a Grécia ocupou a Trácia, Izmir e as ilhas do Mar Egeu; a Armênia tornou-se Estado; o Curdistão, uma província autônoma; e a Grã-Bretanha e a França mantiveram o controle sobre Istambul (Constantinopla) e os estreitos de Bósforo e Dardanelos, de fundamental importância estratégica para a conexão do Mar de Mármara com o Mar Negro, de um lado, e o Mar Egeu, braço do Mediterrâneo, do outro.[107]

Entrementes, o *sharif* Hussein ibn Ali continuou como rei de Hijaz, mas, em 1925, foi derrotado pelo sultão de Nadj, Abd al-Aziz (1876-1953), chefe da pequena tribo Sa'udi, que unificou as tribos da Arábia central e oriental e fundou posteriormente a Arábia Saudita, não como Califado, porém como regime monárquico absolutista, submetido à *Shari'ah* e às diretrizes conservadoras e reacionárias da seita Wahhabi. E, segundo registrou o explorador e escritor inglês Charles Montagu Doughty (1943-1926), que percorreu a *Arabia Deserta*, o Hijaz, na segunda metade do século XIX, embora as tendas dos beduínos continuassem um santuário, como no tempo de Ismael, suas almas se tornaram *"canker-weed beds"* do fanatismo com que a doutrina Wahhabi havia acidado o coração dos nômades e corrompido as anciãs tradições do deserto.[108] A Arábia Saudita somente se consolidou, sob a proteção dos Estados Unidos, devido às ricas jazidas de petróleo lá descobertas no início dos anos 1930, de vital valor estratégico.

O modelo das relações dos Estados Unidos com a Arábia Saudita foi sempre na base de dinheiro e armas para a família real em troca de concessões de petróleo e bases militares para os americanos. E a *joint venture* Arabian-American Oil Co. (ARAMCO), formada pelas companhias petrolíferas Socal e Texaco, tornou-se o canal dos rendimentos para a família real. Contudo, as forças oposicionistas, subterrâneas no mundo islâmico, na Arábia Saudita, onde o povo estava impregnado pelo fundamentalismo, nunca aceitaram a aliança da monarquia com os Estados Unidos, principalmente por considerar que a permanência das tropas americanas no seu território contaminava os lugares sagrados, constituía um sacrilégio, percebido como ofensa a todo o mundo islâmico.[109]

Se bem que a monarquia Saudi, com a receita do petróleo, subsidiasse serviços públicos e concedesse alguns privilégios, como o pagamento de impostos, em 2011-2012, o fato é que 40% da população vivia na pobreza e no mínimo 60% não ganhava o suficiente para sustentar a família.[110] E o *gap* entre as revelações do *Qur'an* e a religião praticada na Arábia Saudita já estava a afetar a credibilidade do estamento religioso, alimentando o sentimento de revolta, com os jovens a atacar o governo por ser leal aos Estados Unidos e não ao Islã.[111]

A Arábia Saudita não estava imune à desestabilização, porém, como o Qatar e demais emirados, continuou a financiar, sorrateiramente, o fundamentalismo islâmico em outros países, com a perspectiva de instituir, sob sua égide, o Grande Califado. A moldura política dentro da qual durante séculos viveram os árabes espedaçou-se. Os novos Estados — Síria, Iraque, Jordânia etc. — foram criados com linhas artificialmente traçadas, em diagonal, sobre as areias e rochas dos desertos, da costa do Mediterrâneo às montanhas, na fronteira da Pérsia, conforme os entendimentos secretos Sykes-Picot, firmados em 1916, ao estabelecer os esquemas de exploração colonial.[112] Nenhum desses países possuía prévia unidade e estrutura estatal e a marca do nomadismo, afetando profundamente a disciplina social, persistia, em maior ou em menor grau, em toda a região, à qual a instabilidade era imanente e na qual as forças centrífugas sempre tenderam a prevalecer,[113] juntamente com o atraso das normas jurídicas remanescentes da ordem gentílica e o *ethos* do Islã.[114]

A região da Síria, conquanto conservasse sua identidade histórica siríaca e possuísse antigas e prósperas cidades, como Damasco, Alepo, Homs e Hama, com pequenas manufaturas de algodão, lã e brocados de seda, congregava uma população heterogênea, etnicamente mista — árabes, armênios, turcos, curdos, judeus, aramaicos *et alt.* —, de diversas seitas e religiões, tais como cristãos e muçulmanos sunitas, xiitas, alawitas, drusos e ismaelitas. Era coberta por um deserto de aproximadamente 520.000 quilômetros quadrados, habitado por beduínos, *maximé* nas montanhas de an-Nusayriyah, onde estavam assentadas as tribos alawitas. E, segundo o capitão T. E. Lawrence, se a Síria, um *"vivid"* mosaico racial e religioso, *"was by nature a vassal country, it was also by habit a country of tireless agitation and incessant revolt"*.[115] De fato, enquanto durou seu mandato, a França sempre teve de enfrentar a resistência da Síria, de onde só retirou as tropas em 1946, sob pressão dos nacionalistas sírios e da Grã-Bretanha. E, mesmo após a independência, as revoltas e os golpes de Estado não cessaram até o início dos anos 1960, quando o Partido Ba'ath Socialista Árabe assumiu o poder.

O Iraque, outrossim, se constituiu, mediante a reunião de três províncias — Mosul, Bagdá e Basra — e diversas etnias, com raízes na Assíria e na Babilônia, divididas em seitas — xiitas, sunitas, drusos, cristãos nestorianos e monofisistas, católicos romanos etc. — e uma população tribal da ordem de 75% do total, sem qualquer prévia tradição de disciplina e obediência a qualquer governo, embora antes estivessem sujeitas às autoridades do Império Otomano.[116] Esta a característica dos povos com que a Grã-Bretanha e a França criaram os novos Estados ao redesenhar o Oriente Médio, após a dissolução do Império Otomano, já integrado à economia mundial capitalista, desde o tratado comercial com a Grã-Bretanha, de 1838 (Tratado Balta Liman), que proscreveu os monopólios e reduziu as tarifas aduaneiras relativas ao sal, ao tabaco, aos direitos de pesca etc. ao longo do seu domínio.

Embora a Arábia Saudita, em cujo território as cidades sagradas — Meca e Medina — se localizavam, e os emirados do Golfo Pérsico conservassem relativa autonomia política, a Turquia foi o único país que emergiu do fracionamento do Império Otomano como Estado nacional, um projeto político, cimentado pelo caráter étnico-linguístico e uma comunhão de destino. Desde o século XIX, com o esmagamento da revolta dos janissários (*ghazis* — guerreiros do Islã), uma casta militar criada em 1383 pelo sultão Mahmud II (1789-1839), e o enfraquecimento dos *ulamas*, a burguesia turca e a elite burocrática, despojadas das possessões europeias, começaram a aspirar à formação de um Estado com identidade nacional, diferenciada da identidade religiosa otomana e apartada dos árabes, sentimento expressado com maior nitidez pelo Exército, cuja reorganização a missão militar da Alemanha começara a promover em 1913.[117] Os investimentos ingleses, franceses e, *máxime*, alemães, na Turquia asiática, financiando grandes empreendimentos ferroviários, portos e obras hidráulicas, adensaram essa tendência e criaram uma rede progressiva de interesses no processo de acumulação de capital.

VI

Com a derrota do Império Otomano, o general Mustafa Kemal Atatürk (1881-1938) teve, entretanto, condições de mobilizar as massas turcas, organizando o movimento em Defesa dos Direitos da Anatólia e da Rumélia[118] (região que compreendia a Bósnia e outros países dos Bálcãs), desdobrou a guerra contra os Aliados, em prol da libertação da Turquia (1919-1923), e convocou a Grande Assembleia Nacional de Ankara (1920), quando instituiu, no território da Anatólia, com a capital em Ankara, um regime secular, separando o Estado turco do Islã e abolindo o sultanato e o Califado (1924).

A independência da Turquia foi reconhecida pelos Aliados com o Tratado de Lausanne, celebrado em 24 de julho de 1923, e o general Atatürk assumiu a presidência vitalícia da república, proclamada cerca de três meses depois, em 29 de outubro. A Turquia, ainda que fosse um país predominantemente agrícola, acompanhou a tendência das nações europeias, onde a criação de Estados unitários, politicamente fortes, resultara de uma necessidade gerada pela preeminência do capital financeiro, para a garantia de seus investimentos e a disputa no mercado mundial.

Entrementes, o Supremo Conselho dos Aliados, ao desmembrar a Síria e a Mesopotâmia do Império Otomano, na Conferência de San Remo (24/4/1920), endossou a Declaração de Balfour, a fim de facilitar a imigração dos judeus e o estabelecimento do seu lar nacional na Palestina, onde a maioria esmagadora da população, cerca de 568.000, era árabe, contra 74.000 cristãos e apenas 58.000 judeus.[119] Os árabes habitavam a Palestina desde o século VII a.C., havia mais de 1.200 anos. E, como profundo conhecedor da região, Lawrence da Arábia, advertindo o coronel Sir Gilbert Clayton, diretor do Military Intelligence (MI5), da Grã-Bretanha, no Egito, previu a deflagração de um conflito sem fim na Palestina, uma vez que os camponeses árabes não se dispunham a ceder suas terras aos colonos judeus,[120] e assim se estava a criar uma situação em que *"the Jewish infuence in European finance might not be sufficient to deter the Arabs from refusing to quit — or worse!"*.[121]

Os Estados emergentes no Oriente Médio dos acertos imperiais da Grã-Bretanha e da França (os Estados Unidos não participaram, pois o presidente Woodrow Wilson defendia o princípio de autodeterminação dos povos para dividir a Europa e outras regiões) inseriram-se na divisão internacional do trabalho como exportadores de *commodities*, especialmente petróleo, algodão, arroz, trigo etc., e importadores de produtos manufaturados. Mas não apresentavam condições intrínsecas de estabilidade. Os regimes no Iraque, no Egito, na Líbia e no Iêmen eram constructos geopolíticos da Grã-Bretanha e da França e, mais cedo ou mais tarde, seriam derrubados. Faltava-lhes legitimidade, consistência nacional, devido, em larga medida, à identificação com o domínio estrangeiro, de caráter colonial e imperialista. Em constantes convulsões, golpes militares e sublevações populares foram derrubados, em meio à crescente internacionalização da economia capitalista, que assimilava — desintegrando/preservando — as formações sociais não capitalistas existentes no Oriente Médio, um metabolismo necessário ao processo de reprodução/acumulação do capital, ao mesmo tempo que as contradições políticas internas se entrelaçavam e refletiam o grande jogo dos interesses imperiais dos Estados Unidos, da Grã-Bretanha e da França contra a União Soviética, que emergia como grande potência no cenário internacional.

A proclamação da independência do Estado de Israel, em 14 de maio de 1948 (Nakba), após uma sequência de atentados terroristas contra as forças da Grã-Bretanha promovidos pela organização Irgun Zva'i Le'umi (abbr. Etzel), inflamou ainda mais as contradições no Oriente Médio. Os árabes se revoltaram contra a partição da Palestina. E Egito, Síria, Líbano, Jordânia, Arábia Saudita e Irã atacaram Israel. E foram virtualmente derrotados. A guerra terminou com um armistício, em fevereiro de 1949. Mas as tropas de Israel, furiosamente, já haviam massacrado e destruído, com fogo e dinamite, as vilas e os campos de plantação dos palestinos.[122] E, a executar uma *ethnic cleansing*, Israel expulsou das áreas que principiara a ocupar em 1967 cerca de 750.000 palestinos (de uma população de 900.000).[123] Israel apropriou-se então de cerca de 50% a mais do que o território que originalmente lhe destinara o U.N. Partition Plan, i.e., expandiu seu território de 56% para 78% do total da Palestina, e da maioria árabe, que até então compunha dois terços de sua população.[124]

Essa não era, entretanto, toda a região da Terra Prometida (*ha-Aretz ha-Muvtachat*) por Deus a Abraão, a qual incluía toda a Palestina, a Cisjordânia, a Jordânia ocidental, o sul da Síria e o sul do Líbano. Faltava-lhe conquistar a Judeia e Samaria, a Banda Ocidental e, sobretudo, Jerusalém, de fundamental significação histórica e religiosa. E Ben-Gurion, continuando a instigar a limpeza (*tihur*) étnica, de modo a despovoar e reduzir a menos de 20% o número de árabes em Israel, avançou o projeto de assentamentos de imigrantes da Europa e da Ásia nas terras confiscadas, política seguida por todos os seus sucessores.[125]

Com uma *Weltanschauung* messiânica, o sionismo, i.e., o judaísmo político, miscigenando religião e ideologia com preocupações demográficas e militares, entendia que Israel devia ser povoado majoritariamente por judeus e não podia conceder cidadania aos árabes que viviam na Palestina. Os líderes sionistas, como Levi Eshkol e Golda Meir, não aceitavam sequer que se lhes fossem entregues os territórios da Faixa de Gaza e a Banda Ocidental. Para eles e outros, o Estado de Israel devia compreender toda a Judeia e Samaria, o espaço bíblico dos hebreus, comprovado nos livros da Torah, e com tal argumento continuaram a capturar e ocupar as fontes de água e eletricidade, bem como todas as instituições — judiciário, escolas, sistema de saúde etc. — existentes na Palestina. O propósito consistia em impedir o desenvolvimento de uma economia autônoma na Faixa de Gaza e na Banda Ocidental, de modo que, futuramente, essas áreas pudessem ser anexadas,[126] consolidando o Grande Israel. Era a utopia sionista, porém as utopias, como as ideologias, transcendem a situação social em que se formaram, devido às mutações históricas nas sociedades, e nunca realmente se concretizam.[127] Malogram. Daí a crise existencial de Israel, um Estado em guerra permanente, a depender do incondicional suporte econômico, político e militar dos Estados Unidos, aos quais se vinculavam, em larga medida, por afinidades eletivas, com raízes religiosas, bíblicas e fronteiras éticas,[128] como *"membre d'honneur"*, bem mais integrado que um *"préside"* do Império autista, conforme observou Alain Joxe, diretor da École des Hautes Études en Sciences Sociales, de Paris.[129]

Embora a União Soviética, onde Stalin, em 1934, criara uma região autônoma judaica (*Yevreyskaya avtonomnaya oblast*), e os Estados Unidos, interessados também no processo de descolonização, houvessem apoiado a proclamação da independência de Israel, a questão da Palestina inseriu-se no contexto do conflito Leste-Oeste e concorreu, em meio à afluência dos movimentos de libertação nacional, para o surto do nacionalismo árabe e do pan-arabismo, que açodou o esbarrondamento dos regimes instituídos no Oriente Médio. Em 1951, nacionalistas palestinos assassinaram o rei Abdullah, por anexar à Jordânia a Banda Ocidental. Em 1952, o rei Farouq, da dinastia Muhammad Ali Pasha e conhecido como *Fat Fucker*, foi deposto no Egito por militares do Movimento Livre de Oficiais (*zubat al-ahrar*), liderados pelo coronel Gamal Abdel Nasser com a assistência da CIA. Em 1953, a França forçou o rei Muhammad V, do Marrocos, a exilar-se, dado resistir à continuidade do protetorado, mas em 1956 teve de conceder a independência ao país e aceitar sua volta ao trono. Também em 1956 a Tunísia conquistou a independência, sob a liderança de Habib Bourguiba (1903-2000), que lá instituiu um regime secular.

As tensões no Oriente Médio já então haviam recrescido a tal ponto que o coronel Gamal Abdel Nasser, em 1954, assumiu a presidência do Egito e tomou diversas medidas de caráter nacionalista, estatizando os bancos, as companhias de seguro e a indústria pesada. Em 1955, endossou o neutralismo *vis-à-vis* do conflito Leste-Oeste, unindo-se a Índia, Indonésia e outros países na Conferência de Bandung (1955), e comprou à União Soviética, por meio de acordo com a Tchecoslováquia, modernos armamentos, que os Estados Unidos lhe haviam recusado.[130] O presidente Nasser empreendeu então uma série de medidas visando a estrangular o Estado de Israel. Interditou-lhe o acesso ao Golfo de Aqba e, após um pacto militar com a Arábia Saudita e o Iêmen, nacionalizou, em 1956, a Universal Suez Canal Company, de capital britânico. Com o apoio da Grã-Bretanha e da França, que desembarcaram tropas em Suez, Israel atacou o Egito, ocupou a Península do Sinai e a Faixa de Gaza, bem como reabriu a rota para o Golfo de Aqba.

A guerra só não evoluiu porque os Estados Unidos, conquanto não apoiassem as iniciativas do Egito, aprovaram, juntamente com a União Soviética, uma resolução, na Assembleia Geral da ONU, demandando o cessar-fogo. Mas, após ocupação da Península do Sinai por Israel durante a crise do Canal de Suez, a Síria, que entre 1946 e 1956 tivera vinte diferentes governos, em meio a golpes militares, e quatro constituições, assinou um tratado com a União Soviética para a aquisição de equipamentos bélicos — aviões, tanques etc. — e, em 1º de fevereiro de 1958, fundiu-se com o Egito, sob o nome de República Árabe Unida, um Estado secular, ao qual se uniu o Mutawakkilite Reino do Iêmen do Norte. O coronel Gamal Abdel Nasser investiu-se da presidência do novo Estado árabe, como um passo para a efetivação do nacionalismo e do pan-arabismo, por ele defendido.

À mesma época, 1958, o general Abdul-Karim Qassim (1914-1963), apoiado pelos nacionalistas do Partido Ba'ath, comunistas e curdos, deu um golpe de Estado no Iraque, o *key pillar* da política imperial da Grã-Bretanha no Oriente Médio, e executou o rei Faisal II (1935-1958) e toda a sua família, descendente do clã al-Hashimi. Ao abolir a monarquia e instituir uma república secular, promoveu a reforma agrária, nacionalizou 99% das terras da Iraq Petroleum Company, de capital britânico, entregando os campos de petróleo à estatal Iraq National Oil Company, reivindicou o controle sobre o território do Kuwait,[131] antes pertencente ao Iraque, proibiu a poligamia e tomou inúmeras medidas de caráter social e nacionalista.

Devido à alta popularidade e ao prestígio do presidente Nasser e à propagação do sentimento nacionalista pan-árabe, o rei Abdullah I, da

Jordânia, e Camille Chamoun, presidente do Líbano, temeram que o Egito pretendesse também absorver os dois países. O primeiro-ministro do Líbano, o sunita Rashid Abdul Hamid Karami, era, entretanto, favorável à sua integração com a República Árabe Unida e, em meio às tensões religiosas, eclodiu em Beirute um conflito armado entre muçulmanos e cristãos maronitas, estes favoráveis ao Ocidente. O presidente Dwight Eisenhower (1953-1961) ordenou a Operation Blue Bat, a ocupação, por 14.000 marines, do Aeroporto de Beirute, de onde somente se retiraram após um acordo que levou o general maronita Fuad Chebab à presidência do Líbano (1958-1964).

A oposição à República Árabe Unida, outrossim, estava a recrescer dentro da Síria, açulada provavelmente pelos serviços de inteligência do Ocidente. A Arábia Saudita patrocinava a Irmandade Muçulmana, cujos adeptos tentaram três vezes assassinar o presidente Nasser em 1964 e desestabilizar o regime no Egito,[132] e destinava recursos financeiros às tribos de beduínos, entre as quais a de Ruwallah, e outras, com aproximadamente 1 milhão de pessoas, a fim de que se rebelassem no norte da Síria. E, em 15 de setembro de 1961, oficiais do Exército, ressentidos com a subordinação ao Egito, insurgiram-se em Damasco e proclamaram a independência da Síria.

As iniciativas do general Abdul-Karim Qassim e sua aliança com o Partido Comunista, no Iraque, haviam igualmente assustado os Estados Unidos, e a CIA passou a vê-lo como um problema. Destarte, o melhor seria *"to get rid of him"*, i.e., a *"incapacitation or elimination"* do general Qassim, porquanto o assassinato era uma das competências do serviço clandestino.[133] A CIA financiou uma corrente do Partido Ba'ath (Ressurreição) e dos militares nacionalistas, integrados na Guarda Nacional, com a colaboração do general Saddam Hussein,[134] visto por Washington como um *bulwark* do anticomunismo, e acompanhou todos os passos da conspiração; em 8 de fevereiro de 1963, o golpe militar ocorreu, conforme planejamento de William Lakeland, chefe da estação da CIA e adido à Embaixada dos Estados Unidos em Bagdá.[135] O general Qassim foi fuzilado, em meio à caça e exterminação física dos comunistas, com base em lista fornecida por um agente da CIA, o jornalista William McHale, que operava sob o manto de correspondente da revista *Time*.[136] Mais de 10.000 pessoas foram presas, muitas torturadas, 5.000 comunistas foram massacrados e enterrados em covas comuns, e 149 oficiais do Exército, executados.[137] O coronel Abdul Salam Arif assumiu o governo, sucedido pelo general Ahmed Hassan al-Bakr (1914-1982), favorável à união do Iraque com a Síria. Seu ministro do Interior e vice-primeiro-ministro, Ali Saleh al As'adi, declarou: *"We came to power on a CIA train."*[138] E Saddam Hussein desde então passou a exercer de fato o poder, como chefe do Al-Mukhabarat al-'Iraqiyya (serviço de inteligência) e vice-presidente do Iraque, no governo do general Ahmed Hassan al-Bakr (1968-1979). O Partido Ba'ath tornou-se hegemônico.

A união do Iraque com o Egito, porém, não mais se afigurava viável àquele tempo, conforme o Partido Ba'ath e Saddam Hussein haviam pretendido. A República Árabe Unida, unindo o Egito e a Síria, fracassara desde 1961, conquanto os dois países houvessem aderido ao Movimento dos Países Não Alinhados (1961), um bloco contra a guerra fria, organizado, em Belgrado, sob o patrocínio do presidente da Iugoslávia, Josip Broz Tito, juntamente com o presidente Nasser, o presidente Kwame Nkrumah, de Gana, e o primeiro-ministro da Índia, Jawaharlal Nehru. O ressentimento contra o colonialismo ocidental e o irrestrito e incondicional respaldo dos Estados Unidos a Israel, tornando-se o principal responsável pelo drama da Palestina, consubstanciavam então os principais fatores da solidariedade (*assabya*) entre os países árabes.

VII

Nos anos de 1960, os choques das forças de defesa de Israel com destacamentos do Egito, da Jordânia e da Síria, e as operações de guerrilha, efetuadas por militantes (*fida'in*) do Partido Ba'th, da Síria, e de al-Fatah, facção da Organização de Libertação da Palestina (OLP),[139] organizada, em 1964, com apoio da Liga Árabe e liderada por Yasser Arafat, encresparam ainda mais o ambiente político no Oriente Médio. E, nos primeiros meses de 1967, o presidente Nasser solicitou a retirada das

A SEGUNDA GUERRA FRIA

forças United Nations Emergency Force (UNEF), que formavam uma barreira de proteção no Sinai (Resolução 1001 [ES-I], de 7 de novembro de 1956), ao mesmo tempo que concentrava 100.000 soldados e blindados na região da península, bloqueando outra vez o golfo de Aqba e ameaçando fechar o estreito de Tiran. O Egito firmou então acordos de defesa mútua com a Jordânia e a Síria.

Segundo a versão oficial, o governo de Israel, chefiado pelo primeiro-ministro Levi Eshkol, percebeu, com as atitudes de Nasser, que o Egito e a Síria, armados com material bélico e assessores militares fornecidos pela União Soviética, estavam a preparar-se para a reconquista dos territórios perdidos e decidiu tomar a iniciativa do ataque e deflagrar uma *preemptive war.* Tudo indica, no entanto, que Israel estava a preparar, havia algum tempo, o ataque ao Egito e à Síria, com o apoio logístico e a inteligência fornecidos pelos Estados Unidos. Desde 3 de junho, aviões B-52 e RF-4C, do 38th Squadron e do 17th Tactical Reconnaissence Squadron, e outros partiram das bases aéreas de Ramstein (Alemanha) e Morón (Espanha) para sobrevoar e fotografar as fronteiras entre os países árabes e Israel. Os RF-4C tiveram a fuselagem traseira pintada com a estrela de davi, sobre um fundo azul, a fim de que afigurassem como da Força Aérea de Israel.[140] E o navio *U.S.S. Liberty,*[141] estacionado nas imediações, proveio Israel de informações sem-fio, militares e diplomáticas COMINT (*communications intelligence*) e ELINT (*electronic intelligence*) interceptadas por seus aparelhos.[142]

O objetivo de Israel, ao deflagrar a guerra de 1967, foi ganhar a vantagem estratégica da surpresa e impedir que se consumasse a suposta ou real ameaça do Egito. Os aviões israelenses, sob o comando do major Mordechai Hod, empreenderam a Operation Focus (*Mivtza Moked*) e, a fim de despistar, dirigiram-se inicialmente para o Mediterrâneo, de onde, abruptamente, regressaram e, em quatro sortidas, destruíram, no solo, cerca de 452 aviões, quase toda a força aérea do Egito, da Síria e da Jordânia. E, durante os combates, Israel ainda contou com o apoio logístico da Grã-Bretanha, enquanto jatos dos Estados Unidos partiam da Wheelus Air Base, na Líbia, e atacavam as forças terrestres dos países árabes.[143] "*U.S. financial and military assistance gave Israel the military power to invade any or all of the Arab countries at any time and any place she chose, without fear of the outcome"*, escreveu Stephen Green, diretor da Oxfam Inc., na Somália.[144]

A guerra, iniciada em 5 de junho de 1967, durou apenas seis dias, mas possibilitou que as tropas da IDF retomassem o controle da Faixa de Gaza e da península do Sinai, da Banda Ocidental e de Jerusalém oriental, bem como das colinas de Golan. Esses lugares sagrados para os muçulmanos, cristãos e judeus — os últimos bastiões da Palestina — caíram sob o domínio de Tel Aviv. A derrota foi humilhante para os árabes. Ocorreu um novo *Akba*, um novo êxodo. Entre 400.000 e 450.000 palestinos foram desalojados e expulsos de suas terras. E, conquanto o presidente Nasser continuasse a manter o prestígio e a popularidade no Egito, cujo povo não aceitou que renunciasse ao governo, o triunfo de Israel abalou profundamente sua imagem, projetada na alma coletiva das massas árabes como a ilusão do chefe, visível ou invisível, o esperado Imām al-Mahdī, presente na ontogênese semita do Islã. "A guerra de 1967", comentou o escritor paquistanês Tariq Ali, "destruiu o nasserismo como força anti-imperialista no Oriente Médio."[145]

O presidente Nasser faleceu aos 52 anos, em 28 de setembro de 1970, após apaziguar um desentendimento entre o rei Hussein, da Jordânia, e Yasser Arafat, presidente da OLP. A *causa mortis* foi um infarto do miocárdio, segundo revelou o dr. Al-Sawy Habib, um dos membros de sua equipe médica, ao refutar as insinuações do jornalista Mohamed Hassanein Heikal, na TV Al Arabiya's Studio Cairo, de que ele fora envenenado após beber uma xícara de café, servida por seu companheiro e amigo Muḥammad Anwar as-Sādāt (1918-1981).[146]

A hipótese de que Nasser fora assassinado podia ser ou não uma fantasia. As controvérsias persistiram. No submundo dos serviços de inteligência — CIA, Mossad, MI5, KGB (antes GPU/MVD) *et alt.* — tudo era e é possível, na moldura da política internacional. E o fato foi que Muḥammad Anwar as-Sādāt, após suceder Nasser no governo, demonstrou que reorientaria sua política exterior e as relações com a União Soviética começaram a esgarçar-se. Em fins de 1971, após haver dado assistência ao esmagamento do golpe que o Partido Comunista

A SEGUNDA GUERRA FRIA

tentou desfechar no Sudão, Sādāt já era considerado traidor dentro do *apparat* do KGB e do PCUS em Moscou.[147] Com efeito, segundo Henry Kissinger revelou em suas memórias, havia contatos secretos entre Sādāt e a Casa Branca.[148] O diretor de inteligência do Egito, general Ahmed Ismail, mantinha conexão com a CIA.[149] E, em 18 de julho de 1972, Sādāt anunciou a expulsão de 20.000 assessores militares da União Soviética, alegando que Moscou se recusara a entregar certos equipamentos bélicos ao Egito. É possível, realmente, que Moscou se recusasse a fazê-lo. A perda de tanques, aviões etc. pelo Egito fora imensa, estimada em £ 1 bilhão.[150] Quando Israel bombardeara suas bases aéreas, elas estavam indefesas, os aviões, no solo, sem camuflagem. E provavelmente Moscou, a buscar um entendimento com Washington, temeu que o Egito iniciasse outra guerra contra Israel, o que não lhe convinha, e recusou o fornecimento de novas armas. A decisão de romper o tratado com a União Soviética e expulsar seus assessores militares fora aparentemente tomada por Sādāt, após negociações entre Leonid Brezhnev, secretário-geral do Partido Comunista da União Soviética (PCUS), e Richard Nixon, presidente dos Estados Unidos, em maio de 1972.[151]

Sādāt havia percebido que, desde 1970, o clima da Guerra Fria estava a desvanecer-se. A evidente vulnerabilidade econômica dos Estados Unidos começara a abalar a estabilidade do sistema monetário internacional, devido, *inter alia*, ao crescimento das despesas militares, que aumentaram, com a Guerra do Vietnã, para US$ 800 milhões em 1967 e mais US$ 600 milhões em 1968, produzindo forte impacto sobre seu balanço de pagamento, cujo déficit alcançou o montante de US$ 9,8 bilhões em 1970.[152] A União Soviética, por outro lado, estava a enfrentar grave crise nas relações com a China, da qual temia que os Estados Unidos se aproximassem, Leonid Brezhnev pretendeu efetivamente maior diálogo com os Estados Unidos, a fim de obter, sobretudo da República Federal da Alemanha, tecnologia e equipamentos que possibilitassem a modernização de alguns setores de sua indústria, o aumento da produtividade e, consequentemente, da oferta de bens de consumo para a população.

Contudo, o ataque que o Egito e a Síria empreenderam contra Israel no dia 6 de outubro de 1973, quando os judeus celebravam o Yom

Kippur (Dia da Expiação), seu mais importante feriado religioso, surpreendeu tanto os Estados Unidos quanto a União Soviética, embora Sādāt já houvesse decidido fazê-lo desde meados de 1972.[153] E só na véspera, noite de 5 para 6 de outubro, o Mossad recebeu evidência de que o ataque era eminente.[154] Assim, com a vantagem tática da surpresa, as tropas do Egito e da Síria penetraram na península do Sinai e nas colinas de Golan, ao mesmo tempo que atravessaram o Canal de Suez e atacaram as forças de Israel em Jawlan. Embora a capacidade militar de Israel fosse maior e quiçá lhe permitisse outra vez derrotar o Egito e a Síria, com o respaldo que logo Washington lhe deu, a guerra teve de terminar quando a Arábia Saudita e os Emirados Árabes, integrados[155] na OPEC, recorreram, pela primeira vez, à poderosa arma do petróleo e impuseram total embargo às suas exportações, das quais os Estados Unidos, as potências da Europa e o Japão fundamentalmente dependiam para sustentar a produção industrial. Diante de tal situação, a ONU, com apoio dos Estados Unidos e da União Soviética, aprovou, em 21-22 de outubro, a Resolução 338, determinando o cessar-fogo.[156] A guerra acabou alguns dias depois, em 28 de outubro de 1973.

VIII

O choque produzido pela alta do preço do petróleo, que os países árabes promoveram, estremeceu ainda mais o sistema monetário internacional. A Arábia Saudita e demais membros da OPEC aproveitaram a guerra para compensar suas perdas com a desvalorização do dólar, *currency* em que se baseavam todas as transações comerciais dos hidrocarbonetos. O embargo das exportações de petróleo, ao quadruplicar o preço do barril e derrubar as bolsas de valores, impulsou a inflação em vários países, inclusive nos Estados Unidos, e as potências industriais acabaram o ano de 1974 com um déficit de cerca de US$ 11 bilhões, e os países do chamado Terceiro Mundo, de quase US$ 40 bilhões. E Washington, ainda que excogitasse uma intervenção militar nos países do Golfo Pérsico,[157] alternativa não teve senão pressionar o governo de Tel Aviv, ainda que relutante, a aceitar o cessar-fogo determinado pela

ONU, para iniciar negociações com o Egito e a Síria sobre os territórios ocupados.[158]

A direção do KGB suspeitava, crescentemente, de que o propósito de Sādāt era conciliar-se com o Ocidente, de modo a alcançar uma solução para o conflito na Palestina, resolver os problemas econômicos e garantir as fronteiras do Egito.[159] E tudo indica que ele deflagrou a guerra do Yom Kippur não por supor que a venceria, mas, na realidade, para buscar uma acomodação com Israel, viabilizar um termo de paz, recuperar as áreas que lhe foram conquistadas e resgatar a honra do exército egípcio, derrotado em 1967.[160]

A União Soviética, cujos recursos técnicos e financeiros viabilizaram a construção da represa de Asssuã, entre 1960 e 1970, para regular o curso do Rio Nilo, não escapara às consequências da crise econômica mundial, embora fosse também produtora de petróleo. Inserida no mercado mundial capitalista, teve de suportar os custos cada vez mais elevados das matérias-primas e manufaturas que importava do Ocidente. E, em tais circunstâncias, não mais estava em condições de ajudar o esforço de industrialização do Egito, efetuado por Nasser, com empreendimentos estatais na indústria pesada, principalmente nos setores de ferro, aço e química.

Sādāt, por sua vez, havia compreendido que Israel se tornara uma realidade e que era algo irrealista pretender destruí-lo, o que somente fanáticos, para os quais a racionalidade não existia, podiam ainda almejar. Israel convertera-se na mais formidável força militar do Oriente Médio.[161] Quisessem ou não alguns muçulmanos, não mais seria possível deixar de reconhecer sua existência. Não se podia mover para trás a roda da história. E tal percepção levou Sādāt, como presidente do Egito, a visitar Israel, onde foi recebido pelo primeiro-ministro Menachem Begin, juntamente com o presidente Ephraim Katzir, e falou perante o Knesset (Parlamento).

Essa iniciativa abriu o caminho para os Acordos de Camp David (Maryland), celebrados em 1978, sob o patrocínio do presidente Jimmy Carter, dos Estados Unidos.[162] Contudo, em 1980, Israel anexou Jerusalém Oriental ao seu domínio e, em 1981, as Colinas de Golan, o que não foi reconhecido por qualquer outro país. O CSNU, ao aprovar a Resolução 478, considerou tais atos *"null and void"* e demandou sua rescisão, bem como igualmente declarou *"null and void"* a anexação das Colinas de Golan, mediante a Resolução 497. Israel não cumpriu nenhuma das resoluções do CSNU, nem sofreu sanções, sempre vetadas pelos Estados Unidos. E somente em 1982 retirou as tropas da Península do Sinai, como parte do Tratado de Paz com o Egito, de 1978.[163]

Os radicais islâmicos atribuíram a derrota do Egito e dos demais países árabes na guerra com Israel ao abandono da autêntica prática do Islã pelos governos árabes, cometendo a apostasia. E o presidente Sādāt pagou com a vida o alinhamento com Washington e a paz com Israel. O tenente-coronel Khalid Islambouli, da Jihad Islâmica, assassinou-o em 1981. Esse movimento surgira da Irmandade Muçulmana, baseado na doutrina salafista, da qual o grande teórico fora o acadêmico Sayyid Qutb, cuja influência recrescera após sua condenação à morte e sua execução, em 1966. E, conforme Antonio Gramsci, por volta de 1932, já havia previsto, a ligação entre os intelectuais do Islã e o povo fomentou o fanatismo, que podia ser momentâneo, limitado, mas acumulou "massas psíquicas de emoções e de impulsos" que se prolongaram mesmo em épocas normais.[164]

A guerra do Yom Kippur, deflagrada em 1973, representou, entretanto, um *turning point* no cenário político do Oriente Médio. Com o abrupto enriquecimento das petromonarquias sunitas — Arábia Saudita e os pequenos emirados do Golfo Pérsico (Wahhabi e salafistas) — após os choques do petróleo (1973 e 1978), elas sentiram que, com a arma do petróleo, constituíam uma potência política. E a correlação de forças começou então a mudar no Oriente Médio, com o desvanecimento no nacionalismo pan-árabe, de corte socialista. O coronel Muammar Gaddafi, que em 1969 assumira o poder na Líbia e apregoava a Terceira Teoria Universal, o Estado de Massas (*Jamabirya*), como alternativa para a democracia, não tinha o mesmo poder carismático de Nasser. E, no *vacuum*, o Islã político e ideológico, radical, representado pela Irmandade Muçulmana,[165] financiada pela Arábia Saudita, pelos emirados do Golfo Pérsico e, possivelmente, pela Jordânia,[166] recresceu e se alastrou do Egito à Síria e a outros países, influenciando principalmente a classe média educada, jovens sem perspectiva de encontrar trabalho e sem perspectiva de melhoria na sociedade, bem como de solução do conflito na Palestina. A Irmandade Muçulmana, com base no conceito de *takfir*, considerava apóstatas os líderes árabes que não instituíam a *Shari'ah*,[167] e essa a razão pela qual o Grupo de Combate Islâmico Líbio, adepto de bin Ladin, sempre tentou derrubar o regime de Gaddafi, e após sua queda não desistiu do propósito de instituir na Líbia o Califado.

Quando o coronel Hafez al-Assad (1930-2000), líder do Partido Ba'ath Socialista Árabe, assumiu o poder na Síria, mediante um golpe de Estado, em 1970, a infiltração da Irmandade Muçulmana no país, já havia atingido enorme proporção. As mesquitas e *madrasahs* só apregoavam o ódio e a vingança, insuflando a *Jihad*, como faziam na Arábia Saudita. Em 1980, seus militantes, que haviam executado 50 cadetes alawitas da Escola de Artilharia em Alepo, tentaram assassiná-lo, com granadas e metralhadoras, revoltados com a igualdade de direitos entre homens e mulheres e entre muçulmanos e não muçulmanos, que ele promovera com a reforma da Constituição, deixando o Islã de ser religião oficial e tornando a Síria um Estado secular. A tentativa de assassinato fracassou e o coronel Rifaat al-Assad, irmão do presidente al-Assad e comandante da Companhia de Defesa, ordenou que seus soldados executassem os militantes da Irmandade Muçulmana — entre 250 e 500, encarcerados na prisão de Tadmor, em Palmira, cidade situada em um oásis no nordeste da Síria.

A Irmandade Muçulmana, no entanto, persistiu e, em fevereiro de 1982, seus militantes capturaram Hama, quarta maior cidade da Síria, à margem do Rio Orontes. A Companhia de Defesa esmagou a sublevação e massacrou e encarcerou milhares de sunitas, entre 10.000 e 20.000, inclusive nas cidades de Alepo e Palmira.[168] E o presidente al-Assad declarou que aquele fora o preço pago pelos anos de terrorismo praticado pela Irmandade Muçulmana.[169]

O coronel Hafez al-Assad faleceu em 10 de junho de 2000,[170] aos 69 anos. Sob seu governo, a Síria, até então um país extremamente volátil, era um *"model of political stability"*,[171] uma ditadura, porém mais estável do que qualquer outra no Oriente Médio, sob o domínio da lei, o que não ocorria na Arábia Saudita, conforme comentou o ex-agente da CIA Robert Baer.[172] A Irmandade Muçulmana, na Síria, *"existed in name only"*, acentuou Robert Baer, acrescentando que seus militantes estavam no exílio, a maioria na Arábia Saudita e na Alemanha.[173]

Os Estados Unidos, que o aiatolá Ruhollah Khomeini, líder da revolução islâmica no Irã, apontou como o "Grande Satã" (*Shaytân-e Bozorg*), tornavam-se, direta e indiretamente, o grande responsável pelo recrudescimento do terrorismo islâmico na Ásia Central e no Oriente Médio. Em 3 de julho de 1979, por sugestão de Zbigniew Brzezinski, o presidente Jimmy Carter assinou um *finding* autorizando a CIA a dar assistência encoberta à insurgência dos *mujahidin*, mediante propaganda, operações de guerra psicológica e outras, contra o governo do Afeganistão.[173] O Partido Democrático do Povo (comunista), instalado em Kabul, estava a enfrentar, desde 1978, revoltas devido a contrarreformas radicais, que efetuara com respeito a posse da terra, abolição da peonagem e dos dotes, educação e igualdade de direitos para homens e mulheres,[175] reformas inaceitáveis para os muçulmanos fundamentalistas e ortodoxos.[176]

Moscou, ao perceber que, equacionado o problema de Berlim e das duas Alemanha, o principal teatro da guerra fria deslocar-se-ia para a Ásia Central (soviética e não soviética) e o Oriente Médio, determinou que suas tropas, em 27 de dezembro de 1979, invadissem o Afeganistão, de modo a evitar que a instabilidade naquele país contaminasse as repúblicas orientais da União Soviética, com população predominantemente islâmica. Não somente os Estados Unidos haviam decidido financiar os *mujahidin* no Afeganistão, como a Arábia Saudita estava a destinar recursos para os *jihadistas* na Tchetchênia,[177] al-Qa'ida, Talibans, Irmandade Muçulmana, cujo vírus se espraiava até a Ásia Central e a África Subsaariana. Entrementes, em 29 de dezembro de 1979, o Departamento de Estado criou uma lista de países, qualificados como *sponsors of terrorism*, na qual incluiu Síria, Líbia, Iraque, Iêmen do Sul, mas, obviamente, omitiu os próprios Estados Unidos e a Arábia Saudita. Como escreveu o grande teatrólogo francês J. B. Poquelin Molière, *"l'hypocrisie *est un vice privilégié, qui, de sa main, ferme la bouche à tout le monde, et jouit en repos d'une impunité souveraine*".[178]

Menos de um ano depois, em 22 de setembro de 1980, o general Saddam Hussein, que em julho de 1979, afastado o general Ahmed Hassan al-Bakr, assumira a presidência do Iraque, invadiu as fronteiras do Irã. O Departamento de Estado, em 1983, retirou o Iraque da lista dos países *"sponsors of international terrorism"*, sem consultar o Congresso, restaurou as relações diplomáticas com a ditadura de Saddam Hussein e deu-lhe sorrateiramente toda a ajuda logística e militar, inclusive armas químicas. Mas o Iraque não ganhou a guerra e, retirando as tropas das fronteiras do Irã, aceitou um termo de paz em 1988. Os Estados Unidos imaginaram que podiam fazer, sob a ditadura de Saddam Hussein, um *pivotal country*, como fora o Irã sob a tirania do xá Reza Pahlavi, e estabelecer um relacionamento no modelo *oil for weapons*. E assim começou a tragicomédia dos equívocos, com a construção de um sistema de permanente estado de insegurança, guerra, ameaça de guerra e terror no Oriente Médio.

IX

A partir de 1986, a União Soviética, excogitando tirar suas forças do Afeganistão e temendo a ameaça islâmica dentro de suas fronteiras, deixou a posição de estrita neutralidade e passou a apoiar o regime de Saddam Hussein, por ser fundamentalmente secular. Forneceu-lhe então cerca de US$ 8,8 bilhões a U$ 9,2 bilhões em armamentos — tanques, mísseis etc. Essa aliança alarmou Washington, e a duplicidade de sua política, aparentemente, inspirou Saddam Hussein a ordenar, em meados de 1990, outra aventura, a invasão e anexação do Kuwait, não obstante o esgotamento e o fracasso do Iraque na guerra contra o Irã, terminada em 1988. De qualquer modo, a invasão do Kuwait serviu como pretexto para que os Estados Unidos interviessem, com a Operation Desert Shield e, em seguida, Operation Desert Storm, baseadas em resoluções do CSNU, buscando afirmar e confirmar, militarmente, sua preponderância no Oriente Médio. A Guerra do Golfo, assim celebrizada, iniciou com extensa e intensa campanha de bombardeios aéreos, a realização de cerca de 100.000 sortidas e o lançamento de 88.500 toneladas de bombas, destruindo toda a infraestrutura militar e civil do Iraque.

As tropas do Iraque foram expulsas do Kuwait em fevereiro de 1991. O presidente George H. W. Bush alegou não ter mandato da ONU para invadir seu território e derrubar o regime de Saddam Hussein. Mas o estado de guerra prolongou-se ao longo dos anos 1990, sob o governo do presidente Bill Clinton, com bombardeios periódicos e, em 1995, cerca de 576.000 crianças iraquianas, desde o fim da Guerra do Golfo, já haviam perecido, segundo os cientistas da Food and Agriculture Organization, devido às sanções econômicas impostas pelo CSNU, subserviente aos desígnios dos Estados Unidos e da Grã-Bretanha. Ao falar na International Conference on War-affected Children em Kuala Lumpur, na Malásia, o professor de Direito Internacional na Universidade de Illinois Francis Boyle responsabilizou as sanções econômicas e/ou guerras ilegais conduzidas pelos Estados Unidos e pela Grã-Bretanha, por exterminar aproximadamente 3,3 milhões de pessoas, incluindo 750.000 crianças, no Iraque, entre 1990 e 2012.[179] Conforme sua avaliação, tais sanções, *"deliberately inflicting on the group conditions of life calculated to bring about its physical destruction in whole or in part"*, produziram um genocídio, conforme definido no artigo II da Convenção sobre Genocídio, aprovada pela ONU.[180]

Em meados de 2013, dez anos após a derrubada de Saddam Hussein, os níveis de violência, com assassinatos, atentados a bomba, matando, diariamente, dezenas de pessoas, sequestros etc., e o recrudescimento das tensões sectárias e étnicas entre sunitas e xiitas, bem como entre Bagdá, os curdos e outros governos locais, configuravam um estado de latente guerra civil e ameaçavam atassalhar o Iraque. Os atentados, no mais das vezes, eram perpetrados pelos sunitas, vinculado a al'Qa'ida, contra os xiitas, enquanto o primeiro-ministro Nouri al-Maliki chefiava um governo corrupto e brutal, usando as forças militares e milícias para reprimir a população. *"L'Irak restait au stade du chaos"*, observou o sociólogo Alain Joxe,[181] e, segundo o jornalista Ned Parker escreveu na revista *Foreign Affairs*, assemelhava-se a algo como um *"failed state"*.[182]

O governo, que emanou da intervenção militar dos Estados Unidos e da Grã-Bretanha, após dez anos de cruéis sanções, não promoveu nem democracia nem desenvolvimento econômico. Cerca de US$ 6,6 bilhões dos contribuintes americanos, destinados à reconstrução do Iraque desde a queda de Saddam Hussein, foram roubados, segundo o inspetor espacial Stuart Bowen revelou em junho de 2011, dizendo tratar-se de *"the largest theft of funds in national history"*.[183] A predominante corrupção, a deterioração da infraestrutura devido a dez anos de sanções, antes da invasão, e aos bombardeios durante a guerra, insuficiência de serviços essenciais, leis comerciais antigas e outros fatores impediram investimentos privados em outros setores da economia, fora da exploração de petróleo.[184] O governo do primeiro-ministro Nouri al-Maliki não propiciou sequer os serviços básicos — eletricidade regular, no verão, água limpa e sistema de saúde —, e o desemprego entre os jovens alcançara o nível de 30%, facilitando o recrutamento de jihadistas, levados pelo sentimento de impotência para mudar a situação. O mesmo se podia dizer a respeito do Afeganistão.

Ao longo dos anos que se seguiram aos atentados de 11 de setembro de 2001, os Estados Unidos promoveram profundas mutações na doutrina militar, modernizaram os arsenais com instrumentos eletrônicos e utilização de satélites, para ajustamentos estratégicos em guerras assimétricas, e mantiveram o princípio da hegemonia da força aérea, com a introdução de novos avanços tecnológicos, como os *unmanned aerial vehicle* (UAV), manejados à distância e denominados *drones*. Contudo, não venceram a guerra no Iraque nem no Afeganistão, não obstante o intensivo uso de bombardeios, porque nunca se pôde garantir uma vitória sem a ocupação e pacificação do país pelas forças terrestres, ainda mais quando se trata de uma guerra assimétrica, contra um inimigo oculto, que não é simples nem fácil de identificar, pois não possui esquadras nem força aérea, nem localizar e descrever com detalhes sua organização militar, seus recursos econômicos e o sistema de informação.

Os avanços tecnológicos que os Estados Unidos e as potências ocidentais desenvolveram produziram efeitos niveladores, ao possibilitar que crescente número de Estados e mesmo pequenos grupos hostis e fanáticos de *jihadistas* pudessem usar a internet como veículo de propaganda e comunicação, utilizar os telefones portáteis para a explosão de bombas a distância, na guerrilha urbana, e infligir enormes danos a populações civis, inclusive nos Estados Unidos. Tais grupos, ademais de contar com a solidariedade da população em vários países islâmicos, passaram a usar, como no Afeganistão, recursos do narcotráfico — ópio/heroína — para a compra de armamentos contrabandeados, entre os quais rifles de assalto AK-47 e M-16, abandonados ou roubados, rifles de precisão (Snipers), com telescópio laser, vestimentas à prova de bala, metralhadoras pesadas, submetralhadoras de todas as marcas, lançadores-propelentes de granadas (*rocket-propelled grenade*, RPG) etc.

Com lucidez, o presidente Barack Obama, em 13 de maio de 2013, reconheceu que *"America is at a crossroads"* e, recordando a advertência de James Madison de que *"no nation could preserve its freedom in the midst of continual warfare"*, declarou que, conquanto devesse continuar o desmantelamento das organizações terroristas, inclusive os emires com drones, *"this war, like all wars, must end"*.[185] E acrescentou: *"That's what history advises. That's what our democracy demands."*[186] Conforme anunciou, além do Afeganistão, era necessário definir os esforços do governo *"not as a boundless 'global war on terror'"*, porém como persistente série de iniciativas visando a desmantelar específicas redes de violência extremista que ameaçavam o país.

O presidente Obama admitiu que os Estados Unidos violaram seus valores básicos — *"by using torture to interrogate our enemies"* —, gastaram bem mais de US$ 1 trilhão nas guerras da última década — (principalmente no Afeganistão e no Iraque), e reconheceu que somente o uso da força não trazia segurança, e ela não podia ser aplicada *"everywhere that a radical ideology takes root"*.[187] *"The threat today is more diffuse"*, disse Obama, salientando que do Iêmen ao Iraque, da Somália ao norte da África, os grupos afiliados a al-Qa'ida — al-Qa'ida na Península Arábica (AQAP) — estavam a conspirar contra os Estados Unidos.[188]

Contudo, afigurava-se difícil que o presidente Obama, não havendo cumprido sequer as promessas feitas durante a campanha eleitoral para o seu primeiro mandato, pudesse mudar o *"double standard"* da política dos Estados Unidos *vis-à-vis* do conflito na Palestina, uma vez sabotado o Acordo de Oslo pelo presidente George W. Bush, que excluiu a Rússia e a União Europeia do processo de paz e não impôs a Israel escrupuloso respeito aos compromissos que assumira. Esse *"double standard"*, outrossim, pautou sempre a política exterior dos Estados Unidos com respeito a outras questões, como a dos direitos humanos, democracia e proliferação das armas nucleares,[189] devido à predominância dos interesses do sistema financeiro internacional e do complexo industrial-militar, no controle do aparelho de governo assim como no Congresso.

A perspectiva, que no Oriente Médio se descortinava, em meados de 2013, era das mais difíceis e complexas. O Middle East Partnership Initiative (MEPI) e os demais instrumentos da *"freedom agenda"*, estabelecida pelo presidente George W. Bush e continuada pelo presidente Barack Obama, contribuíram decisivamente para derrocar os regimes autocráticos na Tunísia, no Egito e na Líbia, porém, com a encenação de eleições, o que se instalou nesses países foi o caos, um regime de insegurança, aprofundando ainda mais a crise econômica e social preexistente às revoltas iniciadas em 2010-2011.

Na Tunísia, o Movimento Ennahda, alinhado originalmente com a Irmandade Muçulmana, venceu as eleições, em dezembro de 2011, e formou um governo de coalizão, com um sistema jurídico misto, baseado no código civil francês e na lei islâmica (*Shari'ah*). Mas a situação econômica do país, devido em larga medida à insegurança, em meio à crise econômica mundial, não conseguiu atrair negócios e investidores, controlar os déficits, reduzir o desemprego e as disparidades sociais e regionais entre as cidades do litoral e o interior cada vez mais empobrecido.

As contradições entre as correntes do Islã, consideravelmente diversas e adversas, máxime entre reformistas e salafistas, acentuaram-se, entrementes, ameaçando a estabilidade do governo na Tunísia, assim como no Egito, onde, nas eleições de 2012, a Irmandade Muçulmana ganhou o governo e o partido dos salafistas — *Al-Nour* — capturou 25% das cadeiras no Parlamento. Muhammad Mursi, da Irmandade Muçulmana, assumiu a presidência, com um perfil político ambivalente, entre concessões ao islamismo e a moderação, mas ao supor que tinha o apoio de todas as camadas da população e exorbitou, com um crescente autoritarismo, sem concessões. E, devido às tensões políticas e à incerteza dos rumos do governo a crise econômica e financeira agravou-se ainda mais. A persistente crise política, evidenciada por constantes sublevações populares, afetou o turismo, reduzindo significativamente a receita do governo, e estancou ou atrasou o crescimento de vários ramos da economia, como o de construção civil e de produção de manufaturas. O desemprego subiu para 13,20% nos primeiros quatro meses de 2013, contra 8,10% em junho de 2009, conforme os dados da Central Agency for Public Mobilization & Statistics.[190]

As reservas internacionais do país caíram mais de 50% entre 2011 e 2012, a fim de sustentar o valor da libra egípcia, uma vez que o presidente Mursi, a enfrentar severa escassez de financiamento externo, a fim de evitar o colapso fiscal e do balanço de pagamento. Em novembro de 2012, o presidente Mursi conseguiu um acordo (*22-month Stand-By Arrangement-SBA*) com o FMI no valor de US$ 4,8 bilhões. A previsão, no entanto, era de que dificilmente ele teria condições de efetivar, sem radicalizar as tensões sociais e políticas, a consolidação fiscal, o *"key pillar"* do programa econômico, cortando o déficit do orçamento em 8,5% do PIB, por volta de 2013/2014, juntamente com a reforma tributária e a reestruturação dos subsídios. Com efeito, no início de junho de 2013, após forças seculares, minorias religiosas e os jovens rebeldes do movimento Tamarrod, i. e., a concentração de milhares de pessoas, durante vários dias, na Tahrir Square, exigindo a renúncia do presidente Mursi, o general Abdel Fattah al-Sisi, chefe das Forças Armadas, deu um golpe de Estado, em meio à profunda crise em que o Egito se abismava, e derrubou o governo da Irmandade Muçulmana.[191]

O presidente Obama havia tentado salvar o presidente Mursi, preso com os demais dirigentes da Irmandade Muçulmana. Ameaçou inclusive não mais conceder ao Egito assistência militar, da ordem de US$ 1,3 bilhão,[192] montante este que sempre retornou aos Estados Unidos, com a compra de material bélico, vigilância e comunicação, dando lucro a diversas empresas americanas, entre as quais Lockheed Martin, DRS Technologies, L-3 Communication Ocean System, Deloitte Consulting, Boeing, Raytheon, AgustaWestland, US Motor Works, Goodrich Corp, Columbia Group. Mas o presidente Obama nada conseguiu. Recuou e os Estados Unidos anunciaram a suspensão o fornecimento de 20 jatos de combate F-16 e 200 tanques M1A1 pesados (produzidos sob licença no Egito). Obama, a lamentar que a Constituição houvesse sido suspensa, urgiu apenas que os militares logo restaurassem o poder civil e evitassem prender o presidente Mursi e seus partidários.[193] Contudo, segundo a agência de informação israelense DEBKA, os militares não poderiam haver dado o golpe no Egito se não contassem com o apoio da Arábia Saudita, cujo rei Abdullah não perdoara Obama por não ter sustentado seu amigo Hosni Mubarak, e dos Emirados Árabes Unidos, Bahrein e Kuwait, que canalizaram substanciais recursos para movimentar a economia do Egito, garantir o mínimo standard de vida e evitar a fome no Egito.

Ao que se soube, os Emirados Árabes Unidos e a Arábia Saudita, buscando aumentar sua influência sobre os acontecimentos no Oriente Médio e África do Norte, visavam adaptar-se ao Qatar, que havia transferido, no ano anterior, para a Irmandade Muçulmana no Cairo a vasta soma de US$ 13 bilhões.[194] Porém, o Egito, onde metade dos seus 85 milhões de habitantes vivia na pobreza, acumulou uma dívida externa da ordem de mais de US$ 35 bilhões, desde que Mubarak empreendeu as medidas neoliberais recomendadas por Washington — privatização e de desregulação da economia — e estava a depender da ajuda financeira dos Estados Unidos, FMI e monarquias do Golfo Pérsico de modo que pudesse atender ao pagamento dos juros, no valor de US$ 1 bilhão por ano.[195] Em julho de 2013, ainda não havia perspectiva de solução para o impasse no Egito. A evolução dos acontecimentos era imprevisível. De qualquer forma, o presidente Bashar al-Assad, cujo regime secular a Irmandade Muçulmana queria derrubar na Síria, declarou que o que estava a acontecer no Egito era a queda do Islã político.[196] E Assam al Haddad, assessor de Relações Exteriores e Cooperação Internacional do ex-presidente Mursi, escreveu no Facebook que o golpe no Egito revelava a mensagem, que ressoaria alto e claramente, através do mundo islâmico: "democracia não é para os muçulmanos".[197]

A situação do Iêmen, após a derrubada do presidente Ali Abdallah Saleh, continuou dramática. Cerca de 10 milhões de pessoas, em uma população de 24 milhões, continuaram a carecer de alimentos, e 13 milhões, em 2013, ainda não tinham acesso a água limpa e serviços sanitários. E, de acordo com os dados da Unicef, a má nutrição e enfermidades afetavam as crianças, das quais 43% sofriam de diarreia e subpeso. Entretanto, havia no Iêmen, onde os conflitos prosseguiam, mais de 230.000 refugiados do Corno da África e 507.000 pessoas internamente deslocadas. O desemprego era da ordem de mais de 35%, afetando, máxime, a população jovem. Em virtude da insegurança, cerca de 90.000 estudantes, em 2012, não podiam frequentar as escolas, e as famílias, em zonas de conflito, não tinham abrigo nem meios de sustentação de vida, enquanto a taxa de mortalidade continuava a crescer.[198] A derrubada do presidente Ali Abdullah Saleh, cujos partidários não abandonaram a resistência, e a eleição do presidente Abd Rabbo Mansur al-Hadi, em fevereiro de 2012, não melhoram nem econômica nem politicamente a situação do país, onde a falta de energia elétrica muitas vezes deixava San'a sem luz durante várias horas.

Assim como no Iêmen, também em 2012 ocorreram eleições na Líbia, porém o governo do primeiro-ministro Ali Zidan, da Aliança das Forças Nacionais (organizada sob a égide da OTAN) não teve condições de impor sua autoridade nem de estabilizar o país, onde não se instituiu propriamente um sistema e o poder se repartiu entre algumas instituições estatais e as milícias sectárias e tribais. O Partido da Justiça e Construção (*Hizb Al-Adala Wal-Bina),* ramo líbio da Irmandade Muçulmana, havia obtido o segundo lugar nas eleições de 2012, mas seu poder e sua influência continuaram a crescer, com recursos do Qatar.[199] E, em meados de 2013, confrontos armados em Benghazi e outras cidades continuavam a ocorrer entre as milícias tribais, populares e forças do governo, que recebiam treinamento de assessores da OTAN.[200] Segurança não havia. A Líbia virtualmente se tornou, como o Iraque, um *"failed state"*. O caos, lá institucionalizado, não somente se estendeu ao Mali, como começou a ameaçar toda a região, do Chade à Mauritânia e o Oceano Atlântico, através do Sahel, uma das zonas da terra com os mais terríveis níveis de carências econômicas e sociais.[201]

O Qatar, cujas forças especiais atuaram decisivamente na Líbia para a queda de Gaddafi, bem como no norte do Mali, tornou-se o principal sponsor dos grupos terroristas Ansar ad-Dine, al-Qa'ida no Magrib Islâmico (AQIM), Movimento pela Unidade e Jihad na África Ocidental.[202] E, na Síria, tanto o Qatar quanto a Arábia Saudita — segundo o embaixador da Rússia, Vitaly Churkin, declarou na ONU — encorajaram a guerra civil, financiando e armando os grupos de oposição,[203] juntamente com Estados Unidos, França, Grã-Bretanha e Turquia. Efetivamente, a Arábia Saudita e o Qatar, com os dólares do petróleo, compravam armamentos dos Estados Unidos, da Grã-Bretanha e da França, países cuja indústria bélica sempre teve fundamental importância para a economia, sobretudo em épocas de recessão, a fim de repassá-los para os rebeldes salafistas, que lutavam contra o regime de Bashar al-Assad.[204] Apesar do embargo, determinado pelo CSNU, vasta quantidade de metralhadoras, artilharia, munições e baterias antiaéreas e outros armamentos, doados pela monarquia do Qatar a salafistas que lutavam contra o regime de Gaddafi, na Líbia, foi constantemente embarcada em Benghazi e Zintan e transferida para os grupos da oposição, na Síria, onde entravam através da fronteira da Turquia, conforme documentado pelo U.N. Security Council's Group of Experts.[205]

X

A Síria converteu-se no *Major Theater War* (MTW) da segunda guerra fria, evidenciando mais nitidamente a confrontação de dois blocos, conformados, de um lado, por Estados Unidos, União Europeia, petromonarquias do Golfo Pérsico, Turquia e Israel, e, do outro, por Rússia, China e Irã, não obstante a diversidade e as contradições de interesses. Na realidade, os Estados Unidos jamais se conformaram com a presença da União Soviética e a continuação da Rússia no Mediterrâneo. Pretenderam derrubar o regime instituído na Síria pelo coronel Hafez al-Assad, desde que ele firmara com Leonid Brezhnev, em 1980, um tratado de amizade e cooperação, estabelecendo especial parceria estratégica entre a Síria e a União Soviética.[206] O presidente Mikhail Gorbachev, em 1987, reiterou o compromisso de continuar a fornecer-lhe assistência econômica e militar. E Vladimir Putin, como presidente da Rússia, sucessora jurídica da União Soviética, manteve os vínculos estratégicos com a Síria, no encontro, em Moscou, com o presidente Bashar al-Assad, entre 24 e 27 de janeiro de 2005, e perdoou a maior parte de suas dívidas com a União Soviética (cerca de US$ 9,6 bilhões de US$ 13,4 bilhões).

Ao que se sabe, a Rússia nunca esteve disposta a abandonar pura e simplesmente a Síria, sob pressão dos Estados Unidos, da Grã-Bretanha e da França, que ainda sonham desempenhar algum papel imperial no Oriente Médio. "É absolutamente impossível mudar o regime na Síria como precondição para começar o diálogo com a oposição", reiterou à imprensa, em Istambul, o ministro dos Assuntos Estrangeiros da Rússia, Sergey Lavrov, após conversar com a sua contraparte da Turquia, o ministro Ahmet Davutoglu.[207] E logo que a União Europeia suspendeu o embargo de armas para os rebeldes, por pressão da Grã-Bretanha e da França, Moscou enviou para o governo do presidente Bashar al-Assad sistemas de defesa antiaérea S-300,[208] que se somaram a outros sistemas russos, o Pantsir-S1 e o Buk-M2.

O conflito na Síria configurou-se, entretanto, ainda mais complexo, devido à participação de outros atores, visíveis/invisíveis, tais como al-Qa'ida, orientada pelo médico Ayman al-Zawahiri, a Irmandade Muçulmana e outras associações islâmicas terroristas, atuando por seus próprios motivos e também como procuradores de terceiros países. Os *jihaddistas* islâmicos, a gritar *Allāhu Akbar* (Deus é grande) e a massacrar cristãos, alawitas e outras minorias, apoiados pelo Ocidente, por Israel, pela Turquia e pelas petromonarquias absolutistas do Golfo Pérsico, alinharam-se na mesma trincheira contra o governo secular de Bashar al-Assad, que nunca perdera a legitimidade, apoiado por grande parte da população, principalmente as minorias étnicas e religiosas, bem como por forças do Hizballah, procedentes do Líbano. A situação dos cristãos em todo o Oriente Médio, mas principalmente na Síria, tornou-se cada vez mais dramática.[209]

Até meados de 2013, de acordo com o Stockholm International Peace Research Institute, o Qatar havia gastado mais de US$ 3 bilhões, financiando a guerra civil na Síria, para onde enviou 70 voos com carregamento de armas, entre março de 2012 e abril de 2013, enquanto doava US$ 150 *per day* para os rebeldes em Alepo e outras províncias.[210] O objetivo do emir Hamad bin Khalifa al-Thani, desde que interveio ostensivamente na Líbia, sempre foi criar as condições para afirmar o islamismo, não só como *Weltanschauung*, uma visão do mundo, mas também como ideologia política, com uma proposta de ordem política, apresentando o Estado islâmico, regido pela *Shari'ah*, i.e., o Califado, como alternativa para o Estado nacional secular.[211] De qualquer modo, se derrubado o regime de Bashar al-Assad, o cenário da Síria, resultante da guerra, tendia a ser pior do que o existente no Afeganistão, no Iraque, na Líbia e no Iêmen, em meados de 2013. A democracia significaria a implantação do caos e do terror, com as mais graves e profundas repercussões sobre Líbano, Jordânia, Egito, Tunísia e outros países do Oriente Médio e da África, com regimes extremamente frágeis e instáveis, bem como sobre a própria União Europeia.

Não obstante as desastrosas experiências de *regime change* no Afeganistão, no Iraque, na Líbia etc., o presidente Barack Obama cedeu às pressões internas (republicanos, *lobby* judaico etc.) e externas (Israel, Grã-Bretanha, França, Arábia Saudita, Qatar) e anunciou que os Estados Unidos forneceriam armas aos insurgentes, alegando que o governo do presidente Bashar al-Assad havia usado armas químicas em combates. Nada foi provado, conforme comissão da ONU constatou.[212] Assim como o fez o ex-presidente George W. Bush, para atacar o Iraque, o presidente Obama recorreu a um pretexto propagandístico, à mentira, para justificar a intromissão aberta (antes velada) dos Estados Unidos na Síria. O fornecimento de armas e outros equipamentos de apoio logístico contribuiria para aquecer sua economia e abreviar o ciclo de recessão, intensando as forças produtivas do capitalismo, abalado por uma profunda crise sistêmica desde 2007-2008. Assim o presidente Obama atendia aos interesses e necessidades do complexo industrial-militar, meio privilegiado para a realização do excedente econômico, i.e., para acumulação de capital. O que, entretanto, determinou tal decisão foi o fato de que as tropas do presidente Bashar al-Assad, reforçadas por milícias do Hizballah, procedentes do Líbano, haviam retomado a estratégica cidade de a-Qusayr, da qual o governo podia controlar todo o país, e marchavam para a reconquista de Alepo, mudando acentuadamente em seu favor o curso da guerra civil, da qual cada vez mais participavam *jihadistas*, mercenários recrutados pelos salafistas, na Tunísia, no Marrocos e até na Europa, e com subvenção da Arábia Saudita, do Qatar e de outros emirados do Golfo.

O objetivo dos Estados Unidos sempre foi a derrubada do regime de Bashar al-Assad, de modo a eliminar a presença da Rússia no Mediterrâneo, fechando suas bases navais — Tartus e Latakia — instaladas na Síria, bem como conter o avanço da China no Oriente Médio e no Magreb, isolar o Irã e cortar seus vínculos com o Hizballah, no Líbano, de acordo com os interesses de Israel. Não foi por outra razão que o Departamento de Estado, de 2006, pelo menos, a 2009, destinou mais de US$ 6 milhões à oposição na Síria, para as operações do canal de TV satélite Barada River, vinculado ao Movimento por Justiça e Desenvolvimento, dos exilados sírios em Londres.[213] E a guerra na Síria, desde o início, configurou uma batalha pelo controle do Mediterrâneo, região de vital importância geopolítica e estratégica dentro do contexto de um conflito global, não declarado, no qual os Estados Unidos intensificaram ostensivamente os esforços, para manter e expandir além-mar a presença de suas forças armadas, a capacidade de projetar rapidamente seu vasto poder e operar *"unilaterally or in combination with multinational and interagency partners in order to achieve full spectrum dominance"*.[214]

A *full spectrum dominance* sempre significou a ampliação e consolidação da hegemonia planetária dos Estados Unidos, que se arrogaram à condição de única potência verdadeiramente soberana sobre a Terra,[215] ao mesmo tempo que tratavam de derrogar, unilateralmente ou por meio da ONU, com o apoio das potências da União Europeia, o princípio democrático da igualdade de todas as nações, e encorajavam a catastrófica fragmentação dos Estados nacionais, visando a converter o mundo todo em sua zona de investimentos e garantir-lhes segurança e proteção, com a OTAN a servir como gendarme do sistema financeiro e das corporações e internacionais.[216]

Esse objetivo, *desideratum* do *Project for the New American Century* do ex-presidente George W. Bush, havia inserido os Estados Unidos em um estado de guerra permanente, uma guerra infinita e indefinida, contra um inimigo assimétrico, sem esquadras e sem força aérea, e cuja organização militar, recursos econômicos e sistema de informação nunca foram conhecidos e descritos com detalhes. O presidente Barack Obama endossou-o, tal como explicitado na *Joint Vision 2010* e ratificado pela *Joint Vision 2020*, do Estado Maior-Conjunto, sob a chefia do general de exército Henry Shelton.[217] Nos primeiros dias de agosto de 2013, a Casa Branca alardeou suposta ameaça global de terror e ordenou o fechamento de 19 embaixadas e consulados dos Estados Unidos no Oriente Médio e na África do Norte, sob a alegação de que interceptara troca de mensagens eletrônicas entre militantes de al-Qa'ida e Ayman al-Zawahiri, sucessor de bin Ladin, articulando ataques contra interesses americanos em alguns países, entre os quais Iêmen, Kuwait, Egito, Iraque e Arábia Saudita. Entrementes, os turistas americanos receberam *"unusual"* alerta, por *"increased security concerns"*, sobre viagens para aquela região. Alguns analistas e membros do Congressso dos Estados Unidos, entretanto, perceberam que tal iniciativa do presidente Obama, revivendo e enfatizando a ameaça terrorista, teve como objetivo desviar as atenções do escândalo provocado pelas revelações do *whistleblower* Edward Snowden, através do jornal britânico *The Guardian*, e legitimar os programas de espionagem eletrônica da NSA, à qual atribuiu a descoberta do complô.[218] Até mesmo o senador Peter King, alto representante do Partido Republicano (NY), declarou à imprensa que *"it's absolutely crazy to say there's any conspiracy here"*.[219]

Conforme comentou o professor James Petras, se al-Qa'ida voltou a ameaçar os Estados Unidos, após doze anos de guerra no Afeganistão e onze no Iraque, ao custo de US$ 1,46 trilhão e de mais de 7.000 soldados americanos mortos, bem como de outros milhares física e psicologicamente mutilados, a campanha contra o terrorismo havia resultado no mais completo fiasco.[220] Com efeito, o alerta da Casa Branca sobre ameaça terrorista de al-Qa'ida — o inimigo visível/invisível — constituiu uma *psyop* para atemorizar o povo americano e dos demais países e assim justificar a implantação da espionagem eletrônica, a cargo da NSA, e a existência dos mais diversos serviços de inteligência, que perverteram a democracia e tornaram os Estados Unidos, assim como a Grã-Bretanha, em estados de segurança, intoxicados, virtualmente, por uma tendência totalitária. A ameaça foi fabricada. Nenhum ataque terrorista ocorreu contra embaixadas e consulados dos Estados Unidos no Oriente Médio, no período do fechamento, a evidenciar a falsidade do alerta propalado pela Casa Branca.

O inimigo visível/invisível, necessário ao complexo-industrial militar, continuou o mesmo que o presidente George W. Bush havia reanimado para justificar o ataque ao Afeganistão: o terrorismo, configurado por al-Qa'ida, o monstro Frankenstein — como o denominou o general Pervez Musharraf, ao acusar os Estados Unidos, a Arábia Saudita e seu próprio país, o Paquistão, por havê-lo criado. Porém, com esse mesmo inimigo — al-Qa'ida e demais organizações terroristas — o presidente Obama maridou a OTAN, fornecendo-lhe logística e armamentos e ajuda direta e/ou indireta nas guerras da África do Norte e do Oriente Médio, e.g., nos casos da Líbia e da Síria. E mais ainda, em 21 de agosto de 2013, após o presidente Barack Obama haver declarado, meses antes, que o emprego de armas químicas seria a "linha vermelha" para que os Estados Unidos interviessem militarmente na Síria, os rebeldes e terroristas manufaturaram um ataque de gás no sul de Damasco, filmando o massacre de civis e crianças, e atribuíram-no, através da mídia ocidental e das redes sociais, ao governo do presidente Bashar al-Assad. O cenário para a intervenção dos Estados Unidos, da França e da Grã-Bretanha foi perfeitamente montado, uma vez que o Exército do governo de Assad, desde junho, estava a vencer os insurgentes em sucessivas batalhas através do país, sobretudo em Qasair, o último bastião de resistência, e em al-Budweia al Sharquia, onde restaurou a ordem e a segurança, para o alívio da população. Com o respaldo da França e da Grã-Bretanha, o presidente Obama, Prêmio Nobel da Paz, logo ordenou a preparação para bombardear a Síria, com mísseis Tomahawk, a partir da esquadra no Mediterrâneo. Disse que seria apenas um *"punitive strike"*, apesar de que

A SEGUNDA GUERRA FRIA

nenhuma prova tivesse contra o governo de Assad. Só lhe faltou reclamar, como Tamburlaine[221] na peça teatral do dramaturgo inglês Christopher Marlowe (1564-1593): *"The god of war resigns his room to me, meaning to make me general of the world."*[222]

St. Leon, agosto de 2013

NOTAS

1. Spengler, 1991, p. 196.
2. Eliot, 1972, p. 13.
3. Freud, 1948b, p. 1146.
4. *The Global Journal*, http://theglobaljournal.net/article/view/585/.
5. Foreign Agents Registration Act (FARA). Sua execução está a cargo da Counterespionage Section (CES) na National Security Division (NSD), http://www.fara.gov/.
6. "Merkel wirft Russland — 'Störung' deutscher Stiftungen vor Putin pocht auf Recht zur Kontrolle der Finanzen", *Die Welt*, 5/4/2013. "Russische NGOs bekommen jährlich hunderte Millionen aus dem Ausland", *RIA Novosti*, April 5, 2012.
7. "USA still tries to destroy Russia from within, through NGOs", *Pravda*, 16/11/2012.
8. Algumas ONGs transnacionais começaram a aparecer logo após a Segunda Guerra Mundial, com o objetivo de defender a natureza, porém, desde os anos 1970/1980, começaram a ser criadas, sobretudo nos Estados Unidos, como instrumentos de política internacional, sob o pretexto, *inter alia*, de defesa de direitos humanos, democracia, meio ambiente ou amplos objetivos sociais, dentro da estratégia que visa a sobrepujar o conceito de soberania nacional e estabelecer um *"world government"*, i.e., a governança global, sob a hegemonia dos Estados Unidos.
9. Charles Clover, "Kremlin moves against foreign-backed NGOs", *Financial Times*, July 13, 2012.
10. Ibidem.
11. Atwan, 2012, p. 16-17.
12. Spykman, 1942, p. 458-460.
13. "Remarks by the President to Parliament in London, United Kingdom", Westminster Hall, London, United Kingdom, The White House — Office of the Press Secretary, May 25, 2011.

14. Sousa Lara, 2007 p. 31-33.
15. Brzezinski, 1983, p. 226. Mais detalhes, vide Moniz Bandeira, 2006, p. 377-402.
16. Hunter, 2004, p. 328-330, 348-355.
17. Amin, 2012.
18. Musharraf, 2006, p. 219. A divergência com Abdullah Yusuf Azzam teve origem no fato de que bin Ladin pretendia também usar a organização para a *Jihad* contra os regimes árabes seculares, considerados apóstatas.
19. Atwan, 2012.
20. Hurgronje, 1916, p. 101.
21. *Der Koran* (Arabisch-Deutsch), Aus dem Arabisch von Max Henning, Teil 27, Sure 52, Der Berg, p. 525-524; Sure 56, Das Unvermeidliche (Al-Waqiah), ayat 34-36, p. 536-534.
22. Kepel, 2004, p. 46.
23. Freud, 1948a, p. 1014.
24. Weber, 1964, p. 899, 901.
25. Lapidus, 1999, p. 139-151. Turner, 1974, p. 14, 39-55, 172-173.
26. Ali, 2002, p. 42.
27. Kaldûn, 2005, p. 269.
28. Weber, 1964, p. 939.
29. Crone, 2011, p. 447-448.
30. Kaldûn, 2005, p. 94-95.
31. Gibbon, 1995, vol. III, p. 160.
32. Ibidem, p. 162.
33. Al-Barghouti, 2008, p. 180.
34. Küng, 2010, p. 64-66.
35. Donner, 2010, p. 30-31.
36. Ibidem, p. 30-31.
37. Johnson, 1988, p. 166.
38. Lapidus, 1988, p. 19-20.
39. Ibidem, p. 20.
40. Kaldûn, 2005, p. 120-122.
41. Lapidus, 1988, p. 20.
42. Donner, 2010, p. xii.
43. Hurgronje, 1916, p. 22.
44. Lapidus, 1988, p. 20.
45. Weber, 1967, p. 70.

A SEGUNDA GUERRA FRIA

46. O imperador Flavius Valerius Claudius Constantinus (307-337 d.C.) adotou o cristianismo como religião oficial do Império Romano, cuja capital transferiu para Constantinopla (Bizâncio), e em 325 convocou o Concílio Ecumênico de Niceia.

47. GRAMSCI, 2004, p. 128-129.

48. WEBER, 1964, p. 361. GIBBON, 1995, vol. III, p. 210.

49. Ibidem, p. 428-429.

50. Ibidem, p. 171.

51. *Der Koran* (Arabisch-Deutsch), Aus dem Arabisch von Max Henning, Teil 3, Sure 3, Das Haus Ìmráns 45, p. 55. KÜNG, 2010, p. 77.

52. Ibidem, p. 129.

53. KALDÛN, 2005, p. 97.

54. SOMBART, 1913, p. 192.

55. HOBBES, 2002, p. 190, 403-405 e 412.

56. LAPIDUS, 1988, p. 21.

57. ARMSTRONG, 2001, p. 168-169.

58. RODINSON, 1980, p. 180-181.

59. BISSIO, 2012, p. 104-105.

60. LAPIDUS, 1988, p. 30-31.

61. WEBER, 1956, p. 159-166.

62. O Islã assentou-se sobre cinco pilares (*arkān ad-dīn):* 1. Declaração de fé (shahada) de que "Não há deus exceto Deus e Muhammad é seu Profeta" (*lā ilāha illā l-Lāh, Muḥammadun rasūlu l-Lāh*); 2. Rezar cinco vezes ao longo do dia (*salah*); 3. Pagar o tributo religioso (*zakat*), equivalente a 2,5% da riqueza de cada muçulmano, para os menos favorecidos; 4. Cumprir as obrigações do Ramadam (*siyam*); 5. Fazer a peregrinação a Meca (*hajj*). Posteriormente, durante o Califado Umayyad (661-750), a *Jihad* foi acrescentada como o sexto pilar do Islã.

63. GIBBON, 1995, vol. III, p. 210.

64. ARMSTRONG, 2001, p. 164.

65. DUROSELLE, 1982, p. 344-345.

66. ISHAQ, 2003, p. 102 e 129.

67. Ibidem, p. 138-139.

68. VOLTAIRE, 1743, Acte Premier, Scene II, p. 9.

69. "*Mohammed ist Prophet, aber Mensch und über des Menschen Schwächen nicht erhaben.*" HEGEL, 1920, Band 171d, p. 791.

70. Deuteronômio (13 7-29), in *Die Heilige Schrift des Alten und Neuen Testament*, p. 208-209.

71. Ibidem (13 1-5 e 13-9), p. 208-209.

72. Ibidem (20 1-19).
73. Weber, 1996, p. 486.
74. *Dirhm* ou *dirham* é o nome de uma antiga moeda corrente na Antiguidade usada no Oriente Médio e na África do Norte. O nome tem origem na moeda grega *drachma*.
75. Lapidus, 1988, p. 31-32.
76. Toynbee, 1951, p. 227-228.
77. Turner, 1974, p. 82.
78. Ishaq, 2003.
79. Weber, 1964, p. 843, 856-857.
80. Ibidem, p. 899-890.
81. Os quatro califas que os sunitas consideram "corretamente orientados" foram: Abī Bakr (632-634), Umar ibn al-Khattab (634-644), Uthman ibn Affan (644-656) e Ali ibn Abi Talib (656-661).
82. Pirenne, 1992, p. 149.
83. Khuri, 2008, p. 19-21.
84. Abī Bakr apontou Umar ibn al-Khattab como seu sucessor e obteve o consenso da comunidade islâmica. Umar, o segundo califa, venceu a batalha de Nihawand, na qual capturou muitos escravos persas, mulheres e crianças, mas foi assassinado por um persa chamado Firoz. Seu sucessor, Uthman ibn Affan, eleito pelo *Majlis* (conselho) de eleitores, passou a dirigir o califado como um rei e também foi assassinado. Ali ibn Abi Talib, marido de Fatima'h, genro e primo de Muhammad, enfrentou, no entanto, grandes rebeliões, que resultaram numa grande guerra civil, que durou cinco anos, período conhecido como *al-Fitna al Kubra*. O califado de Ali, o último Rashidun, durou de 656 até 661, quando ele foi assassinado na grande mesquita Masjid al-Kūfa, no Iraque, durante a *sujūd* (prostração), orando na direção de Ka'aba. Seus adeptos, defendendo que os sucessores deviam ser da *ahl al-bayt* (casa/família do povo), por conseguinte descendentes diretos de Muhammad, os filhos de Fatima'h e Ali, formaram a facção *Shia* (*Shī'atul 'Alī*), os xiitas, partidários de Ali.
85. Crone, 1980, p. 39.
86. Gibbon, 1995, vol. III, p. 336-339.
87. Lapidus, 1988, p. 60.
88. Crone, 1980, p. 39.
89. Os algarismos romanos não dispunham do zero.
90. O Islã invadiu a Península Ibérica em 710-711, com forças compostas de árabes, berberes e mouros, comandadas por Tariq ibn Ziyad, de origem berbere e vinculado à dinastia Umayyad.
91. Ferrín, 2006, p. 243-244.

92. Ibidem, p. 416. MANCHADO, QUESADA e LASALA, 2009, p. 148-153.
93. Ibidem, p. 195-196.
94. Sobre o tema, vide Paulo Fernando MORAES FARIAS, "The Almoravids: Some Questions Concerning the Character of the Movement during its Periods of Closest Contact with the Western", *Almohain Bulletin de l'I.F.A.N* (Institute Foundation of Afrique Noire), t. XXIX, sér. B, n° 3-4, Department of History, University of Dakar, Ghana, 1967.
95. MANCHADO, QUESADA e LASALA, 2009, p. 275-276. FERRÍN, 2006, p. 244.
96. LAPIDUS, 1988, p. 384-389.
97. FINKEL, 2005, p. 3-4.
98. HOURANI, 1991, p. 214-215.
99. BYRON, 2003, p. 50.
100. FINKEL, 2005, p. 10-11.
101. LAWRENCE, 1962, p. 34.
102. TUCHMAN, 1979, p. 182-183.
103. WEBER, 1967, p. 102.
104. HOBSON, 1930, p. 11.
105. DOUGHTY, 1983, p. 30.
106. JAMES, 1995, p. 391.
107. FROMKIN, 1989, p. 410-411.
108. DOUGHTY, 1983, p. 20.
109. HOUSE, 2012, p. 240-243.
110. Ibidem, p. 5-35.
111. Ibidem, p. 49.
112. BAAR, 2011, p. 1-19.
113. AMIN, 2012, p. 36-37, 54-55.
114. LAWRENCE, 1962, p. 34-35.
115. Ibidem, p. 344-345.
116. FROMKIN, 1989, p. 450-451.
117. TUCHMAN, 1979, p. 182.
118. Província do Império Bizantino. *Rumeli* — terra dos Romanos.
119. Em 1919, havia na Palestina cerca de 65.000 judeus, em uma população estimada em 700.000 habitantes. RENOUVIN e DUROSELLE, 1967, p. 323.
120. A aquisição de terras na Palestina por imigrantes judeus da Europa começou no século XIX e continuou após a Primeira Guerra Mundial com recursos do Jewish National Fund, com a condição de que nunca poderiam ser vendidas outra vez ou arrendadas aos árabes.
121. JAMES, 1995, p. 275-391.
122. PAPPE, 2012, p. 147-148.

123. Gordon, 2008, p. 5-6.
124. Milnes, 2012, p. 141.
125. Pappe, 2012, p. 214 e 250.
126. Ibidem, p. 117.
127. Mannheim, 1952, p. 181-184.
128. Khalid, 2013, p. xx.
129. Joxe, 2012, p. 35.
130. Mais detalhes, vide Moniz Bandeira, 2006, p. 178-182.
131. O Ottoman-British Agreement de 1913 reconheceu o Kuwait como distrito da província de Basra, cuja soberania fora transferida para o Iraque. Em 1939, houve um levante popular no Kuwait para a sua unificação com o Iraque, mas foi esmagado pelo sheik Ahmad Al-Jaber Al-Sabah, com o apoio de assessores britânicos. David Klein, "Mechanisms of Western Domination: A Short History of Iraq and Kuwait", California State University, Northridge, January 2003.
132. Ali, 2002, p. 155.
133. Senate Select Committee on Intelligence (November 20, 1975), "C. Institutionalizing Assassination: the 'Executive Action' capability", Alleged Assassination Plots involving Foreign Leaders — Additional, Supplemental and Separate Viwes, Washington, U.S. Government Printing Office, p. 181, n. 1. JFK Library, Memorandum for The President from Robert W. Komer, February 8, 1963 (JFK, NSF, Countries, Iraq, Box 117, "Iraq 1/63-2/63", document 18), p. 1. Powers, 1979, p. 161-162. Hersh, 1997, p. 194-195.
134. Saddam Hussein participou da tentativa de assassinar o coronel Qassim em 1959.
135. Rositzke, 1977, p. 108-109.
136. Aburish, 2001, p. 58-59.
137. Cockburn e Cockburn, 1999, p. 71-78. Darwish e Alexander, 1991, p. 22-26.
138. Aburish, 2001, p. 58-59.
139. Al-Fatah era uma das facções da OLP.
140. Green, 1984, p. 204-206, 210-211.
141. Naquela ocasião, um avião de Israel atacou o USS *Liberty* e matou 34 militares americanos. O inquérito, ordenado pelo então presidente Lyndon Johnson e pelo secretário de Defesa, Robert McNamara, concluiu que o incidente fora mero "acidente". Entretanto, o almirante Thomas Moorer, ex-chefe do Estado-Maior Conjunto, após investigar, juntamente com outros oficiais, o ataque, declarou que atribuí-lo a um "acidente" foi *"one of the classic all-American cover-ups"*. O ataque foi feito por um *"unmarked aircraft"* de Israel,

provavelmente com o fito de acusar o Egito. *Dead in the Water — Cover-Up Alleged in Probe of USS Liberty*, BBC Documentary on the USS Liberty.

142. GREEN, 1984, p. 212-215.
143. Ibidem, p. 206-211.
144. Ibidem, p. 244.
145. ALI, 2002, p. 165.
146. "Nasser did not die of poisoned coffee: doctor", *Al Arabiya*, September 26, 2010.
147. ANDREW e GORDIEVSKY, 1990, p. 501.
148. KISSINGER, 1994, p. 739-740.
149. ANDREW e GORDIEVSKY, 1990, p. 501.
150. Apêndice: "Sobre a guerra árabe-israelense", entrevista de Isaac Deutscher, in ALI, 2002, p. 452.
151. ULAM, 1984, p. 85-86.
152. SOLOMON, 1977, p. 102-103.
153. BUNDY, 1998, p. 428-429.
154. THOMAS, 1999, p. 152-154.
155. Organization of the Petroleum Exporting Countries (OPEC), cartel intergovernamental formado na Conferência de Bagdá (1960) pelos países produtores de petróleo: Arábia Saudita, Iraque, Kuwait, Irã e Venezuela, ao qual também aderiram Líbia, Emirados Árabes Unidos, Qatar, Indonésia, Argélia, Nigéria, Equador, Angola, e Gabão.
156. U.N. Resolution 338, 1973, Apendix 2, in CARTER, 2006, p. 219.
157. HOUSE, 2012, p. 242-244.
158. KISSINGER, 1994, p. 739-740. DALLEK, 2007, p. 520-533.
159. ANDREW e GORDIEVSKY, 1990, p. 543.
160. KEPEL, 2004, p. 44-45.
161. HOBSBAWM, 1994, p. 359.
162. Camp David Accords, Apendix 3, in CARTER, 2006, p. 221-230.
163. Framework for Egypt Peace Treaty, 1978, in CARTER, 2006, p. 231-234.
164. GRAMSCI, 2004, p. 129.
165. A Irmandade Muçulmana foi fundada no Egito, em 1928, por Hassan al-Banna, que pretendia purificar o Islã das influências estrangeiras. Al-Banna foi morto em 1949. Muitos dos seus militantes, perseguidos no Egito, fugiram para a Alemanha Ocidental, onde instalaram células que depois planejaram os atentados de 11 de setembro de 2001.
166. BAER, 2003, p. 94-97.
167. SOUFAN, 2011, p. 52.
168. Ibidem, p. 103-104. "Syria's Hama: An uprising crushed 30 years ago", *Al Arabiya*, February 3, 2012.

169. Neil MacFarquhar, "Hafez al-Assad, Who Turned Syria Into a Power in the Middle East, Dies at 69", *The New York Times*, June 10, 2000.
170. O coronel Hafez al-Assad, nascido na vila Qurdaha, pertencia à minoria alawita, grupo étnico que habitava as montanhas an-Nusayriyah ou Jabal al-'Alawīyin, no lado do Mediterrâneo.
171. Eyal Zisser, "Where Is Bashar al-Assad Heading?", *Middle East Quarterly*, Winter 2008, p. 35-40.
172. Baer, 2003, p. 207-208.
173. Ibidem, p. 104.
174. Gates, 1997, p. 146.
175. Por volta de 1980, metade dos estudantes no Afeganistão era mulher, e as mulheres constituíam 40% dos médicos, 70% dos mestres escolares e 30% dos servidores civis.
176. Moniz Bandeira, 2006, p. 180-182 e 383-391.
177. Baer, 2003, p. 146-147. Hunter, 2004, p. 383-386.
178. Molière, 1862.
179. Sherwood Ross, "US Sponsored Genocide Against Iraq 1990-2012. Killed 3.3 Million, Including 750,000 Children", Statement by Professor Francis Boyle, Kuala Lumpur War Crimes Tribunal, Global Research, Region: Middle East & North Africa, Theme: Crimes against Humanity, US NATO War Agenda — In-depth Report: Iraq Report.
180. Convention on the Prevention and Punishment of the Crime of Genocide. Adopted by Resolution 260 (III) A of the United Nations General Assembly on 9 December 1948, http://www.hrweb.org/legal/genocide.html.
181. Joxe, 2012, p. 146.
182. Ned Parker, "The Iraq We Left Behind — Welcome to the World's Next Failed State", *Foreign Affairs*, March/April 2012.
183. Tucker Reals, "Report: $ 6B missing in Iraq may have been stolen", *CBS News*, June 14, 2011.
184. Index Mundo — Iraq Economy Profile 2013, http://www.indexmundi.com/iraq/economy_profile.html.
185. Remarks of President Barack Obama, The White House Office of the Press Secretary, May 23, 2013, http://www.whitehouse.gov/the-press-office/2013/05/23/remarks-president-barack-obama.
186. Ibidem.
187. Ibidem.
188. Ibidem.
189. Gerges, 1999, p. 238-239. Joxe, 2012, p. 34-35. Carter, 2006, p. 125-138.
190. Historical Data for Egypt Unemployment Rate, http://www.tradingeconomics.com/egypt/unemployment-rate.

191. David D. Kirkpatrick, "Army Ousts Egypt's President; Mursi Is Taken Into Military Custody", *The New York Times*, July 3, 2013.
192. "Saudis, Gulf emirates actively aided Egypt's military coup, settling score for Mubarak ouster", *Debka.com*, July 4, 2013.
193. Ibidem.
194. Ibidem. Debka, July 5 2013: "The Saudis and the UAE pledged to match the funds Qatar transferred to the Muslim Brotherhood's coffers in Cairo in the past year, amounting to the vast sum of \$13 billion." https://www.pjtn.org/saudis-gulf-emirates-actively-aided-egypts-military-coup-settling-score-for--mubarak-ouster/, acessado em 7/4/2017.
195. Manlio Dinucci, "L'arte della Guerra — Egitto, chi riempie il vuoto di potere", *Il Manifesto*, 9/7/2013.
196. David Gardner, "After Egypt, political Islam faces its sternest test", *Financial Times*, July 10, 2013.
197. Declaração de Essam al Haddad no Facebook, disponível em: https://www.facebook.com/photo.php?fbid=6180960815481538set=a.522553531102 409.121628.522537587770670&type=1. Yaghmaian, 2013.
198. Amal Imad, "Yemen humanitarian Crisis under its transitional political reform", Information and Public Affairs Department of Muslim Aid, UK.
199. "Libya's Muslim Brothers. The knack of organisation. The Muslim Brotherhood looks likely to make further gains", *The Economist*, January 12, 2013. "Libyan activists protest against militias, Muslim Brotherhood", Associated Press, Fox News, May 10, 2013.
200. Suliman Ali Zway e Kareem Fahim, "Dozens Are Killed in Libya in Fight With Militia", *The New York Times*, June 8, 2013.
201. Abdullah Elmaazi, "Chaos in Libya Threatens Entire Sahel Region", *Al Monitor*, May 3, 2013.
202. "Urgent, war on terror in sahel: Qatar supports terrorists", Indian Defence and Military Forum.
203. "Russia Slams Saudi Arabia, Qatar For Funding Syrian Rebels", *PressTV*, June 8, 2012.
204. Atwan, 2012, p. 57-59.
205. Rania Abouzeid, "Arming Syria's Rebellion: How Libyan Weapons and Know-How Reach Anti-Assad Fighters", *Time*, May 29, 2013.
206. Baer, 2003, p. 95-96.
207. "It's absolutely impossible to change regime in Syria — Russian Foreign Minister", Itar-Tass News Agency, 17/4/2013.
208. "Israel vows to stop Syria's S-300 missile shield from becoming operational", *Voice of Russia*, May 30, 2013.

209. Heinz Nussbaumer, "Der 'Neue Nahe Osten", Hans Hollerveger, "Wer nichts tut, komm immer zu spät", ICO — *Information Christilicher Orient*, 13. Jahr, n° 49, Februar 2013, p. 4-5.
210. Roula Khalaf e Abigail Fielding Smith,"Qatar bankrolls Syrian revolt with cash and arms", *Financial Times*, May 16, 2013.
211. Tibi, 2001, p. 248-249.
212. "In the wake of US-Israeli Attack on Syria, UN reveals terrorists not government used sarin gas", *Land Destroyer Report*, May 6, 2013, disponível em: http://landdestroyer.blogspot.pt/2013/05/in-wake-of-us-israeli-attack-on-syria.html; "US unveils Iraq WMD 'Curveball Style' lies vs. Syria — As NATO terror front collapses in Syria, US attempts to justify intervention by drumming up familiar WMD lies", International Observatory for Gulf State Despotism, April 26, 2013, iogsd.blogspot, disponível em: http://iogsd.blogspot.pt/2013/04/us-unveils-iraq-wmd-curveball-style.htm?utm_source=BP_recent.
213. Craig Whitlock, "U.S. secretly backed Syrian opposition groups, cables released by WikiLeaks show", *The Washington Post*, April 17, 2011.
214. Joint Vision 2020 — America's Military: Preparing for Tomorrow, May 30, 2013, Army Gen. Henry Shelton chairman of the Joint Chiefs of Staff, Office of Primary Responsibility, Director for Strategic Plan and Policy, J5, Strategy Division. Garamone, 2000.
215. Lieven, 2004, p. 13.
216. Para análise desse tema, vide mais detalhes em Moniz Bandeira, 2006, p. 28-31.
217. http://www.fs.fed.us/fire/doctrine/genesis_and_evolution/source_materials/joint_vision_2020.pdf.
218. Eric Schmitt, "Qaeda Messages Prompt U.S. Terror Warning", *The New York Times*, August 2, 2013. Josh HICKS, "Peter King says talk of terror-threat conspiracy 'absolutely crazy'", The Washington Post, August 4, 2013.
219. Ibidem.
220. James Petras, "The Obama Regime's Fabricated 'Terror Conspiracy' in Defense of the Police State", James Petras Website, http://petras.lahaine.org/?p=1950.
221. Tamburlaine é o histórico Timūr (1336-1405) ou Timūr-e Lang, um *khan* turco, oriundo de tribo mongol, conhecida como Barlas. Ele conquistou quase toda a Ásia Central e fundou a dinastia Timurida, da qual vários membros, após a perda da Pérsia para a Dinastia Safávida em 1501, constituíram alguns emirados, inclusive no Kabulistão (Afeganistão), e invadiram o Hindustão, onde estabeleceram o Império Mughal.
222. Marlowe, 1986, p. 166-168.

Referências

"2012 UNHCR country operations profile — Jordan Working environment". UNHCR — UN Refugee Agency. Disponível em: http://www.unhcr.org/pages/49e486566.html.

"300 ojivas nucleares israelíes, una amenaza mundial". HispanTV, 29/2/2012. Disponível em: www.hispantv.ir/detail.aspx?id=175279.

"A Barrel Full Oil & Gas Wiki — Country Oil & Gas Profiles". *Syria Oil & Gas Profile*. Disponível em: http://abarrelfull.wikidot.com/syria-oil-gas-profile.

A National Security Strategy for a New Century. The White House, December 1999. Disponível em: http://clinton4.nara.gov/media/pdf/nssr-1299.pdf.

"A um ano da invasão da Líbia: pobreza, divisão e morte". *Diário da Liberdade* (Galiza), 3/4/2012. Disponível em: http://www.diarioliberdade.org/mundo/direitos-nacionais-e-imperialismo/25836-a-um-ano-da-invasao-da-libia-pobreza-divisao-e-morte.html.

ABDO, Geneive. *No God but God. Egypt and the Triumph of Islam*. Oxford: Oxford University Press, 2000.

"About 106 US tanks delivered to Yemen". *Al-Sahwa Net*, Yemen news site, 14/10/2012. Disponível em: http://www.alsahwa-yemen.net/arabic/subjects/5/2012/10/14/23408.htm.

ABOUZEID, Rania. "Arming Syria's Rebellion: How Libyan Weapons and Know--How Reach Anti-Assad Fighters". *Time*, May 29, 2013.

_____. "Syria's Secular and Islamist Rebels: Who Are the Saudis and the Qataris Arming?". *Time*, September 18, 2012.

ABRAMS, Elliott. "America's Duplicity with the Syrian Opposition". *National Review Online*, February 27, 2012. Disponível em: http://www.nationalreview.com/corner/292060/america-s-duplicity-syrian-opposition-elliott-abrams#.

ABURISH, Saïd K. *Saddam Hussein — The Politics of Revenge*. Londres: Bloomsbury, 2001.

ACKERMAN, Spencer. "Tiny Qatar flexed big muscles in Libya". *Wired.co.uk*, August 26, 2011. Disponível em: http://www.wired.co.uk/news/archive/2011-08/26/tiny-qatar-flexed-big-muscles-in-libya.

ADGHIRNI, Samy. "Um brasileiro no Irã — Fotos de um Irã surpreendente". *Folha de S. Paulo*, 31/10/2012. Disponível em: http://samyadghirni.blogfolha.uol.com.br/.

ADLY, Ayman. "Nato commander hails Qatari forces' role in Libya's liberation". *Gulf Times*, March 26, 2012.

AFAD Press Release: As of today, Republic of Turkey has 93.576 Syrian Citizens... October 1, 2012, Republic of Turkey, Prime Ministry Disaster and Emergency Management Presidency. Disponível em: http://syrianmonitor.blogspot.de/2012/10/afad-press-release-as-of-today-republic.html.

"Afghan drug trafficking brings US $50 billion a year". *Russian Today*, August 20, 2009. Disponível em: http://rt.com/usa/news/afghanistan-us-drug-trafficking/print/.

"Afghanistan's Most Vulnerable — The Poverty of War". *Afghanistan 101*, February 24, 2012. Disponível em: http://afghanistan101.blogspot.com/2012/02/afghanistans-most-vulnerable-poverty-of.html.

"Afghans say US team found huge potential mineral wealth". *BBC News South Asia*, June 14, 2010. Disponível em: http://www.bbc.co.uk/news/10311752.

AFP. "US 'offered Israel new arms to delay Iran attack'". *Yahoo News*, 8/3/2012. Disponível em: http://news.yahoo.com/us-offered-israel-arms-delay-iran-attack-005157280.html.

"AFRICOM as Libya Bombing Motive". Common Dreams — Institute for Public Accuracy (IPA), Washington, March 24, 2011. Disponível em: https://www.commondreams.org/newswire/2011/03/24.

AGHA, Hussein e MALLEY, Robert. "This Is Not a Revolution". *The New York Review of Books*, November 8, 2012.

AHMED, Nafeez Mosaddeq. "Al Qaeda: Enemy or Asset?". *CounterPunch*. Disponível em: http://www.counterpunch.org/2013/05/20/al-qaeda-enemy-or-asset/.

_____. "Whistleblower: Al-Qaeda Chief Was US Asset — Did State Department Block Sunday Times Exposé of Pentagon Terrorist Ties?". *The Huffington Post*, May 20, 2013. Disponível em: http://www.huffingtonpost.co.uk/dr-nafeez-mosaddeq-ahmed/whistleblower-alqaeda-chi_b_3305954.html?utm_hp_ref=uk-politics?ncid=GEP.

_____. *The War on Freedom. How and Why America Was Attacked, September 11, 2001.* East Sussex (Inglaterra): Institute for Policy Research & Development/Media Messenger Books, 2002.

AITKEN, Joanathan. *Nazarbayev and the Making of Kazakjstan*. Londres/Nova York: Continuum, 2009.

AJAMI, Fouad. *The Syrian Rebellion*. Califórnia: Hoover Institution Press/Stanford University, 2012.

AJRASH, Kadhim e RAZZOUK, Nayla. "Iraq Lifts Oil Reserves Estimate to 143 Billion Barrels, Overtakes Iran". Bloomberg, October 4, 2010. Disponível em: http://www.bloomberg.com/news/2010-10-04/iraq-lifts-oil-reserves-estimate-overtakes-iran-update1-.html.

AL QASSEMI, Sultan. "Breaking the Arab News. Egypt made al Jazeera — and Syria's destroying it". *Foreign Policy*, August 2, 2012. Disponível em: http://www.foreignpolicy.com/articles/2012/08/02/breaking_the_arab_news.

AL-AMIN, Ibrahim. "It's True... There's No Going Back". *Al-Akhbar English*, October 22, 2012. Disponível em: http://english.al-akhbar.com/content/it%E2%80%99s-true-there%E2%80%99s-no-going-back.

AL-BARGHOUTI, Tamim. *The Umma and the Dawla. Nation State and the Arab Middle East*. Londres: Pluto Press, 2008.

ALEXANDER, Matthew. *Kill or Capture. How a Special Operations Task Force Took Down a Notorius al Qaeda Terrorist*. Nova York: St. Martin's Press, 2011.

ALI, Tariq. "Mirage of the Good War". In TURSE, Nick (ed.). *The Case for Withdrawal from Afghanistan*. Londres: Verso, 2010.

_____. *Confronto de Fundamentalismos — Cruzadas, Jihads e Modernidade*. Rio de Janeiro: Record, 2002.

"Al Zawahri personally ordered Al Qaeda to murder US Ambassador Stevens". *DEBKAfile Exclusive Report*, September 12, 2012.

ALLAW, Sufian. "Syria' oil fell between 20% and 25% because of the sanctions... No company withdraw". *Syrian Oil & Gas News* — al-Hayat. Disponível em: http://www.syria-oil.com/en/?p=1875&print.

AL-LAYTHI, Nidal e ABD ZAYER, Karim. "Potential Iran-Iraq Deal Worries West, Pressures Turkey". *Al-Monitor*, October 4, 2012. Disponível em: http://www.al-monitor.com/pulse/security/01/10/iran-iraq-strategic-agreement.html.

ALLEN, Nick. "Libya: Former Guantánamo detainee is training rebels — A former detainee at Guantánamo Bay has taken a leading role in the military opposition to Col.Muammar Gaddafi, it has emerged, alongside at least one other former Afghan Mujahideen fighter". *The Telegraph*, April 3, 2011.

"Allies meet in Abu Dhabi to discuss post Gaddafi future". *Daily Mail*, June 9, 2011. Disponível em: http://www.dailymail.co.uk/news/article-2001778/Libya-war-costs-US-taxpayers-2m-day-Gaddafi.html.

"'Al-Qaeda snatched missiles' in Libya". *Neus.com.au*, AFP, March 26, 2011. Disponível em: http://www.news.com.au/breaking-news/al-qaeda-snatched-missiles-in-libya/story-e6frfku0-1226028543204.

AL-REKABI, Abdel Amir. "Is Egypt Replacing a Dictator with an 'Electoral Dictatorship'?". *Al-Haya* (Saudi Arabia), July 27, 2012.

ALSAADANY, Alminji. "Tunisian Ministry of Culture warns of sectarian tensions". *Asharq Alawsat*, 24/8/2012. Disponível em: http://www.asharq-e.com/news.asp?section=1&id=30800.

AL-SHALCHI, Hadeel. "Libya militia hands Tripoli airport control to government". Reuters, April 20, 2012. Disponível em: http://mobile.reuters.com/article/topNews/idUSBRE83J16V20120420?irpc=932.

AMADEO, Kimberly. "2009 Bailout Could Top $1.175 Trillion". About.com Guide, January 15, 2009. Disponível em: http://useconomy.about.com/b/2009/01/15/2009-bailout-could-top-1175-trillion.htm.

"American Awakening Gains Traction: Brown Univ Study Pegs Costs of U.S. Wars at US$ 4 Trillion". *Costs of War Executive Summary*, Brown University Watson Institute for International Studies, 2011. Disponível em: http://costsofwar.org/.

AMIN, Samir. *The People's Spring — The Future of the Arab Revolution*. Cidade do Cabo/Dakar: Pambazuka Press, 2012.

AMORIM, Celso. "Let's Hear From the New Kids on the Block". *The New York Times*, June 14, 2010.

_____. "A Política Externa Brasileira no governo do Presidente Lula (2003-2010): uma visão geral". *Revista Brasileira de Política Internacional*, vol. 53, no. spe., Brasília, Dec., 2010. Disponível em: http://dx.doi.org/10.1590/S0034-73292010000300013.

ANABLE, David. "The role of Georgia's media — and Western Aid — in the Rose Revolution". Joan Shorenstein Center on the Press Politics and Public Policy, Workin Paper Series, Harvard University, John F. Kennedy School of Government, 2006.

ANDREW, Christopher e GORDIEVSKY, Oleg. *KGB. The Inside Story*. Nova York: HarperCollins, 1990.

ANDREWS, Wyatt. "Clinton — Arming Syrian rebels could help al Qaeda". *The Arab Spring CBS Evening News* (with Scott Pelley), February 27, 2012. Disponível em: http://www.cbsnews.com/8301-18563_162-57386279/clinton--arming-syrian-rebels-could-help-al-qaeda/.

"Annan — Assad agree approach to Syria crisis". *Al-Akhbar English*, July 9, 2012. Disponível em: http://english.al-akhbar.com/content/annan-returns-damascus-crunch-talks.

"Announcement for International Offshore Bid Round 2011". Syrian Petroleum Co. Disponível em: http://www.spc-sy.com/en/main/index.php.

Anonymous (Michael Scheuer). *Imperial Hubris. Why the West is Losing the War on Terror.* Washington, D.C.: Bressey's, 2004.

Anrig, Christian F. "A Força Aliada na Líbia — Avaliação Preliminar". Disponível em: http://www.airpower.au.af.mil/apjinternational/apj-p/2012/2012-2/2012_2_02_anrig_p.pdf.

Antelava, Natalia. "How to stage a revolution: Slobodan Djinovic watched Georgia's 'rose revolution' from his home in Serbia". *BBC News*, December 4, 2003.

Antunes, Claudia. "EUA agravam conflito na Síria, diz ex-assessor de segurança". *Folha de S. Paulo*, 6/6/2012.

_____. "Ministro da Defesa ataca estratégia militar de EUA e Otan para o Atlântico Sul". *Folha de S. Paulo*, 4/11/2010.

Apêndice: "Sobre a guerra árabe-israelense", Entrevista de Isaac Deutscher. In Ali, Tariq. *Confronto de fundamentalismos — Cruzadas, Jihads e Modernidade.* Rio de Janeiro: Record, 2002.

Appelbaum, Binyamin. "Spending Cuts Seen as Step, Not as Cure". *The New York Times*, August 2, 2011.

"Arab League Syria mission to continue. Initial report by Arab League observers claims monitors were harassed by the Syrian government and its opponents". Al Jazeera — Middle East, January 9, 2012.

"Arab Protests: Clinton Urges Countries to Resist Tyranny of Mob". Reuters/ *The Huffington Post*, 15/9/2012. Disponível em: http://www.huffington-post.com/2012/09/14/arab-protests-clinton_n_1885289.html.

"Arabian Peninsula Media Roundup". *Jadaliyya*, September 11, 2012. Disponível em: http://www.jadaliyya.com/pages/index/7314/arabian-peninsula-me-dia-roundup-(september-11).

"Arabs want Syria's President Assad to go — opinion poll". The Doha Debates — Member of Qatar Foundation, January 2, 2012. Disponível em: http://www.thedohadebates.com/news/item/?n=14312.

Arakie, Margaret. *The Broken Sword of Justice. America, Israel and the Palestine Tragedy.* Londres: Quartet Books, 1973.

Arango, Tim. "Syrian War's Spillover Threatens a Fragile Iraq. A Free Syrian Army soldier in Aleppo looks through a mirror that helps him see government troops". *The New York Times*, September 24, 2012.

"Are Libyan rebels an al-Qaeda stalking horse?!". *BBC News*, March 31, 2011.

Aristotle. *La Politique.* Paris: Hermann, Éditeurs des Sciences et des Arts, 1996.

"Armed UAV Operations 10 Years on". Stratfor — Global Intelligence, January 12, 2012.

ARMSTRONG, Karen. *Muhammad. A Biography of the Prophet*. Londres: Phoenix, 2001.

ARRIGHI, Giovanni e SILVER, J. Berverly. "Capitalisme et (dés-)ordre mondial". In BEAUJARD, Philippe; BERGER, Laurent e NOREL, Philippe. *Histoire globale, mondialisations et capitalisme*. Paris: Éditions La Découverte, 2009.

ASHKENAZI, Eli. "After 100 years, the kibbutz movement has completely changed. Only a quarter of kibbutzim still function as equalized cooperatives, while the rest have begun paying salaries to their members". *Haaretz*, January 7, 2010. Disponível em: http://www.haaretz.com/print-edition/news/after-100-years-the-kibbutz-movement-has-completely-changed-1.260940.

ASHOUR, Omar. "The unexpected rise of Salafists has complicated Egyptian politics". *The Daily Star*, January 6, 2012.

"Assad to RT: 'I'm not Western puppet — I have to live and die in Syria'". *Russia Today*, November 8, 2012. Disponível em: http://rt.com/news/assad-exclusive-interview-syria-240/print/.

"Assessment of Undiscovered Oil and Gas Resources of the Levant Basin Province, Eastern Mediterranean". U.S. Department of the Interior, U.S. Geological Survey. Disponível em: http://pubs.usgs.gov/fs/2010/3014/pdf/FS10-3014.pdf.

ASSMANN, Jan. *Moses der Ägypter: Entzifferung einer Gedächtnisspur*. Frankfurt am Main: S. Fischer Verlag, 2011.

_____. *Religion und kulturelles Gedächtnis: Zehn Studien*. München: Verlag C. H. Beck, 2000.

ATWAN, Abdel Bari. *After bin Laden — Al Qaeda, the Next Generation*. Nova York/Londres: The New Press, 2012.

"Azawad, Why is the International Community Ignoring This?". *The Moor Next Door*, Maghreb Affairs, Geopolitics, International Relations, in forum Ancient Egypt at EgyptSearch Forums. Disponível em: http://www.egyptsearch.com/forums/ultimatebb.cgi?ubb=print_topic;f=15;t=006835.

BACEVICH, Andrew J. *The New American Militarism — How Americans Are Seduced by War*. Nova York: Oxford University Press, 2005.

BADDELEY, John F. *The Russian Conquest of the Caucasus*. Nova York: Russel & Russel, 1969.

BAER, Robert. *See No Evil. The True Story of a Ground Soldier in the CIA's War on Terrorism*. Nova York: Crown Publishers, 2002.

_____. *Sleeping with the Devil. How Washington Sold Our Soul for Saudi Crude*. Nova York: Crown Publishers, 2003.

BAKER, Aryn. "Why the Syrian Rebels May Be Guilty of War Crimes. A new Human Rights Watch report details abuses by the Free Syrian Army". *Time*, September 19, 2012. Disponível em: http://world.time.com/2012/09/19/why-the-syrian-rebels-may-also-be-guilty-of-war-crimes/#ixzz289s6lJSv.

BAKER, Peter. "Panetta's Pentagon Without the Blank Check". *The New York Times*, October 23, 2011.

BAKER, Peter; COOPER, Helene e MAZZETTI, Mark. "Bin Laden Is Dead, Obama Says". *The New York Times*, May 1, 2011.

BAKER, Peter e LANDLER, Mark. "U.S. Is Preparing for a Long Siege of Arab Unrest". *The New York Times*, September 15, 2012.

BALDAUF, Scott. "Will Africa miss Qaddafi? Even with Muammar Qaddafi's deep financial ties across Africa, many of the continent's leaders are ambivalent about his departure". *The Christian Science Monitor*, August 23, 2011.

BALZAC, Honoré de. *Illusions perdues*. Paris: Le Livre de Poche, 1962.

BAMFORD, James. *A Pretext for War. 9/11, Iraq and the Abuse of America's Intelligence Agencies*. Nova York: Doubleday, 2004.

"Ban urges end to Syria fighting as number of people affected reaches two million". UN News Centre. Disponível em: http://www.un.org/apps/news/story.asp?NewsID=42589&Cr=syria&Cr1=

"Bankruptcies in America — Waiting for Armageddon". *The Economist*, Nova York, March 27, 2008.

BARBOSA, Mariana. "Bill Clinton diz que aliados 'atiram contra incerteza' na Líbia". *Folha de S. Paulo*, 26/3/2011.

BARBOSA, Rubens. *O Dissenso de Washington. Notas de um observador privilegiado sobre as relações Brasil-Estados Unidos*. Rio de Janeiro: Agir, 2011.

BARBOSA, Ruy. *Obras Completas*. Vol. XXXIV, 1907 — Tomo II — A Segunda Conferência de Paz. Rio de Janeiro: Ministério da Educação e Cultura, 1966.

BARNARD, Anne. "Blast in Beirut Is Seen as an Extension of Syria's War". *The New York Times*, October 19, 2012.

_____. "Missteps by Rebels Erode Their Support Among Syrians". *The New York Times*, November 8, 2012.

BARNARD, Anne e ARSU, Sebnem. "Turkey, Seeking Weapons, Forces Syrian Jet to Land". *The New York Times*, October 10, 2012.

BARNETT, Correlli. *The Colapse of British Power*. Gloucester: A. Sutton Publishing, 1984.

BARR, James. *A Line in the Sand. Britain, France and the Struggle that Shaped the Middle East*. Londres/Nova York: Simon & Schuster, 2011.

BARRY, John. "America's Secret Libya War". *The Daily Best*, August 30, 2011.

BASKIN, Gershon. "Israel's Shortsighted Assassination". *The New York Times*, November 16, 2012.

BEAIOU, Mohammad Omar. "Libyan Revolution Continues with Uprising against Militias". *Al Monitor*, October 1, 2012. Disponível em: http://www.al-monitor.com/pulse/politics/2012/09/is-the-battle-against-militias-libyas-second-revolution.html.

BEATY, Jonathan e GWYNNE, S. C. "A Mysterious Mover of Money and Planes". *Time Magazine*, October 28, 1991.

BECKER, Jo e SHANE, Scott. "Secret 'Kill List' Proves a Test of Obama's Principles and Will". *The New York Times*, May 29, 2012.

BECKER, Markus. "US Nuclear Weapons Upgrades Experts Report Massive Cost Increase". *Spiegel Online*, 16/5/2012.

"Behind closed doors: The bewildering dance between Gaddafi and MI6". *The Independent*, August 25, 2011.

BELLAIGUE, Christopher de. *Patriot of Persia — Muhammad Mossadegh and a Very British Coup*. Londres: Bodley Head, 2012.

BENARI, Elad. "Syrian Rebels: Peace Envoy Brahimi's Mission is Doomed. UN-Arab League envoy Lakhdar Brahimi ends his first visit to Syria, as a a rebel commander says his mission would fail". *Arutz Sheva — Israel National News*, 9/16/2012. Disponível em: http://www.israelnationalnews.com/News/News.aspx/160045.

"Benghazi 'Consulate' Actually a Recruiting Center for Weapons Shipments, Militia to Syria". *News Rescue*. Disponível em: http://newsrescue.com/benghazi-consulate-recruiting-center-weapons-shipments-militia-syria/#ixzz2BkH1x5US.

BENITEZ, Jorge. "Covert teams from NATO members 'provided critical assistance' to Libyan rebels". Nato Source, August 23, 2011.

_____. "Intel and Special Forces from allies helped rebels take Tripoli". Nato Source, August 22, 2011. Disponível em: http://acus.org/natosource/intel-and-special-forces-allies-helped-rebels-take-tripoli.

BEN-MENASHE, Ari. *Profits of War: Inside the Secret U.S.-Israeli Arms Network*. Nova York: Sheridan Square Press, 1992.

BENN, Aluf. "Israel killed its subcontractor in Gaza. The political outcome of the operation will become clear on January 22, but the strategic ramifications are more complex: Israel will have to find a new subcontractor to replace

Ahmed Jabari as its border guard in the south". *Haaretz*, 14/11/2012. Disponível em: http://www.haaretz.com/news/diplomacy-defense/israel-killed-its-subcontractor-in-gaza.premium-1.477886.

_____. "Netanyahu is preparing Israeli public opinion for a war on Iran". *Haaretz*, 15/3/2012.

BENNETT, Richard M. "Tibet, the 'great game' and the CIA". *Global Research*, March 25, 2008, *Asia Times*, March 25, 2008. Disponível em: http://www.globalresearch.ca/tibet-the-great-game-and-the-cia/8442.

BERGEN, Peter. *The Longest War. The Eduring Conflict between America and al-Qaeda*. Nova York/Londres: Free Press, 2011.

BERGEN, Peter e BRAUN, Megan. "Drone is Obama's Weapon of Choice". CNN, September 6, 2012. Disponível em: http://www.cnn.com/2012/09/05/opinion/bergen-obama-drone/index.html.

BERGMAN, Ronen. *The Secret War with Iran*. Nova York: Free Press, 2008.

BERGMAN, Ronen e MITTELSTAEDT, Juliane von. "Dagans Bombe". *Der Spiegel*, 7/11/2011.

BERLET, Chip. "Religion and Politics in the United States: Nuances You Should Know". *The Public Eye Magazine*, Summer 2003, Political Research Associates. Disponível em: http://www.publiceye.org/magazine/v17n2/evangelical-demographics.html.

BERLINCK, Deborah. "'Intervenção militar na Síria será catastrófica', diz Paulo Sérgio Pinheiro". *O Globo*, 1/6/2012.

BERMAN, Morris. *Why America Failed. The Roots of Imperial Decline*. New Jersey: John Wiley & Sons, Inc., 2012.

BERTHIAUME, Lee. "Canada could be drawn into Mali civil war. Calls for military intervention grow after al-Qaida insurgents take over country's north". *Vancouver Sun*, July 13, 2012. Disponível em: http://www.vancouversun.com/news/Canada+could+drawn+into+Mali+civil/6928436/story.html.

BHADRAKUMAR, M. K. "Obama gets Iran right, finally". *Asia Times*, March 6, 2012.

_____. "Russia bridges Middle Eastern divides". *Asia Times*, October 11, 2012. Disponível em: http://www.atimes.com/atimes/Central_Asia/NJ11Ag01.html.

Biblia Hebraica Stuttgartensia. Editio quinta emendata. Stuttgart: Deutsche Bibelgesellschaft, 1997.

BIERMAN, Stephen e ARKHIPOV, Ilya. "Putin Says Iran Military Strike to Be 'Truly Catastrophic'". *Bloomberg Businessweek*, February 27, 2012. Disponível em: http://www.businessweek.com/news/2012-02-27/putin-says-iran-military-strike-to-be-truly-catastrophic-.html.

"Bin Laden death prompts questions about legality". *USA Today*, 5/4/2011.

"Bin Laden's killing prompts uncomfortable legal, ethical questions for US". *Deutsche Welle*, 4/5/2011.

BIRAND, Mehmet Ali. "US' Damascus message: Military intervention out of question". *Hurriyet Daily News*, October 23, 2012. Disponível em: http://www.hurriyetdailynews.com/us-damascus-message-military-intervention-out-of-question.aspx?pageID=449&nID=33001&NewsCatID=405.

BIRRELL, Ian. "MI6 role in Libyan rebels' rendition 'helped to strengthen al-Qaida'. Secret documents reveal British intelligence concerns and raise damaging questions about UK's targeting of Gaddafi opponents". *The Guardian*, October 24, 2011.

BISSIO, Beatriz. *O mundo falava árabe. A civilização árabe-islâmica clássica através da obra de Ibn Khaldun e Ibn Battuta*. Rio de Janeiro: Civilização Brasileira, 2012.

BLABER, Pete. *The Mission, the Men, and Me. Lessons from a Former Delta Force Commander*. Nova York: Berkley Caliber, 2008.

BLACK, Ian. "British trade mission seeks to make most of Libyan goodwill". *The Guardian*, September 26, 2011.

_____. "Qatar admits sending hundreds of troops to support Libya rebels. Qatari chief-of-staff reveals extent of involvement, saying troops were responsible for training, communications and strategy". *The Guardian*, October 26, 2011.

_____. "Syria suffers worst terror attack since start of uprising". *The Guardian*, May 11, 2012.

BLACK, Ian e BOWCOTT, Owen. "Libya protests: massacres reported as Gaddafi imposes news blackout". *The Guardian*, February 18, 2011.

"Blackwater training anti-Assad terrorists in Turkey: Report". Press TV, August 1, 2012. Disponível em: http://www.presstv.ir/detail/2012/08/01/253933/us-mercs-training-syria-rebels-in-turkey/.

BLIX, Hans. *Disarming Iraq. The Search for Weapons of Mass Destruction*. Londres: Bloomsbury, 2005.

BLOMFIELD, Adrian. "'Rendition' Libyan commander Abdel Hakim Belhadj to form his own party. Abdel Hakim Belhadj, a prominent Islamist commander suing MI6 over his alleged rendition by the C". *The Telegraph*, May 15, 2012.

BLUM, William. "Trojan Horse: The National Endowment for Democracy". International Endowment for Democracy 2012. Disponível em: http://www.iefd.org/articles/trojan_horse.php.

BLUMENTHAL, Sidney. *The Clinton Wars*. Nova York: A Plume Books/Penguin Group, 2004.

"BND: Al-Qaida in Syrien verantwortlich für etwa 90 Terrorangriffe und Houla-Massaker". Disponível em: http://www.balkanforum.info/f41/bnd-al-qaida-syrien-verantwortlich-fuer-etwa-90-terrorangriffe-houla-massaker-218238.

"BND-Rolle im Syrien-Konflikt. Opposition fordert Aufklärung über Marineschiff". *Süddeutsche Zetung*, 20/8/2012.

"BND spioniert Assads Truppen mit High-Tech-Schiff aus". *Focus Online*, 19/8/2012. Disponível em: http://www.focus.de/politik/ausland/krise-in-der-arabischen-welt/syrien/geheimaktion-des-bnd-bei-syrien-bnd-spio-niert-assads-truppen-mit-high-tech-schiff-aus_aid_802500.html.

BOAK, Josh. "National Debt Now $16 Trillion — A New U.S. Milestone". *The Fiscal Times*, September 5, 2012. Disponível em: http://www.thefiscal-times.com/Articles/2012/09/05/National-Debt-Now-16-Trillion-A-New-US-Milestone.aspx#bBZxHpgYgjdYQtqt.99.

BOBBIO, Norberto. *As ideologias e o poder em crise*. 4ª ed. Brasília: Editora da Universidade de Brasília, 1999.

BODEEN, Christopher. "Beijing report says Chinese Muslims are fighting in Syria". *The China Post*, October 30, 2012. Disponível em: http://www.chinapost.com.tw/china/national-news/2012/10/30/359264/Beijing-report.htm.

BÖHM, Andrea. "Mali Taliban in Timbuktu — Im westafrikanischen Mali spielt sich eine Tragödie ab. Islamisten errichten im Norden des Landes eine Terrorherrschaft. Wer greift ein?". *Die Zeit*, 30/8/2012.

BOLLYN, Christopher. "European intelligence experts not believing Bush's war on terrorism is all it is claimed to be because 9-11 was 'not' just the work of terrorists — Euro intel experts dismiss 'war on terrorism' as deception". *American Free Press*, December 4, 2001, December 10, 2001. Centre for Research on Globalisation (CRG), globalresearch.ca, December 12, 2001. Disponível em: http://globalresearch.ca/articles/BOL112B.html.

"Bombshell: Bin Laden Worked for US till 9/11", Information Clearing House, July 31, 2009. *Daily Kos*, "Former FBI translator Sibel Edmonds dropped a bombshell on the Mike Malloy radio show, guest-hosted by Brad Friedman" (audio, partial transcript). Disponível em: http://www.information-clearinghouse.info/article23173.htm.

BONNER, Bill e WIGGIN, Addison. *Empire of Debt. The Rise of an Epic Financial Crisis*. New Jersey: John Wiley & Sons, 2006.

BORG, Af Orla; ELLEGAARD, Carsten e PIHL, Morten. "CIA i hemmelig optagelse: Obama kendte til dansk agent. I en skjult lydoptagelse lavet af Morten Storm fortæller CIA-agent, at Obama kender til den danske PET-agent". *Jyllands-Posten*, Oktober 22, 2012.

BORGER, Julian. "Bush signals backing for Syria sanctions". *The Guardian*, October 8, 2003.

_____. "US warns Israel off pre-emptive strike on Iran. Arab spring has left US-friendly rulers in region nervous about possible impact of an Israeli strike on Iran's nuclear programme". *The Guardian*, October 31, 2012.

BORGER, Julian; WHITE, Michael; MACASKILL, Ewen e WATT, Nicholas. "Bush vetoes Syria war plan". *The Guardian*, April 15, 2003.

BORGER, Julian e WINTOUR, Patrick. "Why Iran confessed to secret nuclear site built inside mountain". *The Guardian*, 26/9/2009.

BRADLEY, John R. "Saudi Arabia's Invisible Hand in the Arab Spring. How the Kingdom is Wielding Influence Across the Middle East". *Foreign Affairs*, October 13, 2011.

_____. *After the Arab Spring — How Islamista Hijacked the Middle East Revolts*. Nova York: Palgrave Macmillan, 2012.

BRANDT, Willy. *Norte-Sur, Un programa para la supervivencia*. Informe de la Comisión Independiente sobre Problemas Internacionales del Desarrollo, presidida por Willy Brandt. Bogotá: Editorial Pluma, 1980.

BRANIGAN, Tania e WATTS, Jonathan. "Muslim Uighurs riot as ethnic tensions rise in western China". *The Guardian*, July 5, 2009.

BRESSER-PEREIRA, Luiz Carlos. *Mondialisation et Compétition*. Paris: Éditions la Découverte, 2009.

BRIODY, Dan. *The Iron Triangle. Inside the Secret World of the Carlyle Group*. Nova Jersey: John Wiley & Sons, Inc., 2003.

BRISARD, Jean-Charles e DASQUIÉ, Guillaume. *Ben Laden — La Vérité Interdite*. Paris: Éditions Denoël, 2001.

"Britain spent £ 300 million to destroy Libya's infrastructure & expects £ 200 billion in reconstruction". *CounterPsyOps*,16/11/2011. Disponível em: http://counterpsyops.com/2011/11/16/britain-spent-300-million-to-destroy-libyas-infrastructure-expects-200-billion-in-reconstruction/.

"British bombs, destroy and rebuild". Press TV. Disponível em: http://www.presstv.ir/detail/210409.html.

BRONNER, Ethan. "A Former Spy Chief Questions the Judgment of Israeli Leaders". *The New York Times*, June 3, 2011.

BRONNER, Ethan e HAUSER, Christine. "U.N. Assembly, in Blow to U.S., Elevates Status of Palestine". *The New York Times*, November 29, 2012.

BROOK, Kevin Alan. *Jews of Khazaria*. Nova York: Rowman & Littlefield Publishers Inc, 2010.

BRULLIARD, Karin e HAUSLOHNER, Abigail. "Israel pounds Gaza fro air as troops assemble". *The Independent*, November 18, 2012.

BRUNDTLAND, Gro Harlem e CARTER, Jimmy. "Two-State Solution on the Line". *The New York Times*, November 25, 2012.

BRUNETON, Alain; KONAFAGOS, Elias e FOSCOLOS, Anthony E. "Economic and Geopolitic Importance of Eastern Mediterranean Gas for Greece and the E.U. Emphasis on the Probable Natural Gas Deposit Occurring in the Lybian Sea with the Exclusive Economic Zone of Greece". *Oil Mineral Wealth*, 2011. Disponível em: http://www.mred.tuc.gr/home/foscolos/2011_foscolos_MW.pdf.

BRZEZINSKI, Zbigniew. *Game Plan — How to Conduct the U.S.-Soviet Contest*. Nova York: The Atlantic Monthly Press, 1986.

_____. *Power and Principle — Memoirs of the National Security Adviser (1977-1981)*. Nova York: Farrar, Straus and Giroux, 1983.

_____. *Strategic Vision — American and the Crisis of Global Power*. Nova York: Basic Books, 2012.

_____. *The Grand Chessboard. American Primacy and its Geostrategic Imperatives*. Nova York: Basic Books, 1997.

BUCHANAN, Pat. "300 Nukes in Israel Yet Iran a Threat?". Disponível em: http://buchanan.org/blog/video-pat-buchanan-300-nukes-in-israel-yet-iran-a-threat-5022.

BUCHSTEINER, Jochen. "Bernd Mützelburg Unser Mann für Afghanistan". *Frankfurter Allgemeine Zeitung*, 16/2/2009.

BÜLOW, Andreas von. *Die CIA und der 11. September. Internationaler Terror und die Rolle der Geheimdienste*. Munique: Piper, 2003.

BUMILLER, Elisabeth e KOPICKI, Allison. "Support in U.S. for Afghan War Drops Sharply, Poll Finds". *The New York Times*, March 26, 2012.

BUNCE, Valerie J. e WOLCHIK, Sharon L. "Azerbaijan's 2005 Parliamentary Elections: A Failed Attempt at Transition". Cornell University — George Washington University, Paper prepared for CDDRL Workshop on External Influences on Democratic Transitions. Stanford University, October 25-26, 2007.

"Bundeswehr am Hindukusch. Ex-General erklärt Afghanistan-Einsatz für gescheitert". *Der Spiegel*, 7/10/2011.

BUNDY, William. *A Tangled Web. The Making of Foreign Policy in the Nixon Presidency*. Nova York: Hill & Wang, 1998.

"Bürgerkrieg in Mali Islamisten zerstören Weltkulturerbe". *Der Spiegel*, 30/6/2012.

BURKE, Edmund. *Reflections on the Revolution in France*. Londres: Penguin Books, 1986.

BURKE, Jason. "Al-Qaida leader Zawahiri urges Muslim support for Syrian uprising. Ayman al-Zawahiri calls on Muslims in Iraq, Jordan, Lebanon and Turkey to join fight against 'pernicious, cancerous regime'". *The Guardian*, 12/2/2008.

BUSH, George W. *Decision Points*. Croydon: Virgin Books, 2010.

BYRON, Lord. "Leake's *Researches in Greece* (1815)". In *Complete Miscellaneous Prose*. Edited by Andrew Nicholson. Oxford: Clarendon Press, 2003.

CALDWELL, Christopher. "America's budget talks are entering their 'Greek' phase". *Financial Times*, July 8, 2011.

CALLIMACHI, Rukmini. "Amadou Haya Sanogo, Mali Coup Leader, Derails 20 Years Of Democracy". *Huffington Post*, 7/7/2012. Disponível em: http://www.huffingtonpost.com/2012/07/07/amadou-haya-sanogo-mali-coup_n_1655975.html.

CANADA TIBET COMMITTEE. "The Allied Committee of Eastern Turkestan, Inner Mongolia and Tibet meets in New York". World Tibet Network News, October 18, 1994. Disponível em: http://www.tibet.ca/en/newsroom/wtn/archive/old?y=1994&m=10&p=18-3_2.

CAPACCI, Tony. "Israel's U.S.-Financed 'Iron Dome' Effective Against Rockets". *The Washington Post*, November 17, 2012.

CAPELLA, Renata e SFARD, Michael. *The Assassination Policy of the State of Israel, November 2000-January 2002*. The Public Committee Against Torture in Israel (PCATI) & The Palestinian Society for the Protection of Human Rights and Environment (LAW).

CARDIM, Carlos Henrique. *A raiz das coisas. Rui Barbosa: O Brasil no mundo*. Rio de Janeiro: Civilização Brasileira, 2007.

CARLSON, Richard. "Georgia on His Mind — George Soros's Potemkin Revolution". *The Weekly Standard. Foundation for Defence of Democracies*, May 24, 2004. Disponível em: http://www.defenddemocracy.org/media-hit/georgia-on-his-mind-george-soross-potemkin-revolution/.

CARRÈRE D'ENCAUSSE, Hélène. *L'Empire éclaté. La révoltes des nations en URSS*. Paris: Flammarion, 1978.

Carta do Adjunto de Primeiro-Ministro Avigdor Lieberman ao Diretor Geral da AIEA Yukika Amano, 16 de julho de 2010. Disponível em: http://www.iaea.org/About/Policy/GC/GC54/GC54Documents/English/gc54-14_en.pdf.

CARTALUCCI, Tony. "CIA Coup-College". *Land Destroyer Report*, February 19, 2011. Disponível em http://landdestroyer.blogspot.de/2011/02/cia-coup-college.html.

CARTER, Jimmy. "A Cruel and Unusual Record". *The New York Times*, June 24, 2012.

_____. *Palestine. Peace not Apartheid*. Nova York: Simon & Schuster, 2006.

_____. *State of the Union Address 1980*. January 21, 1980.

_____. "Universal Declaration of Human Rights Remarks at a White House Meeting Commemorating the 30th Anniversary of the Declaration's Signing". December 6, 1978. Disponível em: http://www.presidency.ucsb.edu/ws/?pid=30264.

CASPIT, Ben. "Assessment: Security Cabinet Majority Is Pro Attack". *Ma'ariv*, March 15, 2012.

CAVENDISH, Julius. "In Afghanistan war, government corruption bigger threat than Taliban". *The Christian Science Monitor*, April 12, 2010.

CENTER FOR STRATEGIC AND INTERNATIONAL STUDIES (CSIS). *Western Military Balance and Defence Efforts, A Comparative Summary of Military Expenditures; Manpower; Land, Air, Naval, and Nuclear Forces*. Anthony H. Cordesman and Arleigh A. Burke Chair in Strategy with the Assistance of Jennifer K. Moravitz, CSIS. January, 2002. Disponível em: http://www.csis.org/media/csis/pubs/westmb012302%5B1%5D.pdf.

CHAMBERLAIN, Elizabeth. "Operation Restore Truth – U.S. relations with Somalia". *Humanist*, FindArticles.com, June 5, 2012.

CHERIAN, John. "Spillover effect — The Syrian rebels are on the back foot after months of fighting, and the consequences of the conflict are now being felt in the entire neighbourhood". *Frontline*, Volume 29, Issue 20, Oct. 6-19, 2012. India's National Magazine from the publishers of The Hindu. Disponível em: http://www.frontlineonnet.com/stories/20121019292005700.htm.

CHESTERMAN, Simon e LEHNARDT, Chia. *From Mercenaries Market. The Rise and Regulation of Military Companies*. Oxford: Oxford University Press, 2007.

CHETTERJEE, Pratap. *Haliburton's Army. How a Well-Connected Texas Oil Company Revolutionized the Way America Makes War*. Nova York: Nation Books, 2009.

"China seeks int'l support in counter-terrorism". *People's Daily Online*, December 16, 2003. Disponível em: http://english.peopledaily.com.cn/200312/16/eng20031216_130505.shtml.

"China's String of Pearls Strategy". *China Briefing*, March 18, 2009. Disponível em: http://www.china-briefing.com/news/2009/03/18/china%E2%80%99s-string-of-pearls-strategy.html.

CHIVERS, Christopher John. "Crowd Protests Fraud in Azerbaijan Vote". *The New York Times*, November 10, 2005.

_____. "What a Crate in Syria Says About Saudi Help to the Rebels". *The New York Times*, October 11, 2012.

CHIVERS, Christopher John e SCHMITT, Eric. "In Strikes on Libya by NATO, an Unspoken Civilian Toll". *The New York Times*, December 17, 2011. Disponível em: http://www.foreignpolicyjournal.com/2011/08/03/end-game-for-benghazi-rebels-as-libyan-tribes-prepare-to-weigh-in/.

CHMAYTELLI, Maher. "Total Accepts Lower Share of Libyan Oil Production (Update 2)". Bloomberg, February 10, 2009. Disponível em: http://www.bloomberg.com/apps/news?pid=newsarchive&sid=aJbf9lunUVVE&refer=africa.

CHOSSUDOVSKY, Michel. "Our Man in Tripoli: US-NATO Sponsored Islamic Terrorists Integrated into Libya's Pro-Democracy Opposition". Globalresearch.ca, April 1, 2011. Disponível em: http://www.globalresearch.ca/index.php?context=va&aid=24096.

_____. "SYRIA: British Special Forces, CIA and MI6 Supporting Armed Insurgency. NATO Intervention Contemplated". *Global Research*, January 7, 2012.

CHRISTOFFERSEN, John. "CLU lawsuit: Military won't release rape records". The Associated Press, December 13, 2010.

CHULOV, Martin. "UN unanimously condemns Syrian shelling of Turkish town. All 15 security council members, including Russia, call on Syria to respect 'sovereignty and territorial integrity of its neighbours'". *The Guardian*, October 5, 2012.

CHURCHILL, Winston S. *Memórias da Segunda Guerra Mundial* (Edição condensada de seis volumes). 2ª reimpressão. Rio de Janeiro: Nova Fronteira, 1995, p. 876.

"CIA and riot in Xinjiang". *China Daily Forum*. Disponível em: http://bbs.chinadaily.com.cn/thread-640909-1-1.html.

CLANCY, Stephanie. "Pipeline projects in the Middle East". Pipelines International, March 2010. Disponível em: http://pipelinesinternational.com/news/pipeline_projects_in_the_middle_east/040183/#

CLARKE, Richard A. *Against All Enemies. Inside America's War on Terror*. Nova York/Londres: Free Press, 2004.

CLAUSEWITZ, Carl von. *Vom Kriege*. Augsburg: Weltbild Verlag, 1998.

CLOVER, Charles. "Kremlin moves against foreign-backed NGOs". *Financial Times*, July 13, 2012. Disponível em: http://www.ft.com/cms/s/0/9b2c1ff0-cb60-11e1-b896-00144feabdc0.html#axzz2Qj28gqWT.

CNN WIRE STAFF. "Libyan rebels looted and beat civilians, rights group says". CNN, July 13, 2011. Disponível em: http://articles.cnn.com/2011-07-13/world/libya. war_1_rebel-commander-rebel-forces-rebel-leaders?_s=PM:WORLD

COCKBURN, Alexander. "Trouble in the Kingdom". *CounterPunch Diary*, Weekend Edition, October 7-9, 2011. Disponível em: http://www.counterpunch.org/2011/10/07/trouble-in-the-kingdom/.

COCKBURN, Andrew e COCKBURN, Patrick. *Out of the Ashes. The Ressurrection of Saddam Hussein*. Nova York: Harper Perennial, 1999.

COCKBURN, Patrick. *Muqtada — Muqtada al-Sadr, the Shia Revival and the Struggle for Iraq*. Nova York: Scribner, 2008.

COHEN, Roger. "Israel's Iran Itch". *The New York Times*, August 16, 2012.

_____. "The False Iran Debate". *The New York Times*, March 22, 2012.

_____. "What Iran's Jews Say". *The New York Times*, February 23, 2009.

_____. "Who Really Brought Down Milosevic?". *The New York Times Magazine*, November 26, 2000.

_____. "Yeltsin Opposes Expansion of NATO in Eastern Europe". *The New York Times*, October 2, 1993.

COLL, Steve. "Democratic Movements". *The New Yorker*, January 31, 2011.

_____. *Ghost Wars. The Secret History of the CIA, Afghanistan and Bin Laden, from the Soviet Invasion to September 10, 2001*. Londres: Penguin Books, 2005.

COMBATING TERRORISM CENTER AT WEST POINT. Letters from Abbottabad: Bin Ladin Sidelined?, SOCOM-2012-0000010. A carta é assinada: "*Your brother, Abu "Abdullah*" (codinome de bin Ladin) Monday, 22, Jamadi al-Awal 1432 (Monday 26 April 2011). Disponível em: http://www.ctc.usma.edu/posts/letters-from-abbottabad-bin-ladin-sidelined.

"Combating Terrorism in Libya through Dialogue and Reintegration", ICPVTR Visit to Libya, March 2010, International Centre for Political Violence and Terrorism Research/S. Rajaratnam School of International Studies Nanyang Technological University, Singapore. Delegation — Professor Rohan Gunaratna, Head, ICPVTR; Dr. Ami Angell, Visiting Research Fellow, ICPVTR; Ms. Jolene Jerard, Associate Research Fellow, ICPVTR.

"Combien Ça Coûte? — Le prix de l'intervention en Libye". *Big Browser*, Blog LeMonde. Disponível em: fr.http://and-now.chapuy.eu/?p=239.

Commentary on the Green Book, vol. I. Trípoli: Arab Jamahiriya/World Center for Researchers and Studies of the Green Book, 1983.

CONBOY, Kenneth e MORRISON, James. *The CIA's Secret War in Tibet*. Kansas: Kansas University Press, 2011.

"Concerns rise over Norwegians fighting in Syria". Newsinenglish.no. Disponível em: http://www.newsinenglish.no/2012/10/22/concerns-rise-over-norwegians-fighting-in-syria/.

CONDON, Stephanie. "Obama: Qaddafi must go, but current Libya mission focused on humanitarian efforts". *CBS News*, March 21, 2011.

"Conflict Barometer 2011". Disponível em: http://hiik.de/de/konfliktbarometer/.

CONNELL-SMITH, Gordon. *The Inter-American System*. Oxford: Oxford University Press, 1966.

COOLEY, John K. *Unholy Wars — Afghanistan, America and International Terrorism*. Londres/Sterling, Virginia: Pluto Press, 2000.

CORDESMAN, Anthony H. e WILNER, Alexander. "Iran and the Gulf Military Balance I: The Conventional and Asymmetric Dimensions". Center for Center for Estrategic & International Studies (CSIS), Mar 6, 2012.

CORERA, Gordon. "Torture claims raise questions over Libya-Britain ties". *BBC News*, September 5, 2011b.

_____. *The Art of Betrayal — Life and Death in British Secret Service*. Londres: Weidenfeld & Nicolson, 2011a.

"Cost of wars in Iraq and Afghanistan tops £ 20bn". BBC UK, June 20, 2010. Disponível em: http://www.bbc.co.uk/news/10359548

CRONE, Patricia. *From Arabian Tribes to Islamic Empire — Army, State and Society in the Near East c. 600-850*. Farnham-Surrey (GB)/Burlington (USA): Ashgate, 2011.

_____. *Slaves on Horses. The Evolution of the Islamic Polity*. Cambridge: Cambridge University Press, 1980.

CSER, Ferenc. "Racism in Israel: they would not be managed in common with Jews of color". June 23, 2010. Disponível em: http://www.nemenyi.net/default.asp?Location=_arc&SID=5&AID=21&Direkt=68955&offsetlo=64&TNyelv=2.

CUGNY, Emmanuel. "Guerre en Libye, le coût pour la France". *France info*, Mars 22, 2011. Disponível em: http://www.france-info.com/chroniques-tout-info-tout-eco-2011-03-22-guerre-en-libye-le-cout-pour-la-france-523551-81-149. html.

DALLEK, Robert. *Nixon and Kissinger. Partners in Power*. Nova York: Harper-Collins Publishers, 2007.

DALY, Clement. "Workers deserve one-state solution". *The Eastern Echo*, October 5, 2011. Disponível em: http://www.easternecho.com/article/2011/10/arabjewish_goal.

DARWISH, Adel e ALEXANDER, Gregory. *Unholy Babylon — The Secret History of Saddam's War*. Nova York: St. Martin's Press, 1991.

DAVIS, Elizabeth Van Wie. "Uyghur Muslim Ethnic Separatism in Xinjiang, China". Asia-Pacific Center for Security Studies, January 2008. Disponível em: http://www.apcss.org/college/publications/uyghur-muslim-ethnic-separatism-in-xinjiang-china/.

DAYAN, Dani. "Israel's Settlers Are Here to Stay". *The New York Times*, July 25, 2012.

Dead in the Water — Cover-Up Alleged in Probe of USS Liberty. BBC Documentary on the USS Liberty. Disponível em: http://whatreallyhappened.com/wrharticles/ussliberty.html.

Defense Strategic Guidance — Strategic Guidance: Priorities For 21st Century Defense [Jan. 2012]. United States Department of Defense. January 5, 2012. Disponível em: http://www.defense.gov/news/Defense_Strategic_Guidance.pdf.

DENAVAS-WALT, Carmen; PROCTOR, Bernadette D. e SMITH, Jessica C. U.S. *Income, Poverty, and Health Insurance Coverage in the United States: 2010*. U.S. Washington, DC: Government Printing Office, 2011.

Department of Defense, Base Structure Report — FY 2010 Base line. Disponível em: http://www.acq.osd.mil/ie/download/bsr/bsr2010baseline.pdf.

DER KORAN (Arabisch-Deutsch). Aus dem Arabisch von Max Henning. Munique: Diederich Verlag (Verlagsgruppe Random House), 2011.

DERFNER, Larry. "Security expert: Attacking Iran isn't worth it". +972 *web magazine*, February 6, 2012. Disponível em: http://972mag.com/warriors-against-war-with-iran/34831/.

"Despite tensions, Turks against Syria intervention". Istambul, *Hurriyet Daily News*, October 23, 2012. Disponível em: http://www.hurriyetdailynews.com/despite-tensions-turks-against-syria-intervention.aspx?pageID=238&nID=33037&NewsCatID=352.

DEUTSCH, Karl W. "On the concepts of politics and power". In FARREL, John C. e SMITH, Asa P. (eds.). *Theory and Reality in International Relations*. Nova York: Columbia University Press, 1966.

DEUTSCHER, Isaac. *O judeu não-judeu e outros ensaios*. Rio de Janeiro: Civilização Brasileira, 1970.

DEYOUNG, Karen. "A CIA veteran transforms U.S. counterterrorism policy". *The Washington Post*, October 25, 2012.

DEYOUNG, Karen e JAFFE, Greg. "U.S. 'secret war' expands globally as Special Operations forces take larger role". *Washington Post*, June 4, 2010.

DEYOUNG, Karen e SLY, Liz. "Syrian rebels get influx of arms with gulf neighbors' money, U.S. coordination". *The Washington Post*, May 16, 2012.

DICKSON, Elisabeth. "The First WikiLeaks Revolution?". *Foreign Affairs*, January 13, 2011.

Die Heilige Schrift des Alten und Neuen Testament. Aschaffenburg: Paul Pattloch Verlag, 1965.

DINUCCI, Manlio. "L'arte della Guerra — Egitto, chi riempie il vuoto di potere", *Il Manifesto*, 9/7/2013. Disponível em: http://www.ilmanifesto.it/area-abbonati/ricerca/nocache/1/manip2n1/20130709/manip2pg/14/manip2pz/342898/manip2r1/Cairo%20chi/

"Ditador sírio nega que exista uma guerra civil em seu país". *Folha de S. Paulo*, 9/11/2012.

DITZ, Jason. "Israel Framed CIA in Backing Jundallah Terrorists. Memos: Mossad Agents With US Passports, US Dollars Recruited Terror Group". *AntiWar News*, January 13, 2012. Disponível em: http://news.antiwar.com/2012/01/13/israel-framed-cia-in-backing-jundallah-terrorists/

DIXON, Norm. "The Dalai Lama's hidden past". *RevLeft*, November 6, 2005. Disponível em: http://www.revleft.com/vb/dalai-lama-39t38182/index.html?s=033de7ba1576b9195858f1f339d496aa&amp.

"Diyar: Turkish serious plan to attract the Syrian army to the border and unload the inside". *Resistant Win*, 7/10/2012. Disponível em: http://webcache.googleusercontent.com/search?hl=de&q=cache:6sAONjJ_DyUJ:http://www.alahdalsadik.org/en/index.php/middle-east-syria/3519-diyar-turkish-serious-plan-to-attract-the-syrian-army-to-the-border-and-unload-the-inside.html%2BAl-Diar+Syrien+NATO+Turkey&gbv=2&gs_l=heirloom-hp.1 2...866516.891079.0.892782.27.23.4.0.0.0.234.2827.5j17j1.23.0...0.0... 1c.1.yjx7QkUB9eA&ct=clnk.

DOCKERY, Stephen. "Tripoli clashes signal escalation of Syria spillover". *The Daily Star*, Lebanon News, August 22, 2012. Disponível em: http://www.dailystar.com.lb/News/Local-News/2012/Aug-22/185316-tripoli-clashes-signal-escalation-of-syria-spillover.ashx#ixzz28osXdY1a.

DOGAN, Salih. "Tajikistan in the New Central Asia: Geopolitics, Great Power Rivalry and Radical Islam". *The Journal of Turkish Weekly*. Disponível em: http://www.turkishweekly.net/book/71/tajikistan-in-the-new-central-asia-geopolitics-great-power-rivalry-and-radical-islam-.html.

DOMHOFF, William. "Power in America — Wealth, Income, and Power", September 2005 (updated September 2010). Disponível em: http://sociology.ucsc.edu/whorulesamerica/power/wealth.html.

DONNER, Fred M. *Muhammad and the Believers — At the Origins of Islam*. Cambridge, Massachusetts: Belknap Press of Harvard University Press, 2010.

"Don't twist facts". China.org.cn. Disponível em: http://www.china.org.cn/china/xinjiang_unrest/2009-07/14/content_18133605.htm.

DOUGHTY, Charles Montagu. *Passages from Arabia Deserta*. Londres: Penguin Books, 1983.

DOZIER, Kimberly. "Pakistan demands CIA stops drone strikes". *USA Today*, 29/7/2012a.

_____. "U.S. scrambles to rush spies, drones to Libya". Associated Press/*USA Today*, September 15, 2012b. Disponível em: http://www.usatoday.com/news/world/story/2012/09/15/us-scrambles-to-rush-spies-drones-to-libya/57783780/1.

DREIFUS, Claudia. "The Dalai Lama". *The New York Times*, November 28, 1993.

DREYER, June Teufel. "China's Vulnerability to Minority Separatism". *Asian Affairs*, Summer 2005, p. 80-84. Disponível em: http://www.smhric.org/China's%20Vulnerability%20to%20Minority%20Separatism.pdf.

DRURY, Ian. "Libyan campaign 'could cost UK £ 1.75billion' (after politicians told us it would be a few million)". *Daily Mail*, October 30, 2011.

DUIN, Julia. "Sarah Palin — Pentecostal". *The Washington Times*, August 29, 2008.

DUNIGAN, Molly. "US Control of Contractors in Iraq Is Vital". Rand Corporation. *Objective Analysis, Effective Solutions*. February 1, 2012.

DUROSELLE, Jean-Baptiste. *Tout empire périra. Une vision théorique de relations internationales*. 2 édition. Paris: Université de Paris/Publications de la Sorbonne, 1982.

"DynCorp International Wins $20 Million Africap Task Order In Liberia". Press Release. Disponível em: http://www.dyn-intl.com/news-events/news-archives/news-2010/news012810-di-wins-$20-million-africap-task-order-in-liberia.aspx.

"Earthly Empires. How evangelical churches are borrowing from the business playbook". *BusinessWeek Online*, May 23, 2005. Disponível em: http://www.businessweek.com/stories/2005-05-22/earthly-empires.

ECKHOLM, Erik. "China Points to Another Leader in Exile". *The New York Times*, July 7, 2009.

EDMONDS, Sibel. *Classified Woman. The Sibel Edmonds Story*. A Memoir by Sibel D. Edmonds. Alexandria, Virginia: Sibel Edmonds, 2012.

"Egypt arming Libya rebels, Wall Street Journal reports". Mar 18, 2011. Disponível em: http://af.reuters.com/article/egyptNews/idAFLDE72H0N120110318.

"Egypt to grant 6,000 gunmen Sinai militia status", DEBKA file Exclusive Report, Sept 3, 2012.

"Egypt to 'send' aircraft, tanks into Sinai for first time since 1973 war". *Al Arabiya News*, August 20, 2012.

"Egypt to use aircraft, tanks in Sinai for first time since 1973 war with Israel". Reuters — Haaretz, Aug 20, 2012.

"El Consejo de Seguridad de la ONU aprueba la intevención militar en Malí". *El País* (Espanha), 13/10/2012.

EL SHAZLY, Islam. "Syria: Bilad Al-Sham". *Al Rahalah*, August 24, 2011. Disponível em: http://www.alrahalah.com/2011/08/syria-bilad-al-sham/.

ELAASAR, Aladdin. *The Last Pharaoh. Mubarak and the Uncertain Future of Egypt in the Volatile Mid East*. Palatine, Illinois: Beacon Press, 2008.

ELIOT, T. S. *Four Quartets*. Londres: Faber & Faber, 1972.

ELMAAZI, Abdullah. "Chaos in Libya Threatens Entire Sahel Region". *Al Monitor*, May 3, 2013. Disponível em: http://www.al-monitor.com/pulse/security/2013/05/chaos-libya-sahel-region-security-stability.html.

ELSEA, Jennifer K. "Private Security Contractors in Iraq and Afghanistan: Legal Issues". January 7, 2010, Congressional Research Service, 7-5700 www.crs.gov-R40991.

"Em rara aparição, Assad nega massacre e justifica repressão feroz a opositores — Presidente sírio faz pronunciamento surpresa transmitido pela TV estatal síria". *O Globo*, 3/6/2012.

ENERGY INFORMATION ADMINISTRATION. *Official Energy Statistics from the U.S. Government, Iraq*. Disponível em: http://www.eia.doe.gov/emeu/cabs/Iraq/Oil.html.

ENGDAHL, F. William. "Das Becken der Levante und Israel — eine neue geopolitische Situation? Neuer Persischer Golf-Konflikt um Gas und Öl?". *Neue Rheinische Zeitung* (NRhZ), September 12, 2012a.

_____. "Revolution, geopolitics and pipelines". *Asia Times*, June 30, 2005.

_____. "The New Mediterranean Oil And Gas Bonanza Part I — Israel's Levant Basin — A New Geopolitical Curse?". ASEA — RENSE.COM, 19/2/2012b. Disponível em: http://www.rense.com/general95/newmedol.html.

ENGELHARDT, Tom. "Offshore Everywhere — How Drones, Special Operations Forces, and the U.S. Navy Plan to End National Sovereignty As We Know It". TomDispatch.com, February 5, 2012. Disponível em: http://www.tomdispatch.com/post/175498/tomgram%3A_engelhardt%2C_kicking_down_the_world%27s_door/#more.

ENGELS, Friedrich. *Anti-Dühring — Dialektik der Natur*. In MARX, Karl e ENGELS, Friedrich. *Werke*. Band 20. Berlim: Dietz Verlag, 1978.

_____. "Soziales aus Rußland". In MARX, Karl e ENGELS, Friedrich. *Werke*, Band 18. Berlim: Dietz Verlag, 1976, p. 556-559.

Engineer Live, February 22, 2012. Disponível em: http://www.engineerlive.com/Hydrographic-Seismic/CSEM/2D_survey_coverage_offshore_Syria_/23378/.

ERLICH, Reese. "Militias Become Power Centers in Libya". *Roots Action*, July 25, 2012. Disponível em: http://rootsaction.org/news-a-views/487-militias-become-power-centers-in-libya.

ESCOBAR, PEPE. "9-11 And The Smoking Gun", Part 1, Part 2. *Asia Times*, Apr 8, 2004. Disponível em: http://www.atimes.com/atimes/Front_Page/FD08Aa01.html.

_____. "Syria's Pipelineistan war. This a war on deals, not bullets". Al Jazeera, August 6, 2002.

_____. "The Roving Eye — How the West won Libya". *Asia Times*, Oct 22, 2011.

_____. "Why Qatar wants to invade Syria". *Asia Times*, September 28, 2012.

"European Parliament adopts final report deploring passivity from some Member States. Plenary sessions Justice and home affairs", 14/2/2007, disponível em: http://www.europarl.europa.eu/sides/getDoc.do?type=IM-PRESS&reference=20070209IPR02947&language=EN.

"Factbox: How Israel and Iran shape up militarily". Reuters, 3/11/2011. Disponível em: http://www.reuters.com/article/2011/11/03/us-israel-iran-forces-idUSTRE7A25O520111103.

FAHIM, Kareem. "U.N. Official Warns Syrian Rebels About Atrocities". *The New York Times*, September 10, 2012.

FAHIM, Kareem e NOSSITER, Adam. "In Libya, Massacre Site Is Cleaned Up, Not Investigated". *The New York Times*, October 24, 2011.

FAHIM, Kareem e SAAD, Hwaida. "Cajoling, Drugging and More as Rebels Try to Draw Defectors". *The New York Times*, October 3, 2012.

FAMULARO, Julia. "Erdogan Visits Xinjiang". *The Diplomat*, April 14, 2012. Disponível em: http://thediplomat.com/china-power/erdogan-visits-xinjiang/.

FARMER, John. *The Ground Truth. The Untold Story of America under Attack on 9/11*. Nova York: Riverhead Books, 2009.

FARRUKH, Asif Mohiuddin. "The Coming Armageddon", April 10, 2010. Disponível em: http://pakistan-observer.blogspot.de/2010/04/coming-armageddon.html.

FELTER, Joseph e FISHMAN, Brian. "Al Qa'ida's Foreign Fighter in Iraq: A First Look at the Sinjar Records". West Point, NY: Harmony Project, Combating Terrorism Center, Department of Social Sciences, US Military Academy, December 2007. Disponível em: http://www.ctc.usma.edu/harmony/pdf/CTCForeignFighter.19.Dec07.pdf.

———. "The Enemies of Our Enemy", *Foreign Policy Magazine*, March 30, 2011.

FERRÍN, Emilio González. *Historia General de Al Andalus. Europa entre Oriente y Occidente*. 3ª ed. Córdoba: Editorial Almuzara, 2006.

FEST, Joachim C. *The face of the Third Reich*. Londres: Penguin Books, 1979.

———. *Hitler*. Londres: Penguin Books, 1974.

"Fighters 'entering Syria from Lebanon' — Al Jazeera's James Bays reports from northern Lebanon. Armed groups, including al-Qaeda, have allegedly sent fighters across Lebanon's northern border into crisis-torn Syria". Al Jazeera, Feb 20, 2012.

FINEMAN, Mark. "The Oil Factor in Somalia: Four American petroleum giants had agreements with the African nation before its civil war began. They could reap big rewards if peace is restored". *Los Angeles Times*, January 18, 1993.

FINKEL, Caroline. *Osman's Dream — The Story of Ottoman Empire — 1300-1923*. Londres: John Murray, 2005.

"First foreign troops in Syria back Homs rebels. Damascus and Moscow at odds". DEBKAfile Exclusive Report, February 8, 2012.

"'First Wikileaks Revolution': Tunisia descends into anarchy as president flees after cables reveal country's corruption". *Daily Mail*, January 15, 2011.

FISCHER, Sebastian e MEDICK, Veit. "Bundeswehr in Afghanistan. Köhler entfacht neue Kriegsdebatte". *Der Spiegel*, Mai 27, 2010.

FISK, Robert. "What was it all for? The murder of Palestinians and Israelis is just a prelude to the next Gaza war". *The Independent*, November 23, 2012.

FITZGERALD, Mary. "The Syrian Rebels' Libyan Weapon — Meet the Irish-Libyan commander giving Bashar al-Assad nightmares". *Foreign Policy*, August 9, 2012. Disponível em: http://www.foreignpolicy.com/articles/2012/08/09/the_syrian_rebels_libyan_weapon.

FITZPATRICK, Mark. *Iran Nuclear Brief.* Analysis from the "Solving the Iranian Nuclear Puzzle", The Arms Control Association (ACA) — Briefing Series, October 3, 2011.

FLETCHER, Holly e BAJORIA, Jayshree. "The East Turkestan Islamic Movement (ETIM)". Council on Foreign Relations, July 31, 2008. Disponível em: http://www.cfr.org/china/east-turkestan-islamic-movement-etim/p9179.

FOLEY, James. "Libya's Oil Industry Defies Expectations". *PBS NewsHour*, July 6, 2012. Disponível em: http://www.pbs.org/newshour/updates/world/july-dec12/libya_07-06.html.

"Foreign Policy in the New Millennium". Results of the 2012 Chicago Council Survey of American Public Opinion and U.S. Foreign Policy, p. 5-6, 17, 29-32.

"Former German Defense Minister Confirms CIA Involvement in 9/11: Alex Jones Interviews Andreas von Bülow". *Prison Planet*. Disponível em: http://www.prisonplanet.com/021104vonbuelow.html.

FOX, Eric. "The Mediterranean Sea Oil And Gas Boom". Sep 7, 2010. Disponível em: http://stocks.investopedia.com/stock-analysis/2010/The-Mediterranean-Sea-Oil-And-Gas-Boom-NBL-E-APA-CKE0907.aspx#13299121612342&close#ixzz1n6yXbeTN.

"France training rebels to fight Syria". PressTV, Nov 26, 2011, Infowars Ireland — The Information War Continues... Disponível em: http://info-wars.org/2011/11/27/france-training-rebels-to-fight-syria/

FRANCONA, Rick. "Iran — Israel's Air Strike Options Update". Middle East Perspectives, June 22, 2008. Disponível em: http://Francona.Blogspot.Com/2008/06/Iran-Israels-Air-Strike-Options-Update.html.

FRASER, Rebeca. *The Story of Britain. From Roman to the Present: a Narrative History*. Nova York/Londres: W. W. Norton & Company, 2006.

"Free Syrian Army Fighters Killed on Lebanon's Border". *RIA Novosti*, Beirute, October 6, 2012. Disponível em: http://en.rian.ru/world/20121006/176448735.html.

FREEDLAND, Jonathan. "The battle between Israel and Gaza solves nothing. All the violence in Gaza and Israel will do is sow hatred in the hearts of yet another generation". *The Guardian*, November 15, 2012.

"French plans to topple Gaddafi on track since last November", Mathaba News Network,25/3/2011.Disponívelem:http://www.mathaba.net/news/?x=626277.

FREUD, Sigmund. "Psicoanálisis Aplicado" — Consideraciones. In *Obras Completas* — Vol. II. Madri: Editorial Biblioteca Nueva, 1948a.

_____. "Psicología de las masas". In *Obras Completas* — vol. I. Madri: Editorial Biblioteca Nueva, 1948b.

_____. *Moses and Monotheism.* Nova York: Vintage Books, 1967.

FRIEDMAN, George. "Georgia and Kosovo: A Single Intertwined Crisis". *Stratfor*, August 25, 2008.

FROMKIN, David. *A Peace to End All Peace. The Fall of the Ottoman Empire and the creation of the Modern Middle East.* Nova York: An Owl Book/Henry Holt & Co., 1989.

FROST, Gerald. "Azerbaijan — A Pivotal Nation in a Critical Region — A Study of Azerbaijan since Independence". Caspian Information Centre, September 2011.

FRUM, Darvid e PERLE, Richard. *An End to Evil. How to Win the War on Terror.* Nova York: Ballantine Books, 2004.

FUCHS, Martina. "Al Qaeda Leader Backs Syrian Revolt against Assad". Current.Mil-Tech News/Reuters, February 12, 2012. Disponível em: http://conman-currentmil-technews.blogspot.com/2012/02/al-qaeda-leader-backs-syrian-revolt.html

FULBRIGHT, J. William. *Old Myths and New Realities.* Nova York: Random House, 1964.

Full text of Dick Cheney's speech at the Institute of Petroleum Autumn Lunch, 1999. Published by London Institute of Petroleum. *Energy Bulletin*, 6/8/2004. Disponível em: http://www.energybulletin.net.

FULLER, Graham E. e STARR, S. Frederick. *The Xinjiang Problem.* Central Asia-Caucasus Institute, Paul H. Nitze School of Advanced Studies, The Johns Hopkins University. Disponível em: http://www.silkroadstudies.org/docs/publications/OLD/xinjiang_final.pdf.

"Gaddafi placed $97 Billion to free Africa from imperialism". *CounterPsyOps.* Disponível em: http://counterpsyops.com/2012/05/24/gaddafi-placed-97-billion-to-free-africa-from-imperialism/

"Gaddafi's death details revealed". *China.org.cn*, October 23, 2011. Disponível em: http://www.china.org.cn/world/2011-10/23/content_23701523.htm.

GADDIS, John Lewis. *We Now Know. Rethinking Cold War History.* Nova York: Clarendon Press, 1997.

GALL, Carlotta e KHAPALWAK, Ruhullah. "U.S. Has Held Meetings With Aide to Taliban Leader, Officials Say". *The New York Times*, May 26, 2011.

GALLOWAY, George. "Why NATO 'no-fly zone' in Syria would be disastrous. The Syrian opposition is calling for a NATO no-fly zone but, says George Galloway, 'no-flying' means lots of flying and bombing by us of the people down below". Stop War Coalition, October 31, 2011. Disponível em: http://stopwar.org.uk/index.php/news-a-comment/syria/1494-why-nato-no-fly-zone-in-syria-would-be-disastrous.

GALULA, David. *Counterinsurgence Warfare. Theory and Practice*. Nova Délhi: Pentagon Press, 2010.

GAMAGE, Daya. "Civilian death by drone attacks is high: but US sidesteps the issue arguing legality". *Asian Tribune* (Asiantribune.com), 5/9/2012. Disponível em: http://www.asiantribune.com/news/2012/05/09/civilian-death--drone-attacks-high-us-sidesteps-issue-arguing-legality.

GAMMELL, Caroline e MEO, Nick. "Libya: inside the SAS operation that went wrong", *The Telegraph*, Mar 6, 2011.

GARAMONE, Jim. "Joint Vision 2020 Emphasizes Full-spectrum Dominance". American Forces Press Service, U.S. Department of Defense, June 2, 2000. Disponível em: http://www.defense.gov/news/newsarticle.aspx?id=45289.

GARDNER, David. "After Egypt, political Islam faces its sternest test". *Financial Times*, July 10, 2013.

GATEHOUSE, Gabriel. "Libyan commander describes Muammar Gaddafi's last moments". *BBC News Africa*, October 22, 2011.

GATES, Robert M. *From the Shadows — The Ultimate Insider's Story of Five Presidents and How They Won the Cold War*. Nova York: Touchstone, 1997.

GAVETT, Gretchen. "What is the Secretive U.S. 'Kill/Capture' Campaign?". Frontline, Afghanistan/Pakistan, Kill/Capture, June 17, 2011. Disponível em: http://www.pbs.org/wgbh/pages/frontline/afghanistan-pakistan/kill-capture/what-is-the-secretive-us-killca/.

GAYLE, Damien. "'I killed Gaddafi', claims Libyan rebel as most graphic video yet of dictator being beaten emerges". *Daily Mail*, October 25, 2011.

GEBAUER, Matthias. "Negotiations in Afghanistan — Karzai Asks Berlin for Help with Taliban Talks". *Der Spiegel*, 23/7/2012.

GEDALYAHU, Tzvi Ben. "Iron Dome Foils 90 Percent of Missiles — The Iron Dome system has intercepted 90 percent of missile attacks on urban centers during the latest rocket bombardment from Gaza". Arutz Sheva Israel National News Com, 3/11/2012a. Disponível em: http://www.israelnationalnews.com/News/News.aspx/153623.

_____. "US Helps Gulf States Arm Syrian Rebels: Report. The US is coordinating with Saudi Arabia and Qatar in arming Syrian rebels. Syria's Muslim Brotherhood also is involved". *Arutz Sheva*, 5/16/2012b. Disponível em: http://www.israelnationalnews.com/News/News.aspx/155856.

GELB, Bernard A. "Caspian Oil and Gas: Production and Prospects". CRS Report for Congress — Order Code RS21190 — September 8, 2006 — Resources, Science, and Industry Division EIA. Caspian Sea Region: Survey of Key Oil and Gas Statistics and Forecasts, July 2006. (The present report does not include Uzbekistan, which does not border the Caspian Sea, in the Caspian Sea region. CRS 3.)

"Gen. Wesley Clark Weighs Presidential Bid: 'I Think About It Everyday'". Democracy Now — a daily independent global news hour, com Amy Goodman e Juan González, March 2, 2007. Disponível em: http://www.democracynow.org/2007/3/2/gen_wesley_clark_weighs_presidential_bid.

"Gene Sharp — Der Demokrator". *Die Zeit Online*. Disponível em: http://www.zeit.de/2011/10/Gene-Sharp.

General Discretion in the Further Employment of Personnel of the United Nations Operation in Somalis, S.C. res 794, 47 U.N. SCOR at 63, U.N. Doc. S/RES/794 (1992). Peace Resource Center. Disponível em: http://www1.umn.edu/humanrts/peace/docs/scres794.htm.

"Geopolitics of Iran: Holding the Center of a Mountain Fortress". Stratfor — Global Intelligence. December 16, 2011. Disponível em: http://www.stratfor.com/sample/analysis/geopolitics-iran-holding-center-mountain-fortress.

GERGES, Fawaz. *America and Political Islam. Clash of Cultures or Clash of Interests*. Cambridge: Cambridge University Press, 1999.

"Gewalt in Syrien Deutschland beteiligt sich an Propaganda". *Frankfurter Allgemeine Zeitung*, 16/7/2012.

GEYER, Georgie Anne. "Killing Our Way to Defeat — Obama's Private Killing Machine. U.S. seems to be getting good at killing 'Taliban', but why? John Nagl, a former counterinsurgency adviser to Gen. Petraeus, described JSOC's kill/capture campaign to Frontline as 'an almost industrial-scale counterterrorism killing machine'". May 23, 2011. Disponível em: http://to.pbs.org/mpzodl.

GHANIZADA. "Above 30% of Afghan population facing poverty: Officials". *Khaama Press, Afghan Online Newspaper*, October 16, 2011. Disponível em: http://www.khaama.com/above-30-afghan-population-facing-poverty-officials-786.

GIBBON, Edward. *The History of the Decline and Fall of the Roman Empire.* Londres: Penguin Books, 1995.

GIRALDI, Philip. "NATO vs. Syria". *The American Conservative*, December 19, 2011. Disponível em: http://www.theamericanconservative.com/articles/nato-vs-syria/

GLADSTONE, Rick. "Powell Was More Skeptical About Iraq Than Previously Thought, Annan Says". *The New York Times*, August 30, 2012.

GLASER, John. "Kucinich: NATO Not Exempt From Law — Top commanders should be held accountable for civilian deaths, Kucinich said in a statement". *AntiWar.com*, August 23, 2011. Disponível em: http://news.antiwar.com/2011/08/23/kucinich-nato-not-exempt-from-law/.

"Global oil companies seek growth in East Africa". Frontier Market Intelligence, Nov 3, 2011. Disponível em: http://www.tradeinvestafrica.com/feature_articles/1085020.htm.

GÖBEL, Rüdiger. "Aufklärung unerwünscht". *AG Friedensforschung*, August 21, 2012. Disponível em: http://www.ag-friedensforschung.de/regionen/Syrien/bnd.html

GOLDEMBERG, José. "O Irã e as armas nucleares". *O Estado de S. Paulo*, 19/3/2012.

GOLDEN, Daniel; BANDLER, James e WALKER, Marcus. "Bin Laden Family Is Tied to U.S. Group". *The Wall Street Journal*, 27/9/2001.

GOLDMAN, David. "The $8 trillion bailout. Many details of Obama's rescue plan remain uncertain. But it's likely to cost at least $700 billion — and that would push Uncle Sam's bailouts near to $8 trillion". CNN, January 6, 2009. Disponível em: http://money.cnn.com/2009/01/06/news/economy/where_stimulus_fits_in/

GOLDMAN, Merle. "The 1989 Demonstration in Square Tiananmen and Beyod: Echoes fo Gandhi". In ROBERTS, Asam e ASH, Timothy Garton. *Civil Resistance and Power Politics — The Experience of Non-violent Action from Gandhi to the Present.* Oxford/Nova York: Oxford University Press, 2011, p. 246-259.

GOODE, Erica e MOHAMMED, Riyadh. "Iraq Signs Oil Deal With China Worth Up to $3 Billion". *The New York Times*, August 28, 2008.

GORDON, Joy. "Cool war: Economic sanctions as a weapon of mass destruction". *Harper's Magazine*, February 2003, p. 43-49.

GORDON, Michael R.; SCHMITT, Eric e SCHMIDT, Michael S. "Libya Warnings Were Plentiful, but Unspecific". *The New York Times*, October 29, 2012.

GORDON, Neve. *Israel Occupation.* Berkeley: University California Press, 2008.

GOTTSCHLICH, Jürgen. "Türkei im Syrien-Konflikt. Ankara hadert mit seiner Retterrolle". *Spiegel*, 9/2/2012.

"Government debt rises to a record of £ 1tn". *BBC News Business*, January 24, 2012. Disponível em: http://www.bbc.co.uk/news/business-16698293?print=true.

GOYOS, Durval de Noronha. "Congresso e Executivo americano fecham acordo para elevar teto da dívida que assegura futuro sombrio à economia americana". Manuscrito, arquivo do Autor.

GRAMSCI, Antonio. *Cadernos do Cárcere. Maquiavel — Notas sobre o Estado e a política*. Rio de Janeiro: Civilização Brasileira, 2000, vol. 3.

_____. *Cadernos do Cárcere. Os intelectuais. O princípio educativo*. Rio de Janeiro: Civilização Brasileira, 2004, vol. 2.

_____. *Il Risorgimento e L'Unità d'Italia*. Roma: Donzelli Editore, 2010.

_____. *Maquiavel, a política e o Estado moderno*. 2ª ed. Rio de Janeiro: Civilização Brasileira, 1976.

GRANT, Jeremy. "Learn from the fall of Rome, US warned". *Financial Times*, August 14 2007.

"Grass' Gedicht im Wortlaut — Das Gedicht von Günter Grass, 'Was gesagt werden muß'". *Suddeutsche Zeitung*, 4/4/2012.

GREEN, Stephen. *Taking Sides. America's Secret Relations with a Militant Israel*. Nova York: William Morrow & Company, 1984.

GREENWOOD, Phoebe. "Israel has 'opened the gates of hell': Hamas warning as leader is killed in strike. Dispatch: As Israel and Gaza teeter on the brink of war, with Hamas warning that an air strike that killed Ahmad Jabari, the head of its military wing, has 'opened the gates of hell'". *The Telegraph*, November 14, 2012.

GRIFFIN, David Ray. *The New Pearl Harbor. Disturbing Questions about the Bush Administration and 9/11*. Northampton, Massachusetts: Olive Branch Press, 2004.

"Grupos armados já têm mais poder de fogo", entrevista de Paulo Sérgio Pinheiro. *O Globo*, 26/6/2012.

GUIMARÃES, Leonam dos Santos. "10 razões para o Irã não querer a bomba", *Época*, 19/12/2012.

GUIMARÃES, Samuel Pinheiro. "Esperanças e ameaças: notas preliminares". Original. Rio de Janeiro, 23/10/1995.

GULULA, David. *Counterinsurgency Warfare. Theory and Practice*. Nova Delhi: Pentagon Press, 2010.

GUNDZIK, Jephraim. "The ties that bind China, Russia and Iran". *Asia Times*, June 4, 2005. Disponível em: http://www.atimes.com/atimes/China/GF04Ad07.html.

"Gyalo Thondup: Interview Excerpts". *Asia News/The Wall Street Journal*, February 20, 2009.

"Ha'aretz poll: Most of the public opposes an Israeli strike on Iran — Support for Netanyahu's Likud party is at all-time high, but Israelis still skeptical regarding attack on Iran's nuclear facilities without U.S. backing". *Haaretz*, 8/3/2012.

HAASS, Richard N. "Libya Now Needs Boots on the Ground". *Financial Times*, August 22, 2011.

HAFIDH, Hassan e FAUCON, Benoit. "Iraq, Iran, Syria Sign $10 Billion Gas-Pipeline Deal". *The Wall Street Journal*, July 25, 2011.

HAIMZADEH, Patrick. "After the uprisings — Libyan democracy hijacked". *Le Monde Diplomatique*, Oct 5, 2012.

_____. *Au coeur de la Libye de Kadhafi*. Paris: JC Lattès, 2011.

_____. "Multiplication des centres de pouvoir. Qui a gagné la guerre en Libye?". *Le Monde Diplomatique*, Decémbre 2011.

HAIN, Peter. "Western policy on Syria is failing on a monumental scale". *The Guardian*, October 21, 2012.

HALEVY, Efraim. "Israel needs a Gaza strategy more than war". *Financial Times*, November 18, 2012.

HALL, Kevin G. "WikiLeaks cables show that it was all about the oil", McClatchy Washington Bureau, July 12, 2011, disponível em: http://www.mcclatchy-dc.com/2011/05/16/114269/wikileaks-cables-show-oil-a-major.html.

HAMID, Shade. "The Struggle for Middle East Democracy". *Cairo Review of Global Affairs*, Brookings Institution, April 26, 2011.

HAMMOND, Jeremy R. "Ex-ISI Chief Says Purpose of New Afghan Intelligence Agency RAMA Is 'to Destabilize Pakistan'". *Foreign Policy Journal*, August 12, 2009. Disponível em: http://www.foreignpolicyjournal.com/2009/08/12/ex-isi-chief-says-purpose-of-new-afghan-intelligence-agency-rama-is-%E2%80%98to-destabilize-pakistan%E2%80%99/.

HARDING, Luke. "Libya elections: polling station raids mar first vote since Gaddafi's death". *The Guardian*, July 7, 2012.

_____. "Nato all but rules out Syria no-fly zone. Syrian president warns that intervention could lead to 'another Afghanistan' as Nato officials say Libya-like action lacks support". *The Guardian*, October 30, 2011.

HARDY, Frank W. "French Rafale Fighter Jets Attack and Destroy Libyan Targets". *North Africa Affairs*, Mar 19, 2011. Disponível em: http://www.suite101. com/news/french-rafale-fighter-jets-attack-destroy-libyan-targets-a360305#ixzz1s0iRNTRj.

HASLER, Stefan. "Explaining Humanitarian Intervention in Libya and Non-Intervention in Syria". Naval Postgraduate School, Monterey, CA, June 2012. Unclassified. Standard Form 298 (Rev. 2-89). Prescribed by ANSI Std. 239-18 93943-5000. Disponível em: http://www.hsdl.org/?view&did=718916.

HASSON, Nir. "Israeli peace activist: Hamas leader Jabari killed amid talks on long-term truce. Gershon Baskin, who helped mediate between Israel and Hamas in the deal to release Gilad Shalit, says Israel made a mistake that will cost the lives of 'innocent people on both sides'". *Haaretz*, 15/11/2012. Disponível em: http://www.haaretz.com/news/diplomacy-defense/israeli-peace-activist-hamas-leader-jabari-killed-amid-talks-on-long-term-truce. premium-1.478085.

HASTINGS, Michael. *The Operator. The Wild and Terrifying Inside Story of America's War in Afghanistan*. Londres: Orion Publishing Group Ltd., 2012.

HAUSHOFER, Karl. *Deutsche Kulturpolitik im Indopazifischen Raum*. Hamburgo: Hoffman & Campe Verlag, 1939.

HAUSLOHNER, Abigail. "After Benghazi attacks, Islamist extremists akin to al-Qaeda stir fear in eastern Libya". *The Washington Post*, October 27, 2012.

_____. "Benghazi Breakaway Highlights Libya's Uncertain Future". *Time*, March 7, 2012.

Haytham Manna's Lecture at LSE: "Violence and Democratic Perspectives in Syria", on October 22. Dr Haytham Manna, head of the Syrian National Coordination Body for Democratic Change, delivered a lecture as part of the MEC's evening lecture series. London School of Economics blog, 24 October 2012. Disponível em: http://blogs.lse.ac.uk/mec/2012/10/24/haythammannas-lecture-at-lse-violence-and-democratic-perspectives-in-syria.

HAZAIMEH, Hani. "Suspected terrorists planned to take advantage of October 5 mass rally — security official". *The Jordan Times*, Oct 22, 2012. Disponível em: http://jordantimes.com/suspected-terrorists-planned-to-take-advantage-of-october-5-mass-rally----security-official.

Hearing Before the Subcommittee On Crime, Terrorism, and Homeland Security of the Committee on the Judiciary. House of Representatives, One Hundred Tenth Congress, First Session June 19, 2007. Serial No. 110-103. Printed for the use of the Committee on the Judiciary. Washington: U.S. Government Printing Office, 2007.

HEALY, Jack. "Exodus From North Signals Iraqi Christians' Slow Decline". *The New York Times*, March 10, 2012.

HEBERT, H. Josef. "Group: Cheney Task Force Eyed on Iraq Oil", *Associated Press*, July 18, 2003.

HEDGES, Chris. *American Fascists — The Christian Right and the War on America*. Nova York/Londres: Free Press, 2006.

HEGEL, Georg Wilhelm Friedrich. *Die Germanische Welt*, in *Hegels Sämtliche Werke*. Leipzig: Verlag von Felix Meiner, Der Philosophischen Bibliothek, Band 171d, 1920.

_____. *Vorlesungen über die Philosophie der Weltgeschichte, Band 1 (Die Vernunft in der Geschichte)*. Hamburgo: Felix Mainer Verlag, 1994.

HELLER, Aron. "TV report: Israel security heads nixed Iran attack". Associated Press, November 5, 2012.

HELLER, David e LAMMERANT, Hans. "U.S Nuclear Weapons Bases in Europe". In LUTZ, Catherine (ed.). *The Bases of Empire. The Global Struggle against U.S. Military Posts*. Londres: Pluto Press, 2009, p. 117-118.

HEMINGWAY, Mark. "McCain and Lieberman: 'Qaddafi must go'". *The Weekly Standard*, March 11, 2011.

HENEGHAN, Tom. "UNESCO urges end to attacks on Libyan Sufi mosques, graves". The United Nations Paris, August 29, 2012. Disponível em: http://uk.reuters.com/article/2012/08/29/uk-libya-unesco-attacks-idUK-BRE87S0M620120829

HERSH, Seymour M. "Our Men in Iran?". *The New Yorker*, April 6, 2012.

_____. *The Dark Side of Camelot*. Boston: Little, Brown & Company, 1997.

_____. "The military's problem with the President's Iran policy". *The New Yorker*, July 10, 2006.

_____. *The Samson Option. Israel's Nuclear Arsenal and American Foreign Policy*. Nova York: Random House, 1991.

HEYDEMANN, Steven. "Managing militarization in Syria". *Foreign Policy*, February 22, 2012. Disponível em: http://mideast.foreignpolicy.com/posts/2012/02/22/managing_militarization_in_syria.

HIBOU, Béatrice. *The Force of Obedience. The Political Economy of Repression in Tunisia*. Cambridge: Polity Press, 2011.

HIDER, James. "Secret deal to supply arms to resistance". *The Times*, Londres, Jan 26, 2012.

HILFERDING, Rudolf. *Das Finanzkapital*. Colônia: Europäische Verlagsanstalt, 1968.

HILL, Ginny. "Yemen: Economic Crisis Underpins Southern Separatism". Carnegie Endowment for International Peace, June 2, 2009. Disponível em:

http://www.carnegieendowment.org/sada/2009/06/02/yemen-economic-crisis-underpins-southern-separatism/6bg2.

HIRSH, Michael. "We have hit the targets". *Newsweek*, 13/09/2001.

HOBBES, Thomas. *Leviathan*. Cambridge: Cambridge University Press, 2002.

HOBSBAWM, Eric. *Age of Extremes. The Short Twentieth Century — 1914-1991*. Londres: Abacus Books/Little. Brown & Company, 1994.

HOBSON, John A. *Imperialism — A Study*. Nova York: Gordon Press, 1975.

_____. *The Evolution of Modern Capitalism. A Study of Machine Production*. Londres: George Allen & Unwin Ltd. [Nova York: Charles Scribner Sons: Reprinted], 1930.

HOFFMANN, Karl. *Oelpolitik und angelsächsischer Imperialismus*. Berlim: Ring-Verlag, 1927.

HOLBROOKE, Richard. "Washington's Battle Over Israel's Birth". *The Washington Post*, May 7, 2008.

HOLLERVEGER, Hans. "Wer nichts tut, komm immer zu spät". *ICO — Information Christlicher Orient*, 13. Jahr, n° 49, Februar 2013, p. 5.

HOPKINS, Nick. "UK operations in Libya: the full costs broken down". *The Guardian*, September 26, 2011.

HOPKIRK, Peter. *The Great Game. The Struggle for Empire in Central Asia*. Nova York/Tóquio/Londres: Kodansha International, 1994.

HOUNSHELL, Blake. "Say what? Afghanistan has $1 trillion in untapped mineral resources?". *Foreign Policy*, Monday, June 14, 2010. Disponível em: http://blog.foreignpolicy.com/posts/2010/06/14/say_what_afghanistan_has_1_trillion_in_untapped_mineral_resources.

HOURANI, Albert. *A History of the Arab Peoples*. Nova York: Warner Books, 1991.

HOUSE, Karen Elliot. *On Saudi Arabia. Its People, Past, Religion, Fault Lines — and Future*. Nova York: Alfred A. Knopf, 2012.

HULSE, Carl. "House Passes Deal to Avert Debt Crisis". *The New York Times*, August 1, 2011.

"Hundreds of US Nukes Still in Europe". *Deutsche Welle*. Disponível em: http://www.dw.de/dw/article/0,,1484206,00.html.

HUNTER, Shireen T. *Islam in Russia. The Politics of Identity and Security*. Nova York/Londres: M. E. Sharpe, 2004.

HUNTINGTON, Samuel. *The Clash of Civilizations. Remark of World Order*. Nova York: Touchstone, 1997.

HURGRONJE, C. Snouck. *Mohammedanism. Lectures on Its Origin, Its Religious and Political Growth, and Its Present State*. University of Leiden (Holland), s/e, 1916.

"IDF prepares for ground invasion as Gaza offensive enters fourth day". *Haaretz*, Nov 17, 2012. Disponível em: http://www.haaretz.com/news/diplomacy-defense/live-blog-idf-prepares-for-ground-invasion-as-gaza-offensive-enters--fourth-day-1.478505.

IGLAUER, Philip. "Beijing blames Syrians for Xinjiang carnage". *The Korea Herald*, 3/7/2013, Asia News Network.

"Im Wortlaut 'Was gesagt werden muss' von Günter Grass". *Der Spiegel*, 4/4/2012.

IMAD, Amal. "Yemen humanitarian Crisis under its transitional political reform". Information and Public Affairs Department of Muslim Aid, UK. Disponível em: http://www.muslimaid.org/index.php/what-we-do/research-development/987-yemen-humanitarian-crisis-under-its-transitional-political-reform.

"In Homs, 30 Dead as Communal Factions Fight; Bukamal and Qatana Light Up as Calm Returns to Hama". *Syria Comment*, July 18, 2011. Disponível em: http://www.joshualandis.com/blog/?p=10806&cp=all.

INTERNATIONAL HUMAN RIGHTS, CONFLICT RESOLUTION CLINIC (Stanford Law School), GLOBAL JUSTICE CLINIC (NYU School of Law). *Living Under Drones: Death, Injury, and Trauma to Civilians — From US Drone Practices In Pakistan (September, 2012). In addition to killing and maiming, the presence of drones exacts a high toll on civilian life in northwest Pakistan.* September 2012. Disponível em: http://livingunderdrones.org/.

INTERVIEW WITH ISLAMIC SCHOLAR TARIQ RAMADAN on the Growing Mideast Protests and "Islam & the Arab Awakening". *Jadaliyya — Democracy Now!*. Disponível em: http://www.jadaliyya.com/pages/index/7352/democracy-now-interview-with-islamic-scholar-tariq.

"Iran Commentary Says Blackwater Given 'Mission' From West to Overthrow Al-Asad". Commentary by Mohammad-Hoseyn Ja'fariyan: "Stateless Armies, a Gift From the Brutal West!". *Qods Online*, October 28, 2012. Mashhad Qods Online in Persian — Website of conservative Mashhad daily published by the Qods Cultural Foundation of the Holy Shrine of Imam Reza (Astan-e Qods-e Razavi), http://www.qudsonline.ir.

"Iran's Arsenal of Sunburn Missiles Is More Than Enough to Close the Strait". Business Insider, Russ Winter, February 8, 2012. Disponível em: http://articles.businessinsider.com/2012-02-08/news/31036419_1_anti-ship-defense-system-target-missile#ixzz1oWwRbKm4.

"Iran's key nuclear sites". *BBC News Middle East*, 9/1/2012. Disponível em: http://www.bbc.co.uk/news/world-middle-east-11927720.

"Iraq increases oil reserves by 24%". *BBC News*, Business, 4 October 2010. Disponível em: http://www.bbc.co.uk/news/business-11468209.

"Iraqi PM: Turkey not threatened by Syria, don't overblow war or drag in NATO". RT — Russia Today, October 10, 2012. Disponível em: http://rt.com/news/iraqi-turkey-syria-nato-100/.

ISENBERG, David. "Israeli Attack on Iran's Nuclear Facilities Easier Said Than Done". Inter Press Service, Washington, Feb 13, 2012.

ISHAQ, Ibn. *The Life of Muhammad. Apostle of Allah*. Edited by Michael Edwards. Londres: The Folio Society, 2003.

"Israel: Carter Offers Details on Nuclear Arsenal". Reuters, *The New York Times*, May 27, 2008.

"Israel May Lack Capability for Effective Strike on Iran Nuclear Facilities". Bloomberg. Disponível em: http://www.bloomberg.com/news/2011-11-09/israel-may-lack-capability-for-iran-military-strike.html.

"Israel tem 150 armas nucleares, diz ex-presidente dos EUA". BBC.Brasil, 26 de maio de 2008.

"Israel vows to stop Syria's S-300 missile shield from becoming operational". *Voice of Russia*, May 30, 2013. Disponível em: http://english.ruvr.ru/news/2013_05_30/Israel-vows-to-stop-Syria-s-S-300-missile-shield-from-becoming-operational-4653/.

"Israeli PM's order to prepare for attack on Iran in 2010 rejected by his security chiefs". *Daily Mail*, November 5, 2012.

"Israeli Prime Minister Benjamin Netanyahu: Hezbollah may get chemical arms if Assad folds". Al Jazeera, July 23, 2012. Disponível em: http://blogs.aljazeera.com/topic/syria/israeli-prime-minister-benjamin-netanyahu-hezbollah-may-get-chemical-arms-if-assad-folds.

"It's absolutely impossible to change regime in Syria — Russian Foreign Minister". Itar-Tass News Agency, 17/4/2013. Disponível em: http://www.itar-tass.com/en/c154/710275_print.html.

"Ivanov: Russia Opposed to US Troops in Georgia". *Voice of America*, 27/2/2002. Disponível em: http://www.voanews.com/content/a-13-a-2002-02-27-14-ivanov-67259187/379339.html.

JACKSON, David. "Obama to meet Israel's Netanyahu on March 5". *Usa Today*, Feb 20, 2012.

"Jalil: Ora la Libia sarà islamica E Al Qaeda già esulta. Il leader del Cnt parla a Bengasi: 'Siamo un paese musulmano, niente divorzio, sì a banche islamiche'. Poi chiede 'tolleranza'". *Libero Cotidiano*, 15/4/2012.

James, Lawrence. *The golden warrior: the life and legend of Lawrence of Arabia.* Londres: Little, Brown, 1995.

Jaulmes, Adrien. "Liban: la classe politique appelle au calme". *Le Figaro*, 22/10/2012.

Jesus, Diego Santos Vieira de. "Building Trust and Flexibility: A Brazilian View of the Fuel Swap with Iran". Center for Strategic and International Studies, *The Washington Quarterly*, Spring 2011, p. 61-75.

Jiabao, Wen. "Our Historical Tasks at the Primary Stage of Socialism and Several Issues Concerning China's Foreign Policy", August 3, 2007. Tradução oficial Embassy of The People's Republic of China in Uganda. Disponível em: ug.china-embassy.org/eng/xwdt/t302141.htm.

Johnsen, Gregory D. "Welcome to Qaedastan — Yemen's coming explosion will make today's problems seem tame". *Foreign Policy*, January/February, 2010.

Johnson, Chalmers. "Abolish the CIA". In Turse, Nick (ed.) *The Case for Withdrawal from Afghanistan.* Londres: Verso, 2010.

_____. *Nemesis. The Last Days of the American Republic.* Nova York: Metropolitan Books/Henry Holt & Co., 2006.

Johnson, Lyndon B. *The President's Inaugural Address.* January 20, 1965 [as delivered in person at the Capitol at 12:02 p.m.]. Public Papers of the Presidents of the United States: Lyndon B. Johnson, 1965, Volume I, entry 27, p. 71-74. Washington, D. C.: Government Printing Office, 1965.

Johnson, Paul. *A History of the Jews.* Nova York: Harper Perennial, 1988.

Joint Vision 2020 — America's Military: Preparing for Tomorrow. May 30, 2013, Army Gen. Henry Sheltom, chairman of the Joint Chiefs of Staff, Office of Primary Responsibility, Director for Strategic Plan and Policy, J5, Strategy Division. Disponível em: http://www.fs.fed.us/fire/doctrine/genesis_and_evolution/source_materials/joint_vision_2020.pdf.

Jones, Dorian. "Turkey Debates Role in Possible Syria Intervention". *Voice of America*, February 7, 2012.

Jones, Stephen. "Georgia's 'Rose Revolution' of 2003: Enforcing Peaceful Change". In Roberts, Adam e Garton Ash, Timothy (eds.). *Civil Resistance and Power Politics: The Experience of Non-violent Action from Gandhi to the Present.* Oxford/Nova York: Oxford University Press, 2009.

JOXE, Alain. *Les Guerres de l'Empire Global. Spéculations Financières — Guerre Robotiques — Résistance Démocratique.* Paris: La Découverte, 2012.

JUNGHOLT, Thorsten. "Wie die Bundesregierung in Syrien spioniert — Aufklärungsschiffe aus Eckernförde, Satellitenbilder und BND-Agenten liefern Deutschland ein eigenes Lagebild des Bürgerkrieges in Nahost. Die Daten könnten über die Türkei weitergereicht werden". *Die Welt*, 19/8/2012.

KALDÛN, Ibn. *The Muqadaddamah. An Introduction to History.* (Abridged and Edited by N. J. Dawwood). Princeton/Oxford: Princeton University Press, 2005.

KAN, Shirley A. "U.S.-China Counterterrorism Cooperation: Issues for U.S. Policy". July 15, 2010. Congressional Research Service 7-5700 www.crs.gov RL33001. Disponível em: http://www.fas.org/sgp/crs/terror/RL33001.pdf.

KANT, Immanuel. *Zum ewigen Frieden. Eis philosophischer Entwurf.* Leipzig: Verlag von Philipp Reclam, 1947.

KAPHLE, Anup. "Terms of Israel-Palestinian cease-fire". *The Washinton Post*, November 21, 2012.

KARIMI, Faith. "U.N. Security Council seeks detailed Mali military intervention plan". CNN, October 13, 2012.

KARIMLI, Ali. "In Azerbaijan, voices for democracy strive to be heard". *The Washington Post*, Friday, April 2, 2010.

KARON, Tony. "Despite Syria's Bloodbath, Libya-Style Intervention Remains Unlikely". *Time*, September 21, 2012.

_____. "Massive Protests Raise the Question: Should Israel Be More European or American?". *Time*, Aug 10, 2010.

KASINOF, Laura. "Airstrikes Hit Yemen — Violence Escalates in Sana". *The New York Times*, October 15, 2011.

KATZ, Yaakov. "US may give Israel Iraq ammo". *The Jerusalem Post*, 2/11/2010. Disponível em: http://www.jpost.com/Israel/Article.aspx?id=168393.

KATZMAN, Kenneth. "Afghanistan: Post-Taliban Governance, Security, and U.S. Policy". May 3, 2012. Congressional Research Service 7-5700. Disponível em: www.crs.gov RL30588.

_____. "Iraq: U.S. Regime Change Efforts and Post-Saddam Governance CRS Report for Congress". *CRS Report for Congress.* Order Code RL31339. Updated October 22, 2004. Congressional Research Service, Washington D.C., The Library of Congress.

KAYE, Randi. "Sarah Palin — Pastor: GOP may be downplaying Palin's religious beliefs". *BBC Politics*, September 08, 2008. Disponível em: http://articles.

cnn.com/2008-09-08/politics/palin.pastor_1_meghan-stapleton-wasilla-bible-church-sarah-palin?_s=PM:POLITICS.

"Kazakhstan natural gas industry overview and features. About Kazakhstan". Disponível em http://aboutkazakhstan.com/about-kazakhstan-economy/natural-gas.

KEENAN, Jeremy. *The Dark Sahara. America's War on Terror in Africa*. Nova York: Pluto Press, 2009.

KELLEY, Michael. "US Offers Israel Advanced Weapons In Exchange For Not Attacking Iran". *Business Insider — Military & Defense*, March 8, 2012.

KEMPER, Steve. *A Labyrinth of Kingdoms. 10.000 Miles through Islamic Africa*. Nova York: W. W. Norton & Companay, 2012.

KENNAN, Jeremy. *The Dark Sahara. America's War on Terror in Africa*. Nova York: Pluto Press, 2009.

_____. *The Tuareg. People of Ahaggar*. Londres: Sickle Moon Books, 2002.

KEPEL, Gilles. *Fitna — Guerre au cœur de l'Islam*. Paris: Gallimard, 2004.

KERR, Paul. "Top U.S. Officials Voice Concern About Syria's WMD Capability". *Arms Control Today*, May 2003. Disponível em: http://www.armscontrol.org/act/2003_05/syria_may03.

KERSHNER, Isabel. "Secret Israel-Syria Peace Talks Involved Golan Heights Exit". *The New York Times*, October 13, 2012.

KHALAF, Roula e SMITH, Abigail Fielding. "Qatar bankrolls Syrian revolt with cash and arms". *Financial Times*, May 16, 2013. Disponível em: http://www.ft.com/cms/s/0/86e3f28e-be3a-11e2-bb35-00144feab7dehtml#axzz2V4X av0P2.

KHALID, Rashid. *Brokers of Deceit. How the U.S. Undermined Peace in the Middle East*. Boston: Beacon Press, 2013.

KHALIFE, Marlene. "Western Diplomats Rally Around Lebanese Prime Minister", Lebanese Independent Newspaper *As-Safir*, Oct 22, 2012. Disponível em: http://www.al-monitor.com/pulse/politics/2012/10/lebanon-government-gets-stay-of-execution-after-hassan-assassination.html.

KHALIL, Ashraf. "Cairo and Benghazi Attacks: Two Sets of Fundamentalisms Unleash Havoc. Two attacks on American diplomatic buildings in Cairo and Benghazi, Libya, illustrate the ugly bigotry of two sets of religious fundamentalists in different ends of the world". *Time*, September 11, 2012.

KHAWAJA, Moign. "Iraq-Russia conclude $4.2 billion weapons deal — report". *Arabian Gazette*, October 11, 2012. Disponível em: http://arabiangazette.com/iraq-russia-weapons-deal/.

KHURI, Fuad I. *Imans and Emirs. State, Religion and Sects in Islam*. Londres: Saqui Essentials, 2008.

KIERKEGÅRD, Søren. *Furcht und Zittern*. München: Gütersloher Verlagshaus — Gerd Mohn, 1993.

KING, Laura. "U.N.: 2010 deadliest year for Afghan civilians". *Los Angeles Times*, March 10, 2011.

KINZER, Stephen. *Overthrow. America's Century of Regime Change from Hawaii to Iraq*. Nova York: Times Book/Henry Holt & Company, 2006.

KIPLING, Rudyard. *Kim*. Nova York: Dover Thrift Editions, 2005.

KIRKPATRICK, David D. "Anger Over a Film Fuels Anti-American Attacks in Libya and Egypt". *The New York Times*, September 11, 2012.

_____. "Army Ousts Egypt's President; Mursi Is Taken Into Military Custody". *The New York Times*, July 3, 2013.

_____. "Libyan Militias Turn to Politics, a Volatile Mix". *The New York Times*, April 2, 2012.

KIRKPATRICK, David D. e EL SHEIKH, Mayy. "An Outgunned Hamas Tries to Tap Islamists' Growing Clout". *The New York Times*, November 18, 2012.

KIRKPATRICK, David D. e FARQUHAR, Neil Mac. "Lebanon and Jordan Move Quickly to Contain Syria-Related Violence". *The New York Times*, October 23, 2012.

KIRKPATRICK, David D. e MYERS, Steven Lee. "Libya Attack Brings Challenges for U.S.". *The New York Times*, September 12, 2012.

KIRKPATRICK, David D. e NORDLAND, Rod. "Waves of Disinformation and Confusion Swamp the Truth in Libya", *The New York Times*, August 23, 2011.

KIRKPATRICK, David D.; ZWAY, Suliman Ali e FAHIM, Kareem. "Attack by Fringe Group Highlights the Problem of Libya's Militias". *The New York Times*, September 15, 2012.

KISSINGER, Henry A. "A new doctrine of intervention?". *The Washington Post*, March 31, 2012.

_____. *Diplomacy*. Nova York: Touchstone Books/Simon & Schuster, 1994.

_____. *Does America Need a Foreign Policy? Toward a Diplomacy for the 21st Century*. Nova York: Simon & Schuster, 2001.

_____. "Iran must be President Obama's immediate priority". *The Washington Post*, November 17, 2012.

_____. *On China*. Nova York: The Penguin Press, 2011.

_____. "Syrian intervention risks upsetting global order". *The Washington Post*, June 2, 2012.

KLEIN, Aaron. "Look Who U.S. Is Supporting. Mujahedeen last fought American troops in Afghanistan Now". *WND Exclusive*, 8/2/2012. Disponível em: http://www.wnd.com/2012/08/look-who-u-s-is-supporting-now/.

KLEIN, David. "Mechanisms of Western Domination: A Short History of Iraq and Kuwait". California State University, Northridge, January 2003. Disponível em: http://www.csun.edu/~vcmth00m/iraqkuwait.html

KLEIN, Naomi. *The Shock Doctrine. The Rise of Disaster Capitalism*. Londres: Allen Lane/Penguin Books, 2007.

KLEVEMAN, Lutz. *The New Great Game — Blood and Oil in Central Asia*. Londres: Atlantic Books, 2003.

KNAUS, John Kenneth. *Beyond Shangri-La: America and Tibet's Move into the Twenty-First Century*. Durham (North Caroline): Duke University Press Books, 2012.

KNELL, Yolande. "Egypt's revolution — 18 days in Tahrir Square". *BBC News*, Cairo, January 25, 2012.

KOESTLER, Arthur. *The Thirteenth Tribe*. Nova York: Random House, 1976.

KOLKO, Gabriel. *The Age of War. The United States Confronts the World*. Londres: Lynner Rienner Publishers, 2006.

KRAMER, Andrew E. "After Nearly 9 Years of War, Too Many Widows". *The New York Times*, November 24, 2011.

_____. "Deals With Iraq Are Set to Bring Oil Giants Back". *The New York Times*, June 19, 2008.

KRAUSS, Clifford. "After the Revolution, Hurdles in Reviving the Oil Sector". *The New York Times*, August 23, 2011.

_____. "The Scramble for Access to Libya's Oil Wealth Begins". *The New York Times*, August 22, 2011.

KRIEGER, Hilary Leila. "Strike on Iran could be counterproductive". *Jerusalem Post*, Mar 15, 2012.

KRISTENSEN, Hans M. "U.S. Nuclear Weapons in Europe — A Review of Post-Cold War Policy, Force Levels, and War Planning". Natural Resources Defence Council, February 2005.

"Kucinich Calls for NATO Accountability". Disponível em: http://kucinich.house.gov/news/documentquery.aspx?CatagoryID=1563&Page=5.

KÜNG, Hans. *Der Islam. Geschichte, Gegenwart, Zukunft*. Munique: Piper Verlag, 2010.

"Kurdistan's Huge Oil Reserves Lend Credibility to Iraqi Claims of 115 Billion Barrels", The Oil Drum, Tue, 10 January 2012.

"La guerre en Libye aura coûté 320 millions d'euros, selon Longuet". *Le Monde*, 6/9/2011.

LACHMANN, Günther. "Sinai-Wüste — Das blutige Geschäft mit Organen vor Israels Grenze". *Welt Online*, 18/11/2011. Disponível em: http://www.welt.de/politik/ausland/article13723382/Das-blutige-Geschaeft-mit-Organen-vor-Israels-Grenze.html.

LAK, Eli. "Freelance jihadists' join Libyan rebels. Ex-al Qaeda member speaks out". *The Washington Times*, March 29, 2011.

LAMB, Franklin. "Anatomy of a NATO War Crime". *Information Clearing House*, December 17, 2011. Disponível em: http://www.informationclearinghouse.info/article30024.htm.

_____. "End Game for Benghazi Rebels as Libyan Tribes Prepare to Weigh In?". *Foreign Policy Journal*, August 3, 2011.

LAMBECK, Martin S. e ÖZGENC, Kayhan. "Assad-Armee Unter Beobachtung Deutsches Spionageschiff kreuzt vor Syrien". *Bild am Sontag*, 19/8/2012.

LANDLER, Mark. "Obama Says Iran Strike Is an Option, but Warns Israel". *The New York Times*, March 2, 2012.

LANGENDONCK, Gert Van. "Libya militias taking law into own hands". *The Christian Science Monitor*, November 4, 2011.

LAPIDUS, Ira M. *A History of Islamic Societies*. Cambridge: Cambridge University Press, 1988.

_____. "The Institutionlization of Early Islamic Societies". In HUFF, Toby E. e SCHLUCHTER, Wolfgang (eds.). *Max Weber & Islam*. New Brunswick (USA)/ Londres (UK): Transaction Publishers, 1999.

LAPOUGE, Gilles. "O Hamas e o Catar". *O Estado de S. Paulo*, 25/10/2012.

LASSALLE, Ferdinand. *Ausgewählte Reden und Schriften — 1849-1864*. Berlim: Dietz Verlag, 1991.

LASZLO, Damon de. "The Tuareg on the Sahara — The Nomadic Inhabitants of North Africa — Tuareg Merchant Trade Routes across the Sahara". Bradshaw Foundation. Disponível em: http://www.bradshawfoundation.com/tuareg/index.php.

LATHEM, Niles. "Give us Liberty! Protesters Slam Syria in Massive Beirut Rally". *New York Post*, March 8, 2005. Disponível em: http://www.nypost.com/p/news/give_rally_leb_erty_protesters_slam_A2mOlKuRRfkn9mQJG3N1hJ.

"Lavrov looks beyond army pull-out". *BBC News*, Wednesday, 8 October 2008. Disponível em: http://news.bbc.co.uk/2/hi/europe/7659868.stm.

LAWRENCE, Susan V. "U.S.-China Relations: Policy Issues". June 14, 2013, Congressional Research Service, 7-5700, www.crs.gov — R41108. Disponível em: http://www.fas.org/sgp/crs/row/R41108.pdf.

LAWRENCE, T. E. *Seven Pillars of Wisdom. A Triumph*. Londres: Penguin Books, 1962.

"Le chef d'Al-Qaïda soutient la rébellion en Syrie dans une vidéo". *Le Monde*, 12/2/2012.

"Leading Through Civilian Power the First Quadrennial Diplomacy and Development Review 2010". Department of State — USAID. Disponível em: http://www.state.gov/documents/organization/153108.pdf

LEIGH, David. "Britain's security services and journalists: the secret story". *British Journalism Review*, Vol. 11, No. 2, 2000, p. 21-26.

LENDMAN, Stephen. "Libya — Out of Control Violence in Libya". *IndyBay*, February 17, 2012. Disponível em: http://www.indybay.org/newsitems/2012/02/17/18707558.php

LEVERETT, Flynt. "Why Libya Gave Up on the Bomb", *The New York Times*, January 23, 2004.

LEVINSON, Charles. "Ex-Mujahedeen Help Lead Libyan Rebels". The Wall Street Jornal, Middle East News, April 2, 2011.

LEVINSON, Charles e ROSENBERG, Matthew. "Egypt Said to Arm Libya Rebels". *The Wall Street Journal*, Middle East News, March 17, 2011.

LEVITT, Aaron. "Africa: The Next Great Energy Growth Story — Often ignored continent just waiting to break out". *Investor Place*, Feb 23, 2012. Disponível em: http://www.investorplace.com/2012/02/africa-energy-growth-story-tullow-oil-anadarko/.

LEVITT, Matthew; COHEN, Yoram e WASSER, Becca. "Deterred but Determined: Salafi-Jihadi Groups in the Palestinian Arena". *Policy Focus 99*, The Washington Institute for Near East Policy, January 2010. Disponível em: http://www.washingtoninstitute.org/policy-analysis/view/deterred-but-determined-salafi-jihadi-groups-in-the-palestinian-arena.

LEVY, Gideon. "Ethiopian students affair shows prevalent racism in Israel — When the children of Petah Tikva have all found schools to attend, society will not stop being racist". *Haaretz*, Sep 3, 2009. Disponível em: http://www.haaretz.com/print-edition/opinion/ethiopian-students-affair-shows-prevalent-racism-in-israel-1.8578.

"Libanon: Tausende nehmen Abschied von getötetem Geheimdienstchef". *Der Spiegel*, 21/10/2012.

"Libia. La Francia ha armato i ribelli di Bengasi? Le manovre degli 007 di Sarkò con un fedelissimo di Gheddafi". Blitz quotidiano, http://www.blitzquotidiano.it/politica-mondiale/libia-francia-ribelli-bengasi-007-gheddafi-794604/.

"Libya and Middle East unrest". *The Guardian*, March 30, 2011.

"Libya civilian deaths 'sap NATO credibility' — Italy's foreign minister says military alliance was losing the propaganda war to Gaddafi". *Al Jazeera*, 20 Jun, 2011.

"Libya unrest: SAS members 'captured near Benghazi'". *BBC Magazine*, March 6, 2011. Disponível em: http://www.bbc.co.uk/news/world-middle-east-12658054.

"Libya: NATO Generals Should Be taken to ICC says US Rep. Dennis Kucinich". *Afrique.com*, Disponível em: http://www.africafrique.com/index.php?option=com_content&view=article&id=2895:libya-nato-generals-should-be-taken-to-icc-says-us-repdennis-kucinich&catid=1:latest-news&Itemid=64.

"Libya's Col. Muammar Gaddafi killed, says NTC". *BBC News Africa*, October 20, 2011.

"Libya's Muslim Brothers. The knack of organisation. The Muslim Brotherhood looks likely to make further gains". *The Economist*, Jan 12, 2013.

"Libyan activists protest against militias, Muslim Brotherhood". Associated Press, Fox News, May 10, 2013.

"Libyan forces clash with militia at Tripoli airport", *RT — Russia Today*, June 4, 2012, disponível em: http://www.rt.com/news/lybia-airport-tripoli-militia-952/.

"Libyan leader claims Arab nations supporting 'sedition' in east. Sheikh Ahmed Zubair al-Sanussi who was elected leader of the region, is a member of the ruling National Transitional Council". *Al Arabiya*, March 6, 2012.

"Libyan rebels abused civilians: Human Rights Watch". *BBC News Africa*, July 12, 2011.

"Libyans will be executed 10 prisoners today". *Libya Against Super Power Media*, August 11, 2012. Disponível em: http://libyaagainstsuperpowermedia.com/2012/08/12/libya-libyans-will-be-executed-10-prisoners-today-august-11-2012/.

LICHTBLAU, Eric. "Saudi Arabia May Be Tied to 9/11, 2 Ex-Senators Say". *The New York Times*, February 29, 2012.

LIEVEN, Anatol. *America Right or Wrong: An Anatomy of American Nationalism.* Oxford/Nova York: Oxford University Press, 2004.

LIPSON, Nathan e GABAY, Rony. "And the rich grew richer". *Haaretz*, 7/6/2011. Disponível em: http://www.haaretz.com/business/and-the-rich-grew-richer-1.366452. http://english.al-akhbar.com/node/10806 distributed by Islamic Propagation office at Rabwah, http://abdurrahman.org/knowledge/Abbas--Abu-Yahya/35-The-Fitna-of-Takfeer-book-wiv-foreward_-_www.AbdurRahman.org.pdf; http://www.state.gov/j/drl/rls/hrrpt/2012/eap/204193.htm.

"LOGCAP 4: Billions of Dollars Awarded for Army Logistics Support". *Defense Industry Daily*, Aug 3, 2011. Disponível em: http://www.defenseindustry-daily.com/Billions-of-Dollars-Awarded-Under-LOGCAP-4-to-Supply-US-Troops-in-Afghanistan-05595/.

LONGBOTTOM, Wil. "Libya's new 'leader' says Sharia law will be used as basis to guide country after fall of Gaddafi regime". *Daily Mail*, September 13, 2011.

LONGLEY, Robert. "Should Obama Take Credit for US Oil Production Hike? Trend Began Under George W. Bush". About.Com US Government Info, 13 April 2012. Disponível em: http://usgovinfo.about.com/od/thepresidentandcabinet/a/Should-Obama-Take-Credit-For-Oil-Production-Hike.htm.

LONGMAN, James. "Syria conflict: British fighters seek jihad". *BBC News*, August 16, 2012. Disponível em: http://www.bbc.co.uk/news/world-middle--east-19283578.

LORENZ, Andreas. "CIA-Ausbilder in Tibet: Dilemma auf dem Dach der Welt". *Der Spiegel*, Samstag, 9/6/2012.

LUDWIG, Michael. "Wollen Niedergang wettmachen. Putin attackiert den Westen". *Frankfurter Allgemeine Zeitung*, 9/7/2012.

LUND, Aron. "Syrian Jihadism". *Policy Brief* — Swedish Institute of International Affairs. September 14, 2012. Disponível em: www.turcopolier.type-pad.com/files/76917.pdf.

LUSSATO, Céline. "La DGSE va-t-elle former les déserteurs syriens ?. Selon le Canard enchaîné, des agents français actuellement au Liban et en Turquie 'ont pour mission de constituer les premiers contingents de l'Armée syrienne libre'". *Le Nouvel Observateur*, 23/11/2011.

LUXEMBURG, Rosa. "Der Imperialismus ist der politische Ausdruck des Prozesses der Kapitalakkumulation in ihrem Konkurrenzkampf um die Reste des noch nicht mit Beschlag belegten nichtkapitalistischen Weltmilieu". In *Die Akkumulation des Kapitals*, in *Gesammelte Werke*. Berlin: Dietz Verlag, 1990.

_____. *La cuestión nacional y la autonomía*. México: Ediciones Passado y Presente, 1979.

LYMAN, Trevor. "Obama's invasion of Libya was planned under the Bush administration, Syria is next", September 14, 2011, Bastiat Institute, disponívelem:http://www.bastiatinstitute.org/2011/09/14/u-s-general -wesley-clark-%e2%80%9cobama%e2%80%99s-invasion-of-libya-was-planned-under-the-bush-administration-syria-is-next-%e2%80%9d/.

MACEACHIN, Douglas J. "CIA Assessments of the Soviet Union — *The Record Versus the Charges*" Historical Document. Disponível em: https://www.cia.gov/library/center-for-the-study-of-intelligence/csi-publications/csi-studies/studies/97unclass/soviet.html. [This article originally appeared as an unclassified Intelligence Monograph published by CIA's Center for the Study of Intelligence (CSI 96-001, May 1996)].

MACFARQUHAR, Neil. "Hafez al-Assad, Who Turned Syria Into a Power in the Middle East, Dies at 69". *The New York Times*, June 10, 2000.

_____. "Syria Says Foreign Support for Rebels Aids Terrorism". *The New York Times*, November 18, 2012a.

_____. "U.N. Faults NATO and Libyan Authorities in Report". *The New York Times*, March 2, 2012b.

MACHIAVELLI, Niccoló. *Il Principe*. Stuttgart: Philipp Reclam, 1986.

MACKINDER, Halford J. *Britain and the Britain Seas*. 2nd edition. Oxford: Clarendon Press, 1925.

_____. *Democratic Ideals and Reality*. Westport, Connecticut: Greenwood Press, 1981.

_____. "The Geographical Pivot of History". *Geographical Journal*, Royal Geographical Society, London, April 1904, vol. XXIII, p. 421-444.

"Made in Jordan: Thousands of gunmen preparing to enter Syria?". *RT — Russia Today*, February 21, 2012, edited February 23, 2012. Disponível em: http://rt.com/news/jordan-syria-intelligence-training-859/.

MAHAN, Alfred T. *The Influence of Sea Power upon History — 1660-1783*. Nova York: Dover Publication, Inc., 1987.

MAIA, Marielle. *O Tribunal Penal Internacional na Grande Estratégia Norte-Americana — 1990-2008*. Brasília: Fundação Alexandre de Gusmão, 2012.

MAKHMUDOV, Murad e WALKER, Lee Jay. "Libya and Mali: Salafi Islamists destroying shrines courtesy of Saudi Arabia and Qatar". *Modern Tokyo Times*, August 26, 2012. Disponível em: http://moderntokyotimes.com/2012/08/26/libya-and-mali-salafi-islamists-destroying-shrines-courtesy-of-saudi-arabia-and-qatar/.

"Mali coup leader trained with US military: Pentagon". *The Times of India*, AFP, Mar 28, 2012. Disponível em: http://timesofindia.indiatimes.com/world/rest-of-world/Mali-coup-leader-trained-with-US-military-Pentagon/articleshow/12434645.cms.

"Mali: Civil war or peace negotiations?". *All Voices*, Bamako, Mali, Apr 12, 2012. Disponível em: http://www.allvoices.com/contributed-news/11923471-mali-civil-war-or-peace-negotiations

MANCHADO, Ana I. Carrasco; QUESADA, Juan Martins e LASALA, Juan A. Souto. *Al-Andalus*. Madri: Ediciones Istmo, 2009.

MANNHEIM, Karl. *Ideologia e utopia*. 2ª ed. Rio de Janeiro/Porto Alewgre: Globo, 1952.

MARGALIT, Dan. "The Prime Minister's Verbal Poker Is Beginning to Be Successful". *Israel Hayom*, March 15, 2012.

MARLOWE, Christopher. "Tumburlaine the Great", Act V, Scene I. In *The Complete Plays*. Londres: Penguin Books, 1986, p. 166-168.

MARTINEZ, Michael. "Opiates killed 8 Americans in Afghanistan, Army records show". *CNN*, April 21, 2012.

"Marx an Engels in Manchester, London, 10 Mai 1861 & Marx an Engels in Manchester, London, 30 Juli 1862". In MARX, Karl e ENGELS, Friedrich. *Werke*. Berlim: Dietz Verlag, 1974, Band 30, p. 165 e 259.

MARX, Karl. *Zur Kritik der Hegelschen Rechtsphilosophie*. In MARX, Karl e ENGELS, Friedrich. *Werke*, Band 1. Berlim: Dietz Verlag, 1981a.

_____. *Zur Kritik der Politischen Ökonomie — Vorwort*, in MARX, K. e ENGELS, F. WERKE, Band 13. Berlim: Dietz Verlag, 1981b.

MARX, Karl e ENGELS, Friedrich. *Ausgewählte Schriften*, Band II. Berlim: Dietz Verlag, 1976.

MASHI, Marah. "Kidnapping in Syria: An Economy of War". *Al Akhbar English*, September 28, 2012. Disponível em: http://english.al-akhbar.com/node/12679.

_____. "The Threefold Siege on Syria's Harem". *Al-Akhbar English*, October 31, 2012. Disponível em: http://english.al-akhbar.com/content/threefold-siege-syria%E2%80%99s-harem.

"Massenproteste in arabischer Welt — USA fürchten Wut der Muslime — Demonstranten vor der US-Botschaft in Sanaa: Video soll Wut provozieren". Reuters/*Der Spiegel*, 13/9/2012.

"Massive U.S. Military Aid to Tunisia despite human rights abuses". *Asian Tribune*, World Institute For Asian Studies, Vol. 11, No. 463, 18/1/2011. Disponível em: http://www.asiantribune.com/news/2011/01/18/massive-us-military- aid-tunisia-despite-human-rights-abuses.

"Massive US Military Buildup on Two Strategic Islands: Socotra and Masirah", *DEBKA-Net-Weekly*, January 26, 2012. Disponível em: http://www.debka.com/article/21681/.

MAULDIN, John. "Fortress Iran is Virtually Impregnable to a Successful Invasion". *Market Oracle*, Jul 24, 2008. Disponível em: http://www.marketoracle.co.uk/Article5606.html.

MAYER, Arno. "Untimely Reflections". *Theory & Event*, Volume 5, Issue 4, Baltimore, The Johns Hopkins University Press, 2002.

MAZZETTI, Mark e COOPER, Helene. "Detective Work on Courier Led to Breakthrough on Bin Laden". *The New York Times*, May 2, 2011.

McCARTY, Nolan; POOLE, Keith T.; ROSENTHAL, Howard. *Polarized America. The Dance of Ideology and Unequal Riches*. Cambridge, Massachusettss: The MIT Press (Massachusetts Institute of Technology), 2006.

McCONNELL, Dugald e TODD, Brian. "Libyan leader's embrace of Sharia raises eyebrows". CNN, October 26, 2011. Disponível em: http://edition.cnn.com/2011/10/26/world/africa/libya-sharia/index.html.

McCoy, Alfred. *A Question of Torture — CIA Interrogation, from the Cold War to the War on Terror.* Nova York: Metropolitan Books/Henry Holt & Company, 2007.

_____. *The Politics of Heroin. CIA Complicity in the Global Drug Trade*. Chicago: Lawrence Hill Books, 2003.

McELROY, Damien. "Syrian rebels accused of war crimes. Human rights groups have accused Syrian rebels of war crimes for carrying out summary executions and imposing arbitrary justice on hundreds of regime detainees consigned to makeshift prisons". *The Telegraph*, Aug 10, 2012.

McGIRK, Tim. "Angry Spirit". Dalai Lama Sur Envoyé Spécial — Part 3 of 3, April 6, 2012. Disponível em: http://video.dorjeshugden.com/videos/, http://www.dorjeshugden.com/tag/religious-persecution/feed/.

McINERNEY, Stephen. "Project on Middle East Democracy, 2010. The Federal Budget and Appropriations for Fiscal Year 2011: Democracy, Governance, and Human Rights in the Middle East". Heinrich Böll Stiftung — North America, April 2010. Disponível em: http://pomed.org/wordpress/wp-content/uploads/2010/04/fy11-budget-analysis-final.pdf.

McCLEAR, Rich; McCLEAR, Suzi e GRAVES, Peter. "U.S. Media Assistance Programs in Serbia — July 1997-June 2002". PPC Evaluation Working Paper No. 10. Bureau for Policy and Program Coordination, PN-ACT-553. November 2003.

McNamara, Robert. "Apocalypse Soon". *Foreign Policy*, May/June 2005. Disponível em: http://www.foreignpolicy.com.

Mearns, Euan. "The Oil Drum — The Oil Potential of Iraqi Kurdistan". Geology/Exploration, January 11, 2012. Disponível em: http://www.theoildrum.com/node/8820.

Mearsheimer, John J. e Walt, Stephen M. *The Israel Lobby and U. S. Foreign Policy*. Nova York: Farrar, Straus & Giroux, 2007.

"Mehr Selbstmörder als Gefallene. Zahl der Freitode in der US-Armee steigt". *Die Welt*, 9/6/2012.

Mehsud, Ihsanullah Tipu. "The Changing Face of Terror — Al-Qaeda takes hold of tribal regions", *Asia Times*, Jul 10, 2012.

Mellah, Salima. "The Algerian Islamist Movement between Autonomy and Manipulation". Extracts from a report presented by the Justice Commission for Algeria at the 32nd Session of the Permanent Peoples' Tribunal on Human Rights Violations in Algeria (1992-2004), 5-8 November 2004-May 2004. Disponível em: http://www.algeria-watch.org/pdf/pdf_en/islamist_movement.pdf.

"Merkel wirft Russland — 'Störung' deutscher Stiftungen vor Putin pocht auf Recht zur Kontrolle der Finanzen". *Die Welt*, 5/4/2013.

Meyer, Cordula. "Uranium Mining in Niger — Tuareg Activist Takes on French Nuclear Company". *Spiegel Online*, 4/2/2010. Disponível em: http://www.spiegel.de/international/world/uranium-mining-in-niger-tuareg-activist-takes-on-french-nuclear-company-a-686774-2.html.

Meyer, Josh. "Report Links Saudi Government to 9/11 Hijackers, Sources Say". *Los Angeles Times*, August 2, 2003.

Michael, Maggie. "Mubarak Faces Egypt Protests on 'Day of Rage'". *Huffington Post*, 25/5/2011. Disponível em: http://www.huffingtonpost.com/2011/01/25/mubarak-faces-egypt-prote_n_813572.html.

"Middle East deadly explosions hit central Aleppo. At least 40 people have been killed and dozens more wounded as several explosions ripped through the centre of Aleppo". Al Jazeera, Oct 3, 2012. Diponível em: http://www.aljazeera.com/news/middleeast/2012/10/2012103748476383.html.

Miles, Tom. "Russia says 15,000 foreign 'terrorists' in Syria". Reuters, Mar 8, 2012. Disponível em: http://uk.reuters.com/article/2012/03/08/uk-syria-russia-idUKBRE82714Q20120308.

Miller, Greg. "Plan for hunting terrorists signals U.S. intends to keep adding names to kill lists". *The Washington Post*, October 24, 2012.

MILLER, Scott N. "Celebrating freedom at Camp Hale". *VailDaily*, September 10, 2010. Disponível em: http://www.vaildaily.com/article/20100910/NEWS/100919989.

MILNES, Seumas. *The Revenge of History. The Battle for the 21st Century.* Londres/Nova York: Verso, 2012.

MIRODAN, Seamus. "Free Syrian army carves out its on 'mini-state' at captured border area". *The Irish Time*, Sep 17, 2012.

MOLIÈRE, J.-B. Poquelin. *Don Juan ou le Festin de Pierre*, Acte V, Scene II. In *Oeuvres Complètes*, Paris: Michel Lévy Frères/Librair Éditeurs, 1862, Tome Troisième.

MOMTAZ, Rym e LADD, Trevor J. "Ex-Senators Say Saudi Arabia May Be Linked to 9/11". *ABC News.* March 1, 2012. Disponível em: http://abcnews.go.com/Blotter/senators-saudi-arabia-linked-911/story?id=15827925.

MONIZ BANDEIRA, Luiz Alberto. *Formação do Império Americano (Da guerra contra a Espanha à guerra no Iraque).* 2ª edição. Rio de Janeiro: Civilização Brasileira, 2006.

_____. *A reunificação da Alemanha — Do ideal socialista ao socialismo real.* São Paulo: Unesp, 2009.

MOORE, James W. "The Functions of Insurgent Violence: A Systems Perspective". *Canadian Army Journal*, 14/2/2012, p. 115.

MORAES FARIAS, Paulo Fernando de. *Arabic Medieval Inscriptions from the Republic of Mali: Epigraphy, Chronicles and Songhay-Tuareg History (Fontes Historiae Africanae, New Series: Sources of African History).* Oxford: British Academy/Oxford University Press, 2003.

_____. "The Almoravids: Some Questions Concerning the Character of the Movement during its Periods of Closest Contact with the Western". *Almohain Bulletin de l'I.F.A.N* (Institute Foundation of Afrique Noire), t. XXIX, ser. B, nº 3-4, Department of History, University of Dakar, Ghana, 1967.

MORGAN, Andy. "Mali's Tuareg Rebellion". *The Global Dispatches*, March 27, 2012. Disponível em: http://www.theglobaldispatches.com/articles/malis-tuareg-rebellion.

MORRISON, Wayne M. e LABONTE, Marc. "China's Holdings of U.S. Securities: Implications for the U.S. Economy". CSR — Report of the Congress, Congressional Research Service, Order Code RL34314, December 6, 2012.

MORTADA, Radwan. "Jihadis in Syria: The Cracks Start to Show". *Al-Akhbar English*, October 3, 2012. Disponível em: http://english.al-akhbar.com/node/12796 .

_____. "A Shadow State in Lebanon for the Syrian Opposition". *Al-Akhbar English*, October 9, 2012. Disponível em: http://english.al-akhbar.com/content/shadow-state-lebanon-syrian-opposition.

_____. "Syria has become a magnet for the world's jihadis". *Al-Akhbar English*, August 6, 2012. Disponível em: http://english.al-akhbar.com/node/1080

"Mosul Iraq's 'Most Dangerous City' For Christians". *Worthy News*, 20/8/2012. Disponível em: http://www.christianpersecution.info/index.php?view=11689

MOUSAVIAN, Seyed Hossein. *The Iranian Nuclear Crisis: A Memoir*. Washington, DC: Carnegie Endowment for International Peace, 2012.

MOZGOVAYA, Natasha. "Obama to AIPAC: 1967 borders reflect long-standing U.S. policy. U.S. president clarifies his Mideast vision for Israel, Palestine borders not identical to June 4, 1967 lines". *Haaretz*, May 22, 2011.

"Mr. Mubarak: Valuable and Vulnerable". *The New York Times*, July 4, 1995.

MUHADITH, Ash-Shayk e AL-ALBAANI, Muhammad Nasir ud-Deen. "Warning Against the Fitnah of Takfeer". Translated by Abbas Abu Yahya, distributed by Islamic Propagation Office at Rabwah, www.islamhouse.com.

MÜHLMANN, Sophie. "Washington fürchtet dennoch weitere Eskalation Im Fall Nordkorea setzt Wolfowitz auf die Anrainer". *Die Welt*, 02/06/2003.

MÜNKLER, Herfried. *Imperien. Die Logik der Weltherrschaft — vom Alten Rom bis den Vereinigten Staat*. Berlim: Rowohlt, 2005.

MURPHY, Cullen. *Are We Rome? The Fall of an Empire and the Fate of America*. Boston/Nova York: Houghton Mifflin Co., 2007.

MURPHY, Dan. "Afghanistan, the Taliban, and the US deficit". *The Christian Science Monitor*, July 28, 2011.

MUSHARRAF, Pervez. *In the Line of Fire: A Memoir*. Londres: Simon & Schuster, 2006.

MYDANS, Seth. "Georgian Leader Agrees to Resign, Ending Standoff". *The New York Times*, November 24, 2003.

MYERS, Steven Lee. "Clinton Suggests Link to Qaeda Offshoot in Deadly Libya Attack". *The New York Times*, September 26, 2012.

NAOR, Mordecai. "The Kibbutz at 100/But does it have a future?". *Haaretz*, January 23, 2011. Disponível em: http://www.haaretz.com/culture/books/the-kibbutz-at-100-but-does-it-have-a-future-1.338704.

"Nasser did not die of poisoned coffee: doctor". *Al Arabiya*, September 26, 2010. Al Arabiya News. Disponível em: http://www.alarabiya.net/articles/2010/09/26/120379.html.

National Defence — Defense Nationale — Land Force — "Counter-Insurgency Operations" — (English) — Published on the authority of the Chief of the Land Staff — Directorate of Army Doctrine, Department of National Defence, a Kingston: Army Publishing Office, 2008 — OPI: DAD 2008-12-13-B-GL-323-004/FP-003, p. 2-15. The electronic version of this publication can be found in the Army Electronic Library, accessible from the LFDTS Homepage, at http://lfdts.army.mil.ca.

"NATO — Luís Amado defende 'recentramento' no Atlântico e sublinha papel de Portugal pelas relações com África e Brasil". Público — Agência Lusa, 26/3/2009.

"NATO bombs the Great Man-Made River". *Human Rights Investigations*, July 27, 2011. Disponível em: http://humanrightsinvestigations.org/2011/07/27/great-man-made-river-nato-bombs/.

"NATO neglecting South Atlantic in new strategic concept — MoD — Draft recommendations for a new strategic concept for NATO do not pay sufficient attention to the South Atlantic, says Portugal's defence minister, promising to raise the issue with alliance leader". *The Portugal News Online*, 18/9/2010.

"Natural Gas Potential Assessed in Eastern Mediterranean". *Science Daily*, Apr. 8, 2010. Disponível em: http://www.sciencedaily.com/releases/2010/04/100408132812.htm.

NEFF, Donald. "Truman Overrode Strong State Department Warning Against Partitioning of Palestine in 1947". Information Clearing House — Daily News Headlines Digest, September/October, 1994. Disponível em: http://www.informationclearinghouse.info/article7060.htm.

"Negotiations in Afghanistan — Karzai Asks Berlin for Help with Taliban Talks". *Der Spiegel*, 23/7/2012. Disponível em: http://www.spiegel.de/international/world/afghan-president-karzai-asks-for-german-help-with-taliban-talks-a-845893.html

NELSON, Dean e FARMER, Ben. "Secret peace talks between US and Taliban collapse over leaks". *The Telegraph*, 10 Aug 2011.

NETTO, Andrei. "'O futuro da Líbia será bem melhor do que muita gente esperava' — Entrevista/M. Jibril". *O Estado de S. Paulo*, 15/7/2012.

_____. "Revolução na Síria afunda no impasse militar de Alepo". *O Estado de S. Paulo*, 21/10/2012.

_____. "Turquia se torna peça-chave para insurgentes sírios". *O Estado de S. Paulo*, 21/10/2012.

NEUSNER, Jacob. *Instrução ao Judaísmo*. Rio de Janeiro: Imago, 2002.

NEUSTADT, Richard E. e MAY, Ernest R. *Thinking in Time. The Use of History for Decision Makers*. Nova York/Londres: The Free Press, 1986.

"New intelligence: Syrian rebels are too few to win". *DEBKAfile Exclusive Report*, Summary of DEBKA Exclusives, October 19, 2012. Disponível em: http://www.debka.com/article/22440/New-W-intelligence-Syrian-rebels-don%E2%80%99t-have-the-numbers-to-win.

NICHOL, Jim. "Russia-Georgia Conflict in South Ossetia: Context and Implications for U.S. Interests". Congresssional Research Service (CRS) — Report for Congress. Order Code RL34618. September 22, 2008.

NIKOLAS, Katerina. "Al Qaeda in the Islamic Maghrib pillaging weapons from Libya". *Hellium News*, March 29, 2011. Disponível em: http://news.helium.com/news/12908-al-qaeda-in-the-islamic-maghreb-pillaging-weapons-from-libya.

NINIO, Marcelo. "Protestos Contra Filme Anti-Islã — Casa Branca apoia petro-monarquias que financiam islamitas radicais, Entrevista Tariq Ramadan". *Folha de S. Paulo*, 17/9/2012.

"Noble Energy Announces Another Significant Discovery in the Levant Basin Offshore Israel". Disponível em: http://killajoules.wikidot.com/blog:2022.

NORBU, Jamyang. "Remembering Tibet's Freedom Fighters". *The Huffington Post*, October 20, 2010. Disponível em: http://www.huffingtonpost.com/jamyang-norbu/post_1074_b_769868.html.

NORDLAND, Rod. "Afghan Army's Turnover Threatens U.S. Strategy". *The New York Times*, October 15, 2012.

_____. "Al Qaeda Taking Deadly New Role in Syria's Conflict". *The New York Times*, July 24, 2012.

_____. "In Libya, Former Enemy Is Recast in Role of Ally". *The New York Times*, September 1, 2011.

_____. "Risks of Afghan War Shift From Soldiers to Contractors. Even dying is being outsourced here". *The New York Times*, February 11, 2012.

NORONHA GOYOS JR, Durval. *O Crepúsculo do Império e a Aurora da China*. São Paulo: Observador Legal, 2012.

NORRIS, Robert S. e KRISTENSEN, Hans M. "U.S. nuclear forces, 2008". *Nuclear Notebook — Bulletin of the Atomic Scientists*, May/June 2008, Vol. 64, No. 2, p. 54-57, 62 DOI: 10.2968/064002013; Disponível em: http://the-bulletin.metapress.com/content/pr53n270241156n6/fulltext.pdf.

"Norske politikere advart mot navngitte islamister. I et hemmelig stortings-møte ble norske toppolitikere nylig orientert om potensielle navngitte islamistiske terrorister i Norge, skriver Dagbladet". *Aftenposten*, 22/10/2012.

Disponível em: http://www.aftenposten.no/nyheter/iriks/Norske-politike-re-advart-mot-navngitte-islamister-7024409.html.

NORTON-TAYLOR, Richard e ROGERS, Simon. Nato operations in Libya: data journalism breaks down which country does what". *The Guardian*, October 31, 2011.

NOVAK, Michael. *Choosing our King*. Nova York: Macmillan, 1974.

"Nuclear Weapons — Israel". Federation of American Scientists (FAS), University of St. Andrew — Jan 8, 2007. Disponível em: www.fas.org/nuke/guide/israel/nuke/.

"Number of displaced people grows as Syria violence continues, says UN agency". UN News Centre, August 17, 2012. Disponível em: http://www.un.org/apps/news/story.asp?NewsID=42699.

"Number of Syrian Refugees in Turk Camps Exceeds 100,000 — Ankara says numbers of Syrian refugees in Turkey who fled the killings in the war--torn Arab country exceeds 100,000". *Al-Ahram Online* (Cairo), Reuters, Oct 15, 2012. Disponível em: http://english.ahram.org.eg/NewsContent/2/8/55632/World/Region/Number-of-Syrian-refugees-in-Turk--camps-exceeds-,.aspx.

"Number of Syrians displaced by conflict continues to rise, UN refugee agency reports". UNHCR — UN Refugee Agency, July 31, 2012. Disponível em: http://www.un.org/apps/news/story.asp?NewsID=42594&Cr=Syria&Cr1.

NURIYEV, Elkhan. "Elections in Azerbaijan. Political Infighting and Strategic Interests of Great Powers". SWP Comments 2005 — C 58, December 2005.

NUSSBAUMER, Heinz. "Der 'Neue Nahe Osten". ICO — Information Christlicher Orient, 13. Jahr, n° 49, Februar 2013, p. 4.

O'BRIEN, Michael. "Obama, in call to German chancellor: Gadhafi must go 'now'". *The Hills*, Blog Briefing Room, 26/2/2011.

O'CONNOR, Eileen M. e HOFFMAN, David. "Media in Iraq: The Fallacy of Psy-Ops". *International Herald Tribune, December 16, 2005.*

O'LEARY, Carole A. e HERAS, Nicholas A. "Syrian Tribal Networks and their Implications for the Syrian Uprising". The James Town Foundation, *Terrorism Monitor*, Volume 10, Issue 11, June 1, 2012.

O'REILLY, Brendan. "China's Winning Strategy in Africa". *Asia Times*, 16/8/2012. Disponível em: http://www.ocnus.net/artman2/publish/Africa_8/China-s-Winning-Strategy-in-Africa.shtml.

OBAMA, Barack; CAMERON, David e SARKOZY, Nicolas. "Libya's Pathway to Peace". *The New York Times*, April 14, 2011.

"Obama's kill list — All males near drone strike sites are terrorists". *Russia Today*, 31 May, 2012.

"Obama aide confirms US holding back aid to Pakistan". *The Express Tribune* with *The International Herald Tribune*, Reuters/AFP, July 10, 2011.

"Obama AIPAC address: 1967 borders reflect long-standing policy". *The Washington Post*, May 22, 2011.

"Obama and the Laws of War". Interviewee: Matthew C. Waxman, Adjunct Senior Fellow for Law and Foreign Policy, Interviewer: Jonathan Masters, Online Editor/Writer, Council of Foreign Relations, May 10, 2012. Disponível em: http://www.cfr.org/counterterrorism/obama-laws-war/p28209.

Offenbarung des Johannes (Apokalipse), 9 Kapitel. *Das Neuen Testament*, in Die Heilige Schrift des Alten und Neuen Testament. Aschaffenburg: Paul Pattloch Verlag, 1965, p. 330-331.

"Oil and gas worldwide. Offshore oil treasures in eastern Mediterranean sea". Neftgaz.RU News. Disponível em: http://neftegaz.ru/en/news/view/93334.

OMICINSKI, John. "General: Capturing bin Laden is not part of mission". *USA Today*, 11/8/2001.

"Origin of Syrian shells into Turkey unclear, US general says". *Hurriyet Daily News*, Istambul, October 27, 2012. Disponível em: http://www.hurriyetdailynews.com/origin-of-syrian-shells-into-turkey-unclear-us-general-says.aspx?pageID=238&nID=33386&NewsCatID=359.

"Os governos precisam parar de fornecer armas para os rebeldes — entrevista de Paulo Sérgio Pinheiro". *O Globo*, 18 de setembro de 2012.

OWEN, Mark e MAURER, Kevin. *No Easy Day. The Autobiography of a Navy Seal*. Nova York: Dutton/Penguin Group, 2012.

PADDOCK, Richard C. "Yeltsin Sees Deal on Expansion of NATO Diplomacy: Russian president says he still opposes spread of alliance but is committed to resolving dispute during meeting with Clinton in Helsinki next month". *Los Angeles Times*, February 24, 1997.

PAINE, Thomas. *Rights of Man*. Hertfordshire (UK): Wordsworth Editions Ltd, 1996.

"Pakistan After Bin Laden". *The New York Times*, May 13, 2011.

"Pakistan buries 24 troops killed in Nato airstrike", *BBC News Asia*, 27 November 2011.

"Pakistani diplomat calls for end to U.S. drone strikes — Sherry Rehman says attacks have a 'diminishing rate of return'". *The Associated Press — CBC News World*, Jul 27, 2012. Disponível em: http://www.cbc.ca/news/world/story/2012/07/27/pakistan-us-cia-drone-strikes.html.

PALAST, Greg. "Secret U.S. Plans For Iraq's Oil". *BBC News World Edition*, Thursday, March 17, 2005. Disponível em: http://news.bbc.co.uk/2/hi/programmes/newsnight/4354269.stm.

"Palestinians: Gaza situation is very fragile and cease-fire violations threaten calm". Associated Press/*The Washington Post*, November 23, 2012.

PAPE, Robert A. *Dying to Win. The Strategic Logic of Suicide Terrorism*. Nova York: Random House Trade Paperback, 2005.

PAPPE, Ilan. *The Ethnic Cleansing of Palestine*. Londres: Oneworld, 2012.

PARKER, Ned. "The Iraq We Left Behind — Welcome to the World's Next Failed State". *Foreign Affairs*, March/April 2012.

PARSI, Trita. *A Single Roll of the Dice. Obama's Diplomacy with Iran*. New Haven/Londres: Yale University Press, 2012.

PARSONS, Christi e CLOUD, David. "Obama announces drawdown of forces from Afghanistan, saying 'tide of war is receding'". *Los Angeles Times*, June 22, 2011.

PASTOR, Robert A. "A third option in Syria — Forget about overthrowing Assad. Both sides need to avoid a long civil war and agree to meaningful reforms". *Los Angeles Times*, October 10, 2012.

PATNAIK, Ajay. "Regime Change and US Geopolitical strategy in Central Asia". *Eurasia Critic*. May, 2008. Disponível em: http://www.eurasiacritic.com/articles/regime-change-and-us-geopolitical-strategy-central-asia.

PATOUILLET, Joseph. *L'imperialisme americain*. These pour le Doctorat — Facultée de Droit de l'Université de Dijon. Dijon: Imprimerie du Petit Bourguignon, 1904.

PEACHEY, Paul. "Regime clan has £ 4bn in gold reserves, says IMF". *The Independent*, March 24, 2011.

PECK, James. *Ideal Illusions — How the U.S. Government Co-opted Human Rights*. Nova York: Metropolitan Books/Henry Holt & Co., 2010.

PEEV, Gerri. "UK's £ 20bn bill for fighting Iraq and Afghan wars". *Daily Mail*, June 21, 2010.

PEHRSON, Christopher J. "String of Pearls: meeting the challenge of China's rising power across the Asian litoral". Strategic Studies Institute (SSI), U.S. Army War College, July 2006. Disponível em: http://www.StrategicStudiesInstitute.army.mil/.

PEI, Mixin e CASPER, Sara. "Lessons from the Past: The American Record on Nation Building". *Policy Brief*, 24. May 2003, Carnegie Endowment for International Peace.

PEIN, Corey. "Tunisia before the Riots: $631 Million In US Military Aid". *War is Business*, January 14, 2011. Disponível em: http://www.warisbusiness. com/2488/news/tunisia-before-the-riots-631-million-in-us-military-aid/.

PEREIRA, Aldo. *Brumas do Tibete*. São Paulo: Publifolha, 2009, Série 21.

PERLEZ, Jane. "Pakistani Army, Shaken by Raid, Faces New Scrutiny". *The New York Times*, May 4, 2011.

PERRY, Mark. "False Flag — A series of CIA memos describes how Israeli Mossad agents posed as American spies to recruit members of the terrorist organization Jundallah to fight their covert war against Iran". *Foreign Policy*, January 13, 2012. Disponível em: http://www.foreignpolicy.com/articles/2012/01/13/false_flag?page=full.

PAN SAHEL INITIATIVE, Office of Counterterrorism, U.S. Department of State Archive, November 7, 2002, Washington, DC, http://2001 2009.state. gov/s/ct/rls/other/14987.htm.

PFAFF, William. "Empire isn't the American way — Addiction in Washington". *International Herald Tribune*, 4/9/2002.

PFEFFER, Anshel. "Israel could strike Iran's nuclear facilities, but it won't be easy". *Haaretz*, 20/2/2012.

PILLAR, Paul R. *Intelligence and U.S. Foreign Policy. Iraq, 9/11, and Misguided Reform*. Nova York: Columbia University Press, 2011.

PIPES, Daniel. *Syria Beyond the Peace Process*. Washington D.C.: The Washington Institute for Near East Policy, Policy Paper, Nr. 40, 1996.

PIRENNE, Henri. *Mohammed and Charlemagne*. Nova York: Barnes & Noble, 1992.

PIVEN, Ben. "Map: US bases encircle Iran. Dozens of US and allied forces' military installations dot the region, from Oman, UAE and Kuwait to Turkey and Israel". *Al Jazeera*, May 1, 2012.

PLATO. *The Republic*. Nova York: Dover Publications Inc., 2000.

POE, Richard. "George Soros and America's Coming Election Crisis (Part 1)", July 16, 2004. Disponível em: http://www.freerepublic.com/focus/f-news/1173004/posts.

POLESE, Abel e Ó BEACHÁIN, Donnacha. "The Color Revolution Virus and Authoritarian Antidotes: Political Protest and Regime Counterattacks in Post-Communist Spaces". *Academia.edu*. Disponível em: http://tallinn.academia. edu/AbelPolese/Papers/610568/The_Color_Revolution_Virus_and_Authoritarian_Antidotes_Political_Protest_and_Regime_Counterattacks_in_Post-Communist_Spaces.

POLGREEN, Lydia e COWELL, Alan. "Mali Rebels Proclaim Independent State in North". *The New York Times*, April 6, 2012.

"Política externa dos Estados Unidos e o perigo que ela representa para o Brasil", Ofícios, Sérgio Teixeira de Macedo ao Visconde de Olinda, Washington, 6/8/1849, Arquivo Histórico do Itamaraty — 233/3/5.

POOR, Jeff. "Buchanan: Who is a bigger threat — Iran or Israel?". *The Daily Caller*, 22/2/2012. Disponível em: http://dailycaller.com/2012/02/22/buchanan-who-is-a-bigger-threat-iran-or-israel/.

PORTER, Gareth. "How McChrystal and Petraeus Built an Indiscriminate 'Killing Machine'". *Dandelion Salad*, Sept. 27, 2011. Disponível em: http://dandelionsalad.wordpress.com/2011/10/02/us-afghan-killcapture-campaign-targeted-civilians-how-mcchrystal-and-petraeus-built-an-indiscriminate--killing-machine-by-gareth-porter/.

"Powell presents US case to Security Council of Iraq's failure to disarm". United Nations News Service, 5 February 2003. Disponível em: http://www.un.org/apps/news/storyAr.asp?NewsID=6079&Cr=iraq&Cr1=inspect.

POWELL, Colin L. *The Military Strategy of the United States — 1991-1992*. US Government Printing Office, 1992.

POWERS, Thomas. *The Man Who Kept The Secrets — Richar Helms and the CIA*. Nova York: Pocket Books/Simon & Schuster division, 1979.

PRADOS, Alfred B. e SHARP, Jeremy M. *Syria: Political Conditions and Relations with the United States after the Iraq War*. Foreign Affairs, Defense, and Trade Division, Congressional Research Service Report RL32727 — February 28, 2005.

PRASHAD, Vijay. *Arab Spring, Libyan Winter*. Edimburgo: AK Press, 2012.

"Predator Drones and Unmanned Aerial Vehicles (UAVs)". *The New York Times*, Friday, May 11, 2012.

"President Bashar Al Assad: Exclusive Interview. 'I'm not a Western puppet — I have to live and die in Syria'". Russia Today — Global Research, November 8, 2012. Disponível em: http://www.globalresearch.ca/president-bashar-al-assad-exclusive-interview-im-not-a-western-puppet-i-have-to-live-and-die-in-syria/5311108.

PRESIDENT OBAMA'S 2012 STATE OF THE UNION ADDRESS. *USA Today*, 25/1/2012.

PRIER, Pierre. "Libye : combats dans un ex-fief de Kadhafi". *Le Figaro*, 22/10/2012.

PRIEST, Dana e ARKIN, William M. *Top Secret America — The Rise of the New America Security State*. Nova York: Little, Brown & Company, 2011.

PRINCE, Rob. "Tunisia Culture Wars: Ruling Ennahda Party Refuses to Rein in Salafists". *Foreign Policy in Focus* (FPIF), July 30, 2012. A project of the Institute for Policy Studies — A think tank without walls. Disponível em: http://www.fpif.org/blog/tunisia_culture_wars_ruling_ennahda_party_refuses_to_rein_in_salafists.

"Profile: Libyan rebel commander Abdel Hakim Belhadj". *BBC News Africa*, July 4, 2012. Disponível em: http://www.bbc.co.uk/news/world-africa-14786753?print=true.

"Profile: Syria's al-Nusra Front". *BBC News Middle East*, May 15, 2012.

"Protest gegen Unesco. Islamisten zerstören Weltkulturerbe in Timbuktu. Islamistische Kämpfer haben in Timbuktu im Norden Malis jahrhundertealte Gräber zerstört und weitere Verwüstungen angekündigt. Ihren Bildersturm erklären sie als 'Auftrag Gottes' gegen die Unesco". *Welt Online*, 30/6/2012. Disponível em: http://www.welt.de/kultur/article107613221/Islamisten--zerstoeren-Weltkulturerbe-in-Timbuktu.html.

PRONER, Carol. *Direitos humanos e seus paradoxos: Análise do sistema americano de proteção*. Porto Alegre: Sergio Antonio Fabris Editor, 2002.

"Putin accuses US of role in Gaddafi death". *Daily Mail*, December 16, 2011.

"Putin vows support for Annan on Syria". *Al-Akhbar English*, July 17, 2012. Disponível em: http://english.al-akhbar.com/node/9903.

"Putin: Using Al-Qaeda in Syria like sending Gitmo inmates to fight (Exclusive)". *RT — Russia Today* — TV-Novosti, September 6, 2012.

"Q&A: Gene Sharp — Al Jazeera talks with the quiet but influential scholar of non-violent struggle". Al Jazeera, December 6, 2011.

"Q&A: U.S. Military Bases in Central Asia". *The New York Times*, July 26, 2005.

QADDAFI, Muammar al. *O Livro Verde*. Trípoli: Empresa Pública de Edição, Publicidade e Distribuição, 1983.

QADRI, Mahmoud Sidibe. "Destruction of Timbuktu Sufi Shrines Exposes Wahhabi Agenda. CounterPsyOps". *The Islamic Post*, August 29, 2012. Disponível em: http://counterpsyops.com/category/mali/.

Quarterly Report from the Special Inspector General for Iraq Reconstruction, Sigir.mil. 2010-01-30. Disponível em: http://www.sigir.mil/publications/quarterlyreports/January2010.html.

QUINN, James. "US Economy on a burning platform". Disponível em: http://www.financial-portal.com/articles/article338.html.

RABINOVICH, Itamar. "The Devil We Knew". *The New York Times*, November 18, 2011.

RADYUHIN, Vladimir. "Narco Aggression: Russia accuses the U.S. military of involvement in drug trafficking out of Afghanistan". *Global Research*, February 24, 2008. Disponível em: http://www.globalresearch.ca/index.php?context=va&aid=818.

RAHIMI, Sangar e RUBIN, Alissa J. "Days After an Order to Restrict Them, Afghanistan Calls for Airstrikes to End". *The New York Times*, June 12, 2012.

RAJGHATTA, Chidanand. "US to try KSM for Pearl murder". *The Times of India*, Oct 14, 2006. Disponível em: http://articles.timesofindia.indiatimes.com/2006-10-14/us/27813054_1_ksm-daniel-pearl-omar-saeed-sheikh.

RALPH, Diana. "Islamphobia and the 'War on Terror': The Continuing Pretext for U.S. Imperial Conquest". In ZAREMBKA, Paul (ed.). *The Hidden History of 9-11*. Nova York/Toronto: Sven Stories Press, 2008.

RAMAN, B. "Us & Terrorism in Xinjiang". South Asia Analysis Group, Paper No. 499, 24/7/2002. Disponível em: http://www.southasiaanalysis.org/paper409.

RAMDANI, Nabila; SHIPMAN, Tim e ALLEN, Peter. "Tony Blair our very special adviser by dictator Gaddafi's son". *Daily Mail*, June 5, 2010.

RANJAN, Amitav. "As China offers funds to Iran, India set to fast-track Chabahar pact". *Indian Express*, Nova Délhi, Jul 1, 2013. Disponível em: http://www.indianexpress.com/news/as-china-offers-funds-to-iran-india-set-to-fasttrack-chabahar-pact/1136084/.

RASHID, Ahmed. *Descent into Chaos. How the War against Extremism Is Being Lost in Pakistan, Afghanistan and Central Asia. Londres: Allen Lane/Penguin Books, 2008.*

_____.*Jihad. The Rise of Militant Islam in Central Asia.* New Haven/Londres: Yale University Press, 2002a.

_____. *Pakistan on the Brink. The Future of America, Pakistan and Afghanistan.* Nova York: Viking/Penguin Group, 2002b.

RASSLER, Don; KOEHLER-DERRICK, Gabriel; COLLINS, Liam; AL-OBAIDI, Muhammad e LAHOUD, Nelly. "Letters from Abbottabad: Bin Ladin Sidelined?". Harmony Program, The Combating Terrorism Center at West Point, May 3, 2012. Disponível em: http://www.ctc.usma.edu/posts/letters-from-abbottabad-bin-ladin-sidelined.

RATNER, Michael e NERURKAR, Neelesh. "Middle East and North Africa Unrest: Implications for Oil and Natural Gas Markets". Congressional Research Service, March 10, 2011.

RATZEL, Friedrich. *Erdenmacht und Völkerschicksal. Eine Auswahl aus seinen Werken.* Stuttgart: Alfred Kröner Verlag, 1941.

"Raucous supporters rally around Libyan leader after day of violence". CNN. disponível em: http://articles.cnn.com/2011-02-17/world/libya.protests_1_ security-forces-moammar-gadhafi-pro-government?_s=PM:WORLD.

RAVID, Barak. "Netanyahu asked Panetta to approve sale of bunker-busting bombs, U.S. official says". *Haaretz*, March 7, 2012a.

_____. "Netanyahu: Israel 'appalled' by Syria massacre; Iran and Hezbollah must also be held responsible". *Haaretz*, May 27, 2012b. Disponível em: http://www.haaretz.com/news/diplomacy-defense/netanyahu-israel-appal--led-by-syria-massacre-iran-and-hezbollah-must-also-be-held-responsible-1.432834.

RAYNER, Gordon; HARDING, Thomas e GARDHAM, Duncan. "Libya: secret role played by Britain creating path to the fall of Tripoli". *The Telegraph*, August 22, 2011.

REALS, Tucker. "Report: $ 6B missing in Iraq may have been stolen". *CBS News*, June 14, 2011. Disponível em: http://usliberals.about.com/gi/o.htm?zi=1/ XJ&zTi=1&sdn=usliberals&cdn=newsissues&tm=285&gps=415_99_ 1920_960&f=00&tt=2&bt=2&bts=63&zu=http%3A//www.cbsnews. com/8301-503543_162-20070981-503543.html.

"Rebels Only Show 'Flickers' Of Al Qaeda". Reuters, March 29, 2011.

REED, Todd e RASHKE, Diana. *ETIM — China's Islamic Militants and the Global Terrorist Threat*. Santa Bárbara (Califórnia): ABC-Clio Praeger, 2010.

REILLY, Jill. "Death to America' chant protestors as they storm U.S. Embassy in Yemen smashing windows and pelting offices with stones". *Daily Mail*, Sep 13, 2012.

"Remarks by the President on the Death of Muammar Qaddafi". The White House, Office of the Press Secretary, October 20, 2011. Disponível em: http://www.whitehouse.gov/the-press-office/2011/10/20/remarks-president-death-muammar-qaddafi.

"Remarks by the President to Parliament in London, United Kingdom". Westminster Hall, London, United Kingdom, The White House — Office of the Press Secretary, May 25, 2011. Disponível em: http://www.whitehouse. gov/the-press-office/2011/05/25/remarks-president-parliament-london-united-kingdom.

RENOUVIN, Pierre e DUROSELL, Jean-Baptiste. *Introduction to the History of International Relations*. Nova York: Frederick A. Praeger Publishers, 1967.

"Report: U.S. officials say Israel would need at least 100". *Haaretz*, 20/2/2012.

"Responses to the War in Gaza". *London Review on Books*, vol. 31, n. 2, January 29, 2009, p. 5-6.

Responsibility to Protect. Report of the International Commission on Intervention and State Sovereignty, December 2001, Published by the International Development Research Centre, Ottawa, Canada. Disponível em: http:// responsibilitytoprotect.org/ICISS%20Report.pdf.

REUTER, Christoph e SALLOUM, Raniah. "Bürgerkrieg in Syrien. Das Rätsel des deutschen Spionage-Schiffs". *Der Spiegel*, 20/8/2012.

REUTER, Christoph; SCHMITZ, Gregor Peter; STARK, Holger. "Talking to the Enemy. How German Diplomats Opened Channel to Taliban". *Der Spiegel*, 10/1/2012. Disponível em: http://www.spiegel.de/international/world/talking-to-the-enemy-how-german-diplomats-opened-channel-to-taliban-a-808068-2.html.

REYNOLDS, Maura. "The Presidential Debate — Bush 'Not Concerned' About Bin Laden in '02". *Los Angeles Times*. October 14, 2004.

REYNOLDS, Michael. "Muslim Mobilization in Imperial Russia's Caucasus". In: Motadel, David (ed.). Islam and the European Empires. Oxford University. 2014, pp. 187-212

RIDGWELL, Henry. "Britons Among Foreign Jihadists Fighting in Syria". *Voice of America*, September 26, 2012. Disponível em: http://www.voanews.com/content/britons-among-foreign-jihadists-fighting-in-syria /1515251.html.

RISEN, James. "After Benghazi Attack, Private Security Hovers as an Issue". *The New York Times*, October 12, 2012.

_____. "Secrets of History: The CIA in Iran". *The New York Times*, April 16, 2000.

_____. "U.S. Identifies Vast Riches of Minerals in Afghanistan". *The New York Times, June 13, 2010.*

_____. *State of War. The Secret History of the CIA and the Bush Administration*. Nova York: Free Press, 2006.

RISEN, James e MAZZETTI, Mark. "U.S. Agencies See No Move by Iran to Build a Bomb". *The New York Times*, February 24, 2012.

"Rival militia briefly holds Libya Islamist chief". Reuters, November 25, 2011. Disponível em: http://feb17.info/tag/abdul-hakim-belhaj/

RIZZO, Jennifer. "'Flickers' of al Qaeda in Libyan opposition, U.S. NATO leader says". CNN, March 29, 2011.

ROBERTS, Paul Craig. "Puppet State America". Institute for Political Economy, November 19, 2012. Disponível em: http://www.paulcraigroberts.org/2012/11/19/puppet-state-america-paul-craig-roberts/.

_____. "The Collapse of American Power". *Counterpunch*, March 18, 2008. Disponível em: http://www.counterpunch.org/2008/03/18/the-collapse-of--american-power/.

ROBERTSON, Nic e CRUICKSHANK, Paul. "In bid to thwart al Qaeda, Libya frees three leaders of jihadist group". CNN, March 23, 2010.

_____. "Source: Ayman al-Zawahiri — Al Qaeda leader sends veteran jihadists to establish presence in Libya". CNN, December 29, 2011. Disponível em: http://articles.cnn.com/2011-12-29/middleeast/world_meast_libya-jihadists_1_al-qaeda-leader-ayman-al-zawahiri-gadhafi-regime?_s=PM: MIDDLEEAST.

RODINSON, Maxime. *Islam and Capitalism*. Middlesex: Penguin Books, 1980.

ROGIN, Josh. "Exclusive: New National Intelligence Estimate on Iran complete". *Foreign Policy*, February 15, 2011.

ROSE, David. "The People vs. the Profiteers". *Vanity Fair*, November 2007.

ROSENBERG, Tina. "Revolution — What Egypt Learned from the Students who Overthrew Milosevic". *Foreign Policy Magazine*, February 16, 2011.

ROSENTHAL, John. "French Libya Expert: Official Libyan Security Colludes with Ansar al-Sharia". *Transatlantic Intelligencer*, October 28, 2012a. Disponível em: http://www.trans-int.com/wordpress/index.php/2012/10/28/french-libya-expert-official-libyan-security-colludes-with-ansar-al-sharia/.

_____. "German intelligence: al-Qaeda all over Syria". *Asia Times*, Middle East, July 24, 2012b.

ROSITZKE, Harry. *CIA's Secret Operations. Espionage, counterspionage and covert action*. Nova York: Thomas Y Crowell Company, 1977.

ROSS, Sherwood. "US Sponsored Genocide Against Iraq 1990-2012. Killed 3.3 Million, Including 750,000 Children". Statement by Professor Francis Boyle, Kuala Lumpur War Crimes Tribunal, December 6, 2012. Disponível em: http://www.globalresearch.ca/us-sponsored-genocide-against-iraq-1990-2012-killed-3-3-million-including-750000-children/5314461.

ROSS, Tim; MOORE, Matthew e SWINFORD, Steven. "Egypt protests: America's secret backing for rebel leaders behind uprising!". *The Telegraph*, January 28, 2011.

ROSSI, Clóvis. "A maior diferença talvez seja o poder de esculhambação". *Folha de S. Paulo*, 31/8/2010.

ROSTON, Aram. "How the U.S. Funds the Taliban". In TURSE, Nick. *The Case for the Withdrawal from Afghanistan*. Londres: Verso, 2010, p. 87-88.

_____. "How the US army protects its trucks — by paying the Taliban. Insurance, security or extortion? The US is spending millions of dollars in Afghanistan to ensure its supply convoys get through — and it's the Taliban who profit". *The Guardian*, Friday 13 November 2009.

ROTHKOPF, David. "The world's best foreign minister". *Foreign Policy*, October 7, 2009.

ROZOFF, Rick. "Saudi Arabia — Persian Gulf of Strategic Interest to NATO". *Stop NATO*, June 20, 2012. Disponível em: http://rickrozoff.wordpress. com/2012/06/20/saudi-arabia-persian-gulf-of-strategic-interest-to-nato/.

RUBINSTEIN, Danny. "Qatar's Hamas Ties Undermine Fatah's Palestinian Authority Rule", *Al Monitor*, October 29, 2012. Disponível em: http://www.al--monitor.com/pulse/politics/2012/10/qatar-ditches-abbas-for-hamas.html.

RUDOREN, Jodi e KADRI, Ranya. "War tide awash at Syria borders". *The Boston Globe*, October 23, 2012.

RUDOREN, Jodi e LANDLER, Mark. "Housing Move in Israel Seen as Setback for a Two-State Plan". *The New York Times*, November 30, 2012.

RUPPERT, Michael C. *Crossing the Rubicon. The Decline of the American Empire at the End of the Age of Oil*. Gabriola Island, Canadá: New Society Publishers, 2004.

"Russia and China veto UN resolution against Syrian regime. Anger from Europe and US as two security council powers argue implied threat of sanctions will not bring peace". Associated Press, *The Guardian*, October 5, 2011.

"Russia Slams Saudi Arabia, Qatar For Funding Syrian Rebels". PressTV, Jun 8, 2012. Disponível em: http://muslimstoday.info/content/news/russia-slams--saudi-arabia-qatar-funding-syrian-rebels.

"Russian tanks enter South Ossetia". *BBC News*, Wednesday, 9 July 2008. Disponível em: http://news.bbc.co.uk/2/hi/europe/7548715.stm.

"Russische NGOs bekommen jährlich hunderte Millionen aus dem Ausland", Moskau (RIA Novosti), April 5, 2012. Disponível em: http://de.rian.ru/trend/NGO_Gesetz_2012/.

RUSSO, Guilherme. "Guerra interna desloca 3 milhões de iraquianos". *O Estado de S. Paulo*, 3/6/2012.

RYAN, John. "Units aim to root out corruption in Afghanistan". *Army Times*, Feb 16, 2012. Disponível em: http://www.armytimes.com/news/2012/02/army-task-forces-fight-afghanistan-corruption-021612w/.

"S&P rebaixa nota da dívida americana para AA+". *Folha de S. Paulo*, 5/8/2011.

SAAD, Hwaida e CUMMING-BRUCE, Nick. "Civilian Attacks Rise in Syria, U.N. Says". *The New York Times*, September 18, 2012.

SACERDOTI, Giorgio. "Freezing Sovereign Wealth Funds Assets Abroad Under U.N. Security Council's Resolutions: The Case of the Implementation in Italy of Asset Freezes Against Qadhafi's Libya". May 1, 2012. Disponível em: http://ssrn.com/abstract=2061583.

SAID, Edward W. *Orientalism*. Nova York: Vintage Books, 1979.

SAKR, Kamel. "Sectarian cleansing in Rif Homs". *Al-Quds al-Arabi*, MidEast Wire. Disponível em: http://www.mideastwire.com/

SALISBURY, Harrison. *The New Emperor — China in the Era of Mao and Deng*. Nova York: Avon Books, 1993.

SALNIK, Vitaly. "Russia to sign $5-billion defense contract with Iraq". *Pravda.Ru*, 5/10/2012. Disponível em: http://english.pravda.ru/russia/economics/05-10--2012/122363-russia_iraq-0/.

SAMRAOUI, Mohammed. *Chronique des Années de Sang. Algérie: comment les services secrets ont manipulé les groupes islamistes*. Paris: Denoël Impacts, 2003.

SAMUEL, Henry. "Tourists should beware of Islamist mobs in Tunisia, warns French politician". *Daily Telegraph*, Aug 23, 2012.

SANCHEZ, Luiz. "Libyan Minister resigns after Sufi mosque destroyed". *Daily News*, Cairo, August 27, 2012.

SAND, Schlomo. *The Invention of the Jewish People*. Londres: Verso, 2010.

SANGER, David E. "As Mubarak Digs In, U.S. Policy in Egypt Is Complicated". *The New York Times*, February 5, 2011.

_____. *Confront and Conceal. Obama's Secret Wars and Surprising Use of American Power*. Nova York: Crown Publishers, 2012a.

_____. "Rebel Arms Flow Is Said to Benefit Jihadists in Syria". *The New York Times*, October 14, 2012b.

"Sarko' ha manovrato la rivolta libica", Affaritaliani.it, dispobnível em: http://affaritaliani.libero.it/politica/sarko_rivolta_libica230311.html.

"Saudis prompt Al Qaeda-Iraq move to Syria: Assad's ouster top priority". *DEBKAfile Special Report*, February 13, 2012.

"'Saudi weapons' seen at Syria rebel base. A BBC team has uncovered evidence that could prove that Syrian rebels are getting military assistance from the Gulf region". *BBC News Middle East*, October 8, 2012. Disponível em: http://www.bbc.co.uk/news/world-middle-east-19878278.

"Saudis, Gulf emirates actively aided Egypt's military coup, settling score for Mubarak ouster". *Debka.com*, July 4, 2013. Disponível em: http://debka.com/article/23090/Saudis-Gulf-emirates-actively-aided-Egypt%E2%80%99s-military-coup-settling-score-for-Mubarak-ouster.

SAVAGE, Charlie. "2 Top Lawyers Lost to Obama in Libya War Policy Debate". *The New York Times*, June 17, 2011.

SCAHILL, Jeremy. *Blackwater. The Rise of the World's Most Powerful Mercenary Army*. Nova York: Nation Books, 2007.

SCARBOROUGH, Rowan. *Rumsfeld's War. The Untold Story of the America's Anti-Terrorist Commander.* Washington D.C.: Regenery Publishing, Inc., 2004.

SCHEPP, Matthias e ZAND, Bernhard. "What Will Happen After Gadhafi?". *Der Spiegel*, July 28, 2011. Disponível em: http://www.spiegel.de/international/world/interview-with-former-russian-prime-minister-what-will-happen-after-gadhafi-a-776509.html.

SCHMIDT, Helmut. "Bin Laden zweifellos Urheber des schändlichen Attentats". *Hamburger Abendblatt*, 2/5/2011.

SCHMITT, Carl. *Völkerrechtliche Großraumordnung mit Interventionsverbot für raumfremde Mächte. Ein Beitrag zum Reichbegriff im Völkerrecht. DRite, unveränderte Auflage der Ausgabe 1941.* Berlim: Duncker & Humblot, 1991.

SCHMITT, Eric. "After Benghazi Attack, Talk Lagged Behind Intelligence". *The New York Times*, October 21, 2012a.

———. "Book on Bin Laden Killing Contradicts U.S. Account". *The New York Times*, August 29, 2012b.

SCHMITZ, Gregor Peter. "Hands Tied in Washington. Russia's Strategy Paralyzes US Government". *Der Spiegel*, 08/15/2008. Disponível em: http://www.spiegel.de/international/world/hands-tied-in-washington-russia-s-strategy--paralyzes-us-government-a-572329.html.

SCHUH, Trish. "The Salvador Option in Beirut". *CounterPunch*, February 08, 2007. Disponível em: http://www.counterpunch.org/2007/02/08/the-salvador-option-in-beirut/.

SCHWARTZ, Stephen I. (ed.). *Atomic Audit. The Cost and Consequences of U.S. Nuclear Weapons since 1940.* Washington, D.C.: Brookings Institution Press, 1998.

———. "The Costs of U.S. Nuclear Weapons". James Martin Center for Nonproliferation Studies — Monterey Institute for International Studies, October 1, 2008. Disponível em: http://www.nti.org/e_research/e3_atomic_audit.html.

———. *The Two Faces of Islam. The House of Sa'ud from Tradition to Terror.* Nova York/Londres: Doubleday, 2002.

SCOTT, Peter Dale. "Afghanistan: Opium, die CIA und die Regierung Karzai", 11 January 2010a. Disponível em: http://www.hoerstel.ch/hoerstel/News/Eintrage/2011/1/15_Afghanistan-Mandatsverlangerung_offener_Brief_an_den_Bundestag_files/hintergrund_scott_afghanistan_11_1_11.pdf.

_____. *American War Machine. Deep Politics, the CIA Global Drug Connection, and the Road to Afghanistan.* Lanham, Maryland: Rowman & Littlefield Publishers, 2010b.

_____. *La Route vers le Nouveau Désordre Mondial — 50 ans d'ambitions secrètes des États-Unis.* Mayenne-Bretagne (França): Éditions Demi Lune, 2010c.

_____. "The Real Grand Chessboard and the Profiteers of War".Global Research, August 11, 2009. Disponível em: http://www.globalresearch.ca/index.php?context=va&aid=14672.

_____. "Who are the Libyan Freedom Fighters and Their Patrons?". Global Research, *The Asia-Pacific Journal*, Vol. 9, Issue 13, No 3, March 28, 2011.

Scott, Sir Walter. *The Talisman — A Tale of the Crusaders.* Londres: Adam & Charles Black, 1907.

Seabra, Pedro. "South Atlantic crossfire: Portugal in-between Brazil and NATO". Portuguese Institute of International Relations and Security, IPRIS Viewpoints, November 2010, p. 12.

"Security Industry — U.K. mounts warfare exercise in Falklands". *Businesss News*, Dec. 28, 2009. Disponível em: http://www.upi.com/Business_News/Security-Industry/2009/12/28/UK-mounts-warfare-exercise-in-Falklands/UPI-24401262032911/.

"Semi-autonomous region declared in oil-rich eastern Libya". *Al Arabiya*, March 6, 2012.

"Senate, House resolutions back Israel's actions in Gaza". The Global News Service of the Jewish People, November 16, 2012. Disponível em: http://current.com/19su0kc.

Sensini, Paolo. *Libia 2011 — If you don't come to Democracy, Democracy will come to you.* Milão: Jaca Books, 2011.

"Será possível? Hillary Clinton pregou publicamente um assassinato?!". *Quoriana*, Blog Leonor en Líbia (de Trípoli), artigo publicado em *Russia Today*, editado por Mathaba (A Resistência Líbia), 21/10/2011. Disponível em: http://leonorenlibia.blogspot.com/2011/10/es-cierto-que-klinton-llamaba-al--crimen.html.

Shachtman, Noah. "29 Dead in 8 Days as U.S. Puts Yemen Drone War in Overdrive". Danger Room, September 5, 2012. Disponível em: http://www.wired.com/dangerroom/2012/09/yemen-drone-war/.

Shachtman, Noah e Ackerman, Spencer. "Let's Admit It: The US Is at War in Yemen, Too". *Danger Room*, June 14, 2012. Disponível em: http://www.wired.com/dangerroom/2012/06/yemen-war/.

SHAH, Saeed. "Anti-Americanism Rises In Pakistan Over US Motives". *McClatchy Newspapers*. September 7, 2009. Disponível em: http://pakistanyouthmovement.com/Research-Reports/anti_americanism.pdf.

SHAHSHAHANI, Azadeh e MULLIN, Corinna. "The legacy of US intervention and the Tunisian revolution: promises and challenges one year on". *Interface*: a journal for and about social movements, Volume 4 (1): 67, 101, May 2012.

SHAKESPEARE, William. *Hamlet*. In *Works*. Nova York: Gramercy Books, 1975.

SHANE, Scott. "A Biker, a Blonde, a Jihadist and Piles of C.I.A. Cash". *The New York Times*, October 19, 2012.

_____. "The Opiate of Exceptionalism". *The New York Times*, October 19, 2012.

_____. "West Sees Opportunity in Postwar Libya for Businesses". *The New York Times*, October 28, 2011.

SHANE, Scott e SHANKER, Thom. "Strike Reflects U.S. Shift to Drones in Terror Fight". *The New York Times*, October 1, 2011.

SHARP, Gene. *From Dictatorship to Democracy. A Conceptual Framework for Liberation*. Londres: Serpent's Tail, 2011.

SHARP, Jeremy M. *The Middle East Partnership Initiative: An Overview*. Foreign Affairs, Defense, and Trade Division Congressional Research Service Report RS21457 July 20, 2005. WikiLeaks Document Release, February 2, 2009. Disponível em: http://wikileaks.org/wiki/CRS-RS21457.

_____. "The Middle East Partnership Initiative: An Overview". *CRS Report for Congress*, Order Code RS21457 — Updated July 20, 2005.

_____. "U.S. Democracy Promotion Policy in the Middle East: The Islamist Dilemma". *Congressional Research Service Report for Congress*, updated 15 June 2006. Department of The Navy — Naval Historical Center. The Library of Congress.

_____. *U.S. Foreign Aid to Israel*. Congressional Research Center, September 16, 2010.

SHELTON, Tracey. "On the front lines of Syria's guerrilla war. Exclusive account of Sham Falcons, a rebel group waging war against the Assad government from their mountain hideouts". *Al Jazeera*, Jun 13, 2012.

SHERLOCK, Ruth. "Gaddafi loyalists stranded as battle for Sirte rages". *The Telegraph*, Oct 2, 2011.

_____. "Syria despatch: rebel fighters fear the growing influence of their 'Bin Laden' faction. The growing strength of Islamists in the fight against President Bashar al-Assad is alarming Syria's secular opposition, reports Ruth Sherlock". *The Telegraph*, Oct 13, 2012.

SHERWOOD, Harriet. "Hamas says 'gates of hell opened' as Israel kills military leader in Gaza. Ahmed al-Jabari's assassination in missile strike marks 'start of broader operation' that may involve ground troops, says Israel". *The Guardian*, November 15, 2012.

SHEVARDNADZE, Sophie. "Assad: Erdogan thinks he's Caliph, new sultan of the Ottoman". Russia Today (RT), November 9, 2012. Disponível em: http://rt.com/news/assad-interview-exclusive-syria-265/.

"Ship carrying Marines heads to Libya". *ABC News*, Tuesday, March 1, 2011. Disponível em: http://abclocal.go.com/wtvd/story?section=news/national_world&id=7986496.

SHIPLER, David K. "U.S.-Israel Strategic Link: Both Sides Take Stock", *The New York Times*, October 2, 1981.

SHIPMAN, Tim. "Send in the dogs of war: Mercenaries could help the rag-tag rebels say UK generals". *Daily Mail*, April 6, 2011.

SHRIVASTAVA, Sanskar. "US Launches Missile Strike in Libya". *The World Reporter*, March 20, 2011. Disponível em: http://www.theworldreporter.com/2011/03/us-launches-missile-strike-in-libya.html.

SILVERSTEIN, Richard. "An Attack on Iran Will End Israel as We Know It". *Tikun Olam-תיקון עולם*: Make the World a Better Place — Promoting Israeli democracy, exposing secrets of the national security state, June 10, 2011. Disponível em: http://www.richardsilverstein.com/tikun_olam/2011/06/10/an-attack-on-iran-will-end-israel-as-we-know-it/.

SIMONS, Suzanne. *Master of War. Blackwater USA's Erik Prince and the Business of War*. Nova York: HarperCollins Publishers, 2009.

SIMPSON, Sarah. "Afghanistan Holds Enormous Bounty of Rare Earths, Minerals". *Scientific American*, September 29, 2011. Disponível em: http://www.scientificamerican.com/article.cfm?id=afghanistan-holds-enormous-bounty-of-rare-earths.

SINAI, Ruth. "Israel No. 2 in West in social inequality". *Haaretz*, Dec 3, 2002. Disponível em: http://www.haaretz.com/print-edition/news/israel-no-2-in-west-in-social-inequality-1.26548.

SINGER, Paul Warren. *Corporate Warriors. The Rise of the Privatized Military Industry*. Ithaca/Londres: Cornell University Press, 2003.

_____. "Do Drones Undermine Democracy?". *The New York Times*, January 21, 2012.

_____. "Predator Drones and Unmanned Aerial Vehicles (UAVs)", *The New York Times*, May 11, 2012.

"Síria: Fundação católica internacional contesta cobertura dos media ocidentais". Disponível em: http://www.agencia.ecclesia.pt/index.shtml

"Situation Report — Xinjiang Oil Industry Development". Center for Energy and Global Development, Report produced by Chen Shi China Research Group and with the assistance of the government of the Xinjiang Uyghur Autonomous Region.

"Slain U.S. Ambassador Recruited Jihadists Egyptian officials say Stevens worked with Saudis against Assad". *WND Exclusive*, 24/9/2012. Disponível em: http://www.wnd.com/2012/09/sources-slain-u-s-ambassador-recruited-jihadists/.

"Slain U.S. ambassador recruited jihadists. Egyptian officials say Stevens worked with Saudis against Assad". Heavensclimb.blogspot.com, November 8, 2012. Disponível em: http://www.zimbio.com/World+Politics/articles/3E2Da2Qv7R7/Slain+ambassador+recruited+jihadists+HEAV ENSCLIMB. http://www.wnd.com/2012/09/sources-slain-u-s-ambassador-recruited-jihadists/

SLAVIN, Barbara. "US Can Deter and Contain Iran, Brzezinski Says". *Al Monitor*, Nov 26, 2012.

SLEVIN, Peter. "Powell Voices Doubts About Iraqi Weapons". *The Washington Post*, 25/1/2004, p. A14.

SLY, Liz e MILLER, Greg. "Syrian revolt grows militant. General gunned down in Damascus Bombings add to fears of al-Qaeda influence". *The Washington Post*, 12/2/2012.

SMELTZ, Dina e COHEN, Roger. "The Need for U.S.-Iran Talks". *The New York Times*, November 12, 2012.

SMOLANDER, Michael. "The Preeminence of Pakistan's Gwadar Port". , May 27, 2013. Disponível em: http://www.internationalpolicydigest.org/2013/05/27/the-preeminence-of-pakistans-gwadar-port/.

SNOW, Jon. "Kofi Annan's dire warning on Syria", Channel Four Snowblog (Channel Four is a major British TV channel with a leading daily news programme), 8 October 2012, disponível em: http://blogs.channel4.com/snowblog/kofi-annans-dire-warning-syria/18811?intcmp=snm_||2747488868|Oct-10-2012|BAE%27s%20%C2%A328bn%20European%20merger%20fails|.

"Social and Economic Rights in Israel 2011". ACRI's Social and Economic Rights Department, May 14, 2011. Disponível em: http://www.acri.org.il/en/2011/05/14/social-and-economic-rights-in-israel-2011/.

SOLOMON, Robert. *The International Monetary System, 1945-1976: An Insider's View*. Nova York: Harper & Row, 1977.

SOMBART, Werner. *The Jews and Modern Capitalism*. Nova York: E. P. Dutton & Company, 1913.

SORKIN, Andrew Ross. *Too Big to Fail. Inside the Battle to Save Wall Street*. Londres: Penguin Books, 2009.

SOUAÏDIA, Habib. *La Sale guerre (Le témoignage d'un ancien officier des forces spéciales de l'armé algérienne, 1992-2000)*. Paris: Gallimard, 2001.

SOUFAN, Ali H. *The Black Banners — Inside the Hunt for al-Qaeda*. Londres: Penguin Books, 2011.

SOUSA LARA, António. *Ciência política — Estudo da ordem e da subversão*. 3ª ed. Lisboa: Universidade Técnica de Lisboa — Instituto Superior de Ciências Sociais e Políticas, 2005.

_____. *Subversão e Guerra Fria*. Lisboa: Instituto Superior de Ciências Sociais e Políticas — Universidade Técnica de Lisboa, 2011.

_____. *O terrorismo e a ideologia do Ocidente*. Coimbra: Edições Almedina, 2007.

SPENGLER, Oswald. *The Decline of the West* (An Abridged Edition). Oxford: Oxford University Press, 1991.

SPINETTA, Lawrence. "'The Malacca Dilemma' Countering China's 'String Of Pearls' with Land-Based Airpower". A thesis presented to the Faculty of the School of Advanced Air And Space Studies for Completion of Graduation Requirements School of Advanced Air And Space Studies Air University. Maxwell Air Force Base, Alabama, June 2006. Disponível em: http://www.dtic.mil/cgi-bin/GetTRDoc?AD=ADA476931.

SPYER, Jonathan. "Analysis: Increasingly, Hamas is gaining acceptance in the Arab world. The old view of a closed Israeli-Palestinian system west of the Jordan is fading". *The Jerusalem Post*, 16/10/2012a.

_____. "Behind the Lines: Military councils in Syria Behind the Lines: Military councils in Syria". *The Jerusalem Post*, 9/7/2012b.

SPYKMAN, Nicholas J. "Heartland and Rimland". In: KAESPERSON, Roger E. e MINGHI, Lulian V. (eds.). *The Structure of Political Geography*. Chicago: Alfine Publishing Company, 1971.

_____. *America's Strategy in World Politics. The United States and the Balance of Power*. Nova York: Harcourt, Brace & Company, 1942.

STARR, S. Frederick. *Xinjiang: China's Muslim Borderland*. Nova York: M. E. Sharpe, 2004.

STARR, Stephen. *Revolt in Syria. Eye-Witness to the Uprising*. Londres: Hurst & Co., 2012.

Statement by Paul B. McCarthy National Endowment for Democracy to the Commission on Security and Cooperation in Europe 2172 Rayburn House Office Building December 10, 1998 "How the U.S. has Created a Corrupt Opposition in Serbia". Disponível em http://emperors-clothes.com/news/ned-1.htm.

STAUFFER, Thomas R. "The Costs to American Taxpayers of the Israeli-Palestinian Conflict: $3 Trillion". The Council for National Interest, July 31, 2011. Disponível em: http://www.councilforthenationalinterest.org/addingupthecosts/3trillion.

STEELE, Jonathan. "Most Syrians back President Assad, but you'd never know from western media. Assad's popularity, Arab League observers, US military involvement: all distorted in the west's propaganda war". *The Guardian*, January 17, 2012.

_____. "Ukraine's postmodern coup d'etat. Yushchenko got the US nod, and money flooded in to his supporters". *The Guardian*, November 26, 2004.

STEINBERG, Jeffrey. "La Rouche Demands Cheney's Resignation". *Executive Intelligence Review*, October 4, 2002.

_____. "The Golden Crescent Heroin Connection". *Executive Intelligence Review*, October 13, 1995.

STEINHAUER, Jennifer. "Debt Bill Is Signed, Ending a Fractious Battle". *The New York Times*, August 2, 2011.

STICH, Rodney. *Defrauding America — A Pattern of Related Scandals — Dirty Secrets of the CIA and other Government Operations*. Alamo, Califórnia: Diablo Western Press, Inc., 1994.

STIGLITZ, Joseph E. e BILMES, Linda J. *The Trillion Dollar War — The True Cost of the Iraq Conflict*. Nova York/Londres: W.W. Norton & Company, 2008.

STOLBERG, Sheryl Gay. "Shy U.S. Intellectual Created Playbook Used in a Revolution". *The New York Times*, February 16, 2011.

STROHMEIER, Martin e YALÇIN-HECKMANN, Lale. *Die Kurden. Geschichte, Politik, Kultur*. Munique: Verlag C. H. Beck, 2000.

Study on Geographic Coverage of Israeli Data. Statistic Directorate — OECD — Organization for Economic Cooperation and Development. Disponível em: http://www.oecd.org/els/48442642.pdf.

"Suicides are surging among US troops, Pentagon statistics show". Associated Press/Fox News, June 08, 2012.

"Suizid-Statistik Mehr Selbstmörder als Gefallene in US-Armee". *Der Spiegel*, 8/6/2012.

SULLIVAN, Amy. "Does Sarah Palin Have a Pentecostal Problem?". *Time*, Thursday, Oct. 09, 2008.

SUN TZU e SUN PIN. *El Arte de la Guerra* (completo). Buenos Aires: Editorial Distal, 2003.

SURI, Jeremi. "Obama's strategic retreat in Afghanistan". CNN, May 2, 2012. Disponível em: http://articles.cnn.com/2012-05-02/opinion/opinion_suri-obama-afghan-speech_1_afghanistan-american-drone-strikes-hamid-karzai?_s=PM:OPINION.

SWAMI, Praveen; SQUIRES, Nick e GARDHAM, Duncan. "Libyan rebel commander admits his fighters have al-Qaeda links. Abdel-Hakim al-Hasidi, the Libyan rebel leader, has said jihadists who fought against allied troops in Iraq are on the front". *The Telegraph*, Mar 25, 2011.

"Syria and Lebanon — Spillover". *The Economist*, Aug 20, 2012.

"Syria and Turkey on the brink of war. This week's conflict in Syria has put that country on the brink of a full-scale military confrontation with Turkey". *Voice of Russia*, October 6, 2012. Disponível em: http://english.ruvr.ru/2012_10_06/Syria-and-Turkey-on-the-brink-of-war/.

"Syria Christians Targeted by Islamist Rebels amid Massive Exodus". *Worthy Christian News*, Daily Christian News Service, August 23, 2012. Disponível em: www.worthynews.com/11698-syria-christians-targeted-by-islamist-rebels-amid-massiveexodus.

"Syria conflict: Photographers' UK jihadist claim considered. Reports that Britons were among Islamist militants who kidnapped and wounded two photographers in Syria are being taken 'very seriously' by ministers, the Foreign Office has said". *BBC News UK*, August 11, 2012. Disponível em: http://www.bbc.co.uk/news/uk-19136630

"Syria conflict: UN's Pinheiro gives jihadist warning". *BBC News*, October 16, 2012. Disponível em: http://www.bbc.co.uk/news/world-europe-19972456.

"Syria crisis: Assad denies role in Houla massacre". *BBC News World*, June 3, 2012. Disponível em: http://www.bbc.co.uk/news/world-18313129

"Syria fighting shatters unity of Druze in Golan". Associated Press, NetMagazine, Israel News, 8/16/2012. Disponível em: http://www.ynetnews.com/articles/0,7340,L-4269391,00.html.

"Syria moving troops from Golan to Damascus: Israel". AFP, Jul 17, 2012. Disponível em: http://www.google.com/hostednews/afp/article/ALeqM5jqIbHRW7AHq9ArAUviA_X01SGiyA.

"Syria tells US and its allies to stop 'interfering' in its civil war". Associated Press in New York, *The Guardian*, October 1, 2012.

"Syria unrest: Oil pipeline attacked near Homs". *BBC News*, Middle East, December 8, 2011. Disponível em: http://www.bbc.co.uk/news/world-middle-east-16094818.

"Syria: UN probes Tremseh massacre reports". *BBC News*. Disponível em: http://www.bbc.co.uk/news/world-middle-east-18840285.

"Syria's Hama: An uprising crushed 30 years ago". *Al Arabiya*, February 3, 2012. Disponível em: http://www.alarabiya.net/articles/2012/02/03/192297.html.

"Syria's official TV airs confessions of alleged terrorists". Xinhua, English.news.cn, 3/9/2011. Disponível em: http://news.xinhuanet.com/english2010/world/2011-09/03/c_131095857.htm.

"Syrian Islamist opposition casts out Christians". *Russia Today* (RT), June 14, 2012. Disponível em: rt.com/news/syria-christians-exodus-opposition-778/.

"Syrian Minister: Assad Is 'Not in a Bunker'". *Al-Monitor*, Sept. 29, 2012. Disponível em: http://www.al-monitor.com/pulse/originals/2012/al-monitor/syria-foreign-minister-interview.html.

"Syrian Opposition: Qatar, S. Arabia, Turkey behind Terrorists' Infiltration into Syria". FARS News Agency, Iranian news network, October 24, 2012. Disponível em: http://english.farsnews.com/newstext.php?nn=9107114698.

"Syrian tribes and clans denounce foreign interference". *RT — Russia Today*, 4/2/2012. Disponível em: http://english.pravda.ru/world/asia/04-02-2012/120419.

TAKWA, Oliver. "The Crisis in Libya — the Imperative of rushing the ASF". *The Current Analyst*, May 21, 2011. Disponível em: http://www.currentanalyst.com/index.php/opeds/158-the-crisis-in-libya-the-imperative-of-rushing-the-asf.

TANEJA, Poonam. "Reaching Afghanistan's hidden war widows in Helmand". *BBC News* — South Asia, 27 February, 2011.

TARPLEY, Webster G. "The CIA's Libya Rebels: The Same Terrorists who Killed US, NATO Troops in Iraq — 2007 West Point Study Shows Benghazi-Darnah-Tobruk Area was a World Leader in Al Qaeda Suicide Bomber Recruitment", Washington DC, March 24, 2011. Disponível em: http://www.google.de/search?hl=de&source=hp&q=%E2%80%9CThe+CIA%E2%80%99s+Libya+Rebels%3A+The+Same+Terrorists+who+Killed+US%2C+NATO+&gbv=2&oq=%E2%80%9CThe+CIA%E2%80%99s+

Libya+Rebels%3A+The+Same+Terrorists+who+Killed+US%2C+NATO+&gs_l=hp.12...3110.3110.0.5469.1.1.0.0.0.0.203.203.2-1.1.0...0.0...1c.Z1cqhtPFAYA.

TARPLEY, Webster G. e CHAITKIN, Anton. *George Bush. The Unauthorized Biography*. Washington D.C.: Executive Intelligence Review, 1992.

TAVERNISE, Sabrina. "Soaring Poverty Casts Spotlight on 'Lost Decade'". *The New York Times*, September 13, 2011.

TENET, George. *At the Center of the Storm. My Years at the CIA*. Nova York: HarperCollins Publishers, 2007.

"Ten Years in Afghanistan: German General Says NATO Mission Has 'Failed'". *Der Spiegel*, 7/10/2011.

Terrorism: Growing Wahhabi Influence in the United States, Hearing Before the Subcommittee on Terrorism, Technology And Homeland Security of the Committee on the Judiciary United States Senate — One Hundred Eighth Congress — First Session June 26, 2003- Serial No. J-108-21 — Printed for the use of the Committee on the Judiciary — Washington, DC: U.S. Government Printing Office — 91–326 DTP 2004.

The 9/11 Comission Report — Final of National Comission on Terrorist Attacs upon the United States. Authorized Edition. Nova York/Londres: W.W. Norton & Company, s/d.

THE ASSOCIATED PRESS. "Report: IAEA to discuss Israel's nuclear activities for first time. Israeli nuclear capabilities are on the provisional agenda for the International Atomic Energy Agency's". *Haaretz*, May 8, 2010.

"The Global Energy Market: Comprehensive Strategies to Meet Geopolitical and Financial Risks — The G8, Energy Security, and Global Climate Issues", *Baker Institute Policy Report*, Published by the James A. Baker, Institute for Public Policy of Rice University, Number 37, July 2008.

"The mystery of Muammar Gaddafi's death". *Pravda*, 21/10/2011.

"The Pentagon says 114 Tomahawk cruise missiles have been launched from U.S. and British ships in the Mediterranean, hitting more than 20 (...)". Fox News, March 20, 2011. Disponível em: www.foxnews.com/.../explosions--gunfire-heard-tripoli-allies-continue-military-strikes-libya/.

THE PRESIDENT'S INAUGURAL ADDRESS January 20, 1965 [as delivered in person at the Capitol at 12:02 p.m.]. *Public Papers of the Presidents of the United States: Lyndon B. Johnson, 1965*, Volume I, entry 27, pp. 71-74. Washington, D. C.: Government Printing Office, 1965.

The Progressive. September 2012 issue, disponível em: http://progressive.org/libya_militias.html.

The Responsibility to Protect — Report of the International Commission on Intervention and State Sovereignty, December 2001. Published by the International Development Research Centre — PO Box 8500, Ottawa, ON, Canada K1G 3H9. Disponível em: http://responsibilitytoprotect.org/ICISS%20Report.pdf.

"The South Caucasus: A Chronological Summary of Key Events Since Independence 1991-2004". Prepared by Richard Giragosian — Abt Associates, Inc. — Bethesda, Maryland. The American Research Institute of the South Caucasus (ARISC). Disponível em: http://arisc.org/Resources/Chronology/Political.

The Trans-Sahara Counterterrorism Partnership. U.S. Africa Command, Program Overview, General Carter F. Ham, Commander. Disponível em: http://www.africom.mil/tsctp.asp.

"The true cost of the bank bailout". PBS, September 3, 2010. Disponível em: http://www.pbs.org/wnet/need-to-know/economy/the-true-cost-of-the-bank-bailout/3309/.

"The Uighurs, Central Asia and Turkey. Troubles across Turkestan". *The Economist,* July 16, 2009.

The United Nations Refugee Agency. 2012 UNHCR country operations profile — Afghanistan, Working environment. Disponível em: http://www.unhcr.org/cgibin/texis/vtx/page?page=49e486eb6.

"The United States and the Recognition of Israel: A Chronology", Harry S. Truman Museum and Library, compiled by Raymond H. Geselbracht from Harry S. Truman and the Founding of Israel by Michael T. Benson. Viewed on December 16, 2011. Disponível em: http://www.trumanlibrary.org/israel /palestin.htm.

"The Wall Street Bailout Cost". *SourceWatch.* Disponível em: http://www.sourcewatch.org/index.php?title=Total_Wall_Street_Bailout_Cost.

"The War in Iraq". *The New York Times,* August 31, 2010.

"The Year of the Drone — An Analysis of U.S. Drone Strikes in Pakistan, 2004-2012". New America Foundation. Disponível em: http://counterterrorism.newamerica.net/drones.

"There are 50 senior agents in Turkey, ex-spy says". *Hürriyet Daily News,* Istambul, September 18, 2012. Disponível em: http://www.hurriyetdailynews.com/there-are-50-senior-agents-in-turkey-ex-spy-says.aspx?pageID= 238&nID=30232&NewsCatID=341.

THOMAS, Evan e HOSENBALL, Mark. "Bush: "'We're at War'. As the deadliest attack on American soil in history opens a scary new kind of conflict, the manhunt begins". *Newsweek*, 24/09/2001.

THOMAS, Gordon. *Gideon's Spies. The Secret History of Mossad*. Nova York: Thomas Dunne Books/St Martin's Griffin, 1999.

TIBI, Bassam. *Kreuzzug und Djihad. Der Islam und die christliche Welt*. München: Goldmann, 2001.

TIEDEMANN, Katherine. "Daily brief: U.S. prepared for fights with Pakistanis during bin Laden raid: report". *Foreign Policy* — The Afpak Chanel, May 10, 2011. Disponível em: http://afpak.foreignpolicy.com/posts/2011/05/10/ daily_brief_us_prepared_for_fights_with_pakistanis_during_bin_laden_ raid_report.

TIRMAN, John. *Spoil of War. The Human Cost of America's Arms Trade*. Nova York/Londres: Free Press, 1997.

TKACHENKO, Maxim. "Putin points to U.S. role in Gadhafi's killing". *CNN*, December 15, 2011. Disponível em: http://articles.cnn.com/2011-12-15/ world/world_europe_russia-putin-libya_1_putin-moammar-gadhafi-mc-cain?_s=PM:EUROPE.

TOCQUEVILLE, Alexis de. *De la démocratie en Amérique*. Paris: Gallimard, 1968.

TODD, Paul e BLOCH, Jonathan. *Global Intelligence — The World's Secrets Today*. Dhaka/Londres/Nova York: University Press Ltd./Zed Books, 2003.

TODENHÖFER, Jürgen. "Mein Treffen mit Assad". *Bild*, 9/7/2012.

"Todenhöfer kritisiert 'Massaker-Marketing-Strategie' syrischer 'Rebellen'". *Mein Parteibuch Zweitblog*, 9/7/2012. Disponível em: http://nocheinpartei-buch.wordpress.com/2012/07/09/todenhofer-kritisert-massaker-marke-ting-strategie-syrischer-rebellen/

TOMLINSON, Richard. *The Big Breach. From Top Secret of Maximum Security*. Edimburgo: Cutting Edge, 2001.

"Top US soldier: 'I don't want to be complicit' if Israel attacks Iran". DEBKA-file Special Report, Aug 30, 2012.

TOUNKARA, Dianguina e TRAORÉ, Yaya. "Négociations sur le Nord du Mali: Partition, autonomie ou respect de la Constitution de 1992? Entre dissonances constitutionnelles et périls sécessionnistes". *Mali Actualités*, Septembre 22, 2012. Disponível em: http://maliactu.net/negociations-sur-le-nord-du-mali-partition-autonomie-ou-respect-de-la-constitution-de-1992-entre-disso-nances-constitutionnelles-et-perils-secessionnistes/

TOWNSEND, Mark e ABDINASIR, Tariq. "Britain leads dash to explore for oil in war-torn Somalia. Government offers humanitarian aid and security assistance in the hope of a stake in country's future energy industry". *The Guardian*, February 25, 2012.

TOYNBEE, Arnold. *A Study of History (Abridgement of the volumes I-VI)*. Londres/Nova York: Geoffrey Cumberlege/Oxford University Press, 1951.

"Tremseh killings targeted rebels — UN monitors". *RT — Russia Today*, July 15, 2012. Disponível em: http://rt.com/news/tremseh-massacre-un-rebels-215/.

TRUMAN, Harry S. *Memoirs — Years of Trial and Hope*. Vol. Two. Nova York: Doubleday & Company Inc, 1956.

TUCHMAN, Barbara. *The Guns of August*. Nova York: Bantam Books, 1979.

"Turkey 'Admits' Russian Air Cargo Legal". *RIA Novosti,* October 18, 2012. Disponível em: http://en.ria.ru/russia/20121018/176726456.html.

TURNER, Bryan S. *Weber and Islam*. Londres/Boston: Routledge & Kegan Paul, 1974.

TURSE, Nick. "America's Empire of Bases 2.0". *The Nation*, 10/1/2011a. Disponível em: http://www.thenation.com. Publicado originalmente como "Empire of Bases 2.0 — Does the Pentagon Really Have 1,180 Foreign Bases?". Disponível em: http://www.tomdispatch.com/archive/175338/.

_____. "A secret war in 120 countries. The Pentagon's new power elite". *Le Monde Diplomatique*, 18 August, 2011b.

_____. "Pentagon digs in deeper". *Asia Times*, November 20, 2010.

TUYSUZ, Gul. "Turkey to Syria: Don't send arms through our air space". CNN, October 12, 2012.

TYLER, Patrick E. "U.S. Strategy Plan Calls for Insuring No Rivals Develop a One-Superpower World. Pentagon's Document Outlines Ways to Thwart Challenges to Primacy of America". *The New York Times*, March 8, 1992.

TYSON, Brady. "O sistema Interamericano depois de São Domingos". *Política Externa Independente*, Rio de Janeiro, Civilização Brasileira, Ano I, n° 3, Janeiro 1966, p. 83-108.

U.S. BUREAU OF ECONOMIC ANALYSIS, "U.S. International Trade in Goods and Services, Exhibit 1", March 11, 2008. News Release: U.S. International Transactions. Bureau of Economic Analysis — International Economic Accounts — U.S. International Transactions: First Quarter 2008 Current Account U.S. Department of Commerce. Disponível em: http://www.bea.gov/newsreleases/international/transactions/transnewsrelease.htm.

U.S. DEPARTMENT OF STATE. Bureau of African Affairs. *Background Note: Mali,* January 3, 2012. Disponível em: http://www.state.gov/r/pa/ei/bgn/2828.htm.

U.S. DEPARTMENT OF STATE. Bureau of Democracy, Human Rights and Labor, Country Reports on Human Rights Practices for 2012: China (includes Tibet, Hong Kong, and Macau), April 19, 2012, disponível em: http://www.state.gov/j/drl/rls/hrrpt/2012/eap/204193.htm. Acesso em 28.12.2017.

U.S. Department of State. Middle East Partnership Initiative (MEPI), Apr 19 2012. Disponível em: http://mepi.state.gov/mepi/english-mepi/funding-opportunities/apply-for-a-grant.html.

"U.S. Drones Fly over Syria". *Rússia, RIA-Novost,* 20/2/2012.

"U.S. General Wesley Clark: 'Obama's invasion of Libya was planned under the Bush administration, Syria is next'". September 14, 2011, Foreign Policy, Lybia, Overseas Empire, War. Disponível em: http://breakthematrix.com/category/overseas-empire/.

"U.S. Military Contractors Move into Africa". AllGov.com, March 24, 2010. Disponível em: http://www.allgov.com/US_and_the_World/ViewNews/US_Military_Contractors_Move_into_Africa_100324.

"U.S. secretly backed Syrian opposition groups, WikiLeaks reveals — $6 million for Syrian exiles to help". *Daily Mail,* 18 April 2011. Disponível em: http://www.dailymail.co.uk/news/article-1377999/U-S-secretly-backed-Syrian-opposition-groups-WikiLeaks-reveals.html#ixzz25Uq KUEoZ.

"U.S. seeks to block terrorists in Sahara". *The Washington Times,* January 12, 2004. PAE Government Services Inc., https://www.pae.com/.

"U.S. special forces close in on jungle hideout of Ugandan warlord Joseph Kony". *Daily Mail,* 30 April 2012.

UESSELER, Rolf. *Krieg als Dienstleistung. Private Militärfirmen zerstören die Demokratie.* Berlim: Ch. Links Verlag, 2006.

ULAM, Adam B. *Dangerous Relations. The Soviet Union in World Politics, 1970-1982.* Oxford/Nova York: Oxford University Press, 1984.

"Un bâtiment de la résidence de Kadhafi détruit par l'Otan". *Le Figaro,* 25/4/2011.

"UN report: Syrian govt forces, rebels committed war crimes". RT — Rússia Today, August 15, 2012. Disponível em: http://rt.com/news/syria-crimes-humanity-un-panel-757/.

"UN urges military action plan for Mali. Security Council gives West African nations 45 days to provide details of plan for international military intervention". *Al Jazeera*, Oct 13, 2012.

"Undiscovered Oil and Gas of the Nile Delta Basin, Eastern Mediterranean". Geology.com. Disponível em: http://geology.com/usgs/nile-delta-oil-and-gas/

UNGER, Craig. *Los Bush y los Saud. La relación secreta entre la dos dinastías más poderosas del mundo*. Buenos Aires: Grupo Editorial Planeta, 2004.

"Up to 100 Norwegians join Syrian war". *The Norway Post*, October 20, 2012. Disponível em: http://www.norwaypost.no/index.php?option=com_conte nt&view=article&id=27593&Itemid=195.

URBAN, Mark. "Inside story of the UK's secret mission to beat Gaddafi". *BBC Magazine*, January 19, 2012.

_____. *UK Eyes Alpha — Inside Story of British Intelligence*. Londres: Faber & Faber, 1996.

"Urgent, war on terror in sahel: Qatar supports terrorists". Disponível em: http://www.indiandefence.com/forums/military-forum/27263-urgent-war- -terror-sahel-qatar-supports-terrorists.html#ixzz2V4NmG7KB.

"US 'planned attack on Taleban'". *BBC News*, Tuesday, 18 September, 2001, 11:27 GMT 12:27 UK. Disponível em: http://news.bbc.co.uk/2/hi/south_ asia/1550366.stm.

"US drone attack kills 15 in North Waziristan". *ColumPK*, 4 June, 2012. Disponível em: http://www.columnpk.com/us-drone-attack-kills-15-in-north- waziristan/

"US drones terrorize communities: Report". *Al-Akhbar English*, Tuesday, September 25, 2012. Disponível em: http://english.al-akhbar.com/content/us- drones-terrorize-communities-study.

"US embassy cables: Hillary Clinton says Saudi Arabia 'a critical source of terrorist funding'". *The Guardian*, 5 December 2010. Disponível em: http:// www.guardian.co.uk/world/us-embassy-cables-documents/242073.

"US looks on Libya as McDonald's — Gaddafi's son". *RT — Russia Today*, July 1, 2011. Disponível em: http://www.rt.com/news/interview-gaddafi- libya-usa/.

"US security firm trains anti-Assad mercenaries in Turkish camps". *The Voice of Russia*, Aug 2, 2012. Disponível em: http://english.ruvr.ru/2012_08_02/ US-security-firm-trains-anti-Assad-mercenaries-in-Turkish-camps/.

"US to boost weapons stockpile in Israel: report". AFP, Nov 11, 2010. Disponível em: http://www.google.com/hostednews/afp/article/ALeqM5hNocvaiaJbdRUPKkxZqtAa1_LulA?docId=CNG.7a039cc7305a51102e864be b3aa51545.01.

"USA finanzieren offenbar syrische Opposition". *Focus Nachrichten*, 18/4/2011, 11:50. Disponível em: http://www.focus.de/politik/ausland/krise-in-der-arabischen-welt/wikileaks-usa-finanzieren-offenbar-syrische-opposition_aid_619455.html.

"USA still tries to destroy Russia from within, through NGOs". *Pravda*, 16/11/2012. Disponível em: http://english.pravda.ru/russia/politics/16-11-2012/122827-usa_russia_ngo-0/.

USLU, EMRU. "Does Intercepted Jet Complete Syria Puzzle for NATO?". *Taraf*, October 15, 2012. *Al Monitor*, Oct 15, 2012. Disponível em: http://www.al-monitor.com/pulse/security/01/10/intercepted-syrian-plane-turkey-nato.html.

"Ustadz Bahctiar Natsir: The issue of Syria, the Perspective of Al Malhamah Kubra". *Al Hittin*, July 13, 2012. Disponível em: http://alhittin.com/category/hadith/.

VAN LINSCHOTEN, Alex Strick e KUEHN, Felix. *An Enemy We Created. The Myth of the Taliban-al-Qaeda Merger in Afghanistan*. Oxford: Oxford University Press, 2012.

VARTANYAN, Olesya e BARRY, Ellen. "Former Georgian envoy to Moscow puts blame for war on his own country". *International Herald Tribune*, 26/11/2008.

VATIKIOTIS, P. J. *Islam and the State*. Londres/Nova York: Croom Helm, 1987.

VEJVODA, Ivan. "Civil Society versus Slobodan Milošević: Serbia, 1991-2000". In ROBERTS, Adam e GARTON ASH, Timothy (eds.). *Civil Resistance and Power Politics: The Experience of Non-violent Action from Gandhi to the Present*. Oxford/New York: Oxford University Press, 2009.

VENTER, Al J. *War Dog. Fighting Other People's Wars. The Modern Mercenary in Combat*. Philadelphia/Newbury: Casemate, 2008.

VIDAL, Gore. *Dreaming War. Blood for Oil and the Cheney-Bush Junta*. Nova York: Thunder Mouth Press/Nation Books, 2002.

VOGEL, Ezra. *Deng Xiaoping and the Transformation of China*. Cambridge (Mass.)/Londres: Belknap Press of Harvard University Press, 2011.

VOGELSANG, Willem. *The Afghans*. Oxford, Massachusetts: Blackwell Publishers, 2002.

VOGT, Heidi. "U.S. blacklists Afghan security firm tied to Karzai". *The Washington Times*, December 9, 2010.

VOLKERT, Lilith. "TV-Kritik: Beckmann zu Bin Laden Gegengift zur Aufgeregtheit". *Süddeutsche Zetung*, 3/5/2011.

VOLKOGONOV, Dmitri. *The Rise and Fall of the Soviet Empire. Political Leaders from Lenin to Gorbachev*. Londres: HarperCollins Publishers, 1999.

VOLTAIRE (François-Marie Arouet). *Dictionnaire Philosophique*. Paris: Garnier--Flammarion, 1964.

_____. *Le fanatisme, ou Mahomet le prophète, Tragédie para Mr. de Voltaire*. Amsterdam: Chez Etienne Ledet & Compagnie, 1743.

VON CLAUSEWITZ, Carl. *Vom Kriege*. Augsburg: Weltbild Verlag, 1998.

WAGNER, Jürgen. "Der NATO-Krieg in Afghanistan: Prototyp für Neoliberales Nation Building und zivil-militärische Aufstandsbekämpfung". *Kein Frieden mit der NATO — Die NATO als Waffe des Westens*. Disponível em: http://imi-online.de/download/webversion-imi-nato.pdf.

"Wahl in Libyen: Islamisten auf dem Vormarsch. — Am Wochenende findet in Libyen die erste Parlamentswahl seit dem Sturz von Diktator Gaddafi statt. Der sogenannte Nationalkongress soll den Übergangsrat ersetzen". *Badische Zeitung*, Jul 7, 2012.

WALKER, Portia. "Qatari military advisers on the ground, helping Libyan rebels get into shape". *The Washington Post*, May 13, 2011.

WALSH, Declan. "US had 'frighteningly simplistic' view of Afghanistan, says McChrystal". *The Gardian*, Friday 7 October 2011.

_____. "WikiLeaks cables portray Saudi Arabia as a cash machine for terrorists. Hillary Clinton memo highlights Gulf states' failure to block funding for groups like al-Qaida, Taliban and Lashkar-e-Taiba". *The Guardian*, 5 December 2010.

WALSH, Declan e SCHMITT, Eric. "Militant Group Poses Risk to U.S.-Pakistan Relations". *The New York Times*, July 30, 2012.

WALSH, Declan; SCHMITT, Eric e MEHSUD, Ihsanullah Tipu. "Drones at Issue as U.S. Rebuilds Ties to Pakistan". *The New York Times*, March 18, 2012.

WALT, Stephen M. "Why isn't anyone talking about Afghanistan?". *Foreign Policy*, Tuesday, August 14, 2012. Disponível em: http://walt.foreignpolicy.com/.

"War Profiteering and Other Contractor Crimes Committed Overseas". Hearing before the Subcommittee on Crime, Terrorism, and Homeland Security of the Committee on the Judiciary. House of Representatives, One Hundred Tenth Congress, First Session June 19, 2007, Serial No. 110-103. Printed for the use of the Committee on the Judiciary. Washington, U.S. Government Printing Office, 2007.

Warrick, Joby. "U.N.: Iran speeding up uranium enrichment at underground plant". *The Washington Post*, August 30, 2012.

"Was The Iraq War About Oil?". *Musings On Iraq*, Iraq News, Politics, Economics, Society, Wednesday, April 20, 2011. Disponível em: http://musingsoniraq.blogspot.de/2011/04/was-iraq-war-about-oil.html.

Watts, Barry D. "Strategy for the Long Haul: The US Defense Industrial Base. Past, Present and Future". The Center for Strategic and Budgetary Assessments (CSBA), 2008.

Weaver, Matthew. "Muslim Brotherhood's Mohammed Mursi wins Egypt's presidential race". *The Guardian*, June 24, 2012.

Weber, Max. *Ancient Judaism*. Londres/Nova York: The Free Press/Collier Macmillan, 1967.

_____. *Gesammelte Ausätze zur Religionssoziologie*. Tübingen: J. C.B. Mohr Verlag, 1988.

_____. *Sociologie des religions*. Paris: Gallimard, 1996.

_____. *Soziologie — Weltgeschichtliche Analysen — Politik*. Stuttgart: Alfred Kröner Verlag, 1956.

_____. *Wirtschaft und Gesellschaft. Grundriß der Verstehenden Soziologie*. Zweiter Halbband. Köln/Berlim: Kiepenheuer & Witsch, 1964.

Wehrey, Frederic et al. "Saudi-Iranian Relations Since the Fall of Saddam Rivalry, Cooperation, and Implications for U.S. Policy". Sponsored by the Smith Richardson Foundation, RAND — National Security Research Division, 2009, DS228.I7S28 2009-327.538055-dc22-2009008205.

Weida, William J. "The Economic Implications of Nuclear Weapons and Nuclear Deterrence". In Schwartz, Stephen I. (ed.). *Atomic Audit: The Costs and Consequences of U. S. Nuclear Weapons since 1940*. Washington: Brookings Institution Press, 1998, p. 524.

Wentzel, Marina. "Reservas da China ultrapassam US$ 2 trilhões". BBC Brasil, 15 de julho de 2009.

"What is behind Iraq's arms deal with Russia? As both countries sign a multi-billion weapons contract, we ask if it is for purely financial or political reasons". *Al Jazeera*, Oct 10, 2012. Disponível em: http://www.aljazeera.com/programmes/insidestory/2012/10/201210105153985484.html.

WHEATCROFT, Andrew. *Infidels. The Conflict between Christendom and Islam 638-2002*. Londres: Viking/Penguin Books, 2003.

WHITLOCK, Craig. "Remote U.S. base at core of secret operations". *The Washington Post*, October 26, 2012.

_____. "U.S. secretly backed Syrian opposition groups, cables released by WikiLeaks show". *The Washington Post*, April 18, 2011.

WHITLOCK, Craig e MILLER, Greg. "U.S. assembling secret drone bases in Africa, Arabian Peninsula". *The Washington Post*, September 21, 2011.

WHITTINGTON, Mark. "Pat Buchanan Oddly Thinks Israel is a Bigger Threat Than Iran". Yahoo! Contributor Network, Feb 22, 2012.

"Who Was Wissam Al-Hassan?!", *Al-Akhbar* English, October 19, 2012. Disponível em: http://english.al-akhbar.com/content/who-was-wissam-al-hassan.

WICHT, Bernard. *Une nouvelle Guerre de Trente Ans? — Réflexion et hypothèse sur la crise actuelle*. Nancy: Éditions Le Polémarque, 2011.

WILLIAMS, Jon. "Reporting conflict in Syria". *BBC World News*, June 7, 2012. Disponível em: http://www.bbc.co.uk/blogs/theeditors/2012/06/reporting_conflict_in_syria.html.

WILLIAMS, Timothy. "China Oil Deal Is New Source of Strife Among Iraqis". *The New York Times*, September 5, 2009.

WILLIAMSON, John. *The Progress of Policy Reform in Latin America*. Washington, DC: Institute for International Economics, 1990.

WILSON, Scott; WHITLOCK, Craig e BRANIGIN, William. "Osama bin Laden killed in U.S. raid, buried at sea". *The Washington Post*, May 2, 2011.

WING, Joel. "Iraq's Kurds Push For More Oil Production, While Bickering With Baghdad Over Exports", 21/3/2012. Disponível em: http://www.ekurd.net/mismas/articles/misc2012/3/invest818.htm.

WINGFIELD, Nick e SENGUPTA, Somini. "Drones Set Sights on U.S. Skies". *The New York Times*, February 17, 2012.

WISNEWSKI, Gerard. *Operation 9/11 — Angriff auf den Globus*. Munique: Knaur Taschenbur Verlag, 2003.

WITTES, Benjamin. "Civilian Deaths from Drone Strikes". Lawfare — Hard National Security Choices, August 12, 2011. Disponível em: http://www.lawfareblog.com/2011/08/civilian-deaths-from-drone-strikes/

WOEHREL, Steven. "Ukraine's Political Crisis and U.S. Policy Issues". *CRS Report for Congress*, Order Code RL32691 — February 1, 2005.

WOLFOWITZ, Paul e KHALILZAD, Zalmay M. "Overthrow Him". *The Weekly Standard*, Dec. 1, 1997, Vol. 3, No. 12.

WOLVERTON, Joe. "As CIA Drone War Deaths Increase, So Does Anti-U.S. Sentiment". *Infowars.com — New American*, August 4, 2012. Disponível em: http://www.infowars.com/as-cia-drone-war-deaths-increase-so-does-anti-u-s-sentiment/.

WONG, Edward. "China Warns of Executions as Riots Ebb". *The New York Times*, July 9, 2009.

WONG, Kristina. "Attacking Iran's nuke sites may only slow progress". *The Washington Times*, February 27, 2012.

WOODS JR., Thomas E. e GUTZMAN, Kevin R. C. *Who Killed the Constitution? Fate of American Liberty from World War I to George W. Bush*. Nova York: Crown Forum, 2008.

WOODS, Chris. "160 children reported among drone deaths". Covert War on Terror Over — The Bureau of Investigative Journalism, August 11, 2011a.

_____. "Drone War Exposed — the complete picture of CIA strikes in Pakistan". Bureau of Investigative Journalism, August 10, 2011b. Disponível em: http://www.thebureauinvestigates.com/2011/08/10/most-complete-picture-yet-of-cia-drone-strikes/

WOODWARD, Bob. "Death of Osama bin Laden: Phone call pointed U.S. to compound — and to 'the pacer'". *The Washington Post*, May 7, 2011.

_____. *Obama's Wars*. Londres/Nova York: Simon & Shuster, 2010.

_____. *The War Within. A Secret White House History — 2006-2008*. Nova York: Simon & Schuster, 2008.

"World Oil Transit Chokepoints". Energy Information Administration, Dec. 30, 2011. Disponível em: http://www.eia.gov/cabs/world_oil_transit_chokepoints/full.html.

WORTH, Robert F. "Citing U.S. Fears, Arab Allies Limit Syrian Rebel Aid". *The New York Times*, October 6, 2012.

WRIGHT, George. "Wolfowitz: Iraq War Was About Oil". *The Guardian*, 4 june 2003.

WRIGHT, Lawrence. *The Looming Tower. Al-Qaeda and the Road to 9/11*. Nova York: Vintage Books, 2006.

"Xinjiang to build largest oil, gas base over 10 years". *People's Daily Online*, August 16, 2010, disponível em: http://english.people.com.cn/90001/90778/90862/7105944.html.

YAGHMAIAN, Behzad. "The Price of Terminating Democracy in Egypt — Algeria endured 10 years of civil war after its military blocked an Islamist election victory". *The Wall Street Journal*, July 8, 2013.

YERGIN, Daniel. *O Petróleo. Uma história de ganância, dinheiro e poder*. São Paulo: Editorial Scritta, 1993.

YEZDANI, İpek. "US hasn't given a cent for wages: Syria rebels. Qatar, Libya and the UAE are footing bills for Syrian militants' wages, but the US has yet to cough up promised cash, senior dissident Khodja says". *Hürriyet Daily News*, October 24, 2012.

YORK, Byron. "Admiral: U.S. studying Libyan rebels — after going to war on their behalf". *The Examiner*, March 29, 2011.

YOUSAF, Mohamad e ADKIN, Mark. *Afghanistan — The Bear Trap. The Defeat of a Superpower*. Havertown (PA): 2001.

ZAITER, Haifa. "Is Iraq's New Alliance With Russia. A Game Changer for Region?". *As-Safir* Lebanese independent newspaper, Oct 12, 2012. Disponível em: http://www.al-monitor.com/pulse/politics/2012/10/is-iraq-and-russias-new-alliance-a-regional-game-changer.html#ixzz29Fps7XFz.

ZEGART, Amy B. *Spying Blind. The CIA, the FBI and the Origins of 9/11*. Princeton/Oxford: Princeton University Press, 2007.

ZERNIKE, Kate e KAUFMAN, Michael T. "The Most Wanted Face of Terrorism". *The New York Times*, May 2, 2011.

ZISSER, Eyal. "Where Is Bashar al-Assad Heading?". *Middle East Quarterly*, Winter 2008, p. 35-40. Disponível em: http://www.meforum.org/1819/where-is-bashar-al-assad-heading.

ZUNES, Stephen. "Credit the Egyptian People for the Egyptian Revolution". *Huffington Post*, January 27, 2011. Disponível em: http://www.huffingtonpost.com/stephen-zunes/credit-the-egyptian-peopl_b_824863.html.

ZURAYK, Rami e GOUGH, Anne. "Behind the pillars of cloud". *Al-Jazeera*, Qatar, 22/11/2012. Disponível em: http://www.aljazeera.com/indepth/opinion/2012/11/012112293032651902.html.

ZWAY, Suliman Ali e FAHIM, Kareem. "Dozens Are Killed in Libya in Fight With Militia". *The New York Times*, June 8, 2013.

Anexos

MEMORANDUM

5338

NATIONAL SECURITY COUNCIL

September 17, 1979

~~TOP SECRET~~/CODEWORD

INFORMATION

MEMORANDUM FOR: ZBIGNIEW BRZEZINSKI

FROM: THOMAS THORNTON

SUBJECT: What Are the Soviets Doing In Afghanistan? (S)

Simply, we don't know. Speculation is, however, intriguing. (S)

There appears to be three possibilities:

1. The entire sequence over the weekend (dismissal of the military in the cabinet; retirement of Taraki; Amin's announce-ment of the end of one-man leadership) was stage-managed by the Soviets as a way of getting a more acceptable government installed in Kabul. This doesn't seem likely. The Soviets made quite a fuss over Taraki last week in Moscow; Taraki would have been a much better figurehead for a national front government in Afghanistan; and the Soviets would not seem to have any reason to do in the military faction. This would seem to be the least likely explanation. (S)

2. Amin is doing the whole thing in defiance of the Soviets, facing them with a fait accompli. This would be a high-stakes game for him, but he is capable of it. It is not clear, however, why Amin would now be calling for broadened leadership unless that is solely window-dressing or nothing more than a gratuitous slap at Taraki. (S)

3. Amin started out on his own, but after the dropping of Taraki, the Soviets stepped in, called his bluff, and are now forcing him to accept a collective leadership -- some-thing the Soviets have probably been looking for for quite a while. (S)

We have no evidence that proves or disproves any of these. ▄▄▄▄▄▄▄▄▄▄▄▄▄▄▄▄▄▄▄▄▄▄▄▄▄▄▄▄▄▄▄▄▄▄ before the

~~TOP SECRET~~/CODEWORD

ORIGINAL CL BY Z. Brzezinski
☐ DECL ☒ REVW ON 17 Sept 1999

SANITIZED
E.O.12353, Sec.3.6
PER 8/25 CIA RE NLC-95-27

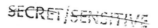

Finding Pursuant to Section 662 of the Foreign Assistance Act of 1961, as Amended, Concerning Operations in Foreign Countries Other Than Those Intended Solely for the Purpose of Intelligence Collection

I find the following operations in foreign countries are important to the national security of the United States, and direct the Director of Central Intelligence, or his designee, to report this finding to the concerned committees of the Congress pursuant to Section 662, and to provide such briefings as necessary.

SCOPE	DESCRIPTION
AFGHANISTAN	Support insurgent propaganda and other psychological operations in Afghanistan; establish radio access to the Afghan population through third country facilities.
	Provide unilaterally or through third countries as appropriate support to Afghan insurgents, either in the form of cash or non-military supplies.

The White House
Washington, D.C.
Date: July 3, 1979

Declassified and Approved
for Release, 10 April 2004

Bin Ladin Determined To Strike in US

Clandestine, foreign government, and media reports indicate Bin Ladin since 1997 has wanted to conduct terrorist attacks in the US. Bin Ladin implied in US television interviews in 1997 and 1998 that his followers would follow the example of World Trade Center bomber Ramzi Yousef and "bring the fighting to America."

After US missile strikes on his base in Afghanistan in 1998, Bin Ladin told followers he wanted to retaliate in Washington, according to a ▮▮▮▮▮▮ service.

An Egyptian Islamic Jihad (EIJ) operative told an ▮▮▮▮ service at the same time that Bin Ladin was planning to exploit the operative's access to the US to mount a terrorist strike.

The millennium plotting in Canada in 1999 may have been part of Bin Ladin's first serious attempt to implement a terrorist strike in the US. Convicted plotter Ahmed Ressam has told the FBI that he conceived the idea to attack Los Angeles International Airport himself, but that Bin Ladin lieutenant Abu Zubaydah encouraged him and helped facilitate the operation. Ressam also said that in 1998 Abu Zubaydah was planning his own US attack.

Ressam says Bin Ladin was aware of the Los Angeles operation.

Although Bin Ladin has not succeeded, his attacks against the US Embassies in Kenya and Tanzania in 1998 demonstrate that he prepares operations years in advance and is not deterred by setbacks. Bin Ladin associates surveilled our Embassies in Nairobi and Dar es Salaam as early as 1993, and some members of the Nairobi cell planning the bombings were arrested and deported in 1997.

Al-Qa'ida members—including some who are US citizens—have resided in or traveled to the US for years, and the group apparently maintains a support structure that could aid attacks. Two al-Qa'ida members found guilty in the conspiracy to bomb our Embassies in East Africa were US citizens, and a senior EIJ member lived in California in the mid-1990s.

A clandestine source said in 1998 that a Bin Ladin cell in New York was recruiting Muslim-American youth for attacks.

We have not been able to corroborate some of the more sensational threat reporting, such as that from a ▮▮▮▮▮▮ *service in 1998 saying that Bin Ladin wanted to hijack a US aircraft to gain the release of "Blind Shaykh" 'Umar 'Abd al-Rahman and other US-held extremists.*

continued

For the President Only
6 August 2001

Declassified and Approved
for Release, 10 April 2004

A SEGUNDA GUERRA FRIA

MEMORANDUM

SECRET THE WHITE HOUSE
WASHINGTON

~~SECRET~~ UNCLASSIFIED

December 26, 1979

MEMORANDUM FOR: THE PRESIDENT

FROM: ZBIGNIEW BRZEZINSKI

SUBJECT: Reflections on Soviet Intervention in Afghanistan

I will be sending you separately a proposed agenda for the NSC meeting on Friday, and it will focus on both Afghanistan and Iran. In the meantime, you are receiving today's SCC minutes on both subjects. This memorandum is meant merely to provide some stimulus to your thinking on this subject.

As I mentioned to you a week or so ago, we are now facing a regional crisis. Both Iran and Afghanistan are in turmoil, and Pakistan is both unstable internally and extremely apprehensive externally. If the Soviets succeed in Afghanistan, and if Pakistan acquiesces, the age-long dream of Moscow to have direct access to the Indian Ocean will have been fulfilled.

Historically, the British provided the barrier to that drive and Afghanistan was their buffer state. We assumed that role in 1945, but the Iranian crisis has led to the collapse of the balance of power in Southwest Asia, and it could produce Soviet presence right down on the edge of the Arabian and Oman Gulfs.

Accordingly, the Soviet intervention in Afghanistan poses for us an extremely grave challenge, both internationally and domestically. While it could become a Soviet Vietnam, the initial effects of the intervention are likely to be adverse for us for the following domestic and international reasons:

Domestic

A. The Soviet intervention is likely to stimulate calls for more immediate U.S. military action in Iran. Soviet "decisiveness" will be contrasted with our restraint, which will no longer be labeled as prudent but increasingly as timid;

B. At the same time, regional instability may make a resolution of the Iranian problem more difficult for us, and it could bring us into a head to head confrontation with the Soviets;

~~SECRET~~ UNCLASSIFIED

Declassify on: OADR

Declassified/Released on 7/27/98
under provisions of E.O. 12958
by R. Soubers, National Security Council

UNCLASSIFIED -2-

C. SALT is likely to be damaged, perhaps irreparably, because Soviet military aggressiveness will have been so naked;

D. More generally, our handling of Soviet affairs will be attacked by both the Right and the Left.

International

A. Pakistan, unless we somehow manage to project both confidence and power into the region, is likely to be intimidated, and it could eventually even acquiesce to some form of external Soviet domination.

B. With Iran destabilized, there will be no firm bulwark in Southwest Asia against the Soviet drive to the Indian Ocean;

C. The Chinese will certainly note that Soviet assertiveness in Afghanistan and in Cambodia is not effectively restrained by the United States.

Compensating Factors

There will be, to be sure, some compensating factors:

A. World public opinion may be outraged at the Soviet intervention. Certainly, Moslem countries will be concerned, and we might be in a position to exploit this.

B. There are already 300,000 refugees from Afghanistan in Pakistan, and we will be in a position to indict the Soviets for causing massive human suffering. That figure will certainly grow, and Soviet-sponsored actions in Cambodia have already taken their toll as well.

C. There will be greater awareness among our allies for the need to do more for their own defense.

A Soviet Vietnam?

However, we should not be too sanguine about Afghanistan becoming a Soviet Vietnam.

A. The guerrillas are badly organized and poorly led;

B. They have no sanctuary, no organized army, and no central government -- all of which North Vietnam had;

C. They have limited foreign support, in contrast to the enormous amount of arms that flowed to the Vietnamese from both the Soviet Union and China;

UNCLASSIFIED

D. The Soviets are likely to act decisively, unlike the U.S., which pursued in Vietnam a policy of "inoculating" the enemy.

As a consequence, the Soviets might be able to assert themselves effectively, and in world politics nothing succeeds like success, whatever the moral aspects.

What is to be Done?

What follows are some preliminary thoughts, which need to be discussed more fully:

A. It is essential that Afghanistani resistance continues. This means more money as well as arms shipments to the rebels, and some technical advice;

B. To make the above possible we must both reassure Pakistan and encourage it to help the rebels. This will require a review of our policy toward Pakistan, more guarantees to it, more arms aid, and, alas, a decision that our security policy toward Pakistan cannot be dictated by our nonproliferation policy;

C. We should encourage the Chinese to help the rebels also;

D. We should concert with Islamic countries both in a propaganda campaign and in a covert action campaign to help the rebels;

E. We should inform the Soviets that their actions are placing SALT in jeopardy and that will also influence the substance of the Brown visit to China, since the Chinese are doubtless going to be most concerned about implications for themselves of such Soviet assertiveness so close to their border. Unless we tell the Soviets directly and very clearly that our relations will suffer, I fear the Soviets will not take our "expressions of concern" very seriously, with the effect that our relations will suffer, without the Soviets ever having been confronted with the need to ask the question whether such local adventurism is worth the long-term damage to the U.S.-Soviet relationship;

F. Finally, we should consider taking Soviet actions in Afghanistan to the UN as a threat to peace.

Índice remissivo

'Abbās, Maḥmūd, 475, 482
Abbadi, Mohamad Abdulla Manaseer, 428
Abdel-Al, Fawzi, 341
Abdel-Jalil, Mustafa, 258, 279, 318, 340
Abdul-Aziz (Ibn Saud), 86
Abdullah I, 575
Abrahams, Fred, 317
Abushagur, Mustafa, 352
ad-Aziz, Sa'ud bin, 345
Adghirni, Samy, 501, 502
Adham, Kamal, 37
Affan, Uthman ibn, 345, 603
Afonso Henriques, 560
Afonso VI, 559
Agha, Hussein, 449
Agha, Tayyab, 202
Ahmadinejad, Mahmoud, 373, 499, 501, 504, 505, 507, 528, 529
Ahtisaari, Martti, 116
Akayev, Askar, 99
al As'adi, Ali Saleh, 577
al Houthi, Abdul Malik, 325, 326
Al Khalifa, Hamad bin Isa bin Salman, 328, 229
al Malik, 'Abd, 420
al Sa'ud, Abdullah bin Abdulaziz, 326, 327
al-Abdeh, Malik, 405
Al-Adid, 560
al-Akhdar, Mokhtar, 318
al-Ansari, Abu-Ali, 424

al-Assad, Bashar, 100, 101, 124, 298, 299, 371-374, 381-384, 386-388, 395, 397-401, 406, 409-413, 419, 424-430, 432, 435, 445-449, 584, 592, 594-597, 599
al-Assad, Hafez, 383, 384, 584, 594
al-Assad, Rifaat, 584
al-Assadi, Adnan, 409
al-Atiya, Hamad bin Ali, 282
al-Awlaki, Abdulrahman, 229
al-Awlaki, Anwar, 217, 218, 228, 330
al-Awwal, Fārūq, 240
al-Ayyūb, Salāḥ ad-Dīn Yūsuf ibn, 43, 44, 422, 439
al-Bakr, Ahmed Hassan, 577, 586
al-Banna, Muhammad Hasan, 240, 606
al-Barrani, Salah, 263
Albright, Madeleine, 54
Al-Dabi, Muhammad Ahmad Mustafa, 385, 398
Aldinsky, Mansour (Ushurma), 34
Alexander, Matthew, 146
al-Fadhli, Tariq, 325
al-Gaddafi, Mutassim, 273
al-Gherryani, Mustafa, 263
al-Ghoul, Adnan, 479
al-Golani, Mohammed, 424
al-Hadi, Abd Rabbuh Mansur, 329, 593
al-Ḥaḍrami, Ibn bin Khaldūn, 548
al-Ḥākim, Abu 'Ali Mansur Tāriq, 240
al-Hammam, Yahya Abu, 362
al-Harati, Mahdi, 424

al-Hasady, Abdel Hakim, 263
al-Hashimi, Faisal bin Hussein bin Ali, 567
al-Hasidi, Abdel-Hakim, 257
al-Hassan, Wissam, 427, 428
al-Hayes, Hamid, 429
al-Hazmi, Nawaf, 74
al-Hazmi, Salim, 74
al-Ḥusayn, Abdullāh II aṭ-ṭānī bin, 433
Ali, Hussein ibn, 567, 568
Ali, Mehmet, 565
Ali, Muhammad, 240
Ali, Tariq, 545, 579
Ali, Zine el-Abidine Ben, 236, 237, 299
Al-Islambouli, Ahmed Showqi, 241
Al-Islambouli, Khalid Ahmed Showky, 241, 470, 583
Aliyev, Ilham, 109
al-Jaabari, Ahmad Said Khalil, 476, 477, 480, 498
Aljibury, Falah, 139
al-Khattab, Umar ibn, 343, 603
Allah, Abu Abd (Al-Mustansir), 561
Allaw, Sufian, 377
Allen, Mark, 262, 272
al-Libi, Abu Laith, 260
al-Libi, Abu Yahya (Muhamad Hassan Qaid), 257, 261, 350
Al-Madkhali, Muhammad, 341
al-Magariaf, Muhammad, 351, 457
al-Maliki, Nouri, 143, 144, 181, 437, 449-451, 587, 588
al-Mesmari, Nuri, 275
Almihdhar, Khalid, 74
al-Misri, Abdul Hakim, 424
al-Moallem, Walid, 396
al-Muṭṭalib, Abū Ṭālib ibn 'Abd, 552
al-Okaidi, Abdel Jabbar, 396
Alptekin, Erkin, 123
al-Rahman, 'Umar Abd, 72, 241, 249
al-Rashīd, Hārūn, 558, 564
al-Rida, Ali, 523
Al-Sabah, Ahmad Al-Jaber, 605
al-Sadr, Sayyid Muqtada, 144, 181

al-Saffāh, Abu al-'Abbās, 557
Al-Saidni, Hisham (Abu Walid al-Masri), 339
Al-Saud, Abdullah bin Abdul Aziz, 404
al-Sha'ar, Muhammad Ibrahim, 410
al-Shahristani, Hussain, 142
al-Sheikh, Ahmed, 389
al-Shanqiti, Abul-Munther, 422
al-Shaykh, Ahmad (Abu-Issam), 424
al-Shehhi, Marwan, 74
al-Sheikh, Mustafa, 425
al-Sisi, Abdel Fattah, 338, 591
al-Sistani, Ali, 181, 326
al-Thani, Hamad bin Khalifa, 395, 404, 412, 456, 475
al-Wahayshi, Nasir, 332
al-Wahhab, Muhammad ibn Abd, 86, 343
Al-Walid I, 559
al-Zahra, Fatimah, 240, 252, 326, 343
al-Zawahiri, Ayman, 241, 258, 399, 410, 425, 426, 440, 595, 598
al-Zumar, Abbud, 242
Amado, Luís, 302
Amano, Yukiya, 502
Amin, Samir, 542
Amorim, Celso, 505-508
Anable, David, 96
Annan, Kofi, 94, 140, 395, 396, 425
Antunes, Cláudia, 388
Arafat, Yasser, 470, 475, 577, 579
Aranha, Oswaldo, 463
Arif, Abdul Salam, 577
Aristóteles, 351, 367, 558
Armstrong, Karen, 550
Ashkenazi, Gabi, 518
as-Sādāt, Muḥammad Anwar (Anwar Sadat), 241, 470, 579
as-Senussi, Sayyid Muhammad ibn Ali, 252
as-Senussi, Sayyid Muhammad Idris bin Muhammad al-Mahdi, 254
Atatürk, Mustafa Kemal, 434, 571
'Atiyya, Mahmud, 258
Atta, Muhammad, 75

Ayyub, as-Salih, 560
Azzam, Abdullah Yusuf, 542, 601

Bacevich, Andrew J., 149
Baer, Robert, 585
Bahanga, Ibrahim Ag, 359
Bakiyev, Kurmanbek, 99
Bakr, Abī, 40, 555, 556, 603
Bakran, Ali, 389
Balfour, Arthur James, 486
Banafa, Haykal, 331
Barak, Ehud, 477, 513, 518, 520, 513
Barão Rothschild, 486
Barbosa, Rubens, 80, 139, 141
Barbosa, Ruy, 288
Barnett, Correlli, 167
Barre, Maxamed Siyaad (Muhammad Siad Barre), 49
Bashir, Qāḍī Abū, 320, 332
Baskin, Gershon, 477
Bath, James R., 86
Beaiou, Mohammad Omar, 353
Bechis, Franco, 275
Begin, Menachem, 241, 497, 514, 529, 582
Belhadj, Abdel Hakim (Abd al-Hakim), 319, 342, 351, 404
Belkheir, Larbi, 47
Bellaigue, Christopher de, 92, 500
Belmokhtar, Mokhtar, 362
Bendjedid, Chadli, 47
Ben-Gurion, David, 463, 484, 573
Ben-Menashe, Ari, 469
Benn, Aluf, 477, 514, 530
Benotman, Noman, 262
Bergen, Peter, 219
Berman, Ernst David, 484
Berman, Morris, 169, 186
Bhatti, Arfan, 405
Biden, Joe, 313
Billah, Abdullāh al-Mahdī, 560
Billah, Al-Musta'sim, 561
Bilmes, Linda, 178
Birand, Mehmet Ali, 436

Bissonnette, Matt (Mark Owen), 224
Blaber, Pete, 208
Blair, Tony, 53, 141, 262
Blank, Stephen J., 112
Blum, William, 238
Bobbio, Norberto, 212
Bolton, John R., 271
Bonner, Bill, 167, 168, 453
Bouazizi, Mohamed, 235, 237
Bouchard, Joseph Charles, 282
Boukhris, Fathi, 275
Bourguiba, Habib, 237, 574
Bowen, Stuart, 588
Boyle, Francis, 587
Bradley, John R., 238, 403
Brahimi, Lakhdar, 396, 424, 425, 434
Bremmer, Ian, 413
Brennan, John O., 210, 330
Brezhnev, Leonid, 580, 594
Brisard, Jean Charles, 81
Brundtland, Gro Harlem, 472
Brydon, Dr. W., 188
Brzezinski, Zbigniew, 31-37, 41, 71, 78, 109, 388, 516, 541, 585
Buchanan, Patrick "Pat", 515
Bülow, Andreas von, 73, 75, 78
Burjanadze, Nino, 94
Burke, Edmund, 351
Bush, George H. W., 19, 45-49, 51, 53-55, 58, 295, 451, 587
Bush, George W., 69-73, 77, 81, 85, 86, 89, 90, 92, 94, 95, 97, 100-102, 107, 109-113, 115, 116, 119, 121, 137-142, 144, 150, 159, 160, 166, 167, 169, 172, 177, 179-181, 184, 193, 205-207, 209, 210, 219-221, 225, 227, 231, 236, 238, 272, 281, 292, 295, 296, 315, 346, 351, 362, 363, 372, 373, 390, 451, 452, 477, 478, 494, 513, 526, 527, 529, 540, 542, 543, 590, 596, 598, 599
Byneveldt, S. E., 400

Califa Otman, 40
Cameron, David, 278, 280, 301

Campbell, Horace, 315
Cantlie, John, 405
Carlucci, Frank, 36
Carter, Ashton B., 365
Carter, Jimmy (James Earl), 31-33, 35, 36, 58, 110, 191, 218, 241, 293, 294, 388, 432, 470, 472, 515, 541, 582, 585
Cartwright, James, 519
Casey, William J., 36
Casper, Sara, 144
Catarina, a Grande, 34
Caydiid, Maxamed Faarax (Farrah Aidid), 50, 59
Chalgam, Abdel Rahman, 272
Chamoun, Camille, 576
Charles V, 61
Charrant, Farj, 275
Chebab, Fuad, 576
Cheney, Dick, 52-54, 67, 138-140, 179, 452
Churchill, Winston, 18, 166, 264
Churkin, Vitaly, 594
Clapper Jr., James R., 528
Clark, Wesley, 281
Clarke, Richard, 71
Clausewitz, Carl von, 81, 479
Clayton, Gilbert, 572
Cleveland, Grover, 451
Clifford, Clark, 462, 463
Clinton, Hillary, 234, 235, 243, 247, 258, 312, 351, 382, 409, 482, 507, 508
Clinton, William "Bill", 51, 53-55, 57, 67, 94, 110, 160, 295, 318, 448, 587
Cockburn, Patrick, 145
Cohen, Roger, 499, 501, 519
Colby, William, 39, 538
Collins, Susan, 273
Comninos, Georges, 341
Conolly, Arthur, 42
Côté-Harper, Gisèle, 16
Crone, Patricia, 546

D'Encausse, Hélène Carrère, 41, 187
Dagan, Meir, 518

Dagdelen, Sevim, 401
Dalai Lama (Tenzin Gyatso), 123, 129-131
Daqduq, Ali Musa, 181
Darwin, Charles, 206
Dasquié, Guillaume, 71
Davies, Rodger P., 366
Davutoglu, Ahmet, 434, 505, 595
Dayan, Moshe, 468
Dearlove, Richard, 272
Dempsey, Martin E., 519, 528
Deng Xiaoping, 46, 453, 454
Deutscher, Isaac, 473, 491, 498
DeYoung, Karen, 220, 390
Dobriansky, Paula J., 100
Donner, Fred M., 420, 548
Dreifus, Claudia, 131
Dubs, Adolph, 366
Ducketts, Carl, 469
Dunham, Archie, 139
Duroselle, Jean-Baptiste, 553

Edmonds, Sibel, 75, 85, 120
Eisenhower, Dwight, 162, 576
Eisenstadt, Michael, 430
El Baradei, Muhammad, 505
Eliasson, Jan, 431
Engelhardt, Tom, 209
Engels, Friedrich, 184, 453, 454
Erdogan, Recep Tayyip, 122, 123, 404, 407, 433-438, 466, 475, 504
Escobar, Pepe, 412
Eshkol, Levi, 573, 578
Evans, Gareth, 304

Fadlallah, Muhammad, 326
Faisal II, 575
Faisal, Turqui bin, 36
Farahat, Nidal Fat'hi Rabah, 479
Faremo, Grete, 405
Farjan, Mabrouka, 317
Farjan, Susan, 317
Farmer, John, 71, 78
Farole, Abdirahman Mohamed, 301

Farouq (do Egito), 574
Fatalah, Hamza, 389
Feith, Douglas, 102
Felter, Joseph, 259
Feltman, Jeffrey, 101
Fernando de Aragão, 560
Ferrín, Emílio González, 559
Fineman, Mark, 49
Fishman, Brian, 259
Fleischer, Ary, 73
Fontaine, Richard, 273
Forrestal, James V., 462
Fourier, Charles, 492
Fox, Liam, 278, 311
Franks, Tommy, 226
Frattini, Franco, 309
Freeman, Charles, 226
Freud, Sigmund, 466
Fridovich, David, 518
Frum, David, 80
Fulbright, J. William, 53
Fuller, Graham E., 128

Gaddafi, Muammar, 23, 251-254, 256-264, 271-281, 292, 293, 298, 300, 309-319, 337, 339-341, 349-353, 355, 359, 361, 364, 371, 373, 386, 387, 390, 404, 407, 447, 448, 456, 457, 527, 583, 584, 594
Gaddafi, Saif al-Islam, 261, 262, 272
Gaddy, Clifford, 115
Gal, Reuven, 105
Galula, David, 108, 265, 372
Gareev, Mahmut, 192
Garrison, William, 50
Gates, Robert, 36, 183
Gatilov, Gennady, 434
Gaulle, Charles de, 485
Gazit, Shlomo, 519
Goebbels, Joseph, 264, 295
Georges-Picot, François, 245
Gerges, Fawaz A., 48
Ghaly, Iyad Ag, 359, 362
Ghattas, Kim, 409

Ghosheh, Sausan, 402
Gibbon, Edward, 546, 553
Giraldi, Philip, 407
Godec, Robert F., 236, 237
Goldemberg, José, 528
Gomberg, Henry, 468
Gongadze, Georgiy R., 99
Gonzales, Alberto R., 225, 231
Goodman, Amy, 281
Gorbachev, Mikhail S., 55, 594
Gore, Albert, 84
Graham, Bob, 76
Graham, Lindsey, 273
Gramsci, Antonio, 15, 296, 583
Grandhagen, Kjell, 405
Grass, Günter, 515
Green, Stephen, 275, 579
Greenspan, Alan, 172
Guenaizia, Abdelmalek, 47
Gul, Hamid, 70, 78, 193
Gutzman, Kevin R. C., 296

Haass, Richard N., 293, 318, 354
Habib, Al-Sawy, 579
Hague, William, 278, 301, 329
Haimzadeh, Patrick, 353
Hain, Peter, 449
Hajj, Ali, 275
Halemba, Andrzej, 398
Hamad, Ghazi, 477
Hamid II, Abdul, 563
Hamid, Shade, 98
Hamilton, Lee, 304
Hammond, Philip, 314
Haniyeh, Ismail, 481
Haqqani, Maulvi Jalaluddin, 187
Haqqani, Sirajuddin, 221, 234
Haran, V. P., 400
Harba, Abdel Salam, 398
Hariri, Rafik, 100, 427, 428
Hashim, Muhammad ibn 'Abd Allah ibn
   'Abd al-Muttalib ibn, 545
Haushofer, Karl, 31
Hauslohner, Abigail, 353, 457

Hayden, Michael V., 73, 517
Haykal, Muhammad Husayn, 448
Hegel, Georg Wilhelm Friedrich, 188, 554
Heikal, Mohamed Hassanein, 579
Helvey, Robert, 105, 107
Henderson, Loy, 462
Henriques, Mendo Castro, 185
Herodes, Idumean, 248
Hersh, Seymour M., 145, 399
Hertling, Mark, 434, 435
Herzl, Tivadar, 483
Hilary, John, 310
Hilferding, Rudolf, 288
Hill, Eleanor, 73
Hisham III, 559
Hitler, Adolf, 153, 463
Hobbes, Thomas, 178, 290, 550
Hobsbawm, Eric, 169, 478
Hobson, John A., 167, 294, 566
Hod, Mordechai, 578
Hofi, Yitzhak, 514, 530
Hosenball, Mark, 71
Humaidi, Abdul Salam, 446
Huntington, Samuel P., 80
Hurgronje, C. Snouck, 543
Hussein, Saddam, 46-48, 101, 113, 137-141, 143, 146, 181, 295, 296, 305, 372, 390, 398, 449, 450, 500, 527, 576, 577, 586-588, 605

Ignatieff, Michael, 304
Inhofe, James, 263
Irshed, Zaki Bani, 433
Isabel de Leão e Castela, 560
Isḥāq, Muḥammad ibn, 553
Ismail I, 563
Ismail, Ahmed, 580
Ismailova, Tolekan, 100
Issa, Ahmed Abu, 388, 389
Itno, Idriss Deby, 263
Ivan IV (Ivan, o Terrível), 34
Ivanov, Igor, 91

Jaffe, Greg, 220
Jean II, 61
Jebali, Hamadi, 334
Jiang Zemin, 454
Jibril, Mahmoud, 313, 340, 352
Jobim, Nelson, 303
Johnsen, Gregory, 332
Johnson, Herschel, 463
Johnson, Lyndon B., 57, 63, 605
Jones, James, 330
Jones, Stephen, 95
Jones, Terry, 350
Joxe, Alain, 574, 587

Kabulov, Zamir, 192
Kadeer, Rebiya, 121, 122
Kadhafi, Khamis, 352
Kalilzad, Zalmay, 137, 151
Kamel-Amr, Muhammad, 481
Kant, Immanuel, 166
Kappes, Steve, 262, 272
Karami, Rashid Abdul Hamid, 576
Karzai, Abdul Wali, 193
Karzai, Ahmed Wali, 193, 199
Karzai, Hamid, 183, 192-194, 202, 203, 218
Kashoggi, Adnan, 37
Katz, Lawrence, 177
Katzir, Ephraim, 582
Kennan, George F., 462
Kennan, Jeremy, 362, 363
Kerimli, Ali, 109
Kerrey, Bob, 76
Kerry, John F., 226
Khamenei, Ali, 499, 503, 504, 508, 528
Khan, Abdul Qadeer, 272
Khan, Amanullah, 187
Khan, Ayub, 188
Khan, Gengis, 558
Khan, Hulagu, 561
Khan, Kublai, 42, 84
Khan, Muhasmmad Akbar, 188
Khan, Nasrullah (Nasr-Allah bin Haydar Tora), 42
Khan, Samir, 229

Khoja, Khaled, 446
Khomeini, Ruhollah (Ruhollah al-Mousavi al-Khomeini), 36, 325, 342, 452, 501, 503, 585
Kierkegård, Søren, 223, 471
Ki-moon, Ban, 301, 310, 431, 434
Kipling, Rudyard, 42
Kirkpatrick, David D., 265
Kissinger, Henry, 46, 79, 131, 287, 289, 298, 500, 580
Kitsmarishvili, Erosi, 98
Klein, Aaron, 447
Klein, Naomi, 140
Kochavi, Aviv, 429
Koestler, Arthur, 471, 485
Köhler, Horst, 82, 83
Kolmahmedov, Azmat Allah, 400
Kony, Joseph, 209
Korotchenko, Igor, 450
Koussa, Moussa, 262, 272
Kramer, Andrew, 142
Krasheninnikova, Veronica, 540
Kremer, Amy, 204
Kuchma, Leonid, 96, 98
Kucinich, Dennis, 309, 310
Kujat, Harald, 83
Kyl, Jon, 76

Ladin, Usamah bin, 36, 37, 70-75, 77-79, 81, 82, 119, 179, 202, 214, 224-228, 258, 262, 317, 320, 332, 324, 410, 425, 440, 541, 542, 584, 598, 601
Lakeland, William, 576
Lamari, Mohamed, 47
Lapidus, Ira M., 545, 548, 551, 557
Lassalle, Ferdinand, 296
Lavrov, Sergey, 114, 252, 432, 595
Lawrence, Thomas E. (Lawrence da Arábia), 138, 246, 382, 383, 461, 562, 567, 570, 572
Lazarenko, Pavlo, 98
Lebedev, Mikhail, 399
Leigh, David, 265

Lendman, Stephen, 342
Lênin, Vladimir Ilyich, 453
Leopold I Habsburg, 562
Lesar, David, 150
Leverett, Flynt, 272
Lewderman, Eric, 52
Lewis, Bernard, 76
Li Peng, 454
Libby, Lewis "Scooter", 52
Lieberman, Avigdor, 380, 478, 496, 502, 514
Lieberman, Joseph I. (Joe Lieberman), 273, 276
Llewellyn, Ed, 278
Longuet, Gérard, 312
Lord Byron, 562
Lukaschenko, Alexander, 103
Lukin, Vladimir, 304
Lungescu, Oana, 310
Lute, Douglas, 331
Luti, William, 102

Maayta, Samih, 428
Macedo, Sérgio Teixeira de, 206
Machiavelli, Niccolò, 182
Mackinder, Halford John, 29, 32, 111
Madison, James, 589
Maher, Ahmed, 243
Mahmud II, 570
Mahmud, Sidi, 359
Mahsum, Hahsan (Abu-Muhammad al--Turkestani), 121
Makarov, Nikolai, 116, 424
Malik, Yakov A., 463
Malley, Robert, 449
Manna, Haytham, 448
Manning, David, 271
Mansouri, Ali Ounes, 275
Mao Zedong, 453
Maresca, John J., 67
Marouf, Jamal, 389
Marshal, George, 461, 463
Martin, Jenny Beth, 204
Marwan II, 557

Marx, Karl, 335, 453-455, 466, 544
Marzouki, Moncef, 334
Massoud, Ahmad Shah, 38
Maududi, Abul A'la, 334
May, Ernest R., 187
McCain, John, 204, 273, 276
McCarthy, Paul B., 56
McChrystal, Stanley, 187, 207, 208
McCoy, Alfred, 192
McHale, William, 577
McKinney, Cynthia, 226
McMaster, H. R., 203
McNamara, Robert, 605
Meckler, Mark, 204
Mediène, Mohamed, 47
Medvedev, Dimitri, 116, 450, 451
Mehmed II, 561
Mehmed VI, 434
Mein, John Gordon, 366
Meir, Golda, 471, 573
Meloy Jr., Francis E., 366
Merkel, Angela, 201, 401
Mikati, Najib, 428
Miles, Richard, 94, 99, 103
Miller, Greg, 212
Milošević, Slobodan, 56, 57, 103
Moctar, Sidi, 359
Mohammad, Mohyeldeen, 405
Molière, J. B. Poquelin, 293, 585
Montecúccoli, Raimondo Graf, 562
Moorer, Thomas, 605
Moreno-Ocampo, Luis, 310
Moresadeq, Ciamak, 501
Mosaddeq, Mohammed, 92, 129, 499, 500, 510
Motamed, Morris, 501
Mousavian, Seyed Hossein, 503, 504
Moussaoui, Zacarias, 74
Moya, Alpha, 360
Muawiyah I, 40
Mubarak, Hosni, 239, 241-244, 299, 335, 402, 449, 592
Mueller, Robert, 73
Muhammad V, 574

Muhammad XII, Abu Abdallah, 560
Muhammad, Ali Mahdi, 59
Muhammad, Sadar, 199
Münkler, Herfried, 288
Musto, David, 191
Mützelburg, Bernd, 201

Nagl, John, 208
Naguib, Muhammad, 240
Naik, Niaz, 70
Naker, Abdullah, 319
Nakoula, Nakoula Basseley, 350
Nanautawi, Muhammad Qasim, 44
Nanautawi, Rashid, 44
Napolitano, Janet, 303
Nasser, Gamal Abdel, 240, 252, 465, 574, 575-579, 582, 583
Natsir, Ustadz Bachtiar, 422
Naumann, Klaus, 304
Nazarbayev, Nursultan Äbişulı, 53
Nehru, Jawaharlal, 577
Netanyahu, Binyamin, 430, 451, 473, 478, 481, 482, 483, 496, 498, 500, 513, 514, 515, 517, 518, 524, 529, 530
Netto, Andrei, 436
Neusner, Jacob, 465
Neustadt, Richard E., 187
Nezzar, Khaled, 47
Nicolai I, 563
Nixon, Richard, 131, 469, 485, 580
Nkrumah, Kwame, 577
Noel Jr., Cleo A., 366
Nordland, Rod, 265, 410
Noriega, Manuel, 51
Nsou, Abdullah, 433
Nye, Tim, 220

Obama, Barack, 21, 36, 145, 160, 180, 181, 183-186, 194, 197, 201, 202, 204, 212, 218, 219, 221, 224, 225, 227, 236, 238, 243, 275, 276, 278, 280, 281, 295-298, 306, 313, 316, 318, 330, 331, 334, 339, 353, 363, 407, 447-449, 451, 455, 472, 498,

504-508, 513, 514, 520, 527, 529, 530, 540, 589-592, 596, 598, 599
Obeidat, Walid, 433
Olney, Richard, 451
Omar, Mullah Muhammad, 70, 77, 202
Osman I (Othman I), 561
Oweib, Omran el, 313

Pahlavi, Ashraf, 510
Pahlavi, Muhammad Reza Shah, 24, 92, 500, 503, 510, 586
Paine, Thomas, 296
Palin, Sarah, 204
Panetta, Leon E., 181, 224, 431, 513, 528, 529
Parker, Ned, 587
Pastor, Robert A., 432
Patouillet, Joseph, 294
Peck, John, 93
Pedro, o Grande (Pyotr Alexeyevich Romanov), 31
Pei, Mixin, 144
Pereira, Aldo, 130, 131
Peres, Shimon, 484
Perle, Richard, 80
Petraeus, David H., 208, 528
Pfaff, William, 288
Philippe de Bourgogne, 261
Pillay, Navi, 402
Pinheiro, Paulo Sérgio, 388, 400, 424
Platão, 291
Polo, Marco, 84
Popal, Ahmad Rateb, 183
Popal, Rashid, 183
Popović, Davorin, 56
Popović, Srđa, 56
Powell, Colin, 51, 90, 91, 94, 139, 140, 230, 305, 527
Prashad, Vijay, 274, 412
Proner, Carol, 178
Prytula, Olena, 99
Putin, Vladimir, 95, 110-112, 116, 313, 411, 450, 452, 517, 538, 539, 595

Pyatt, Rick, 521

Qasemi, Rostam, 412
Qassim, Abdul-Karim, 575, 576
Qassim, Isa, 328
Quanrud, Pamela, 139
Qumu, Abu Sufyan bin, 262, 350
Qutb, Sayyid, 240, 241, 334, 583

Rabin, Yitzhak, 470
Rabinovich, Itamar, 383
Rahimi, Mohammad Asif, 204
Rajiha, Dawoud, 410
Ramadan, Tariq, 403
Ramaphosa, Cyril, 304
Ramos, Fidel, 304
Ranieri, Lewis, 168
Rasmussen, Anders Fogh, 437
Ratzel, Friedrich, 32
Reagan, Ronald, 19, 23, 37, 39, 40, 45, 53, 166, 452, 497
Redding, Carl, 279
Rehman, Sherry, 331
Ressam, Ahmed, 74
Ricardo I da Inglaterra (Ricardo Coração de Leão), 422
Rice, Condoleezza, 73, 90, 114
Richards, David, 278
Richthofen, Baron Ferdinand von, 84, 132
Ridgwell, Henry, 406
Riedel, Bruce, 447
Rizzo, John, 206
Roberts, Paul Craig, 166, 452
Romanov, Pyotr Alexeyevich (Pedro, o Grande), 31
Roosevelt, Franklin D., 166
Roosevelt, Kermit (Kim), 510
Roosevelt, Theodore, 294
Rossi, Clóvis, 139, 146, 181
Roth, Rick, 363
Rothkopf, David, 506
Rumsfeld, Donald, 80, 95, 101, 102, 140, 225, 295

Saad, Amer, 251
Saakashvili, Mikheil, 94-96, 113, 114
Sabriel, Bulan, 485
Saguy, Yehoshua, 514, 530
Sahnoun, Mohamed, 304
Salabi, Ismail, 340
Salazar, Antônio de Oliveira, 307
Saleh, Ali Abdullah, 325, 329, 332, 593
Saleh, Amrullah, 208
Salem, Fadi, 397
Samraoui, Mohamed, 48
Sanogo, Amadou, 355, 362, 364
Sarkozy, Nicolas, 274, 275, 278, 280
Sarney, José, 504
Sbat, Houssam, 427
Scahill, Jeremy, 54
Schmidt, Helmut, 73, 225
Schwarhzkop, H. Norman, 510
Schwartz, Stephen, 77
Scobey, Margaret, 243
Scott, Peter Dale, 54
Scott, Walter, 44, 422
Seidemann, Dani, 482
Shafiq, Ahmed, 336, 337
Shah, Zahir, 70
Shalit, Gilad, 477
Shapir, Yiftah, 518
Shapiro, Zalman, 469
Shaqfeh, Qusai Abdel-Razzaq, 397
Sharon, Ariel, 373, 430, 470, 478, 498
Sharony, Nathan, 518
Sharp, Gene, 26, 100, 107-109, 236, 243, 244
Sharp, James Lyall, 99
Shawkat, Assef, 410
Shayler, David, 265
Shelton, Henry, 598
Shevardnadze, Eduard, 94-96, 189
Shevardnadze, Sophie, 447
Shor, Ze'ev, 492
Siddique, Abu Bakr, 345
Silva, Augusto Santos, 303

Silva, Luiz Inácio Lula da, 504, 505, 507
Simons, Suzanne, 150
Singer, Paul Warren, 151
Sly, Liz, 390
Smith, Tom, 279
Snow, Jon, 396
Sombart, Werner, 550
Sommaruga, Cornelio, 304
Sorkin, Andrew Ross, 169
Soros, George, 57, 92, 95, 96, 100, 104, 109, 165
Sousa Lara, António de, 78, 289, 540
Sowell, Kirk H., 141
Spengler, Oswald, 80, 537
Spinoza, Baruch de, 471
Spykman, Nicholas J., 32, 33, 540
Stalin, Joseph, 115, 264, 453, 454, 574
Starr, S. Frederick, 128
Starr, Stephen, 386, 397
Stavridis, James, 263, 264
Steele, Jonathan, 96, 98, 397, 398
Stefano, Omar de, 408
Stein, Eduardo, 304
Steiner, Michael, 202
Stevens, John Christopher, 259, 349, 353, 413, 447
Stiglitz, Joseph E., 168, 178
Stoddart, Charles, 42
Storm, Morten, 217
Sufyan, Um'awiya ibn Abi, 556
Suleiman, Afif, 242, 389
Suleimán, Michel, 428
Sun Tzu, 188

Tajeldine, Afif, 299
Talbott, Strobe, 93
Talib, Ali ibn Abi, 240, 343, 603
Tantawi, Muhammad Hussein, 338
Tarawneh, Fayez, 433
Targamadze, Givi, 99
Tashfin, Yusef ibn, 559
Tayyab, Omar, 202
Tenet, George, 141, 146

Thakur, Ramesh, 304
Thomas, Evan, 71
Thondup, Gyalo, 129
Timoshenko, Yulia, 98
Tito, Josip Broz, 577
Tocqueville, Alexis de, 297
Todenhöfer, Jürgen, 401
Tomlinson, Richard, 265
Touati, Mohammed, 47
Touré, Amadou Toumani, 355
Towns, Edolphus, 183
Trabelsi, Leila, 236
Traore, Diaconda, 364
Trasímaco, 291
Trinn, Christoph, 233
Truman, Harry S., 297, 461-463
Tumart, Muhammad Ibn Abdallah ibn, 559, 560
Turani, Anwar Yusuf, 121
Turanshah, al-Malik al-Din, 560
Turner, Bryan S., 545, 555
Tusa, Francis, 311
Tyson, Brady, 528

Um'awiya, Abd al-Rahman ibn, 558

Vahidi, Ahmad, 449
Vatikiotis, P. J., 339
Voltaire (François-Marie Arouet), 204, 466, 553

Walker, Bruce, 129
Walker, David M., 165
Weber, Max, 544, 545, 548, 554, 556
Weida, William J., 162
Welch, David, 238

Wen Jiabao, 455
Werthbach, Eckehardt, 75
Wiggin, Addison, 167, 168, 453
Wilber, Donald N., 510
Williams, Jon, 401
Williams, Kenneth (agente Phoenix), 72
Williamson, John, 61
Wilson, Woodrow, 572
Wolfowitz, Paul, 52, 137, 140
Woods Jr., Thomas E., 296
Woodward, Bob, 179

Xi Jinping, 124

Yassin, Ahmed, 477
Yeltsin, Boris N., 55, 108
Yishai, Eli, 481
Yoo, John, 225
Yousaf, Mohammad, 188, 189
Yousef, Ramzi, 72
Yushchenko, Viktor, 96, 98

Zahedi, Fazlollah, 499
Zammar, Muhammad Heidar, 74
Zandi, Mark, 169
Zardari, Asif Ali, 125, 227
Zegart, Amy B., 73
Zeid, Abu, 362
Zhvania, Zurab, 94
Ziada, Dalia, 243
Zia-ul-Haq, Muhammad, 34, 36, 39, 541
Zidan, Ali, 593
Ziyad, Tariq ibn, 603

O texto deste livro foi composto em Sabon,
desenho tipográfico de Jan Tschichold de 1964
baseado nos estudos de Claude Garamond e
Jacques Sabon no século XVI, em corpo 11/15.
Para títulos e destaques, foi utilizada a tipografia
Frutiger, desenhada por Adrian Frutiger em 1975.

A impressão se deu sobre papel off-white
pelo Sistema Digital Instant Duplex
da Divisão Gráfica da Distribuidora Record.